玄武年鉴

2022

南京市玄武区地方志编纂委员会办公室

方志出版社

图书在版编目（CIP）数据

玄武年鉴. 2022 / 南京市玄武区地方志编纂委员会办公室编.—北京：方志出版社, 2022.12

ISBN 978-7-5144-5372-0

Ⅰ. ①玄… Ⅱ. ①南… Ⅲ. ①区（城市）—南京—2022—年鉴 Ⅳ. ①Z525. 34

中国版本图书馆CIP数据核字（2022）第256383号

责任编辑：徐宏
责任校对：刘玉霞
责任印制：梅中英
出 版 者：方志出版社
地　　址：北京市朝阳区潘家园东里 9 号（国家方志馆4层）
邮　　编：100021
网　　址：http://www.zgfzcb.cn
发　　行：方志出版社图书营销中心（010-67110500）
印　　刷：南京顺和印刷有限责任公司
开　　本：889毫米×1194毫米 1/16
印　　张：26.5
字　　数：686千字
版　　次：2022年12月第1版
印　　次：2022年12月第1次印刷
定　　价：200.00元

玄武区地方志编纂委员会

主　　任：钱　维

副 主 任：吕　璟　施　扬　任　宁　余莉萍　庄佳峰　张　望

委　　员：徐远帆　朱海峰　汪拥政　邹德勇　张　军　吴　恒
陈发山　陈　静　李海沅　郭建军　马云翊　魏　超
叶冬梅　王　河　张　浩　秦　洁　陶　祥　庞　敏
李东辉　申留昌　吕梦旦

《玄武年鉴（2022）》编辑部

主　　编：张　军

副 主 编：刘心林　卢永晨

编　　辑：张　弛　时蔓菲

摄　　影：区委宣传部　各供稿单位

彩页设计：张南海

装帧设计：新志坊南京文化发展有限公司

《玄武年鉴（2022）》审稿人

（按篇目先后排列）

汪祥君　王颖川　刘艳军　钟文舟　吴桂红　曾　艳
孙丽萍　陈振昌　凌立玉　杨宇峰　朱　伟　孙　敏
王娴竹　王　刚　张　晖　杜宏亮　郑　倩　王　荣
汪凤华　徐影秋　马　俊　韩立勇　赵雪燕　刘必军
翁　飞　姚晓晖　马义兵　朱　妍　张兴保　魏　超
薛惠艳　周　皓　徐　姝　孙远洁　王　娟　孙　荟
龚庆亚　张　昊　江　洁　但加成　郭　骞　杨丁丁
刘　康　薛　磊　王培军　吕　俊　张　弘　陈克俊
丁毓萍　查璐霞　刘心林　杨　勇　苏　勤　何浪君
陶志龙　倪　明　姬　智　董春燕　竹军波　卢建华
王　涛　徐　锴　邹玲华

玄武年鉴
XUANWU ALMANAC
2022

地址
南京市月苑南路3号
电话
025-83682122
传真
025-83678279
邮编
210028
电子信箱
xwdfzb@163.com

明孝陵　　（宋　坚摄）

玄武湖

玄武门　　（陈向俞 摄）

（区委宣传部 供图）

霞飞南京站

（阮　忠摄）

4月23日，2021南京国际消费节（春季）启动德基广场三期开工　　（区委宣传部 供图）

4月25日，玄武区现代金融产业链工作推进会　　（区委宣传部 供图）

5月19日，中国旅游日南京分会场暨南京D9街区开街仪式　　（区委宣传部 供图）

5月21日，南京与佛罗伦萨结好40周年纪念活动暨文化周开幕　　（区委宣传部 供图）

6 月 2 日，2021 中国 · 玄武湖高层次人才创新创业大赛颁奖典礼暨软件产业人才发展论坛举办

（区委宣传部 供图）

6 月 22 日，2021 首届苏南国家自主创新示范区高峰论坛活动

（区委宣传部 供图）

6月23日，“智汇农业 玄武之音”农业科技高峰论坛活动　（区委宣传部 供图）

12月7日，第四届玄武国际医疗资源对接会暨首届国际健康产业创新创业交流大赛颁奖仪式
（区委宣传部 供图）

2 月 23 日，玄武区委书记闵一峰（左二）检查全区水环境和大气污染防治工作　　（区委宣传部 供图）

2 月 26 日，玄武区举办全省重大项目建设推进会议南京市分会场活动　　（区委宣传部 供图）

3月10日，玄武区教育重点建设项目集中开工仪式　　（区委宣传部 供图）

4月6日，德乐科技总部大厦项目开工仪式　　（区委宣传部 供图）

5月8日，南京城市硅巷创新项目签约入驻仪式（区委宣传部 供图）

5月16日，“新华智媒产业园”项目框架协议签订仪式（区委宣传部 供图）

6月12日，区领导调度铁北红山项目推进工作　　（区委宣传部 供图）

9月22日，全市重大项目现场观摩会百家汇玄武创新药物孵化平台　　（区委宣传部 供图）

4月26日，南京玄武文旅联盟增补成员单位授牌仪式　（区委宣传部 供图）

4月30日，南京市青少年“四史”学习教育实践展示暨玄武区教育系统“了不起的劳动者”创新活动
（区委宣传部 供图）

5月20日，区工商联举办“百年忠诚——讲述百年党史故事，展现优秀企业风采”活动　（区工商联 供图）

6月6日，端午“领航杯”龙舟大赛在玄武湖举办　（玄武湖景区 供图）

8月7日，东京奥运会花样游泳团体自由自选决赛中，玄武区输送的运动员丙俐领衔组成的中国代表团夺得银牌

（区文旅局 供图）

9月17日，第七届南京森林音乐会 （中山陵园管理局 供图）

9月26日，第五届南京玄武国际城市休闲旅游节开幕式在艾尚天地广场举行　（区文旅局 供图）

10月2日，体育嘉年华活动　（区文旅局 供图）

编辑说明

一、《玄武年鉴》以马克思列宁主义、毛泽东思想、邓小平理论、“三个代表”重要思想、科学发展观、习近平新时代中国特色社会主义思想为指导，坚持辩证唯物主义和历史唯物主义的立场、观点和方法，旨在准确、科学、系统地记载玄武区域内自然、政治、经济、文化、社会发展等方面基本情况、重大事件，为社会各界了解和研究玄武提供权威、翔实的信息，为领导决策提供参考和依据，为编修志书积累史料。

二、《玄武年鉴》是由南京市玄武区地方志编纂委员会办公室编辑出版的综合性信息资料文献。《玄武年鉴》1985年创刊，逐年编辑出版。

三、《玄武年鉴（2022）》采用分类编辑法，主体内容分为类目、分目、条目3个层次，部分分目下设副分目。条目为记述的基本层次。本卷设特载、专记、大事记、概览、中共南京市玄武区委员会、南京市玄武区人民代表大会、南京市玄武区人民政府、政协南京市玄武区委员会、纪检监察、民主党派·人民团体、法治、军事、产业经济、商贸·投资促进、财政·税务、经济管理与监督、城建城管·环境保护、应急管理、教育、科学技术、文化·旅游业、卫生·体育、人民生活、街道、人物·荣誉、附录26个类目。类目标题标于各类目前篇扉页和书眉，标题文字符号均以红色为基调；分目标题标于各分目的起始处并用红色大标宋字标出，副分目标题字体用黑体字前后加“·”表示；条目标题则用黑体字前后加【】表示。

四、《玄武年鉴（2022）》记载2021年度玄武区所发生的事件。为提高年鉴的时效性，事件主体发生在2021年，但其相关内容延伸至2022年年初，如先进表彰、科技成果评选结果公布等，予以跨年度记述。部分条目记述时涉及2021年前的情况，为使记述的事件连续和完整，仍予简略记载。所收录的组织机构负责人名单均以2021年内任职为限，有任免的分别予以注明。文中“区”“全区”“区内”“区域”均指玄武区。

五、《玄武年鉴（2022）》所载资料，分别由玄武区各部、委、办、局及各街道和有关单位专人撰写，并经领导（主审人）审阅。年鉴引用的工作报告、文件、讲话和新闻报道均按原件记载。统计资料数据使用法定计量单位，主要数据由玄武区统计局提供，数据时间截至2021年12月31日。所用统计数据，由于统计的来源、口径、方式、方法和时间的不同而有一定的差异，引用时请注意。

六、为方便检索，在《玄武年鉴（2022）》卷末附有索引。“玄武区政区图”由玄武区民政局提供。

目　录

特　载

专　记

大 事 记

概　览

中共南京市玄武区委员会

南京市玄武区人民代表大会

南京市玄武区人民政府

政协南京市玄武区委员会

纪检监察

民主党派·人民团体

法　　治

城建城管·环境保护

科学技术

文化·旅游业

卫生·体育

人物·荣誉

附　　录

特载

区委常委会工作报告

政府工作报告

区委常委会工作报告

——在区委十二届三次全会上

区委书记　闵一峰

2021年12月28日

一、攻坚克难、真抓实干，"十四五"各项事业实现良好开局

今年以来，区委常委会坚持以习近平新时代中国特色社会主义思想为指导，紧扣"强富美高"总目标，以昂扬斗志谋发展、以奋斗姿态促实干，实现"十四五"发展开好局、现代化建设起好步。区委常委会重点抓了三个方面：一是认真落实党的十九届六中全会精神，忠诚捍卫"两个确立"。广泛开展党的十九届六中全会精神学习宣讲，把"两个确立"作为最深刻的政治领悟、政治信念，把"两个维护"作为最坚定的政治立场、政治忠诚，牢记总书记殷殷嘱托，不断增强扛起光荣使命、谱写崭新篇章的思想自觉和行动自觉，做到想任何问题、干任何工作都向总书记看齐、听党中央指挥。二是隆重庆祝建党百年，纵深推进党史学习教育。深入学习习近平总书记"七一"重要讲话精神，扎实做好"两优一先"评选表彰、"光荣在党50年"纪念章颁发、老党员走访慰问等工作。落实党史学习教育"学党史、悟思想、办实事、开新局"要求，积极开展"我为群众办实事"实践活动和"两在两同"建新功行动，统筹推进"四史"宣传教育和"永远跟党走"群众性主题宣传教育活动，注重讲好玄武红色故事、用好玄武红色资源，出版《红色玄武三十年（1919—1949）》，打造"小红梅"信仰生活空间、退役军人主题馆等红色教育基地，推出"初心之路"党史实境教学路线，受到中央党史学习教育第五指导组充分肯定。三是全面贯彻省市党代会精神，科学描绘发展蓝图。主动融入省市发展大局，认真学习省第十四次党代会、市第十五次党代会精神，突出"绘出好蓝图、选出好班子、换出好氛围"，精心组织、周密筹备，召开区第十二次党代会，选举产生新一届区委、区纪委，为玄武未来发展确定了奋斗目标、明确了工作路径，营造了群策群力、众志成城的生动局面。在全区上下的

共同努力下，我们克服新冠肺炎疫情影响，实现了经济社会持续健康发展，预计全年GDP超1200亿元，同比增长9%左右；一般公共预算收入104.7亿元，同比增长8%左右；固定资产投资同比增长8%以上；社会消费品零售总额1120亿元，同比增长8%；外贸进出口总额807.4亿元，同比增长17.6%。

具体来说，抓了八个方面重点工作：

*一是大力稳增长，发展质效显著提升。*项目建设支撑有力，省重大项目集中开工仪式南京分会场活动在铁北红山新城举办，“玄武之光”新一代信息技术科创中心成功入选省级重大项目，聚智园、地铁4号商业地块等39个项目正式开工，先声百家汇二期、孝陵卫21号商务中心等30个项目全面建成，全区新建改造产业载体超过80万平方米。产业发展稳步推进，落实全市“产业质效提升年”要求，逐月调度7条特色产业链，成立玄武金融产业协同发展联盟、婚庆产业发展联盟，举办金洽会玄武专场、进博会玄武专场等重点招商活动78场，引进招商局江苏中心等亿元以上项目93个，铁北7号地块、徐庄中诚地块等5幅地块顺利出让。营商环境不断优化，积极应对新冠肺炎疫情影响，举办企业见面会，现场发布助企纾困“新17条”，引入“知鑫贷”等特色金融产品，率先设置“办不成事”反映窗口，升级“优化营商环境50条”，南京银行、南京新工集团入选中国企业500强，新华海集团入选中国民营企业500强。

*二是竭力促转型，创新引领活力迸发。*创新空间日益拓展，围绕构建全域创新格局，举办南京城市硅巷建设推进会，成立硅巷联盟，全市首个由高校老校区整体转型为城市新硅巷的园区——南师大玄武科技园开园运营，全区累计建成锦创数字产业园等市级备案硅巷18个、面积超过45万平方米，珠江路未来城A座完成改造，江苏铁塔公司落户铁北红山新城，徐庄高新区创成省产学研协同创新基地、市数字经济产业园。创新氛围日益浓厚，承办首届苏南国家自主创新示范区高峰论坛，国家介孔材料科学中心南京分中心落户徐庄，举办“凤栖玄武·创赢未来”高层次人才创新创业大赛，国家、省人才计划申报数主城区第一，出台高新技术企业引培工作实施细则，申报高新技术企业291家，集聚医工交叉创新研究院、区块链研究院等4家新型研发机构，玄武高新投资基金正式成立。

*三是全力塑品牌，消费促进亮点纷呈。*办好国际消费中心城市中心区建设“一件大事”，以系列活动引领消费热潮，成立领导小组、组建工作专班，出台实施意见、制定工作要点，抢抓“五一”小长假，承办南京建设国际消费中心城市现场推进会，成立新街口商圈发展联盟，把握“十一”黄金周，举办第五届玄武国际城市休闲旅游节，推出“1+6+100”系列活动，开展国际消费节春季、秋季、冬季活动，形成贯穿全年的消费热潮。以丰富业态提升消费品质，D9街区正式开街，南京商厦重装升级，嘉佩乐酒店落户钟岚里，法拉利销售展厅入驻长江会，洲际VOCO酒店顺利开业，德基美术馆完成改造，编制《玄武区消费品牌招商指南》，成立放心消费商户联盟，长江路获评首批国家夜间文旅消费集聚区，玄武入选首批省文旅产业融合发展示范区建设单位，国际消费中心城市场景消费指数排名由全国第10上升到第7，被省政府表彰为开展消费促进等工作成效明显的地区。

*四是奋力战疫情，防控力度不断加大。*在服务抗疫大局中显担当，禄口机场疫情发生后，认真落实全市统一部署，迅速激活应急指挥体系，全力打好疫情防控阻击战，开展了6轮全员核酸检测、筹集了22家集中隔离酒店、保障了近1000名驻点医护人员、完成了2700多人集中隔离，8月8日在主城区率先实现全域低风险，为全市疫情防控取得决定性成果贡献了玄武力量。在严抓常态防控中筑防线，坚持“外防输入、内防反弹”，压实“四方”责任、落实“四早”要求，加强公共卫生应急管理体系建设，区突发公共卫生事件应急处置中心投入使用，重点人群全部落实“应检尽检”，全区累计接种疫苗超过100万剂次，按进度完成3～11岁、12～17岁人群疫苗接种工作，“加强针”按期接种完成率位居全市前列，全人群接种率超过95%，持续强化重要入城通道、人流密集场所疫情防控，形成了联防联控、群防群控的生动局面。

*五是强力抓建管，环境面貌持续改善。*抓更新强功能，推进地铁6号线、9号线征收，珠江饭

店、双拜巷等13个拆迁项目实现“清零”，童卫路、钟秀街等3条道路整治全面完成，老烟厂改造入选南京首批城市更新重点示范项目，梅园新村、香林寺沟环境面貌焕然一新，实施唐家山桥应急消险工程，打造卫巷危房改造示范项目，高品质更新南京站南广场，建成全市首批“梧桐语”小型城市客厅“宁+驿站”。抓改革树样板，深化小区综合化整治，以雍园41号、双拜巷151号为试点，一体推进立面、路面、安防、停车等改造，同步实施增梯等适老化项目，打造小区整治样板工程。加快环境一体化管养，打造“珠江路—内秦淮河”示范段，构建环卫、管网、河道、市政道路、园林绿化“五位一体”大管养模式。抓治污优生态，落实“低碳先锋城市”要求，与生态环境部南环所、东南大学碳研院合作，深化碳达峰、碳中和研究，能耗“双控”工作位居主城区前列。实施友谊河等6条河道水环境提升、进香河等10条暗涵整治，空气优良天数比率位居全市前列，入选中国最美县域。

六是倾力惠民生，群众生活更加幸福。纵深推进3批54件“为民办实事”项目，年度10件民生实事全部兑现，多渠道促进就业增收，突出共同富裕目标，加大援企稳岗工作力度，实施职业技能提升行动，全区新增就业超过2万人、创业带动就业超过3万人，预计居民人均可支配收入突破8万元、继续保持省市第一。全方位夯实社会保障，深入实施全民参保登记计划，打造线上慈善超市“云慈”品牌。抓好“一老一小”生活保障，牵头起草国家标准《困境儿童社会服务规范》，推进省级儿童关爱之家示范点建设，实现特困、半失能等“五类”老人政府购买服务全覆盖，顾家营保障房基本完工。高水平完善公共服务，严格落实“双减”政策，积极创新作业管理，探索全新教学体系，深化教育布局调整和集团化办学，十三中红山新城校区等4个教育重点项目集中开工，义务教育集团化办学覆盖率达到100%。深化医药卫生体制改革，打造专科联盟和特色科室，加强基层医疗设施建设，孝陵卫社区卫生服务中心建成使用。放大双拥工作优势，在全国首创“四位一体”退役军人之家综合体模式。完善公共文化服务体系，区少儿图书馆入选全省首批最美公共文化空间。

七是着力优治理，社会大局和谐稳定。文明创建持续深化，完善文明创建四级责任体系，举办市区志愿者出征仪式，开展“文明之美”摄影大赛，打造“15分钟文明实践圈”，建成全市首个见义勇为广场，涌现了“全国学雷锋优秀志愿者”“全国精神文明建设先进工作者”等榜样典型，崇德向善的社会氛围日益浓厚。安全防线更加牢固，深化安全生产“三年大灶”专项整治，上级安全生产督导巡查反馈问题全部整改到位，全区未发生安全生产亡人责任事故。严格落实《防范和处置非法集资条例》要求，开展金融风险网格化巡查。强化食品药品安全监管，创成省级食品安全示范区。治理效能不断提升，结合市域社会治理现代化试点，拓展“大数据+网格化+铁脚板”管理服务，建成玄武“社创谷”，构建“五社联动”机制。强化总体国家安全观，扎实推进大排查大整治工作。开展政法队伍教育整顿，着力打造政法铁军。积极完善法律服务体系，2家律所获评全国优秀律所。深化“信访积案化解攻坚年”行动，圆满完成重大会议活动安保维稳工作任务。

八是聚力强党建，管党治党从严从实。严格落实新时代党的建设总要求，突出思想引领，推进党委理论学习中心组制度化、规范化建设，实施理论宣讲“支点计划”，获评全省基层党员冬训工作示范区。牢牢掌握意识形态工作主动权，开展意识形态阵地集中排查，入选市网络综合治理体系建设试点区。围绕重大主题，扎实做好新闻宣传工作，主流媒体新闻报道、微信微博排名位居全市前列，“梅花戏剧角”示范样板点建设获得全市宣传思想文化工作创新奖。加强组织建设，推进干部队伍日常研判和实绩考核，深化干部“三线一岗”实践锻炼，持续优化区管领导班子。完成社区“两委”换届，社区书记主任一肩挑比例大幅提高、平均年龄降低5岁，对接高校院所引入59名大学生骨干担任社区书记助理，聚焦“两新”组织党务工作者专业化建设，创设红领学院，打造“三维递进”培育体系，得到省市委组织部肯定。强化监督执纪，加强对疫情防控、文明创建、信访维稳、垃圾分类、大气污染防治等重点工作的监督，加大群众身边“微腐败”查处力度，深化形式主义、官僚主义集中整治，打造“廉洁校园行”“倡廉护企行动”廉洁文化建设品牌，信息化办案经验在全省交流推广。如期完成十一届区委巡察全覆盖任务，启动十二届区委巡察工作。巩固团结氛围，支持人大及其常委会依法行使职权、开展工作，支持政协发挥协商民主重要渠道和专门协商机构作用。完善“大统战”工作格局，成立全省首家铸牢中华民族共同体意识促进会。党管武装工作不断加强，出台《关于军民融合推进民兵和应急体系物资装备征储实施意见》。团区委、工商联换届工作圆满完成，区总工会、妇联广泛组织职工建功、巾帼建功活动。党校、党史、档案、老干部、关心下一代等工作全面加强。

二、把握大势、服务大局，坚决扛起“争当表率、争做示范、走在前列”光荣使命

明年是党的二十大召开的喜庆之年，也是贯彻落实省市党代会精神的关键之年。营造平稳健康的经济环境、国泰民安的社会环境、风清气正的政治环境，是我们义不容辞的政治责任。我们要保持定力耐力，冷静清醒看待复杂的形势。当前，疫情走势仍不确定，外部环境复杂严峻，经济发展面临的困难和挑战增多，中央经济工作会议强调，我国经济发展面临需求收缩、供给冲击、预期转弱“三重压力”。玄武既有全国共性的问题，同时作为服务业大区，受到的影响更为直接、更为明显，需要我们主动作为、积极应对，坚决防止经济失速、大起大落。我们要满怀信心决心，坚定不移做好自己的事情。要看到支撑玄武高质量发展的基础条件没有改变，经济持续恢复、长期向好的总体态势没有改变，特别是中央经济工作会议指出，政策发力要适当靠前，并围绕宏观政策、微观政策、结构政策、科技政策、改革开放政策、区域政策、社会政策七个方面，明确了工作取向，释放了大批利好，随着优惠政策、平台载体、试点任务的相继落地，玄武的发展动力将持续增强、发展能级会不断提升。只要我们坚决贯彻中央、省市委决策部署，创造性开展工作，趋利避害、扬长补短，就一定能够战胜风险挑战，不断推动高质量发展取得新的成效。具体来说，要做到四个突出：

一是突出“对标看齐、绝对忠诚”的政治品格。坚持旗帜鲜明讲政治，牢记自己的第一身份是共产党员、第一职责是为党工作，将“两个确立”“两个维护”作为最高政治原则，自觉把思想和行动统一到十九届六中全会的重大要求上来、统一到中央经济工作会议的科学判断上来，始终在思想上、政治上、行动上同以习近平同志为核心的党中央保持高度一致，以新的奋斗和创造，坚决扛起“争当表率、争做示范、走在前列”光荣使命。

二是突出“稳字当头、稳中求进”的总体要求。坚持以经济建设为中心，牢记发展第一要务，把“稳”作为明年工作的重中之重，围绕保持经济运行在合理区间，扎实做好“六稳”“六保”工作特别是保就业、保民生、保市场主体，全力推进经济稳健增长、民生稳步改善、社会稳定和谐，在“稳”的基础上，科学把握工作的时、度、效，追求质量、结构、效益的全面提升，确保现代化建设行稳致远。

三是突出“创新引领、消费促进”的工作主线。坚持高质量发展要求，将创新作为第一动力、消费作为核心抓手，打造“创新引领”亮点、在南京建设综合性国家科学中心中贡献力量，巩固“消费促进”成效、在南京建设国际消费中心城市中勇挑重担，激扬优势资源、把握竞争主动，形成“创新引领”与“消费促进”协同共进的良性循环，坚定不移走特大城市中心城区彰显玄武特色的高质量发展之路。

四是突出“敢于担当、善于作为”的过硬作风。坚持既政治过硬，又本领高强，以政治能力建设为统揽，时刻保持强烈的政治担当、历史担当、责任担当，胸怀“两个大局”、牢记“国之大者”，自觉把工作放到全市、全省乃至全国大局中去思考，增强“八种本领”、提高“七种能力”，切实提升工作的系统性、预见性、科学性，彰显“心中有大局、手里有办法、肩上有担当”的玄武干部形象。

三、砥砺奋进、勇毅前行，以优异成绩迎接党的二十大胜利召开

综合研判形势，全区明年工作的总体要求是：坚持以习近平新时代中国特色社会主义思想为指导，全面贯彻党的十九大和十九届历次全会精神，深入落实习近平总书记对江苏工作重要指示

精神，按照中央经济工作会议、省委经济工作会议、市委十五届二次全会部署，主动适应新发展阶段、全面贯彻新发展理念、服务构建新发展格局、着力推动高质量发展，突出稳字当头、稳中求进，统筹疫情防控和经济社会发展，统筹发展和安全，坚决扛起“争当表率、争做示范、走在前列”光荣使命，奋力谱写“强富美高”新玄武现代化建设新篇章，以优异成绩迎接党的二十大胜利召开。

明年工作的主要指标是：GDP增长必成6.5%以上、期成7%，一般公共预算收入增长必成5%左右、期成5.5%，固定资产投资增长必成6.5%左右、期成7%，社会消费品零售总额增长必成7%、期成8%，外贸进出口总额增长必成8%、期成10%，实际利用外资必成完成2.7亿美元、期成完成2.8亿美元，居民人均可支配收入与经济增长保持同步。

设置这样的指标，主要是为了体现“稳字当头、稳中求进”的要求，既与“十四五”目标任务相匹配，又与玄武区情实际相适应，既强调奋斗性，又体现可行性，有利于引导预期、提振信心。在实际工作中，我们要努力争取更好的结果。

（一）聚焦创新提效，培育产业内生动能

以科技平台为引领，全速升级创新链条。融入南京综合性国家科学中心建设，围绕现代农业、新医药与生命健康等优势产业，主动对接国家战略科技力量布局，深化与省农科院、南京农业大学合作，打造生物育种钟山实验室。加快集聚省产研院“集萃系”创新平台，发挥医工交叉创新研究院、先声转化医学与创新药物研究所的示范效应，推动鼓楼医院临床医学研究中心落户，深化产学研合作，助力新兴产业规模扩张、内涵提升。

以数字经济为增量，全力释放创新活力。突出数字经济与实体经济深度融合，加快数字产业化，放大“玄武之光”新一代信息技术科创中心、铁北国际数码港等带动作用，推动软件和信息服务业整体提升，支持矽力微、赛特斯等企业开发集成电路、工业互联网技术，促进新兴数字产业加快发展。推动产业数字化，发挥德基全时空数字消费中心示范效应，加快“金融+数字”“文旅+数字”“消费+数字”发展，大力推进企业上云计划，积极开发重点应用场景，为创新发展增添动能。

以重大项目为依托，全域拓展创新空间。牢固树立大抓项目、抓大项目导向，加大招商力度，以总部经济为重点，依托金洽会、进博会等重点经贸交流展会，丰富地块招商、金融招商、以商招商等手段，全年开展系列招商活动50场以上、引进亿元以上项目突破60个。提升运作水平，谋划中科院系统院所迁后空间和军队停偿载体利用，新增硅巷超过15万平方米，加快徐庄聚智园、铁北创新孵化集群等160万平方米载体建设，完善领导包保、定期调度、督查考核机制，构建“孵化在硅巷、产业化在园区”的项目链条。

以优质要素为支撑，全面优化创新生态。突出人才第一资源，深入实施“凤栖玄武”人才计划，启动“玄武人才港”建设，全年入选国家、省市人才计划数超过125人。突出企业主体地位，积极培育“链主”企业、高新技术企业和“专精特新”小巨人企业，深入实施企业上市计划，打造活力迸发的企业集群。突出机制关键作用，深化科技体制改革，办好科技创新大会，建立“校地共商”“院地共商”机制，广泛组建创新联盟、产业联盟，大力集聚高端金融机构、一流中介机构，推动“政产学研金”要素融合汇聚。

（二）聚焦消费提质，激发市场活力潜能

坚持特色载体联动。突出“山水+消费”，融入“紫金山—玄武湖”城市中心公园建设，打造太岗路地下过街通道，建成钟山风景名胜区旅游服务中心，实现“一山一湖”串联融合，推动百子亭开街，谋划玄武门地下商业广场，完成红山动物园南扩、和昌魔法森林建设，彰显山水人文底蕴。突出“时尚+消费”，放大新街口“中华第一商圈”品牌效应，围绕长江路文旅集聚区建设，推动德基三期、钟岚里相互呼应、整合联动，彰显时尚活力风貌。

坚持平台经济赋能。大力做强平台企业，支持汇通达、好享家等企业围绕细分领域、持续深耕细作，推动平台企业跨区域、跨行业整合，打通供应、仓储、物流等重点环节，构筑产业生态体系，赋能中小企业发展。积极做优跨境电商，依托跨境电商联盟，发挥苏美达“达天下”和国投“投天下”带动作用，鼓励商贸企业网络化、智能化转型，创新营销模式，拓展海外市场，实现“技术+服务+品牌+标准”全面出海，塑造消费核心优势。

坚持多元场景打造。延展消费时间，推动“百子亭—安仁街—丹凤街—长江路”L形夜间经济集聚区建设，发展“六朝水韵”内秦淮河游船观光，加快1912、D9等特色街区整合联动，持续打造消费热点。充实消费内涵，出台《玄武区首店评价标准》《玄武区特色餐饮指数》，全年引进潮流首店50家、一线品牌20个，发挥德基美术馆、北丘美术馆带动作用，促进消费与艺术展览、戏剧表演、品牌赛事等深度融合，不断优化消费体验。

坚持一流服务保障。放大国际时尚周、国际城市休闲旅游节品牌效应，完善消费促进政策，策划系列消费活动，围绕新场景、新业态、新模式，开展精品线路、网红景点、热门活动评选，营造浓厚消费氛围。瞄准南京都市圈、长三角区域，探索成立多领域、多层次消费发展联盟，深化品牌、信息、管理等合作，充分整合消费资源。完善消费维权机制，加快诚信体系建设，做优“满意玄武”服务品牌，提升玄武消费的吸引力和影响力。

（三）聚焦环境提标，提升城市品质功能

突出快节奏更新，彰显精致美。抓住南京入选全国首批城市更新试点机遇，实施城市品质提升三年行动计划，编制低效用地再开发专项规划，加快孝陵卫地区城市更新步伐，启动黄家圩片区整体改造。统筹推进12个老旧小区综合化整治，打通文枢西路“断头路”，建成新庄立交地下过街通道，完成十三中锁金分校地下人防工程，积极布局“梧桐语”小型城市客厅，不断优化城市功能。

突出高水平管理，彰显宜居美。持续开展美化、绿化、净化工程，围绕环玄武湖、铁北红山新城等重点片区，推动环境一体化管养，探索“城市管家”模式。聚焦停车难题，积极推广共享停车，新增机动车泊位4500个。开展垃圾分类“争优除差”行动，启动循环经济产业园建设，努力打造“无废城市”。推进“美丽家园”行动计划，巩固老旧小区全覆盖托管成果，提高小区物业管理水平。

突出大力度保护，彰显生态美。深入打好污染防治攻坚战，推进幸福河湖建设，实施玉带河水环境提升，开展友谊河西沟等2条暗涵整治，确保重点断面水质稳定达标。深化$PM_{2.5}$和臭氧协同防控，加强挥发性有机物、扬尘、餐饮油烟治理，确保空气优良天数比率位居全市前列。全力打造“公园城市”，新建铁北水景公园，实施九华山公园绿化景观提升工程。制定碳达峰、碳中和行动方案，探索分区域、差异化的近零碳发展路径。

突出常态化创建，彰显文明美。落实全市创建文明典范城市三年行动计划要求，拓展新时代文明实践中心建设，完善文明城市创建常态长效工作机制。大力弘扬社会主义核心价值观，加强新时代公民道德建设，培育社会公德、职业道德、家庭美德、个人品德，持续开展道德模范、玄武好人、最美人物评选，打造玄武“最美”系列。开展文明单位、文明校园、文明社区创建，倡导志愿服务精神，培育社会文明新风。

（四）聚焦民生提优，增强公共服务效能

围绕普惠精准抓民生保障。扎实办好年度10件民生实事，坚持就业优先战略，强化岗位开发、鼓励灵活就业，加强高校毕业生等重点群体就业，全年新增就业超过1.7万人、创业带动就业突破1.2万人，居民人均可支配收入继续保持省市第一。强化社会保障，探索“兜底+慈善”模式，“一户一策”开展救助帮扶，关注“一老一小”群体，实现街道居家养老综合服务中心、“儿童关爱之家”全覆盖，建成“15分钟养老服务圈”，争创全国未成年人保护示范区，开工建设仙鹤门保障房。

围绕优质均衡抓社会事业。高标准建设现代化教育强区，实施“优质+”发展战略，落实“双减”要求，深化教育改革，加快教育基础设施建设，办好人民满意的教育。以“健康南京”标志区建设为抓手，成立医疗健康发展联盟，壮大全科医师队伍，建强家庭医生工作室，提升基层医疗卫生服务水平。扎实做好退役军人服务保障，建设双拥主题广场，讲好双拥故事、营造双拥氛围，争创省级双拥模范区“九连冠”。优化公共文化服务，打造“梅花戏剧角”文化阵地，争创省级书香城市示范区，满足群众高品质、多样化生活需求。

围绕协同高效抓安全稳定。时刻绷紧疫情防控这根弦，完善平战一体工作机制，强化“人、物、环境”同防，加快疫苗接种工作，提升全员防控意识，筑牢疫情防控屏障。深入推进安全生产“三年大灶”专项整治，开展自然灾害综合风险普查，加强安全风险分级分类管控，全面提升本质安全水平。深化法治玄武、平安玄武建设，全面推进“八五”普法，加快打造政法综治中心，落实风险防控“四项机制”，构建“一网通办”“一网统管”平台，持续开展“信访积案化解攻坚年”行动，完善矛盾纠纷多元化解机制，维护和谐稳定良好局面。

四、牢记主责、扛起主业，高质量推进党的建设新的伟大工程

办好玄武的事，关键在党。必须始终坚持和加强党的全面领导，传承弘扬伟大建党精神，纵深推进全面从严治党，以党的自我革命引领伟大社会革命，切实筑牢现代化建设政治保证。

*一是要在对标看齐中把准政治方向。*以党的政治建设为统领，深刻领悟“两个确立”的伟大意义和实践要求，将“两个维护”贯彻到玄武现代化建设的全过程、各方面。坚决执行党的政治路线，严格遵守党的政治纪律和政治规矩，做到党中央提倡的坚决响应、党中央决定的坚决执行、党中央禁止的坚决不做，确保上级决策部署在玄武落实到位。认真开展党内政治生活，不断增强党内政治生活的政治性、时代性、原则性、战斗性，不断提升党内政治生活质量。持续加强政治能力训练，不断提高政治判断力、政治领悟力、政治执行力，始终保持政治上的清醒坚定。

*二是要在理论武装中夯实信仰根基。*加强思想理论建设，巩固拓展党史学习教育成果，持续推进党的十九届六中全会和省市党代会精神学习宣讲，做优“支点计划”等基层理论宣讲品牌。落实意识形态工作责任制，持续抓好意识形态风险排查，完善重大活动内容报备机制，做好网络、高校、宗教等重点意识形态阵地管理，牢牢掌握意识形态工作的领导权和话语权。加强党的新闻宣传工作，围绕喜迎二十大等主题，创新“线上+线下”“新闻+服务”等形式，开展系列宣传报道，不断提升玄武的知名度和美誉度。

*三是要在真抓实干中锻造坚强队伍。*加强换届后区管领导班子建设，注重在基层一线和急难险重岗位中培养锻炼选拔干部，完善年轻干部“育选管用”工作体系，统筹用好各年龄段干部，着力建设一支政治过硬、本领过人、廉洁过关、思想开明、视野开阔、胸襟开放，堪当现代化建设重任的骨干力量。落实“三项机制”，深化干部交流，加强干部培训，为干部干事创业加油鼓劲。强化党建引领基层治理，健全网格支部“四赋能”机制，结合为民办实事项目，打造“红色物业”玄武样板。落实两新党建“三领一提”行动要求，深化红领学院建设，探索“红雁传书”机制，加强党务工作者梯次培育，锻造坚强有力的战斗堡垒和奋发有为的党员队伍。

*四是要在正风肃纪中永葆清廉本色。*深化党风廉政建设和反腐败斗争，强化政治监督，做实日常监督，推动纪律、监察、派驻、巡察“四项监督”统筹衔接，持续加大对“一把手”和领导班子监督力度。坚持“三不”一体推进，强化不敢腐的震慑，深化项目密集、资金集中、资源富集等重点领域反腐败工作，着力整治群众身边腐败和不正之风；扎牢不能腐的笼子，找准腐败背后的体制性障碍、机制性梗阻和制度性漏洞，努力做到查处一批案件、总结一类规律、治理一个领域；增强不想腐的自觉，深入开展警示教育，持续打造玄武廉洁文化建设品牌，筑牢拒腐防变的坚强防线。

*五是要在凝心聚力中营造团结氛围。*充分发挥党总揽全局、协调各方的领导核心作用，不断提高把方向、谋大局、定政策、促改革的能力和定力。践行全过程人民民主，支持和保证人大、政协依法依章程独立负责、协调一致地开展工作。深入贯彻《中国共产党统一战线工作条例》，更好发挥新时代统一战线法宝作用。加强党管武装工作，深化国防动员和后备力量建设。围绕政治性、先进性、群众性，持续推进群团改革，加强群团自身建设。统筹抓好党校、党史、档案、老干部、关心下一代等工作，凝聚起共谋发展、共谱新篇的强大合力。

同志们，光荣是拼搏出来的，梦想是奋斗出来的。让我们更加紧密地团结在以习近平同志为核心的党中央周围，在省市委的正确领导下，知重负重、履责尽责，坚决扛起“争当表率、争做示范、走在前列”光荣使命，奋力谱写“强富美高”新玄武现代化建设新篇章，以优异成绩向党的二十大献礼。

政府工作报告

——在区第十九届人民代表大会第一次会议上

区长　钱　维

2022年1月6日

一、本届政府工作回顾

区十八届人大一次会议以来，面对外部形势的复杂变化、经济发展的严峻挑战特别是突如其来的新冠肺炎疫情，全区上下以习近平新时代中国特色社会主义思想为指导，全面贯彻党的十九大和十九届历次全会精神，坚决落实市委市政府和区委决策部署，紧扣"强富美高"总目标，坚持稳中求进工作总基调，深入践行新发展理念，着力推动高质量发展，圆满完成"十三五"规划和本届政府任期各项目标任务，成功实现"十四五"良好开局，为谱写"强富美高"新玄武现代化建设新篇章打下坚实的基础。

五年来，我们坚持高位求进，全面提高发展质量，跨上了经济建设的"新能级"。始终把高质量发展作为第一要务落到实处，系统谋划经济建设，持续激发发展活力，扎实做好"六稳"[1]"六保"[2]工作，规模总量和质量效益实现"双提升"。经济规模实现历史性跨越。全区地区生产总值2019年突破千亿元大关，2020年站稳1100亿元台阶，2021年超1200亿元，年均增幅达7.9%。一般公共预算收入2021年预计完成105.1亿元，迈进百亿元门槛，比2016年翻了一番，年均增幅达16.5%。2021年，预计实现社会消费品零售总额1120亿元，以占全市约1%的面积贡献出近14%的总量；外贸进出口总额807.4亿元，占全市总量的13.1%。产业发展实现历史性跃升。服务业增加值占GDP比重达98.1%，稳居全市第一。文化旅游产业地标导向更加鲜明，文旅产业增加值占GDP比重接近20%；现代金融、高端商务商贸产业支柱地位越发凸显，产值双双突破千亿级；软件和信息服务、新医药与生命健康产业新兴态势蓬勃向上，年均增幅分别达15%、26%，"1+2+2"现代化都市型产业体系[3]加速形成。全区现有世界500强企业分支机构45家、独角兽和瞪羚企业17家，汇通达跻身“2021中国战略性新兴产业领军企业100强”，先声药业登陆港交所，全区上市企业累计达9家。项目建设实现历史性突破。聚焦主导产业、新兴产业组织精准招商，与德国、意大利等“生根国”[4]合作开展国际招商，倾心推出集各项服务措施于一体的“玄武金卡”[5]，招商局江苏总部、复星江苏总部等知名企业总部成功落户。聚力重大项目推进，“玄武之光”新一代信息技术科创中心成为十年来首个省级重大项目，先声百家汇二期等126个重大项目竣工投产，铁北创新产业总部经济示范园等17个投资额10亿元以上项目快速推进，挂牌出让22个地块，全社会固定资产投资年均达160亿元。全区新增和改造载体302万平方米，在建载体超300万平方米，为持续发展奠定了坚实基础。

五年来，我们坚持改革创新，全面加快动能转换，迈入了转型升级的“快车道”。始终把改革创新作为高质量发展的核心动力，聚焦创新引领、消费促进，全面释放创新活力，深入激发消费潜能，增强经济发展新动能。以改革赋能发展。深化“放管服”改革，在全省率先设置“办不成事”反映窗口，在全市率先推行区、街“全科政务”服务，在银行网点设立全市首个企业开办一站式服务区，成立区投资代办服务中心和企业上市服务驿站，区域营商环境不断优化。推进国资国企改革，组建文旅、城建、环境、高新、钟山五大区属国资集团，推动国有企业在市场竞争的洗礼下发展壮大。强化社会治理改革，网络综合治理体系建设成为全市唯一区级试点，社会治理一体化云平台入围全省首批网格化社会治理创新试点，“‘社会稳定指数’打造全周期基层社会治理体系”入选中国改革(2020)典型案例。以创新引领发展。充分发挥徐庄高新区龙头作用，聚力打造“一区五园”[6]创新经济带，推动更多创新要素在玄武集聚。徐庄高新区累计自主培育科技型企业606家，汇聚省级以上科创平台30个，创成省级高新区；铁北红山新城建成科创载体20余万平方米，先后引进中科软科技华东区域总部、中国铁塔江苏分公司等优质企业，产城融合典范形象日益彰显；以珠江路为主轴推进城市硅巷建设，珠江路成功晋级首批省级众创社区，承办南京首场城市硅巷建设推进会，全市首个由高校老校区整体转型的南师大玄武科技园顺利开园，累计建成市级备案硅巷18个、面积超45万平方米。落户新型研发机构15家，新增高新技术企业248家，引进培育高端人才450余人，每万人有效发明专利拥有量202件、名列全省第一，全区创成省级双创示范基地。以消费促进发展。全面放大人文底蕴和自然禀赋优势，深入推动文化、旅游与消费融合发展。围绕“四区同创”[7]目标，建集团、组联盟、搭智库，集中力量打造长江路文旅集聚区，长江路获评首批国家级夜间文旅消费集聚区，全区创成省级全域旅游示范区，入选全省首批文化和旅游产业融合发展示范区建设单位。深入推动国际消费中心城市中心区建设，全球知名的嘉佩乐酒店落户钟岚里，德基广场单体销售额位居全国第二，全市首家法拉利销售展厅入驻长江会，由工业遗存化身为时尚街区的D9文创园隆重开业。作为全省唯一上榜的城区，跻身“国际消费中心城市中心城区10强”，被省政府表彰为开展消费促进工作成效明显地区。

五年来，我们坚持品质优先，全面推进系统治理，展现了城区面貌的“高颜值”。始终把生态宜居作为高质量发展的鲜明特征，从老城加速更新、新城加快发展两端发力，推动环境质量、城市功能、居住品质整体提升。城区有机更新全面提速。完成全区发展规划大纲、国土空间规划编制。新建、改扩建红山南路东延、钟秀街等16条道路，对北京东路、中山门大街等22条主次干道进行整治，对曹后村、童卫路等62条街巷实施治理，路网体系更加完善。整治改造261.7万平方米老旧小区，完成52栋危房消险，主城最大的棚户区双拜巷、延宕近10年的珠江饭店地块拆迁完毕，“最美火车站”南京站焕发新颜，梅园新村、百子亭街区重现历史风貌，香林寺沟片区由城中村华丽变身为城市客厅。持续推进既有住宅增设电梯，累计建成572部，总量位列全市第一。建成63处停车场，新增机动车泊位8362个。生态环境保护全面发力。坚决打好污染防治攻坚战，严格落实点位长、河湖长制要求，中央、省环保督察反馈问题全面销号。突出大气污染源管控，全面推进“智慧工地”[8]建设，空气优良率位居全市前列。整治24条黑臭河道，完成28条河道水环境提升，清疏修缮69个片区雨污管网，9个市考断面水质稳定达标。新增绿地面积77.8万平方米，城市绿化覆盖率保持主城区第一。获评“2021中国最美百强县域”，是全市唯一上榜城区。城市精细管理全面强化。创新环卫、管网、河道、市政道路、园林绿化“五位一体”大管养模式，推动城市管理常态长效。玄武城建集团兜底接管298个无物业老旧小区，总面积突破560万平方米，物业管理实现全域覆盖。建成782个生活垃圾分类亭房，小区分类收集点覆盖率、点位投运率均达100%，垃圾分类成为“新时尚”。玄武区南部片区环卫清扫保洁PPP[9]改革入选省PPP示范项目。深入开展城市环境整治提升，“脏乱差”突出问题逐步整改到位，为南京高分通过全国文明城市、国家卫生城市复查做出重要贡献。

五年来，我们坚持人民至上，全面加强社会保障，交出了民生改善的“优质卷”。始终把以民为本作为高质量发展的最终目的，下大力气解决好群众关心关注的热点问题，民生总投入超150亿元，占财政支出80%。坚守疫情防控线。面对突如其来、持续蔓延、全球流行的新冠肺炎疫情，我们以生命至上的信念、向险而行的担当、事不过夜的效率、和衷共济的精神，积极构建平急转换工作机制，严格落实“四早”[10]措施，始终坚持“人、物、环境”同防，全力守护群众生命安全和身体健康。禄口机场疫情发生后，我们第一时间启动应急指挥体系，有序开展6轮共210.8万人次的核酸检测，筹集启用22家隔离酒店，温情服务2700余名集中隔离人员，高效保障6个联合医疗队居住点近1000名医护人员，在全市率先降为全域低风险城区。以“外防输入、内防反弹”为重点，落细落实常态化防控措施，累计接种疫苗超过115万剂次，全人群接种率超过97%。提升民生幸福线。坚持就业、创业与产业发展联动，累计新增城镇就业10.9万人、大学生就业12.1万人，预计2021年居民人均可支配收入突破8万元、连续8年位居全省第一。优化养老服务体系，新增养老床位2204张，完成3109户家庭适老化改造，区民政局荣获“全国民政系统先进集体”称号。发布打造现代化教育强区15条举措，组建六大名校教育集团，新建扩建中小学、幼儿园24所，义务教育集团化办学覆盖率达100%，国家义务教育质量监测位列全省第一，区教育局被评为全省教育系统唯一“人民满意的公务员集体”。成立玄武口腔医院，建成区公共卫生突发事件应急处置中心，异地新建孝陵卫社区卫生服务中心，创成省慢性病综合防控建设达标区、省健康促进示范区。全面打造十分钟文化圈、体育健身圈，社区综合文化服务中心实现全覆盖。建成全省首个退役军人之家综合体，创成省级双拥模范区。区关工委荣获“全国关心下一代工作先进集体”称号。筑牢安全生命线。深入开展社会矛盾大排查大整治行动，扎实开展扫黑除恶专项斗争，积极推进信访积案化解攻坚，深化“大数据+网格化+铁脚板”治理机制，平安玄武、法治玄武建设水平不断提升，各项重大保障任务圆满完成。聚焦安全生产“一年小灶”[11]“三年大灶”[12]目标任务，扎实推进国务院督导和省、市安全生产巡查反馈问题整改，持续开展重点行业领域安全生产专项整治，2020年、2021年连续两年未发生安全生产责任亡人事故。构建防范处置非法集资执法体系，积极防范化解重大金融风险，牢牢守住群众“钱袋子”。健全食品安全监管体系，完成食品可追溯系统建设，成功获评省级食品安全示范区，全力守护“舌尖上的安全”。

五年来，我们坚持政治引领，全面强化政府建设，打好了效能提升的“组合拳”。始终把加强政府自身建设作为高质量发展的基础保障，积极践行初心使命，勇于创新行政方式，不断提高政府效能，努力建设人民满意的服务型政府。政治建设取得新成效。认真开展“两学一做”学习教育、“不忘初心、牢记使命”主题教育和党史学习教育，切实增强“四个意识”，坚定“四个自信”，捍卫“两个确立”，践行“两个维护”，不断提高政治判断力、政治领悟力、政治执行力。全面贯彻落实中央和省市区委决策部署，扎实推动中央和省市委巡视巡察反馈意见整改落实。不断加强政府系统党风廉政建设，认真抓好中央八项规定及其实施细则精神落地落细，持续改会风、正文风、转作风。强化意识形态责任制落实，坚决维护意识形态安全。依法治区开创新局面。建立健全法律顾问、公职律师等制度，完善重大行政决策合法性审查、行政负责人出庭应诉等机制，区政府常务会议定期开展法律知识学习，“七五”普法工作取得积极成效。严格落实重大行政处罚案件集体讨论决定等制度，累计备案重大行政处罚案件160件，全部达到优良标准。认真解决12345热线、信访信息系统反映问题，办结市民诉求34.2万件，综合满意率达94.3%。自觉接受人大、政协及社会各界监督，累计办理人大代表建议720件、政协委员提案607件，满意(含基本满意)率均达100%。行政效能实现新提升。全面完成政府机构改革，建立区、街道、社区三级政务服务体系，140项高频政务服务事项实现“省内通办”[13]“跨省通办”[14]，入选省级重大行政决策规范化建设试点区。深入推进政务公开、行政复议，实现行政与司法的良性互动。构建以政府审计为主导、内部审计为基础、社会审计为辅助的监督体系，全面拓展审计范围。加强财政预算管理，提高资金使用效益，近两年地方政府隐性债务风险等级保持在绿色区域，区财政局被表彰为全省唯一的区县级“全国财政系统先进集体”。严控“三公”经费支出，以政府的“紧日子”换取老百姓的“好日子”。此外，民宗、外事、对台、侨务、地方志、老龄、工会、青少年、妇女、残疾人、红十字、人防、人武等各项工作取得新进展。

各位代表！这是极不平凡的五年，我们攻坚克难，直面新冠疫情的冲击，应对增长放缓的压力；这是求新求变的五年，我们砥砺奋进，锚定转型升级的方向，绘就幸福小康的图景；这是继往开来的五年，我们勇毅前行，积蓄追赶跨越的能量，厚植创新发展的优势。五年的成绩来之不易，根本在于习近平新时代中国特色社会主义思想的科学指引，在于市委市政府的坚强领导，在于历届区委区政府打下的坚实基础，是全区人民奋力拼搏的结果，是区人大、区政协监督支持的结果，是各民主党派、工商联、无党派人士、各人民团体、驻区部队、辖区各单位以及离退休老同志鼎力相助的结果。在此，我谨代表玄武区人民政府，向所有关心、支持、帮助玄武发展的同志们、朋友们，表示最衷心的感谢，并致以最崇高的敬意！

在总结成绩的同时，我们也清醒地认识到，玄武的发展还存在不少矛盾和问题，主要体现在：新冠肺炎疫情影响广泛深远，对全区经济社会发展的冲击不容忽视；制约产业高质量、跨越式发展的深层次问题尚未完全解决，产业转型升级任务艰巨；科技创新竞争力不够强，科教资源优势和企业创新主体地位还没有充分发挥；城市管理的科学化、精细化程度有待提高，民生保障水平与群众更高期待还有不少差距；政府自身建设还需加强，职能转变、效能提升仍需持续发力。针对这些问题，我们将高度重视、系统谋划、积极应对，切实加以解决。

二、今后五年发展目标

踏上新征程，百年再出发。习近平总书记视察江苏，提出江苏要“在改革创新、推动高质量发展上争当表率，在服务全国构建新发展格局上争做示范，在率先实现社会主义现代化上走在前列”，为我们明确了新目标、赋予了新使命。未来五年，对玄武来说，是时不我待的转型闯关期，也是十分关键的开局起步期，更是大有可为的战略机遇期。从国际来看，世界百年未有之大变局下，新冠肺炎疫情尚未结束，国际力量格局加速演变；国际经贸规则发生深刻变化，全球治理体系正在重塑；新技术革命加快推进，科技领域竞争日趋激烈。从国内来看，我们踏上向第二个百年奋斗目标进军的新征程，中华民族伟大复兴进入不可逆转的历史进程，高质量发展、生态文明建设、社会治理现代化和共同富裕被提高到前所未有的新高度。从区域来看，“一带一路”、长江经济带、长三角一体化、南京都市圈等国家和区域战略深入实施，省党代会提出要奋力谱写“强富美高”新江苏现代化建设新篇章，市党代会提出要全面建设人民满意的社会主义现代化典范城市。伫立于承前启后、继往开来的关键节点，我们必须认清大势、顺势而为，直面问题、迎难而上，始终站在时代潮流最前列、站在攻坚克难最前沿，锚定玄武发展新坐标，集中力量办好自己的事，创造条件办好自己的事，更高标准办好自己的事，牢牢把握发展的主动权。

今后五年，区政府工作的总体思路是：以习近平新时代中国特色社会主义思想为指导，全面贯彻党的十九大以来中央各项决策部署，认真落实习近平总书记视察江苏重要讲话指示精神，坚决扛起“争当表率、争做示范、走在前列”重大使命，紧紧围绕“全面建设人民满意的社会主义现代化典范城市”的奋斗目标，牢固树立以人民为中心的发展思想，在高质量发展上探索新路径、在首位度提升上形成新优势、在现代化建设上开辟新境界，建设最具竞争力的创新高地、最具影响力的消费中心、最具吸引力的美丽城区、最具凝聚力的幸福家园，奋力谱写“强富美高”新玄武现代化建设新篇章。

今后五年，全区经济社会发展的主要目标任务是：

——坚持把创新作为高质量发展的第一动力。聚焦构建多点支撑的全域创新发展格局，全面融入南京引领性国家创新型城市建设大局，通过老城更新和新城开发拓展创新空间，形成徐庄高新区、红山新城和城市硅巷联动发展的创新格局。深入实施创新型企业培育工程，广泛汇聚各类创新人才，积极构建以“链主”企业为龙头、高新技术企业为主体、规上企业为支撑的发展矩阵，推动产业迈向高端化、特色化、集聚化，为高质量发展奠定坚实基础。到2026年，新增独角兽和瞪羚企业3家、总部型企业10家、“专精特新”[15]企业10家，高新技术企业达到1000家，新增引育高层次人才500人以上，地区生产总值年均增长6%以上，创新活力全面迸发，经济结构明显优化，综合实力显著增强。

——坚持把消费作为高质量发展的核心抓手。聚焦建成国际消费中心城市中心区，坚持高端资源高效利用、优质空间优先开发、特定区域特色发展，加快新街口商圈消费业态创新和功能提档升级，积极打造红山新城高端商业中心，加大中山门大街沿线商圈整合力度，建设南京站枢纽型消费活力区，充分发挥消费对经济发展的基础性作用。到2026年，建成商业载体400万平方米，打造特色商业街区10个，新增一线品牌100个、潮流首店200家，高标准打造国际化消费集聚区、商旅文消费示范区和数字化消费引领区，建成影响全国、辐射全省、引领南京都市圈的国际消费中心城市中心区。

——坚持把美丽作为高质量发展的鲜明底色。聚焦创建国家级生态文明建设示范区，积极践行习近平生态文明思想，深入实施“双碳”[16]行动方案，主动融入紫金山—玄武湖城市中心公园建设，持之以恒抓好治气、治水、治土工作，下足绣花功夫推进城市治理水平提升，积极倡导节约适度、绿色低碳生活方式，牢牢守住“生态环境只能更好、不能变差”的底线，充分彰显玄武自然之美、人文之美、文明之美。到2026年，全区所有河湖基本建成幸福河湖，空气优良天数比率稳定达标，建成区海绵城市达标率超过50%，2000年以前老旧小区以及满15年保障房小区完成整治，美丽玄武更增“颜值”、更显“价值”。

——坚持把幸福作为高质量发展的根本目的。聚焦建设宜居、乐业、和谐的幸福家园，深入抓好普惠性、基础性、兜底性民生工程，积极探索促进共同富裕的体制机制，实施更加充分更高质量就业，提升公共服务品质，加大社会保障力度，持续增强玄武居民的获得感、幸福感和归属感。优化“大数据+网格化+铁脚板”机制，健全城市运行“一网统管”[17]体系，一体推进平安玄武、法治玄武建设，全面提升城区本质安全水平。到2026年，居民人均可支配收入达10万元左右，建成高水平现代化教育强区、“健康南京”标志区，防范化解重大风险机制更加健全，应急管理体系更加完备，社会治理更加高效，人民群众共享高质量发展成果。

三、2022年工作安排

2022年是全力推进“十四五”规划落实、加快推动现代化建设的关键之年，也是全面建设人民满意的社会主义现代化典范城市的起步之年。做好今年政府工作的总体要求是：坚持以习近平新时代中国特色社会主义思想为指导，全面贯彻党的十九大和十九届历次全会精神，深入落实习近平总书记对江苏工作重要指示精神，按照中央经济工作会议、省委经济工作会议、市委十五届二次全会、区委十二届三次全会部署，主动适应新发展阶段、全面贯彻新发展理念、服务构建新发展格局，着力推动高质量发展，突出稳字当头、稳中求进，统筹疫情防控和经济社会发展，统筹发展和安全，坚决扛起“争当表率、争做示范、走在前列”光荣使命，奋力谱写“强富美高”新玄武现代化建设新篇章，以优异成绩迎接党的二十大胜利召开。

综合考虑各方面因素，今年全区经济社会发展的主要预期性指标为：地区生产总值可比增长6.5%以上，一般公共预算收入增长5%左右，全社会固定资产投资增长6.5%左右，社会消费品零售总额增长7%，外贸进出口总额增长8%，居民人均可支配收入与经济增长保持同步。今年要着重做好以下六个方面工作：

（一）聚力推动经济高质量发展，在融入新发展格局上再绘新蓝图。坚持稳字当头、稳中求进，完整、准确、全面贯彻新发展理念，继续做好“六稳”“六保”工作，努力实现更高质量、更有效率、更可持续的发展。

保持经济稳定增长。积极应对疫情冲击和经济下行压力，全面加大经济组织力度，确保各项经济指标保持在合理区间。聚焦重点领域、基础设施和社会事业短板，谋划建设一批政府性投资项目，引导社会资本扩大投资，为经济发展提供有力支撑，全社会固定资产投资保持在170亿元以上。用好出口退税、信用保险补贴等外贸政策，鼓励企业积极发展离岸贸易、跨境服务贸易等新业态，支持苏美达、车享购等企业开展二手车出口试点，全年实际利用外资2.7亿美元，外贸进出口总额达871亿元。建立多元化资金保障机制，进一步强化政银企合作，鼓励金融机构加大对中小微企业、科创企业的信贷投放力度，帮助企业获得100亿元以上融资支持，助推汇通达、赛特斯、大汉软件等企业加快上市步伐。

促进产业转型升级。做优地标产业，以文旅融合为主线，以“四区同创”为抓手，加快建设文旅企业总部集聚区，文化产业增加值达140亿元、占GDP比重继续保持全省第一，旅游产业总收入达260亿元。做大支柱产业，加快新街口金融商务圈建设，重点引进消费金融、科技金融等金融业态，集聚总部型金融机构50家左右，现代金融产业增加值达260亿元；鼓励商业综合体、品牌专卖店拓展线上业务，丰富无人零售、直播电商等商业新模式，新增一线品牌20个以上，高端商务商贸产业增加值达300亿元。做强新兴产业，发挥矽力微、鱼跃等龙头企业引领作用，推动产业链上下游企业在玄武集聚，新增“专精特新”企业3家，软件和信息服务产业收入达580亿元，新医药与生命健康产业营业收入达260亿元，人工智能与集成电路产业营业收入达25亿元。加快数字经济发展，赋能传统产业转型升级，促进数字经济与实体经济深度融合。

强化项目核心支撑。精心筹备金秋经贸洽谈会、软件博览会、进口博览会等品牌展会玄武专场招商推介活动，推动椿年健康等项目签约落地，完成亿元以上签约项目60个，招引市级总部企业3家。全力抓好103个、总投资988.7亿元的重大项目建设，完成年度投资156亿元。开工建设招商局江苏中心、徐庄创智荟等项目，加快推进“玄武之光”新一代信息技术科创中心、铁北创新产业总部经济示范园等项目，建成中央路224号总部经济大楼、和昌魔法森林等项目。加大地块出让开发力度，启动长途东站地块低效用地、经五路公交场站用地开发利用，确保双拜巷、珠江饭店等地块成功挂牌。

（二）聚力加快发展动能转换，在激发市场活力上再谱新篇章。准确把握新发展阶段的新特征，突出创新引领、消费促进工作主线，全力建设创新高地、消费热土，为高质量发展提供强劲动力。

大力推动科技创新。组建各层次产业联盟、企业联盟、创新联盟，举办南京创新周玄武专场、珠江路城市硅巷创客节等活动，创成市级创新示范区，进一步造浓全域创新氛围。大力推进科创载体建设，整体谋划部队停偿载体和中科院“一院四所”[18]搬迁后的空间利用，推动中山大厦、华海数码广场等载体向创新创业空间转型，新增硅巷载体15万平方米，集聚高新技术企业、科技型中小企业600家，引导硅巷载体设立企业投资基金超18亿元。强化企业创新主体地位，优化人才服务方式，开展高新技术企业“小升高”培育工程，新认定科技型中小企业700家，每万户法人企业中高新技术企业达超130家，引进培育高层次创新创业人才100人以上。持续深化与高校院所的实效性合作，推进生物育种钟山实验室建设，支持省农科院建设农业种子资源综合基因库，建成南京医工交叉创新研究院临床前公共服务平台，提高产学研合作成效。

深入激发消费活力。持续推进长江路文旅集聚区和国际消费中心城市中心区建设，推动消费潜能由老城向新城延伸、由核心区向重点板块扩展。以文化、旅游与消费融合发展为导向，统筹推进德基三期、百子亭天地、嘉佩乐酒店等重点商业载体建设，增强核心商圈消费吸引力。以整体打造、片区联动为方向，坚持载体更新、业态转型、形象提升并举，加大中山门大街沿线曼度年华、钟鼎名悦广场等商圈整合力度，壮大街区消费规模。充分发挥招商局江苏中心牵头作用，加快星河COCO City、宝龙城、复地豫园商业街等载体建设，完善消费网点布局，加快打造红山新城高端商业中心。大力发展特色消费，开展15分钟便民消费圈试点，组织10大消费活动评选，培树婚庆消费品牌，打造更多烙印"玄武标识"的消费载体。

持续优化营商环境。加强区、街道、社区三级政务服务事项标准化建设，在街道设立"省内通办""跨省通办"线下服务专窗，持续深化"一件事"改革[19]，实现企业开办全程免费、半日办结。充分发挥"宁企通"[20]惠企服务平台作用，落实各类惠企措施，探索实施惠企政策"免申即享"，促进市场主体加速涌现。深入推动质量强区建设，建立企业首席质量官制度，做优做强"质量小站"。开展知识产权强省建设区域示范区创建，不断提高知识产权运用质效。深化区属国企改革，坚持市场化运作，引导国有资本进一步向重要行业和关键领域集中，做优做强五大区属国资集团。

（三）聚力改善城市功能品质，在建设美丽城区上再展新形象。抓住南京入选全国首批城市更新试点单位的有利时机，以"优空间、强功能、增活力、塑特色"为目标，因地制宜开展城市更新改造，彰显特大城市中心城区独特风范。

更新拓展城市空间。坚持"多规合一"，统筹兼顾地上与地下、建设与治理、保护与开发，将道路建设、河道整治、街巷治理、老旧小区更新等工程结合起来，深入实施城市品质提升三年行动[21]，完成玄武区低效用地再开发"十四五"专项规划编制。建成新庄立交地下过街通道、百子亭北路市政道路，继续推进文枢西路西延工程，开工新建阅武路，进一步优化城区交通路网。实施红山片区电网工程建设，新建尚塘村10千伏开关站、华飞110千伏变电站，推进恒嘉路10千伏、110千伏杆线下地工程，缓解红山新城电力供应压力。继续推进地铁6号线、9号线玄武段沿线征收工作。续建月苑片区人防工程，完成十三中锁金分校人防工程建设。

升级完善宜居品质。紧贴群众实际需求，启动黄家圩、十字街棚户区改造，推进卫巷片区危旧房改造，整治改造后半山园4号、钟灵街48号等12个老旧小区。秉持改善面貌、保留风貌原则，开展新街口特色时尚街区环境品质提升工程，推进长江路文旅集聚区周边环境整治，加大历史文化保护力度，挖掘背街小巷特色资源。继续推动顾家营保障房建设，开工建设玄武东南青年汇公寓项目。新建停车场8处，新增机动车泊位4500个，有序推进停车资源共享。完善仙鹤门公园体育配套设施，新改建32条全民健身路径。完成环陵路岔路口积淹水改造，建成3个消防救援站。

优化改善生态环境。加大道路、工地扬尘管理力度，加强印刷厂、餐饮店、加油站、机动车污染排放管控，加快老旧小区油烟集中收集治理改造，持续改善大气质量。实施玉带河水环境综合提升工程，开展进香河、友谊河西沟暗涵整治，启动唐家山沟流域雨污管网清疏修缮，完成2个污水提质增效达标区建设，全面消除劣V类水体。对接紫金山—玄武湖城市中心公园建设，打造香林寺城市公园，实施九华山公园景观提档升级，完成玉带河城市口袋公园等4处小微公共空间改造。实施"双碳"行动方案，推进能耗双控[22]工作，推动经济社会绿色低碳转型。

（四）聚力提高人民生活水平，在增进民生福祉上再显新作为。紧紧围绕人民群众对美好生活的向往，扎实保障和改善民生，用心解决事关群众切身利益的热点难点问题，让玄武居民美好生活的成色更足、质量更高。

强化社会兜底保障。以高质量发展扩大就业容量，以高水平服务提升就业质量，为高校毕业生、退役军人、失业人员等提供100场以上专场招聘活动，新增城镇就业1.8万人、大学生就业2.3万人，实现再就业6000人。健全完善社会救助体系，做好低收入人员认定和动态监测工作，加大弱势群体帮扶力度，简化社会救助申请流程，依托公益组织为困难人员提供就业培训和工作岗位，拓展医疗、教育、住房等特色救助项目，探索低收入人群增收机制，持续提升居民收入水平。创新慈善资金募集渠道，通过“云慈”平台[23]汇聚社会公益资源。完善流浪乞讨人员救助服务引导点建设，实现59个社区全覆盖。

加强公共服务保障。完成区医学检验中心改造，建成区医学影像中心，做好国家卫生城市迎复审工作，争创国家级中医药建设典范区。积极回应群众关切，全面落实“双减”[24]要求，不断强化校外培训机构整治，扎实做好中小学课后服务。启动红山小学南校区扩建、宇花小学校园整体升级改造工程，完成11所初中和小学新名校建设。优化名校长、特级教师、学科带头人培养体系，进一步扩大优师名师规模。举办群众性文化体育活动100场次，组织公益文化演出活动50场以上。组织参加第20届省运动会，开展4500人次国民体质测试。在公共场所新增50台自动体外除颤器，培训心肺复苏术和自动体外除颤器使用持证救护员8500人。

突出重点人员保障。积极适应人口老龄化趋势，持续加大养老服务保障力度，推动居民小区养老设施用房建设，建成2个老年人照护中心，新增养老床位100张，完成180户家庭适老化改造，为60岁以上老年人免费提供健康体检，为80岁以上老年人提供上门照护服务。加强未成年人保护工作，建成街道儿童“关爱之家”4个。强化托育机构准入资质评估，开展婴幼儿照护服务。加大残疾人托养工作力度，持续关爱适龄残障儿童适性发展，确保有能力的残疾儿童100%就学。建设双拥主题广场，建成39个示范型社区退役军人服务站，争创省级双拥模范区“九连冠”。

各位代表，保障和改善民生要抓住人民群众最关心最直接最现实的利益问题。今年，我们在广泛征集民意的基础上，围绕社会各界普遍关心的突出问题，优选出12件民生实事项目，请各位代表审议并票决。我们将以“一诺千金”的态度，集中力量、集中资源、集中财力，把民生实事一件件解决好、一桩桩落实好。

（五）聚力提升城市治理效能，在构建安全城区上再上新台阶。坚持共建共治共享理念，树立全周期、多维度、系统化管理意识，积极构建城市安全韧性运行体系，努力营造平安和谐的城区环境。

抓牢公共应急处置。认真落实新冠肺炎疫情常态化管控措施，抓好境外和国内中高风险地区人员管控，实行高风险岗位人员闭环管理，确保重点人群核酸检测“应检尽检”，持续推进疫苗接种工作，全力保障群众生命安全和身体健康。深入开展首次全国自然灾害综合风险普查，加强台风、洪涝等自然灾害预警，加大低洼易涝区域整治力度，完善应急抢险工作预案，做好应急物资储备管理，提高自然灾害应对水平。加强应急处置力量建设，健全突发事件应急响应机制，及时回应社会关切，组织开展突发情况应急演练，发放人防应急救援包2700个，提高应急防范能力。

打牢城市治理根基。加强城市精细化、一体化管理，积极开展网格管理、常态巡查、刚性执法，巩固提升环卫保洁质量，城区主干道机械化清扫率达100%，道路整洁优良率达90%以上。开展生活垃圾分类“争优除差”行动，增配垃圾收运车115辆，提高垃圾分类专运专收能力。扎实开展“大走访”活动，全面推进信访突出问题攻坚化解，持续开展扫黑除恶斗争，不断提升平安玄武建设水平。深入推进城市运行“一网统管”平台建设，积极构建区、街道、社区、小区“多脑协同”治理模式，全面提高基层治理现代化水平。深化拓展文明典范城市创建，优化完善创建机制，确保创建成果不反弹、不滑坡、不回落。

筑牢安全发展防线。围绕国家安全发展示范城市创建，聚焦建筑施工、危化品、特种设备、城市燃气、“九小”场所[25]、群租房等重点领域和场所，持续推进安全生产专项整治三年行动，创新安全生产隐患发现机制，确保防范无死角、监管全覆盖。聚焦金融重点领域和风险高发行业，组织开展常态化排查，加强非法金融活动源头管控,坚决防范化解各类金融风险。突出食品流通环节监管,提高日常抽检频次,确保群众"舌尖上的安全"。不断提高意识形态领域风险防范能力,坚决守住意识形态阵地。

(六)聚力加强政府自身建设,在提高履职能力上再交新答卷。踏上未来五年的新征程,新一届政府将勤勉履职、奋发作为,加快政府职能转变,全面强化自身建设,切实做到对人民负责、受人民监督、让人民满意。

始终把政治建设摆在首位。全面贯彻新时代党的建设总要求,推动政府系统忠诚拥护"两个确立",坚决做到"两个维护",以政治能力建设为统揽,全面提升推进现代化建设的能力本领。深入学习党的百年奋斗重大成就和历史经验,凝聚起奋力前行的强大精神动力。严格遵守政治纪律和政治规矩,坚决贯彻落实好中央、省、市和区委各项决策部署,做到政令畅通、令行禁止。认真落实中央八项规定及其实施细则精神,严格履行主体责任和"一岗双责",切实抓好政府系统党风廉政建设。驰而不息纠治"四风",力戒形式主义和官僚主义,大力精简文件和会议,严控督查考核总量和频次,持续为基层减负松绑。

始终把为民服务记在心中。坚持把群众对美好生活的向往,作为新一届政府奋斗目标,始终做到与人民同呼吸、共命运、心连心。积极推动学习型政府建设,不断提高适应新时代、落实新部署、实现新目标的能力,全面提升干事创业水平。大力弘扬"马上就办、真抓实干"的作风,把发展责任牢牢抓在手上、落到实处,努力把普通工作做成特色、把特色工作做成亮点、把亮点工作做成精品。深入开展调查研究,完善沟通反馈机制,提高政府决策的科学性、精准性。健全完善正向激励、容错纠错等机制,为积极干事者撑腰鼓劲,对庸政懒政者严肃问责,培养一支爱做实事、肯办难事、能干大事的干部队伍。

始终把依法行政扛在肩上。认真贯彻落实习近平法治思想,制定实施法治政府建设规划,推动学法用法制度化、规范化、常态化,让政府规章落实有准度、权力运行有法度、严格执法有力度。全面执行区人大及其常委会的决议、决定,自觉接受人大的法律监督、工作监督和政协的民主监督,主动接受社会和舆论监督,高质量办好人大代表建议、政协委员提案。依法强化政府性、经营性债务管理,确保债务规模、债务率"双下降"。全面推进政务公开,有序推动政府数据开放共享,不断提升政务公开标准化规范化水平,让政务更阳光、更透明。

各位代表,历史的使命,召唤着我们;时代的变革,引领着我们;人民的期盼,激励着我们。征途漫漫,惟有奋斗;梦想成真,惟有实干!让我们更加紧密团结在以习近平同志为核心的党中央周围,在市委市政府和区委的坚强领导下,以最大的定力接续奋斗,以最实的作风拼搏苦干,以最强的信念守正创新,推动"强富美高"新玄武建设再上新台阶,全力彰显省会城市中心区的责任担当,不断展现玄武新形象新作为,为全面建设人民满意的社会主义现代化典范城市作出玄武贡献,以优异成绩迎接党的二十大胜利召开!

名词解释

1."六稳":是指稳就业、稳金融、稳外贸、稳外资、稳投资、稳预期。

2."六保":是指保居民就业、保基本民生、保市场主体、保粮食能源安全、保产业链供应链稳定、保基层运转。

3."1+2+2"现代化都市型产业体系:是指以文化旅游为地标产业,现代金融、高端商务商贸为支柱产业,软件和信息服务、新医药与生命健康两大新兴产业加速崛起的"1+2+2"现代化都市型产业体系。

4."生根国":是指"生根出访"(从2018年下半年开始,南京市各板块各园区围绕主导产业定位,与全球创新大国和"关键小国"结对,每年常态性开展出访对接和考察合作,作为面向全球集聚创新资源的关键抓手)对应的国家。根据全市统一安排,玄武区"生根出访"创新大国为德国,"关键小国"为意大利。

5."玄武金卡":是指为符合条件的优质企业高管或高端人才提供子女入学、专属医疗、政务通道、人才安居等7个方面专享服务。

6."一区五园":"一区"为徐庄高新区核心区,"五园"为铁北红山新城、东大·南京设计名城、珠江路城市硅巷、玄武科技金融园、南理工科技创新园。

7.“四区同创”：是指创建国家夜间文旅消费集聚区、国家全域旅游示范区、国家文旅产业融合发展示范区、省级文旅消费试点单位。

8.“智慧工地”：是指运用信息化手段，围绕施工过程管理，建立互联协同、智能安全生产、科学管理的施工项目信息化生态圈，实现工程施工可视化智能管理，提高工程管理信息化水平。

9. PPP：是“Public-Private-Partnership”的首字母缩写，常译为“公共、私营合作机制”，指政府公共部门和社会资本通过契约关系建立起风险共担、利益共享的合作伙伴关系，由社会资本提供公共服务，政府依据公共服务绩效评价结果向社会资本支付相应对价，保证社会资本获得合理收益。

10.“四早”：是指“早发现、早报告、早隔离、早治疗”。

11.“一年小灶”：是指2019年11月12日，习近平总书记批示要求，国务院要对江苏省安全生产问题开小灶，进行为期一年的专项整治，务必整出成效。

12.“三年大灶”：是指在“一年小灶”的基础上，江苏省按照全国统一部署，开展安全生产专项整治三年行动。

13.“省内通办”：是指同一政务服务事项在全省范围内无差别受理、同标准办理。

14.“跨省通办”：是指依托全国一体化政务服务平台和各级政务服务机构，让大量民生事项可以足不出户办理、跨区域不见面办理，不断提升办事体验。2020年9月24日，国务院办公厅印发《关于加快推进政务服务“跨省通办”的指导意见》，同时公布了140项“跨省通办”事项清单，涵盖公安、人社、民政、教育、医疗等众多部门政务服务内容。

15.“专精特新”：是指企业具有专业化、精细化、特色化、新颖化的发展特征。“专”即专业化，专注一个行业、专做几个产品、专门服务一类客户、专心开拓一些地区；“精”即精细化，精良的产品或服务品质、精益求精的工作作风、精简高效的管理制度和流程；“特”即特色化，抓住客户特点，形成自己的特色，如产品特色、服务特色等；“新”即新颖化，技术创新、管理创新、商业模式创新，努力培育新增长点，形成竞争新优势。

16.“双碳”：是指国家提出的两个阶段碳减排奋斗目标，即二氧化碳排放力争于2030年达到峰值和努力争取2060年实现碳中和。

17.“一网统管”：是指从“整体性政府”建设出发，利用互联网技术和大数据思维，通过统筹数据、事项和治理力量等管理资源，实现“高效处置一件事”的管理目标，是现阶段智慧城市建设和城市数字化治理的重要内容。

18.“一院四所”：是指中国科学院南京分院以及中国科学院南京地质古生物研究所、中国科学院南京土壤研究所、中国科学院南京地理与湖泊研究所、中国科学院国家天文台南京天文光学技术研究所。

19.“一件事”改革：是指将企业和群众需要到各级政务服务机构办理的事项，特别是需到多个部门、需经多个环节办理的事项，经过环节整合、流程优化，成为企业和群众眼中的“一件事”（如开办超市、药店等），实行“一次告知、一表申报、一窗受理、一次办成”，线上“一次登录、一网通办”，线下“只进一扇门、最多跑一次”。

20.“宁企通”：是指全市统一的惠企综合服务平台，是全市惠企服务的总入口，统一申报、统一认证、一站服务，并通过线上线下相融合，形成公开透明、方便快捷的惠企政策集成服务生态系统。

21. 城市品质提升三年行动：是指利用三年左右时间（2021—2023年），通过实施美丽街道建设、重点片区整治、老旧小区改造、转角空间打造、城市治理提标等十大任务，实现城市品质整体提升。

22. 能耗双控：是指能源消费强度和总量双控。

23.“云慈”平台：是指玄武区慈善超市与社会企业的联合体，打破传统慈善超市的经营模式，突破地域限制，首创南京市线上慈善超市的新型业态。

24.“双减”：是指减轻义务教育阶段学生作业负担和校外培训负担。

25.“九小”场所：是指购物、餐饮、住宿、公共娱乐、休闲健身、医疗、教学、生产加工、易燃易爆危险品销售储存等九类小型场所的统称。

（栏目编辑　卢永晨）

专记

创新平台聚合力　立足服务促发展

持续打好碧水保卫战　全力推进幸福河湖建设

创新平台聚合力，立足服务促发展

——玄武区建成全国首家退役军人之家综合体

玄武区地处南京的核心城区，是典型的红色之区、驻军大区、拥军强区。区委、区政府认真贯彻落实习总书记关于退役军人工作重要论述，着眼全面提升退役军人服务保障工作水平，实现“双一流”目标，打造了“省内顶尖、全国领先”的集退役军人服务、主题宣传展示、党史军史教育、军地共建交流于一体的玄武区退役军人之家综合体（简称“综合体”），以此重大项目建设为引领，深入推动退役军人工作整体跃升。区退役军人事务局党委坚决贯彻落实习近平总书记关于退役军人工作的重要指示批示和中央、省市区关于退役军人工作部署，依托综合体，积极探索《中华人民共和国退役军人保障法》在玄武的创新实践。

综合体概述

玄武区退役军人之家综合体项目坐落于玄武区珠江路683号，主要包括一楼的退役军人服务中心，二楼的退役军人主题馆、双拥文化广场和三楼的退役军人事务局，整体面积约3800平方米，综合体启用当天，央视军事频道、《人民日报》、新华社、《解放军报》、《中国国防报》等国家级媒体对仪式现场进行了重点宣传报道；《新华日报》、《南京日报》、南京电视台等省、市主流媒体；交汇点、紫金山、紫牛新闻等众多新媒体也播出、刊发了形式多样的新闻报道。自综合体启用以来，有500余篇次相关报道深度解读了玄武区退役军人之家启用对全省和全市退役军人工作的现实意义和深远影响，多渠道、全景式、立体化呈现了综合体运作总体情况及未来建设发展趋势。

玄武区退役军人主题馆门口　　（区退役军人事务局　供图）

创新举措

玄武区退役军人事务局积极创新探索退役军人服务保障模式，以综合体为核心载体，不断完善退役军人服务保障体系建设。

创新服务模式促保障，切实发挥全链式服务。区退役军人服务中心（即“一厅两站和四个功能室”：办事大厅、法律服务站、心灵驿站、老班长工作室、军休活动室、多功能室、档案室）主要负责退役军人窗口平台、政策咨询、权益维护、困难帮扶、就业创业指导、心理咨询、文化交流等服务工作。服务中心积极探索退役军人服务玄武模式，建成横向到边、纵向到底的退役军人服务体系，形成“1+3+N”退役军人服务保障模式（“1”为区退役军人服务事务局，“3”为区退役军人服务中心、街道、社区退役军人服务站三级体系，“N”为企事业单位、部队、社会组织等）。

完善体系建设强管理，切实发挥“家”的作用。区退役军人服务中心成立以来，在履行政府职能上，严格按照标准做好精准化、规范化、系统化的服务保障工作。已完成区本级和7个街道服务站示范型创建，正在推进59个社区服务站创建任务；完成退役军人信息核对工作；组织三级服务机构走访慰问退役军人；利用驻军资源，与东部战区建立走访困难退役军人走访机制，每年200余个家庭受益并逐年增加；派9批次人员赴京、省执行值班执勤任务，协助科室组织4场退役军人、军嫂专场招聘会，协助完成秋季退役士兵报到工作；推动退役军人服务信息化建设，建成区退役军人之家"云平台"，"线上线下"同时为退役军人办理服务，初步实现了军人从现役到退役全流程服务保障和退役军人事务工作服务范围全覆盖，打通了惠军服务最后"一公里"，目前正组织4700余名优抚对象档案数字化入库工作推动退役军人工作数字化、智能化；指导区三级体系成立退役军人志愿者服务队，目前全区志愿者达647人，尝试整合力量建立专业化、精干实用的志愿队伍，努力在服务经济社会发展、服务退役军人、服务双拥共建中发挥作用；依托社会力量建立拥军惠兵基金，今年已走访慰问294户烈属，对接省扬子退役军人关爱基金会，走访慰问军人军属，为军休干部安装3部电梯；指导成立退役军人服务社会组织，做好服务工作，全区已成立9家专业拥军社会组织，涵盖退役军人养老、军旅文艺、国防教育、权益调解等业务，为10余万人次提供服务。

玄武区退役军人主题馆内景　　（区退役军人事务局　供图）

打造实境课堂强宣教，切实发挥"课堂"作用。在建党100周年之际和《退役军人保障法》开始实施的第一年，区退役军人事务局党委围绕服务区域发展和区委区政府中心工作目标，充分发挥综合体"四位一体"的综合保障和实景教育作用，开展一站式综合服务和实景实践教育活动。一方面，注重发挥退役军人在爱国主义教育和国防教育活动中的积极作用，组建"玄武区军休红宣讲团"，组织军休老党员讲好红色故事，传承红色文化。另一方面，将区退役军人主题馆打造成"实境课堂"，全馆分6个展厅集中展示了10余个驻区部队的光荣传统和194位英烈、108名功勋军休干部、5000余名立功军人、68名优秀退役军人，起到很好的正向激励效应。主题馆在"亮化红色坐标、宣讲红色故事、提升红色课堂、传承红色基因"等方面强化举措，开展各类教育实践主题活动。3月5日，邀请雷锋生前战友赵明才到主题馆作雷锋故事分享；4月份，发动参观团体在主题馆进行缅怀英烈网上云祭扫活动；5月份，邀请军队离退休干部红色宣讲团袁晓刚进行党史授课；6月份，组织"打造国防教育示范基地，退役军人助力雏鹰展翅"主题活动；开展"四朵金花"定制化现场教学——玄武区青少年学党史军史；邀请革命烈士谢立全将军的儿子——海军指挥学院原副院长谢小林到主题馆讲述《西行漫记》封面照片背后的红色故事，此信息在"玄武发布"点击量超过10万次；邀请11位一等功臣和东南大学、南京航空航天大学学生党员参加"致敬一等功臣，赓续百年薪火"庆祝建党100周年主题活动。八一建军节前夕，邀请区军休干部文艺骨干、优秀退役军人代表、驻区官兵代表、双拥先进单位代表等，共同组织、举办"永远跟党走"玄武区庆祝建党

100周年暨“迎八一”文艺会演。8月份，正式发布全国首家“线上退役军人展馆”，线上主题馆的信息被退役军人事务部、江苏省退役军人事务厅、南京市退役军人事务局官网、玄武发布等平台发布。其中“玄武发布”的视频点击量超过3万次。自综合体建成以来，共为省内外各领域初心寻访团队219批次4292人开展主题馆馆内讲解，共为各类党政机关、驻区部队、中小学校和企事业单位开展了100余场党史军史宣教实践活动。

用好双拥文化广场，构建军地共建新格局。玄武区委、区政府以习近平新时代中国特色社会主义思想为指导，深入学习贯彻习近平强军思想，带着感情和责任，始终把双拥工作作为政治任务和分内之事，深化“党政主导、军地协作、社会支持、全民参与”的工作格局，开启了新时代双拥工作新篇章。着眼于驻区部队多维度、全方位、全覆盖的服务保障需求，聚焦拥军小事实事，倾情解决“三后”问题，推动各项双拥工作出成果、创品牌、有特色，基本做到部队、政府部门、军人及家属、广大群众“四满意”。为体现军民一家亲的情意，综合体二楼的1500平方米的广场取名“拥军文化广场”。“双拥文化广场”可供开展军地交流、军事装备临展、重大节日升旗、新兵入伍和老兵退伍仪式等；也可开展各类党史军史、爱国主义、国防军事等相关主题活动，成为加深玄武人民对部队的了解与热爱，增进感情的新阵地。玄武区在双拥广场上举行的活动主要有：退役军人之家综合体揭幕仪式、退役军人服务志愿队授旗仪式、与海军指挥学院党支部结对共建签约仪式、庆国庆升旗仪式、退伍士兵“返乡第一课”主题活动、假日雏鹰小分队主题活动等。

强化联动共建促发展，切实发挥“桥梁”作用。建立实施军地志愿服务联动、文化活动联谊、学习教育联网、民生实事联帮、社会治理联促的“五联共建”机制，综合体成为干群交流互动、服务供给、协商议事的实用平台。区退役军人事务局与省退役军人关爱基金会、南京航空航天大学马克思主义学院、南京邮政等多家单位建立共建关系，并围绕服务退役军人开展各类活动。例如：与驻区某部队联合举行“军地共建话党史　礼赞百年心向党”主题党日活动；与南京航空航天大学马克思主义学院党委、玄武湖街道党工委在玄武区退役军人主题馆举行共建合作，主题馆成为“南航马克思主义学院教育实践基地”；与海军指挥学院签订结对共建协议并开展系统共建活动；9月份，副省长惠建林走访调研玄武区退役军人之家综合体，江苏省退役军人关爱基金会向玄武区军休所捐赠电梯等。区退役军人事务局通过与驻区部队、社会组织、慈善机构、医院、学校、区机关部门等单位在综合体开展联学共建活动，强化国防教育和双拥宣传，营造军爱民、民拥军氛围，巩固军政军民团结基础，推进退役军人工作各项政策落地落实。

成效反响

综合体搭建了服务退役军人的实践平台。综合体建设过程中，省市各级领导、部队离休老首长均亲临现场指导。综合体揭幕仪式当天，全国人大常委会委员、全国人大监察和司法委员会副主任委员、南部战区原司令员王教成，驻宁部队领导尹洪文、钟卫国、唐玉良、张孟滨、熊照元，市领导龙翔、沈文祖，部队老同志方祖岐、李笃信、徐红等出席仪式。区退役军人事务局党委依托综合体开展“联享党建资源、联过组织生活、联学党史军史”活动，把宣教成果转化成保障和关爱退役军人的实际行动。通过与驻区部队、医院、学校、区机关部门、企事业单位开展联学共建活动，强化国防教育和双拥宣传，营造了军爱民、民拥军氛围。通过为退役士兵提供优质招聘岗位、提供社工岗位专门用于招聘军嫂、为随军家属解决子女就近入学问题等一系列具体举措，积极回应官兵的“急难愁盼”，推进解决官兵后路、后院、后代“三后”问题，巩固军政军民团结基础。通过加强与人社、公安、民政等部门对接力度，进一步强化退役军人就业创业、权益维护、军休服务管理社会化等方面的政策支持，不断提升退役军人的获得感、幸福感和满意度。

综合体扩大了区域党史军史教育影响力。综合体二楼的

"玄武区退役军人主题馆"被评为"南京市第二批党史教育学习基地"。主题馆自开馆以来,经常性开展党史军史教育、革命传统教育、军地文化交流展示、爱国主义教育活动等。受到中央和省、市主流媒体高度关注。央视军事频道、《人民日报》、新华社、《解放军报》、《中国国防报》等多家媒体予以重点报道。主题馆的"青春红"宣讲团成员常根据个人经历对青少年学生进行场景体验式教学,持续提升主题馆的特色品牌效应。

综合体成为军地联动、创新发展的桥梁纽带。综合体建成以来,受到军地各界的高度关注,中组部、公安部、文化和旅游部、退役军人事务部、国家退役军人服务中心领导,江苏省及业务部门领导,安徽省退役军人事务厅、山东省退役军人事务厅领导,军队3位上将、15位中将少将等在考察调研综合体时给予充分肯定。综合体内的主题馆不仅是军人们追寻记忆、续写荣光的殿堂,也成为人民群众学习党史、军史,培养爱党爱国爱军情怀的"精神家园"和网红地标。

(王　华)

持续打好碧水保卫战　全力推进幸福河湖建设

严格落实河长制,深化"爱河护河月"活动;推进管养一体化改革,打造"玄武模式";高标准推进玉带河等河道水环境整治提升……在"十四五"规划开局之年,玄武区深入贯彻学习习近平总书记视察江苏重要讲话指示精神和全面推动长江经济带发展座谈会重要讲话精神,创新治水机制体制,突出水环境提升、暗涵整治、清疏修缮和长效管控等工作重点,坚持岸上水下、清水污水共抓,以"共治、共管、共享"的治水新格局,狠抓河长制工作实效,持续打好碧水保卫战,实现建成区水体全面消劣和市考断面水质稳定达标,不断满足人民群众日益增长的优美生态环境需要。

立体式治理,水环境质量持续提升

在"十四五"期间,玄武区将围绕"创新玄武、美丽玄武、幸福玄武"发力。为打造"幸福河湖"的"美丽玄武"样板,玄武区一方面以持续改善水环境质量为核心,高质量编制规划、制定标准,坚持水下岸上、清水污水共治,统筹抓好控排截污、活水保质、生态修复等综合治理措施,实施友谊河、玉带河等5条河道水环境整治提升,开展进香河、香料厂沟、老季亭沟、九华山沟、岗子村沟等9段暗涵整治工程,实施金川河流域、紫金山一沟流域等22个片区雨污管网清疏修缮项目,以治保质、以质提优,确保区域水体、市考断面水质"只能更好,不能变坏",助力紫金山—玄武湖城市中心公园建设;另一方面,聚焦人民群众对美好生活的更高需求,高标准推进玉带河水环境综合提升工程,建设一批融历史文化、自然景观、夜景亮化、口袋公园和亲水平台于一体的城市滨水品质生活区,着力打造"幸福河湖"的"美丽玄武"样板。

多元制融合,河长"有名有实"更"有为有效"

各级河长自觉履职尽责,不断完善工作制度,创新机制体制,全力覆盖多元制"河长矩阵",聘请企业河长、教师河长、大学生河长、银发河长、部队河长等民间河长120名,推广运行"大脚板+铁锹""大脚板+网格化"等巡查护河模式,打造"体制+民间"立体化、网络式巡查防护新格局。民间河长作为基层河长的辅助补充,在推进河长制工作中发挥了重要作用,并作为一支不可或缺的后备队伍逐步走上"创建幸福河湖"前台。

与此同时,建立跨界河湖联合河湖长机制,组织各级河长业务培训,打造河长制主题公园,全面开展助力水环境·共创幸福

内秦淮河北段 （区水务局 供图）

河“三增三进”行动月活动，开展巡河、排查、执法和“进学校、进企业、进社区”等工作，动员各级河长扛起巡河护河责任，着力解决好河湖管理突出问题，统筹开展水环境治理和水资源保护工作，精心打造“共治、共管、共享”的治水新格局，从源头上推动河长制工作从“有名”、“有实”到“有为”、“有效”。河长制工作先后被人民论坛、《新华日报》、《南京日报》等国家、省市媒体宣传报道。

网络式防控，全力保障水安全

坚持“安全第一，常备不懈，以防为主，全力抢险”的防汛工作方针，突出城区“查隐患、防内涝”工作重点，积极开展汛前隐患排查、排水管网清疏、积淹水点项目改造等工作，提前防范，周密部署，确保汛期安全。完成双拜岗绕城路涵段、启迪大街、环园东路等3个积淹水改造工程，改造管网1210米。开展排水检查井专项整治，排查整改破损沉陷等问题554处。汛期强化值班值守、应急响应、及时处置、协同配合，全区共出动各类值守、巡查、抢险人员12100余人次，巡查抢险车辆1200余台次，电源泵车200台次，处置短时积淹水20余处。成功应对台风“烟花”及连续强降雨，切实保障了人民群众生命财产安全。

一体化管养，河湖断面水质稳定向好

推进管养一体化改革。加强智慧水务管理，建立区域河道、管网、泵闸等水务设施的监测体系，健全与新时代相适应的排水管理体制机制。推动养护设施、管理标准提档升级，全力推进环境管养一体化改革，实现作业组合化、设备智能化、巡查专业化、全域品牌化，建设“内秦淮河—珠江路”管养一体化示范段，并在更大片区探索综合管养先进模式，打造城市管理管养一体化的“玄武模式”。

同时补齐长效监管短板。突出标本兼治、提质增效，以“三消除”（消除城乡黑臭水体、消除污水直排口、消除污水管网空白区）、“三整治”（整治工业企业排水、整治“小散乱”排水、整治阳台和单位庭院排水）、“三提升”（提升城镇污水处理综合能力、提升新建污水管网质量管控水平、提升污水管网检测修复和养护管理水平）为主要内容的城镇污水处理提质增效精准攻坚“333”行动为抓手，加快补齐区域污水收集处理设施短板，完成11个污水提质增效达标区建设，高质量推进污染源头管控和管网检测修复工作。严格执行排水许可制度，加大排水批后监管，常态化抓好“小散乱”违规排水行为专项整治。不断创新监管体制机制，补齐管理漏洞短板，写好水环境治理“后半篇”文章，巩固“消黑消劣”成果。

玄武区将按照全市美丽河湖建设行动计划，务实创新，主动作为，顽强拼搏，争先进取，奋力扛起“两争一前列”的水务新担当，书写“美丽玄武”治水新篇章，努力打造底蕴浓厚、水绿交融、生态宜居的幸福河湖！

（王桂芝）

（栏目编辑 卢永晨）

大事记

1月

4日

△下午，区委召开全区领导干部警示教育大会。

5—8日

△政协南京市玄武区第十二届委员会第五次会议举行。听取并讨论政府工作报告，区2020年国民经济和社会发展计划目标执行情况及2021年国民经济和社会发展计划（草案）报告、区2020年财政预算执行情况和2021年财政预算（草案），以及区人民法院、区人民检察院工作报告等。

6日

△上午，玄武区第十八届人民代表大会第五次会议开幕并召开第一次全体会议。区委副书记、区长钱维代表区人民政府向大会作政府工作报告。

7日

△上午，举行区第十八届人民代表大会第二次全体会议。会议听取十八届人大常委会向大会作报告以及区人民法院、区人民检察院工作报告；通过了大会选举办法，关于设立区人大社会建设、监察和司法委员会的决定，专门委员会组成人员人选的通过办法。大会对2020年民生实事项目完成情况进行满意度测评，对2021年民生实事项目进行票决。

8日

△下午，举行区第十八届人民代表大会第三次全体会议。会议通过提交大会选举的正式候选人名单及监票、计票人员名单并进行选举。举行大会第四次全体会议。会议通过区人大社会建设、监察和司法委员会组成人员人选名单。会议宣布了2021年民生实事项目票决结果和2020年民生实事项目完成情况满意度测评结果。审议通过“一府两院”工作报告，区人大常委会工作报告，关于区十八届人大四次会议代表建议、批评和意见办理及督办情况的报告。会议审查批准关于区国民经济和社会发展第十四个五年规划和2035年远景目标纲要的报告、2020年国民经济和社会发展计划执行情况与2021年国民经济和社会发展计划的报告、区2020年预算执行情况与2021年预算的报告。玄武区第十八届人民代表大会第五次会议闭幕。

13日

△区委区级机关工委召开2020年度机关党组织书记抓基层党建工作述职评议会。

17日

△玄武区59个社区党组织全部完成换届选举工作。

18日

△玄武区退役军人之家揭牌暨退役军人主题馆开馆仪式举行。全国人大常委会会员、全国人大监察和司法委员会副主任委员、南部战区原司令员王教成，驻宁部队领导尹洪文、钟卫国、唐玉良，市领导龙翔、沈文祖，部队老同志方祖岐等出席仪式。省市和南京警备区有关领导，省市有关单位领导，区四套班子有关领导，区最美退役军人代表等参加。

20日

△区委书记闵一峰，区委常委、组织部部长贾慧，副区长邵睿实地开展走访慰问。

20—21日

△区科技局对辖区涉及的13家危化品单位进行安全检查。

21日

△上午，区十八届人大常委会第53次主任会议召开。会议传达学习习近平总书记在中共中央政治局民主生活会上的重要讲话精神，听取区十八届人大常委会第三十二次会议筹备情况的汇报。

△市委常委、宣传部部长陈勇调研玄武区长江路文化旅游集聚区建设。

22日

△上午，市委常委王华调研玄武区创新工作。

△“梅花戏剧角”青少年公益冬令营开营。

23日

△下午，玄武区召开新冠疫情防控工作指挥部第132次会议。

25日

△上午，区委副书记、区长钱维现场检查南京火车站疫情防控工作。区委常委、区政府党组成员马千山，区政府党组成员、玄武湖综管办党组书记、主任薛磊参加。

26日

△上午，市人大常委会副主任张俊，市人大常委会副秘书长、环资城建委主任陈雷及市人

大常委会部分组成人员等一行，视察玄武区北京电子城南京国际数码港项目工地扬尘管控情况。

28日

△区委副书记、区长钱维赴徐庄高新区调研，走访调研水晶石和大汉软件企业经营发展状况。

30日

△上午，区委书记闵一峰实地检查大气污染防治工作。副区长周正，区政府党组成员、玄武湖综管办主任薛磊，区有关部门主要负责人等参加。

△玄武区在2020年度市对区人才工作考核中排名第四、主城第一。

2月

1日

△区委常委会召开2020年度民主生活会。

2日

△下午，玄武法院举行“十佳调研文章”“十佳案例”“十佳裁判文书”颁奖活动暨荣誉天平纪念章授章仪式。区委常委、政法委书记张杰出席活动。

3日

△下午，区委副书记、区长钱维先后到公教一村社区、百子亭北侧地块项目、中国电信股份有限公司南京分公司，实地检查疫情防控工作。区委常委、区政府党组成员马千山参加。

4日

△上午，玄武区举行2021年全民阅读“春风行动”暨中小学生寒假进社区启动仪式。

5日

△上午，玄武区召开创新名城建设推进大会暨区委创新委工作会议。

△下午，区委组织召开区人大与“一府一委两院”联席会暨政协高层协商会。

△区委宣传部联合区应急管理局、消防大队、属地街道开展疫情防控、安全生产联合检查，区委常委、宣传部部长施扬带队。

7日

△上午，中国共产党南京市玄武区第十一届纪律检查委员会第六次全体会议召开。

△“国家课程改革背景下的全经验课程再出发”研讨会在南京农业大学实验小学举行。

8日

△省委宣传部副部长、省文明办主任葛莱，市委宣传部副部长、市文明办主任彭振刚等领导调研玄武区志愿服务工作。

△市委常委、宣传部部长陈勇，副市长胡万进至荔枝广场影城等单位，对影院消防设施、安全通道等进行检查。

9日

△上午，区委书记闵一峰，区委副书记、区长钱维，区政协主席许恺等深入基层，走访慰问一线干警职工。区领导陈可科、张杰、蒋兆全、庄佳峰、蒋健、薛磊、顾建华参加。

△省电影局副局长王明珠，市新闻出版局专职副局长郑玲玲，省委、市委宣传部电影市场处相关负责人一行检查新街口影城疫情防控和消防安全工作。

14日

△玄武区纪委监委开展“疫情防控监督集中行动日”活动。

17日

△上午，区委书记闵一峰，区委副书记、区长钱维专题调度重大项目推进工作。

23日

△全区深化对标找差创新实干推动高质量发展大会暨产业质效提升年动员大会召开。

24日

△上午，江苏省教育厅二级巡视员李金泉及省教育厅、省市场监管局、省卫生健康委、省疾控中心相关职能处室负责人到科利华中学，调研检查指导学校疫情防控、食品安全等工作。

25日

△上午，区政协召开社情民意信息工作调度会议，区政协党组副书记张望出席会议并讲话。

△玄武区组织召开2021年科普工作座谈会。

△上午，2021年全省重大项目建设推进会议南京市分会场活动，在玄武区铁北红山新城举行。

△下午，区十八届人大常委会第三十三次会议召开。会议听取和审议部分市十六届人大代表履职报告；会议通报区人大常委会2021年工作要点及议题安排。

△区纪委监委组织第六期青年干部论坛，区委常委、区纪委书记、区监委主任罗昌锋出席会议，30名青年干部参加讨论。

27日

△上午，玄武区召开社会矛盾和安全隐患大排查大整治行动领导小组会议。

△区委组织部开启首期“政策面对面”线下宣讲活动，赴南京银行总行、先声药业集团、中科天文仪器有限公司开展线下政策宣讲活动，为行业重点企业讲解2021年度最新人才政策，初步摸排符合申报条件的企业人才。

3月

3日

△下午，玄武区召开全区文明城市创建大会。

4日

△上午，区委书记闵一峰调研全区教育重点建设项目，区委常委、宣传部部长施扬，副区长庄佳峰，有关街道、区有关部门、学校主要负责人参加。

△下午，区政协召开十二届二十五次常委会议，审议通过2021年度常委会工作要点，区政协十二届五次会议提案立案情况及相关人事任免事项。

5日

△上午，玄武区召开创新名城建设推进大会暨区委创新委工作会议。

△下午，玄武区召开全区党史学习教育动员会议。

△全区科技创新工作目标任务分解调度会召开。

△立贤小学获“致我心中的周总理”全省青少年诵读活动一等奖。

△下午，区委常委会专题研究部署全区污染防治工作。

9日

△区委机构编制委员会召开第六次会议，研究机构编制有关事项。

10日

△上午，玄武区举行教育重点建设项目集中开工仪式。

11日

△玄武区召开深入打好污染防治攻坚战、河长制暨城建城管工作会议。

△下午，安徽省退役军人事务厅厅长林海一行调研考察玄武区退役军人之家综合体，省退役军人事务厅副厅长夏春青，市退役军人事务局局长郭明雁，区委书记闵一峰，副区长邵睿，一级调研员凌立玉等参加调研。

15日

△上午，玄武区在全市“3·15”国际消费者权益纪念活动现场正式启动“网络消费节”活动。

△全国教育科学“十三五”规划2017年度教育部重点课题《“童心母爱”育人模式的校本建构与实践研究》结题论证会在南师大附小举行。

16日

△苏州大学高层次专家团队赴玄武铁北红山新城考察调研。区委常委、组织部部长贾慧与团队进行会谈，区委组织部、区科技局、红山街道、徐庄高新区管委员等相关单位负责人和“科技人才”专员陪同会谈。

17日

△玄武区社会界联合会第三次代表大会暨三届一次理事会召开。

△江苏省生产力促进中心主任赵志强一行赴徐庄高新区考察，副区长吴开芬等陪同。

△玄武区举行民办幼儿园联盟启动仪式。

18日

△玄武区召开创建“国家全域旅游示范区”暨“四区同创”工作领导小组会议。

△新华社半月谈团队采访长江路文旅集聚区建设。

△下午，副区长庄佳峰主持召开2021年玄武区城镇污水处理提质增效精准攻坚“333”行动部署会。

19日

△上午，玄武区青年工作联席会议第二次全体会议召开。

△下午，玄武区“学党史·聚合力·践初心”主题活动正式启动。玄武区委组织部联动南京师范大学党委组织部组织开展百场主题宣讲进基层、百名大学生书记助理进社区活动。

20日

△玄武区59个社区进行社区居民委员会换届选举。

22日

△下午，中央宣讲团成员、中央党史研究室原副主任李忠杰赴“小红梅”党建阵地开展党史学习教育基层座谈宣讲会，人民网、新华网、《新华日报》等媒体报道。

24日

△上午，南京军区原政委方祖岐、

参谋长张宗德、副政委兰保景、副司令郭锡章等参观玄武区退役军人之家综合体。区委书记闵一峰，副区长邵睿，区一级调研员凌立玉等陪同。

24—27日

△玄武中专在2021江苏省艺术表演类技能大赛中夺得4金2银。

25日

△玄武区召开首场集成电路产业链工作推进会。

26日

△玄武区召开全区文明委会议暨新时代文明实践中心建设工作联席会议。

△上午，教育部基础教育司领导赴南京市中央路小学进行专题调研。

△南京市“融合教育课程建设”现场会在玄武区特殊教育学校召开。

27日

△北京东路小学、十三中锁金分校分别获得2021年南京市青少年阳光体育节冬季锻炼项目比赛小学和初中组一等奖。

29日

△区委书记闵一峰到区内部分新冠疫苗接种点，实地检查新冠疫苗接种工作。

31日

△玄武区学习贯彻习近平新时代中国特色社会主义思想暨党的十九届五中全会精神区管干部进修班（第二期）、街道科长履职能力提升专题班开班。

△上午，省扬子退役军人关爱基金会理事长许津荣，常务副理事长黄根清，副理事长孙康龙，副秘书长濮本平等一行参观调研玄武区退役军人之家综合体。

△玄武区召开2021年度“双定”暨民生实事项目监督工作部署会。

3月31日—4月30日

△玄武区学习贯彻习近平新时代中国特色社会主义思想暨十九届五中全会精神区管干部进修班（第二期）在区委党校举办。

4月

1日

△上午，玄武区召开2021年度区退役军人事务系统深化对标找差创新实干推动高质量发展大会。

6日

△上午，德乐科技总部大厦项目开工仪式在徐庄高新技术产业开发区举行。

△南京大学、东南大学、南京师范大学、南京晓庄学院4所高校与南京市长江路小学教育集团“儿童课程研究基地”授牌仪式举行。

△江苏省教育厅副厅长顾月华赴南京理工大学实验小学和中央路小学就课后延时服务工作进行专题调研。

7日

△上午，玄武区召开全区党建工作会议。

8日

△区政协主席许恺赴秦淮区学习考察“有事好商量”协商议事室建设、反映社情民意信息、老城更新改造等工作。

9日

△上午，全国人大常委会副委员长、农工党中央主席陈竺率农工党中央调研组前往徐庄高新区，调研考察江苏先声药业有限公司。全国政协副主席、农工党中央常务副主席何维，全国人大常委会委员、农工党中央专职副主席杨震，中国科学院院士董晨，国家发改委、财政部、卫健委、科技部有关司局领导等参加调研。

△区委理论学习中心组举办专题学习会。

△玄武区人民政府与生态环境部南京环境科学研究所举行战略合作协议签约仪式。

10日

△成贤街小学成为南京市少儿篮球联赛双冠王。

10—11日

△第九初级中学男子篮球队获南京市少年儿童阳光体育运动联赛冠军、亚军。

△玄武区召开老干部工作会议暨“紫金银辉”玄武工作站启动仪式。

14日

△区委常委、组织部部长贾慧带领区委组织部、区发改委、区科技局、徐庄高新区管委会、城建集团等相关单位分管负责人赴苏州大学开展“百校对接计划”合作交流活动。

15日

△东南大学物理学院与南京市第九中学教育集团合作成立“基础物理科学培育基地”揭牌仪式举行。

△华美半导体协会企业嘉宾一行赴徐庄高新区参观考察，洽谈招商合作事宜。

△下午，市人大常委会机关第二党支部、区人大常委会机关党支部、公教一村社区党委在玄武区退役军人之家举行市、区、社区三级“三联建、三服务”党建联盟签约仪式

16日

△湖北省委书记应勇率湖北省党政代表团一行走访徐庄高新区重点企业先声药业。省委书记娄勤俭、省长吴政隆、市委书记韩立明、区委书记闵一峰、徐庄高新区管委会主任唐承武陪同调研。

19日

△上午，市委副书记、市委党史学习教育领导小组副组长沈文祖专题调研玄武区党史学习教育开展情况。

20日

△2021年中国航天日小学科普教育主题活动暨国内首颗小学生参研空间环境探测科普立方星“田园一号”发布会在南京理工大学实验小学举行。

△下午，区委书记闵一峰督导政法队伍教育整顿工作。

21日

△上午，玄武区召开新闻发布会，介绍玄武区建设国际消费中心城市中心区有关工作。

△金湖县委书记贺宝祥、县委副书记、县长万旭东，率金湖县代表团前往徐庄高新区，考察途牛旅游网。

22日

△玄武区召开落实“先解决问题再说”机制提升12345政务热线质效工作会议。

△区政协召开十二届十七次主席会议。协商讨论全区公共卫生应急体系建设情况和街道“五部一局二中心”改革运行情况。会议听取区卫健委、区委编办所作的情况通报；区政协教卫体委、委员工作委分别汇报调研情况。

23日

△南京建设国际消费中心城市推进会暨2021南京国际消费节（春季）启动仪式在玄武举办。省委常委、市委书记韩立明，商务部驻南京特派员王选庆，省商务厅厅长赵建军，市委常委、秘书长蒋跃建出席，副市长沈剑荣主持。

△下午，“旅读玄武　礼赞百年”长江路“四史”初心之旅活动在520学生运动纪念广场启动。

25日

△上午，玄武区举办人民银行南京分行营管部与玄武区政府战略合作签约暨玄武金融产业协同发展联盟成立仪式，并召开现代金融产业链工作推进会。

26日

△下午，玄武文旅联盟助力“四区同创”再出发启动仪式举行。省文旅厅副厅长李川，市文旅局局长金卫东，团市委书记吕璟，区委书记闵一峰，区委副书记、区长钱维，区人大常委会主任杨乐华，区政协主席许恺出席开幕式。

28日

△上午，区十八届人大常委会第三十四次会议召开。会议审议并表决有关人事任免事项；听取区政府关于优化教育资源布局、推进教育高质量发展工作情况报告；听取和审议相关部门负责人履职情况报告并开展满意度测评；听取区政府关于2020年度打好污染防治攻坚战工作落实和目标任务完成情况报告。

△下午，“南京方志大讲堂”玄武专场在南京六朝博物馆开讲。大讲堂由南京大学历史学院教授、博士生导师、六朝博物馆馆长胡阿祥主讲。

△江苏第二师范学院与南京市月苑第一小学“家校共育实验基地”揭牌仪式暨全国著名家校教育专家“与孩子共同成长”讲座在南京市月苑第一小学报告厅举行。

29日

△区委常委、组织部部长贾慧带领区委组织部、区发改委、区科技局、红山街道、徐庄高新区管委会等相关单位赴北京中国科学院软件研究所开展“百校对接计划”合作交流活动。

△下午，玄武区召开社会矛盾和安全隐患大排查大整治行动领导小组会议。

30日

△上午，由区教育局、区委教育工委主办的玄武区教育系统“不忘初心　与廉同行”五四主题活动举行。

△下午，南京市青少年“四史”学习教育实践展示暨玄武区教育系统“了不起的劳动者”主题活动在南京师范大学附属小学仙鹤门分校举行。

5月

1日

△在玄武区举行的中国少儿啦啦操精英赛（南京站）暨2021年中国啦啦操挑战赛（南京站）中，北京东路小学“蓝色火焰”啦啦操队获街舞和技巧双冠军。十三中红山分校炫舞啦啦操队获公开少年乙组集体花球自选动作和公开少年乙组技巧1级规定动作（2016版）第一名。

6日

△下午，玄武区召开2021年度“百校对接计划”年中述职会。

7日

△上午，省市区工商联机关在玄武区联动开展党史学习教育专题学习活动。

△玄武区与中国科学院软件研究所开展院地合作对接交流活动。

△市人大常委会人代联委主任姬桂玲、副主任程新元带队调研玄武区人大换届选举工作。

△下午，省科协党组书记、副主席孙春雷带领全省科协系统深化改革督查组前往玄武区南京理工大学实验小学考察。

△玄武区“家庭文化月”特色活动暨孝陵卫街道家校社协同共育支持行动启动仪式在北京东路小学紫金山分校举办。江苏省妇联党组成员、副主席沈梅，南京市妇联党组成员、副主席魏群，玄武区委副书记林武平等领导及学生和家长共200人参加启动仪式。

8日

△市委常委、宣传部部长陈勇一行到玄武开展党史学习教育走访座谈。

△下午，南京城市硅巷建设推进会暨南京师范大学玄武科技园开园仪式举行。省委常委、市委书记韩立明，南京师范大学党委书记胡敏强、校长陈国祥，省教育厅一级巡视员洪流、省科技厅副厅长蒋洪、省财政局一级巡视员赵光，市委常委王华，市委常委、秘书长蒋跃建，市政府副市长沈剑荣出席，玄武区四套班子主要领导参加。

11日

△省市委党史工办调研玄武区党史学习教育工作，并召开座谈会。

12日

△省妇联主席张彤到玄武门街道党群服务中心调研妇联工作。

14日

△上午，区委副书记、区长钱维带队检查推进“我为群众办实事”实践活动。

△玄武区举办上海证券交易所“科创沙龙”南京专场活动。

15日

△南京市“先锋90后”展示玄武专场活动在1913国民小剧场开幕。

△玄武区举办第31次全国助残日广场活动。

△南京市举行特殊教育推进大会暨2021年“特殊教育宣传月”启动仪式在南京市月苑第一小学举行。

16日

△2021年“5·18”国际博物馆日南京主会场活动在玄武区江宁织造博物馆开幕。

18日

△上午，“传承恩来精神展示银发风采”玄武区离退休干部党员主题党日活动在梅园新村“小红梅”党建中心举行。

△区第九初级中学与南京市博物总馆举行合作签约仪式。

19日

△晚，玄武区举行2021中国旅游日南京分会场开幕式暨南京D9街区开街仪式。市政协主席刘以安，省文旅厅厅长杨志纯，市委常委、宣传部部长陈勇，区委书记闵一峰，区委副书记、区长钱维，区人大主任杨乐华，区政协主席许恺出席活动。

20日

△玄武区举办“百年忠诚——讲述百年党史故事，展现优秀企业风采”庆祝中国共产党成立100周年音诗画活动。

21日

△“遇见　千年”——南京与佛罗伦萨结好40周年纪念活动暨文化周开幕式在六朝博物馆举行。江苏省委常委、南京市委书记韩立明，意大利驻华大使方澜意出席并致辞。省商务厅二级巡视员孔祥林，市领导杨学鹏、蒋跃健，区委书记闵一峰等省、市、区负责人，意大利国家旅游局、对外贸易委员会等相关负责人参加有关活动。

22日

△“童心向党·阳光下成长”——玄武区中小学生素质教育成

果展示(科技专场)暨玄武区青少年科技创新区长奖颁奖活动在南京理工大学实验小学举行。

23日

△成贤街小学蝉联南京市校园篮球“3V3”联赛冠军。

24日

△玄武区“国际消费中心城市中心区建设”专题研讨班开班。

25日

△省审计厅党组书记、厅长侯学元到玄武区开展党史学习教育及审计工作专题调研。

△玄武区召开政法队伍教育整顿“政治忠诚”剖析交流会。

△上午,区十八届人大常委会第57次主任会议召开。会议传达学习习近平总书记有关主要讲话精神。会议听取了区政府关于保障农民工工资支付工作、区政府债务管理情况报告。

28日

△玄武区新医药与生命健康产业链推进会在徐庄高新区召开。

△上午,玄武法院携手相关部门、高校、社会组织等单位,举行玄武法院(紫金)少年家事协同保护中心等揭牌签约仪式。

△下午,玄武区在南京市立贤小学举行“童心向党 礼赞百年”中小学生庆祝建党100周年暨“六一”表彰大会。

31日

△区委书记闵一峰,区委副书记、区长钱维,区委常委、宣传部部长施扬,副区长庄佳峰,徐庄高新区管委会主任、红山街道党工委书记唐承武等区领导走进中小学、幼儿园,开展“六一”走访慰问活动。

6月

1日

△区委常委会专题研究文明城市创建工作。

2日

△玄武区政府与招商银行南京分行签订战略合作协议。

△“凤栖玄武 创赢未来”2021中国·玄武高层次人才创新创业大赛颁奖典礼暨软件产业人才发展论坛举办,此次大赛共115名来自世界各地的创业者报名参加,最终20个优质项目入围决赛,十余个项目落户玄武。

△江苏省委常委、南京市委书记韩立明到人民中学考点检查中高考组织工作。

5日

△玄武区举行争创全国文明典范城市动员大会暨“文明实践 你我同行”志愿者出征仪式。20支志愿服务队的代表约300人参加活动。

8日

△2021南京创新周系列活动南京(玄武)俄罗斯企业经贸投资交流活动在徐庄高新区举行。

9日

△区委副书记、区长钱维主持召开2021年全区防汛抗旱工作大会。

△中央巡回指导组检查指导玄武区党史学习教育情况,并现场检查小红梅·信仰生活空间和退役军人之家。

10日

△全市创建全国文明典范城市志愿者出征仪式在玄武区举行。

10—12日

△玄武中专获江苏省职业学校啦啦操比赛双料冠军。

△下午,玄武区军地联合开展“永远跟党走”主题党史、军史讲坛活动启动仪式举行。南京军区原政委方祖岐上将等讲坛活动主讲人,主办和承办单位驻区部队官兵和高校师生代表共180余人参加启动仪式。

△南京大学学生心理教育实习基地、江苏第二师范学院学科教育实习基地签约授牌仪式在南京市第十三中学锁金分校举行。

16日

△上午,参加“凤栖玄武、创启未来”海外人才玄武行专场活动的70名留学人员参观园区重点企业先声药业集团、苏宁青创园,并召开玄武专场活动座谈会。

△江苏省退役军人关爱基金会理事长许津荣、常务副理事长黄根清、副理事长孙康龙走访慰问玄武区退役军人和困难“三属”。区委书记闵一峰,区领导邵睿、凌玉立,区有关部门主要负责人等参加。

△区委书记闵一峰带头,全体区委常委分别到支部工作联系点等基层党组织,走访慰问老党员和困难党员,参加“党旗

在基层一线高高飘扬”统一活动日活动。

△玄武区在大行宫广场举行2021年“安全生产月”广场咨询活动。

17日

△上午，区委老干部局、徐庄高新区共同举办“回顾百年路，助力新征程”庆祝建党100周年离退休干部书画联展。

22日

△南京创新周重点活动南京玄武新材料高峰论坛暨介孔材料科学中心南京分中心启动仪式在徐庄高新区举行。

23日

△“玄武之音”农业科技高峰论坛在玄武区举行。

24日

△区委举行“光荣在党50年”纪念章颁发仪式，为16名党龄在50年以上的老党员代表颁发纪念章。

△玄武区举行“两优一先”表彰大会，表彰全区优秀共产党员、优秀党务工作者和先进基层党组织。

△玄武区召开全区全民阅读工作会议。

26日

△上午，玄武区召开社会矛盾和安全隐患大排查大整治行动领导小组会议。

28日

△区政协召开十二届二十六次常委会议，协商讨论加快建设国际消费中心城市中心区工作情况，并对红色经典诵读比赛进行评比、颁奖。

△下午，区第十八届人大常委会第三十五次会议召开。会议听取和审议区政府关于推进科技园区高质量发展、提升科技创新水平工作情况报告，并开展专题询问。听取和审议区人大常委会执法检查组关于检查《中华人民共和国固体废物污染环境防治法》实施情况报告。审议并表决了有关人事任免事项。

30日

△下午，玄武区区级机关举办庆祝中国共产党成立100周年大会暨“礼赞百年辉煌　谱写玄武篇章”主题征文颁奖活动。

△区政协举办“百年同心路、丹青赞风华”庆祝中国共产党成立100周年书画摄影作品展和“同心奋进新时代，百年扬帆再启航”红色经典诵读比赛。

7月

1日

△南京理工大学附属中学足球队获南京市少儿足球锦标赛冠军。

6日

△上午，玄武区召开学习贯彻习近平总书记“七一”重要讲话精神座谈会暨区委理论学习中心组学习会。

△玄武区召开创建文明城市领导小组会议，研究部署全区文明典范城市创建工作。

7日

△市委常委、宣传部部长陈勇到玄武区调研“我为群众办实事”实践活动推进工作。

△九中篮球队夺得全国第十四届学生运动会篮球(中学男子组)冠军。

8日

△上午，玄武区举办“童心永向党　筑梦新辉煌”老少同台演讲比赛。市关工委副主任钱继红，区委常委、组织部部长、关工委主任贾慧等参加。

△玄武红领学院成立仪式暨首场主题论坛举行。

9日

△玄武区举行“永远跟党走”庆祝建党100周年暨迎“八一”双拥文艺会演。

△下午，省人防办主任戴跃强一行到玄武检查指导人防工作。

△玄武区“扬帆起航　助力出海”跨境电商主题分享沙龙活动举行。

12—16日

△南京理工大学附属中学和江苏省乒乓球队联合组队在第十四届全国学生运动会中学乒乓球比赛中获得两金一银两铜。

13日

△上午，玄武区见义勇为广场落成。

14日

△上午，市纪委监委副书记周樱、常委浦礼俊一行赴玄武区调研“廉洁校园行”和“倡廉护企行动”构建亲清政商关系工作。

15日

△下午，区政协召开十二届十八次主席会议。协商讨论全区形成支持高新区高质量发展整体合力情况和新冠肺炎疫

情对全区产业及消费的影响及对策情况。会议听取区发改委所作的情况通报；区政协经济科技委、社会法制（民族宗教）委分别汇报调研情况。

16日

△全区政法队伍教育整顿总结暨“回头看”部署会召开。

18日

△江苏省“双创计划”省级答辩在南京邮电大学仙林校区举行，玄武区入围省级答辩6人，入围人数居主城第一，经多轮区级答辩辅导，最终6人入选省“双创计划”，答辩入选率100%。

19日

△玄武区国资平台举办专场融资对接会。

23日

△区纪委监委召开区纪检监察系统相关干部会议，民主推荐新一届区纪委委员人选。

△禄口机场疫情发生后，区四套班子领导到核酸检测采样点、集中隔离点等地检查督导疫情防控工作。

△区纪委调整成立区疫情防控工作督导组，下设10个一线督导组，协同联动7个下沉街道专项督导组，对全区各部门、各条口、各街道全天候全要素全流程督导督办。

8月

1—30日

△根据全区统一部署，区机关部门下沉一线防控疫情。

2日、16日、23日

△上午，区委常委会暨区委应对疫情工作领导小组分别召开会议。

11日

△上午，市人大常委会主任龙翔带队督查公教一村社区执勤点疫情防控工作，区人大常委会主任杨乐华、党组书记贾慧参加。

13日

△区委书记闵一峰深入园区企业，实地检查江苏百畅医药有限公司、大汉软件股份有限公司等企业疫情防控工作。区委常委马千山，徐庄高新区党工委书记唐承武陪同检查。

18日

△全国首个“线上数字退役军人展馆”——玄武区退役军人线上主题馆发布。

20日

△上午，区第十八届人大常委会第三十六次会议召开。会议审议并表决有关人事任职事项。

23日

△玄武区结合区情区况，编制《紫金山·凤栖玄武英才计划实施意见》及配套实施细则。

△玄武区持续推进“互派驻、双挂职”工作，经高校举荐、区委组织部筛选，区委常委会专题讨论，最终确定刘杰等8人到玄武区挂职。

24日

△中国医学科学院皮肤病研究所专家一行赴徐庄高新区考察。

△下午，区委书记闵一峰，区委副书记、区长钱维到新冠疫苗接种点，实地检查12～17岁人群新冠疫苗接种工作。

25日

△玄武区举办应对疫情助企纾困促进经济发展政策措施发布会暨企业见面会，出台发布《应对疫情影响助企纾困促进经济发展的若干措施》。

30日

△区委书记、区委退役军人事务工作领导小组组长闵一峰主持召开领导小组会议。

31日

△上午，玄武区召开国家食品安全示范城市创建推进部署会。

△下午，区十八届人大常委会第三十七次会议召开。

是月

△区四套班子领导多次到核酸检测采样点、集中隔离点等地检查督导疫情防控工作，区疫情防控监督工作组持续开展疫情防控督查工作。重点围绕集中隔离点及转运环节、小区围合管理、农贸市场防控措施、“九小场所”疫情防控、居家隔离和居家监测、机关干部防控值守，以及检查反馈问题整改等方面进行督查督办。

9月

3—4日

△中国共产党南京市玄武区第十二次代表大会召开。

△区委常委、区纪委书记、区监委主任罗昌锋主持召开十二届区纪委一次全体会议，会上选举产生了新一届纪委书记、

副书记、常委。

9日

△玄武区召开创建文明城市工作推进会。

△玄武区举行“文明之美”玄武湖周边地区首届全民摄影大赛启动仪式。

10日

△区委书记闵一峰，区委副书记、区长钱维带队走进中小学、幼儿园，看望慰问全区教师。

13日

△区委常委会暨区委应对疫情工作领导小组召开会议。

14日

△下午，南京市残联党组书记、理事长方芳率队到玄武区调研残疾人工作。

15日

△区人大换届选举工作会议召开。

△区选举委员会第一次会议召开。会议明确区选举委员会的主要职责，确定2021年12月1日为选举日，通过区人大代表名额分配方案、选举工作实施方案和选民登记办法。

△省司法厅副厅长张亦军一行到玄武公证处调研工作。

16日

△上午，南京国际消费节(秋季)玄武区系列活动启动仪式举行。

17日

△上午，玄武区政府召开全体(扩大)会议暨廉政工作会议。

18日

△区政协召开十二届二十七次常委会议，协商讨论“五大集团”对推动全区高质量发展的情况。

△区纪委监委组织第十一期青年论坛。

△国家医保局副局长陈金甫一行调研园区企业江苏先声药业集团有限公司，了解集中带量采购和创新药情况。

22日

△下午，全市推进高质量发展重大项目现场观摩会集中观摩玄武区重大项目建设情况。

23日

△上午，玄武区召开社会矛盾和安全隐患大整治行动领导小组会议。

25日

△下午，第九中学英语课程基地迎接江苏省专家组终期验收。

△小营小学接受江苏省中小学课程基地与学校文化建设调研视导。

26日

△晚，第五届南京玄武国际城市休闲旅游节开幕。省文化和旅游厅厅长杨志纯，市委常委、宣传部部长陈勇，市文化和旅游局局长金卫东等省市有关单位领导，区委书记闵一峰，区委副书记、区长钱维，区人大常委会主任杨乐华，区政协主席许恺等区四套班子全体领导出席开幕式。

27日

△区委机构编制委员会召开第七次会议，研究机构编制调整有关事项。

28日

△上午，玄武区孝陵卫社区卫生服务中心举行揭牌仪式并召开卫健系统“学百年党史　做百件实事”现场推进会。

△下午，玄武区铸牢中华民族共同体意识促进会成立大会举办。

30日

△D9街区“潮流玄武——2021南京潮流艺术节”开幕。省委宣传部副部长徐宁，省文旅厅厅长杨志纯，凤凰出版传媒集团董事长梁勇，区委副书记、区长钱维，区委常委、副区长马千山，文化界知名人士及市政协委员、知名企业家出席。

10月

1日

△上午，“文明南京靠大家　我是城市主人翁”宣传活动在玄武启动。

8日

△上午，南京师范大学附属小学实验幼儿园红山新城第一分园举行移交仪式。

11日

△下午，2021中国南京金秋经贸洽谈会玄武专场活动举行。市委副书记、代市长夏心旻，市委常委、宣传部部长陈勇，市政府党组成员王伟，市相关部门领导、区四套班子主要领导，来自著名跨国公司、世界和中国500强企业、大型央企国企、知名民营企业、研发机构代表、银行机构高管和媒体代表等共计200人出席现场活动。

13日

△区委理论学习中心组围绕安全生产工作开展专题学习。

△下午，2021江苏省“敬老月”宣传活动启动仪式在玄武区举办。

△党史学习教育中央第五指导组赴科利华中学调研“我为群众办实事”工作。省委宣传部部长张爱军、省教育厅厅长葛道凯等省市区领导参与调研。

14日

△玄武区召开软件和人工智能产业链工作推进会。

△“田园一号”卫星成功发射新闻发布会在南京理工大学实验小学举行。

15日

△区委常委会举行学习百年党史专题读书班暨区委理论学习中心组学习会。

△玄武区召开中国南京金秋经贸洽谈会（简称“金洽会”）系列活动之“玄武区产业与资本对话”峰会。

△第五届南京跨境电子商务创新创业大赛玄武区专场活动举行。

19日

△区政协召开党组会议，专题研究区政协换届工作。

△下午，玄武区举行都市工业产业园区授牌暨企业入驻签约仪式。

△南京市第九中学民乐团获第七届江苏省艺术展演中学甲组民族管弦乐第一名。

20日

△区委应对疫情工作领导小组召开会议。

21日

△上午，区第十八届人大常委会第64次主任会议召开。

△下午，区委组织部组织召开玄武区2021批次高校挂职干部部署暨业务能力培训会，进一步深化校地人才“互派驻、双挂职”工作。

23日

△上午，区委书记闵一峰调度文明城市创建工作。

25日

△下午，“南京市中小学生分级阅读与阅读评价试点项目”试点校项目启动仪式及活动研究会议在南京市第九初级中学举行。

26日

△区政协召开十二届十九次主席会议。听取提案办理工作情况通报，协商讨论打造律政产业园创新生态，推进生产性服务业集聚情况和全区加强加装电梯安全监管工作情况。

27日

△区科技局组织召开众创空间专场、孵化器专场培训会。全区25家众创空间、13家科技企业孵化器（含大学科技园）参加培训。

28日

△下午，区第十八届人大常委会第三十八次会议召开。

29日

△区政协提案委员会、委员工作委员会、社会和法制（民族宗教）委员会组织50多名政协委员赴长江江苏段首家绿色服务区——长江汇南京兴隆洲水上绿色航运综合服务区，现场开展“长江大保护”主题视察活动。

30日

△上午，玄武区召开区委常委会（扩大）会议，传达贯彻市第十五次党代会精神。

31日

△北京东路小学紫金山分校在2021年全国啦啦操俱乐部联赛（南京站）暨江苏省啦啦操联赛（南京站）夺金并被授予全国啦啦操星级俱乐部称号。

11月

2日

△全国政协常委、省政协副主席胡刚率部分驻江苏全国政协委员到南京市第九中学视察学校美育工作。

2—10日

△组织开展玄武区2022年度考试录用公务员网上资格初审工作。

3日

△上午，玄武区召开应对疫情工作领导小组暨指挥部会议。

△下午，市人大财经委员会主任委员王建华、市人大常委会预算工作委员会副主任黄颖带队调研玄武区财经预算监督等工作。

4日

△十二届玄武区委第一轮巡察工作动员部署会召开。

△下午，市人大常委会党组副书记、副主任李世贵一行到玄武区视察人大换届选举工作。

5日

△上午，区委党史学习教育领导小组召开会议，传达学习党史学习教育中央指导组在江苏开展第三轮督导指导反馈意见，听取区党史学习教育工作

推进情况汇报，研究部署下一阶段工作。

△玄武消防救援大队举办“119”消防宣传月启动仪式暨学习贯彻授旗训词精神三周年活动。

6日

△第四届中国国际进口博览会玄武专场活动举办。

9日

△下午，玄武区召开未成年人保护工作会议。

10日

△江苏省关工委副主任费伟康到玄武区调研商务楼宇关工委建设。

△区选举委员会第二次会议暨换届选举转段(二转三)会议召开。

△2021玄武区冬季消费季系列活动暨玄武青年探电商活动启动。

11日

△2021紫金文化艺术节小剧场单位暨“金陵小剧场”展示季开幕。省委常委、宣传部部长张爱军，省委宣传部副部长徐宁，省文旅厅党组成员、副厅长常胜梅，市委常委、宣传部部长陈勇，市委宣传部常务副部长纪增龙等现场调研玄武区小剧场建设工作。区委书记闵一峰参加。

△新加坡共和国驻上海总领事蔡鋆合一行参观园区企业江苏先声药业有限公司、南京医工交叉创新研究院。

12日

△区委书记闵一峰，区委副书记、区长钱维实地检查全区3～11岁人群新冠疫苗接种工作。

△市人大代表第三监督组对市建委和市交通运输局承办的民生实事项目实施情况开展专题视察。

15日

△上午，区委常委会召开扩大会议，传达学习党的十九届六中全会精神，研究部署宣传贯彻全会精神有关工作。

△下午，市投资促进局党组书记汪冬宁、副局长杨自清率调研组一行到玄武区调研招商引资工作。

16日

△玄武区召开高端商务商贸产业链工作推进会。

18日

△南京市人民中学校友顾宁、蒋建东分别当选中国科学院院士和中国工程院院士。

△完成2021年紫金山英才先锋计划高层次创新创业人才项目市级答辩。

19日

△下午，区第十八届人大常委会第65次主任会议召开。

△省技术产权交易市场联合各知识产权运营中心在徐庄高新区举办江苏省第二届专利(成果)拍卖季“碳达峰、碳中和”领域现场拍卖会活动。

23日

△下午，区选举委员会第三次会议召开。

△玄武区召开落实“双减”工作推进会暨“三段一体”教育质量管理工作交流研讨会。

24日

△上午，区选举委员会召开第四次会议暨换届选举转段工作会议。

25日

△下午，市委编办副主任程英杰带队到红山街道，对街道深化集成改革工作进行全面验收评估。

△区纪委监委组织第十三期青年论坛，区委常委、区纪委书记、区监委主任罗昌锋出席会议。

△完成2018、2019年度科技顶尖专家年度监测。

26日

△区政协召开十二届二十次主席会议。

27日

△上午，江苏省基础教育前瞻性教学改革重大实验项目启动仪式暨“中小学心理健康教育研究与应用中心”揭牌活动在科利华中学铁北分校举行。

△下午，红山街道“文明红山共建联盟”出征仪式举行。

29日

△区委常委会召开扩大会议，传达学习省第十四次党代会精神。

△完成2021年紫金山英才高峰计划答辩。

30日

△玄武区第16期中青年干部培训班开班。

△“发现东大独角兽”全球生物医药大赛颁奖典礼在徐庄高新区举办。

12月

1日

△全区92个选区组织开展投票选举工作。全区设394个投

票站和89个流动票箱，依法选出区人大代表241名。

△玄武徐庄高新区质量小站举行揭牌仪式，同时启动玄武区“专家进小站，需求现场办”系列活动。

△市人大常委会副主任张俊带队视察年度城乡建设重点工程项目。

2日

△上午，市人大玄武二组组织第四季度视察活动，先后走访视察梅园颐养中心、区疾控中心。

△下午，区选举委员会第五次会议暨换届选举总结会议召开。

△玄武中等专业学校、小营小学成为江苏省艺术普及教育进校园公益项目首批学校。

3日

△下午，以“庆建党百年华诞，谱博学玄武新篇”为主题，玄武区2021年全民终身学习活动周开幕式举行。

5日

△北京东路小学获南京市跳绳比赛一等奖。

6日

△逸仙小学与南京航空航天大学国际教育学院共建“儿童国际化交流中心”。

7日

△由中共玄武区委员会、玄武区人民政府主办的第四届玄武国际医疗资源对接会暨首届国际健康产业创新创业交流大赛颁奖仪式举行。

△科利华中学紫金分校挂牌江苏第二师范学院大学生实践基地。

9日

△上午，区第十九届人民代表大会第一次会议秘书处筹备组第一次会议召开。

10日

△下午，玄武湖周边地区首届全民摄影大赛颁奖仪式举行。

14日

△玄武区“两新”组织党务工作者专业化建设“三维递进”培育体系发布仪式暨“开放对话式”红领论坛举行。

△区十八届人大常委会第66次主任会议召开。听取《区人大常委会代表资格审查委员会关于个别代表的代表资格的报告》，讨论通过《关于补选部分区十九届人大代表的实施方案》。

△区十九届人大代表补选工作部署会召开。

△下午，区人大常委会组织驻区市人大代表听取2021年度市、区检察工作情况汇报。

18日

△共青团玄武区第十八次代表大会召开。

21日

△下午，玄武区工商联第九次会员代表大会召开。

22日

△玄武区召开残工委会议。

23日

△区纪委监委组织第十四期青年论坛。

23—26日

△玄武高级中学排球队夺得省中学生排球锦标赛冠军。

24日

△上午，玄武区组织召开城市运行“一网统管”工作推进会。

△下午，区委理论学习中心组开展“学党史、开新局”专题学习讨论。

△新街口北门桥社区、玄武湖街道樱驼花园社区、红山街道红山公园社区依法组织选民进行投票选举，并各自补选出1名区人大代表。

24—26日

△在“2020—2021年全国啦啦操联赛总决赛”中，北京东路小学啦啦操队获两项全国赛事总冠军，北京东路小学紫金山分校啦啦操队夺得一项全国冠军。

25日

△锁金二小在南京市金钥匙科技竞赛团体赛中获团体竞赛小学组第一名。

26日

△玄武中专获2021年南京市校园啦啦操总决赛创意啦啦操第一名。

28日

△中国共产党南京市玄武区第十二届委员会第三次全体会议举行。

29日

△区政协召开十二届二十一次主席会议，协商通过区政协十三届委员会政协委员、列席人员建议名单及十三届一次会议有关事项。

30日

△下午，2021年度玄武区国家机关“谁执法谁普法”履职评议现场会举行。

31日

△上午，区委召开专题会议，听取各党(工)委和区相关行业党委书记抓基层党建工作述职。

△玄武区第16期中青年干部培训班结业。

（栏目编辑　卢永晨）

概览

基础情况

组织机构及负责人

基础情况

【自然地理】 玄武区位于南京市区东北部，是南京市的中心城区之一，也是中共南京市委、市人大常委会、市政府、市政协机关所在地。东、北与栖霞区相接，南与秦淮区为邻，西北与鼓楼区接壤，东南与江宁区交界。域内面积75.46平方公里，户籍人口46.75万人。

地势 山峦起伏，丘陵环抱，山川形胜，气势恢宏。多种多样的地貌形成“十山八河十二湖”，与蜿蜒而过的明城墙交相辉映，构成集山、水、城、林于一体的园林风光。

地貌 低山、丘陵、岗地、平原交错分布，林木葱郁，植被良好。大部分岗地、平原用于城市建设开发。域内中山陵园风景区是重要的城市绿地和森林公园。

气候 属北亚热带湿润气候，冬寒、夏热、春温、秋暖，四季分明。年平均气温15.4~16.6℃。冬季以东北风为主，1月平均最低温度为-1.6℃；夏季以东南风为主，7月平均最高温度为30.6℃。常年平均降水117天，年平均降水量1106.5毫米，相对湿度76%，无霜期237天。6月下旬到7月上旬为梅雨季节。

自然资源 铁矿分布在红山森林动物园；煤矿分布在灵谷景区；硫黄矿分布在钟山北麓岔路口；黄铜矿分布在钟山西北蒋王庙，至今留有20世纪50年代开掘的矿井。钟山植被，陆地面积2930.7公顷，水域面积78.1公顷。有维管植物157科506属1217种，特级、珍稀、濒危植物50余种；鸟类生物14目42科140种；昆虫1200多种；蝶类9科73属120种，其中虎凤蝶缘起紫金山，是比猿人更为古老的生物，有活化石之称；真菌类生物246种。

【人口状况】 2021年，玄武区常住人口652810人，其中户籍人口464454人，户籍人口中男性229904人、女性234550人，性别比为98.02。流动人口188356人。

2021年，户籍人口中，18岁以下人口67655人，占总人口比重14.57%；18~34岁97106人，占20.91%；35~59岁184765人，占39.78%；60岁以上114928人，占24.74%。

2021年全区新出生人口2376人，其中男性1242人、女性1134人，性别比为109.52；死亡人数2714人，其中男性1530人、女性1184人，性别比为129.22；计划生育率99.66%。全区总人口中育龄妇女154271人，比上年同期减少10259人，占总人口的33.22%；已婚育龄妇女108960人，比上年同期减少4578人，占总人口的23.46%。

【名胜古迹】 六朝宫阙、明初紫禁城、太平天国天王府、孙中山临时大总统府和国民政府总统府均坐落区内。钟山风景名胜区以雄伟壮丽的钟山与碧波千顷的玄武湖为核心，山水相依，雄秀兼具，在新评出的“金陵四十八景”中钟山就占有10席。区境内拥有5座城门、总长9.37公里的明城墙，是南京市现存明城墙的主要部分，其两侧聚集甚多名山、名水、名胜。丰富厚重的历史人文资源和钟灵毓秀的山水生态风光，描就玄武精美而又独特的都市画卷。

【文化遗产】 区内有南京市唯一一处世界文化遗产——明孝陵，有一处国家级历史文化街区——梅园新村历史文化街区，有国家、省、市、区各级各类不可移动文物221处244个点，其中全国重点文物保护单位19处35个点、省级文物保护单位19处24个点、市级文物保护单位54处56个点、区级文物保护单位56处、不可移动文物73处。有非物质文化遗产代表性项目32项，其中国家级非遗项目1项、省级非遗项目8项、市级非遗项目8项、区级非遗项目15项；非物质文化遗产传承人63人，其中国家级传承人1人、省级传承人11人、市级传承人20人、区级传承人31人；基地4个，为南京剪纸传承保护基地、金陵竹刻保护展示基地、苏作小木家具制作技艺传承保护基地、鸡鸣寺素食制作技艺传承保护基地。

【区域沿革】 6000多年前，玄武湖畔有原始村落。战国时，为金陵邑辖地。秦、汉时，南部属秣陵县，北部属江乘县，后又隶属会稽郡、鄣郡、丹阳郡。东汉建安十七年(212)改秣陵为建业县，区境南部属之，区境北部改设典农都尉。

西晋太康元年(280),复改建业为秣陵县。太康二年(281),以淮水为界,北置建业(次年改称建邺),南为秣陵县,恢复江乘县建置。建兴元年(313),愍帝司马邺即位,为避帝讳,改建邺为建康,直至陈朝末年。

隋朝统一南北后,建康、江乘、秣陵县并为江宁县,区境隶属蒋州。唐肃宗上元二年(761),改江宁为上元县,至清末,区境均属上元县。

民国元年(1912),临时政府废上元、江宁两县,建置南京府,区境属南京府。民国2年,撤南京府,以旧上元、江宁两县复置江宁县。民国16年,改江宁县城区为南京市,区境城内部分属南京市。

民国22年(1933)3月,建区之始。中山路以东、中山门以西、九华山以南、中山东路以北范围为南京第一区。

民国23年(1934)9月,今孝陵卫街道地区和玄武湖街道的仙鹤门行政村(原仙鹤乡)属孝陵区,中山陵园区域属国民政府直接管辖,今锁金村街道、玄武湖街道(仙鹤门除外)和红山街道地区属燕子矶区。

民国27年(1938)1月,原第一区改为第三区。民国34年9月,恢复抗日战争前第一区建置,辖区则向中山东路以南、逸仙桥以东一带扩展。

1949年6月,沿用第一区建置称谓,设第一区人民政府。1950年6月,以第一区为基础,中山东路以南地区划出,建为新一区。今红山、锁金村街道地区和玄武湖街道部分地区改属新八区,今孝陵卫街道地区和玄武湖街道部分地区改属中山陵园区。

1955年6月,第一区人民政府改称第一区人民委员会。同年8月,第一区改称玄武区,今境内分属玄武区、燕子矶区和中山陵园区管辖。1960年5月,成立玄武人民公社。1962年8月,玄武人民公社名称撤销,恢复玄武区人民委员会。

1967年3月,玄武区改称要武区,实行军管,设南京市军事管制委员会要武分会。1968年3月,成立要武区革命委员会;1973年11月,改称玄武区革命委员会。

1980年9月,玄武区革命委员会复称玄武区人民政府,至今。

【区划调整】 1951年5月,建立居民委员会。1955年9月,设立新街口、大行宫、香铺营、四牌楼、丹凤街、玄武门、太平门、太平桥8个街道办事处。1957年10月,香铺营街道办事处撤销。1960年4月,街道办事处合并、改建为新街口、丹凤街、梅园新村3个人民公社分社。5月,市级机关及周围单位成立北极阁分社,65个居民委员会合并为19个街道委员会。1961年,新街口、丹凤街、梅园新村3个分社改为3个街道办事处,19个街道委员会调整为54个居委会。1962年8月,人民公社、分社撤销,恢复新街口、香铺营、梅园新村(原大行宫)、太平门、丹凤街、四牌楼、玄武门7个街道办事处。

1967年1月,各街道实行军管。1968年3月,街道成立革命委员会。同年8月,7个街道革委会合并为长江路、梅园新村、丹凤街、太平门、要武门5个街道革委会。1978年9—10月,撤销街道革委会,恢复7个街道办事处。

1980年12月,因后宰门住宅小区人口增加,原太平门街道办事处撤销,改为后宰门和兰园2个街道办事处。1984年2月,锁金村地区划归玄武区管辖,增设锁金村街道办事处,全区街道办事处增至9个。

1987年12月,新街口与香铺营街道办事处合并为新街口街道办事处,丹凤街与四牌楼街道办事处合并为丹凤街街道办事处。

1995年4月,全市区划调整,栖霞区的孝陵卫、玄武湖2个镇及小营、藤子、红山3个行政村和原属鼓楼区管辖的玄武门路以北、中央路以东、沿城墙以西地带划归玄武区。1996年3月,设立红山街道办事处,管辖小营、藤子、红山3个行政村。同年12月,撤销孝陵卫镇、玄武湖镇建制,改设孝陵卫街道办事处和玄武湖街道办事处。

2000年,社区管理体制实行改革,原有的居民委员会和家属委员会调整组合为86个社区居民委员会。2001年,在孝陵卫街道办事处辖区内增设卫岗街道。全区共有11个街道、84个社区、12个行政村。2005年,丹凤街街道、兰园街道、卫岗街道分别与新街口街道、梅园新村街道、孝陵卫街道合并，全区调整为8个街道、75个社区、11个行政村。2007年调整为8个街道、64个社区、6个行政村，2009年调整为8个街道、63个社区、4个行政村，2011年调整为8个街道、62个社区、4个行政村。

2012年，将梅园新村街道办事处北京东路以北的公教一村社区和后宰门街道办事处龙蟠路以北以西部分(太平花园小区)划归玄武门街道办事处。将调整后的梅园新村街道办事处与后宰门街道办事处合并，成立新的梅园新村街道办事处。至2012年年底，全区有7个街道、58个社区。2013年，新增红山街道紫金小营社区。2018年新增玄武湖街道徐庄社区，玄武门街道高楼门社区并入百子亭社区。至2018年年底，全区有7个街道、59个社区。

【社会经济发展】 2021年是“十四五”规划的开局之年，也是开启社会主义现代化建设新征程的起步之年。一年来，面对复杂多变的国内外环境，围绕建设“强富美高”新玄武奋斗目标，深入践行新发展理念，着力推动高质量发展，扎实推进“六稳”“六保”任务，科学统筹疫情防控和经济社会发展，有效应对突发疫情考验，经济社会大局保持稳定，生态环境持续改善，民生事业有序推进。

主要经济指标。面对经济持续下行压力，坚持稳中求进的工作总基调，经济运行扩量提质增效，主要经济指标均完成年度目标任务。2021年GDP完成1205.9亿元，同比增长8.8%；一般公共预算收入105.1亿元，同比增长8.4%；固定资产投资同比增长8.5%；社会消费品零售总额1129.8亿元，同比增长9.8%；外贸进出口总额803.4亿元，同比增长18.2%；实际利用外资3.94亿美元，完成年计划的151.5%。

重大项目推进。项目投资全面提速。玄武之光新一代信息技术科创中心成功申报省级重大项目，实现玄武区省级重大项目零的突破；全区101个区级以上重大项目，年度计划投资171.9亿元，全年完成投资173亿元，完成年计划的101%，同比增长27%。其中，1个省级重大项目，年度计划投资5亿元，全年完成投资9.4亿元，完成年计划的188%；11个市级重大项目，年度计划投资72亿元，全年完成投资75.6亿元，完成年计划的105%，同比增长40%。项目建设全面发力。坚持储备项目抓前期、前期项目抓开工、在建项目抓竣工、竣工项目抓投产、投产项目抓达效，全年完成复星江苏总部、徐庄二期聚智园等39个重大项目开工建设，红山国际社区、朗诗绿色生态中心等26个重大项目加速建设，百家汇玄武创新药物孵化平台二期、高力六角商业广场等30个重大项目竣工投产，投产投用产业载体81万平方米，其中已完成招商产业载体约34万平方米。

国际消费中心城市中心区建设。加速布局全域消费新格局，组建新街口商圈发展联盟，集聚区域消费资源，举办南京建设国际消费中心城市暨春季消费节启动仪式、“遇见·千年”南京—佛罗伦萨缔结友好城市40周年纪念活动、D9街区开街仪式等重大消费主题活动，推进长江会、南京商厦、东方珍珠VOCO酒店等一批消费新载体亮相，不断挖掘玄武消费经济潜力；打造消费新模式新业态，引进夜间经济、首店经济和网红经济；推动文旅融合消费，强化长江路文旅集聚区“1800米、1800年”品牌影响力；鼓励电子商务发展，集聚省级以上电子商务示范企业8家。消费市场呈现蓬勃发展态势，贸易额占全省比重及增速保持主城前列。

硅巷载体建设。坚持政府引导、市场主导、多方参与，按照片区融合发展理念，打造以珠江路为主轴，孝陵卫、板仓、红山三片区协同联动的玄武“硅巷矩阵”。在挖掘低效、闲置载体的同时，创新运营模式，注重产业培育与机制创新，组建玄武硅巷联盟，推动“政产学研金”联动发展，开展硅巷品牌活动177场；举办“南京城市硅巷建设推进会暨南师大玄武科技园开园”活动，打造全市首个由高校老校区整体转型的硅巷标杆项目南师大玄武科技园。全年建成备案硅巷4个，建成载体面积达12.3万平方米，集聚科技型企业123家。

科技创新能力。聚焦“建设创新名城中心区”目标追求，积极构建区域创新体系，优化创新服务，精心组织“南京创新周”玄武专场、“2021首届苏南国家自主创新示范区高峰论坛”等各类主题活动；围绕招引高新技术企业，制定出台《玄武区高新技术企业引培工作实施细则》，先后赴杭州、西安等地开展科技招商活动；深入推进“凤栖玄武”人才工程，完善“人才优服”工作体系，积极汇聚创新人才。全年净增高新技术企业46家，5人入选国家级重点人才计划，有效发明专利拥有量15483件。

招商引资质效。围绕全区主导产业发展布局，完善“街道+园区+平台公司+重点产业链”多元招商模式，发布“南京玄武全景产业投资地图”，借助特辑专访、宣传报道等形式，强化优质载体宣传，进一步提升玄武招商品牌知名度；突出重点产业链招商，“举办金洽会玄武专场活动”“第四届进博会玄武专场活动”等各类活动78场，成功引进同程商逸旅、润光超量子、格亚医药等一批重点产业链项目。全年完成实际利用内资155.6亿元，签约项目投资总额653.6亿元，亿元以上签约项目数117个。

产业链发展。对照全市“产业质效提升年”总体要求，围绕全区“1+2+2”主导产业结构，结合全区产业链特点，研究出台《玄武区关于开展“产业质效提升年”的实施意见》《玄武区重点产业链高质量发展2021年推进行动方案》，聚焦文化旅游、高端商务商贸、现代金融、集成电路、软件和人工智能、新医药和生命健康等重点产业，召开产业链工作推进会6场，建立重点企业培育库，健全产业链“一链一策”服务机制，加强重点企业跟踪、协调、服务力度；加快都市工业发展，举办东华都市工业产业园项目启动仪式，打造胜利村路100号“玄武区都市工业产业园”；依托钟山农业创新发展联盟资源优势，举办“智汇农业·玄武之音”农业科技高峰论坛，发布推介100余项农业科技创新成果；支持总部经济发展，全年新增市级总部企业3家；全年软件和信息服务业务收入同比增长15.1%，金融业营业收入同比增长38.58%，新医药与生命健康营业收入同比增长26.3%，集成电路业务收入同比增长58.2%。

企业服务举措。深入推动区四套班子领导包保联系机制，强化“区—部门—板块”三级走访，根据企业运营状况、重大项目推动进度，不断畅通政企沟通渠道；围绕降低经营成本、优化金融服务、提升政务效能等，出台《玄武区应对疫情影响助企纾困促进经济发展的若干措施》，有效帮助企业化解疫情带来的负面影响，并通过召开政策措施发布会、完善玄武企业服务公众号等方式，确保惠企政策落地见效。

营商环境优化。进一步转变政府职能，研究出台《2021年玄武区优化营商环境工作举措》，深入推进“放管服”改革，围绕精准放权、精确监管、精细服务三大原则，推进“证照分离”“市场准入”“互联网+监管”等32项具体改革任务；在服务一线推行“一网通办”“跨省通办、省内通办”模式，设置“办不成事”反映窗口，在方便企业、群众办理业务的同时，有效破解“办不了、难办理”难题；完善投资建设项目代办服务，完成省市区重大项目代办21项；强化社会信用监管和信用大数据运用，突出信用惠民和信用惠企主题，不断创新“信易+”应用场景。通过培育扶持，全区优质企业不断涌现，2021年新增全国工商联发布的中国民营企业500强1家、中企联发布的中国企业500强2家，入选全市瞪羚企业5家、独角兽企业2家，新增省级“专精特新”小巨人企业4家。

【2021年玄武区民生实事进展情况】 2021年1月6日，玄武区第十八届人民代表大会第五次会议票决通过2021年玄武区民生实事项目。克服新冠肺炎疫情影响，经过全年全区上下的通力协作，10件民生实事圆满完成。

1.持续推进新名校发展和教育集团化建设

新名校的办学品质和社会美誉得到进一步提升，玄武区在2020—2021学年教育质量评估中，11所新名校全部获得“教育质量优质奖”，六大教育集团内各成员校办学水平整体发展，义务教育集团化办学覆盖率达100%。

2.加大救助特殊群体力度

完成312户困难家庭实地走访，制定1526份“一户一档一策”档案和283条帮扶措施。分季度征集补助对象生活物资需求，由慈善超市及云慈平台工作人员按需送货上门并签字确认。开展全区低保户家庭摸排遴选，确定50户医疗支出多、生活压力大的家庭，累计发放物资金额约125000元。区未成年人保护中心与街道、社区及未成年人保护组织形成四级联动机制，推进各项儿童福利制度落实，通过入户走访，动态掌握全区377名困境儿童数据信息，开展分类施策、一人一策。同时，为困境儿童及其家庭提供多样化精准服务，全年开展心理咨询32次、正向教育48次、法律援助11次、个性服务45次、全面支持63次、个案跟踪服务51次。

3.提高养老服务水平

为全区经济困难的高龄、失能、重度残疾老年人家庭进行居家适老化改造，完成220户改造。为4652名85周岁以上老人提供每月不少于3小时的上门照护服务。为92名重度失能的家庭提供喘息服务。为102名"五类"老年人实施政府购买服务。

4.落实困难人员就业政策

全年举办各类招聘会162场，服务企业756家，提供岗位15294个，服务人群8.5万人，全年援助困难人员就业人数约1500人。年度新增残疾人实名制就业30人。

5.提升公共卫生服务能力

邀请60余名专家进社区卫生服务中心，为辖区居民提供诊疗服务和健康咨询，为辖区居民提供7000人次高质量诊疗服务。推出"互联网+护理服务"。组织12家区属医疗单位、1家民营二甲医院，深耕"互联网+健康服务"，根据居民需求不断优化套餐，累计推出279个服务项目。孝陵卫社区卫生服务中心在新址正式运行，建成市级特色科室1个、妇幼规范化门诊1个、标准化母婴室2个。

6.提升公共应急救护水平

完成50台AED安装，其中：重要公共场所及旅游景点安装17处；社区党群服务中心安装20处；居民养老服务中心安装7处；菜场安装3处；其他地点安装3处。全区共举办280多场次培训，累计培训CPR+AED使用专项持证救护员9500人；初级救护员持证培训821人。

7.健全全区食品安全检测体系

全年完成食品质量监督抽检2711批次；开展快检近20万批次，检出不合格产品288批次，全部依规下架销毁；第三方快检车对农贸市场外的平价蔬菜店、生鲜店等农产品进行快检，实现场内场外快检全覆盖。

8.优化群众居住环境

全年完成16个老旧小区改造项目，涉及居民5546户，共计129栋房屋，建筑面积约41.06万平方米。完成启迪大街（玄武）、双拜岗绕城公路涵段和环园东路3个积淹水改造工程。

9.推进环卫配套设施建设

缓解如厕难，提升如厕体验，完成前半山园和明外郭公园2座二类公厕翻改建。

10.健全居民公共安全体系

全年赔付案件102起，赔付金额48万元。其中A包人身意外险（因暴雨、台风等自然气候影响和其他人身意外伤害）案件65件，赔付金额约17.5万元，B包家财险（因火灾、暴雨、雷击、暴雨、管道破裂、台风、爆炸及其他外来原因）案件37件，赔付金额约30.5万元。通过现场摇号，社区公示，完成8000个人防应急救援包发放。

（魏　冰）

【功能片区与重大项目】2018—2020年开工建设的110个重大产业项目，截至2021年年底，已竣工投产61个、达产升规19个，达产升规平均产出额达5.7亿元。全年挂牌出让梅园地块、铁北7号地块、徐庄二期聚智园、中诚地块、聚才公寓5幅地块，出让总面积31.5万平方米，可建产业载体93.3万平方米。

项目推进全面加码。完成区重大项目办公室的实体化运作，强化项目推进队伍的专业化建设，不断推动项目管理方式创新，常态化落实区领导包保联系、分级调度、专班推进、信息简报等工作制度，积极推进市区会办、现场服务、督办考核落细落实。完善项目问题协调机制，灵活采用平台协调、部门会商、高位协调以及督查通报、一事一议等方式，有效破解玄武之光新一代信息技术科创中心、铁北创新产业总部经济示范园（宝龙苏皖总部）、长江路文化旅游集聚区等项目推进过程中的"卡脖子"问题，显著提升项目推进效率。

2021年部分重大项目建设完成情况。

南京玄武之光新一代信息技术科创中心　项目东至规划阅武路，南至红山南路，西至恒嘉路，北至规划领智路、规划寒光亭路。总投资46.8亿元，总建筑面积约40万平方米，拟构建多引擎驱动、多业态融合发展的智慧园区，建立企业投资孵化平台，打造多样化生态园区，形成科技创新产业集群。2021年年底，A1地块地下工程完成50%、主体施工完成30%。

铁北创新孵化集群（星河产业园） 项目东至恒嘉路，南至红山南路，西至红山路，北至规划社区中心用地。总投资90亿元，总建筑面积约31.9万平方米，拟引进人工智能、无人机、云计算及大数据等创新产业，打造集科研办公、创新孵化于一体的产业集群。2021年年底，产业二期竣工并投入使用，商业部分主体封顶。

铁北数码港（电子城） 项目东至规划言和路，南至红山南路，西至红山路，北至规划社区中心用地。总投资60亿元，总建筑面积约39万平方米，拟引进以移动互联网、移动通信、人工智能为代表的创新产业聚集平台。2021年年底，A、B、D、E地块主体封顶。

红山国际社区 项目东至规划绿廊，南至沪宁城际铁路，西至铁路东机务段宿舍，北至红山南路。总投资18亿元，总建筑面积约12万平方米，拟引进以德国企业为主的30多家外企总部、分支机构和办事处，形成外企总部集聚地，打造城市经济发展的新引擎。2021年年底，A地块基坑深搅桩、支护桩、立柱桩、工程桩施工完成，B地块主体施工。

复星江苏总部 项目东、南至规划科研用地，西至北苑东路，北至石景山路。总投资62亿元，总建筑面积约28万平方米，拟建设产城融合综合体，引入人工智能、总部经济、科技创新、科技金融、商务商贸等主导产业，打造集总部办公、国际型金融中心、文化商业街区、高端居住于一体的城市中央创新商务区。2021年年底，地下工程完成40%。

铁北创新产业总部经济示范园（宝龙苏皖总部） 项目东至北苑东路，南至规划望山路、领智路，西至恒嘉路，北至规划大壮观路。总投资80亿元，总建筑面积约40.15万平方米，拟建设以产城融合为主题的综合体，引入人工智能、总部经济、科技创新、科技金融、商务商贸等主导产业，打造集总部办公、科技产业集群、艺术传媒展览馆、

铁北创新孵化集群（星河产业园） （区发改委 供图）

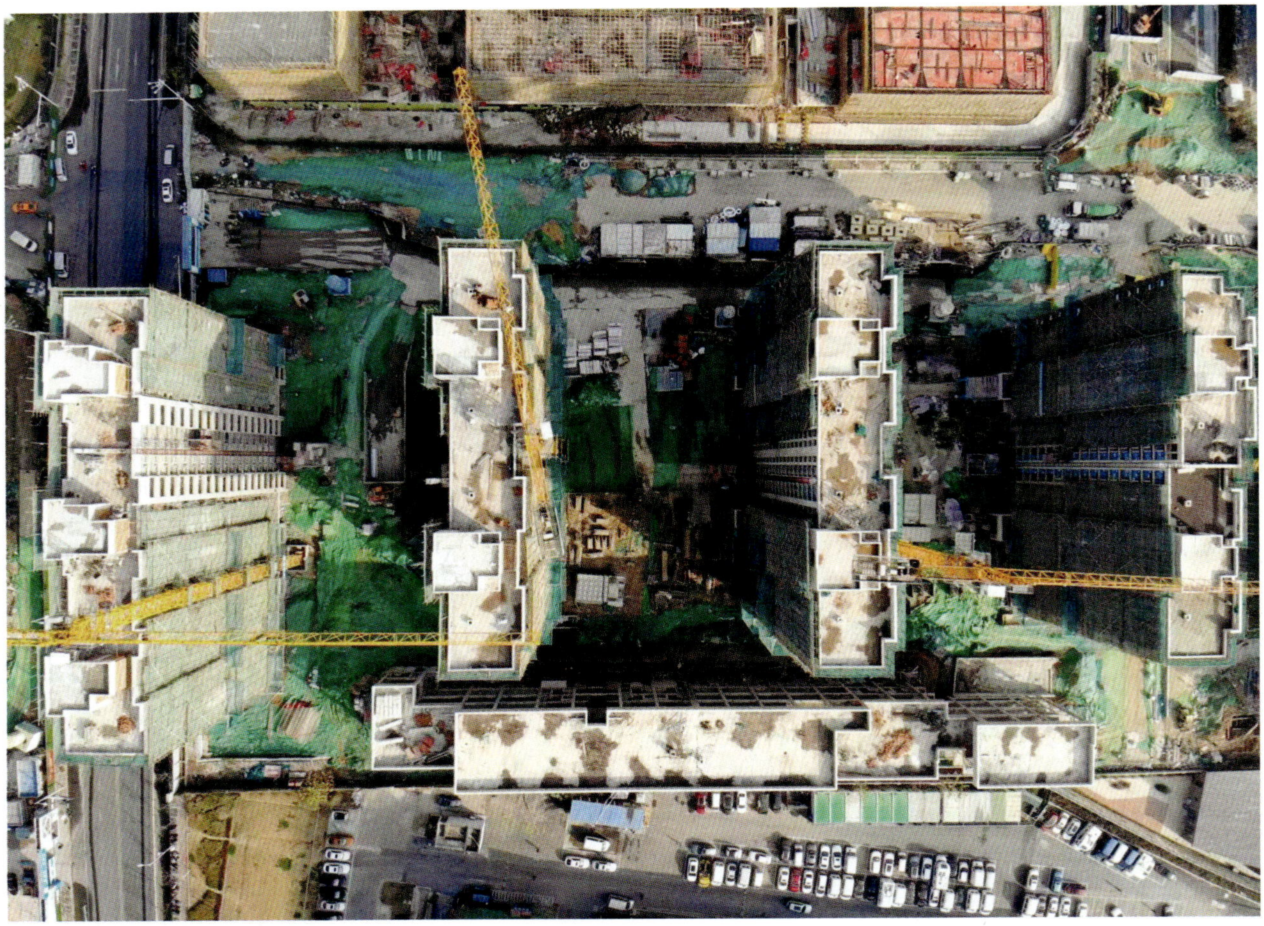

铁北数码港　　（区发改委　供图）

集中式商业、高端居住于一体的综合社区。2021年年底，商业裙楼结构完成。

百家汇玄武创新药物孵化平台二期　项目东至环园中路，西至环园西路，南至环园西路，北至环园西路。总投资10亿元，总建筑面积约22万平方米，拟打造“百家汇创业社区”，用于创新企业研发办公、项目孵化及成果转化。2021年年底，项目竣工，部分载体投入使用。

徐庄二期聚智园　项目东至经三路，西至经二路，南至聚慧园。总投资19.7亿元，总建筑面积约20.68万平方米，拟建设集孵化器、加速器、中试房及配套设施于一体的产研基地。2021年年底，支护桩、桩基施工。

徐庄地铁商业地块项目　项目南至紫气路，东至苏中路，西至东来路，北至苏宁大道。总投资20.74亿元，总建筑面积约12万平方米，拟建设五星级标准的高端酒店和集商业零售、商务休闲、创业空间服务等功能于一体的商业中心。2021年年底，桩基施工，渣土外运。

中央路224号总部经济大楼　项目东至神武路，南至大树根，西至中央路、后大树根，北至市城建集团。总投资40亿元，总建筑面积约5.47万平方米，拟通过项目开发建设，引进物联网智慧城市总部企业和商业配套。2021年年底，部分商业建筑建成。

长江路文化旅游集聚区　项目位于长江路沿线，总投资20亿元，总建筑面积约14.2万平方米，拟建设梅园地块项目，改造总统府南侧地下空间。2021年年底，部分民国建筑完成加固修缮，梅园地块完成概念设计方案并签订酒店合作协议。

德乐科技总部大厦　项目东至苏宁大道，南至中星微电子公司，西至国有土地，北至国有土地。总投资1.6亿元，总建筑面积约2.56万平方米，拟建设德乐科技总部大厦，用于总部办公及研发中心。2021年年底，地上施工。

南师大玄武科技园一期 项目东至钟麓花园小区，南至板仓街，西至锁金东路，北至南师大教工宿舍区。总投资2.7亿元，总建筑面积约8.5万平方米，拟围绕高端集聚和功能协同两大特征，建设包括办公、会议、商业、人才公寓、休闲等城市功能的产业创新综合体。2021年年底，单体R、42#竣工验收。

D9街区 项目东至碑亭巷，南至石婆婆庵，西至玄武医院，北至杨将军巷。总投资1.3亿元，总建筑面积约1.5万平方米，拟对老烟厂进行改造，引入设计师工作室、精品餐饮及商业配套等产业项目，打造文化和创意设计园。2021年年底，园区已对外运营。

南京医工交叉创新研究院 项目位于徐庄高新区研发六区3号楼，总投资2亿元，总建筑面积约1万平方米，拟建设高端医疗器械、临床检测新技术、医学新材料及智慧医疗四大研发中心，打造临床试验、医疗器械工程化、大动物实验中心等公共服务平台。2021年年底，累计引进孵化企业20家；公共服务平台完成阶段性专家论证，进行方案完善。

百子亭天地（一期北侧工程） 项目东至百子亭路，西至中央路，北至规划路。总投资6.2亿元，总建筑面积约3.4万平方米，拟建设为商贸文化综合体。2021年年底，地上施工。

朗诗绿色生态中心 项目位于东方城108号，总投资13亿元，总建筑面积约13万平方米，拟建设高端企业集聚区、绿色生态办公企业公馆。2021年年底，部分建筑封顶。

高力六角商业广场 项目东、南至玄武大道，西至红山路，北至沪宁城际铁路绿化带。总投资10亿元，总建筑面积约11.09万平方米，拟建设集商业办公、酒店于一体的城市综合体，引进希尔顿酒店，打造融合商业、办公、娱乐等功能的商业广场。2021年年底，进行竣工验收准备。

孝陵卫21号商务中心 项目东至双拜巷路，南至晏公庙街，西至孝陵卫街，北至中山门大街。总投资15亿元，总建筑面积约8万平方米，拟建设总部办公、商业、住宅。2021年年底，竣工验收。

文苑大厦 项目东至中北停车场，南至幼儿园、社区中心，西至月苑小区老年公寓，北至月苑南路、玄武体育活动中心。总投资2.76亿元，总建筑面积约4.01万平方米，拟建设社区文化活动馆及配套设施。2021年年底，支护桩施工完成。

钟山风景区旅游服务中心 项目北至紫金山沟，南至阳光路，西临情侣园、东侧为龙蟠路。总投资8亿元，总建筑面积约7.15万平方米，拟建设旅游服务中心、旅游集散中心、公共停车场等旅游配套设施。2021年年底，地下结构顶板封顶。

和昌魔法森林 项目东、西、北至红山森林动物园，南至红山南路。总投资8亿元，总建筑面积约5.69万平方米，拟建设集购物、美食、娱乐、体验、艺术欣赏于一体的城市综合体。2021年，A地块二次结构砌筑，B地块桩基施工完成。

红山动物园南扩工程 项目南至红山南路，北至红山森林动物园。总投资2.1885亿元，总建筑面积约1.9万平方米，拟建设澳洲动物馆和非洲动物馆，并扩建动物园南大门。2021年年底，虎、豹、熊馆及北门区管理楼完工；雨林馆、食草动物笼舍、马达加斯加区、澳洲食火鸡袋鼠笼舍主体验收完成，室内艺术造景及钢结构施工。

曹后村地铁商务中心 项目东至南京东机务段铁路宿舍，南至曹后村小区，西至红山创智天地，北至红山南路。总投资1亿元，总建筑面积约0.89万平方米，拟新建商业服务设施，含一栋多层酒店、部分商业裙房和地下停车库。2021年年底，完成竣工验收。

（李　蕾）

组织机构及负责人

【中共南京市玄武区委员会】

书　记：闵一峰
副书记：钱　维
　　　　林武平（7月以前）
　　　　吕　璟（7月以后）
常　委：贾　慧（7月以前）
　　　　朱天龙
　　　　罗昌锋
　　　　刘　诚
　　　　施　扬

陈可科
马千山
张　杰
任　宁(7月以后)
一级调研员:顾建华

【南京市玄武区人民代表大会常务委员会】

党组书记:杨乐华(7月以前)
贾　慧(7月以后)
主　任:杨乐华
党组副书记:蒋兆全
副主任:戴　航
蒋兆全
杨冬梅
李　辉
二级巡视员:戴　航
蒋兆全

【南京市玄武区人民政府】

党组书记:钱　维
区　长:钱　维
党组副书记:陈可科
副区长:陈可科
马千山(8月以后)
吴开芬
庄佳峰
周　正
薛汝军
邵　睿
杜景南(8月以后)
二级巡视员:凌立玉(9月以后)
一级调研员:凌立玉(9月以前)

【中国人民政治协商会议南京市玄武区委员会】

党组书记:许　恺
主　席:许　恺
党组副书记:张　望
朱天龙
副主席:王敬玲
蒋　健
赵剑锋(不驻会)
孙国林(不驻会)
一级巡视员:邱小凡(6月以前)
二级巡视员:张　望

【中共南京市玄武区纪律检查委员会】

书　记:罗昌锋
副书记:张训宝(4月以前)
高　炜(4月以后)
蔡　宁(5月以后)
常　委:李静勤(4月以前)
濮素晖
朱　妍(3月以前)
蔡　宁(5月以前)
吴骏峰(挂职)
郑　炜(5月以后)
黄　雯(5月以后)
严　安(5月以后)
一级调研员:张训宝(4月以后)
黄燕明(12月以后)

【南京市玄武区监察委员会】

主　任:罗昌锋
副主任:张训宝(4月以前)
高　炜(4月以后)
蔡　宁(5月以后)
监委委员:李静勤(4月以前)
蔡　宁(5月以前)
郑　炜
黄　雯(5月以前)
严　安(5月以后)
吴　盘(6月以后)

【南京市玄武区人民武装部】

部　长:孙　余
政　委:刘　诚

【南京市玄武区人民法院】

党组书记:沈　湧(12月以前)
赵雪雁(12月以后)
院　长:沈　湧(12月以前)
代院长:赵雪雁(12月以后)
党组副书记:张　赟(4月以前)
李静勤(4月以后)
副院长:李静勤(4月以后)
张　赟(4月以前)
高　伟
吴小酣
时　超
潘　溪
庞晓庆(5月以前)
政治处主任:庞晓庆(5月以前)
审委会专职委员:王翔飞
王剑锋
三级高级法官:张　赟
陈新娣
四级高级法官:王　萍
武圣祥
王　慎
薛亚萍
四级调研员:齐　玥
执行局局长:杨晓峰

【南京市玄武区人民检察院】

党组书记:倪一斌(12月以前)
余　红(12月以后)
检察长:倪一斌(12月以前)
代检察长:余　红(12月以后)
党组副书记:王卫东(11月以前)
副检察长:王卫东(11月以前)
张　前
周　颖
江舜治
万　龙(挂职)
政治处主任:马　卉(4月以后)
检委会专职委员:周　颖
韩立勇
三级高级检察官:涂　彪
四级高级检察官:朱家明
胡炳辉

四级高级检察官助理：缪亚云

唐杰祥(4月以后)

【区委工作机构】

区委办公室(机要局、国家保密局、国家密码管理局、档案局、保密办、国安办)

主　任：邱　健
副主任：曹　芳(3月以前)
　　王　进(9月以后)
　　钱竹林(9月以后)
　　高　炜(3月以前)
　　金　晖(3月以后)
　　张　军
四级调研员：韩　琦
机要局副局长：曹　芳(3月以前)
　　钱竹林
国家保密局副局长、国家密码管理局副局长：钱竹林
国安办主任：张　杰
国安办专职副主任：汪祥君
档案局局长：张　军
档案局副局长：秦丽华

区委研究室(改革办)

主　任：王　进(9月以后)
副主任：王　进(9月以前)
改革办专职副主任：张　媛

区委巡察办

主　任：濮素晖
副主任：管　兵
巡察组组长：刘　密(3月以前)
　　王　茜
　　邹德勇
　　金　晖(3月以前)
　　黄爱华(3月以后)
巡察组副组长：陆海燕(4月以前)
　　王　刚(3月以前)
　　杨秀泉
　　吴春峰
　　王同洋(3月以后)

组织部(两新工委、党建办、公务员局、党史办、考核办)

部　长：贾　慧(7月以前)
　　任　宁(7月以后)
常务副部长：王颖川
副部长：赵　虎
　　鲁　琳(3月以后)
　　吴桂红(兼)
　　孙丽萍(兼)
一级调研员：钱钦民(4月以后)
两新工委书记：鲁　琳(3月以后)
两新工委副书记：王　琰
党建办主任：王颖川
党建办副主任：杨金秋
公务员局局长：赵　虎
党史办主任：钱钦民(4月以前)

宣传部(精神文明办、网信办)

部　长：施　扬
常务副部长：刘艳军
副部长：韩春云
　　陈玉梅
四级调研员：刘永进
　　张志红
精神文明办主任：陈玉梅
精神文明办专职副主任：
　　严　青(4月以后)
网信办主任：韩春云
网信办副主任：张志成

统战部(台办侨办、民宗局)

部　长：朱天龙
常务副部长：钟文舟
副部长：胡圆圆
　　汤　浩(兼)
二级调研员：蒋　俊
四级调研员：唐希忠
保留待遇：乙维清
台办侨办主任：钟文舟
台办侨办专职副主任：刘好华
民宗局局长：胡圆圆
民宗局专职副局长：周　勇

政法委(防线办、法学会)

书　记：张　杰
常务副书记：汪风华(3月以后)
副书记：杨玉林(3月以前)
　　袁　源
　　杨学彬
　　骆黔生(挂职)
一级调研员：杨　杰
　　杨玉林(3月以后)
二级调研员：赵杉春
三级调研员：刘秀泽
四级调研员：王大志
　　朱　劲(12月以前)
保留待遇：罗志方
防线办主任：杨玉林(3月以前)
防线办副主任：潘建珍
法学会专职副会长：
　　周　萍(4月以前)
　　朱　劲(12月以后)

编　办

主　任：吴桂红
副主任：周　师
　　夏星草(12月以后)
　　柳　娜(3月以后)
一级调研员：王　莉
四级调研员：袁敏生
　　柳　娜(3月以前)

机关工委

书　记：高　洁
副书记：何宏炉(2月以前)
　　李佳瑛
　　冯玉忠(4月以后)
　　蒋　庆(3月以后)
三级调研员：何宏炉(2月以后)
四级调研员：黄　斌

蒋　庆(3月以前)
陈振昌

老干部局(离退休干部工委)
局　长:孙丽萍
副局长:周跃洪
卢　君(4月以后)
郐红生
二级调研员:张　栩
卢　君
四级调研员:李　红
离退休干部工委书记:孙丽萍

党　校
校　长:林武平(7月以前)
吕　璟(7月以后)
常务副校长:曾　艳
副校长:张　震
李后方
李义波(挂职,12月以后)
保留待遇:李正云

【区人大工作机构】
人大办公室
主　任:刘　康
副主任:杨宇峰
李和华
周燕红
四级调研员:曹　刚

人大研究室
主　任:杨宇峰
副主任:黄洁云

【区人大各专门委员会及工作部门】
法制委员会
主任委员:刘必军
副主任委员:叶冬梅(4月以后)

财政经济委员会
主任委员:刘全庆

社会建设委员会
主任委员:顾　冰
副主任委员:沈　俏

监察和司法委员会
主任委员:张　斌
副主任委员:江　霖

教科文卫委员会
主　任:肖　红
副主任:李　宇

环资城建委员会
主　任:杨承龙
副主任:魏跃俊(4月以后)

民族宗教侨务台湾事务委员会
主　任:曹　萍

人事代表联络委员会
主　任:沈　阳
副主任:姚宇军

预算工作委员会
主　任:刘全庆
副主任:缪　琰

【区政府工作机构】
办公室(外事办、研究室、机关事务管理局)
主　任:汪拥政
副主任:朱　伟
冯玉忠(4月以前)
李　鹏
周　杰(9月以后)

发改委(工信局、大数据管理局)
党组书记:吴　恒
主　任:吴　恒
副主任:路　冠
徐云泽(原名徐亮亮,12月更名)
吕　巍(12月以后)
周路路(挂职,7月以前)
刘　杰(挂职,8月以后)
正处职:杜景南(8月以前)
一级调研员:林　宁(3月以后,10月以前)
二级调研员:林　宁(3月以前)
三级调研员:孙西沛(11月以后)
四级调研员:孙西沛(11月以前)
钮玉华
王　慧
工信局专职副局长:邢四清

教育局
党组书记:陈发山
局　长:陈发山
党组副书记:沈　峰
副局长:张恒柱
周　波
刘春风
林　虹(3月以后)
汪　磊(兼)
党工委书记:沈　峰
党工委副书记:陈发山
二级调研员:戴继根
吴锦友
三级调研员:章芳华
四级调研员:陈克俊

科技局(科协)
党组书记:史庆锋
局　长:史庆锋
副局长:沈　超
方向武(4月以后)
丁毓萍
卢　星
金雪婷(挂职,8月以后)
三级调研员:戚　军
四级调研员:蔡善兵

张玲玲
保留待遇:卢　洪
科协党组书记:史庆锋
科协主席:史庆锋
科协专职副主席:陈　宝

民政局

党组书记:汪风华(3月以前)
陈　静(3月以后)
局　长:汪风华(4月以前)
陈　静(4月以后)
副局长:吴成林(2月以前)
王　志
何浪君
黄文和(4月以后)
一级调研员:张家华(11月以后)
二级调研员:张家华(11月以前)
三级调研员:刘盘铭(11月以前)
吴成林(2月以后)
四级调研员:谢春才
李红明
保留待遇:马静波

司法局(依法治区办)

党组书记:陈玲伟
局　长:陈玲伟
副局长:王　坚
茅晓春
严仪兵
一级调研员:汤　政
郭　镰
陈玲伟(12月以后)
三级调研员:张鉴富
梁宏起(11月以后)
乔明达(11月以后)
四级调研员:梁宏起(11月以前)
孔红才
乔明达(11月以前)
戴　健
依法治区办专职副主任:严仪兵(兼)

财政局

党组书记:余莉萍
局　长:余莉萍
副局长:王　涛(9月以前)
陈　玲
李　苒(9月以后)
一级调研员:王冬梅
二级调研员:陈小玲
四级调研员:田冬娥

人社局

党组书记:袁　芳(3月以前)
郭建军(3月以后)
局　长:袁　芳(4月以前)
郭建军(4月以后)
副局长:苏　勤
李志平(2月以前)
陆海燕(4月以后)
吴安震
一级调研员:袁　芳(4月以后)
三级调研员:苏　勤(4月以后)
李志平(2月以后)
四级调研员:李　勇

建设局

党委书记:章　凯(3月以前)
徐远帆(3月以后)
局　长:章　凯(4月以前)
徐远帆(4月以后)
副局长:江　洁(3月以后)
高保峻
杨志群(3月以前)
王增强
一级调研员:李　安(12月以后)
二级调研员:陈玉荣
李　安(12月以前)
四级调研员:王平权
谈洪璋
金谊仕

房产局

党组书记:但加成
局　长:但加成
副局长:王继宁
龚志勇(2月以前)
杨志群(3月以后)
孙　林
二级调研员:王继宁
三级调研员:常本华(2月以前)
张地宝(7月以前)
龚志勇(2月以后)
张建春(11月以后)
四级调研员:黄学安
唐修来
郑岚涛
张建春(11月以前)

水务局

党组书记:于永斌(3月以前)
朱明勇(3月以后)
局　长:于永斌(4月以前)
朱明勇(4月以后)
副局长:石元元
李　健
朱其义
一级调研员:于永斌(4月以后)
二级调研员:李明辉

城管局(综合行政执法局)

党委书记:徐　锴(9月之前)
马云翊(9月以后)
局　长:徐　锴(10月之前)
马云翊(10月以后)
副局长:李传林(4月以前)
赵　军
赵　宁
鱼晓江(4月以后)
一级高级主办:刘　密(3月以后)
三级高级主办:赵仁斌
四级高级主办:陈江山
王文伟

戴　祥
鱼晓江(4月以前)

商务局

党组书记:魏　超
局　长:魏　超
副局长:江　洁(3月以前)
钟　成
方小喜
王　翔(4月以后)
四级调研员:李晓青
杨慧娟
刘建明(8月以前)
赵　俊

文旅局(体育局)

党组书记:陈　静(3月以前)
叶冬梅(3月以后)
局　长:陈　静(4月以前)
叶冬梅(4月以后)
副局长:葛　勤(4月以前)
唐思恩
任　航
杨　明
查璐霞
张　皞(4月以后)
刘传俊(挂职,7月以前)
二级调研员:鲁　中
三级调研员:顾云超
四级调研员:刘　勇

投促局

党组书记:薛惠艳
局　长:薛惠艳
副局长:张　静
严　炎
周　慧
翁　丹(挂职,7月以前)

卫健委

党委书记:王礼铭(3月以前)
王　河(3月以后)
主　任:王礼铭(4月以前)
王　河(4月以后)
副主任:叶冬梅(3月以前)
王　河(3月以前)
周　平
田秀梅(3月以后)
杨　勇(9月以后)
郭志芹(兼职)
二级调研员:徐正海
三级调研员:叶冬梅(3月以前)
周晓光
张建国
四级调研员:孙拥军
钱　立
相　敏

退役军人事务局

党委书记:马义兵
局　长:马义兵
副局长:解芳君
夏剑涛
李　军

应急管理局

党委书记(12月以前为党组):
吕　俊
局　长:吕　俊
副局长:樊六龙(2月以前)
封　炜
孙粉华
何　毅
一级高级主办:吕　俊(12月以后)
三级高级主办(9月以前为三级调研员):樊六龙(2月以后)
四级高级主办(9月以前为四级调研员):张　坤
张　涌
傅廷锦
杨艳婷
李坚明
安委办专职副主任:郝丽君

审计局(审委办)

党组书记:龚庆亚
局　长:龚庆亚
副局长:张正国(2月以前)
张　焰
刘凌峰(兼职)
三级调研员:张正国(2月以后)
审委办专职副主任:郑　兴

国资办

党委书记:夏桂萍
主　任:夏桂萍
副主任:刘凌峰
陈剑锋
华洮松(9月以后)
夷　臻(挂职,8月以后)
二级调研员:张培友
四级调研员:王聿南(12月以前)

行政审批局(政务办)

党组书记:李　莹
局　长:李　莹
副局长:姚成军
张广兴
赵　异
四级调研员:王　炎
刘　瑾
政务办专职副主任:孙　敏

市场监管局(知识产权局)

党组书记:孙　荟
局　长:孙　荟
副局长:刘革新(4月以前)
孔祥盛
孙德飞(2月以前)
朱剑飞(12月以后)
陈晓勇
李友俊(3月以后)
二级高级主办:聂　猛

蔡保国
三级高级主办:朱剑飞(12月以后)
苏立军
郭益民
傅光义
魏德华
孙德飞(2月以后)
四级高级主办:杜　梅
刘贤发
王　虹
张秀红
刘　宁
琚琦瑾
孙　强

统计局

党组书记:王　莉
局　长:王　莉
副局长:方向武(4月以前)
方松华
二级调研员:陈　瑞(6月以前)

信访局

党组书记:高　炜(3月以前)
金　晖(3月以后)
局　长:高　炜(4月以前)
金　晖(4月以后)
副局长:李国庆(4月以前)
刘　纲
成吉和(4月以后)
二级调研员:解　军
三级调研员:李联民
四级调研员:成吉和(4月以前)
何家友
李江华
莼　东
张泽洪

人防办

党组书记:姚垚晖
主　任:姚晓晖
副主任:许　可
汪　彬(4月以后)
一级调研员:张金贵
三级调研员:李建新
沈　原

地方金融监管局(金融办)

党组书记:朱海峰
局　长:王　娟
副局长:张　建
周　光
王　媛(挂职)

南京徐庄高新区(软件园)管委会

党工委书记:唐承武(7月以后)
主　任:唐承武(7月以前)
邱　健(7月以后)
党工委副书记:吴　丹(3月以前)
朱　妍(3月以后)
陈焕新(挂职)
副主任:吴　丹(3月以前)
朱　妍(3月以后)
陈焕新(挂职)
陈　放
吕梦旦(3月以前)
刘爱华(挂职,8月以前)
党群办(综合办)主任:
谢登梅(3月以后)
党群办(综合办)副主任:
谢登梅(3月以前)
吕　巍(12月以前)
施　磊(12月以后)
招商局副局长:郭若澜
经济发展和科技创新局局长:
崔雯鸿(3月以后)
经济发展和科技创新局副局长:
崔雯鸿(3月以前)
赵晓磊
严斌剑(挂职,7月以前)
开发建设局副局长:谭学忠
财务处副处长:戴　凌
二级调研员:李正才
吴义杰
陈若谷
三级调研员:胥晓斌(2月以后)
四级调研员:王　琴

铁北红山新城管委会

主　任:唐承武
副主任:吕梦旦(3月以后)
孙　力
耿　德
金　星(挂职,8月以后)
四级调研员:何永清

玄武科技金融园管委会

主　任:郭建军(3月以前)
王礼铭(3月以后)
副主任:胥晓斌(2月以前)
高　明(挂职,7月以前)
四级调研员:胡全康

南理工科技创新园管委会

主　任:朱明勇(3月以前)
章　凯(3月以后)
副主任:张明亚
李　新(挂职,7月以前)
汪　翔(挂职,7月以前)
李　伟(挂职,8月以后)
杨力钢(挂职,8月以后)

珠江路科技街管委办

党组书记:张兴保
主　任:张兴保
党组副书记:梁　静(3月以前)
张瑞宏
珠江路创新大街园区党委书记:
梁　静(3月以前)
副主任:张瑞宏

徐根江
周　军
二级调研员：姚　雁（6月以前）
三级调研员：张瑞宏
四级调研员：何建民
吴苡静

玄武湖综管办
党组书记：薛　磊
主　任：薛　磊
副主任：马云翊（9月以前）
余挺婷
李传林（9月以后）
综合处处长：石　磊
综合处副处长：孙红梅
监管处处长：马云翊（9月以前）
李传林（9月以后）
监管处副处长：陈吉亮（2月以前）
徐　俊
法规处处长：巢庆芳（11月以前）
法规处副处长：翟晓军
市政管养中心主任：余挺婷
市政管养中心副主任：
陈吉亮（2月以前）
二级调研员：宗在卿
巢庆芳（11月以后）
三级调研员：陈建志
陈吉亮（2月以后）
徐　俊（9月以后）
四级调研员：樊昱明
保留待遇：周秋云

【区政协工作机构】
政协办公室
主　任：杜宏亮
副主任：姜　武
一级调研员：王玉兰
二级调研员：吴雄雄（9月以前）
付传年
三级调研员：胡学芳
俞　杰（11月以后）
四级调研员：庞永华
史利宁

【区政协各专门委员会及工作部门】
提案委员会
主　任：徐力行
副主任：俞　杰（11月以前）
王聿南（12月以后）

委员工作委员会
主　任：徐喜求
副主任：胡　畔（9月以后）

经济科技委员会
主　任：单伯平
副主任：冯　亮

人资环境（城市建设）委员会
主　任：粟　红

教卫体（文化文史）委员会
主　任：黄燕明
副主任：经　莉

社会法制（民族宗教）委员会
主　任：梅　雪
副主任：曹效仲（9月以后）

【区纪委监委工作机构】
办公室
主　任：王　刚（3月以后）

干部监督管理室
主　任：王同洋（3月以前）

党风政风监督室
主　任：黄　雯

第一纪检监察室
主　任：姜　红（4月以前）
吴　盘（4月以后）

第二纪检监察室
主　任：陈其响（4月以前）
严　安（4月以后）

第三纪检监察室
主　任：吴　盘（4月以前）
姜　红（4月以后）

第四纪检监察室
主　任：严　安（4月以前）
陈其响（4月以后）

案件审理室
主　任：郑　炜

区监委第二监察员办公室
主　任：陈其响
二级调研员：王育民
陈安林
易　红
四级调研员：杨晓强
郑　慎

派驻第一纪检监察组
组　长：丁江新

派驻第二纪检监察组
组　长：王成艳

派驻第三纪检监察组
组　长：蒋宇华

派驻第四纪检监察组
组　长：张丽霞

【南京市玄武区各群众团体】

总工会

党组书记：蒋兆全
主　席：蒋兆全
党组副书记：尹　征
常务副主席：尹　征
副主席：盛　莉(10月以前)
　　　　梁　菁
　　　　朱　红(9月以后)
　　　　王修小(兼职)
一级调研员：尹　征(12月以后)
三级调研员：杨　超(10月以前)
四级调研员：卢裕朋
　　　　　　胡　静

团区委

书　记：秦　洁(9月以前)
　　　　王　鹤(9月以后)
副书记：郑　倩
　　　　蒋　澎(12月以前)
　　　　程　雯(兼职,12月以前)
　　　　申　晶(挂职,12月以后)
　　　　汤玉娟(兼职)
　　　　于　洋(挂职,12月以前)
　　　　李　杰(兼职,12月以后)

妇　联

党组书记：王　荣
主　席：王　荣
副主席：周艳红
　　　　费对兰
　　　　戴　晨(兼职)
　　　　从　蓉(兼职)
　　　　黄晓珊(挂职)
四级调研员：潘丽云

工商联

党组书记：汤　浩
常务副主席：汤　浩
副主席：樊姝玉
　　　　万　军
二级调研员：张海宁
四级调研员：张　晖

残　联

党组书记：陶志龙
理事长：陶志龙
副理事长：卢艳岗
　　　　　赵红梅
　　　　　陈　堃(兼职)
四级调研员：吴　敏
　　　　　　汤晓滨
保留待遇：芦卫东

红十字会

常务副会长：郭志芹
副会长：汪小文
　　　　颜晓民(11月以前)
四级调研员：颜晓民(11月以后)

【南京市玄武区各街道】

新街口街道

党工委书记：张　巍(7月以前)
　　　　　　丁　锴(7月以后)
党工委副书记：朱锡刚(9月以前)
　　　　　　　张　浩(9月以后)
　　　　　　　姬　智
纪工委书记：黄爱华(3月以前)
　　　　　　郭　锋(3月以后)
组织委员：吴　敏
宣传委员：卢　君(4月以前)
　　　　　尹　路(4月以后)
统战委员：张春平
政法委员：姬　智
人大工委主任：丁晓祥(4月以前)
　　　　　　　李传林(4月以后,10月以前)
　　　　　　　盛　莉(10月以后)
办事处主任：朱锡刚(9月以前)
　　　　　　张　浩(9月以后)
办事处副主任：蒋书余
　　　　　　　陈伏海
　　　　　　　刘　丹
　　　　　　　徐　军
政协工委主任：郑宏伟
人武部长：凌志军
一级调研员：丁晓祥(4月以后)
二级调研员：余永亮
　　　　　　卢　君(4月以前)
　　　　　　杨晓文
　　　　　　赵会欣
　　　　　　王中彦
　　　　　　贾　东
　　　　　　卢宏毅
　　　　　　叶海阳
三级调研员：陈伏海(9月以后)
四级调研员：蔡　华

玄武门街道

党工委书记：丁　锴(7月以前)
　　　　　　杨初兰(9月以后)
党工委副书记：杨初兰(9月以前)
　　　　　　　秦　洁(9月以后)
　　　　　　　鲁　琳(3月以前)
　　　　　　　董春燕(3月以后)
纪工委书记：李晓宁
组织委员：鲁　琳(3月以前)
　　　　　董春燕(3月以后)
宣传委员：郭　旭
统战委员：桂旭光
政法委员：鲁　琳(3月以前)
　　　　　董春燕(3月以后)
人大工委主任：刘鲁卫(4月以前)
　　　　　　　周　萍(4月以后)
办事处主任：杨初兰(9月以前)
　　　　　　秦　洁(9月以后)
办事处副主任：卞雨华
　　　　　　　刘德贤
　　　　　　　单　斌
　　　　　　　董春燕(3月以前)

蔡　婷(3月以后)
史　婧(挂职，6月以后)
政协工委主任:施时萍
人武部长:金道林
一级调研员:刘鲁卫(4月以后)
二级调研员:金道林
张玉增(9月以前)
韩　峰
吴　萍
毕荣光
郭国山
靳祥运
沈　斌
三级调研员:钱书荣
卞雨华(9月以后)
四级调研员:贺晓春
薛卫国
吴　民
王汛生

梅园新村街道

党工委书记:方明城
党工委副书记:陶　祥
竹军波
纪工委书记:陶　勇
组织委员:周红军
宣传委员:朱　红(9月以前)
满　菲(9月以后)
统战委员:芮　利
政法委员:竹军波
人大工委主任:卢　惠
人大工委副主任:陆　中
办事处主任:陶　祥
办事处副主任:倪建军
陆生兰
王　鹤(9月以前)
颜廷波
陈青林(9月以后)
政协工委主任:杨耀灿
人武部长:刘俊斌
二级调研员:陈贵永
严小平(8月以前)
张忠义
何全庆
潘兴华
朱华东
魏冠正
三级调研员:陶　勇(9月以后)
方　强(11月以后)
四级调研员:蒋林德
李红卫
方　强(11月以前)
保留待遇:李希平

锁金村街道

党工委书记:郭建军(3月以前)
王礼铭(3月以后)
党工委副书记:庞　敏
卢建华
纪工委书记:苏国梁(3月以前)
张志国(3月以后)
组织委员:陈传虎
宣传委员:夏星草(12月以前)
丁　超(12月以后)
统战委员:沈　雷
政法委员:卢建华
人大工委主任:方志秀(4月以前)
刘革新(4月以后)
办事处主任:庞　敏
办事处副主任:郑宁兵
杨文伟
侯　贺
丁冬冬
徐大邦(挂职，8月以后)
人武部长:杨四新
一级调研员:方志秀(4月以后)
二级调研员:周　炜
杨四新
杨永平
张国祥
徐长春
王宝麟
三级调研员:卢建华(9月以后)
四级调研员:赵　辉
王海鹰
蒋永生
宋兴平

孝陵卫街道

党工委书记:朱明勇(3月以前)
章　凯(3月以后)
党工委副书记:李东辉
申留昌(9月以前)
王　涛(9月以后)
纪工委书记:周永忠
组织委员:申留昌(9月以前)
王　涛(9月以后)
宣传委员:黄东升
统战委员:沈国红
政法委员:申留昌(9月以前)
王　涛(9月以后)
人大工委主任:邓志林(4月以前)
李国庆(4月以后)
人大工委副主任:郝洛元
办事处主任:李东辉
办事处副主任:李　军
单　善
杨　华
吴天红
徐　丹
政协工委主任:潘毓洁
人武部长:周新奇
二级调研员:郭永强
沈国红
戴伟华
阙道富
侯和平
杨东海

邓志林(3月以后)
贺国华
三级调研员:单　善
杨　华(9月以后)
四级调研员:潘建新
高宇春
张学应

玄武湖街道

党工委书记:费莉莉(9月以前)
徐　锴(9月以后)
党工委副书记:张　浩(9月以前)
申留昌(9月以后)
曹晓莉
纪工委书记:郭　锋(3月以前)
苏国梁(3月以后)
组织委员:曹晓莉
宣传委员:徐卫清
统战委员:曹效仲(9月以前)
徐亚军(9月以后)
政法委员:曹晓莉
人大工委主任:叶　丽(4月以前)
葛　勤(4月以后)
办事处主任:张　浩(9月以前)
申留昌(9月以后)
办事处副主任:周晓蓬
朱剑飞(12月以前)
周晓东
曹琳娜
蒋　澎(12月以后)
政协工委主任:王　丽
人武部长:马世辉
一级调研员:王彦兴
叶　丽(4月以后)
二级调研员:斯时雷
谢福明
穆顺明(2月以前)
黎　斌
孟令华
任　钰
姚长青
三级调研员:陆丛林(11月以后)
四级调研员:杨东勇(12月以前)
张国华
陆丛林(11月以前)

红山街道

党工委书记:唐承武
党工委副书记:徐远帆(3月以前)
吕梦旦(3月以后)
邹玲华
纪工委书记:宋　戈
组织委员:邹玲华
宣传委员:周鹏升
统战委员:夏济天
政法委员:邹玲华
人大工委主任:刘立青
办事处主任:徐远帆(3月以前)
吕梦旦(3月以后)
办事处副主任:黄　巍
李光华
施　磊(12月以前)
袁芳超
张凯斌
韩雨芳(12月以后)
人武部长:蒋晓红
二级调研员:杨　健
朱家宾
李光华
宋　戈
胡兰萍
张　军
雷玉忠
汤永锦
陈红飞
三级调研员:雷修强(11月以后)
四级调研员:赵东林
吴文燕
姚业飞
雷修强(11月以前)

【参照公务员法管理事业单位】

档案馆

馆　长:张　军
副馆长:秦丽华
三级调研员:苏　成
四级调研员:刘心林
谈桂华
袁茵茵

社会保险管理中心

主　任:陆　玉(4月以前)
陆海燕(4月以后)
四级调研员:陆　玉(4月以后)

玄武区城管执法大队

大队长:苏　晓
政　委:许　峰

【区直属企事业单位】

文旅集团

党委书记:刘　青
党委副书记:史文广(9月以后)
董事长:刘　青
总经理:刘　青(9月以前)
史文广(9月以后)
副总经理:刘　楠
总经理助理:余同斌
董　事:刘　楠
余同斌

城建集团

党委书记:李海沅
董事长:李海沅
总经理:李海沅
副总经理:黄　凯
吕高明
从　蓉
董　事:黄　凯
吕高明
从　蓉

纪委书记:吕高明

环境集团
党委书记:郭　骞
董事长:郭　骞
总经理:郭　骞
副总经理:张　钦
总经理助理:冯增光
董　事:张　钦
　　　冯增光
纪委书记:张　钦(12月以后)

高新集团
党委书记:徐　姝
董事长:徐　姝
总经理:徐　姝
副总经理:张毅凡(3月以后)
董　事:张毅凡(3月以后)
纪委书记:张毅凡(12月以后)

钟山集团
党委书记:刘　青
党委副书记:邱　峰
　　　史文广(9月以前)
董事长:刘　青
总经理:邱　峰
副总经理:周永波
董　事:邱　峰
　　　史文广(9月以前)
　　　周永波
纪委书记:史文广(9月以前)

新街口社区卫生服务中心
主　任:杨龙海
总支书记:倪素兰

疾病预防控制中心
副处职:田秀梅(3月以前)

软件与物联网产业发展中心
副主任:赵丹梅

信息中心
主　任:曹志菲

【垂直管理部门】
公安玄武分局
局　长:薛汝军(12月免)
　　　梁卫国(12月任)
政　委:刘裕平
副局长:王光明
　　　宋建军
　　　徐群武
　　　徐影秋
　　　李　巧
　　　姬同庆(挂职)
党委委员:张　骑

国家税务总局南京市玄武区税务局
党委书记、局长:周　皓(2月以后)
党委副书记、副局长(正处长级)、一级高级主办:张予田
党委委员、副局长、二级高级主办:吕　艳
党委委员、副局长、二级高级主办:洪　斌
党委委员、副局长、三级高级主办:葛菲菲
党委委员、纪检组组长、二级高级主办:戚光连
二级高级主办:许晓燕
二级高级主办:王礼根
二级高级主办:林　斌
三级高级主办:王　玲
三级高级主办:王小洪
四级高级主办:魏　玮
四级高级主办:步劲柏

南京市玄武生态环境局
党组书记、局长:王培军
党组成员、副局长:艾才银
党组成员、副局长:赵　伟
党组成员、副局长:洪　俭
党组成员、副局长:卜文生

(栏目编辑　卢永晨)

中共南京市玄武区委员会

重要会议和重要决策

【党史学习教育动员会议】 3月5日召开。会议深入学习贯彻习近平总书记在党史学习教育动员大会上的重要讲话精神，落实中央、省市委部署要求，动员全区各级党组织和广大党员学史明理、学史增信、学史崇德、学史力行，学党史、悟思想、办实事、开新局，奋力推动"十四五"开好局、全面建设社会主义现代化起好步，以优异成绩迎接建党100周年。会上，区委书记、区委党史学习教育领导小组组长闵一峰作动员讲话。会议指出，要把握目标要求，以精准有力举措开展党史教育。要学党史，传承红色之魂；要悟思想，铸就信念之基；要办实事，牢记为民之本；要开新局，砥砺奋进之志。会议强调，要精心组织安排，以求真务实作风开展党史学习教育。坚持明责尽责，压实责任抓推进、示范带动抓学习，创新方式方法，不断提高党史学习教育的针对性、覆盖面、吸引力。突出实绩实效，坚持统筹兼顾、加强督促指导、力戒形式主义，确保党史学习教育取得实实在在的效果。区委常委，区人大常委会、区政府、区政协领导，区法院院长、区检察院检察长，其他副区级领导，各街道、各部门、各单位主要负责人，区委巡察组专职组长等参加会议。

【全区党建工作会议】 4月7日召开。会议深入贯彻习近平新时代中国特色社会主义思想，全面落实中央和省市相关会议精神，回顾总结2020年党建工作成绩，研究部署2021年党建工作任务，为"十四五"开好局、起好步提供坚强政治保证。区委书记闵一峰出席并讲话，区委副书记、区长钱维主持。区委常委，区人大、区政协主要领导，有关区领导，各街道、各部门、各单位主要负责人等参加会议。会议指出，过去一年，全区党的建设各项工作有力有序推进、稳扎稳打落实，特别是在疫情防控、文明城市创建、人口普查、垃圾分类等急难险重任务中，全区各级党组织和广大党员勇挑重担、奋战一线，为夺取"双胜利"、打赢"收官战"，贡献了重要力量。会议强调：一要明确目标提干劲，牢牢把握党建工作正确方向。坚持抓根本、坚定不移推进政治建设，抓主线、全力庆祝建党100周年，抓大事、圆满完成换届各项任务，抓融合、推动党建发展互促共进，抓特色、树立争先创优鲜明导向。二要精准发力出实招，全面落实党建工作重点任务。组织工作要强基固本、宣传工作要鼓劲造势、统战工作要凝心聚力、政法工作要真抓实干。三要强化保障聚合力，确保党建工作取得扎实成效。认清使命、紧抓落实，在落实责任上下功夫，在紧密配合上下功夫，在问题整改上下功夫，在严格考核上下功夫，推动全面从严治党向纵深发展。

【区第十二次党代会】 9月3—4日召开。大会开幕会上，闵一峰代表中共南京市玄武区第十一届委员会作题为《争当表率 争做示范 走在前列 奋力谱写"强富美高"新玄武建设的现代化篇章》的报告。闵一峰指出，区第十一次党代会以来，在党中央、省委、市委的坚强领导下，区委团结带领全区各级党组织和广大干部群众，实现综合实力新突破，打牢高水平全面小康的坚实基础；探索转型升级新路径，激发高水平全面小康的强劲动能；精塑城市环境新面貌，彰显高水平全面小康的匠心品质；顺应美好生活新期盼，推动高水平全面小康的普惠共享；打造深化改革新样板，释放高水平全面小康的机制活力；展现团结和谐新气象，凝聚高水平全面小康的磅礴力量；巩固党的建设新成效，筑牢高水平全面小康的坚强保障。闵一峰强调，下个五年，是玄武的转型闯关期、大有可为的战略机遇期、十分关键的开局起步期，要高举中国特色社会主义伟大旗帜，坚决扛起"争当表率、争做示范、走在前列"重大使命，在高质量发展上探索新路径、在首位度提升上形成新优势、在现代化建设上开辟新境界，建设最具竞争力的创新高地、最具影响力的消费中心、最具吸引力的美丽城区、最具凝聚力的幸福家园。闵一峰强调，奋力谱写"强富美高"新玄武建设的现代化篇章，要在动能转换中推动经济发展率先，聚焦打造全域创新格局，加速创新引领激发动力；聚焦打造国际消费中心城市中心区，加速消费促进增强活力；聚焦打造现代化都市型产业体系，加速产业升级壮大实力。要在精细建管中促进城市品质领先，用系统思维推进城市有机更新，用绣花功夫提升城市管理效能，用绿色理念推动城市持续发展。要在传承创新中实现人文魅力争先，围绕彰显美丽古都风貌，抓好历史文化资源保护；围绕持续深化“四区同创”，打造文旅融合发展样板；围绕创建文明典范城市，丰富群众精神文化生活。要在厚植情怀中突出民生事业优先，以共同富裕为目标，夯实民生基础；以优质均衡为导向，完善公共服务；以普遍关怀为重点，共享美好生活。要在共建共享中加快基层治理创先，突出科学精准，绷紧防疫之弦；突出一体建设，夯实法治之基；突出源头预防，筑牢安全之本；突出集成突破，创新改革之策。大会书面审议了中国共产党南京市玄武区第十一届纪律检查委员会工作报告以及关于全区党费收缴、使用和管理情况的报告，通过了关于十一届区委报告的决议和关于十一届区纪委工作报告的决议，选举产生了中国共产党南京市玄武区第十二届委员会、中国共产党南京市玄武区第十二届纪律检查委员会以及玄武区出席南京市第十五次党代会代表。

【区委十二届三次全会】 12月28日召开。会议以习近平新时代中国特色社会主义思想为指导，全面贯彻党的十九大和十九届历次全会精神，深入落实习近平总书记对江苏工作重要指示精神，按照中央经济工作会议、省委经济工作会议、市委十五届二次全会要求，总结2021年工作，部署2022年任务，动员全区上下坚决扛起“争当表率、争做示范、走在前列”光荣使命，奋力谱写“强富美高”新玄武现代化建设新篇章。会上，区委书记闵一峰代表区委常委会作了工作报告。会议指出，2022年是党的二十大召开的喜庆之年，也是贯彻落实省市党代会精神的关键之年，要突出稳字当头、稳中求进，统筹疫情防控和经济社会发展，统筹发展和安全，以优异成绩迎接党的二十大胜利召开。会议强调，2022年要重点抓好四个方面任务：一是聚焦创新提效，以科技平台为引领、数字经济为增量、重大项目为依托、优质要素为支撑，全速升级创新链条、全力释放创新活力、全域拓展创新空间、全面优化创新生态，培育产业内生动能。二是聚焦消费提质，坚持特色载体联动、平台经济赋能、多元场景打造、一流服务保障，激发市场活力潜能。三是聚焦环境提标，突出快节奏更新、高水平管理、大力度保护、常态化创建，彰显精致美、宜居美、生态美、文明美，提升城市品质功能。四是聚焦民生提优，围绕普惠精准抓民生保障、围绕优质均衡抓社会事业、围绕协同高效抓安全稳定，增强公共服务效能。会议强调，必须始终坚持和加强党的全面领导，传承弘扬伟大建党精神，纵深推进全面从严治党，为现代化建设提供坚强政治保证。全会审议了区委常委会2021年度抓党建工作情况报告，审议通过了全会《决议》。区委委员、候补委员出席会议。区纪委委员、有关方面负责人、部分基层党代表列席会议。

【减负工作】 持续加强教育引导，建立工作机制，筑牢整治形式主义为基层减负工作的思想基础和制度保证。构建严密紧实的工作格局。区委常委会坚持从旗帜鲜明讲政治的高度学习领会、部署落实整治形式主义为基层减负工作，以抓铁有痕的劲头持续解决形式主义突出问题。全区各部门切实履行主体责任，采取务实措施，着力构建齐抓共管、执行有力的工作格局。明确切实可行的工作任务。研究制定《关于进一步解决形式主义问题做好2021年为基层减负工作细化实施方案》，明确70项减负任务，逐条明确目标任务、责任单位和具体措施。突出基层减负关键领域、重要环节，确定“2021年全区基层减负十项重点任务”，明确牵头单位集中精力重点推进。形成常态长效的工作机制。建立常态化监督反馈机制，下发持续为基层减负工作提示单，每季度对区级文件会议数量进行统计监测，及时向超计划单位发出预警提醒。区委办公室会同区纪委监委机关，开展持续解决形式主义问题为基层减负专项督查，督促各责任单位提高重视程度、落实减负任务。2021年区级文件、会议数量分别同比下降23.9%和31.4%，新媒体、微信工作群、QQ工作群精简36.2%，区级督查检查考核36项，与2020年持平。

【全面深化改革】 围绕贯彻落实上级改革部署，挖掘本区特色做法，推动改革和发展深度融合、高效联动，为构建新发展格局提供改革动力。加强统筹协调，全年共召开区委深改委会议3次，审议通过改革文件，研究国资国企改革等工作。4月，出台《中共玄武区委全面深化改革委员会2021年工作要点》，细化分解34点110项重点改革任务；同月，明确区领导联系的重点改革任务，出台重点改革任务专项督察工作方案。6月，市委改革办与南京广电集团联合打造的《改革进行时》栏目播出《打造国际消费中心城市　玄武亮出"特色牌"》；9月，省委改革办联合省广电总台主办的"我为群众办实事·改革政策进社区"活动启动仪式暨首场活动在玄武湖街道樱驼花园社区广场举办，现场发放政策手册、提供改革政策咨询。全年110项具体改革任务均按序时进度推进完成。年度新增上级改革试点13项，被团中央确定为县域共青团基层组织改革试点地区，被文旅部列入第一批国家级夜间文化和旅游消费集聚区名单等。深化改革工作成效被中央级、省级等各类媒体报道百余次，消费促进机制、国企改革经验做法被《南京改革》简报推广；"完善消费促进机制建设国际消费中心城市中心区"获评"中国改革2021年度地方全面深化改革典型案例"。

（任亚楠）

组织工作

【概况】 截至2021年12月31日，全区已建立党组织1526个，其中党委85个，党总支79个，党支部1362个，全区共有党员35011名，较上年增加1123名，其中，男党员20316名，占党员总数的58.03%；女党员14695名，占总数的41.97%。2021年，玄武区发展党员290名。其中，女党员181人，占比62.41%；少数民族10人，占比3.45%；35岁以下186人，占比64.14%；具有大专及以上学历289人，占比99.66%；在非公企业中发展121人，占比41.72%；在社会组织中发展14人，占比4.83%；在国有企业中发展15人，占比5.17%。

【政治建设】 举办"学党史·聚合力·践初心""诵读红色经典、回望辉煌党史""百名先锋领学党史""百场特色党日重温初心"等系列活动，全区1300余个党支部共同开展"党旗在基层一线高高飘扬"统一活动日，3万余名党员投身"初心岗"承诺践诺专项行动，南京"先锋90后"评展玄武专场活动获省委组织部肯定。摄制《一封入党志愿书的故事》《青春24时》《致初心——玄武党员先锋群像》等宣传片，推出"玄武初心之路"实境教学路线，发布"玄武红色印迹"在线地图，刊印《红色玄武三十年》，立体展现玄武红色资源，讲好玄武故事。推荐、评选省市区三级"两优一先"314人，颁发"光荣在党50年"纪念章4264枚，发放党内关怀慰问资金69万元。

【换届保障】 贯彻落实中央和省市区委关于换届工作总体部署，稳妥组织区"两委"（区委、区纪委）委员酝酿、考察、提名工作，严格落实"严肃换届纪律、加强换届风气监督"有关要求，圆满完成区第十二次党代会筹备、会议组织和大会选举工作。严把人大代表候选人初步人选政治关、素质关、结构关，有针对性听取纪检监察、统战、公检法、国安、审计等10个部门意见超2500人次。有序开展政协委员中中共党员推荐、联审和考察工作，成立会议临时党委，全力保障政协常委和主席、副主席选举工作。

【疫情防控】 打好防疫攻坚硬仗，发布激励党员干部在防疫一线担当作为"五项举措"，向驻区单位党组织、在职党员发出"向党旗报到"倡议书，迅速成立59个"抗疫先锋"行动党支部、组建201支党员突击队，调配5807名机关干部、国有企事业单位力量投入抗疫一线，300余家驻区单位党组织带领广大党员"整建制"到社区集结，深入挖掘疫情防控一线涌现出的先锋模范和感人事迹，紧急划拨100万元专项党费，依托人民网、新华网等平台发布宣传报道200余篇。持续推行“党建惠民有温度”行动，拨付1770万元为民服务专项资金，实施“我为群众办实事”项目450余件，完善网格支部建设，“四全四亮”微服务受到党员群众点赞。

【干部专业能力建设】 分级分类开展党的十九届五中精神学习培训，实现处以上党员干部全员轮训和习近平新时代中国特色社会主义思想主体班次全覆盖。紧紧围绕中心工作，举办“国际消费中心城市中心区建设”专题研讨班、国资国企系统干部专题培训班、区管干部进修班、街道骨干科长培训班、第16期中青班等，累计轮训340人次，切实提高培训的针对性、科学性。

【公务员队伍建设】 抓好公务员招录进人主渠道，2021年新录用公务员65名，编制2022年公务员招录计划78名。用好公务员调任转任手段，坚持人岗相适，做好军转干部安置。完善公务员考核激励措施，年度考核优秀等次比例首次与单位在区内综合考核等次挂钩。积极落实公务员工资福利待遇，做好审核发放工作，进一步规范清理公务员津贴补贴。

【产才融合】 深入实施“凤栖玄武”人才工程，制定《紫金山·凤栖玄武英才计划实施意见》及配套实施细则、《2021年度玄武区重点产业急需紧缺人才纳入“高层次创新创业人才项目”实施方案》等产业人才引育政策，编制《南京市玄武区人才发展白皮书》。加速高端人才汇聚，年度申报国家重点海外引才计划40人，入选1人，入选省“双创计划”6人，数量均位列主城区第一；申报省“333”工程53人，入选13人；推进“紫金山·凤栖玄武英才计划”，申报高层次创新创业人才项目218人，入选区级人才46人、市级19人；申报创新型企业家项目91人，入选16人；申报高峰计划3人，入选1人。推动以赛引才，举办“凤栖玄武 创赢未来”高层次人才创新创业大赛、第四届“赢在玄武”青年大学生创新创业大赛等重点赛事，第二届“发现东大独角兽”全球校友生物医药大赛决赛，吸引来自海内外500余个项目参赛，落地项目20余个。

6月2日，南京玄武人才港启动仪式　（区委组织部　供图）

【校地融合】 持续推进“互派驻、双挂职”工作，探索建立具有主城特色的“凤栖玄武·校地融合”工作体系。加强高校挂职干部全流程管理，制定《“123”履职清单》《玄武区科技专家团管理办法》，坚持每季度召开高校挂职干部季谈会，完成2020年度高校挂职干部考核鉴定与意见反馈。2021年度共选派5名80后年轻干部赴高校、院所担任科技人才专员，共建平台载体13家，转化科研成果落地44项，组织开展高校政策宣讲51场，推动校地双方高层互访46次，引进高层次人才82名，签订合作协议46项。从复旦大学、东南大学、南京理工大学等省内外高校院所遴选9名优秀青年教师及科研人员，赴区发改委、科技局等部门担任区管干部，撰写各类规划、报告、调研文章50余篇，签订校地合作协议25项，促成东南大学医工交叉研究院、南师大玄武科技园、中巴文化科技交流中心、中以农业科技创新合作、国家双创示范基地玄武医工结合基地等一批项目合作，参与推进玄武区“十四五”规划纲要编纂、城市硅巷建设、长江路文旅集聚区创建等重点工作。

【党史研究】 圆满完成《红色玄武三十年》编辑和出版发行任务。该书是省委党史工作办公室向全省推荐阅读的主题出版物。和区委党校合作制作的5个初心之路教学短视频，两个视频获市党史部门优秀成果奖。认真履行区委党史学习教育领导小组成员职责，全年出简报73期，1篇入选党史学习教育中央简报，9篇入选省简报，41篇入选市简报。从数量和质量上看，玄武区被中央、省、市简报累计采用51篇，数量为全市第一。

（徐婷婷）

宣传工作

【概况】 围绕“十四五”规划、退役军人之家综合体揭牌、省重大项目集中开工、建设国际消费中心城市中心区、党史学习教育、疫情防控、党代会、玄武国际城市休闲旅游节系列活动、金洽会等重点工作和重大活动，发布相关新闻宣传报道5769篇，包括：央级媒体682篇，省级媒体2731篇，市级媒体1925篇，新媒体平台431篇。其中，中央电视台35次报道宣传玄武区工作，11次登上《新闻联播》，创历史之最，《1800米跨越1800年》在央视纪录片频道播出。在《新华日报》《南京日报》等党报党刊上进行专版报道22次。党史学习教育相关新闻报道达1765篇，党史学习教育官网7次报道玄武区开展党史学习教育和为民办实事的丰富实践，新闻报道数量位居全市前列。组织召开全区新闻发布会6次、媒体记者交流会11次，主动与新闻媒体沟通交流，高质量、全方位宣传报道全区重大活动和项目、重要成就和经验等。

【新闻宣传】 探索创新高效的工作机制。完善新闻宣传工作机制。年初制定《2021年度宣传重点工作计划》，修订新闻线索周报、新闻宣传月报、报纸专版报道审批等制度，细化全年宣传预案，明确宣传主题，征集相关宣传素材、新闻线索，指导各单位顺利开展新闻宣传工作。建立重大突发事件发布应急机制。强化疫情防控信息发布的“快”和“准”，牵头起草《玄武区涉疫情类信息发布指引》（含信息发布流程图），制定7种发布模板，明确相关起草人、审核领导，并进行实操演练。在12月29日，发布关于阳性人员所住小区防控处置情况通报，并被“南京发布”转发，受到社会公众好评。深化媒体记者交流机制。搭建玄武新闻媒体记者工作群，全天候保持与新闻记者的互动交流“不下线”。结合重大活动，提前召开宣传座谈会、媒体通气会，围绕重大主题组织28次专题采访活动，3次“大V看玄武”活动。

强化宣传培训机制。组织全区宣传思想工作培训班，结合当前宣传思想工作面临的最新形势和工作要求，精心设置意识形态、新闻宣传、网络综合治理以及“学习强国”学习平台工作等多个主题课程，坚持理论联系实际，守正创新，助力全区宣传思想工作的高质量开展。加强策划统筹。坚持高位统领。区委主要领导高度重视宣传工作，多次牵头召开重大活动协调会，宣传工作与活动方案同步策划、协调推进；7次牵头召开媒体记者交流会，与重点媒体商议宣传方向，对宣传方案进行批示，指导宣传角度；区委区政府主要领导4次参加访谈报道，宣传推介玄武高质量发展工作思路及成就。加强宣传策划。常委宣传部部长每周召开新闻策划会，针对本周重点活动和重大主题的特点，策划宣传视角，明确宣传方向。每逢重大活动，区委宣传部均系统制定宣传方案，报请区委主要领导审阅。拟制《玄武区庆祝中国共产党成立100周年宣传报道方案》《第五届南京玄武国际城市休闲旅游节开幕式及系列活动全媒体宣传方案》《玄武区第十二次党代会新闻宣传方案》等56份，合理运用不同的宣传渠道影响不同的受众，精心安排采访不同的对象进行多角度宣传。积极对上联系。与上级部门始终保持密切联系，掌握新闻宣传阶段的重点和口径，积极报送各类宣传线索。在全市率先配合做好“开启十四五绘就新蓝图”、“对标找差”融媒微访谈等宣讲活动和《现代化典范城市：南京未来这么干!》主题访谈等各类主题采访活动。强化联动协作。组建玄武新闻宣传工作群，下发新闻宣传提示80余条，与全区各部门、街道、园区保持信息沟通渠道，联动开展各类新闻宣传报道，形成全区新闻宣传网络架构。突出全域覆盖。

紧扣中心工作，提升新闻宣传影响力。建设国际消费中心城市中心区、垃圾分类、文明创建、党史学教等主题宣传贯穿全年，“退役军人之家”综合体揭牌、省重大项目集中开工、区党代会召开、玄武国际城市休闲旅游节系列活动、金秋经贸洽谈会、南京城市硅巷现场会、“文明之美”摄影大赛等重点活动宣传亮点频出。1月19日央视军事频道《军事报道》报道《江苏首个退役军人之家综合服务站正式启用》；5月2日央视《新闻联播》报道《江苏南京玄武区推出汉服秀、青年探店等特色活动》；10月9日央视财经频道《天下财经》报道旅游节系列活动促进南京消费。突出党史学教，确保新闻宣传高质量。围绕党史学教，定期编发《宣传工作提示》，加强对部门、街道的业务指导，梳理全区新闻宣传素材，积极向上级部门、中央及省市主流媒体报送相关新闻线索，新闻报道数量、质量保持全市领先。《人民日报》刊发《江苏省扎实开展党史学习教育：增强为民情怀　汇聚强大动力》组稿，报道了玄武利用梅园新村纪念馆、梅庵等红色阵地，推出“玄武初心之路”党史实境教学路线。《新华每日电讯》刊发《南京玄武区：这个“办不成事”窗口专办事》，报道玄武“办不成事”反映窗口为群众办实事情况。加大防疫宣传，激发全民抗疫积极性。牢牢坚守防疫工作的舆论战场，为全区防疫工作营造良好环境，组建玄武区抗疫摄影志愿者队伍，深入疫情防控一线，记录疫情防控一线感人瞬间。央视《新闻联播》报道锁金二小核酸检测点有序开展第三轮核酸检测，新华社客户端聚焦社区书记的抗疫24小时，阅读量达160.9万人次，《人民日报》客户端报道玄武区“小区出入健康管理卡”的创新工作方法。分别与中国电信、中国移动、中国联通3家运营商对接，多次发送短信（分别为中国移动6328598条，中国联通1991857条，中国电信4755858条），尽可能提高全民核酸检测等防疫工作在群众中的知晓率，营造全民抗疫的氛围。

围绕主题活动，增强宣传教育广泛性。市区联动，与市委组织部、市委宣传部（网信办）、市教育局等部门举办群众性主题教育活动近20场，其中鼓楼广场升国旗仪式和北极阁国家公祭仪式为南京市重点点位。组织机关干部、学生、市民群众共18800人次参观中国共产党在江苏、南京历史展。制发《玄武区关于庆祝中国共产党成立100周年组织开展“永远跟党走”群众性主题宣传教育活动工作方案》，主要活动共10个类别17项。广泛开展演讲演说、歌会诗会、红色快闪、红色艺术课堂、电影展映、优秀文艺作品巡演、广场舞展演等各类面向群众、互动性强的宣传教育活动600余场，吸引群众主动参与、深度参与。扩大新闻媒体“朋友圈”。积极联系各级媒体，营造新闻舆论工作发展的良好生态。与各级媒体保持密切沟通，掌握主流媒体宣传选题策划，及时为记者提供新闻宣传素材和线索，尤其是重点选题，组织记者赴一线采访，保障报道质量。新冠肺炎疫情期间，先后策划核酸检测、隔离酒店、抗疫志愿者、援助玄武医疗队等主题报道，分时分批分角度组织11次媒体集中采访活动。全面梳理整理全区各战线新闻素材，2021年，共收集梳理新闻素材稿300余篇，新闻线索70余条，做好新闻稿件的审核把关，在及时向上报送的同时，积极为各级媒体提供有效信息，扩大宣传范围。不断扩大媒体矩阵“朋友圈”，针对不同的活动、不同的受众，运用不同的宣传渠道和媒介，建立范围更广的媒体矩阵，精准宣传。南京城市硅巷现场会增加《科技日报》《江苏科技报》等科技类媒体；国际城市休闲旅游节系列活动增加《中国旅游报》等旅游类媒体，凤凰新闻等新媒体网站；国际消费节增加美食杂志、十八频道标点美食等美食消费类媒体。为重点媒体做好服务，树立媒体服务“店小二”意识。组织央视江苏记者站、新华社江苏分社、《新华日报》等媒体单位核酸检测、疫苗接种，及时回应媒体疫情防控中的个性需求，配备媒体亟需的测温仪等防疫物资、防暑用品等，为媒体开展工作提供服务，与媒体的密切互动为巩固壮大主流舆论创造良好条件。

【文明创建】　着力培育、践行社会主义核心价值观，合力共建文明典范城市。深入开展道路街巷、农贸市场及周边、交通秩序等专项整治，组建29支创建文明典范城市专项志愿服务队，举办“文明之美”玄武湖周边地区首届全民摄影大赛，安装公益广告3000余处，清运垃圾450吨，缆线序化整理2193处，维修主次干道路面、人行道、盲道等27855平方米。开展“文明南京靠大家、我是城市主人翁”宣传活动，有效劝阻非机动车及行人交通违法行为500余起。选培市级文明单位24家、文明社区31家，省级文明单位13家、文明社区8家。营造崇德向善的社会氛围。推选全国学雷锋志愿服务“4个100”先进典型2名，省道德模范（提名）1名，“南京好人”7名，市“新时代好少年”5名。评选“玄武好人”10名，区级志愿服务典型35名，区级“新时代好少年”35名。加强未成年人思想道德建设，深化“扣好人生第一粒扣子”主题教育，培育全国文明校园1所、省级3所、市级2所、区级27所。推动文明实践遍地开花。布局文明实践点306个，引培志愿服务组织489个，常态化开展特色志愿服务项目465个，年实践活动4000余场次，形成“15分钟文明实践圈”。累计安装道旗1100余组、挂板1000余块、插牌800余个、大牌35块、景观小品21处，扩大公益广告影响力。

【文化产业】　2021年全区文化产业增加值占GDP的12.59%，继续领跑全市。充分用好文化金融相关政策，帮助广大文化企业缓解疫情冲击，共为辖区文化企业争取到文化金融贷款约2亿元。在全市文化发展专项资金（产业类）项目评选中，玄武区共有3个重点项目争取到市级扶持资金225万元。徐庄高新区、十朝文化园被认定为A级市级文化产业园区。在南京市第九届文化产业“金梧桐奖”评选中，汇通达网络股份有限公司、南京市市政设计研究院有限责任公司入选“文化企业十强”，德基文化科技有限公司入选“创新成长企业”，徐秀贤、周全入选年度贡献人物。在中国（南京）文化和科技融合成果展览交易会上，玄武展区以D9街区为文旅场景，融合文化科技、文旅融合领域的代表性企业和最新成果，展示了达斯琪全国首创技术“光场成像”、昆曲《牡丹亭》的全息影像等数字文化科技，荣获招商热力榜top1，卫岗一九二八、南师大玄武文化科技园被确定为市级文化产业园，德基大厦被确定为市级文化产业楼宇。积极推进小剧场发展，国民小剧场获评首批江苏省示范小剧场，与南京艺术学院联合出品的原创话剧《似是故人来》获评首批江苏省小剧场精品剧目。为配合“中国戏剧梅花奖”首度在南京举办，探索小剧场创新模式，打造“梅花戏剧角”示范样板点江宁织造博物馆、奇点书集，举办“梅绽金陵礼赞百年——世界文学之都南京戏曲文化特展”，组织梅花奖竞演演员前面四场线下见面的活动，探索开展少儿戏曲培训、戏曲摄影、戏曲名家表演工作坊等活动，为广大票友搭建舞台，形成台上台下联动，弘扬戏曲文化的良好氛围。

（卓怡杉）

统战工作

【概况】　2021年，玄武统一战线在区委的坚强领导下，紧扣“强富美高”总目标，坚持统筹兼顾、稳中求进，坚持服务大局、担当作为，坚持聚焦重点、精准发力，坚持狠抓落实、善作善成，坚持守住底线、防患于未然，不断提高统战工作科学化、规范化、制度化水平，进一步凝聚共识、凝聚人心、凝聚智慧、凝聚力量，不断推动全区统战工作提质增效。大统战工作格局更加完善。区委统一领导、统战部牵头协调、有关方面各负其责的大统战工作格局更加完善。每季度召开统战工作季度例会暨意识形态和基层基础风险排查工作调度会，统筹做好意识形态、安全生产和各领域基层基础工作。各领域协调机制更加顺畅。充分发挥区委民族宗教工作领导小组、区委对台工作领导小组、新的社会阶层人士统战工作联席会议、驻区高校院所统战部门联席会议制度的作用，推进成员单位定期交流、常态履职。新建立民营经济统战工作协调机制、海外统战工作协作机制，统战各领域协调机制运转更加顺畅。统战担当作为更加彰显。禄口机场疫情发生后，全区统战成员积极响应区委统战部号召，以捐款捐物、志愿服务、岗位建功等形式投身疫情防控工作，共出动志愿者3400人次（不含医务工作者），捐款捐物达370余万元。

【党外知识分子工作】 以组织建设密切联系纽带，区知联会组织开展“知联玄武·聚力发展”系列活动；每季度联合区委宣传部组织“大V看玄武”活动，成为玄武区网络人士活动品牌；成立“刘方无党派人士工作室”，在党外知识分子统战领域形成品牌建设新突破。积极推荐9人参加全省、全市无党派人士培训班、全市新阶层代表人士培训班，推荐8名新媒体人士入选南京市新媒体人士联谊会第二届理事会。区党外知识分子联谊会新发展入会33人，从严要求，新认定无党派人士7人。疫情期间，党外知识分子、新的社会阶层人士积极作为，会员单位益童基金会在7—8月间，统筹接收统战成员及各界价值242多万元的物资，专项用于捐助困境儿童，分发到玄武及南京各地。

【民族工作】 聚焦铸牢中华民族共同体意识工作主线，稳步推进民族团结进步创建工作。持续搭建平台完善创建工作体系，出台全区实施方案等系列文件，全面贯彻中央民族工作会议精神。在2020年获得全省民族团结进步创建工作先进集体基础上，持续搭建三级民族团结进步创建平台，以“红石榴家园”为抓手，2021年首批创成3家省级红石榴家园，10家市级红石榴家园，并继续再创7家省市级“红石榴家园”，推动所有街道成立属地民族团结促进会，深入推进“博爱钟山”民族团结进步示范区创建联盟。9月28日，成立全省首家区级铸牢中华民族共同体意识促进会，省委统战部副部长、省民宗委主任马连美，市委统战部副部长、市民族宗教局局长苏宇红，市民族宗教局副局长张颖华，区委书记闵一峰，区委常委、统战部部长朱天龙等省市区领导出席成立大会。项目化运作不断拓展工作空间，出台《2021年度玄武区民族团结进步工作项目化运作实施意见》，精心打造“博爱钟山”“青柠盟”“遇见博物馆”“梅好生活空间”“T80紫麓同心社”“台城柳”等一批有影响的工作品牌和项目，先后获得国家、省市项目经费支持及省市级荣誉表彰。

【宗教工作】 依法依规管理民族宗教事务，巩固民宗领域和谐稳定局面。及时传达学习全国宗教工作会议精神，深入学习习近平总书记关于宗教工作的重要论述，切实把思想和行动统一到党中央关于民宗工作的最新决策部署上来。持续发力宗教领域专项治理，成立区街两级工作专班，区域内“两个专项”行动效果显著。坚持宗教中国化方向，在全区宗教界广泛开展“五个认同”主题教育活动，大力开展庆祝中国共产党成立100周年宣传教育、爱国主义主题教育和践行社会主义核心价值观活动，持续深化宗教活动场所“七进四所”“六规范”活动。加强民宗领域基层基础建设，完善宗教活动场所“一所一档”、相关人员“一人一档”和动态管理数据库，推进民宗领域信息化建设，不断强化宗教工作“三级网络、二级责任”。加强对宗教活动场所的管理引导，区基督教三自爱国运动委员会积极开展基督教宗教中国化指数测评达标，被评为质量型的团体。全面维护民族宗教领域安全稳定，开展宗教活动场所安全工作专项整治三年行动，举办宗教领域的“百团进百万企业千万员工”活动之新《安全生产法》解读讲座，进一步完善和落实安全工作责任制，夯实宗教活动场所安全主体责任。

【新的社会阶层人士统一战线工作】 延伸拓展新的社会阶层人士统战工作触角，深化统战工作实践创新，保持在全市的领先地位。擦亮老品牌、融入新亮点，按照“六有”规范化建设标准，不

6月21日，民进江苏省直工委基层组织会员之家暨玄武区统一战线实践创新基地揭牌仪式在新街口街道香铺营社区举行　（区委统战部　供图）

断深化全国级“新领空间”“青柠盟社区”、省级“T80园区紫麓同心社”阵地建设和品牌内涵，同时按4.0版本积极打造“奇点书集”网络人士之家、“垠坤青创汇”等新的社会阶层人士统战工作实践创新基地。“青柠盟社区”入围江苏百家统战基地巡礼，“T80园区紫麓同心社”被评为首批省级新的社会阶层人士统战工作实践创新示范基地，“垠坤青创汇”获评南京市新的社会阶层人士统战工作实践创新基地第三批重点项目。

【港澳台统一战线工作】　加强组织领导。组织召开区委对台工作领导小组成员单位联席会议，传达中央和省市有关会议精神，学习“惠台”相关政策；组织召开玄武区港澳台、海外和侨务工作推进会。密切宁港澳台的交流交往。积极服务驻区港澳台侨企业，支持企业深耕玄武，引导企业参与玄武区国际消费中心城市中心区建设。接待市台办调研团，开展“民国文化资源与宁台交流”研讨会，围绕将黄埔路打造成为“海峡两岸交流基地”主题进行交流探讨。利用好玄武区海外联谊会（简称“海联会”）、欧美同学会、台联、侨联等团体桥梁纽带作用，发挥好华侨文化交流基地、台青创新创业基地作用，促进宁港澳台地区的基层交流，为玄武招商引资、招才引智。

【海外统一战线工作和侨务工作】　建章立制聚合力，印发《关于加强新时代海外统战工作的实施意见》，建立海外统战工作协作机制。定期召开海联会会长会议，开展“海联玄武·走进会长单位”系列活动。推荐5人进入市海外联谊会。在金秋贸易洽谈会玄武专场活动上，邀请了5名海联会会长和顾问参加，会上为理事单位建设的巴基斯坦文化经济（玄武）协同中心授牌。5月，在六朝博物馆举办“遇见·千年”——南京与佛罗伦萨结好40周年纪念活动暨文化周开幕式。在全省率先以侨联组织、党支部、阵地“三位一体”为核心，完成全区侨联基层组织全覆盖工作。以防疫服务为契机，摸排侨界和港澳台人士，深入开展乡贤摸排工作。依法开展为侨服务，为“三侨”考生办理身份认定。推荐侨界人士和侨务干部参加市国情研修班、基层侨务干部培训班。区新的社会阶层人士联谊会副会长、区侨联副主席陈阳获聘“江苏省青年友好使者”，赵永好、冯鹏获南京市侨界杰出贡献奖。

【党外代表人士队伍建设】　“两支队伍”（党内统战工作队伍，统战人士队伍）建设更加坚实，推动统战（民宗）理论进党校，区委常委、统战部部长朱天龙为中青班学员讲授统战专题。举办玄武区各民主党派、工商联、统战团体领导班子思想政治建设研讨班。创新开设“统战学堂”，着力提升统战干部业务素养。由区委常委、统战部部长朱天龙带队，组织统战干部和党外人士赴古田开展革命传统教育。省、市、区三级工商联机关和区委统战部联动开展党史学习教育专题学习，省委统战部副部长、省工商联党组书记顾万峰，市委统战部副部长、市工商联党组书记丁铭，区委书记闵一峰，区委常委、区委统战部部长朱天龙等领导，作为普通党员参加学习活动。区委统战部党支部与市委统战部机关党总支、红山街道墨香山庄社区党委开展“三联建、三服务、三提升”活动，构建党建联盟。主办“百年忠诚——讲述百年党史故事，展现优秀企业风采”玄武区庆祝中国共产党成立100周年音诗画活动，举办各民主党派、工商联、统战团体庆祝中国共产党成立100周年座谈会，开展“同心同德跟党走”——宗教界“四史五观”主题教育暨党史学习教育，不断强化对党外代表人士的思想政治引领。

（王　梦）

机构编制

【概况】　2021年，区委编办坚持以习近平新时代中国特色社会主义思想为指导，深入学习贯彻党的十九届历次全会和省、市、区党代会精神，不折不扣落实中央和省市区委决策部署，扎实推进党史学习教育，深化重点领域改革，强化机构编制管理，为奋力谱写“强富美高”新玄武建设的现代化篇章提供机构编制保障。指导红山街道获评全省“三整合”改革示范街道，优化街道编外人员管理相关做法被评为全省编办系统研究成果三等奖，全年工作被“学习强国”全国平台、《人民日报》、《南京日报》等媒体报道19篇。

【机构编制日常管理】　提请区委编委召开会议2次，核准2021年度全区事业单位公开招聘编制使用计划，强化机构编制源头管理；印发区科协机关“三定”规定，落实省委督查整改要求；在区发改委等9家单位相关内设科室挂“统计科”牌子，加强高质量发展统计工作；为区司法局增设科室及编制，保障行政复议体制改革实施；增设区政府办公室、区红十字会机关、区社保中心内设科室，优化区政协办公室、区委组织部科室职责，制定区档案馆“三定”规定，强化职能履行，更好适应形势任务变化；核增1所小学及3所幼儿园人员编制，服务教育强区建设。

【全区第二次机构编制核查工作】　严格落实中央和省委、市委编委部署要求，制定实施方案，强化与组织、财政、人社等部门的配合，按照“单位自查、群众监督、数据比对、实地核实、数据更新、总结报告”工作程序，扎实推进核查工作任务，全面查清全区58家机关单位和139家事业单位机构批复和实际设置情况、编制核定及实有人员情况、领导职数核定及配备情况、实名制数据等，实现“机构清、编制清、领导职数清、实有人员清”。

【街道集成改革】　以规范化建设为切入点，以红山街道为试点，在健全完善各项制度规范体系、完善街道综合行政执法运行体制、科学推进区域治理指挥平台建设、加强规范审批服务执法队伍管理等四个方面推动改革深化工作，细化分解13项具体任务。健全区、街、社区三级党委（党组）对重大工作领导的体制机制，制定印发《玄武区街道权力清单》，明确街道行使的行政权力事项117项，全面厘清区、街的职责边界。推进街道综合行政执法局机构规范化建设，设置综合管理岗、执法监督岗、执法业务岗，推进街道综合执法队伍、两个领域派驻执法队伍和三类辅助执法队伍深度融合，搭建“1+2+3”组织架构，打破执法力量条块分割。优化“吹哨报到”工作机制，赋予社区“吹哨”权，开展“吹哨”“报到”双考核，出台涵盖六大类15个“吹哨”事项和20家“报到”部门的专项清单，吹哨数量同比增长超20倍，解决了一批“九小”场所安全隐患等基层治理问题。

【综合行政执法体制改革】　优化设置区市场监管综合执法大队内设机构，理顺区市场监管局内设科室、街道分局和执法大队职责关系。拟订分局职责清单15项、分局局长职责清单8项，制定分局人员考核方案，建立由街道统一指挥调度和工作考核评价办法，明确分局人员的人事任免和职级晋升征求街道意见，实现专业派驻执法和街道综合执法的有效衔接。推动执法资源向一线倾斜，下沉96名城管执法队员、62名市场监管工作人员，核定执法辅助编外员额582名，街道77名工作人员申领综合行政执法证，开展执法培训，规范执法流程，街道层面实现“一支队伍管执法”。

【编外人员管理】　作为全市唯一试点，承担“规范街道编外人

编办参加锁金村第三社区文艺汇演　　（区委编办　供图）

员管理"先行试点项目，以红山街道为重点，探索街道编外人员"精细化岗位管理"。拟订街道编外聘用人员管理办法，根据岗位具体承担的工作任务及标准，细分普通辅助、执法辅助及社区工作三大类编外岗位，编制23小类"岗位说明书"。进一步完善招聘管理、考核管理、薪酬标准等配套制度，构建编外人员管理"1+3+N"制度体系，形成街道编外人员员额内使用、规范化用工、岗位式管理、动态化调整的工作机制，推动编外人员管理提质增效。

【事业单位监督管理】 梳理相关法律法规，编印《事业单位登记管理工作手册》，制定事业单位法人设立登记（备案）、变更登记、注销登记（备案）、证书补（换）领、年度报告等5个具体指引，明确办理条件、操作步骤、流程图、提交材料、表格填报等，为事业单位登记管理提供便利。严格落实法定监管要求，完成139家事业单位2020年度报告公示、49家证书到期换领、22家登记事项变更，对2家事业单位开展现场核查。通过"事业单位在线"，推行"不见面审批+快递送达"，变"人员跑腿"为"信息跑路"，对信用记录良好的事业单位实行"容缺受理"，推行首问负责、一次性告知制度，登记效率提升50%以上。

【"三联建、三服务"党建联盟建设】 落实"三联建、三服务"工作要求，与市委编办第三党支部、锁金三村社区党委组建党建联盟，积极利用玄武红色文化资源，精心设计"四个同一"共促共建活动，建立联学联建长效机制。5月19日，三家党组织近30名党员到玄武退役军人之家参加实地见学主题党日活动，重温党史军史，开展座谈交流，研讨为民办实事项目。6月4日，赴锁三社区开展"学党史、感党恩、永远跟党走"——"迎七一"文艺会演活动，通过传唱革命歌曲、演绎红色经典、诵读红色诗词等形式，唱响时代主旋律，凝聚时代正能量，不断推动党史学习教育深入基层、深入群众。6月18日，区委编办党支部书记吴桂红到锁金村街道锁三社区"心路"广场的凉亭内，开展"迎七一"支部书记送党课活动，打造"亭间党课"，讲解发生在居民身边的机构编制"小故事"，提高党课宣讲效果。打造"草根名嘴微讲堂"，嵌入式开展"思享5分钟"基层宣讲，让社区老党员们通过"小窗口"了解时政焦点动态。开设"青年党员说党史"实景微课堂，组织年轻党员去到520广场、珍珠桥"身临其境"讲党史学党史，锤炼"青年担当"，激发青年活力。　（杜建军）

党　　校

【概况】 2021年，区委党校坚持以习近平新时代中国特色社会主义思想为指导，深入学习贯彻习近平总书记视察江苏重要讲话指示精神以及省市区党代会精神，坚持"党校姓党"根本原则，围绕中心、服务大局，以培训科研为发力点，以服务全区高质量发展为落脚点，提高政治站位、强化责任担当、积极主动作为，奋力实干，开创高质量办学新局面。

【干部培训】 紧扣区委、区政府中心工作，全年“分类别、分层次”举办“国际消费中心城市中心区建设”专题研讨班、第16期中青班、区管干部进修班等各类培训20个班次，参训人次1200余人次，综合运用专题讲座、业务辅导、技能实训等教学方式，激发参训学员理论联系实际能力，为全区各项工作提供智力支撑。

【科研调研】 强化党校科研服务全区中心工作导向，强化科研工作全过程管理，每月召开科研工作推进会，通过邀请专家指导把关、课题立项评估、结项专家论证等形式，提升科研、调研质量。4项省市委党校课题顺利结项，4篇调研报告和理论成果被《新华日报》《金陵瞭望》等采用，并被“学习强国”等新媒体平台转载，《以党建工作推进互联网企业高质量发展——南京市玄武区徐庄高新区党建工作的创新与实践》被收录于市委党校教学案例合集。

【师资培育】 开展“三个一”人才培养计划，定期组织全体教师开展集体备课、试讲、研讨等活动，密切与上级党校、高校和科研院所的联系，内外联动，开展内部岗位交流、外送挂职锻炼、外请专家培训等活动，提高教师主课主业能力，2名青年教师打造的《学习感悟中国共产党百年奋斗历程》《学党章践初心担使命》等优质课程已纳入主体班教学。

【党建工作】 以政治建设为统领，不断加强党建工作。以“一强三创”微项目、“三联建、三服务”等活动为抓手，切实发挥支部的战斗堡垒作用，组织全体党员干部赴结对社区参与文明典范城市创建、指导垃圾分类等志愿服务活动。疫情防控期间，全体党员干部下沉防疫一线，全力配合街道完成全员核酸检测、卫巷路口社区封控等防疫工作，被新街口街道赠予锦旗。1名副校长先后两次抽调至隔离酒店担任点位长工作近3个月，以过硬作风扛下了急难险重任务。

【建立领导干部上讲台制度】推动区委出台《玄武区领导干部上讲台实施办法（试行）》，制定《关于邀请党政领导干部到党校（行政学校）讲课、作报告和与学员座谈的实施办法（试行）》，建立健全领导干部上讲台联络机制与领导干部上讲台双向评价机制。完善领导干部专题授课师资库，其中区领导12名，处级领导干部40余名。区党政主要领导和其他区领导到党校讲课、作报告和与学员座谈14次，主体班领导干部授课占比24.62%，实现了领导干部到党校讲课经常化、规范化、制度化。

【打造“玄武红色足迹”系列党史课程】 深入开展党史学习教育，围绕中国共产党在玄武的斗争史，充分挖掘区内梅园新村纪念馆、梅庵、五二〇学生运动纪念广场、南京人民大会堂、南京中国近代史遗址博物馆等红色资源，打磨推出《重温梅庵红色记忆 传承革命斗争精神》《热血长歌 初心不辍——“五二〇”运动》等“微宣讲”课程，精心拍摄制作“玄武红色足迹”系列微视频5期，在“学习强国”“玄武发布”等新媒体平台发布。配

11月，学习贯彻党的十九届六中全会精神宣讲报告会 （区委党校 供图）

套开发现场教学课程，将单个场馆连接成线，打造长江路沿线现场教学集群，梅园新村纪念馆、梅庵入选市委党校现场教学基地库，已成熟的课程在全区推广后受到好评。

【扩大“炬·火”理论宣讲团辐射效应】 区委党校“炬·火”理论宣讲团围绕中央和省市区委决策部署，联系基层实际需求，通过“优秀党课进基层”“微宣讲”等形式，打通基层宣讲“最后一公里”，2021年赴区建设局、区房产局、梅园新村街道、北门桥社区等53家单位，面向2488名基层党员开展宣讲。其中，《把握新精神 迈上新征程》等宣讲报告获评南京市委宣传部优秀宣讲报告，《学习周恩来精神 做合格共产党员》《惠此中国 吾辈有幸》在南京市委宣传部组织的“‘梧桐论语’我是理论宣讲者”评选活动中获奖，“炬·火”理论宣讲团连续2年入选“区优秀志愿服务组织”。

（蒋 立）

老干部工作

【概况】 2021年，玄武区有离退休干部3711人，其中离退休干部党员3324人，已独立组建离退休干部党支部87个（机关部门与街道27个、事业单位60个），与在职党员“混编”的党支部有78个。全区现有离休干部98人（行政事业离休干部71人，企业离休干部15人，易地离休干部12人），原四套班子领导31名（正职12人，副职19人）。

【离退休干部党建工作】 始终把政治建设放在首位，坚持思想建党、理论强党。采取多种形式，组织老干部学习习近平新时代中国特色社会主义思想和参加党史学习教育，引导老干部牢牢把握政治方向。结合离退休人员身心条件，积极搭建实践平台，开展以“礼赞百年”为主题的“百场红色宣讲、百篇主题征文、百首诗歌、百幅书画、百张摄影作品”“五百”系列活动，举办“传承恩来精神、展示银发风采”主题党日活动，联合关工委开展玄武“五老”话初心主题征文、“颂建党百年伟业”老少共颂百首诗歌演讲比赛，联合老年体协“颂歌献给党、幸福舞起来”老年广场舞比赛，抓住建党百年契机，引领广大离退休干部始终心向党。通过持续推进党支部“标准+示范”建设，全面落实“双覆盖、双增强”，先后涌现出1个省百佳离退休干部党支部、2个省市示范党支部。

【政治理论学习】 深入开展党史学习教育，精准把握“学史明理、学史增信、学史崇德、学史力行”的目标要求，发挥领导班子理论学习中心组带头示范作用，通过理论课堂、云端课堂、实境课堂等方式深入开展党史学习教育活动；邀请市委党史宣讲团成员和市委党校教授作专题授课，深入解读伟大建党精神，进一步增强赓续红色血脉的政治自觉、激发践行“两在两同”的强大动力；为党员干部配发《习近平新时代中国特色社会主义思想学习问答》《中国共产党简史》《论中国共产党历史》等辅导读本，组织党员干部进行读书交流分享6次；集中组织党员干部观看远程教育专题学习记录80余条，借助“学习强国”平台、“玄武机关党建”微信公众号等载体，督促党员干部个人加强自学，分享学习经验，积极参加在线党建知识自检自测；组织党员干部赴“红领·硅巷”“小红梅”“红领·汇杰”等地参观学习；通过开展多种类型学习引导党员干部汲取精神营养，汇聚奋进力量。

【走访慰问】 全面落实离休干部各项待遇，提升“四时四送”“六必访”工作质效，关心照顾特殊困难离退休老干部，开展精准帮扶，帮助解决老干部实际困难，2021年以来全区开展离退休干部走访慰问621人次，走访慰问原四套班子领导133人次，并在他们过整岁生日时，上门祝寿11人次。

【居家养老服务】 联合区民政局，组织开展离休干部居家养老服务绩效评估，按属地管理原则，优化整合辖区资源，通过政府购买养老服务方式，与辖区内317名离休干部签订居家养老服务协议，基本实现了离休干部居家养老的服务信息化、档案电子化、管理规范化。项目开展以来，累计已服务2740人次、

15054小时，推进居家养老服务工作持续健康发展。

【医疗服务】 持续深化"三有一落实"工程，提升离休干部"健康守护"质量，9月联合区卫健委开展"南京市离休干部家庭医生签约服务优秀单位、优秀个人"评选活动。以离休干部健康服务需求为导向，为322名离休干部组建"家庭签约医生"团队，遴选高素质全科医生作为签约第一责任人，开展"多对一"每月一次的上门服务，定期召开家庭医生服务工作推进会，每年2次对家庭医生签约服务工作进行绩效考核，累计服务1080人次。

【支部工作】 执行党支部"统一活动日"七项规定动作，规范党支部台账，确保党支部组织生活经常性、严肃性，推动全面从严治党在支部落地生根。一是定期召开支部会议进行专题学习，包括学习习近平新时代中国特色社会主义思想，十九届五中全会、六中全会精神，省、市、区委全会精神，省、市、区党代会精神等；按月举办支部全体党员集中学习会或主题党日活动，按月召开支委会研究部署支部工作，2021年以来，支部召开支委会12次，党员大会4次，支部书记带头上党课4次，组织开展政治理论学习8次，全年发布支部圈信息14条。二是认真落实民主生活会、组织生活会、民主评议党员、谈心谈话等制度，认真开展批评与自我批评，努力提高党内政治生活质量。通过谈心谈话、定期党性分析等，推动党员干部开展经常性政治体检。三是结合党史学习教育成果巩固深化，实施"我为群众办实事"活动，把"两在两同"建新功行动与常态化开展"双结对、双促进"工作结合起来，班子成员深入结对社区细致调研排查工作难点堵点，特别是在疫情最危急的时刻，开展"亮身份当先锋"实践活动，全局13名党员干部无畏风险坚守在社区卡点投身抗疫一线40余天，3名有医护背景的同志重当"白衣战士"，分别赴3个隔离保障专班，圆满完成近30天的24小时全天候保障服务；坚持"统一行动日"活动，每周六及重点时段进社区帮助清理楼道杂物、清除卫生死角、整理共享单车、指导垃圾分类等。

（朱　红）

机关党建

【概况】 2021年，区委区级机关工委认真落实中央和省市区委各项决策部署，紧扣机关党建"围绕中心、建设队伍、服务群众"核心任务，自觉扛起"争当表率、争做示范、走在前列"首位担当，深入开展党史学习教育，大力弘扬伟大建党精神，强化使命担当，深化机关党的建设，全面提机关党建质量，为建设"强富美高"新玄武提供了有力保证。

【区第十二次党代会机关代表选举】 出席中国共产党南京市玄武区第十二次代表大会机关代表，是在区机关51个党组织中选举产生的。全区机关8个选区单位，共酝酿提出76名代表候选人提名名单。在酝酿提名的基础上，机关工委召开工委会议，确定了47名代表候选人预备人选。7月17—19日、8月26日，机关工委组织各选区召开党员大会，以无记名投票方式，选举产生了42名区机关工委出席中国共产党南京市玄武区第十二次代表大会代表。在42名当选代表中，有各级领导干部37名，占88.10%；各类专业技术人员5名，占11.90%；女党员19名，占45.24%；45岁以下党员16名，占比38.10%。

【机关建设】 坚持把旗帜鲜明讲政治作为第一要求，以政治建设为统领，紧紧围绕"两个维护"，加强全面从严治党。认真贯彻落实省市基层党建"五聚焦五落实"三年行动计划，制定全年机关党建工作意见，以"责任清单"管理方式，推动全区机关将全面从严治党主体责任落到实处。召开党组织书记抓基层党建述职评议会，督促引导机关各级党组织书记聚焦主责主业，认真履行职责。严格执行新形势下党内政治生活的若干准则，落实"三会一课"、民主生活会和组织生活会制度。按照支部工作条例要求，推动"标准+示范"支部建设。严格规范落实党组织按期换届、发展党员工作制度，建立完善党支部"堡垒指数"和党员"先锋指数"评价信息化平台，推动支部标准化、规范化建设。强化支部工作全程监管和动态考核，依托“支部圈”，每月对基层党建工作落实情况进行通报，推动工作监督全覆盖。按照“一支部一品牌”的工作要求，确定49个社区办实事项目，并纳入年度“一强三创”微项目考核内容，推动品牌建设，提升工作实效。

【疫情防控】 面对2021年突发的疫情，52个区机关部门、单位的党组织深入实施“两在两同”建新功行动，带领机关广大党员干部，一线集结、火速驰援59个结对社区，成立9个临时党支部，日均下派党员干部620多名、累计1.8万人次，深度参与社区一线疫情防控和集中隔离点志愿服务，凸显机关党组织和党员干部走在前、做表率的良好风范。

【党史主题学习教育】 认真落实党史学习教育部署要求，周密部署，推动机关党史学习教育走深走实。以“关键少数”示范带动“绝大多数”，各单位党组中心组成员开展专题研讨，党组织书记带头讲专题党课100余场次。在中国共产党成立100周年的特别时刻，组织开展“区级机关‘两优一先’”评选表彰，为区机关189名老党员颁发“光荣在党50年”纪念章，举办区机关庆祝中国共产党成立100周年大会暨“礼赞百年辉煌 谱写玄武篇章”主题征文颁奖典礼活动。利用梅园新村纪念馆、雨花台烈士陵园等红色资源，组织开展“清明祭英烈”、“走近红色文化 赓续红色基因”重阳节等主题党日活动，强化党性教育。深入开展“我为群众办实事”实践活动，推动党史学习教育深入群众、深入基层、深入人心。

【思想理论工作】 坚持用习近平新时代中国特色社会主义思想武装头脑、指导实践、推动工作。定期开展党组（党委）理论学习中心组学习旁听巡学，用好“学习强国”学习平台，常态化检查通报42次。着力创新学习方式，通过党员冬训“e党课”，开设“思享5分钟·点赞中国之治”视频微党课等形式，认真组织开展机关党员理论冬训。着力提高学习成效，通过组织收听收看视频直播、“三会一课”学习研讨、集中专题宣讲，推动学习贯彻习近平总书记“七一”讲话精神取得新成效。2021年，区机关党组织书记带头上党课100余场次，邀请“专家授课”60余场次，开展交流研讨100余场次，开展实境课堂教育40场次。

6月30日，机关工委举办建党100周年“礼赞百年辉煌 谱写玄武篇章”活动
（区机关工委 供图）

【意识形态工作】 履行意识形态工作主体责任，坚持每月开展意识形态领域风险情况排查、分析研判，及时了解掌握党员干部的思想动态和工作表现。强化意识形态阵地管控，建成“玄武区机关党建中心暨玄武区机关党员初心驿站”红色阵地；严格落实讲座、论坛等报告审批制度，对“玄武机关党建”公众号发布的243条信息进行严格审核把关。压实工作责任制，坚持把意识形态工作纳入机关基层党组织书记述职和党员教育培训内容，推动意识形态工作责任制向基层延伸。举办意识形态专题讲座，强化意识形态教育。

【作风监督评议】 发挥区作风办牵头抓总作用，定期举办监督员培训，邀请专家及优秀监督员代表授课，每季度召开监督组长会议，讲评工作情况，布置监督任务，提升履职能力。坚持正向激励和反向警示，开展作风建设先进单位、先进个人评选活动，定期通报明察暗访及“12345”工单中反映的突出问题，严明纪律规范，全年编发简报12期，及时提醒预警，鞭策各单位以案为“戒”、自查自纠。以群众需求为导向，从解决问题入手，狠抓问题整改，以整改成效赢得群众满意。采取项目化方式，督促各责任单位抓实市、区两级满意度评议中324条反馈问题的整改，逐条对照检查、整改落实到位。坚持联合监督，邀请市作风监督员实地调研监督，组织区作风监督员进行跟踪监督，督促整改工作落地见效。年度内，区作风办受理市级督办件2件，办理市民电话投诉5起，“玄武机关作风建设投诉平台”受理投诉3件，组织监督员115人次开展专项监督，推动作风问题与工作问题、共性问题与个性问题、显性问题与深层问题一起解决。以监督考评为“指挥棒”，完善重点监督、专项监督、社会监督、内部监督、日常监督“五位一体”的监督工作模式，修订全区作风监督员管理办法，提高监督工作的科学化、规范化水平。运用“互联网+作风”线上、线下监督相结合的管理模式，构建“常态化+阶段化+年底集中”评议方式，升级窗口“微评议”系统，实现“一窗一码一评价”，督促改进窗口服务、理顺服务流程，提高办理效率。

【机关群团建设】 贯彻落实新时代群团建设要求，围绕机关工作主题主线，增强机关群团组织的政治性、先进性和群众性。先后举办机关“读党史、强党性、担使命”“4·23”全民阅读日读书分享会、“礼赞百年辉煌　谱写玄武篇章”主题征文、“青年大学习”等系列活动，引导机关干部职工群众、机关青年立足岗位，建功立业。结合机关文化需求，举办系列特色活动，进一步丰富机关文化。举办“名家翰墨送祝福、‘非遗’迎春话传承”、庆三八“巾帼心向党·奋进新时代”等系列主题实践活动；组织开展“科协大讲堂”进机关、“与宁桐行”全市公共机构生态文明宣传作品征集、“团扇寄情　赏味中秋”、“古籍修复演展及体验”等喜闻乐见、参与性强的主题活动，受到机关党员干部的广泛认可。积极开展“巾帼岗位明星”“最美家庭”、先进职工之家、先进职工小家、工人先锋号的推荐申报，4名机关党员干部获评市级机关“新时代最美机关人”。组织推荐区机关3人参加市劳动模范评选表彰。结合传统节日，对区机关党员干部职工和退休干部因本人或直系亲属患重大疾病、家庭出现变故致困的64个家庭，深入开展走访慰问活动，共发放慰问金5.76万元；区机关“慈善一日捐”捐款总额46.49万元，组织区机关70名职工开展疗休养活动，彰显组织的关心关爱。　（郑文周）

关心下一代工作

【概况】 截至2021年年底，玄武区各级关工委组织245个。其中区关工委1个，街道7个，社区59个，机关系统3个，中小学校43个，干休所7个，公检司法15个，民企110个。经常参加关心下一代工作的“五老”（老干部、老战士、老教师、老专家、老模范）志愿者、在职教师骨干1620多人。

【庆祝建党百年系列活动】 3月，在玄武高级中学梅园校区举行全区中小学生“颂建党百年，做时代新人”主题教育启动仪式，在全市率先启动青少年“四史”学习教育。6月，联合区机关老干部书画协会和区老年诗词协会，先后举办了“党的百年礼赞”——老少共绘百幅书画展，“颂建党百年伟业”——老少共颂百首诗歌朗诵会。7月，会同区文明办、老干部局、教育局、团委、妇联举办了“童心永向党，筑梦新辉煌”区第25届老少同台演讲比赛。历经25年坚守的老少同台演讲比赛，一年一主题，年年有特色。参加现场演讲活动的市关工委副主任钱继红给予高度肯定。8月，组织开展了“五老”话初心征文，得到全区基层关工委和“五老”志愿者的积极响应，收到征文163篇，精选出79篇代表性文章，汇编成《颂建党百年·玄武“五老”话初心》文集，12月中旬，举办文集的首发仪式。玄武区选送的《太阳的娃娃》演讲作品荣获市第九届老少同台演讲比赛特等奖，区关工委荣获优秀组织奖。

【校外教育辅导站建设】 有效拓展培根铸魂、启智增慧育人路径，强化梅园新村纪念馆、东部战区军事博物馆、省农科院六合青少年科技教育等16个红色和科技实践基地的引领作用和教育功能，3500多名青少年走进历史场馆，亲近自然生态，在沉浸式、体验式、互动式活动中凝聚爱国情、科技志。组织中小学生参加市第十三届“智慧南京·我的科技梦”——社区科技“四个一”作品竞赛活动，全区报送作品5111件，作品数位列全市第二、城区第一，其中845件作品获得等级奖励，区关工委获最佳组织奖。10月，市关工委副主任刘国华到北京东路小学，对“中小学落实双减政策后，如何发挥校外教育辅导站作用”工作进行调研，有关部门和学校的负责人参加调研会，共同探讨切实可行的对策。

【商务楼宇关工委建设】 2021年，建成9家商务楼宇关工委，有1000余家民营企业参与，商务楼宇关工委建设规模进一步扩展。一年来，省关工委副主任费伟康，市关工委常务副主任陈家宝、副主任盛金龙先后调研新街口街道红领·汇杰、德基大厦商务楼宇关工委，孝陵卫街道十朝文化园区关工委的建设工作，提出“整合楼宇资源，加强平台建设，丰富活动内涵”的要求。区关工委探索发展路径、明晰工作思路、积极研究对策，完善修订《玄武区商务楼宇关工委工作规则》（试行）和《玄武区“六好”商务楼宇关工委建设标准》（试行），商务楼宇关工委建设逐步走上标准化、特色化轨道。12月中旬，召开商务楼宇关工委工作经验交流会，市关工委执行副主任盛金隆出席并讲话。12月16日，《南京日报》A3版对活动进行宣传报道。

【“五老”队伍建设调研】 为进一步发挥“五老”在教育、引导、关爱、保护青少年方面的独特优势和重要作用，广泛组织动员“五老”参与关心下一代工作，区关工委组织力量，先后对860名“五老”骨干，围绕11个方面38项内容，进行全方位、立体式调研分析、检视反思，研究对策和举措，形成的《加强“五老”队伍建设的调查与思考》调研报告，受到市关工委常务副主任陈家宝的充分认可，并要求区关工委运用调研成果，拿出可行的指导性办法和机制。

（侯和平　王效军）

（栏目编辑　刘心林）

南京市玄武区人民代表大会

综述

重要会议

人大代表履职

综　　述

【概况】 2021年年末，通过换届选举，依法选举产生玄武区第十九届人民代表大会代表241名。现有南京市第十六届人民代表大会代表44名。区十八届人大常委会组成人员有35名，机构设置有区人民代表大会法制委员会、财政经济委员会、社会建设委员会、监察和司法委员会，区人民代表大会常务委员会办公室、研究室、教育科学文化卫生委员会、环境资源城市建设委员会、民族宗教侨务台湾事务委员会、人事代表联络委员会、预算工作委员会（与区人民代表大会财政经济委员会合署办公），派出工作机构有7个街道工作委员会。在中共玄武区委的正确领导下，区人大常委会认真贯彻党的十九大、十九届历次全会和中央人大工作会议精神，深入贯彻习近平总书记对地方人大及其常委会工作的重要指示、视察江苏重要讲话精神，坚持党的领导、人民当家做主、依法治国的有机统一，依法履职，尽心尽责，科学部署，有序组织，担当作为，为推动全区经济社会发展和民主政治建设做出了积极贡献。2021年共接待阜阳市人大、大丰区人大来访2次，通过学习交流，进一步解放了思想，提升了人大工作水平。

（闫胜男）

【换届选举工作】 2021年，经宣传发动和选民登记核对、提名推荐和协商确定正式代表候选人、候选人与选民见面等阶段工作，区人大常委会、区选举委员会依法有序组织选民进行投票选举。全区14个选举单位92个选区，通过“我的南京”App和选民登记信息化管理系统，共登记选民470192人，选民总参选率达88.09%。区人大换届选举顺利产生区第十九届人大代表241名，新一届人大代表的整体素质比往届有所提高，结构比例均符合省、市人大常委会要求，代表的广泛性、先进性和代表性得到进一步体现。

（都姝含）

【对人大任命人员履职评议】 为进一步提高人大任命干部的履职能力和工作水平，促进“一府两院”依法行政、公正司法，根据《关于区政府工作部门主要负责人和区法院副院长、区检察院副检察长向区人大常委会报告履职情况的实施办法》及《关于区政府工作部门主要负责人和区法院副院长、区检察院副检察长向区人大常委会报告履职情况的工作流程》，区人大常委会组织委员听取审议了区房产局、投促局、应急管理局、检察院等单位负责人的履职情况报告，并进行满意度测评，现场公布测评结果，切实发挥人大在干部监督中的应有作用。（都姝含）

【常委会自身建设】 区人大常委会始终坚持以习近平新时代中国特色社会主义思想为指导，认真贯彻党的十九大、十九届历次全会和中央人大工作会议精神，全面落实习近平总书记对地方人大及其常委会工作的重要指示、视察江苏重要讲话精神，围绕区委和全区中心工作履行职责。加强思想政治建设，深入开展党史学习教育，不断提高政治判断力、政治领悟力、政治执行力。推进履职能力建设，组织人大系统集中学习《宪法》《地方各级人民代表大会和地方各级人民政府组织法》《全国人民代表大会和地方各级人民代表大会代表法》《民法典》和相关履职知识，提升运用法治思维和法治方式开展工作、解决问题的能力。完善组织和制度建设，加强和改进对人大专门委员会、常委会各委室和街道工委的领导，人大工作的系统性、整体性、协同性进一步增强。加强作风建设，落实全面从严治党主体责任，深入推进党风廉政建设，强化巡视整改落实，营造风清气正、干净干事的良好氛围。（祁　晨）

【民生实事监督】 推行民生实事人大代表票决制，进一步深化对民生实事的监督。人代会前，将候选项目报全体代表，会议期间组织分组讨论，全体会议上现场表决公布结果，并对上年度民生实事完成情况进行满意度测评，线上线下同步公告，将票决结果作为部门考核标准及次年项目编制依据。闭会期间，一年两次开展代表集中视察，听取专项推进报告，组织代表深入区街政务中心接待群众，最大限度地收集和反映民意。通过全年跟踪问效，实现党委决策、人大决定、政府执行和群众意愿有机结

合，民生实事"惠民半径"进一步扩大。（祁　晨）

【街道人大工作】 区人大各街道工委是区人大常委会在街道的派出工作机构，接受区人大常委会和街道党工委的领导。一年来，区人大各街道工委在区人大常委会和同级党工委的领导下，紧扣中心，服务大局，做了大量富有成效的工作。加强履职能力建设，组织代表学习人大工作相关法律法规，打牢依法履职功底，拓宽知情知政渠道，组织各类视察调研活动，助力全区经济社会发展大局。深化平台建设，进一步提升"家室"平台硬件和内涵建设水平，为代表履行职责提供更加规范方便的平台。常态化开展代表统一接待选民、群众活动，组织代表走进行政服务中心、街道民生服务中心，听取街道经济社会发展、民生服务保障等工作报告，畅通代表知情知政渠道。主动融入全区发展大局，积极参与文明城市创建、疫情防控、换届选举等重大任务，履行监督职能，发挥示范作用。（刘　鑫）

【信访工作】 人大信访工作是人大工作的重要组成部分，是人大及其常委会密切联系群众、倾听群众呼声、为群众排忧解难的重要途径，区人大始终把维护群众利益作为做好信访工作的基本出发点，在党委的统一领导下，积极发挥自身职能，不断创新工作思路，真正把解决信访问题的过程作为贯彻党的群众路线、为人民服务的过程。2021年共接待来访群众12人次，督促办理信访16件，对保障人民群众合法权益、化解社会矛盾、维护社会稳定做出了积极贡献。（刘　鑫）

【信息宣传】 做好新时期人大宣传信息工作，是加强社会主义民主政治建设、坚持和完善人民代表大会制度的需要，对于提高全社会对人大工作的正确认识，提升人大整体工作水平具有重要作用。2021年，区人大常委会重点依托"大蓝鲸"抖音公众号，积极宣传人大工作，发布《91岁、19岁，一个都不能少》《由一块手表引发的故事》两篇新媒体宣传报道，在全市范围宣传人大代表履职尽责的事迹和成效，与时俱进实践人民代表大会制度。举办专题培训班，邀请市人大专家授课，并组织讨论交流，切实提升全区人大工作者开展人大工作的理论研究水平。一年来，共形成40余篇调研成果，为在新发展阶段坚持和完善人民代表大会制度，充分彰显人民代表大会制度优势提供坚强有力的智力支撑。（刘　鑫）

重要会议

【区人大常委会会议】 2021年，召开常委会会议9次、听取审议工作报告43项，开展执法检查1次、专题询问1次、视察调研55次、测评票决3次；作出决议决定10项，发出审议意见书8份，备案审查规范性文件2件；依法任免国家机关工作人员58人次，开展政府部门和法检两院负责人履职评议4人，圆满完成了区十八届人大五次会议确定的目标任务。

1月6日下午，玄武区第十八届人大常委会举行第三十一次会议。会议以举手表决的方式，通过了《关于接受石磊辞去南京市玄武区人民政府副区长职务请求的决定》。

1月28日下午，玄武区第十八届人大常委会举行第三十二次会议。会议以举手表决的方式接受了赵小华辞去玄武区人民政府副区长职务的请求，以无记名投票和举手表决的方式通过了区人大常委会主任会议提请有关职务任免的议案、区政府区长钱维和区检察院检察长倪一斌提请的有关任职议案。会议以举手表决的方式，增补了区人大常委会代表资格审查委员会部分委员、调整了区人大常委会人事代表联络委员会部分委员。会议以举手表决的方式，通过了《关于接受赵小华辞去玄武区第十八届人民代表大会代表职务请求的决定》。会上举行了宪法宣誓仪式。

2月26日下午，玄武区第十八届人大常委会举行第三十三次会议。会议审议了部分市十六届人大代表履职报告。会议听取了区人大常委会办公室主任刘康通报的《区人大常委会2021年工作要点及议题安排》。

4月28日上午，区第十八届人大常委会举行第三十四次会议。会议审议并表决了有关人事任免事项。会议听取了区政府关于优化教育资源布局、推进教育高质量发展工作情况报告。会议听取和审议了区住房保障和房产局、区投资促进局、区应急管理局、区检察院负责人履职情况报告，并进行了满意度测评。会议听取了区政府关于2020年度打好污染防治攻坚战工作落实和目标任务完成情况的报告。

6月28日下午，玄武区第十八届人大常委会举行第三十五次会议。会议听取并审议了区政府副区长吴开芬所作的《关于推进科技园区高质量发展提升科技创新水平工作情况的报告》，并开展专题询问。会议听取并审议了区人大常委会副主任李辉所作的《关于检查〈中华人民共和国固体废物污染环境防治法〉实施情况的报告》。会议审议并表决了有关人事任免事项。会议以举手表决的方式，通过了区监察委员会主任罗昌锋提请的有关人事免职议案。会议以无记名投票的方式，通过了区监察委员会主任罗昌锋提请的有关人事任职议案。会上举行了宪法宣誓仪式。

8月20日上午，区第十八届人大常委会举行第三十六次会议。会议审议并表决了有关人事任职事项。

8月31日下午，区第十八届人大常委会举行第三十七次会议。会议听取和审议了区政府副区长邵睿所作的《关于区政府支持家庭承担养老功能推进多层次养老服务体系建设情况的报告》，以及区人大社会建设委员会主任顾冰所作的相关调研报告。会议听取了区政府副区长庄佳峰所作的《区政府关于全区重大城建项目进展和相关功能完善工作情况的报告》，以及区人大常委会环境资源城市建设委员会主任杨承龙所作的情况说明。会议听取了区财政局局长余莉萍所作的《关于玄武区2020年财政决算草案的报告》、区审计局局长龚庆亚所作的《关于玄武区2020年区级预算执行和其他财政收支的审计工作报告》，以及区人大常委会预算工作委员会主任刘全庆所作的相关调研报告。会议以举手表决的方式通过了《关于批准玄武区2020年财政决算的决议》。会议听取和审议了区政府常务副区长陈可科所作的《关于玄武区2021年上半年国民经济和社会发展计划及财政预算执行情况的报告》，以及区人大常委会预算工作委员会主任刘全庆所作的相关调研报告。会议听取和审议了区人大常委会人事代表联络委员会主任沈阳所作的关于区人民代表大会换届选举问题（草案）的决定的相关说明。会议以举手表决的方式通过了《南京市玄武区人民代表大会常务委员会关于区人民代表大会换届选举问题的决定》。

10月28日下午，玄武区第十八届人大常委会举行第三十八次会议。会议审议并表决了有关人事任免事项。会议以举手表决的方式，通过了区人大常委会主任会议、区人民政府区长钱维提请的有关人事免职议案。会议以无记名投票的方式，通过了区人大常委会主任会议、区人民政府区长钱维、区人民法院院长沈湧提请的有关人事任职议案。会上举行了宪法宣誓仪式。会议听取和审议了区政府常务副区长陈可科所作的《关于2020年度玄武区国有资产管理情况的综合报告》，以及区人大常委会预算工作委员会主任刘全庆所作的相关调研报告。会议听取了区政府副区长吴开芬所作的《关于促进消费、推进国际消费中心城区建设情况的报告》。会议听取和审议了区政府副区长薛汝军所作的《关于我区“七五”普法规划完成情况和“八五”普法规划制定情况的报告》，以及区人大监察和司法委员会主任委员张斌所作的相关调研报告。会议以举手表决的方式通过了《关于开展第八个五年法治宣传教育的决议》。会议听取了区政府副区长薛汝军所作的《关于规范性文件制发工作情况的报告》，以及区人大法制委员会主任委员刘必军所作的《关于规范性文件备案审查工作情况的报告》。会议听取和审议了区人大常委会人事代表联络委员会主任沈阳所作的《关于区第十八届人民代表大会第五次会议及本届以来代表建议、批评和意见办理及督办情况的报告》，以及区政府办公室副主任李鹏所作的《关于区第十八届人民代表大会第五次会议及本届以来代表建议、批评和意见办理情况的报告》，并书面审议了区监委、区法院、区检察院的《关于区第十八届人民代表大会第五次会议及本届以来代表建议、批评和意见办理情况的报告》。

12月29日下午，玄武区第

十八届人大常委会举行第三十九次会议。会议审议并表决了有关人事任免事项。会议以无记名投票的方式,通过了区人民法院院长沈湧提请的有关人事任命议案。会议以举手表决的方式,通过了区人民检察院检察长倪一斌提请的有关人事免职议案。会议以无记名投票的方式,通过了区人民检察院检察长倪一斌提请的有关人事任职议案。会议以举手表决的方式,通过了《关于接受沈湧辞去玄武区人民法院院长职务请求的决定》和《关于接受倪一斌辞去玄武区人民检察院检察长职务请求的决定》。会议以无记名投票的方式,通过了《关于提请决定赵雪雁代理玄武区人民法院院长职务的议案》和《关于提请决定余红代理玄武区人民检察院检察长职务的议案》。会上举行了宪法宣誓仪式。会议听取和审议了区政府常务副区长陈可科所作的《关于2020年度区级预算执行和其他财政收支审计查出问题整改情况的报告》,以及区人大常委会预算工作委员会主任刘全庆所作的相关调研报告。会议听取了区财政局局长余莉萍所作的《关于玄武区2021年财政预算调整方案(草案)的报告》,以及区人大常委会预算工作委员会主任刘全庆所作的调研报告。会议以举手表决的方式通过了《关于批准玄武区2021年财政预算调整方案的决议》。会议听取了区财政局局长余莉萍关于玄武区2021年预算执行情况和2022年预算草案报告的说明,初步审查了预算草案。会议听取了区发改委主任吴恒关于玄武区2021年国民经济和社会发展计划执行情况与2022年国民经济和社会发展计划草案报告的说明,初步审查了计划草案。会议听取了区发改委主任吴恒所作的关于2021年民生实事项目完成情况及2022年民生实事项目编制情况的报告。会议听取了区人大常委会人事代表联络委员会主任沈阳所作的《关于区人大代表换届选举工作情况的汇报》。会议听取了区人大常委会副主任、代表资格审查委员会主任委员杨冬梅所作的《玄武区第十八届人民代表大会常务委员会代表资格审查委员会关于玄武区第十九届人民代表大会代表资格的审查报告》。会议以举手表决的方式通过了该报告。会议听取了区委组织部副部长赵虎关于区第十九届人民代表大会第一次会议各项建议名单的汇报。会议听取了区人大常委会副主任、大会筹备处秘书长蒋兆全所作的《关于区十九届人大一次会议筹备情况的报告》,决定提交区十九届人大一次会议预备会议通过。会议讨论通过了《玄武区人民代表大会常务委员会工作报告》,决定提交区十九届人大一次会议审议。（柏富强）

【区人大常委会主任会议】 2021年,召开主任会议15次,其中预审常委会议题9次,听取区政府及相关部门专题汇报6次,实地调研视察5次。内容主要包括:听取区政府关于保障农民工工资支付工作情况、债务管理情况、华人华侨服务玄武经济社会发展创新创业情况、AED(体外心脏除颤仪)安装及应急救护培训情况、2021年民生实事项目完成情况及2022年民生实事项目编制情况的报告。听取区法院关于西南低山丘陵区域环境资源法庭工作情况的报告,区检察院关于民事行政检察工作情况的报告。实地视察区政府关于全区提升垃圾分类覆盖率、分拣率和集中处理率工作进展情况及推进全民健身工作情况,区法院关于西南低山丘陵区域环境资源法庭工作情况的报告和区检察院关于民事行政检察工作情况的报告。（柏富强）

【党史学习教育】 党史学习教育活动开展以来,区人大常委会机关高起点谋划、高标准推进、高质量落实,把握学党史、悟思想、办实事、开新局的目标要求,融合推进“两在两同”建新功行动与“我为群众办实事”实践活动,引导党员干部学史明理、学史增信,学史崇德,学史力行,增强“四个意识”、坚定“四个自信”,做到“两个维护”,以实际成效加强支部党的建设,推动党史学习教育走心、走深、走实。（柏富强）

人大代表履职

【人大代表工作】 深化“两个联系”,更好发挥人大代表主体作用,更高水平建设四级人大代表履职平台,组织市、区两级代表走进区、街政务服务中心和社区便民服务中心，开展接待选民、联系群众、向选民述职活动，邀请市、区代表列席常委会会议，参与执法检查、专题调研、重点督办等活动。做好代表履职引导、服务和管理工作，加强代表履职培训，拓展代表履职渠道，创新代表活动方式，强化代表履职意识，提高代表履职水平。人代会期间组织代表对2021年民生实事项目进行票决，对2020年民生实事项目落实情况进行满意度测评。12月1日，广大选民以无记名投票和差额选举的方式，依法选举产生玄武区第十九届人大代表241名，圆满完成人大代表换届选举工作。区十八届人大五次会议151件建议全部办结，办成率达88.7%，一批群众关切的问题得到认真回应、较好解决。开展建议办理"回头看"，认真梳理本届以来所有应逐步解决的代表建议以及闭会期间代表建议督办程序的问题，2017—2020年共有81件原B类建议件，届中促成73件B类件转A类件。 （薛荣华）

链接

人大代表建议办理情况选编

关于香林寺沟沿线环境综合整治项目的建议

此建议由魏晨、苏鹦、王树平、杨树年4名代表提出，区建设局主办，区房产局、梅园新村街道办事处、城建集团、区城管局、区商务局协办。办理情况如下：

为提升香林寺沟周边城市面貌，改善片区人居环境和交通出新条件，根据市建委批复的《关于玄武区香林寺沟片区环境综合整治工程可行性研究报告的复函》（宁建审字〔2018〕535号）内容，玄武区组织实施了香林寺沟片区环境综合整治工程。

目前香林寺沟建筑立面整治已基本完工，正在进行扫尾收边工作，佛心桥34号西侧违建已拆除，佛心桥2号、37号附近杂物乱堆情况已多次清理改善，并且已用绿网覆盖。沿街出新的小区脚手架拆除后，已安排相关单位对小区路面、窨井盖、车棚等进行修复，并做好项目善后工作。

因香林寺片区处于北安门遗址保护范围内，道路建设需取得国家文物总局考古意见，目前考古勘探工作已完成，正按照市文旅局要求进行考古发掘作业，待取得国家文物总局意见后，尽快组织道路部分进场施工，并同步考虑香林寺提档升级要求，完善杆线迁移和公厕拆除方案，加快项目的整体推进，加强工程质量监管，提升整治效果。

关于回收站的监管，区商务局将加强对饮料纸基复合包装回收企业的工作指导，推进饮料纸基复合包装回收。联合相关部门、统筹规划、合理安排回收、分拣、打包网点，加强生活垃圾分类收运体系和再生资源回收体系在规划、建设、运营等方面的融合，推动再生资源回收企业与垃圾分类企业对接，促进再生资源回收企业转型升级。对在管理中发现的问题，按照《再生资源回收管理办法》及相关法律法规、"三定"职能，会同相关部门做好管理工作，科学督导经营者及时认真整改。

针对北端佛心桥37号围墙，目前已出新完毕，电线杆凸显路中问题，正积极对接省、市电力部门，针对项目杆线下地问题从资金、设计等方面准备多套方案，待确认最优方案后，再与道路出新施工同步进行。公厕拆除需符合市级制定的"拆一还一"政策，公厕迁改计划正与市、区城管局协调沟通，制定解决方案后实施。

关于让居民更加了解检察院工作的建议

此建议由黄军平、高建君、李翔3名代表提出，由区人民检察院主办。办理情况如下：

针对三位代表提出的意见建议，区人民检察院将重点抓好以下几个方面工作，让人民群众更加知晓检察、参与检察、监督检察。

一是大力推行检务公开"一把手工程"。成立以"一把手"为责任制的机构组织，建立不公开事项"负面清单"。坚持"公开为原则，不公开为例外"，实施"一把手"审核制，推动转变干警不愿公开、不想公开的办案理念。做足公开事项最大化、限制范围最小化，有效回应当事人、社会公众诉求。

二是建立健全以案件查询为主的检务公开多维平台。建立统一检务公开服务中心，把案件流程管理、裁判文书公开、申请查询公开、律师阅卷服务、当事人及公众问询等面对群众的所有事项融入其中，由检察院领导直接担任中心负责人，实施“扁平化”管理，协调推进全院检务公开。在中心设立查询终端、电子显示屏，通过技术转换等方法把全国检察业务统一系统信息及时导入，实现同步公开。完善门户网站、开辟网上服务中心、语音查询系统、官方微博微信、手机短信息、诉讼指南、人工查询等形式，构建立体式、多维度检务公开平台，努力让人民群众感受到司法的平和、理性、公正、文明。

三是深入贯彻“谁执法谁普法”责任制，提升检察工作知晓度。坚持在办案中普法、办案与普法并重，积极组织检察官深入社区和基层执法一线，通过参加区法治巡回大讲坛、精准普法月月行、法治进校园等活动，不断加强基层普法宣传教育，在引导人民群众树立尊法学法守法用法意识的同时，更多了解刑事、民事、行政、公益诉讼“四大检察”职能、“十项业务”具体工作，真正做到把普法工作和推介检察职能相融合。今年来，检察院开展了“扫黑除恶”“防范电信网络诈骗”“企业合规管理”等主题宣讲14场次，取得较好的社会效果。

四是多措并举，拓展与公众沟通交流渠道。不断加强与人大代表、政协委员、人民监督员、特约检察员和社区群众等的联系，主动邀请参与“检察开放日”、公开听证等检务公开活动，组织走进社区、基层开展法治共建，共同帮助发案单位、宣讲监督对象应对问题，研讨建章立制、查找存在问题和漏洞，加大检察工作在人民群众心目中的影响力。建立与媒体良性互动关系，主动邀请媒体记者，将本地有较大影响以及其他重大案件的办理信息及时发布。同时，对案件听证、公开审查、公开答复、信访案件办理以及申请公开事项的听证等，邀请媒体参加，增加检务公开的媒体报道力度，引导社会舆论，形成与媒体的良性互动格局。适应自媒体时代要求，积极运用和维护官方微博、微信，建立与公众互交平台，发布群众感兴趣的案件信息、典型案例、大要案等，并认真及时回应公众的问询，着力提升人民群众对检察工作的满意度。

认真办理好人大代表建议是检察机关的一项重要工作。检察院将认真按照区人大常委会关于代表建议办理的相关规定，更加自觉接受监督，积极主动做好检务公开工作，让更多社会公众知晓检察职能，关注并参与检察建设，推动检察机关更好发展，为谱写好“强富美高”新玄武建设现代化篇章提供坚实的法治保障。

关于加大餐饮业食品安全检查的建议

此建议由陈晓吉代表提出，区市场监管局承办。办理情况如下：

一是严格审查，把好许可准入关。严格依据《食品安全法》《食品经营许可管理办法》等相关法律法规对餐饮经营者进行许可审查。对后场布局流程、设备设施及食品安全管理制度建立等不符合要求的，严格依据相关规定要求商家进行整改，整改通过后方可继续经营。向网络餐饮单位发放经营许可后，要求经营者将平台情况向区市场监管局报备，便于后期跟踪检查。

二是强化线上、线下监管，确保网络食品安全。一方面区市场监管局结合辖区实际，专门制定了《玄武区网络餐饮服务专项整治方案》，对全区网络餐饮实现网格化监管，做到餐饮进网络，网格有人员，人员有责任；另一方面，区市场监管局依托国家总局构建的网络餐饮监管平台，对证照不符、无证无照、超范围经营等情况进行实时、动态捕捉，及时清理无证经营商户。今年以来，区市场监管局对辖区内网络餐饮进行联合检查，共出动检查人员866人次，检查各类网上餐饮经营户456家，发出责改通知书6份，发现超范围经营、无证经营户6家，通过微信平台向网络食品经营者发送责改、下架通知6家。参加市局约谈美团、饿了么、滴滴等第三方平台1次。

三是完善监管机制，突出风险分级管理。进一步完善和细化全区餐饮经营企业的风险分级管理工作，在提高监管工作的针对性上下功夫。在监管全覆盖的基础上，对风险等级较高的企业提高监管频次，加大监管检查力度，守护好全区市民百姓的饮食安全。

关于做好退役军人保障服务的建议

此建议由仓晓代表提出，由区退役军人事务局承办。办理情况如下：

一是持续推进退役军人服务保障体系建设。健全退役军人领导机构，成立区委退役军人事务工作领导小组，建成横向到边、纵向到底的退役军人服务保障体系，探索形成“1+3+N”退役军人服务保障模式，实现了区、街、社三级“全覆盖”。打造全国首家区（县）级综合性退役军人服务综合体——“玄武区退役军人之家”，建设面积约3800平方米，在全国首创了集“退役军人一站式服务中心、退役军人主题馆、军事主题广场、退役军人服务机构”于一体的退役军人之家综合体模式。

二是积极做好就业创业指导。开展常态化线上招聘，适时组织综合性线下招聘。两年来，举办了多场招聘会，有150家企业提供近千个岗位，吸引退役军人及军嫂参加，近百人初步达成就业意向；开展“定岗式”技能培训。根据“教育先行、岗位跟进”的模式，开展退役军人适应性培训、岗前培训和进高校专项培训；建立自主择业干部资料信息库，为军转干部就业做好推荐服务，让退役军人安心暖心。

三是探索建立退役军人志愿服务队。依托区、街道、社区三级退役军人服务中心（站）建立退役军人志愿服务队。积极组织退役军人开展宣传宣讲方针政策、参与文明创建、关爱帮扶、抢险救灾等志愿服务，着力构建“层层有队伍、月月有服务、人人有劲头”的退役军人志愿服务新局面，让志愿服务成为每位退役军人心中的向往。

四是筹划成立惠兵基金。动员企事业单位、有拥军情怀个人积极参与拥军惠兵工程。按照体现尊崇优待、立足济难解困、依法规范运行的基本原则，对生活陷入困境的退役军人实施帮扶援助。首批惠兵资金约50万元已经到账，将用于困难退役军人的帮扶和慰问。

五是全面推进退役军人服务信息化。在建设退役军人之家综合体的基础上，同步开发网上退役军人之家综合服务云平台，具有移交安置、就业创业、优待抚恤、双拥共建、思想权益、政策咨询等6类40余项业务服务功能，初步实现了军人从现役到退役全流程服务保障和退役军人事务工作服务范围全覆盖，打通了为军服务“最后一公里”。

六是完善退役军人法律服务建设。区退役军人事务局积极与区司法局联合成立法律援助站，为退役军人解答日常生产生活中遇到的法律问题，并根据退役军人实际需求提供多元化的法律咨询和法律指引服务。

区退役军人事务局将继续深入学习贯彻习近平总书记关于退役军人工作的重要讲话和重要指示精神，坚持满腔热忱为退役军人服务“一条主线”，切实做到服务有温度、组织有力度、尊崇有厚度，不断提升退役军人幸福感、荣誉感、获得感。

（栏目编辑　刘心林）

南京市玄武区人民政府

综述

政务服务管理

信访

综　　述

【基本情况】 玄武区位于南京市城区东北部，面积75.46平方千米。至2021年年底，辖7个街道、59个社区，户籍人口46.57万人。

2021年，玄武区完成地区生产总值1205.9亿元、同比增长8.8%，一般公共预算收入105.08亿元、同比增长8.4%，全社会固定资产投资同比增长8.5%，社会消费品零售总额1129.8亿元，外贸进出口总额803.4亿元。居民人均可支配收入81471.8元。

【经济发展】 2021年，玄武区把高质量发展作为第一要务落到实处，积极应对疫情冲击和经济下行压力，经济发展取得新成效、迈上新台阶。服务业增加值占GDP比重达98.1%，稳居全市第一；文化旅游产业地标导向更加鲜明，文旅产业增加值占GDP比重接近20%；现代金融、高端商务商贸产业支柱地位越来发凸显，产值双双突破千亿级；软件和信息服务、新医药与生命健康产业新兴态势蓬勃向上，营业收入增幅分别达15.1%、26.3%，“1+2+2”现代化都市型产业体系加速形成。全省重大项目建设推进会议南京市分会场活动在红山新城举办，“玄武之光”新一代信息技术科创中心成功入选省级重大项目，徐庄二期聚智园等39个项目正式开工，百家汇玄武创新药物孵化平台二期等30个项目全面建成，全区新建改造产业载体超过80万平方米。引进招商局江苏中心等亿元以上项目117个，铁北7号地块等5幅地块顺利出让。

【改革创新】 2021年，玄武区把改革创新作为高质量发展的核心动力，不断深化改革赋能，全面聚焦创新引领，持续提升转型质效。在全省率先设置“办不成事”反映窗口，在银行网点设立全市首个企业开办一站式服务区，出台应对疫情影响助企纾困促进经济发展“新17条”措施，区域营商环境不断优化。围绕构建全域创新格局，承办南京首场城市硅巷建设推进会，成立玄武硅巷联盟，全市首个由高校老校区整体转型的南师大玄武科技园顺利开园，累计建成市级备案硅巷18个、面积超45万平方米。承办首届苏南国家自主创新示范区高峰论坛，国家介孔材料科学中心南京分中心落户徐庄，国家、省人才计划申报数居主城区第一，申报高新技术企业291家，集聚集奥医工交叉技术研究院等市级新型研发机构3家，每万人有效发明专利拥有量名列全省第一。

2月26日，全省重大项目建设推进会议南京市分会场在“玄武之光”新一代信息技术科创中心举行　（区政府办　供图）

【城区面貌】 2021年，玄武区把生态宜居作为高质量发展的鲜明特征，从老城加速更新、新城加快发展两端发力，推动环境质量、城市功能、居住品质整体提升。对钟秀街等3条主次干道进行整治，对四牌楼等10条街巷实施治理，路网体系更加完善。整治改造41.06万平方米老旧小区，完成12栋危房消险，主城最大的棚户区双拜巷、延宕近10年的珠江饭店地块拆迁完毕，“最美火车站”南京站焕发新颜，香林寺沟片区由城中村华丽变身为城市客厅。建成4处停车场，新增机动车泊位969个。突出大气污染源管控，全面推进“智慧工地”建设，空气优良天数比率位居全市第二。整治9段河道暗涵，完成5条河道水环境提升，清疏修缮22个片区雨污

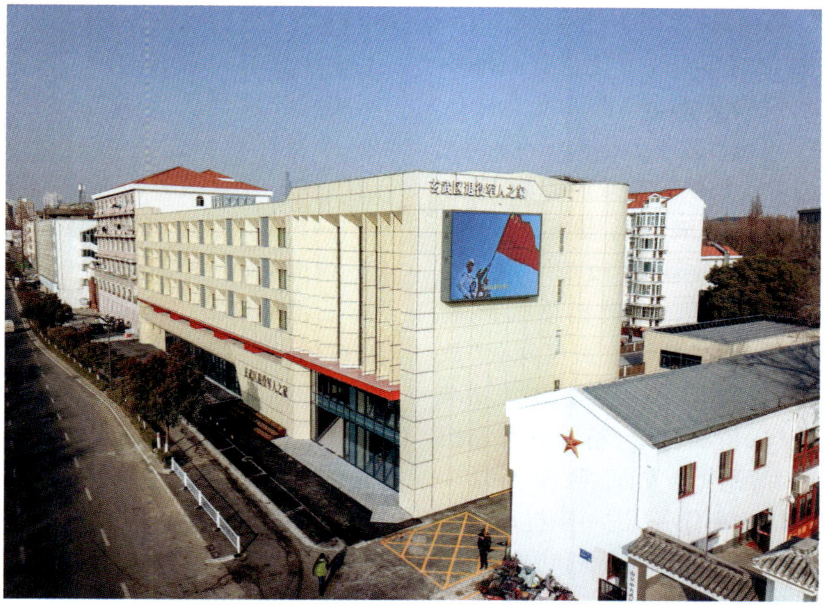

全国首创'四位一体"退役军人之家综合体模式　（区政府办　供图）

管网，8个市考断面水质稳定达标。新增绿地面积13.38万平方米，城市绿化覆盖率保持主城区第一。获评“2021中国最美百强县域”，是全市唯一上榜城区。

【民生保障】　2021年，玄武区把以民为本作为高质量发展的最终目的，下大力气解决好群众关心关注的热点问题。坚守疫情防控线，禄口机场疫情发生后，第一时间启动应急指挥体系，有序开展6轮共210.8万人次的核酸检测，筹集启用22家隔离酒店，温情服务2700余名集中隔离人员，高效保障6个联合医疗队居住点近1000名医护人员，在全市率先降为全域低风险城区。累计接种疫苗超过115万剂次，全人群接种率超过97%。坚持就业、创业与产业发展联动，累计新增城镇就业2.31万人、大学生就业3.07万人。优化养老服务体系，新增养老床位301张，完成221户家庭适老化改造。严格落实“双减”政策，深化教育布局调整和集团化办学，十三中红山新城校区等4个教育重点项目集中开工，义务教育集团化办学覆盖率达到100%。深化医药卫生体制改革，打造专科联盟和特色科室，加强基层医疗设施建设，异地新建孝陵卫社区卫生服务中心并投入使用。进一步放大双拥工作优势，建成全省首个退役军人之家综合体。深入推进安全生产专项整治三年行动，上级安全生产督导巡查反馈问题全部整改到位，全区未发生安全生产亡人责任事故。持续开展金融风险排查整治，积极防范化解重大金融风险。强化食品药品安全监管，创成省级食品安全示范区。

【国际消费中心城市中心区建设】　2021年，玄武区全力办好国际消费中心城市中心区建设“一件大事”，承办南京建设国际消费中心城市现场推进会，成立新街口商圈发展联盟，举办第五届玄武国际城市休闲旅游节，以“1+6+100”系列活动引领消费热潮。全球知名的嘉佩乐酒店落户钟岚里，德基广场单体销售额位居全国第二，全市首家法拉利销售展厅入驻长江会，由工业遗存化身为时尚街区的D9文创园隆重开业。长江路入选首批国家级夜间文旅消费集聚区，玄武区国际消费中心城市场景消费指数排名由全国第十上升到第七，被省政府表彰为开展消费促

长江路获评国家级夜间文化和旅游消费集聚区　（区政府办　供图）

进工作成效显著地区。

（郑德钊）

政务服务管理

【概况】 2021年，区行政审批局坚持以习近平新时代中国特色社会主义思想为指导，深入学习贯彻党的十九届五中、六中全会精神，认真落实区委决策部署和高质量发展要求，以深化“放管服”改革为重点，以提高群众满意度为目标，不断完善政务服务体系、优化政务服务流程、提升政务服务效能，各项工作取得明显成效。区政务服务中心全年共受理行政事项和便民服务事项10.08万件，办结率100%，综合满意率99.97%。12345政务服务便民热线办结市民各类诉求10.11万件，工单按时办结率100%，综合满意率93.76%。在全市作风建设满意度评议中，玄武区窗口服务满意度第三方测评全市第一。

【“放管服”改革】 围绕省、市深化“放管服”改革优化营商环境系列决策部署，积极推动全区“放管服”改革工作向纵深推进，进一步加快转变政府职能，努力建设人民满意的服务型政府。将年度“放管服”改革工作要点作为“放管服”工作的总抓手，制定出台《2021年玄武区深化“放管服”改革工作要点》，围绕精准放权、精确监管、精细服务和机制保障四个方面，明确了32项具体改革任务，进一步提高放的含金量、管的有效性和服务的满意度，确保玄武区在贯彻市级要点上不漏项、执行要求上不走样。

【“互联网+政务服务”】 积极做好权力事项动态调整，落实衔接省、市取消和下放事项，确保部门权力事项“应上必上”、江苏政务服务网部门公示办事指南准确，认领维护1773项权力事项，事项认领率和维护率达100%。全面深化“一件事”改革，优化111项“一件事一次办”场景，线上在江苏省政务服务网玄武区旗舰店开设专栏，实现“在线受理、数据流转、证照共享、快递寄送”，线下在区政务服务中心设置“一件事”专窗，实现“一窗受理、内部流转、同步审批、统一发证”。严格落实“互联网+监管”，持续做好监管事项梳理和行为数据报送，2021年全区共汇集监管行为数据5551条，事项覆盖率达93.6%。

4月14日，“办不成事”反映窗口（区行政审批局 供图）

【政务服务体系建设】 制定《玄武区政务服务中心管理办法》，推动各分中心和街道为民服务中心落实《南京市政务服务系统窗口服务规范》《江苏省为民服务中心标准化评价指标（试行）》。持续推进“全科政务”改革，全区22个部门388项行政权力事项在区政务服务中心“全科政务”窗口实行无差别受理，增设2个综合辅导窗口，线上申请通过率提高到98%，线下群众办事等待时间缩短50%以上。加强政务服务标准化建设，在全区各级服务窗口设置“一城通办”“一区通办”专窗，广泛设置24小时政务服务自助办理区，实现“好差评”全覆盖，打造“一刻钟政务服务圈”，政务服务便利化、规范化水平进一步提升。

【12345政务热线】 持续深化“先解决问题再说”工作机制，定期梳理市民投诉集中、高频重复、办理难度大的事项，实时召开“3+X”会办会7场，积极协调相关职能部门和单位到问题现

场研究处置。召开全区落实“先解决问题再说”机制提升12345政务热线质效工作会议，完善工作举措，强化工作落实。建立每月例会工作机制，着力推动解决一批重点难点诉求。修订印发《玄武区政务热线考评绩效考评细则》，开展多场次解读和业务培训，促进热线办理质效提升。

【投资建设项目代办】 完善代办服务制度，研究制定《玄武区投资建设项目“预审代办”实施办法》《关于建立代办服务项目重要事项协调推进例会制度的通知》。强化代办队伍建设，在各街道（园区）配备培训专职代办员，服务辖区内工程项目，在相关部门建立联络员队伍，配合做好区权事项审批和省市审批事项协调对接。做好建设项目代办服务，全年全周期代办省、市、区重大项目21项，开展街、区联动代办服务项目50多项，指导、推进并联审批工作71次，办理项目预审117件。

【政务服务“跨省通办”“省内通办”】 认真落实国家跨省通办服务清单要求，积极拓展更多的跨省通办服务事项，与滁州市琅琊区、芜湖市繁昌区、青岛市即墨区等签订了“跨省通办”合作协议，在区政务服务大厅设置“跨省通办”服务专窗和企业开办“跨省通办”专窗，在区人社、公安、婚姻登记3个分中心设置“跨省通办”服务专窗，140项高频政务服务事项实现“跨省通办”“省内通办”，有效解决企业和群众异地办事“多地跑”“来回跑”问题，切实提高办事企业和群众便利度。

【“办不成事”反映窗口】 将党史学习教育同为民服务结合起来，在全省首创“办不成事”反映窗口，为办事受阻的企业、群众开辟绿色通道，推进“先解决问题再说”机制在政务服务中进一步落地见效。通过制度层面的创新探索，区、街两级政务服务中心实现“办不成事”反映窗口全覆盖，有效破解了企业、群众在办事过程中遇到的“办不了、办不成、难办理”等疑难杂症。相关做法被党史学习教育官网、人民网、《光明日报》、《新华每日电讯》、新华网、《南京日报》、南京新闻等媒体正面宣传报道。省委书记吴政隆、市委书记韩立明分别在省、市党史学习教育总结会上表扬了玄武区“办不成事”反映窗口。 （朱子涵）

信　　访

【概况】 2021年，区信访局共接待群众来访558批958人次（包括集体访28批285人次），其中初访151批155人次，重复访407批803人次，编写各类信访信息周报42期、专报10期，及时向领导提供全区信访动态、报告重大信访问题及提出有关建议。办理江苏阳光信访平台网上信件2168件、纸质群众来信12件、区领导信箱信件412件。代表区政府受理信访复查30件，办理国家信访局督办件3件。圆满完成全国、省、市、区各级“两会”，“建党100周年”，省、市、区“党代会”，党的十九届六中全会等重大活动期间信访保障工作。

【基层基础建设】 加强信、访、网、电“四位一体”的群众诉求综合平台建设，多渠道了解群众诉求。加强调研，深入分析群众信访的突出矛盾。及时向党委政府报送有情况、有分析、有建议的信息，当好参谋助手。

【领导干部接访】 按照省《关于常态化开展党政主要领导干部接访下访“百县千案”化解工作

7月8日，区委常委、区委政法委书记张杰（右一）接待信访群众
（区信访局　供图）

6月4日，区委副书记、区长钱维到玄武区人民来访接待中心接待信访群众
（区信访局　供图）

的意见》和市《关于扎实开展“我为群众办实事”实践活动进一步加强领导干部接访下访工作的通知》要求，区党政领导，各街道、部门及有关单位领导积极开展“三访”工作。区党政主要领导带头到区信访局定点接待来访群众，亲自协调会办，倾听群众呼声，解决群众困难。2021年区领导共接访175批208人次，解决群众反映的问题112件。

【信访积案攻坚化解】 根据全市“一治理两整治”行动和《关于开展集中治理重复信访、化解信访积案专项工作的实施方案》相关要求，结合全区信访工作实际，全区开展信访积案攻坚化解年行动。省交办“299人员”中，2020年越级进京访登记5次以上9人，化解3人；省交办2020年越级进京访共10件，办结10件；2021年市交办进京初访要求化解案件8件，其中事发玄武区5件，化解4件；2021年区自查案件28件，化解6件。

【人民建议征集】 高度重视人民建议征集工作，为充分调动全区居民参政议政，挖掘群众智慧，促进决策民主化、科学化，圆满完成上级赋予的人民建议征集工作任务，专门出台了关于开展人民建议征集工作的文件，明确了征集目标，提出了具体要求，在全区范围进行了广泛动员。各街道和相关部门结合工作实际，广泛开展了人民建议征集工作，动员单位工作人员（退休人员）、辖区“两代表一委员”、驻区院校教职员工以及热心公众事业的居民等，积极参加“我为政府献一策”活动。全区共征集各类意见建议14件，其中报省2件，报市12件。涵盖基层治理、疫情防控、垃圾分类、医疗教育、环境整治等多个方面。

【理论学习培训】 组织全区各街道、有关部门集中参加新修订的《江苏省信访条例》全省视频培训，并在街道、社区广场的电子显示屏、宣传栏、文化长廊等宣传阵地对新修订的《江苏省信访条例》进行宣传。全面提升了全区信访工作业务水平。

（成　蹊）

（栏目编辑　刘心林）

政协南京市玄武区委员会

综述
政协会议
政协履职

综　述

【概况】 政协南京市玄武区第十二届委员会有218名委员，列席人员40人，其中主席1名，党组副书记2名，副主席4名，常务委员28名。区政协内设办公室（下设秘书科、行政科、信息科、联络科4个科）和提案委员会、委员工作委员会、经济科技委员会、人口资源环境（城市建设）委员会、教育卫生体育（文化文史）委员会、社会法制（民族宗教）委员会6个专门委员会。2021年，区政协在中共玄武区委的坚强领导下，坚持以习近平新时代中国特色社会主义思想为指导，全面贯彻中共十九大和十九届历次全会精神，坚持以习近平总书记关于加强和改进人民政协工作的重要思想和习近平总书记“七一”重要讲话精神统领政协工作，牢牢把握新时代人民政协的职责使命，坚持团结和民主两大主题，紧紧围绕区委、区政府中心工作，认真履行政治协商、民主监督、参政议政职能，加强思想政治引领，广泛凝聚共识，为高质量建设“强富美高”新玄武贡献政协智慧和力量。

【学习培训】 3月26日下午，玄武区政协举办以“全国和省市‘两会’精神辅导暨反映社情民意信息工作讲座”为主题的学习报告会。区政协主席许恺，区政协党组副书记，副主席王敬玲、蒋健、孙国林参加了学习报告会。学习报告会由张望主持。

5月7—14日，全国政协第151期地方政协干部（委员）培训班在北戴河全国政协培训中心举办。区政协19名政协干部（委员）参加此次培训。

6月10日，区政协举办“党史、新中国史及人民政协发展史”专题学习报告会。区政协党组副书记张望，区政协副主席王敬玲、蒋健和部分政协委员、机关干部参加报告会。报告会由张望主持。

6月16—26日，全国政协第135期干部培训班在北戴河全国政协培训中心举办。区政协主席许恺参加培训。

【党建工作】 1月21日下午，区政协召开党组会议，学习传达市政协十四届四次会议精神，研究区政协领导班子成员工作分工事宜。区政协党组成员参加会议，区政协副主席赵剑锋、孙国林列席会议。会议由区政协党组书记、主席许恺主持。

1月21日下午，区政协召开党组（扩大）会议，汇报春节前区政协重点工作，交流学习市政协主席刘以安在市政协十四届四次会议上讲话精神的体会。区政协党组成员，区政协副主席赵剑锋、孙国林以及区政协副处以上干部和政协街道工委主任参加会议。会议由区政协党组书记、主席许恺主持。

2月9日下午，区政协召开党组（扩大）会议，学习传达省、市政协全会精神以及区纪委全会精神，通报了疫情防控最新要求。区政协党组成员、区政协机关全体干部参加会议。会议由区政协党组书记许恺主持。

2月25日下午，区政协召开党组会议，学习习近平总书记在党史学习教育动员大会上的讲话精神，市、区深化对标找差创新实干推动高质量发展大会精神，《中共玄武区委关于落实全面从严治党党（工）委、党组主体责任的实施办法》，研究区政协信息工作、调研课题奖励方案、区政协办公室科室名称调整事宜和专委会年度工作。区政协党组成员，区政协办公室、各专委会领导参加会议。会议由区政协党组书记许恺主持。

3月12日上午，区政协机关召开党风廉政专题会议，集中学习《中华人民共和国公职人员政务处分法》，并部署2021年区政协机关党风廉政建设工作。区纪委监委派驻第四纪检监察组组长张丽霞参加会议。会议由区政协办公室主任杜宏亮主持。

3月22日下午，区政协召开党史学习教育动员会议，深入学习贯彻习近平总书记在党史学习教育动员大会上的重要讲话精神，落实中央和省市区委部署要求。区政协主席许恺出席会议并作动员讲话，区政协党组副书记张望，区政协副主席王敬玲、蒋健参加会议，会议由张望主持。

3月30日下午，区政协召开党组会议，传达学习习近平总书记在中央党校（国家行政学院）中青年干部培训班开班式上的重要讲话精神和在中央财经委员会第九次会议上的重要讲话精神，研究确定了区政协年度调研课题方案、区政协党组党史学习教育实施方案。区政协主席、党组书记许恺，区政协党组副书记张望，区政协副主席王敬玲、蒋健出席会议。会议由许恺主持。

3月30日，区政协党组副书记张望以《红色玄武三十年》为题上专题党课。区政协主席许恺，区政协副主席王敬玲、蒋健及区政协机关干部参加专题党课。

4月16日下午，区政协机关党支部组织机关党员到区退役军人主题馆进行党史现场教学。区政协党组副书记张望参加活动。

5月27日，区政协召开党组会议，研究了科室调整和一级主任科员晋升事宜，学习了《中国共产党简史》第一章内容。区政协主席、党组书记许恺，区政协党组副书记张望，区政协副主席王敬玲、蒋健出席会议。会议由许恺主持。

6月29日，区政协副主席蒋健上《中国共产党百年发展历程回顾暨重温“三大法宝”》专题党课。

6月30日，区政协召开党组会议，研究了《玄武区政协专门委员会对口联系协商制度》、“委员察效能”专项民主监督方案，学习了《中国共产党简史》第二章内容。区政协党组书记、主席许恺，区政协党组副书记张望，区政协副主席王敬玲、蒋健参加会议。会议由许恺主持。

7月7日下午，区政协党组书记、主席许恺为区政协中共党员委员、街道政协工委负责人及全体机关干部上专题党课。区政协党组成员、副主席王敬玲、蒋健参加。专题党课由王敬玲主持。

7月13日，区政协机关全体干部赴溧水参观红色教育基地李巷。

7月26日下午，区政协召开党组会议，研究区政协机关全面从严治党工作情况并听取了办公室、各专委会负责人的半年工作情况汇报。区政协党组书记、主席许恺主持会议并讲话，区政协党组副书记张望，副主席王敬玲、蒋健参加会议。

7月26日，区政协副主席王敬玲上《学习恩来精神，践行政协使命》专题党课。区政协主席许恺，区政协党组副书记张望，副主席蒋健及区政协机关干部参加专题党课。

9月8日，区政协召开党组（扩大）会议，传达学习了区第十二次党代会精神、市委十四届十三次全会精神及全市“一把手”政治能力建设专题培训会议精神。区政协党组书记、主席许恺主持会议并讲话，区政协党组副书记、区二级巡视员张望，副主席王敬玲、蒋健参加会议，区政协机关全体人员列席会议。

9月28日，区政协召开党组中心组学习会议，传达学习了《中国共产党简史》第三章内容，并就学习《以创新精神推动政协工作高质量发展》文章，交流心得体会。区政协党组书记、主席许恺主持会议并讲话，区政协党组副书记、区二级巡视员张望，副主席蒋健参加会议，区政协办公室及各专委会领导列席会议。

10月19日，区政协召开党组会议，专题研究区政协换届工作。区政协党组书记、主席许恺主持会议并讲话，区政协党组副书记、区二级巡视员张望，党组成员、副主席王敬玲、蒋健参加会议。

10月28日，区政协召开党组会，学习了《中国共产党简史》第四章内容，专题调度了市对区党建考核工作。区政协党组书记、主席许恺主持会议并讲话。区政协党组副书记、区二级巡视员张望，党组成员、副主席王敬玲、蒋健参加会议。

10月30日，区政协组织机关干部到结对社区（大树根社区）参加“文明典范城市”创建“统一行动日”活动。

11月30日，区政协召开党组中心组学习会，传达学习了党的十九届六中全会精神、省第十四次党代会精神、市第十五次党代会精神和全市政协系统党的建设工作经验交流会精神，并进行了“两在两同”建新功行动调研报告学习交流。区政协党组书记、主席许恺主持会议并讲话。区政协党组副书记张望，党组成员、副主席王敬玲、蒋健参加会议。

12月20日，区政协召开党组会议，研究政协机关全面从严治党工作、意识形态工作和党风廉政建设工作。区政协党组书记、主席许恺主持会议并讲话。区政协党组副书记张望，区政协党组成员王敬玲、蒋健、沈湧参加会议。

12月29日，区政协召开党组会议，研究区政协十三届一次会议列席人员名单、区政协新年视频拍摄制作事宜。区政协党组书记、主席许恺主持会议并讲话。区政协党组副书记张望，区政协党组成员王敬玲、蒋健、沈湧参加会议。

【调研视察】 2月3—5日，区政协经济科技委员会在“创意中央园区”“耘家青年创客空间”等科技文化创业园区，开展“新年上门送福、创新线上献策”活动。区政协副主席王敬玲参加活动。

2月24日下午，区政协主席许恺到玄武门街道开展视察调研活动，实地参观台城花园小区垃圾分类集中收集点、玄武门街道“有事好商量”协商议事室、同心未成年人保护中心和百子亭天地项目，听取了相关工作情况汇报。区政府副区长邵睿参加了视察调研。

2月26日下午，区政协主席许恺到新街口街道视察调研活动，先后实地参观碑亭巷德必长江WE南京时尚设计中心（“有事好商量协商议事室”）、新街口街道政协委员之家（“有事好商量”协商议事室），听取了新街口街道相关情况汇报。区政协副主席王敬玲参加了调研视察。

3月1日下午，区政协主席许恺到梅园新村街道开展视察调研活动，实地参观了北安门社区“有事好商量协商议事室”、梅园新村街道“有事好商量”协商议事室，听取了梅园新村街道政协工作情况汇报。区政协副主席王敬玲参加了视察调研。

3月8日下午，区政协主席许恺到锁金村街道开展视察调研活动，实地参观了锁二社区“有事好商量”协商议事室、紫鑫城社区商量话坊，听取了锁金村街道政协工作情况汇报。区政协党组副书记张望参加了视察调研。

3月9日下午，区政协主席许恺到玄武湖街道开展视察调研活动，实地参观了徐庄社区“有事好商量”协商议事室、玄武湖街道政协委员之家，听取了玄武湖街道政协工作情况汇报。区政协党组副书记张望参加了视察调研。

3月10日下午，区政协主席许恺到红山街道开展视察调研活动，实地参观了星河WORLD产城融合会客厅和街道政协委员之家（墨香同心苑“有事好商量”协商议事室）的阵地建设，听取了红山街道政协工作情况汇报。区政协副主席蒋健参加了视察调研。

3月11日下午，区政协主席许恺到孝陵卫街道开展视察调研活动，实地参观了小卫街社区新时代文明实践中心（“有事好商量”协商议事室）、孝陵卫街道“有事好商量”协商议事室和科技创业园区“有事好商量”协商议事室的阵地建设，听取了孝陵卫街道政协工作情况汇报。区政协副主席蒋健参加了视察调研。

3月17日下午，区政协委工委组织委员赴江宁南京金陵金箔集团股份有限公司参观，实地考察非遗项目。区政协副主席蒋健参加了活动。

3月18日上午，区政协主席许恺赴建邺区学习考察“有事好商量”协商议事室建设情况。区政协党组副书记张望参加了学习考察活动，建邺区政协主席曹曙陪同考察。

3月19日上午，区政协主席许恺赴鼓楼区学习考察“有事好商量”协商议事室工作情况。区政协党组副书记张望参加了学习考察。鼓楼区政协主席周文中陪同考察。

3月19日下午，区政协主席许恺走访区重点高新技术企业南京科工煤炭科学技术研究有限公司和南京东大岩土工程勘察设计研究院有限公司。

3月25日上午，区政协主席许恺赴江宁区学习考察“有事好商量”协商议事室建设情况。区政协党组副书记张望参加了学习考察活动，江宁区政协主席刘玲陪同考察。

3月29日上午，区政协主席王敬玲走访包保专家人才刘国尧，并就企业发展瓶颈、做好跟踪服务等情况进行座谈交流。

3月31日下午，区政协召开“加快城市有机更新，拓展城市发展空间”重点调研课题专家委员座谈会，会议听取了规划资源分局、房产局等7个部门相关情况汇报。区政协主席许恺参加会议并讲话。

4月8日，区政协主席许恺赴秦淮区学习考察“有事好商量”协商议事室建设、反映社情民意信息、老城更新改造等工作。秦淮区政协主席何素玉陪同学习考察。

4月15日，区政协党组副书记张望带队走访包保企业中国电建华东区域平台、南京健峰医疗器械有限公司。区财政局和玄武湖街道负责人陪同参加走访。

5月25—26日，区政协主席

许恺率重点调研课题组部分成员赴上海考察调研“加快城市有机更新，拓展城市发展空间”情况。徐汇区政协副主席周秀芬陪同考察。

6月2—3日，区政协主席许恺走访了珠江路都市经济园董事长张平、南京市人事考试中心主任顾伟峰和南京芯力微电子有限公司总经理王正勇3位政协委员，就企业发展情况、委员履职能力建设和政协自身建设等情况进行座谈交流。

6月22日，区政协提案委组织委员开展“护航法治玄武，助推高质量发展”主题活动。区政协副主席蒋健、区法院院长沈湧、区检察院检察长倪一斌参加活动。

10月22日，区政协主席许恺走访调研梅园新村街道政协工作，实地察看“有事好商量”协商议事室建设及“委员之家”工作开展情况。

10月29日，区政协提案组、委工组、社法(民宗)组举办联组活动，视察“长江大保护”工作情况。区政协主席许恺参加活动。

11月9日，区政协“加快城市有机更新，拓展城市发展空间”重点调研课题组赴高淳老街实地调研并召开讨论座谈会。会议由区政协主席许恺主持。

11月24日，区政协主席许恺走访调研区档案馆。区政协副主席王敬玲参加调研。

【慰问走访】 1月22日下午，区政协副主席三敬玲到新街口街道走访慰问2户困难家庭。

1月26日下午，区政协主席许恺到玄武门街道走访慰问3户困难家庭。

1月26日下午，区政协党组副书记张望到玄武门街道走访慰问3户困难家庭。

1月29日下午，区政协副主席蒋健到孝陵卫街道走访慰问2户困难家庭。

政协会议

【区政协十二届五次会议】 2021年1月5—8日，政协南京市玄武区第十二届委员会第五次会议在玄武机关大楼举行。区四套班子全体领导，全体政协委员、列席人员，区政协历届原正职领导和区机关有关部门负责人300多人出席大会。中共玄武区委书记闵一峰在开幕式作了讲话。区政协主席邱小凡代表区政协常委会作工作报告。区政协副主席蒋健作了提案工作报告。全体政协委员列席玄武区人大十八届五次会议开幕式，听取并讨论中共玄武区委副书记、区长钱维代表区政府所作的政府工作报告，区2020年国民经济和社会发展计划目标执行情况及2021年国民经济和社会发展计划(草案)报告、区2020年财政预算执行情况和2021年财政预算(草案)，以及区人民法院、区人民检察院工作报告等。会议期间，举行了献计献策大会，邀请区委、区人大、区政府领导和有关部门及街道负责人出席会议，听取区政协一年来的重点调研成果。区委还召开了民主党派、界别人士部分委员座谈会，广泛听取和征求民主党派、无党派人士、界别委员对区委、区政府工作的意见和建议。按照《政协章程》规定，会议选举产生了区政协第十二届委员会主席和3名常委。

【高层协商会】 2月5日下午，区委召开区人大与“一府一委两院”联席会暨区政协高层协商会，研究区政协2021年工作要点及相关工作安排。区政协主席许恺，副主席王敬玲、蒋健、赵剑锋、孙国林参加了会议。

【区政协常委会议】 2021年区十二届政协共召开4次常委

1月5日，在区机关大楼召开区政协十二届五次会议开幕式

(区政协　供图)

2月5日，在区机关大楼1901会议室召开区政协高层协商会

（区政协　供图）

会议：

十二届二十五次常委会议于3月4日召开，会议审议通过了2021年度常委会工作要点、区政协十二届五次会议提案立案情况，以及相关人事任免事项。会前，与会人员集中参观了南京市政协文史馆和委员之家。区政协主席许恺，区政协党组副书记张望，区政协副主席王敬玲、蒋健、赵剑锋、孙国林及区政协常委参加会议。会议由蒋健主持。

十二届二十六次常委会议于6月28日召开，会议协商讨论加快建设国际消费中心城市中心区工作情况，并对红色经典诵读比赛进行评比、颁奖。区政协主席许恺，区政协党组副书记张望，区政协副主席王敬玲、蒋健、赵剑锋、孙国林及区政协常委参加会议。区政府副区长吴开芬应邀参加会议。会议由蒋健主持。

十二届二十七次常委会议于9月18日召开，会议协商讨论了"五大集团"对推动全区高质量发展的情况，会议还传达学习了习近平总书记近期重要讲话精神。区政协主席许恺，区政协党组副书记张望，区政协副主席王敬玲、蒋健、赵剑锋、孙国林及区政协常委参加会议。区委常委、区政府常务副区长陈可科应邀参加会议。会议由蒋健主持。

十二届二十八次常委会议于12月29日召开，会议协商讨论了区政府关于2021年国民经济和社会发展计划执行情况及2022年国民经济和社会发展计划（草案）制定情况的报告，区政府关于2021年财政预算执行情况及2022年财政预算（草案）的报告。会议还协商通过了区政协常委会工作报告、提案工作报告，十三届区政协委员建议人选、关于召开区政协十三届一次会议有关事项、奖励表彰优秀提案和先进提案承办单位事宜、区政协人事任免事宜，协商确定了区政协常委会工作报告和提案工作报告的报告人。区政协主席许恺，区政协党组副书记张望，区政协副主席王敬玲、赵剑锋、孙国林及区政协常委参加会议。区委常委、区政府常务副区长陈可科应邀参加会议。会议由王敬玲主持。

【区政协主席会议】　2021年区十二届政协共召开5次主席会议：

十二届十七次主席会议于4月22日召开。会议协商讨论了全区公共卫生应急体系建设情况和街道"五部一局两中心"改革运行情况。会议听取了区卫健委和区委编办所作的情况通报，区政协教育卫生体育（文化文史）委员会、委员工作委员会分别汇报了调研情况。区政协主席许恺，副主席王敬玲、蒋健、赵剑锋、孙国林出席会议，区委常委马千山应邀参加会议。会议由王敬玲主持。

十二届十八次主席会议于7月15日召开。会议协商讨论了全区形成支持高新区高质量发展的整体合力情况和新冠疫情对全区产业及消费的影响及对策情况。会议听取了区发改委所作的情况通报，区政协经济科技委员会、社会法制（民族宗教）委员会分别汇报了调研情况。区政协主席许恺，副主席王敬玲、蒋健、赵剑锋、孙国林出席会议，区委常委、区政府常务副区长陈可科应邀参加会议。会议由王敬玲主持。

十二届十九次主席会议于10月26日召开。会议听取了提案办理工作情况的通报，协商讨论了打造律政产业园创新生态推进生产性服务业集聚情况和全区加强加装电梯安全监管工作情况。会议听取了区政府办公室、铁北红山新城管委会、区市场监管局所作的情况通报，区政协提案委员会、社会法制（民族宗教）委员会分别汇报了调研情况。区政协主席许恺，区政协副主席王敬玲、蒋健、孙国林出席会议。区政府副区长周正，区政府党组成员、徐庄高新区党工委书记唐承武应邀参加会议。会议由王敬玲主持。

十二届二十次主席会议于11月26日召开，会议协商讨论了全区垃圾分类全覆盖工作推进情况，研究了区政协十三届一次会议筹备工作情况。会议听取了区城管局所作的情况通报，区政协人口资源环境（城市建设）委员会汇报了调研情况。区政协主席许恺，区政协副主席王敬玲、蒋健、孙国林出席会议，区政协党组副书记张望列席会议，区二级巡视员凌立玉应邀参加会议。会议由蒋健主持。

十二届二十一次主席会议于12月29日召开，会议协商通过了区政协十三届委员会政协委员、列席人员建议名单及十三届一次会议有关事项。区政协主席许恺，副主席王敬玲、赵剑锋、孙国林出席会议。会议由许恺主持。

【街道政协工作会议】 3月29日，区政协召开街道政协工作会议。区政协主席许恺，区政协党组副书记张望，区政协副主席王敬玲、蒋健参加会议。会议由许恺主持。

7月2日，区政协召开街道政协工作会议。区政协主席许恺，区政协党组副书记张望，区政协副主席王敬玲、蒋健参加会议。会议由许恺主持。

10月14日，区政协召开街道政协工作会议。区政协主席许恺，区政协党组副书记张望，区政协副主席蒋健参加会议。会议由许恺主持。

12月20日，区政协召开工作务虚会暨街道政协工作会议，听取办公室、专委会工作情况汇报及各街道政协工作情况汇报，区政协主席许恺主持会议并讲话，区政协党组副书记张望，区政协副主席王敬玲、蒋健参加会议。

政协履职

【交流研讨】 3月5日，海安市政协副主席彭为杰一行专题调研玄武区老旧小区加装电梯工作情况。区政协副主席王敬玲参加专题调研活动。

4月1日上午，市政协外事委员会副主任郝健率调研组调研区国际消费中心城市中心区建设工作。区委书记闵一峰，区政协主席许恺，区政协党组副书记张望，有关街道部门主要负责人等参加调研。

5月20日下午，区政协召开玄武区各民主党派、工商联、科协负责人座谈会。区政协党组书记、主席许恺出席会议并讲话，会议由区政协党组副书记张望主持。区委统战部常务副部长钟文舟参加会议。

7月9日，市政协副主席吴卫国就“关于支持玄武加快建设国际消费中心城市中心区的建议”重要提案，到玄武区进行现场调研。市政协副秘书长、一级巡视员孙宁，市政协提案委主任赵荣富，区委书记闵一峰，区政协主席许恺参加。

【“有事好商量”协商议事】 4月15日下午，锁金村街道政协工委联合区政协教育卫生体育（文化文史）委员会围绕老旧小区物业管理开展了2021年度首场“有事好商量·民生专题协商议事”活动。

6月11日，区政协人口资源环境委员会会同政协玄武门街道工委聚焦“九小”场所安全隐患开展协商议事活动。

6月22日下午，新街口街道聚焦“助力建设国际消费中心城市中心区”开展“有事好商量”协商议事活动。区政协副主席王敬玲参加活动。

9月27日，区政协教育卫生体育（文化文史）委员会会同新街口街道聚集“我身边的老城有机更新”召开协商议事会。区政协副主席赵剑锋参加活动。

9月27日，区政协人口资源环境委员会会同玄武门街道，围绕“改善城墙根下老小区居住环境”，举办“有事好商量·我身边的老城有机更新”协商议事活动。区政协主席许恺参加活动。

9月27日，区政协社会法制（民族宗教）委员会会同玄武湖街道，围绕“缓解老旧小区停车难”，召开“有事好商量·我身边的老城有机更新”协商议事会。区政协党组副书记张望参加会议。

9月29日，区政协教育卫生体育（文化文史）委员会会同锁金村街道，围绕“打造适宜社区老人及儿童活动设施与场所，推进满意度提升”，召开“有事好商量·我身边的老城有机更新”协商议事会。区政协党组副书记张望参加会议。

10月13日，区政协人口资源环境委员会会同玄武门街道，围绕“民国风貌区与老城有机融合”，举办“有事好商量·我身边的老城有机更新”协商议事活动。区政协主席许恺参加活动。

12月3日，区政协召开专题会议研究部署“有事好商量”协商议事工作。区政协主席许恺，区政协党组副书记张望出席会议并讲话。

【“书香政协”建设】 3月24日下午，区政协提案委员会、社会法制（民族宗教）委员会联合组织委员前往南京理工大学科创园开展“沐春风　学党史　强专委”主题活动。区政协副主席蒋健参加了活动。

3月25日下午，区政协教育卫生体育（文化文史）委员会举办“聚智聚力谋发展，同心同向开新局”教卫文体委员学习沙龙。区政协副主席王敬玲参加了活动。

5月24日下午，区政协委员工作委员会与政协梅园新村街道工委在“小红梅”联合开展以“学习恩来精神，彰显委员担当”为题的委员读书分享会。玄武区政协副主席王敬玲出席活动。

6月份，区政协举办“百年同心路、丹青赞风华”庆祝中国共产党成立100周年书画摄影作品展。线上共展出来自驻宁的全国、省、市和区四级政协委员书画摄影作品100幅。

6月份，区政协举办“同心奋进新时代，百年扬帆再启航”红色经典诵读比赛。区政协主席许恺、副主席王敬玲参加活动。

6月29日，区政协经济科技委员会开展《毛泽东同志诗词里的辉煌党史》委员读书活动暨经济科技委员会二季度委组活动。委员们还参观了紫金山天文台和南京D9街区。区政协副主席王敬玲参加活动。

【民主监督】 4月2日，区政协社会法制（民族宗教）委员会召开“办事减负、减证便民”专项民主监督工作布置会。区发改委、行政审批局、司法局等相关部门和部分政协委员参加会议。区政协副主席蒋健出席会议。

4月21日下午，玄武区政协社会法制（民族宗教）委员会组织部分委员和相关职能部门领导开展“办事减负、减证便民”市区联动民主监督实地调研和座谈交流会。

6月17日，区政协教育卫生体育（文化文史）委员会组织部分委员开展“长三角旅游市场和服务一体化推进落实情况”专项民主监督活动。区政协副主席王敬玲参加活动。

9月15日，区政协人口资源环境委员会组织部分政协委员，围绕“生活垃圾分类达标率”，开展“委员察效能”民主监督活动。

【提案与社情民意信息工作】 2月25日上午，区政协召开社情民意信息工作调度会议，研究部署区政协下一阶段社情民意信息工作。区政协党组副书记张望参加会议并讲话。区政协办公室、各专委会领导参加会议。会议由区政协办公室主任杜宏亮主持。

3月30日下午，玄武区委、区人大、区政府、区政协联合召开人大代表建议、政协委员提案交办会议。区委副书记林武平，区人大副主任杨冬梅，区政府副区长周正，区政协副主席蒋健出席会议。会议由蒋健主持。

4月8日，区政协召开社情民意信息工作调度会议，研究部署区政协下一阶段社情民意信息工作。区政协党组副书记张

3月30日，在区机关大楼409会议室召开提案交办会　　（区政协　供图）

望参加会议并讲话。区政协办公室、各专委会领导参加会议。会议由区政协办公室主任杜宏亮主持。

9月14日，区政协主席许恺就“关于进一步打造玄武文旅国际著名品牌的建议”重点提案进行专题督办。区政协提案委员会及相关职能部门参加督办会。

9月17日，区政协副主席王敬玲就“关于老旧小区改造整治的建议”重要提案进行专题督办。区政协提案委员会及相关职能部门参加督办会。

9月18日，区政协副主席蒋健就“关于加快发展现代农业产业建立农业高新技术产业园的建议”重要提案进行专题督办。区政协提案委员会及相关职能部门参加督办会。

9月23日，区政协党组副书记张望就“关于增强玄武湖区域文旅消费潜力的建议”重要提案进行专题督办，并就区政协重点调研课题报告《拓展消费场景、升级消费载体，全面挖掘玄武消费潜力》进行座谈讨论。区政协提案委员会及相关职能部门参加会议。

10月25日，区政协召开民主评议会，对区教育局2021年提案办理工作进行了民主评议。区政协副主席蒋健参加会议。

11月23日，区政协提案委员会召开工作会议，讨论了区政协提案工作情况报告、区政协提案工作若干制度规范（讨论稿）等，并对区政协十二届五次会议优秀提案进行初评。区政协副主席蒋健参加会议。（王艳娟）

链接

区政协委员提案办理情况选编

关于构建党建引领小区协同治理新模式的建议

区政协委员　孙国林

区委组织部答复情况：

您提出的关于“关于构建党建引领小区协同治理新模式的建议”的提案收悉，现答复如下：

玄武区是南京中心城区，下辖7个街道共59个社区党组织，覆盖居民小区566个，其中老旧小区（含零散片区）442个、商品房小区116个、保障房小区8个；市场化管理211个，城建集团托管243个，街道托管（含业主自治）65个，单位自管47个。近年来，玄武区始终坚持党建引领，把建强基层党组织作为夯实基层治理的首要任务、重要抓手，持之以恒抓基层、打基础，不断提高基层党组织的政治领导力、思想引领力、群众组织力和社会号召力，持续推动党的组织优势转化为基层治理的强大效能，打造共建共治共享治理新格局。

下一步，围绕孙委员提出的四个方面建议，我们拟结合工作实际，重点聚焦五个方面，积极构建党建引领小区协同治理新模式。

一、牢固树立基层党组织领导核心地位。强化社区党组织在社区各类组织和各项工作中的领导核心地位。织密组织网络。优化调整社区党支部，推动党建网格与社会治理网格合一，积极构建“社区党组织—网格党支部—楼院党小组—党员中心户”四级组织体系。在文明典范城市创建等任务一线设立临时党支部，推动社区各类治理主体中有组织、关键岗位上有党员。强化制度保证。大力推动社区党组织、社区居委会“双向进入、交叉任职”；健全社区党组织领导下的物业公司、业委会等多方协同治理机制；建立“党组织提议、两委班子商议、党群民主议事会审议、党群大会决议”的社区议事决策机制；构建由社区书记任大网格长、楼栋支部书记或党员社工当小网格负责人、支部党员当兼职网格员、全要素进网格的治理机制。推动资源下沉。建立由社区党组织扎口惠民政策的制度，按时下拨社区工作经费、楼栋支部书记补贴，每年下达1770万元社区党组织为民服务专项资金，让基层党组织领导社区建设、服务居民群众，有抓手、有底气。

二、接续用力大抓基层党组织自身建设。坚定不移补短板、强弱项、壮筋骨。建设过硬班子。认真落实社区书记区街共管制度、社区“两委”人员联审制度，建立“两委”学习、培训制度，坚持每年举办社区书记培训班、“头雁论坛”，坚持定向招录公务员，遴选优秀社区书记、主任参照执行事业编薪资待遇，深化打造省、市、区级书记工作室。建强支部堡垒。推进党支部“标准+示范”建设，定期开展党支部“堡垒指数”和党员“先锋指数”管理评价工作、先进支部评选工作，用好玄武“支部宝”监督管理平台，坚持每年倒排并销号整改一批软弱后进社区党组织。抓实党员管理。贯彻落实党员教育管理工作条例，持续开展“三学”“三先”“党课开讲啦”等活动，严格落实“三会一课”、组织生活会、民主评议党员、谈心谈话等制度，实行“一人一证、一事一记”党员记实管理，定期开展党员违纪违法情况通报，在重要时间节点拨付党内关爱资金、慰问困难老党员。

三、充分发挥基层党组织战斗堡垒作用。发挥基层党组织的政治优势、组织优势、密切联系群众优势，把群众凝聚在“堡垒”周围，做到说话有人听、干事有人帮，群策群力参与社区治理。突出政治引领。积极宣传党的主张，推动理论、党史、时事进社区。大力营造党建氛围，在居民楼栋、小区广场等广泛设置党组织视觉标识。在实施为民服务项目、开展为民服务活动中，亮出党旗、党员徽章，引导群众知晓惠从何来。坚持服务凝聚。广泛开展“四重四亮”“三有三带头”“三个一线”等行动，通过党员设岗定责、党员户挂牌等方式，让居民群众时刻感受到党组织在身边。鼓励党员特别是具有一技之长的党员牵头成立社会组织，比如锁金村的小霞癌友驿站、银发互助社，长期为社区困难户、老人提供暖心服务。深化和谐建设。坚持把了解社区大事小情作为社区党组织的“必修课”，实现提户知人、提人知事、提事知情。实行“四级四事”矛盾化解机制，依靠楼栋长、网格支部、社区党组织分类分级解决家庭事、邻里事、小区事、社区事，尽可能地把矛盾纠纷发现在网格、解决在网格、消除在网格。汇聚共治合力。深化社区“大党委”运行，坚持每季度召开一次党委联席会，每年发布并实施一批共建项目。推广“民生菜单招亲会”典型经验做法，平时注重收集居民需求，并打包成项目工单，再由共建单位承接，实现居民“点单”、党委“接单”、共建单位“做单”，取得一定成效。

四、积极打造红色物业党建品牌。结合物业管理“五心服务”宗旨，创建玄武区“红五心”物业党建品牌，着力构建党组织领导下的多边议事协商机制，引领服务提档升级。扎实推动“两个覆盖”。按照“管行业就要管党建”的原则，每季度召开1次区物业行业党委会议，定期组织物业行业工作推进会和培训会，研究行业党建规范性标准及重点任务，监督、指导区物业行业协会开展工作，做到党建工作与业务工作同谋划、同部署、同推进。行业党委全面梳理摸排全区物业项目和居民自治组织党员情况，以单建为主、联建为辅，同步探索功能型党支部建设，实现应建尽建。联动解决民生问题。推荐符合条件的社区“两委”班子成员、党员社工、楼栋支部书记等，通过法定程序进入业委会，推荐物业企业项目和业委会党员负责人，担任街道“大工委”、社区“大党委”、网格“大支部”的兼职委员或兼职副书记。鼓励社区书记牵头成立小区管委会，组建以党员志愿者、居民骨干为主要力量的“红色管家”队伍，按楼栋划分责任片区，每日固定时间巡逻，检查小区物业工作情况，直接向社区党组织汇报反馈。搭建以社区党组织为核心，物业企业、业主代表参与的三方民主议事平台，将小区内的大事小事、居民间的分歧事，都拿到“三方议事平台”协商，让业主从沟通中了解到物业解决的难点，社区党委和物业也在议事中了解到居民想要什么，真正地“答”好业主出的物业“考题”。选树先进示范典型。发挥党组织统揽作用，着重培育“红色物业示范点”“红色业委会”“红色管委会”等典型，树立听党话跟党走、全心全意服务群众的鲜明导向。坚持“党建引领、创新服务”，在“红五心”物业党建理念的指引下，指导打造一批红色物业示范点。区物业行业细分商品房小区、老旧小区、商务楼宇及业主自治组织四大类，每年年初遴选一批作为拟创建对象进行重点培育，党委委员分别挂钩一个项目，制定“待办项目”清单，结合党史学习教育、“我为群众办实事”等活动开展指导，协助党建项目打造物业示范点，唱响党建引领物业管理服务的“玄武声音”。

五、做实社区网格化治理。加强网格数据化建设。推进区、街两级治理一体化管理服务中心建设，行政执法下沉覆盖网格。完善以警情、舆情、社情、地情为基础的数据采集系统，畅通区街、网格及社会力量联动协同渠道，社区治理数据实现端到端的精准推送，打通为民服务最后一公里。推动多网合一。参照社区管理网格，调整社区楼栋党支部、社区居民小组，确保一个支部、一个居民小组对应一个网格，逐步推动多网合一。充分发挥网格员作用，网格员社工管总，楼栋党支部书记、居民小组组长、环卫、城管、民警等为兼职网格员。社区党员、居民骨干带头担任楼栋长，确保包楼到户。充分发挥网格联系服务作用，带着感情和责任走访，及时把居民诉求收集上来，确保每户居民家庭至少有一人在网格群中；加强对孤寡老人、困难家庭等重点群体的关注，做到底数清、情况明、有重点。凝聚治理合力。整合驻区单位资源要素，形成区域统筹、优势互补的治理共同体。引导网格居民根据个人兴趣爱好、志愿志向成立社区自治组织，提升社区居民的组织化程度。按照“需求主导、政府扶持、市场运作、自负盈亏”的思路，吸引社会企业和社会公益人士参与社区治理，形成互补互动的治理格局。积极推广“社区开放议事”“社区议员制”等协商民主形式，提升社区协商民主与自治能力。不断深化社区党建联席会议制度，增强社区层面党员议事会、联席会等工作载体的生机和活力，以扩大党内基层民主带动社区居民民主。

增强玄武湖区域文旅消费潜力
区政协委员　徐力行

答复情况：

一、区文旅局答复情况

党的十九届五中全会提出“建设一批富有文化底蕴的世界级旅游景区和度假区，打造一批文化特色鲜明的国家级旅游休闲城市和街区”。高质量推进紫金山玄武湖板块整合利用、打造紫金山玄武湖城市中心公园，是全市坚持以新发展理念推动高质量发展，进一步丰富生态文明建设内涵的重要探索，对推动生态文化资源创造性转化、不断满足人民群众美好生活需要具有重要实践意义。

（一）紫金山玄武湖板块现状。紫金山玄武湖板块位于南京城东，生态资源得天独厚、文化遗存蕴藏丰富，是全市最重要的生态屏障和公共空间，著名的国家级风景名胜区和旅游目的地，也是彰显南京山水城林独特风貌、美丽古都鲜明气质的标志性区域。该板块虽然基础条件优越，工作成效明显，但仍有一些亟需解决的问题：1.历史文化底蕴浓厚但内涵挖掘不深。人文景观众多、历代风物荟萃，拥有各类名胜古迹遗址200余处，其中世界文化遗产1处、全国重点文物保护单位21处，汇集了六朝文化、明代文化及生态、建筑等多门类文化资源，尤其是人文、科学、艺术、正义等文化元素兼具，在全国风景区中独具一格、独树一帜。生态、文化和旅游资源向产品供给的转化过程中，多数产品仍停留在初级观光层面，传统旅游产品多，生态、文化、教育等附加值高的产品种类少，产品结构有待优化、质量有待提升，特别是独有的文化内涵需要深度挖掘，产品价值还需要持续提升。2.知名文旅地标集聚但品牌塑造不足。世界文化遗产明孝陵是明清“第一陵”，南京明城墙为世界保存最完好、最能体现城墙建筑特色。板块内还云集中山陵、梅花山、天文台、后湖黄册库等世界级文旅资源，打造了森林音乐会、国际梅花节、玄武湖菊展、樱花节等文化活动品牌。每年开展文化交流、文化展览、社教活动等数百场次。但由于开发不够充分，尽管板块内拥有众多“重量级”文旅资源，市场需求目前主要还局限于中山陵、明孝陵、玄武湖等核心景区，整体品牌形象尚不明晰、辐射度还不够高，主要客源大多来自于南京都市圈及长三角地区，文化和旅游影响力及知名度还有较大提升空间。

（二）打造城市中心公园的对策建议。面向新发展阶段，立足“创新名城、美丽古都”的城市发展愿景，建议“十四五”期间紫金山玄武湖城市中心公园突出“生态展示区、文化公园、旅游地标、市民空间”四大功能导向，全力打造服务市民的共享空间和品质卓越的世界级旅游目的地。1.内涵丰富的文化公园。国际知名的国家公园、中央公园均是自然遗产与文化遗产融合保护典范，长城、大运河等国家文化公园是中国主流文化和价值观的典型代表。在紫金山玄武湖城市中心公园建设中，建议将自然景观与文化景观保护有机结合，将人民休闲休憩与文化感知紧密结合，建设有文化生命力的自然保护地，将紫金山、玄武湖、中山陵、明城墙等城市象征，打造成为宣传城市形象、彰显城市特质、展现城市魅力的靓丽名片。一是阐释文化景观的新时代价值。开展紫金山玄武湖区域历史文脉梳理和文史资源调查，建立文化遗产资源数据库，从文化遗产中蕴含的建筑文化、民族文化内涵中，进一步挖掘凝练爱国精神、民族气节和城市气质，形成中心公园区别于一般城市公园的文化精神内涵。二是科技赋能让文化遗产鲜活起来。文化遗产既承载辉煌历史，也肩负文化交流，传承使命，新科技、新技术是高质量做好文化遗产保护、研究和利用的重要手段。建议学习"故宫文物医院""莫高窟数字展示中心"等的方法，建立文物科技修复、虚拟遗产多维化展示、遗产监测预警等系统，更好地挖掘、保护和展示中心公园文化遗产。三是博物馆载体优化文化展示空间。建立中心公园博物馆矩阵和文博展示走廊，打造独具特色的文化展示空间，规划建设紫金山天文台博物馆、黄册库遗址博物馆、六朝祭坛遗址展示馆、邵家山遗址公园等一批遗产研究展示场馆，提升抗日航空烈士纪念馆、明孝陵博物馆、南京基准地震台、十朝历史文化馆等文博场馆研究能力和展览水平，推动海底世界、昆虫博物馆等民营文化场馆提档提质。2.特色鲜明的旅游地标。"公园"天然是休憩旅游空间，世界各国的国家公园、中央公园，都在有"约束"前提下，规划开展了丰富旅游活动，巴黎卢森堡公园、东京上野公园等都是国家级旅游地标。紫金山玄武湖区域拥有源远流长的历史人文之美、青山绿水的自然生态之美、时尚现代的都市生活之美，具备打造世界级旅游目的地的基础条件，建议要做好文旅融合策划，激发文旅资源潜力，持续提升品牌吸引力。一是找准优势挖掘新内涵。开展文旅融合策划，进一步释放核心景区特色禀赋，比如明孝陵景区重点突出"明清皇家陵寝第一陵和世界文化遗产"主题，灵谷景区重点突出"禅修祈福"主题，玄武湖景区重点突出"皇家园林和黄册库古代国家档案文化"主题等，推动传统观光型旅游向主题化、场景式、体验型旅游迭代。二是开发文旅融合新产品。梳理整合区域内演艺、活动、会展空间，积极承办文化、体育、旅游、展演等活动，发展沉浸式演艺、全息互动投影、夜间光影秀等旅游项目，定期举办国际性节庆会展、文学典故寻访、亲子互动文娱等文化活动，拓展自然教育和文化教育形式，建设中心公园旅游研学基地，形成涉及领域多、覆盖人群广、形式内容新的特色化旅游产品集群。三是布局旅游消费新业态。旅游是综合性产业，建议发挥中心公园旅游产业对周边乃至城市经济发展的集群带动效应，深入探索跨行业、跨区域、跨时空融合旅游资源、拓宽景区文旅要素外延，将"吃、住、行、游、购、娱"等传统旅游"六要素"与"商、养、学、闲、情、奇"等现代旅游新要素紧密结合，加快向度假游、研学游、文化游、康养游深度转型。3.开放共享的市民空间。纽约中央公园、芝加哥千禧公园等城市中心公园均是城市最重要的开放空间，拥有便捷的交通及社会教育设施，纽约中央公园与52个城市街区接壤，共112个街口与外环路连接，包括动物园、植物园、体育场、滑雪场、溜冰场、剧院等便利丰富的设施。建议以"亲民、乐民、普惠、共享"目标，不断完善城市中心公园交通、商业、体育、度假、艺术等服务功能，打造城市共享空间。一是打造"公园+"商业综合体。打破传统市政公园功能概念，通过开放式业态规划，将紫金山、玄武湖城景交融地带的商业街区升级成为公园式体验的商业综合体，并以绿道、外缘公园等连接各商业街区，形成与自然生态交融的，集休闲、购物、艺术、体育等元素于一体的公园式商业体验综合体。二是构建"枢纽+"绿色动线系统。以下马坊、钟灵街、苜蓿园、王家湾、蒋王庙、玄武门等地铁枢纽，南京站等交通枢纽为节点，规划建设微集散中心，对内连接景区内部动线，对外连接城市交通、铁路、机场等公共交通，同时进一步优化机动车停泊系统，构建由地铁、公交、自行车、步行等组成的综合性公共交通体系，提高市民游客通行效率和便利程度。三是深化"科普+"社会服务功能。拓展城市中心公园社教、研学等公益功能，通过专题讲座、出版读物、流动展览等多种形式，积极参与社会教育，传承优秀传统文化，普及科学人文知识，倡导健康生活方式；建议推动南京体育学院灵谷寺校区、南京基准地震台、南京大学天文观测站(太阳塔)等驻区单位体育休闲、科普研学等资源，环紫金山玄武湖区域的省农科院农业科普、南京理工大学国防教育等资源的进一步开放共享，在更宽领域为市民游客特别是青少年群体提供学习教育支持。

（三）具体工作内容。以紫金山—玄武湖中心公园，进一步发挥玄武文旅联盟的重要作用，促进商旅文体深度融合，丰富“文脉雅韵、绿色生态”消费新体验。持续优化区域发展整体环境，把握紫金山玄武湖城市中心公园规划保护建设的重大战略机遇，推动区域融合、资源整合，绘好时代画卷，做好山水文章，推动环湖地区商旅文资源融合发展、创新发展，加快形成亮点品牌、培植特色优势。协同推进玄武门地下广场与百子亭天地项目，整体优化玄武门地区环境品质。支持配合钟山名胜风景区旅游服务中心和山南山北入口及配套设施项目建设，并做好现场周边管理工作的前瞻性规划。协同配合区投促、商务、文旅、街道等部门，强化环玄武湖周边创新产业项目对接落地，服务保障太阳宫改造升级、国展中心产业更新转型，助力打造文化旅游、夜间新经济，带动板块周边全域旅游发展，激发新消费活力，提升紫金山玄武湖板块商旅文发展质量，为玄武创建全域旅游示范区做贡献。

二、区商务局答复情况

（一）由商务局负责起草的《玄武区关于建设国际消费中心城市中心区的实施意见》已由中共玄武区委、区人民政府于2021年4月15日联合发布。意见指出：要以南京市创建“国际消费中心城市”为契机，以推进供给侧结构性改革为主线，科学谋划玄武区“全域消费”发展新蓝图，着力提升消费供给水平、完善消费设施、改善消费环境，促进经济社会更高质量、更可持续发展，满足人民群众对美好生活的向往。

（二）玄武区工作目标是以提升消费国际化水平为核心，以促进商旅文融合发展为主线，高标准打造国际化消费集聚区、商旅文消费示范区和数字化消费引领区，打响“一城山水，畅享玄武”品牌。其中，打造商旅文消费示范区的工作目标是：争创省级文旅消费试点单位、省级高品位步行街、国家夜间文旅消费集聚区、国家文旅产业融合发展示范区、国家全域旅游示范区。到2025年，全区新增网红打卡点100个，引进米其林或黑珍珠品牌3~5家，文旅产业占GDP比重超过20%，旅游业总收入超过290亿元。

（三）玄武区促进商旅文体融合消费重点任务的具体举措是：以紫金山—玄武湖中心公园、长江路文旅集聚区为依托，进一步发挥玄武文旅联盟的重要作用，促进商旅文体深度融合，丰富“文脉雅韵、绿色生态”消费新体验。包括：1.构筑沉浸网红场景。强化长江路文旅集聚区“1800米，1800年”品牌影响力，彰显文博场馆、地标景点的文脉魅力，营造沉浸式体验场景，激发多元文化衍生消费。加快推动大行宫广场及地下空间改造，引进热点剧目。征集评选彰显城市文化底蕴的网红打卡点。2.开拓文化旅游线路。打造“六朝水韵”内秦淮河沿河消费带，开设夫子庙—东水关—汉府桥游船线路，新建六朝渡码头。规划设计“快达慢游，内联外畅”的精品旅游线路，提供精品演出、原创剧目、文创产品、体育赛事等文旅产品和服务，将文旅和消费节点有机串联。3.培育夜间经济热点。串联“百子亭—安仁街—丹凤街”，与长江路文旅集聚区构成“L”形夜间经济集聚区，推进百子亭天地、金陵玖园等重点消费载体建设，提振凯瑟琳广场、荔枝广场、羲和广场、1912街区的夜间消费能级。鼓励商业综合体、文博场馆、演艺场所丰富夜购、夜展、夜食、夜游等消费品类，提升城市夜间管理服务水平，提供全时段、全流程消费体验。4.增强周末消费供给。进一步放大玄武区在历史文化、高端商贸、文旅休闲等优势，吸引长三角和南京都市圈客群，打造周末微度假热门目的地。推动嘉佩乐等国际知名酒店、特色民宿等加速布局，丰富旅宿品牌层次，提高境内外过夜游客的接待能力。支持举办系列音乐演出、美食品鉴等活动，鼓励各类商业综合体和公共文化设施跨界联动，实行组合折扣优惠，延长周末开放时间，释放周末消费潜力。5.倡导绿色健康生活。引导知名品牌在沿街等公共开放的绿色空间设置户外用品零售点、无人健身房、跑步驿站等服务设施，满足亲子家庭、活力老人、运动爱好者等客群需求。布局和建设“梧桐语”小型城市客厅，为市民和游客提供户外种植等个性化消费体验。

关于准确把握经济双循环格局
推动玄武特色夜经济
可持续发展的建议

区政协委员　杨忠民
刘凌峰　经　莉

答复情况：

一、区商务局答复情况

(一)合理规划布局，构建夜间经济发展体系。基于玄武山水格局、文化资源布局特点和夜间经济的定位，结合创建国际消费中心城市中心区的相关要求，依据稳增长、扩内需的原则，加强全区夜间经济整体能级提升，着力构建具有玄武特色的“一区、一带、多节点”夜间经济发展体系。一是突出抓好长江路文旅集聚区建设。围绕长江路文旅集聚区“一轴两片多板块”发展布局，推动商旅文融合发展，争创国家全域旅游示范区、首批国家文化产业和旅游产业融合发展示范区及国家夜间文旅消费集聚区。“一轴”：即长江路文化景观轴，沿长江路主干道，引进激光秀、全息影像新兴技术，升级夜间亮化工程，丰富夜间游览产品，打造全域全时的文旅体验式长廊。“两片”：即大行宫以东休闲文旅体验区，丰富大行宫广场、南京1912街区、南京D9街区3个开放式街区业态，持续推进文旅场馆夜间开放，启动夜间步行街建设，构建文化氛围浓郁、夜间出游便捷的文旅体验区。大行宫以西高端商旅消费区，依托德基广场、艾尚天地2个商业综合体以及南京市人民大会堂、南京市文化艺术中心、1913国民小剧场3个演艺资源，引导商业综合体融入文旅元素，提升剧场演出频次和品质，打造高端消费人群首选的商旅消费区。“多板块”：即坚持“非”字形延伸，构建以碑亭巷为主体的“设计体验+文旅板块”，以省美术馆、江宁织造府博物馆等文演场所为主体的“演艺会展+文旅板块”，以红庙、碑亭巷、北门桥特色美食街为亮点的“夜间美食+文旅板块”。二是统筹推进“百子亭—安仁街—丹凤街”夜间经济带规划建设。在“百子亭”，突出赋能厚重的历史人文背景与现代高端商贸文化交流碰撞，打造玄武高端消费新地标和文旅消费新高地；在“安仁街”，围绕夜间生活艺术，突出“爱的主题”，打造“浪漫约客夜”；在“丹凤街”，打造“嗨潮美食夜”，让“烟火气”焕发新颜，突出“夜摆”“夜娱”“夜食”等的有机统一。合理布局，统筹规划实施“11229”工程，即：一带(城市夜享休闲发展带)，串联不同业态项目、提供多元消费体验的城市夜间休闲经济的发展带；一核(夜间经济发展核)，丹凤街夜间经济的产业发展核；两心(夜间购物中心、夜间美食中心)，城市夜间游憩休闲购物新的目的地；最本土、最人气的吃货夜间聚集地；两段(夜间时尚生活休闲段、夜间数字浪漫体验段)，时尚而富有活力的聚会休闲地，兼具综合体休闲和街区体验的购物新天地；数字艺术与浪漫主题相结合的夜间体验休闲地；九节点(夜摆、夜食、夜娱、夜视、夜乐、夜购、夜读、夜览、夜游)。三是同步推动夜间经济“多节点”建设。着力打造环紫金山夜游节点、环玄武湖夜健节点、明城墙夜娱节点、红山·新城夜生活服务节点、徐庄软件园·园区夜生活服务节点，全面点亮夜玄武。

(二)推进商旅文融合，打造“夜之金陵”品牌。一是将文旅元素融入商业街区和综合体。在德基广场，建设集艺术书店、博物馆、美术馆于一体的“德基文化区”，设立文创夜商店，丰富夜购产品体系；在环亚凯瑟琳广场，建设“北丘当代美术馆”；在羲和商业街区，持续推动建设“奇点书集”；在南京1912街区，深入推广“自由吟唱”IP品牌活动；在老烟厂，老旧厂房“二次创业”，定义城市更新4.0版本，点亮D9街区。二是利用首店品牌辐射效应引领消费升级。重点突出品牌建设，把德基广场、南京1912街区、环亚凯瑟琳广场、艾尚天地等街区、综合体建设成为首店聚集地，鼓励开展首秀、首发、首展活动，加速消费品牌集聚，促进消费品质提升。2020年6月，玄武区组织一批优质商业品牌参加全市首店评比活动，Givenchy、THOM BROWNE等7个商业品牌获奖，获奖率占全市的70%。三是将商业街区打造成为夜间消费集聚区。重点打造以德基广场、百子亭天地为代表的高端商贸区，以南京1912街区、艾尚天地、南京D9街区、环亚凯瑟琳广场、羲和广场为代表的娱乐休闲区，以森林摩尔、钟鼎名悦广场、T80为代表的环紫金山健康生态区，以太阳宫广场、潮SPACE活力街区为代表的环玄武湖休闲经济区，以常发广场、星河world为代表的铁北红山新城。南京1912街区获评“全国夜间经济示范街”“中国特色商业街”“中国商旅文产业发展示范街区”。

（三）塑造品牌形象，开展特色活动。一是展示品牌形象。拍摄制作《夜之金陵——长江路》系列夜间消费宣传册和宣传片，创作《长江路·代号1800》《丹凤街》《遇见夜金陵——穿越时尚 羲和有戏》等特色话剧剧目，全面展示百子亭—安仁街—丹凤街—长江路“L”形夜间经济集聚区历史人文风貌及特色夜间消费项目。二是丰富品牌内涵。开展“发光”“能量”“东西会”“鲸夜”“NICE”潮艺夜市等夜间特色市集；拍摄长江路文旅集聚区、奇点书集等夜间文化消费宣传片，在主流媒体直播宣传；创立“玄小新”直播间，开通“玄武创客厅”；举办“点亮夜玄武”、中国紫金山七夕文化节等系列消费促进活动，提振消费信心，激活夜间市场。三是释放品牌效应。加大六朝文化、民国文化、红楼文化、红色文化、金陵烟火文化、市井侠客文化的研究与开发力度，加速培育网红美食、文化创意、首店经济、直播经济等新型业态，把百子亭—安仁街—丹凤街—长江路“L”形夜间经济集聚区的品牌树起来、效应扩散开、影响传出去。

二、区文旅局答复情况

推动全区文化和旅游产业高质量融合发展，实现以文塑旅、以旅游彰文；有利于进一步加快全区构建“双循环”新发展格局，完善促进消费体制机制，顺应文化和旅游消费提质转型升级发展新趋势；有利于进一步推进全区文化和旅游消费设施更加完善、结构更加合理、环境更加优化、供给更加丰富。（一）主要做法：1.优化消费产品供给。一是策划文旅消费节庆活动。2020年9月29日，省文旅消费季活动在我区大行宫广场举办，省委常委、市委书记张敬华，副省长马欣，省文旅厅厅长杨志纯和各市文旅局局长出席；举办国际时尚周、国际消费旅游节等活动，主动营造接轨国际的消费环境，提升玄武在全球的“能见度”。二是布局新兴文旅业态。国展中心的SAO.K音乐餐吧，成为玄武湖周边夜间消费的新地标，孝陵卫中山门大街沿线、铁北红山新城、徐庄高新区等多个新兴消费商圈落子布局。三是打造首店经济联盟。与成都17家企业结成“首店经济”联盟，全区首店数量超250家，位列全市第一。四是聚合演艺消费矩阵。国民小剧场自2017年提档升级以来，先后上演各类剧目500余场，2020年配合“水韵江苏”活动推出“长江路小剧场话剧节”，成为城市文化消费新名片。五是实施项目“腾笼换鸟”。南京卷烟厂工业老厂房，利用两年时间，在政策支持、产业转型、部门联动等综合因素的合力之下，以征收方式实现土地转性，并由区国资文旅集团进行独立运作，实现老旧厂房到新文旅项目的华丽转身，预计南京D9街区“五一”前对外营业。在长江路文旅集聚区范围内推进钟岚里地块、大行宫地下广场升级、德基三期等项目建设。全区“十四五”期间将运作50个涉文商旅项目。2.塑造夜游特色品牌。一是展示品牌形象。拍摄制作《夜之金陵——长江路》系列夜间消费宣传册和宣传片，规划设计丹凤街—安仁街—百子亭沿线夜间消费远景规划图，创作《长江路·代号1800》《丹凤街》《遇见夜金陵——穿越时尚，羲和有戏》等特色话剧剧目，全面展示长江路、丹凤街沿线历史人文风貌及特色夜间消费项目。二是丰富品牌内涵。组织丹凤街夜市、东西会、东箭道夜巷、IST能量、FUN肆集时行乐等特色夜间市集；创立“玄小新”直播间，开通“玄武创客厅”，举办“放心出门、点亮玄武”“都市新消费、点亮夜玄武”等系列主题活动，提振消费信心，激活夜间市场，取得良好反响，“学习强国”、网络大V、主流纸媒等纷纷刊载报道，品牌形象得到升华。三是释放品牌效应。加大六朝文化、红楼文化、红色文化、金陵烟火文化、佛家文化研究与开发力度，加速培育网红美食、文化创意、首店经济、直播经济、地摊经济等新型业态，把长江路—丹凤街“L”形夜间经济集聚区的品牌树起来、效应扩散开、影响传出去。四是完善品牌服务。推动景观亮化修葺更新，加快推进5G网络、数据中心等新型基础设施建设，助力智慧引导、智能消费、智能管理等应用系统建设，促进夜间经济科技场景搭建。

（二）下一步工作：我们将以丰厚的文化禀赋、旅游资源为本底，顺应文化和旅游消费提质转型升级新趋势，围绕全区“建设国际消费中心城市中心区”一件大事，努力建设成为设施完善、产品丰富、环境优良、美誉度高的省级文化和旅游消费示范单位，着力推动文化、旅游工作各领域、多方位、全链条深度融合，实现文体建设、旅游发展的资源共享、优势互补、协同并进，具体来说，推进五大工程。一是项目筑基工程。围绕紫金山—玄武湖城市中心公园，启动花卉公园、梅花剧场、钟山风景区旅游配套设施等一批重大工程建设，打造紫金山玄武湖世界级旅游目的地。围绕长江路文旅集聚区，完成钟岚里地块建设，实现老烟厂D9街区文创园投入运营，打造国内一流的城市客厅。加快徐庄地铁四号线商业综合体、高力六角商业广场、孝陵卫21号商务中心等商业载体建设，“十四五”期间，全力推动总投资385亿元的50个文旅重点项目落地见效。二是载体转型工程。加快传统商业楼宇向文体商旅消费综合体转型。启动建设德基文化区，打造国内标志性商业、文化、艺术共生的综合体验空间；推动艾尚天地文旅市集、羲和广场奇点书集、荔枝广场演艺雅集建设，打造一批省级文体商旅消费综合体。加快传统文化产业园、体育公园向文体商旅消费体验园区转型。实施聚宝山体育公园景区化改造，推动金陵矩阵申报吉尼斯纪录，建设国家级体育旅游精品景区；加强T80园区宣推力度，打造新兴网红打卡地；推动1912街区提档升级，打造更具文旅消费特色的高品位步行街；推进18个市级文化产业园区提档升级，布局一批文创商店、特色书店、小剧场等文化和旅游消费场所。三是活动催化工程。放大国际消费中心城市中心区影响力，激发城市消费活力，积极举办美食节、直播节等活动，充分释放消费需求。支持组织举办文化和旅游消费季、消费月及特色文化和旅游消费体验活动，提升玄武文化旅游消费品牌效应和市场活力。继续办好玄武城市国际休闲旅游节、长江路文化艺术节、玄武湖樱花节、长江路小剧场话剧节和“我们的节日”等系列文旅消费活动。助力全市“南京读书节”品牌阅读活动，增强“数字阅读”新体验。四是产品提优工程。进一步完善文艺精品、演艺产品创作生产的扶持奖励机制，设立区级艺术基金，引导创作一批社会效益和经济效益俱佳的原创精品。支持全区各类文艺院团、文旅企业采取合作、引进等方式，推出具有消费潜力的演艺项目，丰富文旅演出市场。引导图书馆、博物馆、旅游景区等文化和旅游场所开发参与式、体验式文旅融合消费项目。促进非遗产品创新研发和创意设计，支持开发制作优秀健康网络艺术作品，打造文化IP。五是试点示范工程。继续推进国家全域旅游示范区、文化和旅游融合发展示范区、省级步行街、国家AAAAA级景区等创建工作。支持玄武湖公园争创国家AAAAA级景区，引导辖区博物馆创建国家A级景区。鼓励文旅联盟单位的各类品牌创建活动，开展10大文旅创新产品、10家优秀新兴业态文化旅游企业、10条精品旅游线路和10大文旅消费活动评选推介活动，同步开展优秀文旅消费网点评选。

关于大力培育高新技术企业，打造更多的“独角兽企业”“瞪羚企业”的建议

区政协委员　阚玲娟

区科技局答复情况：

（一）现有情况：独角兽和瞪羚企业是科技型企业成长的标杆和奋斗的目标，通过培育独角兽和瞪羚企业能够有效汇聚更多的创新力量，吸引更多的人才集聚，增强创新动能。玄武区历来十分重视独角兽、瞪羚企业的培育，并将其作为创新活力引领的标志龙头、创新实力展示的重要窗口。在2021年南京市独角兽、瞪羚企业发布会上，《2021年南京市独角兽、瞪羚企业发展白皮书》重磅发布，我区共有17家企业入选，其中独角兽企业2家，培育独角兽10家，瞪羚企业5家，实现了稳中有升的奋斗目标。

（二）主要做法：1.夯实成长基础。高新技术企业是独角兽和瞪羚企业的成长基础，我区长期以来狠抓高新技术企业培育，坚持全链条、全要素、全方位融合推进，通过加大政策供给和财政投入，精心建设初创期科技企业苗圃，精准推动成长期科技企业发展，精细做好“育新苗栽小树移大树”高新技术企业培育工作，全区已认定高新技术企业325家，为独角兽和瞪羚企业的产生奠定了基础。2.入库发展培育。我区每季度面向街道园区，进行企业的摸排与梳理，将完全符合或临近条件，如高新技

术等企业，纳入区级独角兽瞪羚企业培育库进行集中发展培育，定期开展数据监测、产业引导、企业服务，同时结合领导包保制度，开展实地走访，协助解决企业发展中的实际困难。通过扶持和培养来产生更多的独角兽和瞪羚企业。3.优化人才环境。面向高新技术企业和瞪羚独角兽企业，持续开展“科技人才服务行”系列活动。通过大力引进高精尖人才，培育了一批高新技术企业、瞪羚独角兽企业，建成一批研发创新平台，人才企业数量从2015年的123家增长至2020年的382家。其中，人才企业登录独角兽、瞪羚企业名单21家；优化玄武“人才服务”平台3.0版，推出“玄武人才金卡”，围绕人才创新创业、子女教育、健康医疗、品质生活等方面提供全方位精准服务，两年来为45家优质企业颁发“玄武金卡”，深化了为企服务。4.落实税收优惠。着眼厚实独角兽和瞪羚企业培育“土壤”，落实高新技术企业所得税减按15%税率征收等一系列科技企业支持政策，突出政策引导、精细服务，以税收优惠落实激发科技企业自主创新活力，推动优质、潜在独角兽和瞪羚企业成长。仅2019年度我区高新技术企业减免税额合计1.14亿元，同比上涨38.42%。5.设立引导基金。为促进产业转型升级，加快发展区域主导产业和新兴产业，推动独角兽和瞪羚企业等高新技术企业的产生，2017年，我区设立了玄武区产业发展引导基金，总规模3亿元，一期出资到位9000万元。截至目前，引导基金已设立子基金2个，规模7亿元，放大资金杠杆近10倍，主投先进制造、人工智能、半导体等领域，已投重点企业5个。

（三）下一步工作举措：1.继续强化成长基础。着眼挖掘主导产业优势资源，对软件类、设计类等我区特色类型潜在高新技术企业深入摸排，建库列表，精准辅导，确保高新技术企业种子企业的全链条快速成长；借助省市众创空间、孵化器绩效评价等支持政策，强化孵化平台打造，积极引导东大科技园、百家汇等优质双创孵化载体强化高企育成功能；积极适应市新研考核数量向质量转变的要求，优化新研建设导向，突出“新型研发机构+孵化”的成效，提供源源不断的高新技术企业后备企业。2.继续强化培育发展。继续加大宣传力度，将独角兽、瞪羚企业的认定标准、申报方法等相关内容，特别是今年南京市出台的独角兽新政（连续三年按其当年新增地方经济贡献超过全市平均增幅部分的50%给予奖励），普及给更多的企业；继续加大梳理规模，将梳理任务细化分解到各街道园区，定期对企业发展现状进行更新，动态调整独角兽瞪羚企业培育库；继续加大培育力度，全力打造培育生态体系，从中小企业、专精特新企业、高新技术企业到瞪羚、独角兽、拟上市企业的“雁阵”梯队，形成挖掘和培育独角兽、瞪羚企业的良好沃土。3.继续做优人才服务。持续深化“凤栖玄武”人才工程，优化“双招双引”工作机制，以商招商、以才引才，举办科技人才项目招引行系列活动。结合高新园区、城市硅巷、产业板块与重大项目建设，进一步优化升级“高层次创新创业人才”项目，对优质高新技术企业和独角兽、瞪羚企业破格纳入。优先推荐高新技术企业和瞪羚、独角兽企业中的人才参加省市企业家研修活动和全区重点产业链人才专题研修班，提升人才在企业发展、技术创新和思维层次等方面的能力水平。4.继续强化税收支撑。线上线下多渠道，广泛宣传科技企业税收政策，集中推送、专项培训和个性辅导相结合，将政策辅导贯穿于科技企业培育各阶段。对独角兽和瞪羚企业培育库企业和潜在种子企业，有针对性地开展税收指导，帮助企业准确理解和把握支持政策，加速独角兽和瞪羚企业脱颖而出。5.继续拓展基金功能。关注主导产业和转型升级需求，推动引导基金设立规模1.5亿元的子基金南京创熠玄武清源硅巷股权投资基金，主投信息技术领域。除政府基金外，为加速推进集团创新发展，推动区属集团规划成立国企基金，规模30亿元，投向聚集高端商贸、现代金融、智慧零售、文旅设计、数字经济等玄武区主导产业。

关于更大力度支持先进技术与创新产品市场化推广示范的建议

区政协委员　王敬玲　冯　亮

答复情况：

一、区科技局答复情况

（一）相关工作推进情况。一方面，积极向上推荐产品。2020年南京市下发了《南京市创新产品评价管理办法(试行)》(宁创新产品推广办〔2020〕1号),我区积极响应,主动融入全市发展大局,针对软件和信息服务、人工智能、智能制造装备、集成电路、智能电网、轨道交通、新能源汽车、新医药与生命健康八大产业链领域,积极组织辖区内企业进行申报。同时,面向全区积极宣传创新产品新政,摸排推荐产品技术水平在同类产品中达到国际先进或处于国内领先的创新产品,严格初审后推荐上报市工信局创新产品办公室。2019年,我区共有21项产品入选《2019年南京市创新产品推广示范推荐目录》;2020年,南京矽力微电子技术有限公司的“15W无线充电接收器”项目入选《2020年南京市创新产品应用示范推荐目录》;今年上半年,我区积极组织第一批和第二批南京市创新产品评价工作,共有速度时空信息科技股份有限公司、江苏瑞德信息产业有限公司、江苏苏宁云计算有限公司、中电鸿信信息科技有限公司、南京国铁电气有限责任公司五家企业申报,我们将持续跟进申报进展情况,不断加快创新产品推广和产业化,打造“南京创造”系列产品和品牌。另一方面,有效向下落地应用。我区科创载体徐庄高新区作为企业集聚最多的省级高新区,积极支持园区企业的先进技术与创新产品推广示范,高新区自有项目优先使用园区企业的相关技术和产品。例如:“智慧徐庄”建设交由园区企业负责。计划与江苏金盾检测技术有限公司共同打造园区软件产品测试中心,利用企业先进技术和相关资质,有效服务区内、区外软件企业产品测试及认定。后期会进一步加大园区企业的先进技术与创新产品的市场化推广和应用,除政府首购首用外,积极帮助企业申报南京市市域治理的1000个应用场景。

(二)下步工作计划。针对您的建议,我办会同相关部门进行了认真研究,下一步我们将积极协商相关部门,努力做好以下工作:一是发挥区委创新办牵头抓总作用。充分发挥创新办统筹谋划、督察推进的职能定位,督促发改委、科技局等部门主动作为,收集企业创新产品,争取纳入市级目录;督促街道园区、政府部门及龙头企业主动提供应用场景,鼓励本区创新产品在本区应用场景转化,激活更多市场活力。二是落实创新产品首购首用政策。贯彻落实《南京市创新产品推广示范推荐目录》,建立完善新技术新产品“首购首用”风险补偿机制,积极发挥政府采购政策引导功能,在不违背公平竞争的前提下,加大对目录内符合首购首用政策的创新产品采购人的支持力度。通过政府采购,鼓励优先购买和使用代表先进技术发展方向的、暂时还不具备市场竞争力的自主创新产品,帮助企业收获“第一桶金”。三是建立创新产品动态管理机制。加强对创新产品入库出库的考核,整合现有专家库资源,对创新产品的应用推广给予一定可行性评价参考,督促企业不断完善产品,提高产品市场竞争力。对具备一定发展潜力但尚未成熟的产品,适当在应用方面给予支持,鼓励企业在产品实践应用中收集数据提高产品性能。

二、区发改委答复情况

2020南京市下发了《南京市创新产品评价管理办法(试行)》(宁创新产品推广办〔2020〕1号),高度重视创新产品评价工作。玄武区积极响应,主动融入全市发展大局,针对软件和信息服务、人工智能、智能制造装备、集成电路、智能电网、轨道交通、新能源汽车、新医药与生命健康八大产业链领域,积极组织辖区内企业进行申报。面向全区积极宣传创新产品新政,同时摸排推荐产品技术水平在同类产品中达到国际先进或处于国内领先的创新产品,进行严格初审后推荐上报市工信局创新产品办公室。2019年,我区共有21项产品入选《2019年南京市创新产品推广示范推荐目录》;2020年,南京矽力微电子技术有限公司的“15W无线充电接收器”项目入选《2020年南京市创新产品应用示范推荐目录》;今年上半年,我委积极组织第一批和第二批南京市创新产品评价工作,共有速度时空信息科技股份有限公司、江苏瑞德信息产业有限公司、江苏苏宁云计算有限公司、中电鸿信信息科技有限公司、南京国铁电气有限责任公司五家企业申报。接下来,我委将持续跟进申报进展情况,不断加快创新产品推广和产业化,打造“南京创造”系列产品和品牌。

(栏目编辑　刘心林)

纪检监察

综　述

【概况】 2021年，在市纪委监委和区委领导下，区纪委监委忠诚履职尽责，发扬斗争精神，勇于担当作为，在保障服务大局、应对突发疫情等工作中深化正风肃纪反腐，努力推动纪检监察工作高质量发展，为玄武经济社会发展提供有力保障。

【疫情防控监督】 1—5月，结合冬春季疫情防控，聚焦"十个关口"，全面压实属地、部门、单位、个人四方责任。针对疫苗接种开展专项督查，标准化制定督查菜单，提升督查质效，相关做法被市纪委专刊报道。7月20日禄口机场疫情发生后，开展多轮次全覆盖监督，构建"1+10+7"的督查工作体系，围绕封控小区、集中隔离点及转运环节、小区围合管理、居家隔离和居家监测等重点方面，共检查点位3626个，发现并督促整改问题1445个，编印监督工作简报39期。狠抓疫情防控纪律作风，对检查发现的少数干部擅离职守、履职不力等问题快查快办，共发现问题28个，查处立案17人，对2名履责不力的责任人予以全区通报。

【群众利益维护】 锲而不舍推动落实中央八项规定精神，督促解决涉及群众切身利益问题，以人民群众的获得感检验正风肃纪反腐实际成效。驰而不息纠治"四风"，开展财政资金使用、外出会议培训费等专项检查，紧盯重要时间节点，加大明察暗访力度，坚决防止享乐主义、奢靡之风反弹回潮。深入纠治形式主义、官僚主义顽瘴痼疾，严肃查处影响重点工作推进的不作为乱作为等问题。查处违反中央八项规定精神问题66人，通报曝光典型案例9起14人。整治民生领域突出问题，深入开展公有房屋出租、养老机构、物业管理等民生领域专项监督，严肃查处贪污截留道路停车费、基层执法人员吃拿卡要等一批侵害群众利益的案件。共查处群众身边的腐败和作风问题67人，其中给予党纪政务处分56人，取得良好社会效果。着力解决群众急难愁盼，结合"我为群众办实事"实践活动和文明创建，督查协调解决高楼门6号小区多年污水漫溢、昆仑路玄外附小门前长期交通拥堵等群众反映强烈的痛点、难点、堵点问题，主动为群众排忧解难，切实提升群众的满意度和获得感。

【文明城市创建】 7—12月，玄武区纪委监委组织全体纪检监察干部开展文明城市创建工作。组建40余人队伍深入玄武门街道百子亭社区、台城花园社区开展"统一行动日"工作，帮助社区工作人员铲除小区小广告、全面排查"飞线"充电、宣传文明养宠和清理小区卫生环境等。构建"1+7"、全天候、全流程督查督办机制，开展监督检查700余次，督促整改问题2900多个；督促街道建立三级责任联系包干制度，推进珠江路、长江路等重点街区的综合整治；建立完善农贸市场场内场外专班、统筹指导、巡回督导"三项机制"，狠抓农贸市场及周边创建工作。督查街道在居民小区、商务楼宇设立电动车临时牌照流动上牌点，推动高楼门6号小区污水管网改造等工程。

重要会议

【第十一届纪律检查委员会第六次全体会议】 2月7日召开。区委书记闵一峰出席会议并讲话，区委常委、区纪委书记、区监委主任罗昌锋传达了中央纪委和省市纪委全会主要精神并作工作报告。区四套班子领导、区法院、检察院负责人，各街道、区机关各部门、各单位党政主要负责人，全区纪检监察干部和特约监察员代表参加会议。

【第十二届纪律检查委员会第一次全体会议】 9月4日召开。会议选举产生了中国共产党南京市玄武区第十二届纪律检查委员会常务委员会委员以及中国共产党南京市玄武区第十二届纪律检查委员会书记和副书记，区委常委、区纪委书记、区监委主任罗昌锋代表新当选的区纪委领导班子讲话。

【十二届区委第一轮巡察工作动员部署会】 11月4日召开。会议以习近平新时代中国特色社会主义思想为指导，深入学习贯彻中央和省市区委关于巡视巡察工作的最新精神和要求，正式启动十二届区委第一轮巡察工作。区委常委、区纪委书记、区监委主任、区委巡察工作领导小组组长罗昌夆出席会议并讲话。区委常委、组织部部长、区委巡察工作领导小组副组长任宁传达中央和省市区委关于巡视巡察工作最新精神，宣布本轮各巡察组组长、副组长授权任职及巡察任务分工。区委巡察工作领导小组成员，区委巡察办，区委巡察组、意识形态专项检查组全体成员，以及相关职能部门的分管负责人参加会议。

11月4日，十二届区委第一轮巡察工作动员部署会　　（区纪委　供图）

正风肃纪

【政治监督】　立足政治机关定位，深刻领悟“两个确立”的决定性意义，更加自觉担负起“两个维护”重大政治责任。推动习近平新时代中国特色社会主义思想入脑入心，把学习习近平总书记重要指示批示精神作为区纪委常委会第一议题，深入学习党的十九届六中全会精神。推动党史学习教育走深走实，结合“两在两同”建新功行动，深入开展“我为群众办实事”实践活动，邀请专家专题讲课、组织党史知识竞赛，引导全体干部明理增信、崇德力行。把疫情防控监督作为检验党史学习教育成效的重要方面，及时整合力量形成“大监督”体系，督导整改问题925个，处置相关问题线索23件，立案19件，在全区范围内通报2人。将政治监督融入日常、做在经常，深入贯彻中央和省市区委加强对“一把手”和领导班子监督的工作部署，推动各级党组织主要负责人谈话387人次。强力推进对文明城市创建、大气污染防治、垃圾分类、安全生产、信访维稳等的监督。加强换届选举监督，回复党风廉政意见5批782人次，对3名人选提出暂缓或否定性意见。协同推进政法队伍的教育整顿，立案查处5人，结合案件查办开展警示教育，筑牢拒腐防变的思想堤坝。

【惩治腐败】　始终保持严的主基调，坚持严惩腐败与严密制度、严肃教育紧密结合，深化标本兼治，不断释放一体推进“三不”（不敢腐、不能腐、不想腐）叠加效应和综合效能。坚持严惩腐败，紧盯“关键少数”和重点领域主动出击，针对新型腐败和隐形腐败主动亮剑，立案查处违纪违法案件186件，采取留置措施8人，给予党纪政务处分192人。深入推进纪检监察信息化建设，利用信息技术助力办案的经验做法在全省交流推广。坚持严密制度，通过对典型案件“解剖麻雀”、找准“病灶”，以案促改、以案促建，推动形成从“亡羊补牢”到“未雨绸缪”的整改落实机制。针对案件查办中发现的公职人员违规经商办企业、惠民资金发放审核把关不严等突出问题，共制发纪检监察建议书28份，通过完善制度，堵住相关领域治理漏洞。坚持严肃教育，协助区委召开全区领导干部警示教育大会，拍摄警示教育片，创新开展“廉洁校园行”和“倡廉护企”行动，运用各类廉政警示教育载体，督促各级党员、干部以案为鉴，厚植廉洁从政的思想根基。

【政治巡察】　如期完成十一届区委巡察全覆盖任务，共发现问题1832个，已整改1812个，整改率为98.9%，移交问题线索287件，立案100人，党纪政务处分64人。启动十二届区委第一轮巡察。认真接受市第四巡察指导督导组对区巡察工作的指导

3月17日，区纪委监委到区人民法院开展调研座谈　　（区纪委　供图）

督导，并根据反馈意见，认真抓好整改落实，全面推进区委巡察工作的规范化建设。制定出台玄武区《关于贯彻落实巡视巡察上下联动的若干措施》，围绕贯彻巡视工作方针，加强与上级巡视巡察机构的协调联动，实现同向发力、同频共振。着力强化“四项监督”的贯通融合，建立健全巡前信息共享、巡中力量互动、巡后共抓整改的工作机制，充分发挥巡察综合监督平台作用。压紧压实整改主体责任，健全巡察整改责任机制和日常监督机制，对十一届区委巡察反馈满一年的104家党组织开展整改质效评估工作，推动巡察监督、整改、治理的有机贯通。对十一届区委巡察发现的财务管理不规范等共性问题，会同职能部门，组织开展有针对性的培训，强化建章立制、堵塞漏洞。抓好对市委提级巡察街镇发现的共性问题的整改，督促各街道查找问题196个，制定整改措施282条。

【常态监督】　抓深抓实纪检监察体制改革任务，推动形成全面覆盖、常态长效的监督合力。精准规范运用“四种形态”，坚持纪严于法、执纪执法贯通，不断强化纪律建设的政治性、针对性。全区纪检监察机关共接收信访举报130件次，运用“四种形态”处理793人次、增长14.8%，第一至四种形态占比分别为75.7%、23%、0.2%、1.1%，对20名领导干部和2个党组织进行问责。统筹衔接“四项监督”，协助区委制定“两个责任”年度清单，开展全面从严治党述职评议、述责述廉、民主测评。深入落实中央和省市推进巡视巡察与其他监督贯通融合的工作要求，构建以巡察监督为纽带，各监督主体密切配合、协同高效的监督格局。加强纪委监委与公安、法检、审计、财政等部门的联动协作，凝聚监督合力。提升基层监督实效，严格落实“三个区分开来”要求，为12名党员干部容错纠错和澄清正名。细化监察员办公室改革举措，实行“一体化”监督，监察员办公室和街道立案数增长25.2%。按照改革要求，健全完善园区和区属国企纪检监察工作架构，配齐配强人员力量，实现纪检监察组织全覆盖。

【教育管理】　自觉传承党的优良传统和作风，锻造忠诚干净担当、敢于善于斗争的执纪执法铁军。强化党建引领，补足精神之钙。以伟大建党精神凝聚力量、鼓舞斗志，落实意识形态工作责任制，协助筹办区第十二次党代会。坚持政治理论学习常态化，组织中心组专题集中学习16次。结合党史学习教育，针对性开展一系列各具特色、主题鲜明的党建活动，不断增强党组织的凝聚力和向心力。磨砺担当本领，增强工作能力。结合上级纪委监委业务培训，大力开展岗位练兵，每月举办青年论坛，常态化开展业务研讨，注重在执纪办案一线培训锻炼年轻干部，全面加强能力素质建设。坚持自我净化，筑牢纪律之基。严格执行江苏纪检监察干部“八严禁”，深化“打铁必须自身硬”专项行动，广泛开展谈心谈话，关心帮助纪检监察干部解决工作生活中的实际困难。定期听取特约监察员对全区纪检监察工作的意见建议，着力加强对全区纪检监察干部的监督管理，坚决防止“灯下黑”。　（唐小雨）

（栏目编辑　刘心林）

民主党派·人民团体

民主党派

人民团体

民主党派

【概况】 截至2021年12月，玄武区民主党派成员共计1650人，其中：民革1个总支，9个支部，212人；民盟1个总支，13个支部，313人；民建基层委员会1个总支，9个支部，217人；民进基层委员会3个总支，23个支部，516人；农工党基层委员会8个支部，197人；致公党1个总支，5个支部，92人；九三学社基层委员会2个支社，1个小组，87人；台盟玄武支部，16人。

【基层组织建设】 贯彻落实《民主党派代表人士队伍建设规划（2018—2027）南京实施办法》，配合加强区级层面民主党派代表人士队伍建设，组织各民主党派基层组织负责人参加区各民主党派、工商联、统战团体负责人思想政治建设研讨班。贯彻市委统战部关于协助民主党派做好组织换届工作的意见，指导民主党派基层组织扎实做好换届工作，基层组织结构优化、活力更足。

【基层组织党派之家建设】 党派特色阵地不断涌现，副省长陈星莺现场考察民革玄武总支优秀“中山博爱之家”建设并给予充分肯定；民进江苏省直工委与区委统战部合作共建基层组织会员之家暨玄武区统一战线实践创新基地成功揭牌；民盟市委与区委统战部在中山植物园共建“盟员之家”，获市政协领导肯定。

【民主党派成员作用发挥】 召开民主党派、界别人士部分委员座谈会、民主党派基层组织负责人座谈会，全市率先召开换届人事安排通报会暨民主协商会。2021年度，各民主党派基层组织为市、区人大、政协及各党派的上级组织建言献策、提供社情民意累计427条。打造玄武区特约检察员工作站，推荐13名民主党派、工商联、无党派人士担任新一届区级特约检察员。深入开展以“扎根玄武、深耕基层”为目标的结对共建、对口联系工作，在疫情防控、文明城市创建期间，民主党派成员与街道社区并肩战斗，互动互助，团结协作。 （王 梦）

人民团体

·玄武区总工会·

【概况】 2021年在区委的坚强领导下，区总工会紧扣“强富美高”新玄武建设的现代化篇章，践行新发展理念，投身高质量发展，常态化做好疫情防控和文明典范城市创建工作。突出主责主业，坚持党建、产改、工建一体化推进，团结、带领全区广大职工建功“十四五”、奋进新时代取得新成效。区总工会荣获市“十三五”劳动和技能竞赛优秀组织单位（11个区总工会唯一获此荣誉）、市工会审计工作特等奖、市职工宣传思想文化建设先进单位、市职工宣传思想文化创新项目三等奖等荣誉；维权案例《改制遗留老大难，工会助力来化解》获全省工会法律援助十大典型案例（11个区总工会唯一获此荣誉）；玄武大道爱心驿站被评为全省“最美工会户外劳动者服务站点”；华泽传媒公司职工书屋获评全国职工书屋示范点。海口市、郑州市惠济区、扬州市邗江区、广西灵山县总工会先后到区学习交流。

【持续扩大工会组建覆盖面】 举全会之力建会，最大限度吸纳广大职工加入工会组织，一是高起点谋划建会。在基层建会中，完善“党建带工建”机制，积极争取党政的支持，建立完善组织一起建、制度一起建、阵地一起建、活动一起办；二是高强度推进建会。区国资系统下属成立的“五大集团”，组织工会协理员分四个组，开展结对指导所属五大集团20多家企业进行建会工作；组织全区开展“八大员”建会活动，包含快递员、外卖配送员、商场信息员、家政服务员、保安员、房产中介员等在内的新就业形态入会人数达1000多人；完成市总工会下达的网约快递行业工会建会攻坚任务，通过各级努力，全区新增工会组织51家，顺利完成了市总工会布置的组建任务（目标为40家），新增会员6934人（目标为6500人），全面超额完成市总工会下达的工会组建任务。

【“留宁过年”倡议】 春节前，为了做好疫情防控工作，区总工会号召全区企业事单位职工群众，选择在宁过春节，积极应对新冠疫情。区总工会向全区发出倡议后，速度时空信息科技股份有限公司、南京中科药业有限公司、江苏康乃馨文化传媒有限公司等多家企业积极响应号召。

【冬送温暖活动】 区总工会积极面对新冠肺炎疫情防控的新形势新要求，聚焦受疫情影响致困、留宁外地职工、坚守疫情防控一线职工等重点对象，开展各种形式的帮扶慰问。通过发放生活救助金、赠送冬日暖心礼包、走访慰问困难企业、送温暖平安志愿集中服务等一系列活动，为这寒冷的冬天增添几分暖意。在本次“两节”送温暖活动中，区总工会累计筹集资金约36万元，用于走访慰问111名各类困难职工、疫情防控一线人员和145名市级以上劳动模范。全区各级工会同步组织深入走访调研受疫情影响的中小微企业和面临困难的民营企业，了解生产经营情况和职工需求；慰问下岗失业、患重病、工伤病亡等情况造成生活困难的职工家庭，特别是受疫情影响致困的职工家庭，帮助解决实际问题，保障家庭基本生活，把党和政府的关怀、工会组织的温暖及时送到广大职工心坎上。同时，还加大对快递员、送餐员等群体的支持保障力度，广泛开展向快递员、送餐员等群体赠送“冬日暖心礼包”活动和送温暖平安志愿服务集中行动，投入4万余元为约280名快递员、送餐员送去健康包、手套护膝、保温杯等专属温暖。此外，区总工会“关爱职工心理健康项目”也同步启动，开通玄武职工心理健康辅导热线，由专业咨询师值班接听电话、现场咨询。

【省、市劳模先进事迹宣讲报告会】 4月16日下午，省、市劳动模范、先进工作者先进事迹报告会在徐庄高新技术产业开发区管委会大会议室举行。各直属工会职工代表100余人参加。江苏省先进工作者、南京市第十三中学高级教师刘美琳，市劳模、玄武区新街口街道香铺营社区党委书记、居委会主任许艾芳，市劳模、江苏天哲律师事务所合伙人李京农等3名劳模分享了他们在各自工作岗位上不忘初心，立足本职工作，积极发挥劳模引领示范作用，不断扩大劳模影响力，用劳模精神、工匠精神推动玄武发展的奋斗经历和心路历程，表达了他们将继续爱岗敬业，砥砺前行的决心。与会人员备受鼓舞，纷纷表示，将以劳模为标杆，不断提升政治理论水平和业务技能，为推动玄武高质量发展做出新的更大贡献。

【“康养金陵、乡村振兴”职工疗休养活动】 4月19日下午，首批22名省、市劳模在区总工会的组织下，赴溧水区开展为期五天四晚的“康养金陵、乡村振兴”职工疗休养活动。本次参疗队伍由2名省劳模、15名市劳模和5名五一奖章获得者组成，以一线职工和非公企业员工为主，既有新冠肺炎疫情防控一线的医务人员，也有在经济社会发展中做出贡献的非公企业职工，还有在城市建设默默奉献的农民工（保洁员）。活动采取休养与学习相结合的形式，安排了交流座谈、参观革命传统教育基地等，既提升了劳模的精神层次，促进了交流，增进了彼此感情，又汇聚了模范力量，达成了互相学习、继续发扬劳模精神的共识。

【集体协商春季要约部署会】 4月23日，玄武区协调劳动关系三方委员会组织召开“2021年玄武区集体协商春季要约部署会”，正式拉开新一轮《劳动关系“和谐同行”能力提升三年行动计划》的序幕。会议传达了2021年南京市集体协商春季要约行动部署会会议精神；总结了2020年玄武区协调劳动关系三方委员会工作；重点布置了2021年玄武区构建和谐劳动关系、推动集体协商工作要点。同时，南京聚立科技股份有限公司等8家企业在会议现场交换了要约书和应约书。会议为保证协商提质增效，引导企业和职工牢固树立“协调劳动关系靠集体协商、化解劳动关系纠纷靠集体协商”的协商理念，设置了交流环节，玄武门街道工会秘书长何洁、南京红杏餐饮有限公司副总经理、工会主席陆定文分别作了发言。区协调劳动关系三方委员会各成员单位的分管领导、各相关科室负责人，各街道（园区）和谐劳动关系三方委员会成员，工会协理员，各街道企业代表，各系统工会、直属工会主席，区工资集体协商指导员共50多人出席了会议。

【全市职工职业技能大赛汽车修理技能竞赛在玄武区举行】 4月28日下午，2021年南京市职工职业（行业）技能大赛汽车修理技能竞赛在钟山集团黄埔汽修厂举办。南京市职工技术协作中心主任谢华明，玄武区总工会常务副主席尹征，区国资办副主任陈剑锋，钟山集团总经理邱峰等出席了竞赛开幕活动。大赛由来自全区18个企业共52名职工选手参加了竞赛。大赛还邀请了南京工业职业技术大学的教师为此次大赛提供理论指导，打破了产教融合跨部门协作落实难的困境，为下一步产教融合发展、企校合作探索新路径。此次比赛为广大汽修行业的职工提供了学习交流、提升技能的平台，不断激发职工的工匠精神、创新精神，为广大职工的技能提升开辟快速成长的“绿色通道”。

【首届“直播带货”技能大赛】 4月29日下午，为深入贯彻落实党中央、国务院扩大内需战略，积极顺应消费理念、消费方式、消费习惯升级趋势，助力建设国际消费中心城市中心区，区总工会、区市场监督管理局、区人力资源和社会保障局联合举办玄武区首届职工“直播带货”劳动技能竞赛活动。在徐庄软件园聚慧园江苏跟谁学教育科技有限公司直播间，来自全区相关企业的18名职工参加了玄武区职工“直播带货”劳动技能竞赛。本次大赛由各企业在职职工选手通过网上出售本单位产品的形式，在比拼竞赛中提高宣传、销售技能，促进网上消费，推动企业发展。中国共产党网工会新闻栏与中工网专题报道了该竞赛情况。

【劳动法治宣传进企业活动】 5月27日，区总工会、司法局联手举办了以“与法治同行·为劳动护航”为主题的送法进企业活动。在活动现场，江苏苏商律师事务所律师邓莉君运用自己娴熟的法学知识，细致的讲解风格，对企业在生产经营过程中遇到的法律困惑和相关法律问题通过讲解、典型案例问诊和会后交流等形式，对企业今后在生产、经营、管理等各个环节可能存在的法律风险及隐患进行了“预先告知”。

【五一劳动法制宣传服务专题讲座】 5月27日下午，区总工会、人社局联合举办了主题为“与法治同行·为劳动护航”的专题讲座。来自全区各街道(园区)总工会的主席、副主席、秘书长、协理员，各街道社区工会的主席，各系统工会联系会的主席、秘书长，各直属工会的主席80多人现场聆听了本次专题讲座。区人社局劳动监察科主任鹿立新作《劳动合同法、社会保险、互联网用工等焦点问题剖析》专题讲座；区总法律援助律师胡晓勇选用了劳动用工、劳动合同中的三个典型案例进行解读、以案说法。在互动环节，区人社局劳动监察科主任鹿立新、劳动仲裁科科长杨作森、区总法律援助律师胡晓勇进行了现场答疑。

【劳动争议调解实庭观摩活动】 5月28日，区总工会开展了“与法治同行·为劳动护航”五一劳动法治宣传服务系列活动——劳动争议调解实庭现场观摩活动。活动共分三个场次，每个场次安排部分基层工会主席、秘书长、协理员等现场观摩。现场观摩的基层工会干部基本是第一次目睹法庭调解。

【职工党史学习活动】 为庆祝中国共产党成立100周年，深入学习领会习近平总书记在党史学习动员大会上的重要讲话精神，听党话跟党走，增强奋进新时代的强大力量，玄武区总工会结合市总工会开展“知史爱党　同心筑梦”三十天朗读打卡活动等主题活动，多措并举推动党史学习教育走深走实。广泛动员推动党史学习“全覆盖”。区总工会组织全区职工积极参与市总工会“知史爱党　同心筑梦”三十天朗读打卡活动。全区1000余名职工每日参与朗读打卡活动。创新形式推动党史学习“活起来”。引导基层工作组织创新组织形式，进一步提高广大职工深入学习党史的热情，孝陵卫街道工会协理员利用休息时间，自发组织起来，共同参与朗读活动，通过集体朗读的形式，表达对祖国、对党的热爱，对工会工作的热爱。开展竞赛比拼推动党史学习“热起来”。组织工会职工积极参加“知史爱党　同心筑梦”主题读书活动，组队参与“学习强国”平台“四人赛”“挑战答题”，开展“知史爱党朗读比赛”等活动，增强党史学习积极性。

【“安全生产月”活动】 6月16日上午，区总工会会同区应急管理局等多个部门在大行宫广场举行2021年“安全生产月”广场咨询活动。活动当天，区总工会会同多家单位开展了形式多样的安全生产知识竞答，为群众发放了公共安全、消防安全、交通安全、劳动卫生安全、特种设备安全、生活安全、安责险等各类安全生产知识宣传材料，并开展了现场咨询答疑活动。本次活动共设置咨询台27个，布置宣传展板29块，发放各类宣传资料5000余份，接受群众咨询200余人次。

【玄武区第一四届运动会太极拳（剑）比赛】 6月19日，由中共玄武区委、玄武区人民政府区主办，中共玄武区委老干部局、区文化和旅游局、区总工会承办，玄武区体育总会、区武术协会协办的踏上新征程健身再出发“我要上全运”玄武区第十四届运动会太极拳（剑）比赛在区体育活动中心隆重举行。玄武区老年人体育协会、区文化和旅游局、区总工会、区武术协会相关领导参加。来自全区的14支代表队200余名运动员，代表来自全区的职工武术爱好者们参赛。此次比赛项目设置个人和集体两大项，包括规定套路和自选套路，传统拳类项目有刀、剑、扇子等多种传统器械项目。

【“知史爱党、同心筑梦”诗歌朗诵会】 为庆祝中国共产党成立100周年，推进党史教育学习走实走深，7月1日上午，区总工会全体机关干部集中观看庆祝中国共产党成立100周年大会，会后，举办机关党支部知史爱党、同心筑梦诗歌朗诵会。诵读会采取配乐朗诵、多人合诵、方言诵读等多种形式进行。

【构建和谐劳动关系政策宣讲专场活动】 6月28日，由玄武区协调劳动关系三方委员会、徐庄高新区管委会联合举办的“玄武区构建和谐劳动关系政策宣讲专场活动”在徐庄高新区成功举办。区人社局仲裁科科长杨作森和区总工会集体协商指导员郁春红分别从“保障企业职工权益”和“推进集体协商制度”两种方式来详细解读如何构建和谐劳动关系。区人社局劳动关系科科长陶铁飞详细介绍了创建与申报“劳动关系和谐企业”的内容、评价标准、评价规范、申报程序和激励措施等，对即将在全区开展的劳动关系“和谐同行”能力提升三年行动计划作了全面的解读。40余家企业的人力资源管理人员、工会工作人员，以及来自基层的协调劳动关系三方工作人员、工会协理员、工会集体协商指导员近70人参加培训活动。

【第五届“赢在南京·茉莉花杯”青年科技工作者创业创新大赛初赛在玄武区举办】 7月6日，第五届“赢在南京·茉莉花杯”青年科技工作者创业创新大赛初赛圆满结束，比赛由市总工会、市科协等单位主办，南京泛函智能技术研究院有限公司（简称“泛函公司”）等单位协办。此次初赛在泛函公司举行，为保障初赛评审工作顺利进行，泛函公司工会发动广大职工会员，精心准备各项事务，落实场地、调试设备、模拟评审等，利用自身的装备、技术等优势确保评审工作顺畅有序。此次共有145个项目申报参赛，初赛主要分生命科学和装备制造两个领域若干小组举行，有90个项目通过初赛评审进入决赛。

【玄武区首份家政行业集体合同签约】 7月19日，新街口街道家政行业召开了职工代表大会，会上讨论并审议了《玄武区新街口街道家政行业集体合同》。在职工代表大会结束后，举行了合同文本签字仪式。玄武区张晓华家政服务中心、南京易辰安健康管理有限公司等9家家政公司参与，出席会议的职工代表30人。

【夏季高温慰问“三送”活动】 7月22日下午，玄武区总工会一行前往南京玄武环境工程有限公司，给工作在一线的环卫工人送去夏季高温慰问品和法律书籍，启动了高温慰问“三送”活动。区总工会站在“以人为本、促进和谐、安全生产”的高度，统筹安排、整合资源、重点防控，把防暑降温工作和劳动安全保障措施落实到每个企业、每个班组、每个高温岗位和每一名职工，杜绝安全事故的发生，保证生产和安全两不误，确保广大高温岗位一线职工的生产安全。在慰问活动期间，要求基层工会组织要进一步增强责任感和使命感，重点抓好安全生产和防暑降温工作，当好广大职工的“娘家人”，要把服务和保障职工健康作为工作重点，开展送清凉工作，帮助职工安全度夏、清凉度夏。

【慰问防疫一线医护人员及职工志愿者】 8月20日起，区总工会分别对战斗在疫情防控一线的区城建集团百子物业、孝陵卫街道胜利村100号封控小区、兰园社区卫生服务中心、同仁街社区卫生服务中心及部分隔离点、火车站等工作专班的400名工作人员进行了慰问，每人发放慰问金500元，共20万元。

【玄武区2021年南京市劳动模范推荐评选工作】 该项工作于

9月初启动。一是立即行文部署。以区委办公室、区政府办公室名义向全区各单位下发了《关于做好2021年南京市劳动模范评选表彰工作的通知》(玄委办通字〔2021〕27号),通知明确了推荐评选的指导思想、评选范围、评选条件、推荐程序、推荐评选要求等。二是成立工作班子。成立了区劳动模范评选委员会,区委副书记吕璟为组长,区人大常委会副主任、区总工会主席蒋兆全、副区长邵睿为副组长,区级机关26个部门有关负责人为评选委员会成员。评选委员会先后召开2次会议,学习推荐评选政策,研究推荐评选有关问题。三是认真组织评选。各单位严格按照推荐评选条件、推荐评选程序、推荐评选要求,坚持公开、公平、公正的原则,自下而上,层层选拔,好中选优。经过基层工会提名,单位职工(代表)大会讨论通过,并在本单位公示,街道、系统、直属单位党政研究同意,推荐上报区里50人。9月22日,经区劳模评选委员会第二次会议研究,推荐但加成等23人为市劳模初步人选,并推荐备选人员2名。9月29日,区委召开区委常委会专题研究了市劳模推荐评选工作,同意23+2人的上报方案人选。

(蔡晓青)

·中国共产主义青年团南京市玄武区委员会·

【概况】 2021年,团区委坚持以习近平总书记关于青年工作的重要思想为指导,在区委的坚强领导下,聚焦主责主业,主动融入大局,紧紧围绕建设最具竞争力的创新高地、最具影响力的消费中心、最具吸引力的美丽城区、最具凝聚力的幸福家园,着力提升团的组织力、引领力、服务力和大局贡献度,推动全区共青团事业实现新发展。截至2021年年底,全区直属团组织37个(含7个街道团工委、2个园区团工委、7个系统团工委、16个中学团委、4个企业团组织、1个综合行业团工委),团员15856名;少先队大队组织39家(其中小学25家、特殊教育学校1家、九年一贯制1家、初中12家),少先队员31418名。

【梦想小屋建设】 "梦想小屋"项目是玄武区民生实事项目之一,旨在帮助以"事实无人抚养儿童"为主体的困境青少年,改造原有住房,改善居住和学习环境,完善关爱帮扶体系。全年共计建成31间梦想小屋。

【"美丽楼道"志愿服务行动】 团区委结合红领巾志愿岗工作,围绕"美丽楼道"志愿服务的主题,发动全区少先队员参与,动员家长、邻居一起加入志愿者队伍,认领扶手清洁岗、小广告清除岗、地面清洁岗等美丽楼道志愿服务岗,为文明城市创建贡献自己的力量。2021年共发动6.2万余人次参与"美丽楼道"志愿服务,小手拉大手,共同画出了基层社会治理同心圆。

【"单车归队"志愿行动】 针对文明城市建设常态长效管理中出现的共享单车乱停乱放等不文明行为,团区委倡导发起了玄武区"单车归队"志愿行动,通过发动广大团干部、团员青年、学生和志愿者开展志愿服务行为,号召广大青年共同维护生活环境和城市秩序,助力"美丽玄武"建设。3月6日,举办了"我为青年办实事"共青团"统一行动日"暨"单车归队"志愿行动启动仪式,团市委书记吕璟、党组成员吴丹,区政府副区长邵睿及团市委、团区委、街道团干部和青年志愿者们走上街头,针对地铁站口、主干道、商场门口等重点难点区域,集中整治共享单车乱停乱放现象。

【玄武区青年工作联席会议第二次全体会议】 3月19日上午召开。会议认真学习习近平总书记关于青年工作的重要论述,传达省、市青年工作联席会议精神,并就推动全区青年工作迈上新台阶进行部署。区委副书记林武平出席会议并讲话,区政府副区长邵睿主持会议。会上发布了《玄武区2021年度青年发展工作重点内容》《玄武为青年办实事项目》《关于开展"青春网事"玄武青年助力城区高效能治理工作的实施意见》。

【"共青团+网格"行动】 团区委按照中央和省市区委部署要求,着眼城区高效能治理,深入实施"青春网事"助力城区高效能治理行动,推动"共青团+网格"走深走实。在大石桥社区、北安门社区、曹后社区、红山社区4个试点社区先行先试,分别与4所辖区高校团委一对一结对共建,累计开展"手机青课堂""青暖夕阳"照料陪伴、围合小区防疫志愿服务等活动120余场，参与人数超5000人次。

【"玄武青年探百店"挑战赛】 4月26日，"玄武青年探百店"挑战赛正式启动。该赛事为玄武团区委、区商务局、区文旅局围绕玄武区建设国际消费中心城市中心区"一件大事"举办的一场青春赛事。启动仪式上，省文化和旅游厅副厅长李川，市文化和旅游局局长金卫东，团市委书记吕璟，玄武区委书记闵一峰，区委副书记、区长钱维，区人大常委会主任杨乐华，区政协主席许恺出席。有关区领导、省市区有关部门和各街道、相关国资集团主要负责人参加。活动还邀请到东南大学、南京理工大学、南京农业大学、南京林业大学、南京体育学院、南京传媒学院6家高校团委领导，百家区文旅联盟成员单位代表、媒体代表等参加。5月19日晚，挑战赛于2021中国旅游日南京分会场开幕式暨南京D9街区开街仪式上落下帷幕，并发布了覆盖"食宿游娱购"的"寻味玄武"(正餐、小食)、"寻宿玄武"、"寻美玄武"、"寻趣玄武"、"寻购玄武"5项青年消费榜单。团市委吕璟书记，玄武区委书记闵一峰为优秀组织奖颁奖。南京市商务局副局长富宁宏、玄武区委副书记林武平为优秀探店奖代表颁奖。本次挑战赛共吸引903位青年报名，探店263家，在抖音、B站、小红书等社交媒体发布探店攻略759篇，三大平台话题播放量达355.3万人次。

【区优少优辅评选表彰】 4月底5月初，玄武团区委、区少工委评选表彰玄武区优秀少先队员183名，优秀少先队中队辅导员83名，优秀少先队大队辅导员12名。

【"童心向党·唱响未来"主题活动】 5月底、6月初，玄武团区委、区少工委在"六一"期间开展"童心向党·唱响未来"——唱支山歌给党听，庆祝建党100周年主题活动，弘扬爱国主义精神，抒发学生的积极向党的情怀。活动共组织5所学校百人线上线下唱响红歌，同步开展线下百校百场红色接力"颂党爱党"快闪活动，充分展示党的光辉历史和伟大成就，教育引导未成年人心向党、跟党走，自觉培育和践行社会主义核心价值观，营造全区青少年爱党、敬党、颂党的浓厚氛围。

【玄武青年探百店之探秘城市"硅巷"暨网红达人青春创造营活动】 2021年6月5日上午，由玄武团区委、玄武区科技局、玄武区商务局联合主办的玄武青年探百店之探秘城市"硅巷"暨网红达人青春创造营启动仪式在玄武硅巷·南师大玄武科技园2号楼招商中心举办。团区委书记秦洁，科技局副局长沈超、南京猫猫种草网络科技有限公司总经理左皓，各街道(园区)团工委书记、"玄武青年探百店"挑战赛获奖团队、高校大学生、网络报名的青春探店官共计70余人参与本次活动。活动号召学员们在"创新周"前夕探秘玄武"硅巷"，体验新科技，拉动新消费，青春扬帆再出发。共发布特辑4期。

【"回信记心间 争做好队员"学习实践活动】 自6月起，玄武团区委、区少工委广泛宣传习近平总书记对少先队员的希望要求和给新安小学少先队员重要回信精神，各大队、中队开展"回信记心间 争做好队员"学习实践活动3000余场次，引导少先队员听党话、跟党走。

【玄武红色地标寻访行动】 6月底、7月初，玄武团区委、区少工委发动全区3万余名少先队员进行红色地标寻访，结合玄武红色资源，红领巾讲解员们自由选择中共南京地方执行委员会机关驻地遗址、中共南京地方执行委员会联络点遗址、东南大学、正元实业社遗址、全国学生抗日运动珍珠桥惨案旧址、江苏第一监狱遗址、梅园新村纪念馆、"五二〇"学生运动广场、吉兆营——中共南京地下市委情报系统联络站遗址、新生小学抗暴斗争遗址、近代史遗址博物馆、国民大会堂旧址、人民解放军第二野战军军事政治大学旧址等13个红色地标进行深入寻访。通过探访中国共产党的创建与大革命、土地革命战争、全国解放战争这三个时期的党史故事，引导少先队员们亲身感受100年来中国共产党艰辛的奋斗历程，激发他们爱党、爱国、爱社会主义的巨大热情。七一期间，寻访视频合辑连续3期被江苏少先队微信公众号转发。

【疫情防控青年志愿者行动】 7月20日起，新一轮新冠肺炎疫情在南京出现，团区委第一时间组建青年志愿者队伍，邀请驻区青工单位并肩作战，东郊国宾馆、南京地铁、南京银行、南京市交通集团等40家企事业单位参与。通过社区网格群，发动居民志愿者组建志愿者群10余个。发动餐饮行业携手抗疫，燕皇小厨、同庆楼、寻魏金陵十二菜等20多家餐饮企业积极参与。玄武青年共计9840人次参与疫情防控志愿服务，服务总时长达5.3万小时，用实际行动书写抗击疫情的青春担当。

【“七彩课堂”爱心公益暑托班】 7月，举办玄武区“七彩课堂”爱心公益暑托班2个，面向困境青少年以及快递小哥、网约车司机、双职工家庭子女提供暑期托管陪伴服务，共计覆盖62名儿童，得到多位家长的好评。

【文明交通劝导志愿服务】 文明城市创建活动期间，团区委广泛发动驻区高校、青工单位等建立文明交通执勤志愿者队伍，每天早晚高峰时段，为区重要交通路口提供保障4500余人次。

【“玄武青年探百店”第二季“最in玄武”青春生活节】 9月26号，“玄武青年探百店”第二季“最in玄武”青春生活节在艾尚天地广场的第五届南京玄武国际城市休闲旅游节开幕式上启动。活动共推出39款“最in玄武”消费套餐，通过“南京体验君”“南京消费发布”官方抖音账号直播与线上“嗨吃在南京”抖音小程序带货共计11703份，销售额131.7万元，观看人数达219万人次。国庆七天假期每日通过玄武发布、呦·玄武等微信号推送玄武“一日游”青春旅游线路，为游客和市民提供玄武深度打卡攻略，线路点击量达到3.2万人次。

【“最美中学中职生”寻访】 9月至10月，团区委开展了2021年度玄武区“最美职校生”“最美中学生”寻访活动，共寻访“最美中学生”25人，“最美职校生”4人。

【区委第二巡察组巡察团区委】 11月11日，区委第二巡察组巡察团区委工作动员会召开。会前，区委第二巡察组组长王茜主持召开与团区委书记王鹤的见面沟通会。动员会上，区委组织部副部长、公务员局局长、区委巡察工作领导小组成员赵虎对巡察工作提出要求，王茜就巡察工作作了具体部署，团区委书记王鹤主持会议并作表态发言。区委第二巡察组有关人员，团区委领导班子成员，区纪委监委派驻纪检监察组负责人出席会议；团区委中层以上干部等列席会议。

【玄武区中学中职学校“微团课”大赛】 11月11日，玄武区中学中职学校“微团课”线上大赛开赛。比赛中共决出教师组特等奖2名，一等奖3名，二等奖5名；学生组特等奖2名，一等奖3名，二等奖6名。通过本次大赛，挖掘了各学校在团员教育、团建工作中的先进典型、先进做法，通过公开课、现场观摩、经验汇编等形式进行宣传推广。

【团市委调研玄武区少先队工作】 11月18日，团市委副书记荣飞（主持工作）一行来到北京东路小学调研玄武区少先队工作。在调研中，荣飞充分肯定了玄武区和北京东路小学的少先队工作，并要求北京东路小学带头做出示范，形成经验；区少工委继续探索如何培养新时代少先队员的理想信念，共同推动少先队工作在新时代不断实现新突破、开创新局面、迈上新台阶。11月26日，团市委副书记荣飞一行来到玄武区调研红山街道曹后社区“社区青春行动”建设及小火车青年之家并进行座谈。调研结束后，团市委一行人还走访了江苏柯菲平医药股份有限公司和江苏省瑞华慈善基金会。

【上海市共青团调研小红梅青年之家】 10月26日，团上海市委副书记邬斌一行来到位于玄武区梅园新村34号的小红梅·新青年堂，调研玄武区青年之家工作。团江苏省委、团南京市委、团玄武区委相关负责人等陪同调研。

【青年马克思主义者培养工程】 11月24日，为大力推进青年马克思主义者培养工作，玄武团区委、区教育局、区少工委联合举办玄武区青年马克思主义者培养工程少先队辅导员培训班，全区共34位学员报名。团区委为参训学员建立了人才库，并将优秀学员向所在单位党组织推荐，为党培养和输送一批坚定的青年政治骨干。

【基层团干部培训班】 11月24日上午，玄武区2021年基层团干部培训班顺利开班。本次培训采用了集中培训形式，覆盖全区各级各类团干部80余人，包括各街道、园区、系统、企业、学校等直属团组织负责人，社区团组织书记，“两新”组织团组织书记代表等。培训班旨在推动各级团干部深入学习党的十九届六中全会精神，进一步加强和改进全区团的基层建设工作，提升基层团干部能力素质，提升履职能力，更好地为“强富美高”新玄武建设的现代化篇章服务。

【“玄武青年探百店”之探寻“文明之美”Vlog大赛】 12月10日下午，“文明之美”——玄武湖周边地区首届全民摄影大赛颁奖仪式成功举行，“玄武青年探百店”之探寻“文明之美”Vlog大赛由观众投票决出一、二、三等奖并进行颁奖。本次Vlog大赛旨在广泛发动网红达人青春创造营成员、青年群体，以镜头发掘玄武山水城林、以创意展现玄武文明故事、以新媒体手段传播文明之美，以“文明之美”塑造城市之魂，彰显城市之韵。

【共青团玄武区第十八次代表大会】 12月18日召开。区委书记闵一峰出席会议并作讲话，团市委副书记吴丹到会讲话，区领导杨乐华、许恺、吕璟、朱天龙、罗昌锋、刘诚、施扬、陈可科、张杰、任宁、邵睿出席开幕式。来自全区各领域各条线的167名团代表出席大会。各相关部门主要负责人，徐庄高新区、各街道分管负责人参加大会。会上，团区委书记王鹤代表共青团南京市玄武区第十七届委员会向大会作了题为《高举团旗跟党走 砥砺奋进建新功 为奋力谱写“强富美高”新玄武建设的现代化篇章贡献青春力量》的工作报告。大会认真总结过去5年全区共青团工作，研究部署今后5年全区共青团工作，选举产生共青团南京市玄武区第十八届委员会。大会号召全区广大团员青年坚决扛起“争当表率、争做示范、走在前列”重大使命，为奋力谱写“强富美高”新玄武现代化建设新篇章贡献青春力量。

【县域共青团基层组织改革全国试点】 根据2021年6月28日团中央《关于确定县域共青团基层组织改革试点地区的通知》（中青办通字〔2021〕55号），玄武区成功入选县域共青团基层组织改革全国试点。自改革启动以来，玄武团区委围绕本轮共青团改革的四个方面，结合玄武实际，研究制定了《玄武区共青团基层组织改革试点实施方案》（玄委办发〔2021〕32号）。通过本轮改革，坚持党建带团建，党政支持进一步增强；坚持加强校地社资源整合，团的组织进一步夯实；坚持狠抓队伍建设，团的活力进一步提升；坚持优化服务办实事，青年人心进一步凝聚。

（朱润宇）

·玄武区妇女联合会·

【概况】 2021年，在区委、区政府的正确领导下，区妇联深入学习贯彻党的十九大精神，扎实开展党史学习教育活动，团结引领全区妇女群众参与到疫情防控及生产生活各项工作中，为加快建设“强富美高”新玄武贡献巾帼力量。

【助学帮困】 实施“巾帼助困、春蕾计划”，全年发放慰问金4.3万元，53户困难家庭、5户困难党员、32名困难儿童、1人烈士遗孀得到资助。为50名困难母亲购买“康疗保险”和体检卡。“99公益日”与爱心企业和社会人士一起为困难女童筹措助学资金3.1万余元。

【女性社会组织座谈会】 1月18日下午召开。区内8家女性社会组织代表参加会议。会上，区妇联主席王荣深入浅出地介绍了妇联组织的性质以及“指间独秀”平台运作方式，挂职副主席黄晓姗就“社群经济”作了专业分享。会议讨论通过了《玄武区“指间独秀”综合服务平台运营管理规则（试行）》。会后，发布了《玄武区女性社会组织自律倡议书》，区民政局社会组织管理科科长王圆圆到会作了业务指导。

【学雷锋广场志愿服务活动】 3月5日，区妇联七色花巾帼志愿服务队参加由区委宣传部、区新时代文明实践中心主办的“文明践行、志愿有我”学雷锋广场志愿服务活动。活动在樱驼花园社区广场举行，巾帼志愿者们向前来参加广场活动的社区居民提供法律咨询，详细解答她们提出的相关问题，发放了《〈中华人民共和国民法典〉进家庭》等宣传资料，宣传“什么是家庭暴力”“如何预防和制止家庭暴力”以及“如何反对家庭暴力”等相关知识。

【妇联在身边　服务在指间"三八"宁姐广场服务活动】 3月8日,区妇联以"巾帼心向党　奋斗新征程　宁姐在行动"为主题,以"学党史、悟思想、办实事、开新局"为内容,在宁姐广场开展服务活动。活动中,玄武区女性社会组织协同发展中心正式揭牌,区妇联发布了"妇联在身边,服务在指间"《玄武妇联服务地图》,"指间独秀"平台的妇女微家和女性社会组织也首次线下集体亮相,现场提供家庭教育指导、心理健康咨询、亲子游戏等服务及手作产品。玄武区法院、税务、卫健等部门的巾帼志愿者在现场开展了相关咨询活动。南京市巾帼文创联盟参与了现场展示活动。

【特色党史宣讲活动】 4月22日,区妇联举办了"传统文化之非凡体验——用书刻艺术纪念中国共产党建党100周年"宣讲活动,活动邀请国家一级美术师、中国书法家协会会员、中国刻字研究会副秘书长袁茂林主讲。袁茂林用朴实的语言阐述了为什么只有共产党才能救中国的道理,并通过"雨花英烈、晓庄英烈、渡江纪念馆、云台山"等自己创作的书刻作品,让大家在雕、琢、切、磋的真、草、隶、篆书体中感受书刻之美,在党史故事中感受共产党人的初心和使命。

【社会组织妇女联合会】 1月22日,玄武区社会组织妇女联合会第一次代表大会隆重召开,来自18个社会组织的25名妇女代表参加了大会。区民政局、区妇联分管领导出席了此次大会。大会选举产生了玄武区社会组织妇女联合会第一届执行委员会委员,并召开第一届第一次执委会,选举产生执委会主席和副主席,玄武区社会组织妇联正式成立。

【"家庭文化月"特色活动】 5月7日,玄武区"家庭文化月"特色活动暨孝陵卫街道家校社协同共育家庭教育支持行动,在北京东路小学紫金山分校拉开帷幕。活动由玄武区妇联、金陵科技学院妇联共同发起,遵从并践行陶行知先生"生活即教育"的理念,发挥各自优势,协同街道、社区、社会组织等资源,提供课程、师资等保障,依托北京东路小学紫金山分校已有的园艺种植特色活动,创设"园艺与健康"课程,并围绕"助力孩子健康成长"设计体验式活动——园艺花园中的亲子心灵之约,让家长、社区可以持续地参与其中,营造有利于儿童成长的教育生态环境。省、市、区妇联和金陵科技学院等领导和嘉宾、北京东路小学紫金山分校的老师、学生及家长200百余人参加了活动。活动现场,领导和嘉宾为金陵科技学院大学生志愿服务基地揭牌、向教师和志愿者颁发了聘书(证书)。为积极响应"三全"家庭教育支持行动,家长们发起"家校社"协作共育的倡议。金陵科技学院园艺种植专家夏重立介绍"我的心灵花园"课程大纲,王耘副教授向家长和同学们主讲了"园艺与健康"第一课。

【省市区妇联携手开展党史学习"共学共建"活动】 6月9日,区妇联携手省市妇联开展党史学习教育"共学共建"活动。省妇联主席张彤、副主席康莉、省纪委派驻省总工会纪检监察组组长张国兴、市妇联主席谈健、市纪委派驻市总工会纪检监察组组长缪德阳等一行20人,来到省家庭教育指导服务示范社区和公益性心理咨询服务中心建设示范点——南京市玄武区百子亭社区走访调研。在百子亭社区党群服务中心,一起参观了社区家长学校、心理咨询服务中心等妇女儿童服务阵地,听取了社区妇女儿童工作情况介绍,了解家校社协同育人情况,重点了解省政府两项关爱妇女儿童民生实事——家庭教育指导服务示范社区和公益性心理咨询服务中心建设情况。随后,党员们来到南京明故宫遗址公园内"虎凤蝶"旅创空间,上了一堂红色沉浸式党性教育体验课:在省妇联领导的领誓下,全体党员重温了入党誓词;在"宁听有声互动墙"前,三级妇联党员干部朗诵了"党在我心中",以沉浸式的方式对党告白;共同观看了雨花台英烈视频;一起畅谈了学习党史的心得体会。

【基层妇联干部暨巾帼骨干培训班】 6月18日,区妇联在区委党校举办2021年基层妇联干部培训班,区、街道、社区三级妇联70余人参加培训。本次培训课程涵盖"四史"学习、心理培训、业务培训、视频制作和拍摄,内容丰富,实用性强,为今后大家做好妇联工作打下基础。

【第16期公益夏令营】 7月8日，区妇联举办了第16期公益夏令营。上午，20名困难家庭的孩子走进海底世界，观看了海豚表演，开展了精彩的游戏。下午，老师将"四史"学习融入趣味活动，带领孩子们通过观看红色动漫《那年那兔那些事儿》了解中国近现代历史的发展进程；通过制作南湖红船，了解中国共产党的发展史；通过红色连环画阅读，了解在战争年代为党和国家做出巨大贡献的英雄人物和英雄事迹。最后，老师还贴心地教给孩子们安全常识，让孩子们认识到假期自我安全防护的重要性。

7月8日，区妇联举办第16期"七彩梦"公益夏令营　（区妇联　供图）

【"真情手拉手，爱心献春蕾"红色之旅活动】 11月27日上午，玄武区妇联联合爱心企业家，开展"真情手拉手，爱心献春蕾"红色之旅活动。来自玄武区不同学校困境儿童代表及家长40余人参加活动。在梅园新村纪念馆参观学习后，爱心企业家为每位困境儿童发放了助学款，并叮嘱同学们在新学年要努力学习，取得好成绩。

【国家宪法日宣传进社区活动】 12月3日，区妇联在樱驼花园社区广场，开展以"国家宪法日·巾帼在行动"为主题的国家宪法日宣传活动。活动中，志愿者们耐心为居民解答相关法律疑问，并告知居民在自身合法权益受到侵害时求助的快捷途径。活动现场发放《中华人民共和国反家庭暴力法》《江苏省妇女权益保障条例》《中华人民共和国家庭教育促进法》等宣传资料200余份。

【"十四五"妇女儿童发展规划专题研究会】 12月27日召开。区政府副区长、区妇儿工委主任邵睿出席。会上，区妇联介绍了区"十四五"妇女儿童发展规划的编制情况，并对妇女儿童发展规划进行了解读，各成员单位现场发表了修改意见和建议。邵睿对玄武区五年来妇女儿童事业发展取得的显著成绩给予肯定，对未来五年进一步做好玄武区妇女儿童工作提出四点要求：一要高度重视。强化组织领导，定期召开区政府妇儿工委会议，明确目标任务，抓住重点难点，全面构建区妇儿民生事业发展新格局。二要明确责任。党委领导，政府主责，妇儿工委协调，多部门合作，全社会参与，形成工作合力，共同推进玄武区妇女儿童工作。三要定期评估。区妇儿工委办要成立"十四五"妇女儿童发展规划评估小组，监测规划实施成效和进展情况，交流阶段成果，不断提升妇儿民生事业发展新水平。四要营造氛围。妇儿工作涉及千家万户，希望各部门发挥自身资源，群策群力，确保规划全面实施，以更加务实高效的举措推进玄武区妇女儿童事业发展再上新台阶。

（邓小琳）

·工商业联合会·

【概况】 区工商联现有会员企业1972家。所属商会52家，覆盖全区主导产业及新兴产业。其中，街道商会7家，园区商会1家，行业商会8家，社区商会36家。以创建全国县级"五好"工商联"六连冠"为主线，全面推进国家、省、市"四好"商会三级联创，有3家商会在创建国家级"四好"商会，4家商会荣获江苏省"四好"商会，其余商会均被评为南京市"四好"商会。2021年，区工商联坚决贯彻落实区委、区政府既定部署，始终坚持"两个健康"发展方向，进一步加强政治能力、加强商会发展、加强会员服务、加强自身建设，在建设"强富美高"新玄武的征程中体现工商联担当。

【第九次会员代表大会】 12月21日召开。市委统战部副部长、市工商联党组书记丁铭，区委书记闵一峰出席会议并讲话。区委副书记、区长钱维，区人大常委会主任杨乐华，区政协主席许恺，区委副书记吕璟，全体区委常委，区政府分管领导，市委统战部、市工商联相关处室负责人，区人民团体代表，近200名区工商联会员代表出席会议。会议选举产生了区工商联第九届执委会、常委会及领导班子，德基广场有限公司总经理吴铁民当选为区工商联第九届执委会主席。会议提出今后五年区工商联的工作思路为：深入学习贯彻习近平新时代中国特色社会主义思想，按照区第十二次党代会的既定部署，紧扣“两个健康”方向，围绕全区工作大局，突出“服务发展、服务基层、服务企业”工作主题，树立“有先必争、有旗必扛、有冠必夺”的自觉追求，坚决扛起“争当表率、争当示范、走在前列”使命担当，全力争创全国“五好”工商联“七连冠”，全力推进“四好”商会全国省市“三级联创”，全力打造最优营商环境，在“强富美高”新玄武建设的新时代新征程中奋力开创工商联工作新局面。

12月21日，玄武区工商联第九次会员代表大会召开　（区工商联　供图）

【全国“五好”县级工商联“六连冠”】 根据全国工商联印发《关于确认2020—2021年度全国“五好”县级工商联的通报》（全联发〔2021〕25号），区工商联荣获全国“五好”县级工商联“六连冠”。区工商联不断提高政治站位、找准工作定位、勇于争先进位，全力提升“五好”工商联建设质效，整体工作持续位居全市工商联系统“第一方阵”。建立全区民营经济统战工作协调机制，出台《关于贯彻落实加强新时代民营经济统战工作实施意见重点任务分工方案》，将“促进商会改革和发展”纳入全区“一项重点改革任务”。推进商会党组织、社区商会、“商会+”统战工作“三个全覆盖”，探索出具有玄武特色的民营经济统战工作实践创新之路。建立保护民营企业合法权益协调机制，开展“大走访、大调研”“走民企、送政策、送服务”“春雨润苗扶民企、金融服务助民企”行动，实现工商联所属商会“促进民事纠纷多元化解”“万所联万会”机制全覆盖。持续开展“迎春送温暖”“万企联万村、共走振兴路”“会帮会、企帮企”行动，引导商会企业积极参与光彩事业。

【“百年忠诚——讲述百年党史故事，展现优秀企业风采”音诗画活动】 为庆祝中国共产党成立100周年，深入推进党史学习教育，传承红色基因，牢记初心使命，弘扬新时代优秀企业家精神，5月20日，由玄武区委统战部、玄武区工商联主办的“百年忠诚——讲述百年党史故事，展现优秀企业风采”玄武区庆祝中国共产党成立100周年音诗画活动，在南京图书馆一楼大厅举办。市委统战部副部长、市工商联党组书记丁铭，南京图书馆党委书记韩显红，区委常委、统战部部长朱天龙出席活动，来自省市区工商联机关、南京图书馆、梅园街道及商会党组织近百名党员参加活动。活动以“红船精神”“延安精神”“爱国主义精神”“优秀企业家精神”为主线。以经典革命歌曲、诗朗诵、舞台剧为载体，通过“音诗画”相结合的独特表演形式，引领观众穿越时空，重温中国共产党走过的百年历程，感知信仰的伟大力量。

（张　晖）

（栏目编辑　刘心林）

法治

社会治安和综合管理
公安
检察
法院
司法行政

社会治安和综合管理

【概况】 2021年，区委政法委坚持以习近平新时代中国特色社会主义思想为指导，深入贯彻中央、省、市政法工作会议精神，认真学习贯彻全区深化对标找差创新实干推动高质量发展大会精神，坚持系统观念、法治思维、强基导向，以打造平安稳定社会环境为目标，强化源头治理，夯实稳定根基；以服务发展大局为导向，深化改革创新，增亮法治底色；坚定不移推进全面从严治党，统筹推进疫情防控和政法工作高质量发展，为建设“强富美高”新玄武，护航“争当表率、争做示范、走在前列”大局提供了坚强政法保障。

【群众安全感建设】 2021年，区委政法委聚力提升群众安全感，不断拓展平安建设的广度和深度，全方位提升守护人民群众平安的层次和水平。扣紧责任链，召开9次社会矛盾和安全隐患大排查大整治行动领导小组会议，深化拓展风险防控联合研判机制，建立健全重大风险防控体系，确保了全国“两会”、建党100周年、十九届六中全会等重要节点平稳度过。完善加强政法领域意识形态工作制度规范，广泛开展落实“三个规定”政策教育等宣传工作，组织15人入驻政法网宣指挥调度平台。紧盯社会公众安全感等指标，依法严惩渗透颠覆破坏、暴力恐怖、宗教极端等犯罪，开展打击电信网络诈骗百日攻坚会战，开展法治文化巡回讲坛60场，开展平安建设集中宣传活动178场，推动信息化平台建设，社会心理服务体系建设有序进行，常态化扫黑除恶稳步推进。

【“网格化+”基层社会治理模式】 2021年，区委政法委以完善“网格化+”治理机制为主攻方向，深化集成改革，打造各项要素完备、具有玄武特色的基层社会治理新格局。覆盖网格点，完善“网格+警格”“网格+防疫”等“网格+”模式，推动1412名政法网格员开展“进网入格显担当　我为群众办实事”“梳网清格”等活动，推动各方力量参与网格化治理，实现615个网格“三官一律”全覆盖。找准侧重点，聚焦基层基础，推进综治中心、社会治理(应急管理)综合实践基地建设，优化“玄武一网通”平台，完成网格员信息、标准地址关联网格、专属网格信息等相关数据大会战工作，构建“平时组团服务，战时组团攻坚”机制，打赢疫情防控、文明典范城市创建主动仗。化解矛盾点，发扬新时代“枫桥经验”，建设“矛盾纠纷调解和法律咨询服务”工作站点，上线“政法网格员为民服务平台”，选树一站式矛盾纠纷调处示范平台和矛盾纠纷就地化解示范社区，分批组织网格员骨干参与矛盾纠纷化解、信息化专题培训班，有序开展“察民情访民意”调研走访，把矛盾隐患发现在早、处置在早。

【政法改革】 2021年，区委政法委持续深化政法改革，推出一系列基础性、创制性举措，多途径护航全区高质量发展。强化平台应用，推进政法业务协同系统2.0版应用，建立单轨制运行问题清单，试运行涉案财物信息集约化管理和网上流转，共线上流转刑事案件1323件，文书8900份，提出合理化建议23条，办案信息化、智能化建设得到提升。强化工作效能，建立涉法涉诉信访案件清查工作清单，使用司法救助资金66万元，全区涉法涉诉信访存量和新增信访量呈明显双下降趋势。建立非法集资陈案处置“六有”工作机制，执结非法集资陈案32件，完成年度处置任务的100%，得到市领导的肯定。强化公共服务，持续优化营商环境，推进“放管服”改革，加大“互联网+政务服务”力度，落实“好差评”制度，建立区产权保护联席会议制度，依法保障和服务民营企业健康发展。

【政法队伍建设】 2021年，以政法队伍教育整顿为抓手，抓实清除害群之马、整治顽瘴痼疾、弘扬英模精神、提升能力素质“四项”任务，打造政法铁军。牵头区教育整顿工作领导小组办公室职责，下发各类文件、方案和意见50余个，每周发布工作指引，周密部署，指导推动区政法各单位有序落实教育整顿“三个环节”工作要求。深化学习教育，深入学习贯彻习近平总书记“七一”重要讲话精神，开展“学习恩来精神，践行忠诚为民”活动、“三个规定”宣讲和领导干部公开承诺行动，开展政策宣讲、警示教育大会，推动全委干部深化学习、接受教育、检视差距、改正问题。全面查纠整改，把政治建警摆在突出位置，开展多轮次、多层级谈心谈话和两轮以上自查事项填报，领导干部带头以普通党员身份参加组织生活会，带头开展“政治忠诚”剖析，进一步肃清王立科流毒影响，净化风清气正干事创业的政治生态环境。强化总结提升，建立完善政法干部联系点制度，利用手机平台向全区常驻居民2次发送教育整顿公益短信，在全区重要位置悬挂700余条教育整顿宣传横幅，召开3次征求意见座谈会，主动征集采纳群众意见80条，提升教育整顿效果。开展教育整顿“回头看”，聚焦执法司法、正风肃纪、能力素质等方面短板，加快建章立制，做好整改“后半篇文章”。（杜　旭）

公　　安

【概况】 2021年，面对复杂环境和繁重任务，玄武分局以习近平新时代中国特色社会主义思想为指导，深入学习总书记在庆祝建党100周年大会上的重要讲话精神，在市局党委和区委区政府的坚强领导下，认真贯彻省厅“六六战略”，落实市局“十大攻坚提升行动”，改革创新、锐意进取，全力维护了玄武社会大局平安稳定和人民群众安居乐业，为保障经济社会发展做出了重要贡献。

【文明宣传】 玄武分局文明宣传工作从红色资源挖掘、宣教阵地建设、精品课程研发、文化活动策划、为群众办实事等五个方向发力。围绕“我为群众办实事”，重点挂牌项目石城“综窗云创”获全国公安基层技术革新大赛一等奖、全省科技强警一等奖。宣传有效发声凝聚人气民心，精心策划运营“玄武公安政能量融媒体工作室”，构建随警作战、多端采集、多种生成、多元传播的宣传生产链，全年在中央及省市主流媒体发稿630条，摄影、快播短视频、精品视频等多个融媒体产品在中国正能量“五个一百”网络精品评选活动、平安中国和平安江苏“三微”大赛、全市政法优秀新闻作品评选活动中先后斩获7个奖项。推出“全国扫黑除恶先进集体”预审大队、“全国公安机关成绩突出青年集体”、“全国青年文明号”政务服务管理大队、“南京最美警队”新街口派出所等一批先进集体个人。

【治安维稳】 玄武分局创新管理方法，坚持开展常态性交叉互查，以暗查反查评估管理质态，以问题为导向有针对性地研究解决难题、弥补不足，推进落实有效的管理措施，使治安基础行业管理实效取得实质性提升，全年无一起被上级查处的涉场所违法犯罪案件。有效开展黄赌娼警情压降，定期研判分析分局各所娼赌警情并与全市各所警情数开展动态对比，及时牵头各所开展重点整治和恶意警情的认定消除工作，对虚报、谎报警情人员及时有效打击。在建党100周年大

11月9日，公安玄武分局到南京外国语学校国际部举行禁毒讲座
（公安玄武分局　供图）

庆安保维稳战时冲刺阶段前期，制定《玄武公安分局群防群治工作指引（试行）》，动员部署平安志愿者参与大庆安保工作，确保建党100周年大庆前期社会面有序平稳。

【队伍建设】 在“教育”环节上，创新学习形式，进一步抓牢警示教育。把风险隐患早发现、早介入、早预防作为纪检监督工作的重中之重，用好身边红色资源，在警示教育中汇聚奋进力量。通过组织观看警示教育片、常态化编发违法违纪案例、开展送纪下基层、开展爱廉谈话等活动方式，用身边事教育身边人，筑牢分局民警思想防线，营造风清气正的警营氛围。在“预防”环节上，坚持多措并举，进一步抓好风险防控。深入自查自纠，在思想上筑牢“防火墙”。将“爱廉谈话”和队伍教育整顿期间谈心谈话工作相结合，组织全局各级领导干部开展廉政谈话2355人次，在达到全警覆盖的基础上，动员广大民警放下思想包袱、主动向组织说明问题。切实做好民警维权慰问，鼓励民警敢于执法、依法执法、及时维权，全年对19人次民警及辅警进行维权慰问。

【疫情防控】 玄武分局强化责任担当、坚持守土有责、守土尽责，发挥公安优势，在建强指挥体系、做优数据研判、做实闭环处置上下功夫，扎实做好疫情防控工作。主动融入全区疫情防控大局，全面对接区疫情防控指挥部相关工作组，配合处置了上海迪士尼乐园、额济纳旗包车旅游人员返宁等系列重大涉疫突发事件。推动市、区指挥部解决“苏康码”赋码转码等政策性盲点问题。突出“快、准、细、实”，不断创新优化分局数据清洗、筛查、完善、流转机制，累计梳理研判各类涉疫人员10万余人次，为全区疫情防控工作提供精准支撑。加强社会面巡逻防范，加大一线警力培训力度，落实涉疫警情有关处置规范，全年处置涉疫警情2417起，配合做好疫情全员核酸检测、隔离点值守等各项工作，累计出动警力8000余人次，确保了社会面大局平稳可控。

【金融治理】 将“防范非法集资犯罪活动”作为分局为民服务的具体举措，通过与政法系统的协作加大非法集资犯罪处置力度，通过与玄武区地方金融监督管理局保持常态化联动、充分发挥网格员作用扎实开展工作，目标明确，量化到每个民警，确保为民活动落到实处。2021年，共接待国盈、瑞泽、福中等重点案件投资人上访29次，接待投资人代表270人次，上报情报信息35条。有序推进专业化打击。对在办案件线索进行梳理和分析，有效完成金融、知识产权、涉税、商贸等领域的各项会战。

【扫黑除恶】 2021年，玄武分局侦办了一系列重特大案件，扫黑除恶中央督导组督办的“云轩”“明发”组织卖淫案件、省厅挂牌督办的廊坊网络套路贷涉黑恶案件、公安部做经验交流推广的全国集群战役“悦聊”电诈团伙案件等。在办理各类涉黑恶案件过程中，办理九类黑恶案件中公诉、判决嫌疑人100人。侦办5～15人涉网黑恶团伙1个：以陶某为首的犯罪团伙诱骗受害人下载裸聊App并以裸聊视频截图威胁，对被害人进行敲诈勒索，共抓获嫌疑人27人，起诉8人，破案4起。侦办15人以上涉网黑恶团伙2个：抓获张某某套路贷犯罪集团嫌疑人17人，起诉16人，破案22起；抓获王某套路贷犯罪集团嫌疑人31人，起诉16人，破案33起。

（张逸凡）

【交通管理】 2021年，交警一大队众志成城，全力以赴做好建党100周年、省市“两会”、国家公祭日、梅花节、樱花节安保任务，梳堵保畅压降事故；大队利剑出鞘，重拳整治交通违法行为，深入推进“猎豹行动”、戴盔上牌等专项行动，综合打击措施精准有力；大队“一盘棋”展现迎查主力军担当，共推文明典范城市示范片区交通秩序治理常态化、长效化；大队下好先手棋，打好主动仗，主动排查道路设施隐患，源头监管不松懈，精准宣传进社区，持续开展安全生产“零酒驾”等系列交通安全宣传活动。在新冠疫情防控、道路安全专项整治、交通秩序治理、文明城市创建、重要安保等艰难险重工作中勇挑重担，取得了优异成绩。大队荣获全市创建文明城市优秀单位、玄武区高质量发展先进集体思想政治工作先进单位、市公安局先进关爱工作站等荣誉，第一党支部荣获2020—2021年度“先进基层党组织”称号。马萧被市公安局申报参选“全国优秀人民警察”，孙巍荣获南京市“岗位学雷锋标兵”“江苏省公安机关成绩突出党员民警”称号。按照“防疫+”思路，大队细化制定梅花节、樱花节等节假日大流量应急预案，同步强化外围管控，最大限度防止游客聚集滞留。一大队全力保证鸡鸣寺路及周边道路的交通秩序的报道登载在《人民日报》与“学习强国”平台。7月，南京疫情告急，大队全力做好核酸检测点和疫苗免费接种点的秩序维护和周边交通管控工作，同时抽调精干警力支援高速五大队“离宁查验点”工作。其间，大队共出动警力5000余人次，警车、警摩800辆次，支援高逗防疫点1处，支援社区防疫站点8个，建立1处绕城公路防疫检查站，累计检查疫源地车辆200辆、协助劝返车辆8辆。大队总结2020年“小灶”经验做法，常态运行工作专班，完善交通事故年度、季度、月度分析和死亡事故“一案一析”研判机制，每周例会研判会商，推广实施精准预防压降道路交通事故。强化公共安全风险库应用，联动区交通、建委、水务等部门，2021年共排查各类道路交通安全隐患401起，整

5月20日，一大队民警在北京东路小学进行“一盔一带”交通安全课
（玄武区交警一大队　供图）

改完成401起，整改率达100%。配合开展智慧停车、共享停车试点，优化11处堵点交通组织，保障15个重大项目施工建设。优化信号配时纳入全市民生事实项目，共优化调整56个路口信号配时，共修复信号灯800余起，调整维护交通标志、护栏4000余起，复划调整交通标线2万余平方米，有力提升交通设施规范化水平，进一步提升群众出行体验。开展源头安全隐患大排查大整治，多次召开全区重点运输企业安全生产会议，联合交通运输部门对813辆“两客一危”车辆、驾驶员668人进行性质核查，累计检查“两客一危一货”企业18家216次，下发整改通知书44份，清理车辆及驾驶人隐患44个。按照省公安厅“六六战略”、市公安局现代警务战略和江苏省公安厅交通警察总队“六型交管”部署要求，把握“十四五”交通管理形势任务，深入实施市交管局“1235”现代交管警务体系改革，加快构建“情指勤督舆”一体化指挥调度格局，夯实“强基”“共治”两大交通治理基础工程，提升安全防控、秩序治理、便民服务三类现代交管核心警务能力，深化现代勤务、智慧交管、法治交管、文明宣传、“四铁”警队五项现代警务支撑保障机制，为新时期提升玄武区交通治理能力和现代化交警警务水平绘制了发展蓝图。试点应用“阡陌金陵”指挥调度平台，深入推进点对点扁平化派警，空地隧、立体化指挥调度体系更加实战高效。在警网融合“三长”共治覆盖全区7个街道、22个网格和100余名执法力量基础上，推行“岗段长+路巡长+片区长”管理模式，主动对接区街政府、街道城管及社区网格员力量，顺利组建了铁骑警组，加快警格网格双网融合，推动交通治理网络化，累计上报问题23个，机动车违停558起，清

拖车辆112辆，整治8起占道经营，12起倚门出摊，扣留3辆瓜果车。联合开展全网格集中统一行动6次、农贸市场专项整治43次、交通安全宣传12次。大队落实研判统筹推进，以旅游景区和快速路为重点强化阵地控制，整治机动车飙车、炸街、酒驾、货车超载等乱象，同时对于非机动车违法和违停查处不放松。2021年，大队共登记劝导未按规定佩戴安全头盔的非机动驾驶员22883人，现场处罚非机动车、行人交通违法21061起，其中处罚未按规定佩戴安全头盔的非机动驾驶员677起；查处快递外卖交通违法和不符合六统一标准共3799起；通过鹰眼战车和监控抓拍违停16292起、贴单和现场处罚违停25786起、清拖违停车辆1004辆，整治效果取得明显效果，重点路段停车秩序更加有序。做好电动自行车临时信息牌登记工作，发动社区街道、小区物业、网格员、志愿者等全面参与，各街道（社区）、园区设置上牌点方便群众就近办理，开通2辆流动服务车，提供上门服务，累计办理临时信息牌2.4万余块，路面电动车挂牌率大幅提升。大队与省市主流媒体合作制作、播出新闻，围绕醉驾入刑10周年、铁骑成立4周年等开展专题宣传；妥善应对西安门隧道追逐竞驶；深入推进精准宣传，制定“1+5+N”实施方案，以“精准宣传进社区”宣传为载体，开展“一盔一带”和“零酒驾”等系列交通安全宣传活动，2021年，大队累计开展各类宣传活动80余次，赠送安全头盔400余个，悬挂更新标语横幅86幅，发放各类文明交通宣传品万余份，路面秩序得到改善，市区内戴盔骑行比例大幅提高至95%以上，骑乘佩戴头盔成为全民自觉、社会风尚。同时邀请媒体随警作战，利用微信、微博、抖音等网络新媒体的传播优势弘扬警队正能量。

（黄晶晶）

3月6日，蒋王庙社区交通文明宣传活动　　（区交警一大队　供图）

检　　察

【概况】　2021年，区检察院党组在区委和上级检察院的正确领导下，坚持以习近平新时代中国特色社会主义思想为指导，深入践行习近平法治思想，全面贯彻《中共中央关于加强新时代检察机关法律监督工作的意见》（以下简称《意见》），认真贯彻落实区第十二次党代会精神，紧紧围绕全区中心大局，积极履行宪法和法律赋予的监督职能，着力提升四大检察工作质效，努力为全区高质量发展和促进区域治理现代化保驾护航。获评江苏省“五好”基层检察院，连续三届获评江苏省文明单位，连续六年获评南京市检察机关先进检察院。

【疫情防控】　迅速响应党中央和省市区委“两在两同”建新功行动部署和要求，先后派出1000余人次下沉社区轮班值守，全程参与辖区点五次全员核酸检测，协同社区排查重点人员线索，向仙居雅苑、板仓等社区捐赠抗疫物资，5名青年干警赶赴防疫集中隔离点值勤保障，携手筑牢抗疫防线。

【平安玄武】　精准打击各类刑事犯罪，办理审查逮捕案件181件279人，审查起诉案件711件1245人，全力维护国家安全、社会安定、百姓安宁。落实总体国家安全观，办理邪教类、外国人犯罪案件21件25人，防范各类渗透破坏活动。严打非法集资案，受理审查逮捕12件14人，审查起诉31件66人，慎重办理涉案金额36亿元的福中集团、杨宗义等22人非法集资案，受到集资参与人的肯定。严惩网络电信犯罪，开展针对电信网络诈骗源头犯罪的“断卡”行动，批准逮捕17人，维护清朗网络空间。

4月28日，醉驾入刑十周年普法活动 （区检察院 供图）

【优化营商环境】 聚焦玄武打造“全域创新、全链培养”品牌，落实省检察院服务民营经济“25条意见”，强化涉民企案件专项监督、涉案财物快速返还、“十项服务承诺”等机制运用，持续营造法治化营商环境。完善检察办案保护创新创业机制，有序推进企业合规试点探索，利用“驻企检察官”、法律风险提示函、检察建议等方式，助推创新创业企业合规健康发展。

【市域社会治理】 不断完善“大数据+网格化+铁脚板”治理模式，用好用足政法网格员制度，通过“精准普法月月行”活动，组织开展法律宣传30余次，发放宣传册1800余份，参与化解社区棘手矛盾，一案例入选市域治理典型案例。邀请人大代表、特约检察员开展不起诉、控告申诉案听证会5场，引导第三方参与案件释法说理工作，促成刑事和解13件。牵头举办酒吧法治研讨会、宣讲会，督促70余家酒吧集体签署十项承诺，推动构建社会协同护佑机制，为国际消费城市中心区建设营造健康消费环境。高度重视社会风险排查和稳控，坚持群众信访件件有回复，协调联动做好维稳工作，办理各类信访事项97件，努力将矛盾化解在基层、问题解决在前端，促进市域治理效能效果显著，荣获“全国文明接待室”称号“五连冠”，系南京市检察机关唯一获此荣誉的基层检察院。

【刑事监督】 坚持在办案中监督、在监督中办案，持续做优刑事诉讼各环节监督。监督刑事侦查立案、撤案28件，纠正侦查活动违法27件，纠正漏捕漏诉46人，其中49人（含2020年纠正漏捕漏诉人员）被判处有期徒刑以上刑罚，2件案例被评为全市“十佳侦查监督案件”。开展“诉判不一”专项审判监督活动，提出提请抗诉均被法院采纳。检察长3次列席审委会，依法履行监督职责。针对刑罚执行和刑事强制措施执行问题，制发纠正违法通知书25件、检察建议书6件，监督判实刑罪犯未交付执行收监4人，坚决杜绝“纸面服刑”，一案例入选2021年度市十佳案件。

【民事行政公益诉讼监督】 积极打击虚假诉讼行为，提出再审检察建议均被法院采纳，办理的再审检察建议案入选省检察院护航民企典型案例。帮助弱势群体通过支持起诉案43件，草拟全市支持起诉规则被最高检调研肯定，确认劳动关系纠纷支持起诉案被入选高检院申报指导性案例，供全国参考适用，是全市检察机关仅有的2件指导性案例之一。联合开展土地执法查处领域行政非诉执行监督工作，实质性化解行政争议纠纷。发出行政诉前检察建议57件，提起行政公益诉讼、刑事附带民事公益诉讼5件，通过保护公益促进依法行政。开展“公益诉讼守护美好生活”专项监督活动，积极筹建玄武区文物和文化遗产公益保护联盟，办理的全市首例公民个人信息保护刑事附带民事公益诉讼案，推动形成治理合力，督促保护视障人士交通出行安全行政公益诉讼案入选全省公益诉讼典型案例。

【未成年人检查工作】 从严惩处拐卖新生儿、拉拢引诱未成年人参与跨境“洗钱”案等侵害未成年人案件，支持一名被“托管班”工作人员性侵的女童家长起诉托管机构，创新方式协助维权。赴居住地集中讯问犯罪未成年人20人次，降低涉罪未成年人诉累。践行恢复性司法理念，开展跨省市异地协作附条件不起诉考察帮教13人，为被害未成年人及监护人开展心理疏导14人次，持续落实检警协作临界预防机制，聘请公益诉讼观察员、跨省异地协作办案模式等经验被省检察院未成年人检察会议推广。落实强制报告和入职查询制度，向国家机关、医院、教育等单位送达强制报告宣传手册5000余份。

【队伍建设】 2021年，深入开展党史学习教育和政法队伍教育整顿活动，坚持学习教育常态化，院领导上讲台领学习近平总书记系列讲话精神、习近平法治思想等专题授课20余次，狠抓查纠整改3轮次，组织谈心谈话166人次，制定顽瘴痼疾整治7项具体方案，核查重点案件3100余件，保证队伍可靠、忠诚、纯洁。南京市委主要领导、中央第六督导组、省派驻南京督导组先后到区检察院调研督导，并予以充分肯定。大力实施人才兴院计划，建立健全挂职锻炼、精品案件评比等机制，聘请院外行政机关各领域专业人才担任检察官助理，协同办理疑难复杂案件。9人次获省、市检察院竞赛活动标兵、能手。充分发挥“阳光未检”“钟山法学社”特色品牌引领，搭建文化育检平台，精心打造“书香检察”。“向阳花”未成年人办案团队获评全省优秀办案团队，钟山法学社作为全市检察机关唯一社团获评市社科联创新案例。

（汪倩倩）

法　院

【概况】 2021年，区法院统筹抓好发展和安全，注重稳中求进、守正创新，审判工作有亮点，服务大局有成效，司法能力有提升，队伍建设有成果，各项工作取得新成效，为高质量推进“强富美高”新玄武建设做出了应有贡献。全院受理各类案件27245件，审结24308件，法官人均结案486件，全院集体和个人获得各类荣誉67项。

【疫情应对】 疫情防控关键时期，组织全院干警奔赴一线，开展排查采样、复工审查等志愿服务2000余人次。升级“云上法院”，网上立案13976件、线上开庭986次、网上调解4839次、保全查控3140件，实现为民办事“不打烊”。守住社会稳定“安全线”。

【群众权益维护】 建立健全加强线索摸排、优化统筹办案等7项工作机制，推动扫黑除恶常态化、长效化，被表彰为全省法院扫黑除恶专项斗争先进集体。依法审结涉外刑事案件5件5人，严惩暴力恐怖等犯罪8件11人，维护国家安全和政治稳定。依法审理非法吸收公众存款等涉众型经济犯罪案件28件，严厉打击新型电信网络诈骗犯罪案件44件163人，涉案金额近1300万元，追赃挽损近500万元，守护群众“钱袋子”安全。制定出台十项司法举措，一体推进新消费格局构建。与区工商联签署合作框架协议，共同化解涉企纠纷。开展“多方联动　守护创新”知识产权保护周活动，与徐庄高新区签订诉调对接合作备忘录，设立知识产权维权中心，与玄武区、栖霞区市场监督管理局签订合作协议，打造最严格知识产权保护。服务保障生态优先、绿色发展，审结各类环境资源案件223件。一案入选全省法院环境资源保护十大案例，一案在国务院“司法审判服务保障全面建成小康社会”新闻发布会上获点名肯定，载入最高法院年度工作报告。践行修复性司法理念，与省法院、省农业农村厅等联合开展增殖放流、植树增绿等活动，与11家单位先后共建5个司法保护基地，打造山水林田湖生态修复工程。构建共治“朋友圈”，与沿滁河流域8家检察机关推进跨省域司法协作，与江阴、如皋法院携手打造长江流域（江苏段）司法协作常态化机制。

7月15日，第五届“马克思主义·青年说”系列活动之江苏省高级人民法院专场活动
（区人民法院　供图）

【司法改革】　成立“紫金”少年家事协同保护中心，探索构建“N+3”机制，汇聚妇联、公证、律协、社会组织多元解纷力量，审结567件家事案件，调撤率达69.8%，多次被国家级媒体宣传报道。疫情期间为未成年人开展专题线上直播法治课，近1.4万人观看，获4.5万人次点赞。与区仲裁委会员、区人社局等建立会商机制，提前研判涉嫌恶意欠薪案件。邀请医疗机构开展研讨交流，探讨分析医疗损害责任案件中的热点难点问题，有效缓解医患矛盾。全力维护特殊群体权益，一案被评为全国残疾人权益保护十大案例。加大强制执行力度，构建“专班执行、多部门联动、六步骤实施”处置非法集资工作模式，在全市涉案财物处置研讨会上作经验交流。教育整顿期间，开展“错时上门”“凌晨行动”“假日执行”等涉民生类案件集中执行活动20余次，近百名申请执行人受偿债权200余万元。在区委、区政府支持下落成启用新审判大楼，完善自助服务、信访接待等，增设爱老敬老岗、便民服务角、绿色立案通道等，以更好的场所、更优的服务，让群众“只进一次门、办好一揽事”。完成全省首例跨境立案服务，促成当事人双方在线达成调解。推出“八个一”服务、“五工程”推进的13项便民利民举措，做实做细重点实事项目，提升群众满意指数。105名政法网格员对接全区7个街道59个社区100个网格，推行“查协调诉四步走”工作法，联合街道、社区化解矛盾堵点，让废弃20余年的车库重见天日，解决了老小区业主“停车难”问题。开设“幸福家庭讲堂”，进学校、社区、企业等开展法治宣传70余次，把法治种子撒进基层治理土壤。连续开展“奋战一百天　喜迎一百年”“冲刺一百天　打赢攻坚战”办案竞赛活动，完善审限管理规定，细化院庭长、法官职责清单，通过强化通报、案件评查等举措助力审判质效稳步提升，审判管理办公室被评为全省法院审判管理工作先进集体。配强2个速裁团队，专司简单案件集中审理。2021年速裁团队共受理案件11756件，结案11189件，以全院12%的法官分流约70%的民事案件。推行示范诉讼，600余起知识产权纠纷化解于诉前。注重发挥人民调解、公证调解、律师调解、特邀调解等多元力量优势，打造以区法律服务行业协会等特邀调解组织为代表的25支专业特邀调解团队，诉前委托调解13235件，诉中委派调解293件。挂牌成立金融纠纷调解工作室，推行“3+3”新模式，受到市法院表彰。深度运用全市首家金融一体化平台，通过“四个一键”实现“无纸化办公”，以庭审全程录音录像替代书记员人工记录，1小时内快速开庭审理100件案件，获评首届江苏智慧法治优秀案例。推行电子送达方式，累计送达23733人次，平均送达时长1.5天，成功率87.22%。全面深化司法公开，规范裁判文书上网流程，全院庭审直播数、裁判文书上网数在全省名列前茅。

【队伍建设】　围绕目标任务，成立领导小组及工作专班，推动责任落实横向到边、纵向到底。明确“5+1+1”重点整治内容，实行“一项顽疾、一套专班、一本台账”机制，全面排查梳理，逐项对账销号，确保整改到位。弘扬英模精神，在全院开展向庞晓庆学习的专项活动，并报上级机关推广，在全市法院和全区政法系统同步开展专项学习。制定完善21项内部规章，全面准确堵塞管理漏洞。“回头看”期间，对聘用制人员开展作风纪律整顿，积极抓好督导反馈意见整改落实，做到思想不松、力度不减、标准不降。抓好《中华人民共和国民法典》等法律法规的学习研究，举办3期“玄法青年沙龙”，深化“师徒结对传帮带　青蓝携手共前行”等特色实践。树立正确选人用人导向，加大对年轻干警的培养力度，提任6名年轻干部到重要岗位锻炼，在立案庭、执行局等岗位成立青年突击队，组织5名干警参加“跟班先进找差距”活动。以调研促审判强素质，入选5篇国家级案例，中标国家级课题2个、市级课题4个，在省级以上刊物发表文章30余篇。举行宪法宣誓活动，推行法官任职公开宣誓制度、荣誉退休制度，举行“天平荣誉奖章”授章仪式，引导法官锻造良好职业品格。健全法官履职保障机制，建立干警健康档案，提供心理服务，组织冬训、户外拓展等活动，提升队伍凝聚力和战斗力。

（高　飞）

司法行政

【概况】　2021年，全区共开展各类法律便民活动100余场次，发放宣传资料近15000份。开展“万所联万会”活动，组织9家律所与9家商会对接，对企业提供法律服务72次。向社会发布2021年司法行政为群众办实事十大项目，共落实便民利民举措27项。办理各类法律援助案件564件、法律帮助案件395件，12348法律咨询热线接听数8523人次。办理各类公证3139件，公证业务收入近300万元，较2020年同期增长100%以上。组织矛盾纠纷排查1020次，受理调处各类矛盾纠纷10038件，调解成功10037件，调解成功率99.99%。备案重大行政处罚案件23件，案件优良率达100%。办理涉及区政府行政诉讼案件10件，无一例败诉。

4月30日，南京刘洪律师事务所“典亮玄武”——党建共建签约

（区司法局　供图）

【法治玄武】　组织协调召开区委常委会、依法治区工作会、区政府常务会等重要会议，学习贯彻中央全面依法治国工作会议及省市会议精神，印发法治玄武建设五年规划、区法治社会实施意见等文件，明确重点工作任务和落实措施，及时研究制定“补短板、强弱项”“援法议事”等重点任务计划方案，强化区委依法治区办“统、链、督、牵”作用发挥，确保依法治区工作有目标、有督导、有合力、有落实。

【法治政府】　制定下发《2021年法治政府工作计划》《全面推行证明事项告知承诺制工作方案》《政府重大行政决策合法性审查暂行规定》《街道集成改革实施方案》等近10项规定，确保政府的各项决策在法治化轨道运行。稳步有序推进街道综合执法改革，各街道综合行政执法局按照有关法律规定，以街道名义行使89项行政处罚权和1项行政强制措施、综合行政检查权，实现“一支队伍管执法”。推进街道综合行政执法改革，解决建立机构和配套制度，以及力量配备、能力提升等重难点问题。牵头制定区政府规范性文件2件，办结区政府作为被复议机关的行政复议案件17件，办理涉及区政府行政诉讼案件10件，无一例败诉，行政机关负责人出庭应诉率达100%。

【执法监督检查】 全面贯彻落实行政执法“三项制度”，行政执法公示率、执法过程全记录率、重大执法决定法制审核率均达100%。定期组织执法人员培训考核，严格执法人员持证上岗和资格管理制度，集中开展执法案卷评查，2021年共对全区重点领域执法单位23卷行政执法案卷进行综合评查。持续开展“减证便民”服务，进一步优化营商环境，全面推行证明事项告知承诺制工作，2021年全区共办理涉及证明事项告知承诺制841件。

【人民调解】 建立完善多部门联动应急调处机制，大力推广“苏解纷”非诉平台。组织律所、社会组织与南京师范大学法学院联合开展特邀调解，在玄武法院设立工作室，共办理委派案件2064件，调解成功率达50.1%，有效缓解了法院办案压力。2021年共开展矛盾纠纷排查1020次，各级人民调解组织受理调处各类矛盾纠纷10038件，调解成功10037件，调解成功率99.99%，3个调解工作室、8名调解员受到市级表彰。

【特殊人群管控】 深入学习贯彻新的社区矫正法，组织召开区社区矫正委员会第一次全体会议，审议通过了《玄武区社区矫正委员会工作规则》《办公室工作细则》《成员单位工作责任清单》，规范社区矫正工作运行。截至12月31日，在册社区矫正对象127名，其中缓刑127名，在册安置帮教人员784名，在册后续照管人员35名，无一例脱管漏管。严格落实必接必送要求，共接回重点刑释人员28名，落实一般安置帮教人员140人。组织289名亲属与在监狱服刑的罪犯远程视频会见，有效配合监狱做好服刑改造工作。

4月8日，在金鹰天地举行司法日广场活动 （区司法局 供图）

【公证处工作】 组织玄武、钟山公证处正式开展战略合作，建立一体运行、分类管理的深度合作模式，深入机关、企业、社区拓展业务资源，联合开展业务能力培养，在徐庄高新区、锁金村设立延伸服务点，积极洽谈部署网络办证系统，实现“最多跑一次”便民利民措施。全年共办理各类公证3139件，公证业务收入近300万元，较2020年同期增长100%以上。

【法律援助机制】 深入开展法援惠民生拓展工程，深化认罪认罚从宽制度，确保刑事案件律师辩护全覆盖，将申请法律援助的经济困难标准调整至最低工资标准，实行证明事项告知承诺制。遴选11名经验丰富、社会影响力大的知名律师加入法律援助律师团，强化对疑难复杂案件的办理。在区退役军人事务局、区残联设立法律援助工作站，服务群众更加便捷。全年共办理各类法律援助案件564件、法律帮助案件395件，12348法律咨询热线接听数8523人次。

【法治宣传】 对拟提拔任命的23名区管干部进行法律知识考试，组织开展“农民工学法周”“4·8司法日”“公益法律服务统一行动日”等法治宣传活动100余场，深入各中小学校中开展未成年人保护法等法律法规的宣传20余场，发放宣传资料15000余份。开展首届民法典宣传月

11月18日，普法进军营（区司法局 供图）

活动，组织66名律师成立民法典宣讲团，深入各个社区每季度至少开展1次集中宣传。深入推进法律明白人培育工程，全区有法律明白人781名，实现了全覆盖。"八五"普法规划起草工作顺利完成。

【律师行业党委书记项目】 全力推进"典亮玄武，良法促治"律师行业党委书记项目，组织8家规模律所与7个司法所开展党建共建，搭建律师参与基层治理平台，形成由行业党委统筹协调、律所党支部组织实施的工作格局，组织近200名律师常年活跃在基层公益服务一线。采取"所所对接、岗位融合、组团服务"的服务方法，建立"多方联动、快速反应、律所托底"的保障体系，全区律师常年参与区、街道公共法律服务中心值班，以社区法律顾问、律师网格员、抗疫志愿者等身份，开展公益服务近1000余人次，有效提升了基层治理法治化水平。

【"我为群众办实事"实践活动】 坚持把为群众办实事作为工作着力点，深入基层开展群众关注问题的调查研究，向社会发布2021年司法行政为群众办实事十大项目，共落实便民利民举措27项。注重新媒体宣传，共推送微信、微博等网络宣传资料1800条，共有20篇工作经验做法相关信息被省司法厅网站采用，70余篇宣传稿件被学习强国、法制网、人民法治网、今日头条、紫金山新闻等主流媒体转载报道，充分展现了队伍教育整顿成果和司法为民良好形象。

【队伍建设】 严格落实党史学习教育和政法队伍教育整顿工作部署，采取集中轮训，每周政治学习，召开警示教育大会等方式完成学习任务，组织"自查从宽、被查从严"政策宣讲和领导干部干预司法"三个规定"等政策法规学习解读。严格落实"五必谈"要求，全局干警共开展谈心谈话73人次，填报2轮《自查事项报告表》和《"三对照三严查"自查报告表》，将社区矫正和公证领域作为自选动作，研究制定"6+1+2"顽瘴痼疾整治方案。制定专项整治方案，细化明确了整改目标、整改措施、责任单位和整改期限。针对查摆出来的问题和不足，对全局的规章制度进行全面的修订，同时，严格开展正风肃纪行动，加大对服务窗口、社区矫正局、公证处等单位的检查巡查力度，及时发现、解决在接待群众、工作办理、遵章守纪等方面的问题，确保随时整改落实到位。（冯 飞）

（栏目编辑 张 弛）

军事

人民武装

人民防空

退役军人事务

人民武装

【概况】 2021年是巩固"十三五"时期民兵建设和改革成果、启动"十四五"规划的重要一年，也是深化国防动员体制改革、加快民兵转型发展的关键一年，区人武部党委深入学习贯彻习近平强军思想，贯彻新时代军事战略方针，落实好警备区党委、首长机关和区委、区政府的决策部署，着力举旗铸魂，聚力练兵备战，推动国防和军队现代化建设提质增效和高质量发展，进一步夯实单位全面建设基础，较好地完成上级赋予的各项任务。

【思想政治工作】 坚持理论先行、教育为重，把学习习近平新时代中国特色社会主义思想摆在首要位置，重点组织传达学习党中央、中央军委和江苏省委、省军区组织的各类理论教育和宣讲会议，每周四晚组织理论学习小夜校活动，每季度参加省军区、警备区党委中心组集中学习。为每名干部、文职、职工配发《习近平强军思想学习问答》《中国共产党简史》等学习教材，组织全体人员学党史、悟原理，学习习近平主席"七一"重要讲话精神，切实把思想和行动统一到习近平强军思想上来、把学习理解有效转变为贯彻落实的实际行动，以强烈的政治责任感投身强军兴武事业。6—9月，与区委宣传部、党史办、退役军人事务局和东南大学、南京警备区等驻区单位，联合组织"永远跟党走"党史、军史主题讲坛活动，以忆战史、话国防、讲党课、颂党恩为主要内容，与迎七一、建军节、全民国防教育日、烈士纪念日等活动相呼应，采取辅导报告、专题访谈、走访慰问和参观践学等形式开展。南京军区原政委方祖岐上将、28军原副政委李剑锋、时代楷模王仕花、国防教育专家张晓林、雷锋同志生前战友赵明才等人先后到区宣讲，讲坛活动还创新开展了南京警备区党委和玄武区委理论学习中心组联合学习会、疫情常态化防控阶段依托网络会议系统宣讲、高校军事实践团跟学等模式，因地制宜推动党史军史教育和玄武红色印记深入人心。

10月29日，省军区考评组对玄武2021年度民兵工作进行考核
（区人武部　供图）

【党管武装工作】 严格落实党管武装的根本原则和制度，坚持完善双重领导和双向兼职、党委议军、现场办公、学习培训、任前谈话、工作述职、联合考评和领导干部过"军事日"等各项制度，有效形成各级领导干部爱武装、管武装、建武装、兴武装的思想共识、责任意识和行动自觉。根据2020年区委常委议军会精神，在全市率先出台《关于进一步加强社区民兵连长队伍建设的意见》，着力规范全区基层民兵骨干队伍建设，确保国防后备力量组织有力、扎实有序。会同区委组织部专题研究专武干部队伍建设制度要求，着力破解全市普遍存在的任职程序、工作兼职、干部交流等方面的矛盾问题。会同区纪委监委协商推动党管武装末端落实，督导相关单位和个人按照省市统一部署完成年度工作任务。

【民兵队伍】 根据省市部署的整组任务计划，全力推动民兵组织整顿工作，5月，对接区环境集团、南京火车站、中国移动玄武秦淮分公司、江苏省中国科学院植物研究所、速度时空集团公司、先声药业公司等单位完成编建基干民兵分队编建任务。坚持每个节日战备期间拉动民兵应急分队，五一前期组织梅园新村街道民兵应急排30人开展节日战备拉动。瞄准备战打仗主责主业，强化民兵应急应战意识。1—6月，人武部本级和各街道武装部都完成了1个紧急出动方案、5个重要目标防卫方案和16个非战争军事行动应急预案的修订完善工作。坚持一切向备战打仗聚焦用力，持续抓好国防动员演练各项准备工作。4月，组织区民兵应急连开展集中轮训备勤训练，组织部分民兵连、排长参加南京警备区组织的民兵干部集训；5月，玄武门、玄武湖街道专武部长参加全省专武干部集训，玄武湖街道马世辉荣获优秀学员；组织全部人员参加省军区组织的抗洪抢险任务行动室内作业；10月，组织民兵专业分队开展集中轮训备勤和在岗训练。常态化组织本部人员军事理论、技能和体能训练，每周一安排军事理论课，每周三组织体能训练，每周五组织政治教育，部领导带头参训、跟训、督训，强化备战打仗意识，有效提高军事训练的质效。

【兵员征集】 2021年，是征兵工作"一年两征"模式正式推行的第一年，区人武部会同区卫健委、公安分局等部门，提前筹划相关工作。紧紧围绕3月和9月两批新兵征集任务持续发力：多措并举进行征兵宣传，先后到南京理工大学、南京林业大学等7所挂钩高校进行政策答疑和动员工作，指导各街道做好适龄青年动员工作，率先完成兵役登记工作，兵役登记率达到100%；提高大学生比例，采取逐校逐街逐楼逐人耐心细致地争取工作，全区全年新兵中，大学生比例高达99%，创历史新高，秋季征兵期间大学生比例达100%，大学毕业生比例为73%，圆满完成江苏省征兵办公室年度任务，"五率"考评各项指标继续位列全省前列；从严要求组织新兵役前训练，按照国防部征兵办公室部署要求，2月、8月分别在南京国防教育训练基地组织预定新兵役前训练，培养预定新兵良好的纪律意识、教授基础军事技能，实现从家门、校门到军营的无缝连接。

【疫情防控】 7月禄口机场新冠肺炎疫情发生后，人武部严格按照中央军委应对疫情防控工作要求，快速反应、冲锋在前、积极作为，迅速组织民兵到急难险重点位支援疫情防控，中央电视台《新闻联播》节目2次报道玄武区民兵参与抗疫情况；积极协调驻军部队助力地方开展防疫，与南京警备区、东部战区总医院、东部战区空军医院、东部战区疾控中心、空军杭州医疗中心驻宁医疗点建立联动机制，先后安排军队医护人员赴全区各全员核酸检测点和集中隔离酒店一线参与抗疫；发挥省军区系统和国动委快速动员优势，从苏州、泰州、盐城等兄弟市入库的国防动员潜力企业迅速筹集紧缺医疗检测设备和救助物资驰援玄武区，帮助协调驻区部队招待所作为集中隔离点，保障完成疫情防控任务。广大驻区部队医护人员闻令而动、冲锋在前，以实际行动践行新时代人民军队初心使命，为打赢疫情防控阻击战做出突出贡献。

【国防动员机制】 按照中央和省、市国防动员委员会建设规范，在区委、区政府主要领导亲自推动下，及时调整充实区国防动员委员会"一综八办"的组织构架和人员编成，明确职责分工，使国防动员议事协调机制更加完善，确保上级党委和军事机关一声令下，区国防动员委员会各专业办公室能够做到迅疾就位，及时形成有序有效、上下畅通的国防动员行动指挥链路。

【国防教育】 认真贯彻落实中央、省、市关于加强新时代国防教育工作指示精神，稳步推进全区全民国防教育深入发展，持续营造全社会关心国防、支持国防的浓厚氛围。1月，区委宣传部、区人武部共同筹划，拟定下发年度国防教育工作要点，指导全区党政机关、企事业单位、大中小学开展国防教育，很多工作在全省乃至全国都有一定影响；会同区教育局组织青少年学生观看国防题材优秀电影，撰写观后感、影评，在国家国防教育办公室、国家电影局组织的全民国防教育万映计划评选表彰活动中多个作品获奖，玄武区人武部被评为优秀组织单位；指导东南大学国防军事实践团代表玄武民兵组队参加由中宣部、中央军委国防动员部指导举办的第四届全国国防教育竞技大赛，获得团体冠军和男子组个人前三名、女子组个人前两名。

【爱国拥军】 深入推动双拥工作落实，在区委领导下，会同区教育局、人社局、退役军人事务局等部门，务实推动军人子女入学入托、随军家属就业、退役军人安置等相关工作，妥善解决部队官兵后路、后院、后代问题。广泛开展军地共建、共享活动。协调区机关各部门、指导各街道园区和各级各类学校广泛开展军地共建、军民融合产业发展、军事实践体验以及其他相关群众性活动，体现了驻军大区、双拥大区、科教文化大区的“硬担当”。积极配合区退役军人服务综合体建设，在展陈设计、军地协调、保密审核、宣传报道等各方面给予全力支持。该综合体于1月揭牌，引起社会各界广泛关注，赢得中央军委有关部门、退役军人事务部和东部战区、省、市相关部门的赞誉，中央电视台、《解放军报》、《中国国防报》等中央级媒体报道。

人民防空

【概况】 2021年，全区人防工作紧紧围绕区委、区政府中心工作及市人防办下达的目标任务，全面贯彻党的十九大精神以及习近平新时代中国特色社会主义思想，以聚集实战、体系建设为重点，对标找差、创新实干，全面履行新时代人防职责使命，全面推进人防事业融合发展、创新发展、协调发展、开放发展、绿色发展，不断凝聚人防建设强大合力，不断推进人防事业高质量发展。

【防空警报管理】 逐步完善全区防空警报布局，扩大警报器布点，全年警报器新增2台，更新1台，对全区警报器进行普查。不断提高防空警报器的维护管理水平。完成“4·4”“9·18”“12·13”防空警报鸣放任务。

【实战化应急能力】 组织修订区、街道、社区三级人民防空方案，统一街道、社区两级人民防空方案的格式要求；依据新颁布的《人民防空训练与考核大纲》要求，制定全面、科学、合理、切合人防训练实际的人防机关年度训练计划。

【应急救援包发放】 完善应急包维护系统并做到数字化管理，全年共发放应急救援包8000余个。为群众应急自救提供基础物品保障。将应急包发放办成民心工程。

【工程开发利用】 牢固树立主人翁意识，采取务实、高效、创新的工作举措，对重大建设项目实行“一项一策”，协调解决项目建设中的各种困难和问题。积极做好聚宝山庄换乘中心等项目的服务保障工作，为区委区政府的决策部署提供疏通协调，在关键点建设上提供合理化建议，为项目赢得时间，节省成本。

【人防工程维护管养】 进一步加强人防工程维护管理，开展人防工程的专项整治，重点对公共工程、人员密集场所工程、投诉集中的工程进行专项检查。2021年，发现4起人防工程存在穿墙打孔、分割空间等安全问题，立即要求整改、限期恢复原状，对破坏人防工程的单位分别立案并制作案件移送单，移交区综合行政执法局依法查处。

【工程安全管理】 加强人防工程质量监督培训，召开公共人防工程维护管理工作暨安全生产培训会议，着力提高维护管理水平；采取拉网式检查与日常抽查相结合的方式，对全区人防工程进行2次拉网式检查及多次专项抽查，对定位为自行车库和仓库的人防工程进行巡检，发现问题隐患并建立相关台账资料。针对夏季梅雨天气进行专项防汛检查，制定下发《2021年玄武区人防工程防汛及安全生产的通知》《关于开展人防工程安全隐患大排查大整治行动的通知》《今冬明春火灾防控大检查》文件。在“181”平台上报安全隐患59条，整改完成59条。

【“防灾减灾日”和“安全生产月”宣传教育】 设计制作庆祝建党100周年人防宣传海报和人防进校园宣传视频短片，利用各种音视频平台，积极广泛宣传人防知识、人防政策和人防工作。加强“防灾减灾日”宣传教育，认真部署“5·12”防灾减灾日系列宣传，在孝陵卫初级中学组织防灾减灾应急疏散演练。做好“9·18”“12·13”防空警报试鸣和人员疏散演练。拓展人防宣传教育多媒体平台，深化“五进”宣传。完成明故宫社区人防教育馆文字部分调整和设计制作，并组织全区中学人防教师参观。在辖区内住宅小区普及“人民防空”二维码，使群众通过扫码了解人防工作、学习人防知识。

【人防宣教】 扎实开展党史教育活动，力求用创新载体让党史教育在群众中入脑入心。6月12日，牵头承办了全市人防系统“礼赞百年红色骑行——永远跟党走”群众性主题活动，活动被中央、省、市各级媒体报道。

（孟　进）

6月12日，“礼赞百年红色骑行——永远跟党走”群众性主题活动

（区人防办　供图）

退役军人事务

【概况】 2021年，区退役军人事务局依托玄武区退役军人之家综合体平台，提升退役军人服务保障体系建设水平，推动全区退役军人服务保障事业发展。在全市退役军人工作中表现突出，受到市退役军人事务局的表扬；在创建省级双拥模范区工作中，受到省双拥工作领导小组办公室的表扬。全区退役军人服务保障体系建设成效显著。梅园新村街道退役军人服务站荣获全国“百家红色退役军人服务站”称号，新街口街道退役军人服务站被评为2021年度全省“百家红色精品退役军人服务站”；“戎耀”退役军人志愿服务队被评为2021年度江苏省“百支优秀退役军人志愿服务队”；在2021年度南京市退役军人事务系统岗位练兵比武选拔赛中荣获团体二等奖。

【退役军人之家综合体】 2021年，围绕区委、区政府中心工作目标，充分发挥退役军人之家综合体集党史军史教育、爱国主义教育、全民国防教育、退役军人荣誉展示“四位一体”的实景教育基地作用，共接待来自全国各地340多批次6400余名初心寻访者，为党政机关、驻区部队、中小学校和企事业单位开展了100余场党史军史宣教实践活动。退役军人之家综合体被列为南京市第二批党史学习教育基地、南京航空航天大学马克思主义学院实践基地、东南大学大学生社会实践基地、玄武区中小学素质教育实践基地，成为玄武红色“传家宝”。

【三级服务管理体系】 2021年，完善区、街道和社区三级联动服务体系建设，打造富有特色、运行顺畅、服务高效的街道（社区）退役军人服务站。退役军人法律服务工作站、法律援助工作站挂牌入驻综合体，为退役军人免费开展多元化的法律咨询和法律指引服务；组建67支退役军人志愿服务队，全年开展志愿服务活动244场次；成立惠兵基金，首批资金已部分用于困难退役军人的帮扶和慰问；完善退役军人服务“云平台”建设，“玄武退役军人之家”公众号正式上线，为退役军人在线办理报到、落户、组织关系和社会保险关系转接等事项，实现军人从现役到退役全流程服务保障和退役军人事务工作服务范围全覆盖，推动退役军人事务工作向数字化、智能化转变。

【退役军人安置】 2021年，会同区委组织部对有意向到区安置的部分专业技术干部和营职干部进行面试，完成计划安置军转干部接收任务，安置率100%。会同人武部、区纪委对2021年符合政府安排工作条件的退役士兵档案进行核查，与区编办、区人社局及区国资办开会，协调筹措安置岗位，组织积分选岗会，安置率100%。

7月9日，玄武区举行"永远跟党走"庆祝建党100周年暨迎"八一"双拥文艺汇演
（区退役军人事务局　供图）

【退役军人就业创业工作】　2021年，共举办退役军人及军嫂专场招聘会4场次，提供就业岗位近千个，吸引退役军人及军嫂参加，近百人达成就业意向。与2家退役军人补贴性教育培训承训机构签约，以创新的教育模式、独特的教育课程为退役军人提供更精准、优质的培训服务，助力退役军人就业创业。全员适应性培训完成率100%，有就业意愿人员的就业率100%。

【退役军人先进典型】　2021年，军休干部俞晓冬被评为"江苏最美志愿者""全国最美志愿者"，荣获第八届江苏省道德模范提名奖；军休干部班海滨被评为2021年度"南京市优秀共产党员""玄武好人"；军休干部桂松年被评为2021年度"全市关工委思想道德教育讲师团先进个人"；区退役军人服务中心工作人员李靓被评为2021年度"江苏好人""南京好人""玄武好人"，荣获"玄武区见义勇为先进个人""南京市见义勇为积极分子"称号。

【优抚褒扬】　2021年，在努力争创省级双拥模范区"九连冠"的基础上，完善退役军人"1+3+N"服务模式，把双拥工作向经济、政治、文化和社会建设等各个领域拓展，推动军民共建活动深入健康发展。按规定及时足额为现役军人和退役士兵发放慰问金、为自主择业军转干部发放住房补贴、为无军籍职工发放改革性补贴；加大对各类优抚对象重大节日走访慰问力度。

【军地应急联管联控】　建立部队、区、街、社区四级一体联控联管机制。新冠肺炎疫情期间，对全区部队营房外家属区进行排查并督导整改，全面指导军休所疫情防控工作。局机关，退役军人服务中心，7个街道、59个社区退役军人服务站工作人员以及退役军人组成的"退役军人先锋队"坚守在战"疫"最前沿，发挥排头兵作用，推进军地共同落实疫情防控措施，力保服务对象"零感染"。

【助力创建省级双拥模范区"九连冠"】　在区委、区政府的领导下，利用区内丰富的红色资源和驻军大区优势，致力于打造玄武区退役军人之家综合体双拥工作平台，进一步加强军地共建交流；加强玄武区双拥品牌建设，打造一批富有特色的双拥广场、双拥街巷、双拥长廊，突出橱窗板报、电子屏幕、宣传标语和标牌等环境布置，营造浓厚的双拥氛围；全力解决部队"三后"问题，2021年安置好随军家属，协调解决军队子女入学问题；结合建党100周年，开展系列宣传教育活动，举办"庆祝中国共产党成立100周年暨八一文艺演出"。

（蒋　妍）

（栏目编辑　张　弛）

产业经济

综　　述

【概况】 面对经济持续下行压力，坚持稳中求进工作总基调，经济运行扩量提质增效，主要经济指标均完成年度目标任务。2021年GDP完成1205.9亿元，同比增长8.8%；一般公共预算收入105.1亿元，同比增长8.4%；固定资产投资同比增长8.5%；社会消费品零售总额1129.8亿元，同比增长9.8%；外贸进出口总额803.4亿元，同比增长18.2%；实际利用外资3.94亿美元，完成年计划的151.5%。

【南京玄武之光新一代信息技术科创中心】 项目东至规划阅武路，南至红山南路，西至恒嘉路，北至规划领智路、规划寒光亭路。总投资46.8亿元，总建筑面积约40万平方米，构建多引擎驱动、多业态融合发展的智慧园区，建立企业投资孵化平台，打造多样化生态园区，形成科技创新产业集群。2021年年底，A1地块地下工程完成50%、主体施工完成30%。

【铁北创新孵化集群（星河产业园）】 项目东至恒嘉路，南至红山南路，西至红山路，北至规划社区中心用地。总投资90亿元，总建筑面积约31.9万平方米，引进人工智能、无人机、云计算及大数据等创新产业，打造集科研办公、创新孵化于一体的产业集群。2021年年底，产业二期竣工并投入使用，商业部分主体封顶。

【复星江苏总部】 项目东、南至规划科研用地，西至北苑东路，北至石景山路。总投资62亿元，总建筑面积约28万平方米，建设产城融合综合体，引入人工智能、总部经济、科技创新、科技金融、商务商贸等主导产业，打造集总部办公、国际型金融中心、文化商业街区、高端居住于一体的城市中央创新商务区。2021年年底，地下工程完成40%。

【铁北创新产业总部经济示范园（宝龙苏皖总部）】 项目东至北苑东路，南至规划望山路、领智路，西至恒嘉路，北至规划大壮观路。总投资80亿元，总建筑面积约40.15万平方米，建设以产城融合为主题的综合体，引入人工智能、总部经济、科技创新、科技金融、商务商贸等主导产业，打造集总部办公、科技产业集群、艺术传媒展览馆、集中式商业、高端居住于一体的综合社区。2021年年底，商业裙楼结构完成。

9月22日，玄武区重大产业项目集中竣工暨投产仪式　（区发改委　供图）

徐庄高新区

【概况】 2021年，为应对新冠肺炎疫情对经济和市场带来的冲击和影响，徐庄高新区把握高质量发展的目标要求，以产业为基础、以项目为带动、以科技为动力，推动产业聚集、加快园区建设、提升创新能力，各项工作取得了阶段性成效。全年实现地区生产总值128.8亿元，一般公共预算收入6.82亿元，固定资产投资10.71亿元，社会消费品零售总额462.39亿元，增幅9.1%。实现高技术产业产值达330亿元，同比增长6%。服务外包执行额9.2亿美元，服务外包离岸额3.97亿美元，实际使用外资4100万美元。成功入选南京市首批数字经济产业园，获评南京市现代服务业集聚区、南京市文化产业A级园区。在全省省级高新区2020年度创新驱动发展综合评价中排名十一。

【产业培育】 聚焦软件信息、医药健康两大主导产业，推进产业精准招商。2021年，实现软件和信息服务业产值990亿元，医药健康产值387亿元。全年签约亿元以上项目20个，签约项目总投资额达102.63亿元，实际使用内资17.72亿元。新引进同程商逸旅、安美医药、海科仪器、增源软件等优质项目28个，新增市场主体610家，完成载体招商面积17861.78平方米。储备德必文化、好先生教育等一批优质项目。启动徐庄二期地块招商，与矽力微、速度信息等总部企业签署意向合作协议。举办南京(玄武)·俄罗斯企业经贸投资交流活动、第四届玄武国际创新资源对接会暨首届江苏省健康产业创新创业大赛等招商活动。

【科技创新】 启动“梧桐”“雏鹰”“雁阵”“金保”四大计划，加速高端创新要素集聚。企业培育成效明显，累计培育科技型中小企业246家，全年净增国家高新技术企业45家；新增江行联加等3家培育独角兽企业、矽力微电子等4家瞪羚企业。平台建设加速推进，江苏集奥医工交叉技术研究院、羽驰区块链科技研究院落地运营，新增亚门奇点区块链研究院等3家新型研发机构完成市级备案。园区新型研发机构累计引进孵化企业385家，年度新增营收7.6亿元。坚持以项目引人才，1人入选国家“启明计划”、6人入选省双创计划、5人入选省“333”培育工程、1人入选市紫金山高峰计划、28人入选市紫金山先锋计划。企业创新能力持续提升，全年有效发明专利拥有量817件，专利授权538件(含发明专利202件)；完成技术

5月8日，南师大玄武科技园正式开园　　（徐庄高新区　供图）

合同成交额31.05亿元；规上高新技术企业研发占比达13.2%，同比增长1.5%。科技金融体系逐步完善，成立玄武高新技术企业投资基金，引进落地好创基金、玄武招银产业基金、星纳琢产业基金等6支子基金，规模达28亿元。

【重大项目】 2021年，徐庄高新区进入项目建设密集期，科创载体建设扎实推进，百家汇创新孵化平台二期项目进入收尾阶段，已完成全部楼宇主体封顶；德乐科技总部项目，已完成2层主体结构建设。徐庄二期项目开发逐步展开，聚智园项目完成地块摘牌，进行支护桩施工；聚才山庄项目成功摘牌，已启动方案设计。商业配套方面，与希尔顿酒店合作建设的启缤精选商业中心项目正式启动，创智荟商业办公项目已完成概念方案设计。建成徐庄高新区环园健身步道并投入使用。

【大汉软件股份有限公司】 大汉软件股份有限公司是一家专注于“互联网+政务服务”及“数字政府”建设的软件开发商和技术服务商，主要为全国各级政府及其组成部门提供“互联网+政务服务”平台建设、数字政府门户平台建设及相关运营维护服务。大汉软件坚持自主研发核心技术和产品，参与中央政府门户网站(服务频道)、国家政务服务平台、10多家中央部委及北京、上海、江苏等20多个省(市、自治区)的门户网站集约化、政务服务或多端一体化建设，推动政府信息公开与数据开放，创建全渠道的阳光型数字政府。公司总部位于南京，在北京、杭州、济南、南昌等10多个城市均设有分公司。公司一直专注于数字政务领域的技术研发，已拥有互联网门户支撑技术、移动多端全栈开发技术、数据智能与挖掘技术、高性能服务支撑技术、互联网应用安全技术五大核心技术，拥有100多项软件著作权，8件实用新型专利及多项发明专利，多次获得中国软件行业协会颁发的优秀软件产品奖项。

（于　可）

珠江路城市硅巷

【概况】 2021年，南京市珠江路科技一条街管理委员会办公室(以下简称珠管办)党组坚持在区委区政府的坚强领导下，以重大项目为抓手推动珠江路城市硅巷建设不断深化。深入

12月8日，珠江路创客节　（区珠管办　供图）

学习贯彻市十五次党代会、区十二次党代会精神，逐步将工作重心由重投入、重培育转为重绩效、重产出，在党建引领、载体盘整、招强引新、营商环境等方面成效明显，不断推动珠江路电子一条街向珠江路城市硅巷迭代升级。

【为群众办实事】 珠管办党组坚持将党史学习教育作为全年政治生活的头等大事，以高度的政治责任感和历史使命感开展党史学习教育，以优异的成绩庆祝建党100周年。班子成员分头带队走访园区企业，挂钩蒋王庙社区，先后梳理出三大类26个具体问题。上门慰问挂钩的蒋王庙社区6户困难群众，并结合本部门职能实际，将未来城A座企业反映强烈的屋顶漏水和同仁7号园区服务配套不完善2个问题作为办实事项目重点推动解决，截至2021年年末，2个项目已全部完成，获得园区企业和社区居民的一致好评。

【疫情防控】 7月，南京疫情狙击战打响之际，珠管办党组迅速围绕落实各级部署要求，扎实推动各项防控工作落到实处。积极组织发动。珠管办按区防控领导小组的统一部署成立了机关党员先锋队，积极投身防控工作，发动园区企业党员300余人次积极参与到核酸检测、社区执勤、宣传引导等工作中。班子领导3人次赴隔离点专班参与疫情防控工作。抓好园区防控。守牢"一亩三分地"（同仁西街7号园区、INNO未来城、未来城A座工地），通过指导、督促、检查、解困等方式帮扶物业公司和各企业按规定开展防控工作，专人专班，每天督查，信息每天报备。联合区商务局、区市场监管、公安等职能部门对成立珠江路"九小场所"检查组，每天对"九小场所"疫情防控情况进行不间断巡查，对防控不力的经营主体及时约谈，持续督促、严格落实疫情防控主体责任，做好测温验码、一米线等防控举措。针对珠江路沿线"九小场所"突出问题，按照属地街道分片管理，发放防疫告知书，约谈商户。

【重点项目】 抢抓施工进度。克服资金不到位、少数业主干扰、疫情影响等困难，坚持每周召开工程例会，科学做好施工进度安排，确保未来城A座外立面项目建设顺利完成。已完成对未来城A座项目内装设计方案的优化，未来城A座二、三楼内部加固工程已全部结束，内装工程全面启动。着力推进招商运营。浙江绿城集团下属全资子公司——南京市美好商业运营有限公司（江苏区域总部）在玄武区完成注册。为确保施工与运营无缝对接，协同浙江绿城完成协议签订之后启动招商洽谈。围绕产业定位，与浙江极爱科技、上海掌腾智能、南京楚天电子、南京士逞网络、上海佰相喜纳等一批科技型企业达成入驻意向；围绕提升品质，与夜上海、南京宴、小厨娘、江宴楼等知名企业进行商洽，拟在未来城A座打造"黑珍珠"级别的高端商务餐饮；围绕项目产出，拟引入绿城房屋服务系统有限公司、绿城育华教育等绿城系资源及省供销社资源，提升项目经济贡献度。项目意向入驻面积已超50%。

【推动优质项目落地】 实行园区运营考核机制，完成了同仁西街7号园区的整合，对同仁西街7号3家合同到期企业房租进行重新评估，清理出2300平方米空间，对于不达指标的企业进行腾笼换鸟，引进上海授易等裸眼

3D研发企业;盘活连廊、展示空间等部分闲置空间用于招商,进一步提升空间利用率。与南京市政设计院就合作方案进行深度对接。配合锦创公司加快建设锦创数字产业园,引入喜马拉雅、B站、索尼、辽宁联萌等头部企业;引入及及科技公司,对中山大厦商城一到三层共4022平方米进行改造,项目于2021年年底开业,业态规划为体验式立体中高档商业街区。

【优化营商环境】 坚持城市硅巷创新定位不变,产业发展方向不变,全面梳理自持和社会载体资源,成立硅巷创新联盟,加强信息共享、推动资源融通,实现产业联动。协同区科技局组建了"玄武硅巷联盟",发挥珠创公司作为理事长单位的牵头作用,通过各园区互相支持,从而进一步融通载体资源,拉长产业链条,逐步实现区域硅巷载体产业联动。高质量完成创新周任务。在南京市创新周活动中,积极调动珠江路城市硅巷各创新资源,整合资源,对接浙江绿城、上海授易教育科技2家优质项目并签约,协调"3D姿态捕捉分析仪"等黑科技展品,邀请创新创业大咖积极参与线上线下互动,超额完成黑科技产品项目签约、嘉宾邀请等任务。举办各类专场活动。依托珠江路科协举办以"市委一号文"解读为主题的科学大讲堂活动;指导氪空间、INNOSAPCE等众创空间举办沙龙、技术培训等60余场,进一步浓厚珠江路创新创业氛围。

(尹有田)

软件和信息服务

【概况】 2021年,全区战略性新兴产业实现主营业务收入895亿元,同比增长15.2%。全区软件和信息服务收入635亿元,其中软件业务收入达613亿元,同比增长15.1%。新医药与生命健康产业实现主营业务收入240亿元,同比增长26%,集成电路产业实现主营收入17.23亿元,同比增长58.2%。

【产业链总体情况】 紧扣高质量发展要求,结合玄武区情,出台《玄武区关于开展"产业质效提升年"的实施意见》《玄武区重点产业链高质量发展2021年推进行动方案》,聚焦软件和信息服务、新医药与生命健康、集成电路和人工智能产业,加快补链、延链、强链,通过做大产业规模、做高产业能级、做强产业竞争力,培育经济发展新的增长点,实现玄武区重点产业链主营业务收入快速增长。江苏先声药业有限公司"治疗脑卒中I类新药依达拉奉右旋莰醇注射液的临床及产业化研究"获批产业链重大技术攻关奖励项目资金。徐庄高新区获评软件和信息服务产业链重点园区,入选南京市首批(数字贸易)数字经济产业园。

【资金项目申报】 持续加强对辖区内新兴产业企业尤其是软件企业的服务,帮助和指导相关企业,主动争取国家、省、市各类专项资金,不断激发新兴产业企业发展活力。协助江苏苏源高科技有限公司等9家企业获得2021年度第三批省级工业和信息产业转型升级专项资金共1400万元;协助南京达斯琪数字科技有限公司等17家企业获得2021年南京市工业和信息化发展专项资金项目(第二批)共2600万元;协助南京矽力微电子技术有限公司等6家企业,申请集成电路设计企业首轮流片项目补助资金共572万元。区工信条口已协助辖区内企业获得资金5600余万元。

【资金项目验收】 按省市要求,组织召开项目验收会,完成2011—2019年省工业和信息化转型升级专项资金项目的验收工作,完成南京苏宁电子信息技术有限公司"苏宁智慧零售多态数据融合平台"等19个软件类项目验收;完成江苏金思维软件有限公司"工业互联网智能制造解决方案"等11个信建类项目验收;完成南京微盟电子有限公司"低功耗电源管理芯片的研发及产业化"等7个物联网类项目验收。

【资质申报】 全区共有17家企业入选2021年南京市独角兽、瞪羚企业,其中,独角兽企业2家,培育独角兽企业10家,瞪羚企业5家。积极组织企业开展星级上云项目,全区共拥有星级上云企业58家,其中三星企业51家,四星企业6家,五星企业1家。积极推进工业互联网标识解析二级节点的建设和推广应用,有序建设苏宁易购二级节点，注册量1亿条，解析量0.8亿条，接入企业数10家。大汉软件股份有限公司入选省工程研究中心。汇通达网络股份有限公司入选2021年全国民营企业500强。

【产业链活动】 全区高度重视玄武产业链推进工作，成立产业链工作专班。区委书记闵一峰任软件和信息产业链链长，区委副书记、区长钱维任新医药与生命健康产业链链长，区委常委、常务副区长陈可科任集成电路链长，副区长吴开芬任人工智能产业链链长。链长牵头举办产业链工作推进会，3月25日，组织召开集成电路产业链工作推进会；5月28日，召开新医药和生命健康产业链推进会；10月14日，召开软件和人工智能产业链推进会，通过定期调研产业链重点企业，及时掌握企业情况，理清整体思路、明确发展方向，推动产业链发展水平整体提升。

【应用场景建设】 面向全区积极梳理应用场景，梳理上报应用新场景93个，超出全年目标。积极推进建设“南京医工交叉研究院产学研医服资一体化平台”、玄武区“5G+智慧教育建设项目”等一系列产业链典型应用场景，吸引高校、科研院所、上下游企业、新型研发机构广泛参与，对形成显著示范效应的应用场景，通过场景发布加大典型宣传。玄武区成功推荐南京公路发展（集团）有限公司“基于5G的智慧交通数字化运营管控应用场景建设”项目获批市专项补助资金。

【第十七届中国（南京）国际软件产品和信息服务交易博览会】 由于疫情影响，第十七届中国（南京）国际软件产品和信息服务交易博览会（简称“软博会”）改为云上软博会。12月27日，举办2021年软博会玄武专场活动（线上）——玄武数字经济和数字化发展论坛。紧扣“发展数字经济　构筑创新高地”活动主题，着重推荐徐庄高新区、铁北红山新城，发布玄武区十大应用新场景，邀请南京林业大学经济发展质量研究中心主任范金教授以“‘十四五’国内外经济环境对全国新经济带来的机遇和挑战”为题授课，邀请汇通达网络股份有限公司孙超副总裁以“数字化赋能实体　产业化振兴乡村”为题授课。此次活动宣传了产业创新载体，扩大了产业影响，营造了玄武产业发展的良好氛围。　（黄蓓蓓）

工　业

【概况】 1—12月，全区实现规上工业总产值42.96亿元，同比增长20.6%，较前三季度提升1.7个百分点。营业收入47.26亿元，同比增长21.1%；利润总额2.23亿元，同比增长81.6%，产销率达92.3%。全区所涉10个行业大类产值同比呈“八升两降”态势，其中：重点行业燃气生产和供应业产值同比增长20.3%，较前三季度提升1.7个百分点。

【新型都市工业发展】 实施工业市场主体倍增计划、规上工业企业倍增计划，分级分类培育，促进“小升规”“高升规”“项目投产升规”；支持企业进行技术创新，走“专精特新”发展道路，不断提高企业品牌影响力和市场竞争力；加快推进产业载体建设，全面梳理各类园区、楼宇、厂房，盘整利用、改造提升，优先为都市工业集聚发展腾挪空间、提供载体。2021年，全区新增规上工业企业17家，新增工业市场主体69家，新增省级专精特新“小巨人”企业4家，新增产业载体6.1万平方米。

【企业转型升级】 推动中小企业高质量发展，鼓励和引导企业走“专精特新”发展之路，增强企业发展韧性。举办“专精特新”小巨人企业政策宣讲和项目申报培训会，帮助企业用好用足用活政策，使企业不断创新、不断发展，促进企业转型升级。2021年，南京熊猫通信科技有限公司、中科院南京天文仪器有限公司等4家企业被认定为省级“专精特新”小巨人企业。截至2021年年底，全区有省级“专精特新”小巨人企业7家。

（曹　娇）

（栏目编辑　张　弛）

商贸·投资促进

商贸

投资促进

商　　贸

【概况】　2021年，全区商务经济工作坚持稳中求进的工作总基调，努力在应变求变中育新机、开新局，统筹推进疫情防控和经济社会发展，稳步推进“建设国际消费中心城市中心区”工作，发展总体平稳向好。主要经济指标完成如下：社会消费零售总额完成1129.8亿元，总量排名全市第二，同比增长9.8%。外贸进出口总额完成803.4亿元，完成目标的109.5%，同比增长18.2%。实际使用外资3.94亿美元，完成目标的151.6%，同比增长65.1%。服务外包执行额完成27.8亿美元，完成目标的100.1%，同比增长6.5%，其中离岸执行额完成10.5亿美元，完成目标的100.2%，同比增长6.3%。

【招商与外资】　开放型经济势头良好。2021年度新设立外资企业25家。10月11日，在南京国际展览中心第32届“南京金秋经贸洽谈会·玄武专场活动”，邀请重点嘉宾约200名，会上签约22个项目，投资额310.1亿元，参会嘉宾与项目质量有明显提升。助企惠企力度不减。在疫情封关下，为南京海底世界有限公司等6家外经企业办理海外专家入境邀请函19人次，为江苏先声药业有限公司等3家内资企业办理海外专家入境邀请函6人次；为江苏苏美达成套设备工程有限公司、苏美达国际技术贸易有限公司及江苏省地质工程有限公司3家企业划拨2021年省级商务发展（第一批对外投资和经济合作）专项资金710.6万元；为江苏特斯联物联网科技有限公司、江苏苏美达成套设备工程有限公司2家企业划拨市级对外投资和经济合作专项资金138.90万元；为魔方（中国）投资有限公司等2家省级总部企业拨付2021年省级商务发展专项资金各180万元，为功能性机构企业中核（南京）能源发展有限公司拨付2021年省级商务发展专项资金80万元。

【货物贸易】　营造最优营商环境。区领导包保联系企业制度持续发力。举办海关企业座谈会、银企对接会等，帮助企业协调海关“AEO”认证、解决融资难等问题。支持苏美达技术贸易有限公司、南京跨境电商行业协会申报进出口公平贸易工作站，实现玄武公平贸易工作站零的突破。协助江苏苏美达科技设备有限公司完成南京市首笔二手车出口。培育外贸竞争新优势，进一步推进自主品牌建设，着力提升自主品牌国际竞争力，培育了省市重点发展的国际知名品牌7个。开展跨境电商“十百千万”专项行动，成立南京玄武跨境电商产业联盟，做大做强各类主体，积极培育跨境电商平台、卖家、海外仓和配套服务等跨境电商企业。玄武区商务局获评南京市2021年度外贸主体服务先进单位和对外贸易创新发展先进单位。全面指导企业进口货物防疫工作。及时将进口货物企业（冷链食品除外）疫情防疫精神和要求传达给进口企业，发送“疫情防控告知书”、宣传画册，达到全覆盖。举办多场进口货物疫情防控技术培训，督导企业对进口货物、环境进行消杀及核酸检测，动态管理玄武区“应检尽检”系统内的密接人员。

10月11日，金洽会玄武专场活动国展中心主会场签约仪式

（区商务局　供图）

【推进城市国际化】　不断优化营商环境，深挖国际化资源，开拓交流渠道。组织国际友人参加2021“携手添新绿　共话友谊情”国际友人植树活动。为赛特斯等优秀企业瞄准科创板，积极筹划准备上市，举办上交所“科创沙龙”南京行专场活动。推介南京国际（SOS）紧急救援诊所的Juergen Wigge（中文名

翟国威)医生申报第三批“城市国际化紫金友好使者”。举办“遇见·千年”——南京与佛罗伦萨结好40周年纪念暨南京—佛罗伦萨文化周活动。结合南京“金洽会”玄武专场活动,依托意大利博洛尼亚(玄武)协同中心等6家单位打造“玄武国际交流促进平台”。借助第四届中国国际进口博览会玄武专场活动,给苏宁集团苏支士品牌管理咨询有限公司执行董事等4人授予“玄武国际招商大使”。努力打造合作平台,扩大国际化“朋友圈”,不断提升玄武的综合实力、创新活力、人文魅力和国际影响力。

9月16日,南京国际消费节秋季玄武专场,紫金山庄活动现场

(区商务局　供图)

【服务外包和服务贸易】　不断优化服务外包产业,获得全省47家服务外包示范区综合评定第6名。举办2021年度区商务局开放型经济座谈暨服务外包、自贸区联动创新工作表彰会。2021年被评为江苏省服务贸易(服务外包)统计工作先进单位。组织全区重点服务贸易(外包)企业参加2021全球服务贸易大会暨第十四届中国国际服务外包合作大会。江苏广电国际传播有限公司、江苏苏美达成套设备工程有限公司被评为第二批江苏省服务贸易重点企业。区商务局与新街口街道联合举办玄武区服务贸易业务培训会,邀请中信保江苏公司宣讲出口信用保险等业务知识,并解读部、省、市级服务贸易政策。

【电子商务】　2021年,全区电子商务发展平稳,市场主体持续增长,年底电子商务企业1915家,同比增长16.8%,网络零售额近230亿元,店铺数达1.6万多家。电商直播蓬勃发展。受数字化、疫情等多重因素影响,直播与电商双向融合发展,全区电商直播生态圈加快形成,苏宁青创园、锦创数字产业园被列为市级重点培育直播电商基地,南京昌德文化传媒有限公司、江苏海聆梦家居有限公司等企业被列为市级重点培育直播电商机构。平台经济稳步增长。汇通达、苏宁易购等龙头企业积极参与“品质生活·苏新消费”“苏新消费·冬季购物节”等系列活动,促进消费。汇通达上线“汇通达第四届乡镇集市购物节”、苏宁易购上线“苏品惠中国”,“双十二”期间,江苏地区苏宁易购线上销售比“双十二”前一周增长286.44%,订单量增长28.96%。12月11—20日,苏宁易购江苏省内门店客流同比增长50%以上,汇通达全省销售额2.5亿元,相较上年同期增长127%。数字商务助力转型。汇通达、好享家入选2021年中国产业互联网百强,分别位于百强名单第6名和第35名。苏宁青创园、锦创数字产业园被列为市级重点培育直播电商基地,南京昌德文化传媒有限公司、江苏海聆梦家居有限公司等企业被列为市级重点培育直播电商机构;好享家舒适智能家居股份有限公司、南京途牛科技有限公司被江苏省评为省级数字商务企业。

【消费中心城市中心区工作】紧紧围绕“国际消费中心城市中心区”建设加大消费市场培育、消费场景营造、消费环境提升,先后举办2021南京建设国际消费中心城市暨春季消费节启动仪式、“天长D9”浪漫消费节、2021年金秋经贸洽谈会玄武专场活动等重大消费主题品牌活动,开展十大类网红评选活动,推进D9街区文创园、南京商厦、新东方珍珠VOCO酒店等一批消费新载体亮相,引进了GOYARD等一线品牌130个、黑洞等时尚潮流首店300家,高端餐饮100家、4家餐厅入围2022年黑珍珠榜单,入驻全市首家法拉利销售展厅。成立以德基为代表的新街口商圈发展联盟、以紫金山庄为主席单位的南京玄武婚庆产业发展联盟以及全市首家“玄武区放心消费商户联盟”，全区实现社会消费品零售总额1129.8亿元，总量全市排名第二，同比增长9.8%，高于全市平均增幅0.1个百分点。2021年“完善消费促进机制建设国际消费中心城市中心区”被国家列为“中国改革2021年度地方全面深化改革典型案例”，在仲量联行2020年发布的国际消费中心城市发展指数研究报告中，玄武区获评中心城区10强，2021年玄武区场景消费指数排名上升至全国第7位。

【农贸市场管理】 指导银城东苑农贸市场提档升级改造，投入经费45万余元，主要进行场内出新、厕所改造、屋顶防水等，经过改造，市场环境有了很大提升。做好锁金村、月苑、紫金华府农贸市场肉菜追溯设备购置补贴决算；抓好农贸市场、超市、学院、医院、宾馆等相关行业追溯系统运行管理工作。

【域外生猪保供】 2021年玄武区域外生猪存栏指标为3.4万头，经过协调，4月份与泗洪农业农村局签订域外生猪保供协议，并经宿迁市农业农村局盖章见证，6月完成年度3.4万头域外存栏指标任务，指标完成率位于全市前列。

【夜间经济】 坚持规划引领，发挥玄武区山水城林汇聚，商旅文体资源丰富的优势，按照《玄武区关于建设国际消费中心城市中心区的实施意见》和《玄武区建设国际消费中心城市中心区2021年度工作要点》有关要求，制定《玄武区“十四五”重点商圈及夜经济发展规划》。研究制定全区夜间经济发展规划。重点布局“百子亭—安仁街—丹凤街”夜间经济带，与长江路文旅集聚区共同组成“L”形夜间经济集聚区，开展项目论证，调研走访辖区相关企业、街区、综合体。重点推进步行街建设。指导南京1912街区加强内部管理、加强整体环境改造，积极向上级主管部门申请扶持资金，争创省级高品质步行街；指导南京国展中心着力打造潮SPACE活力街区，在夜娱、夜演、夜食、夜购等方面求突破；指导仙鹤门管委会焕新打造仙鹤门夜市，丰富夜食、夜娱、夜购等多种业态，满足广大市民的夜间消费需求；指导各街道、园区、企业培育多元化夜间消费模式，积极探索新的夜间经济发展之路。推动首店经济发展。积极引导德基广场、环亚凯瑟琳广场、南京1912街区、D9街区、1928·曼度年华等街区、综合体加大国际国内品牌首店引进、本土品牌培育力度，全年引进一线品牌40个，潮流首店60家，组织10家首店品牌在玄武区秋季消费启动仪式上现场签约，并对相关品牌负责人做好品牌专访工作。加强宣传引导，营造良好夜间经济环境。在南京消费发布、夜之金陵等公众号重点宣传玄武区夜间经济重点规划及重点打造的夜间集聚区发展情况，引领广大市民的夜间消费习惯。

【一刻钟便民生活圈试点建设】 为全面落实南京“一刻钟便民生活圈”国家级试点城市建设的工作，满足人民日益增长的美好生活的需要，按照“试点先行、以点带面、逐步推开”的原则，“一圈一策”和项目可量化、清单化要求，制定唱经楼、樱驼花园社区一刻钟便民生活服务圈实施改造方案。以社区居民为服务对象，在服务半径为步行15分钟左右范围内，以满足居民日常生活基本消费和品质消费等为目标，优先配齐菜市场、便利店、生鲜超市、早餐店等生活保障业态，满足社区居民一日三餐、生活必需品、家庭生活服务等基本消费需求，因地制宜发展特色餐饮、运动健身、新式书店、教育培训、老年康护、幼儿托管等品质提升类业态，满足居民个性化、多元化的消费需求，形成多业态集聚社区商圈。2021年完成唱经楼一刻钟便民生活圈试点建设工作。

【扶持老字号企业和特许经营】 制订培育计划，牵头推动老字号保护、传承与创新工作，对老字号企业进行调查摸底，做好复核工作，指导企业做好信息系统填报工作，积极参加省市相关活动；支持老字号集聚区发展以及创新转型、连锁经营、品牌提升、技术改造等项目。参加全市特许经营业务培训；成立区加盟类企业管理处置专班，负责专班办公室日常工作；联合各街道、徐庄高新区和区市场监管局根据市专班办公室梳理的7家已备案特许经营企业名单和912家可能开展加盟业务的餐饮、品牌管理企业名单，进行摸排梳理；督促有问题的企业进行整改。

【12345工单办理】 2021年，累计办理预付卡消费工单1652件，“12345”工单限时办结率100%，首次结果满意率高于全市平均值。做到随时接到工单，随时处理答复，为群众挽回账面损失160多万元，投诉群众满意率高，多次收到群众的表扬信和表扬电话。制定玄武区预付卡管理办法，建立联席会议制度，向商家和群众发放宣传单3000多份，从源头上减少和防范预付卡消费隐患，向公安部门移交案件线索1件，有力保护消费者利益。

【安全生产】 遵循“管行业必须管安全、管业务必须管安全、管生产经营必须管安全”的原则，成立安全生产专项整治领导小组，负责加油站和商业场所的安全生产专项整治工作。强化部门监管责任和企业主体责任的落实，会同有关部门抓好商务领域安全生产大检查、大排查、大整治，全年组织安全生产大检查179次，检查商贸服务企业284家，排查安全隐患178项，全部闭环整改到位。对全区10家加油站常态化巡查了80次，出动165人次。2021年全区商贸服务业领域没有发生安全事故，安全生产形势稳定向好。

【疫情防控与文明城市创建】 出色完成急难险重任务。坚决贯彻落实省、市、区决策部署，统筹推进疫情防控和文明创建工作。根据职责分工，做好全区26家大型商业综合体、2家大型超市、182家进口企业进口货物（冷链食品除外）和18家农贸市场及小区道口的疫情防控工作，负责4个文明城市创建国查点位的工作，履行区疫情防控进口货物（冷链食品除外）、境外企业疫情防控工作组牵头职能，建群建档、联防联控，疫情防控常态化工作强力推进。全年参加执勤1800余人次，为企业配发各类防疫物资3万余元。同时，全力做好市场保供，满足市场需求。加大与众彩、天印山等批发市场沟通联系，加强产销衔接、拓宽货源渠道。健全覆盖粮食、蔬菜、猪肉等16类基本生活必需品日报制度，及时监测销量、价格等供应情况。充分发挥领导干部示范表率作用和党员干部先锋模范作用，扛起“商务局党员先锋队”的旗帜，完成小区防控、路口协勤、“九小”场所和农贸市场巡查任务，有力推动“两在两同”建新功行动走深走实。

（东景瑶）

投资促进

【概况】 2021年，全区投资促进工作严格贯彻落实市委、市政府“招商质效提升年”决策部署，深入学习领会区第十二次党代会精神，紧贴区“十四五”规划及全区中心工作，紧抓围绕投资促进工作主线，发挥统筹协调职能，创新招商活动形式，扎实开展全年各项工作。结合“双结对、双促进”“三服务、三联建”“两在两同”等工作，打造“链心桥”特色党建品牌，以党建“融”通多方资源，形成服务基层、服务群众、服务企业的“合力”。通过开展党建联盟活动，争取更多市级资源向玄武倾斜，深化为民办实事、推动为企业服务，助力招商引资、社区治理等各项工作再上台阶。一季度荣获南京市“重大项目推进奖”，四季度荣获南京市“目标任务进度奖”，年度招商引资工作综合考评，在板块第三组位列第一，获“优胜奖”。

4月9日，党建联盟成立揭牌仪式 （区投促局 供图）

【核心指标】 实际利用内资完成155.6亿元，完成年度目标的174.8%；签约项目投资总额完成653.6亿元，完成年度目标的119.7%；亿元以上签约项目数完成117个，完成年度目标的216.7%；招商项目信息数完成1296条，完成年度目标的158.0%。往年亿元以上签约项目注册率97.6%，位居全市第二，开工运营率96.8%，位居全市第一；2021年亿元以上签约项目注册率76.1%，开工运营率57.3%，位居全市第四；往年亿元以上签约项目年度到资率高于全市平均水平。

【项目招引】 完成招商局江苏中心、招商积余江苏区域研发中心、招商局置地江苏区域结算中心、江西电建华东区域总部项目落户。完善“街道+园区+平台公司+重点产业链”招商模式，成功引进同程商逸旅、格亚医药等一批重点产业链项目。积极探索基金招商模式，招银基金相继落户，有序推进。外引内培，精心抚育老树新芽，德基互联网大数据交易研发中心、德基·新能源智能汽车体验中心、汇通达互联网生态供应链、先声医学诊断、百家汇二期等老企业新投资项目焕发光彩。

【活动推介】 全年开展招商引资和企业服务活动11场，其中，区投资促进局牵头组织5场，协办6场。制定活动计划表。聚焦“1+2+2”产业体系和4条重点产业链，以及新增载体建设，统筹全区全年招商引资和企业服务活动，每月举办不少于1场有影响力的重点招商活动。打出招商“特色牌”。协调组织深圳市、天津市的南京商会，华美半导体协会等商(协)会走进玄武活动，广泛开展交流座谈，集中推介玄武优质资源。奏响招商“创新之音”。举办以“数字新经济　发展新机遇”为主题的区块链研讨交流会，组织分布式存储的行业头部企业走进玄武考察交流；邀请万里智库赴玄武开展“南京玄武&万里智库产业交流活动”。捧出惠企“暖心茶”。邀请“玄武金卡”企业家和优质企业代表参加2021“玄武金卡”系列活动——咖啡节特别活动，举办“新消费　新视角　新动能——2021长三角城市与咖啡消费论坛”，搭建辖区消费载体与行业企业交流互动平台。

6月22日，南京玄武&万里智库产业交流会　　　　（区投促局　供图）

【宣传推广】 在玄武微信公众号发文433篇，推介玄武投资环境，其中3篇被选入市级“学习强国”平台。围绕新增载体，每月推出专访，发布《玄武还有》画册系列宣传报道6篇。设计制作“玄武白天、黑夜”宣传折页，拍摄宣传片，重点宣传推广一批优质载体。定制开发“投资玄武智能助手”小程序，全新呈现“南京玄武全景产业投资地图”。

【招商培训】 进一步优化、升级“玄武博思汇”招商培训品牌，围绕“三个一”，定期开展交流学习活动。聚焦“一个主题”。先后围绕高企政策解读、区块链前沿话题、商务礼仪和招商谈判技巧等主题组织培训活动，邀请专家详细解读，不断提高招商人员业务技能。推选“一名博主”。每月选出一名“博主”在微信学习群内开展招商话题讨论，同时与清科集团的沙丘学院合作，借助专业资源每天在学习群发布最新招商资讯。研发“一套程序”。开发定制学习小程序，进一步加强各招商队伍之间的联动，实现产业信息互通、招商经验共享，2021年，发布各类招商资讯1200余条，链接文章500余篇。　（高正山）

（栏目编辑　卢永晨）

财政·税务

财政
税务

财　　政

【概况】　2021年，区财政局在疫情冲击和减税降费的双重影响下积极开展收入组织工作，区级一般公共预算收入首次突破百亿元大关，达到105.1亿元，同口径增长8.4%。区级一般公共预算支出46.5亿元，增长8.1%，其中民生支出占比超80%。

【财政收入】　2021年，全区完成一般公共预算收入105.1亿元，同口径增长8.4%，完成年度预算预期目标。主体税种的完成情况是：增值税完成37.2亿元，增幅4.1%；企业所得税完成35.8亿元，增幅16.6%；个人所得税完成9.9亿元，增幅4.7%。

【专项收入分析】　2021年，区财政局针对全区金融业、房地产业等重点行业进行分析，编写了《玄武区金融业财税收入分析报告》；编写《玄武区近三年新增税源分析》，深入分析全区重点税源企业近三年的变化情况，并提出合理建议，为上级决策提供参考。

【优化营商环境】　区财政局以区领导包保重点税源工作为契机，从政府服务、融资渠道、资源整合、政策供给等方面入手，建立"一企一档"清册，对企业情况、企业诉求、部门反馈等信息进行梳理，并与企业紧密对接，形成工作闭环，推进驻区优质企业健康发展。根据企业经营特点，积极争取市级专项资金，强化园区软环境的保障。

【中央直达资金使用监督管理】　2021年，区财政局依托财政一体化信息系统和直达资金监控系统，第一时间接收、分配、下达指标，明确直达标识，做到指标数据"双系统"吻合，杜绝分配迟缓。并严格按照国库集中支付制度和直达资金使用要求，制定资金拨付规范，明确支付业务流程，把关支付审核"关口"，打通资金支付"最后一公里"，确保资金投向精准，支付安全规范。

【财政收支统筹管理】　2021年，区财政局按照"保工资—保运转—保基本民生"的顺序统筹财力，足额安排预算资金，为克服疫情影响、加快经济社会健康发展提供有力财政支撑。牢固树立"过紧日子"思想，压减一般支出，严控预算执行。坚持刀刃向内，大力压减一般性支出和非刚性、非急需支出，强化预算刚性约束，严控预算调整和调剂事项，非必需支出一律不得追加。

【惠企利民】　2021年，区财政局联合区税务局、街道、园区建立"横向+纵向"的月度收入预测体系，提前做好收入组织预案及跟踪分析。定期召开收入组织推进会，对于收入组织中的重点、难点问题，坚持以部门工单为载体，一事一单一推进，对单销号，提高部门协调配合工作效率。稳定和扩大就业，发挥财政政策对稳就业的拉动作用，为灵活就业人员发放社保补贴1228万元，为高校毕业生发放住房补贴4272万元、就业见习补贴476万元，投入3319万元组织开展职业技能培训70438人次。提高养老保障水平，完成220户困难老人家庭适老化改造，累计发放尊老金1532万元，发放最低生活保障金1962万元，发放困境儿童保障金155万元，发放困

3月5日，"学雷锋日"财税联动进社区　　（区财政局　供图）

难和重度残疾人补贴1464万元。打造宜居美好城区，投入资金近2亿元，完成16个老旧小区整治，既有住宅加装电梯24部，整治友谊河、玉带河等5条河道及进香河、清溪河等9段暗涵，清疏修缮金川河流域等22个片区雨污管网。

【医疗电子票据改革】 2021年，区财政局为落实全省医疗电子票据改革，按照先试点1家、后全部推开的原则，在区属12家社区医疗机构上线医疗电子票据。做好区属民办非盈利医疗机构上线预案，并按要求推进民办非盈利医疗机构电子票据上线工作。

【政府债务管理】 2021年，区财政局按照积极的财政政策要提质增效、更可持续的要求，加大债券资金对重点项目的支持力度，争取一般债券3.6亿元，保障全区经济社会稳定运行。积极向上争取债券资金，支持全区教育、老旧小区改造、道路环境整治、雨污分流积淹水改造等项目，聚焦民生重点领域。建立玄武区政府债券资金使用进度月度统计和季度通报制度，定期对债券资金使用情况进行统计和通报，确保债券资金合规、高效使用。

【预算绩效管理】 2021年，区财政局全面提升绩效管理水平，对78个部门整体、41个项目共计12.48亿元资金开展绩效评价，对3个部门整体、68个项目的绩效目标实现程度和预算执行进度开展"双监控"，区预算绩效管理"三年行动计划"全面收官。

【行政事业单位资产管理】 2021年，区财政局加快建立"安全规范、节约高效、公开透明、权责一致"的资产管理体系。以摸清公共基础设施类资产为抓手，逐一追根溯源、分析原因、区分性质，联合各管养部门规范公共基础设施确权、登记、核算管理，合力破解全区公共基础设施类资产"入账难"问题。

【政府采购管理】 2021年，全区全年完成政府采购22455.29万元，节约预算资金2132.51万元，预算资金节约率8.67%。对消费扶贫采购工作进行再宣传、再发动，充分运用政府采购政策鼓励动员区属预算单位通过优先采购、预留采购份额的方式采购贫困地区农副产品。2021年全区在"扶贫832"平台形成农副产品采购交易额63.83万元，占年度预留份额的121.11%。

【队伍管理】 2021年，区财政局举办新任职财务人员培训班、制作财务政策宣传动画，全方位加强宣传力度，为全区行政事业单位会计人员系好财务生涯的第一粒扣子。结合"规范现金、推广公务卡"主题，推出动画短片，规范现金使用，推行公务卡结算报销方式，使公务卡改革更加深入人心，杜绝违规使用现金、不按规定使用公务卡的现象。创新为全区财务人员编写"财务随手翻""财务百科"等，用通俗易懂的文字来表达晦涩的专业术语，总结日常财务管理的关键点和薄弱点。 （宋幸娟）

税　　务

【概况】 2021年，国家税务总局南京市玄武区税务局（以下简称：玄武区局）在南京市税务局党委和玄武区委、区政府的正确领导下，以习近平新时代中国特色社会主义思想为指导，围绕"1+5"型（坚持一个统领，建设法治型税务、智慧型税务、和谐型税务、廉洁型税务、平安型税务）税务机关建设目标，认真落实全面从严治党要求，积极做好税费收入组织工作，推进减税降费优惠政策落地落实，深化税收征管改革推进，优化税收营商环境，不断加强干部队伍建设，较好地完成各项工作任务。2021年4月制定落实《办公现场走动管理办法》，强化纪律和作风日常巡查。2021年组织入库各项收入233.24亿元，同比增长39.97亿元，增幅20.68%。常态化管理减税降费，2021年落实新增减税降费9.15亿元，退税总金额17.83亿元。开展前瞻性税收经济分析和研判，强化重点税源分级对接，服务区域发展。全面完成办税服务厅改造工程，积极探索"一窗联动、一办到底"的服务模式，将行政处罚业务前置到窗口。全面落实10大类35项111条便民措施，2021年累计非接触式服务达18.2万户次，办理率94%，网上申报率99%，处理各类工单1993个，特服号全年接听解答7.3万次，接通率96.44%。

【党史学习教育】 2021年，玄武区局精准把握“学史明理、学史增信、学史崇德、学史力行”的目标要求，坚持学习党史与学习新中国史、改革开放史、社会主义发展史相贯通，做到学党史、悟思想、办实事、开新局。从严完成规定动作，扎实推进“七个专题”（专题学习、专题培训、专题党课、专题宣讲、专题研究宣传、专题民主生活会和组织生活会、“我为群众办实事”实践活动），采用领学促学、集中研讨、线上视频、理论测试等多种方式，抓实党员干部经常性理论学习。全年中心组学习27次，中心组扩大会议专题学习研讨9次。2021年12月完成122项“我为群众办实事”项目，推动党建和业务互融互促。3—12月，对接社区开展“统一行动日”，积极投身疫情防控、文明创建、结对帮扶，组建党员突击队，充实核酸检测一线力量，下沉社区联防联控，累计志愿服务疫情防控352人次，参与文明创建攻坚249人次。

【税收收入分析】 2021年，玄武区局累计组织各项收入233.23亿元，同比增加39.96亿元，增长20.68%。其中：税收收入154.97亿元，同比增加11.28亿元，增长7.85%；社保费收入74.38亿元，同比增加28.24亿元，增长61.2%；其他非税收入3.88亿元，同比增加0.44亿元，增长12.79%。全年累计入库区级公共财政预算收入103.93亿元，同比增加8.04亿元，增长8.38%。全年税收运行呈现以下三个特点。税收运行更加趋稳，整体走势与经济发展相匹配。2020年上半年因疫情影响税收基数较低，2021上半年税收累计增幅达13.05%，下半年税收走势趋于平稳，全年税收累计增幅7.85%。分税种看，全年增值税入库52.24亿元，同比增加0.41亿元，增长0.79%；企业所得税入库61.83亿元，同比增加5.02亿元，增长8.84%；个人所得税入库18.0亿元，同比增加1.2亿元，增长7.14%；地方税合计入库21.45亿元，同比增加4.38亿元，增长25.66%。第三产业税收占比超九成，房地产业税收增长较快。2021年第二产业入库税收收入10.22亿元，同比增加1.97亿元，增长23.88%，占比6.59%；第三产业入库税收收入144.74亿元，同比增加9.16亿元，增长6.76%，占比93.27%。民营企业税收增长，国有集体企业税收小幅下滑。民营企业在稳定增长、改善民生方面发挥着重要作用，全年入库税收收入69.64亿元，同比增加10.47亿元，增长17.7%。国有集体企业入库63.36亿元，同比减少0.97亿元，下降1.51%。涉外企业入库18.14亿元，同比增加4.18亿元，增长29.94%。

3月5日，区税务局党员志愿者走进长江路社区提供公益涉税服务
（区税务局　供图）

【税收政策落实】 2021年，玄武区局强化税收政策落实，提升税收征管质效。推广应用电子发票服务平台，建立新办户分析预警机制，核查异常凭证5425份。落实货劳税政策，通过税企服务平台，5月14日，开展延续实施和新出台的增值税优惠政策培训直播。落实增值税各项政策，强化成品油行业分级分类管控，发放走出去企业风险提示126份，辅导24893户企业完成2020年度企业所得税汇缴清缴，稳步推进8个新发现房地产开发项目的土地增值税清算工

作。强化网格化管理，组织个人所得税申报汇缴10万多人次，完成率超90%。优化内部协同和外部合作机制，做好7万余名城乡居民社保缴费人的服务保障。围绕研发费用加计扣除新政，做好优惠政策宣传落实工作。做好走出去企业管理服务工作，完善走出去企业信息更新35户次。

【税收征管改革】 2021年，玄武区局认真落实“一个进口、一个出口”服务机制，坚持问题导向，按照“前台统一受理、资料内部流转、案头分析为主、电话核实优先、事项同一出口”原则，积极举措。优化办税服务厅布局以及延伸点设置。区局办税服务厅设置1个主厅和5个延伸点，延伸点分别为百脑汇延伸点，具体负责个体业务的办理及零散税收代开普通发票、货运代开专用发票、小规模代开专用发票等业务的办理；政务大厅延伸点，具体负责新办税务登记、私房租赁代开发票等业务；孝陵卫延伸点、锁金村延伸点、徐庄延伸点具体负责辖区内零散税收的代开普通发票业务。在几个延伸点均派驻税源管理科的干部，负责日常管理和业务监督。调整行政处罚事项的处理部门。逾期未申报、逾期未抄税以及其他办税服务厅日常工作中发现的违法行为的行政处罚由纳税服务科负责，制作并送达相关文书、收取罚款、补办理违法事项等。各税源管理科所负责实施本部门日常工作中发现的违法行为的行政处罚工作。

10月15日，南京市玄武区税务局开展营商环境体验师，请企业办税人员现场体验便捷办税流程
（区税务局　供图）

【纳税服务】 2021年，玄武区局坚持“以纳税人缴费人为中心”的服务理念，全面优化升级软硬件。2021年8月全面完成办税服务厅改造，平均等待时长压缩至2.5分钟。积极探索“一窗联动、一办到底”的服务模式，将税务行政处罚事项前移至办税服务厅，一窗式完成全部事项。全面落实10大类35项111条便民措施，服务提升获得纳税人缴费人认可，玄武区局办税服务厅窗口评价满意率达100%，2021年度在玄武区作风评议中，窗口服务满意度位列全区第一。2021年5月，荣获省市税务局联合主办的“优税说一，春风有宁”系列活动一等奖和三等奖；12月在市税务局文明服务月评比活动中荣获一等奖。持续优化营商环境。全年共推送税收政策、涉税提醒75万条，玄武纳税服务热线全年接通率96.44%，一季度到四季度在全系统排名上升8个位次。加强纳税信用管理，全年共完成全区32438户企业审核比对工作，复评、修复企业36户次。实施分类服务与管理，惠及3791户A级纳税人。同城通办事项从58个增加到105个，共有10万户次纳税人通过玄武区局自助机器领用发票，其中同城通办业务占比近50%。新办窗口高度融合，同步开户、领票，系统内新办套餐单户办理平均时长仅需6.7分钟。落实2021年度“便民办税春风行动”任务措施，办好惠民实事。全年走访企业54户次、召开座谈会4场次，组织专题培训会10场次，开展志愿者服务14场次，收集、解决纳税人实际问题186件次。分三期开展“营商环境体验师”活动，收集对服务产品的意见建议23条。全面收集街道园区有关诉求建议，建立专项工作研究机制，反馈解决问题26项。

【服务区域发展】 2021年，玄武区局进一步优化玄武区税收营商环境，积极培育和涵养税源，促进企业健康和可持续发展，积极落实玄武区委、区政府工作部署，促进减税降费政策落实落地，助力建设强富美高新玄武。加强横向互动和纵向联动，分级对接重点税源。2021年4月，探索税收精诚共治机制，建立落实领导班子对接服务街道（园区）机制，收集解决问题26项，建立并有效运行信息共享、管理共治、结果共通的部门协同机制，提升税户服务和税费征管水平。开展"两在两同"（同人民想在一起、干在一起，风雨同舟、同甘苦）建新功行动，全年组织下沉社区志愿工作289人次。2021年，在玄武区作风评议中，12345热线工作考评和窗口服务满意度评议这两个指标，玄武区局均名列第一。区局在区高质量发展综合考核中取得优秀等次。

【依法行政建设】 2021年，玄武区局按季召开依法行政工作领导小组会议，组织集体学法，研究区局依法行政重大工作，充分发挥依法行政工作领导小组对全局工作的法治领导及指引。及时落实行政处罚的各项具体政策规定，做好各管理科所行政处罚特殊问题的咨询和处理，督促基础管理科完成省税务局首违不罚疑点问题整改和自查工作。做好纳税服务科处罚培训和衔接辅导。积极推进"三项制度"（行政执法公示制度、执法全过程记录制度、重大执法决定法制审核制度）的落实，组织全面依法行政工作领导小组成员单位对照国家税务总局、省税务局的清单、办法和指引，规范开展各项执法事项公示，制定落实意见，积极使用执法记录仪和税务约谈室，充分发挥法制审核作用。全年开展执法过程音像记录238户次，开展行政处罚法制审核54次。在企业强制清算和破产清算中申报税收债权，全年参与破产清算及强制清算程序57件，申报税收债权376.33万元。主动提示管理人办理解除非正常户、补充申报、缴销发票、接受处罚、清算期间纳税申报等涉税事项，为其恢复正常办税提供绿色通道。做好法律人才培养，积极组织公职律师参加专题培训和疑难涉税问题研讨，充分发挥积极作用。组织法律执法资格人员参与系统公职律师选拔，新增1人被推荐为系统公职律师。

【干部队伍管理】 2021年，玄武区局依规有序开展职务职级晋升。按照岗责匹配、人岗相适的原则，选拔了正、副科级领导干部各2名，调优科级领导干部配备。严格执行职级晋升规则，有序完成高级主办、主办职级晋升24人次。分层分类加强业务能力培养。线上运用"学习兴税"App，线下落实分层分类培训，提高干部的专业素养，多名干部获得"南京市技术能手""南京市五一创新能手"等荣誉。建立青年发展培养计划，落实导师培养机制，以青年学习社为平台，提升青年干部综合素质，5人通过执法资格考试。抗牢政治监督责任，推动税收征管体制改革、增值税专用发票扩围试点、现金税费征缴、新冠疫情防控、减税减费等重大决策部署落实。紧盯"关键少数"，扎实开展纪律作风专项整治，重点整治19项具体问题，290人签订了廉政承诺书，推进区局作风持续改进。加强对税务人员"八小时以外"监督，加强对青年干部、退休干部的监督，深化"不敢腐、不能腐、不想腐"一体推进，经常性开展警示教育。做实以案促改，根据省税务局提级巡察提出的问题，立行立改，健全区局运用监督执纪问责"第一种形态"的制度。（李帅威）

（栏目编辑　张　弛）

经济管理与监督

综　　述

【经济运行情况】 2021年，面对复杂多变的国内外环境，围绕建设“强富美高”新玄武的奋斗目标，玄武区深入践行新发展理念，着力推动高质量发展，扎实推进“六稳”“六保”任务，科学统筹疫情防控和经济社会发展，有效应对突发疫情考验，经济社会大局保持稳定，生态环境持续改善，民生事业有序推进。

主要经济指标。面对经济持续下行压力，坚持稳中求进工作总基调，经济运行扩量提质增效，主要经济指标均完成年度目标任务。2021年GDP完成1205.9亿元，同比增长8.8%；一般公共预算收入105.1亿元，同比增长8.4%；固定资产投资同比增长8.5%；社会消费品零售总额1129.8亿元，同比增长9.8%；外贸进出口总额803.4亿元，同比增长18.2%；实际利用外资3.94亿美元，完成年计划的151.5%。

重大项目推进。项目投资全面提速。玄武之光新一代信息技术科创中心成功申报省级重大项目，实现全区省级重大项目零的突破；全区101个区级以上重大项目，年度计划投资171.9亿元，全年完成投资173亿元，完成年计划的101%，同比增长27%。其中，1个省级重大项目，年度计划投资5亿元，全年完成投资9.4亿元，完成年计划188%；11个市级重大项目，年度计划投资72亿元，全年完成投资75.6亿元，完成年计划的105%，同比增长40%。项目建设全面发力。坚持储备项目抓前期、前期项目抓开工、在建项目抓竣工、竣工项目抓投产、投产项目抓达效，全年完成复星江苏总部、徐庄二期聚智园等39个重大项目开工建设，红山国际社区、朗诗绿色生态中心等26个重大项目加速建设，百家汇玄武创新药物孵化平台二期、高力六角商业广场等30个重大项目竣工投产，投产投用产业载体81万平方米，其中已完成招商产业载体约34万平方米。

国际消费中心城市中心区建设。加速布局全域消费新格局，组建新街口商圈发展联盟，集聚区域消费资源，举办南京建设国际消费中心城市暨春季消费节启动仪式、“遇见·千年”南京—佛罗伦萨缔结友好城市40周年纪念活动、D9街区开街仪式等重大消费主题活动，推进长江会、南京商厦、东方珍珠VOCO酒店等一批消费新载体亮相，不断挖掘玄武消费经济潜力；打造消费新模式新业态，引进夜间经济、首店经济和网红经济；推动文旅融合消费，强化长江路文旅集聚区“1800米、1800年”品牌影响力；鼓励发展电子商务，集聚省级以上电子商务示范企业8家。消费市场呈现蓬勃发展态势，贸易额占全省比重及增速保持在主城前列。

硅巷载体建设。坚持由政府引导、市场主导、多方参与，按照片区融合发展理念，打造以珠江路为主轴，孝陵卫、板仓、红山三片区协同联动的玄武“硅巷矩阵”。在挖掘低效、闲置载体的同时，创新运营模式，注重产业培育与机制创新，组建玄武硅巷联盟，推动“政产学研金”联动发展，开展硅巷品牌活动177场；举办“南京城市硅巷建设推进会暨南师大玄武科技园开园”活动，打造全市首个由高校老校区整体转型的硅巷标杆项目——南师大玄武科技园。全年建成备案硅巷4个，建成载体面积达12.3万平方米，集聚科技型企业123家。

科技创新能力。聚焦“建设创新名城中心区”目标追求，积极构建区域创新体系，优化创新服务，精心组织“南京创新周”玄武专场、“2021首届苏南国家自主创新示范区高峰论坛”等各类主题活动；围绕招引高新技术企业，制定出台《玄武区高新技术企业引培工作实施细则》，先后组织赴杭州、西安等地开展科技招商活动；深入推进“凤栖玄武”人才工程，完善“人才优服”工作体系，积极汇聚创新人才。全年净增高新技术企业46家、入选国家级重点人才计划5人、有效发明专利拥有量15483件。

招商引资质效。围绕全区主导产业发展布局，完善“街道+园区+平台公司+重点产业链”多元招商模式，发布“南京玄武全景产业投资地图”，借助特辑专访、宣传报道等形式，强化优质载体宣传，进一步提升玄武招商品牌知名度；突出重点产业链招商，“举办金洽会玄武专场活动”“第四届进博会玄武专场活动”等各类活动78场，成功引进同程商逸旅、润光超量子、格亚医药等一批重点产业链项目。全

2021年五城区主要经济指标比对表

表1 单位：亿元

五城区	地区生产总值		一般公共预算收入		社会消费品零售总额		全社会固定资产投资		全体居民人均可支配收入（元）	
	总量	可比价同比±%	总量	同比±%	总量	同比±%	总量	同比±%	总量	同比±%
玄武区	1205.9	8.8	105.1	8.4	1129.8	9.8	/	8.5	81471.8	8.8
秦淮区	1324.4	8.3	110.5	10.4	1031.0	9.7	/	8.6	74596.9	8.8
建邺区	1215.0	8.3	161.7	16.6	451.2	13.5	/	6.2	71717.9	8.9
鼓楼区	1921.1	8.3	176.6	6.6	1145.7	11.3	/	8.0	80734.6	9.1
雨花台区	1015.6	7.1	91.6	9.1	731.2	8	/	9.6	71663.2	9.1

年实际利用内资155.6亿元，签约项目投资总额653.6亿元，亿元以上签约项目117个。

产业链发展。对照全市“产业质效提升年”总体要求，围绕全区“1+2+2”主导产业结构，结合全区产业链特点，研究出台《玄武区关于开展“产业质效提升年”的实施意见》《玄武区重点产业链高质量发展2021年推进行动方案》，聚焦文化旅游、高端商务商贸、现代金融、集成电路、软件和人工智能、新医药和生命健康等重点产业，召开产业链工作推进会6场，建立重点企业培育库，健全产业链“一链一策”服务机制，加强重点企业跟踪、协调、服务力度；加快都市工业发展，举办东华都市工业产业园项目启动仪式，打造胜利村路100号“玄武区都市工业产业园”；依托钟山农业创新发展联盟资源优势，举办“智汇农业·玄武之音”农业科技高峰论坛，发布推介100余项农业科技创新成果；支持总部经济发展，全年新增市级总部企业3家；全年软件和信息服务业务收入同比增长15.1%，金融业营业收入同比增长38.58%，新医药与生命健康营业收入同比增长26.3%，集成电路业务收入同比增长58.2%。

企业服务举措。深入推动区四套班子领导包保联系机制，强化“区—部门—板块”三级走访，根据企业运营状况、重大项目推动进度，不断畅通政企沟通渠道；围绕降低经营成本、优化金融服务、提升政务效能等多方面，出台《玄武区应对疫情影响助企纾困促进经济发展的若干措施》，有效帮助企业化解疫情带来的负面影响，并通过召开政策措施发布会、完善玄武企业服务公众号等方式，确保惠企政策落地见效。

营商环境优化。进一步转变政府职能，研究出台《2021年玄武区优化营商环境工作举措》，深入推进“放管服”改革，围绕精准放权、精确监管、精细服务三大原则，推进“证照分离”“市场准入”“互联网+监管”等32项具体改革任务；在服务一线推行“一网通办”“跨省通办、省内通办”模式，设置“办不成事”反映窗口，在方便企业、群众办理业务的同时，有效破解“办不了、难办理”难题；完善投资建设项目代办服务，完成省市区重大项目代办21项；强化社会信用监管和信用大数据运用，突出信用惠民和信用惠企主题，不断创新“信易+”应用场景。通过培育扶持，全区优质企业不断涌现，2021年新增全国工商联发布的中国民营企业500强1家、中企联发布的中国企业500强2家，入选全市瞪羚企业5家、独角兽企业2家，新增省级“专精特新”小巨人企业4家。

国有资产管理

【概况】 2021年，区国有资产管理办公室（简称“国资办”）在区委、区政府的坚强领导，在市国有资产管理委员会的悉心指导下，深入学习贯彻习近平新时代中国特色社会主义思想和党的十九大和十九届历次全会精神，以及中央、省、市关于深化国资国企改革的精神，按照全区经济社会发展目标任务要求和工作部署，紧紧围绕“做强做优做大”国有资本和国有企业的战略目标，抓重点、补短板、强弱项、防风险，在国资国企改革发展、监管创新、民生保障、党建引领方面取得优异成效。

【国资国企改革】 2021年，区国资办聚焦国企改革三年行动，全面深化综合改革。实施三年行动，编制《玄武区国企改革三年行动实施方案（2020—2022年）》，从完善中国特色现代企业制度、推进国有经济布局和结构调整、深化混合所有制改革、健全市场化经营机制、形成以管资本为主的国有资产监管体制、加强国有企业党的领导和党的建设六个方面全面深化改革。推进政企分开。按照“分级出资、分级管理”原则，接管房产开发总公司等2户行政事业单位“脱钩”企业，因企制宜分类完成黄埔汽修厂、房屋拆迁安置公司等16户全民所有制企业完成公司制改革。稳态经营、敏态创新。推动10户非主业、非优势“两非”和低效、无效资产“两资”企业的清理退出，盘整低效资产，加快融合发展；南京卷烟厂厂区改造的D9文创街区正式启动，成立玄荣城市服务等混改项目公司，探索物业城市、工业遗址改造等运营新模式，优化增量投向，挖掘发展潜力。

【国资国企监管】 2021年，区国资办发挥监管职能，加快管资本职能转变。优化考核体系，制定《2021年度玄武区区属国有企业改革发展任务目标考核管理办法》，突出市区重大项目、债务风险防范等重点任务落实情况考核，将国有企业考核纳入全区综合考核范围。完善监管机制，出台《玄武区区属公有房屋公开招租办理细则》等指导文件，完成总面积2.27万平方米公有房屋集中公开招租，较上期年租金溢价107.07万元；实行企业融资“穿透式”审查，配套建立融资提款备案、债券兑付报送等财管机制，强化可行性分析，合理控制经营性债务。提升专业水平，根据区纪委监委工作安排，联合财政局、审计局对全区7个街道经营性房产出租情况开展专项检查，合作会计师事务所对集团运营情况按季度进行财务分析，启用包括产权、财务、党建等7个子模块的国资监管信息一体化平台，全面提升监管质效。

12月2日，市国资委调研玄武区国资办国企改革三年形动推进情况

（区国资办　供图）

【服务社会民生】 2021年，区国资办践行“两在两同”建新功，服务群众美好生活。全力以赴抗击疫情，全年为承租玄武区公有房屋的中小微企业、个体工商户减免租金369.01万元；在区级减免政策基础上为旗下园区商户进一步减免物业费、停车费；为封闭小区居民紧急上线“网上农贸市场”，保障隔离居民生活供给。做好剥离国有企业办社会职能工作，完成剥离国有企业办社会职能和解决历史遗留问题“三供一业”剩余任务，第一批1185户建筑面积约6.6万平方米剩余任务于9月完成正式协议签订，第二批835户建筑面积约4.31万平方米剩余任务于11月完成正式协议签订。提升公共服务能力，依托16个城市更新项目和224个老旧小区的物业兜底任务，搭建智慧物业平台涉足安防市场，成功中标鼓楼税务分局物管项目，实现区外竞争新突破；依托693个垃圾亭房建设任务，开发“智慧眼”垃圾分类收运体系，市场化收入稳步攀升。

【党建引领】 区国资办以高质量党建引领国企高质量发展，不断深化党建引领。建设高素质人才梯队，出台《区属国有企业中层管理人员选拔聘用及管理工作的实施意见（试行）》，全年选拔优秀中层干部14名；组织国企领导班子、中层干部及青年储备人才举办"国资系统领导干部专业能力提升专题培训班"，举办推动国资国企做优做强主题论坛，创设"国资大讲堂"学习载体，持续提升领导干部管企治企能力。树红色旗帜迎百年华诞，深入开展党史学习教育和"两在两同"建新功行动，"行走学党史""党史知识竞赛"等系列主题活动，组建"夕阳红宣讲队"和"劳模宣讲团"进行百场宣讲；召开国资系统庆祝中国共产党成立100周年暨"七一"表彰大会，开展国资系统"两优一先"评选，表彰先进模范典型，激发爱党爱国、爱企兴企热情。推进党的组织建设与品牌建设相融合，以"一集团一品牌"为目标开展党建品牌培育计划，谋划品牌创建方案，"诚建玄武"、"橙·红"党建联盟和"红领·钟山"3个党建品牌入选"南京国企（示范）党建品牌"，钟山集团"红领·钟山"入选江苏省国资系统"庆祝建党100周年以高质量党建引领国企高质量发展100案例"，并获二等奖。 （潘振浩）

·钟山集团·

【概况】 2021年，在区委、区政府的正确领导下，钟山集团紧抓国企改革跨入攻坚之年、关键之年重大节点，立足自身职能定位，主动应对经济发展新常态，积极转型升级、务实求新创效，保持了持续、健康、稳定的发展态势。加强党支部基础建设，推动基层党组织战斗堡垒不断向纵深延伸，以党建阵地筑牢集团发展的"压舱石"，为企业高质量发展赋能。组织开展党史学习教育、以实际行动和优异成绩向建党100周年献礼、"红色地标"打卡、"一次援疆行，一生家国情"专题教育、"冬训微课"等系列活动，充分发挥思想政治教育的引领功能。持续深化特色品牌创建，"红领·钟山"党建品牌被评为"南京国企示范党建品牌"，并入选江苏省国资系统"庆祝建党100周年以高质量党建引领国企高质量发展100案例"，并获二等奖。坚持正确的政治方向、舆论导向和价值取向，充分结合集团当前发展阶段的形势和任务，把意识形态工作贯穿到"三会一课"中，及时传达学习党中央和上级党委关于意识形态工作的指示精神。牢牢把握意识形态宣传主阵地，以社会主义核心价值观为引领，弘扬主旋律，传播正能量，围绕支部建设、企业发展、安全生产等方面，大力宣传先进典型，营造干事创业、积极向上的良好氛围。

【建设项目】 2021年，铁北高中新建工程项目完成地下室结构施工，各项工作均超进度推进。曹后村28号改造工程项目室内装修完成50%工作量，室外工程同步进行中。区市场监督局业务用房装修项目已完成1～7层的装修改造，并进行顶层施工。区政法综治中心改造项目已完成规划审批、现场加固80%工作量。钟山颐乐荟项目已完成消防改造与全面招商，已签约商户均已入驻营业。仙鹤门社区中心项目已完成立项备案，申请规划要点、办理工程总承包招标。

【助力民生领域】 2021年，集团广泛动员经营户留宁稳市，集团下属农贸市场在春节期间均正常营业，全力保障周边居民"菜篮子"。采用"保底租金收入+利润分成"的合作模式与民营资本合力打造的养老生态产业，经过两年的市场化运营，已进入稳定盈利期。与东南集团共同建设的玄外地下智慧停车场，已于9月份正式运营，提供车位400余个，一定程度上缓解了珠江路周边停车难的问题。

【产业投资】 2021年，集团深度参与基金管理，红土星河及创熠芯跑两只子基金累计投资项目19个，其中：1个项目已通过科创板IPO、2个项目正在申报IPO、另有3个项目进入上市辅导阶段。在新金融板块持续发力，加快融资租赁市场化转型，在旅游、民生、农业、物流等领域储备数十个项目。挖掘长三角股权交易中心牌照价值，积极布局数字经济，对接市大数据集团，抢占数字经济的发展高地。同时加快保险理赔牌照办理进度，拟通过数字化赋能，将金融活水引流到大量中小微企业，充分发挥供应链金融的积极作用，支持实体经济发展。

【传统业务转型】 2021年，集团整合传统业务资源打造的新零售商业公司发展势头良好，通过专业化管理与市场化运营，1—9月份实现销售额近万元，业务版图正在向其他区县进行辐射。钟山黄埔公司经过与多家汽车厂商接洽，已与奇瑞集团达成引进捷途汽车品牌的合作意向并签订协议，正在进行场地改造的设计环节。

【安全生产】 2021年，集团组织各部门及下属公司签订《安全目标责任书》，将安全生产作为重中之重纳入全年工作计划。不定期组织人员深入项目现场、农贸市场、在租资产等重点区域开展安全检查，对查出的隐患定时间、定标准、定责任人进行彻底整改。1—10月开展安全生产专题会议10次、线下培训1场、线上学习1次，累计组织安全知识培训19次、开展应急演练7次，切实做到安全生产工作常抓不懈、警钟长鸣。（姚　瑶）

金融管理

【概况】 2021年，区地方金融监督管理局按照"强监管、促发展、保稳定"的基本思路，围绕做好防范化解区域金融风险、推进金融产业集聚发展、提升金融服务实体经济能力等工作主线履行职能任务，为区域高质量发展贡献力量。年内，区内南京银行南京分行科技文化金融服务中心、华融资产管理股份有限公司江苏省分公司业务经营二部2家单位，被中国金融工会全国委员会授予"2021年全国金融先锋号"称号，全市仅2家单位入选。

【金融监管】 2021年，遵循"早识别、早预警、早发现、早处置"的工作原则，常态化落实风险排查、预警监测、执法处置、维护稳定等各项工作，守好金融风险底线。全年，会商企业47家，批准设立变更45家，对"7+4"类监管企业开展安全检查2次，合规性检查2次，组织年审评级1次，日常走访调研2次，全年累计走访检查共计41次；针对"养老""资产管理""投资""金融""私募基金"等行业，组织6轮专项整治行动，累计排查各类市场主体3000余家，处置涉嫌风险企业16家；开展日常时期全覆盖、重要时点加强的宣传警示教育活动，累计开展集中宣传活动12场，进59个社区宣讲2轮，户外大屏播放公益广告100余条。5月1日，在微信公众号"玄武金服"上线《玄武金融小课堂》栏目，涵盖金融法律法规、普惠金融知识、风险防范处置等方面内容，累计更新19期。

【金融服务】 2021年4月25日，成立玄武金融产业协同发展联盟。依托联盟，举办面向拟上市企业的"服务硬科技　征战科创板"科创沙龙活动，面向股权融资企业的"创业投资面对面""产业与资本对话"活动，面向专精特新企业的"对接北交所"专场活动，面向初创企业的"创业大讲堂"品牌活动，面向小微企业的银企对接、政策培训等20多场活动，为驻区企业发展赋能。2021年，发布"玄武知鑫贷"金融产品，为区内企业提供25笔知识产权质押融资授信，授信额度达1.24亿元；开展"高企融资服务直通车"活动，为辖区18家高新技术企业批复授信资金2.05亿元。

【金融招商】 2021年，持续开展金融招商活动，对获得金融牌照的全国金融企业进行了全面梳理，进一步增强金融招商的精准性。中国进出口银行江苏省分行、兴业证券江苏分公司、联储证券江苏分公司等一批总部机构先后落户玄武区。

【上市服务】 2021年，完善区级企业培育库，整合区内外银行、证券、股权投资等近百家金融机构，对拟上市企业实行"一企一策"服务，帮助汇通达推进供应链金融业务，推荐吸纳汇通达成为钟山农业创新发展联盟副理事长单位，在农产品资源整合、市场推广等方面助力进一步拓宽下沉市场。2021年，苏芯物联、科进实业、跃锐特环境等7家企业在在江苏股权交易中心挂牌，为玄武区培育企业上市提供了有生力量。（孙志勇）

市场监督管理

【概况】 2021年，区市场监管局积极贯彻区委区政府和上级部门的决策部署，围绕“优化环境、规范秩序、守住底线”的工作主线，充分发挥市场监管职能，服务全区经济社会发展大局，玄武区成功获得“省级食品安全示范区”命名，被确定为2021年度江苏知识产权强省建设示范区创建单位，获评“全市抗击新冠肺炎疫情先进集体”“2019—2020年度法治南京建设示范单位”，蝉联2019—2021年度“江苏省文明单位”荣誉称号。

【疫情防控】 组织督促一线监管人员、冷链从业人员、外卖人员等重点人群开展核酸检测。截至12月31日，全区累计采集餐饮、超市、农贸市场等单位进口冷链食品（含包装物）样本4514份，环境样本3006份，重点人员样本29282份，合计36802份，结果均为阴性。针对全区农贸市场设立13个农贸市场疫情防控和文明创建工作统筹指导组，制定《玄武区农贸市场疫情防控技术指南》《玄武区农贸市场疫情防控应急处置措施》等规定。将抗击疫情作为展现“我为群众办实事”实践活动的重要考场，组建“萤火”党员先锋突击队，累计投入上千人次参与核酸检测和卡口执勤，发动社会力量向结对社区捐赠防疫物资，常态化开展“机关党员进市场”“文明交通协勤”等志愿帮扶行动，丰富“两在两同”建新功行动的实践内涵。

【服务经济发展】 2021年，玄武区新增市场主体13947户，同比增长12.85%，注册资本总额422.16亿元，同比增长64.17%；其中，新增企业4874户，注册资本总额416.48亿元，千万元以上企业685户，亿元以上企业63户。新增个体工商户9073户，注册资本总额5.68亿元。截至2021年12月31日，玄武区市场主体总数达81423户，注册资本总额达8273.60亿元。其中，企业34221户，个体47202户，企业和个体数量占比为0.725∶1。为200余家重点企业、人才企业、高新企业开通“绿色通道”，做好全流程跟踪指导服务，助力重大项目尽快落地。

【营商环境优化】 在交通银行玄武支行打造全市首家“企业开办一站式服务专区”，企业可在银行完成营业执照办理领取、公章刻制、银行开户、发票申领、社保登记、公积金缴存登记等全部流程。突出服务集成，持续优化“一窗受理、全程代办”平台，企业最快可在0.5个工作日内完成开办。携手区法院，就协同“优化法治营商环境，打造健康有序市场”进行合作签约，营造更加公平透明的法治营商环境。

【质量强区建设】 在徐庄高新区打造“质量小站”，线上平台和线下窗口相结合，可现场办理12项技术服务并答复25类咨询，就近就便服务企业、园区发展。积极培育指导企业申报省市区各级质量奖，南京地铁运营有限责任公司获2020年度南京市市长质量奖；江苏苏美达机电有限公司的三燃料发电机组获得“江苏精品”认证，实现玄武区零的突破。推进实施标准化战略，区公安分局的国家级标准化试点项目（二维码系列地址标牌建设管理标准化试点）高分通过考核验收，指导企业制定发布国家标准10项，推动5家企业参与“标准领跑者”活动。扎实开展电动自行车、“灶、管、阀”燃气器具及配件等的安全专项整治，查处电动自行车违法改装、抽检不合格案件34件；查处燃气器具及配件案件3件；抽检加油站油品24批次，未发现不合格油品。

【知识产权工作】 2021年，玄武区被确定为江苏知识产权强省建设示范区创建单位。积极走访指导企业申报省市知识产权战略推进项目，3家单位获得省级知识产权项目，6家单位获得市级知识产权项目；4项专利获中国专利优秀奖，2人获江苏省专利发明人奖，3件专利获南京市优秀专利奖。与南京银行等金融机构合作推广知识产权质押融资贷款“玄武知鑫贷”，全区已获得25笔知识产权质押融资授信，授信额度达1.24亿元。严查非正常专利申请、商标恶意抢注，加大对知识产权违法行为的惩治力度，共查处知识产权案件28件。

【企业信用监管】 突出“双随机、一公开”监管，与区教育局、区人社局开展跨部门抽查，联合区地方金融监管局在联合抽查事项清单外，创新开展涉金融企业联合检查，对400余家涉金融企业的经营情况、广告发布、金融业务等进行检查，同步开展涉非金融排查，维护辖区金融秩序稳定。推广运用江苏省市场监管信息平台，全区26个部门向省市场监管平台归集各类涉企信息1.9万条，10个部门公示“双随机”抽查结果。

【食品药品安全保障】 强化食品安全全程管控治理，食品生产企业自查率和报告率达100%。针对群众关切领域，开展学校食堂、火锅类餐饮等整治行动及“食安月月查”活动，完成区级食品质量抽检2723批次，合格率为96.92%。积极推进农贸市场食品快检室第三方专业机构托管，全区19家在业农贸市场已有18家实现托管，累计完成快检21.71万批次，检出阳性321批次，全部依程序下架销毁。以国家食品安全示范城市创建为契机，建设食品安全智慧监管平台。全面加强新冠肺炎疫苗储存运输和预防接种环节质量监管，督促零售药店严格落实“四类药品”销售管控要求，筑牢疫情防线。开展新冠病毒检测试剂经营使用环节检查、医疗美容行业检查、儿童化妆品检查等多项专项整治，立案3件。实现零售药店检查全覆盖，完成药品质量抽检100批次，合格率达100%。

【特种设备安全监察】 扎实开展特种设备安全专项整治，对公众聚集场所、气瓶充装、涉危化品等重点特种设备使用单位组织拉网式排查，开展燃气管道管线安全、机械式停车设备、起重机械隐患、叉车安全等多个专项整治，核查确认区内全部19条燃气管道均经专业检验检测且在合格期内，累计检查使用单位500余家次，下达监察指令书36份，立案26件。对投诉较多的老旧住宅电梯完成安全评估，为使用单位提供维修更换指导。在玄武湖公园组织开展大型游乐设施应急救援演练，进一步完善职能部门与企业之间的协调联动机制，提升应急处置能力和安全管理水平。

5月29日，区市场监管局走进商场开展2021年全国化妆品安全科普宣传周活动
（区市场监管局 供图）

【网络交易环境净化】 针对网络交易投诉集中的社区团购、直播带货、虚假信息等领域，每月召开行政指导会，压实电商平台主体责任。扎实推进省级“网络市场监管与服务示范区”创建，强化常态化监测，线上检查网站（网店）278家，实地核查网站（网店）经营主体28个，责令关停问题网站（网店）93家，删除违法商品信息165条；受理各类网络消费投诉举报3万余件，立案144件；加强与电商平台的数据共享、监管执法协作，不断优化“智慧虹”政企沟通治理平台、“宁聚”案件办理系统，提升监管执法效能。

【放心消费创建】 市区联办“3·15”国际消费者权益日纪念活动，启动玄武区网络消费节，发布《玄武区网络消费环境评价报告》。在全市率先成立“放心消费商户联盟”，以“促放心消费，谋全域发展”为宗旨，吸纳金鹰珠江路店、南京商厦、南京博物院服务部等首批20家商户做出自觉落实放心消费创建要求的承诺。新发展“线下实体店无理由退货”承诺单位26家，全区达62家，其中金鹰珠江路购物中心提供“异店退”服务。新发展ODR（在线消费纠纷解决）企业12家，引导ODR企业实行经营者首问制度，及时化解消费纠纷。畅通投诉渠道，累计受理各类消费投诉举

12月15日，区市场监管局与区人民法院“优化法治营商环境　打造健康有序市场”合作协议签字仪式
（区市场监管局　供图）

报6.18万件，工单按时办结率达100%，为消费者挽回经济损失2000余万元。

【市场秩序维护】　加大监管执法力度，全年立案417件，按时办结率100%，涵盖商标侵权、不正当竞争、食品药品安全、特种设备、产品质量、违法广告等多个领域，1起案件被评为全省市场监管民生领域“铁拳”行动典型案例。加大工程建设、物资采购、房地产、医药购销等领域不正当竞争行为查处力度，立案2件。强化广告监管，针对广告牌、户外高炮广告做好意识形态风险排查；针对搜索引擎和浏览器广告代理商、违法违规商业营销宣传、“护苗助老”、教育培训等领域开展集中整治，开展行政约谈20余次。

【价格监督检查】　疫情期间开展防疫物资及生活必需品价格巡查，对1家药店的不正当价格行为进行立案查处。全年对辖区内110家涉转供电企业进行指导和检查，开展停车收费、校外培训机构收费等专项整治，维护企业群众切身利益。落实公平竞争审查制度，督促联席会议成员单位及时清理妨碍市场和公平竞争的政策措施，共进行增量审查108件，存量清理106件。

（孙　毅）

价格管理

【落实价格调控目标责任制】　围绕市政府2021年度价格调控总目标，加强价格调控组织领导，调整了玄武区政府市场价格调控联席会议成员名单，制定下发了《玄武区2021年价格调控目标责任分解落实意见》，督促相关部门抓好落实。

【收费管理】　落实国家、省、市降费减负政策，对收费项目进行核对和清理，2020年度全区共有一级收费项目15个，末级项目39个。更新公布了《玄武区行政事业性收费目录》和《玄武区政府定价的经营服务性目录》目录清单。加强停车收费管理，出台了玄武区《关于进一步规范道路临时停车泊位包月收费有关事项的通知》和《关于机关事业单位停车资源共享错时包月收费事项的通知》。加强教育收费管理。调整全区44家公办、民办普惠幼儿园的保教费收费标准。全面推进义务教育阶段课后服务，全区中小学校新增课后服务费项目。

（钱　峰）

【价格认定】　扎实做好涉刑事案件、重大突发事件等相关价格认定工作。2021年，全年办理涉案财物价格认定案件158起，认定金额4337479元，其中损坏公私财物12件，认定金额756735元；盗窃138件，认定金额765751元；欺诈1件，认定金额2766000元；抢夺1件，认定金额1280元；危险驾驶1件，认定金额4161元；诈骗4件，认定金额43552元。完成2020年205件存量案卷综合平台归档。

【价格监测】　扎实做好全区27个监测点的八大类333项商品和服务价格及部分政府采购电子产品价格的常规监测工作，全年累计采集、审核报送市发改委监测中心监测数据194364条，其中政府采购电子产品价格采集每月上报9087条，全年上报数据109044条，上报率、准确率均为100%。做好保供稳市和民生保障工作。在新冠肺炎疫情期间攻克难关、履职担当，全力做好特殊时期价格监测工作，时刻紧盯市场动态情况，及时开展“日监测、日报告、日发布”工作，为保供稳价工作提供有力支撑。同时分析预测与调查研究工作，为省、市监测中心提供大量有价值信息，做好应急准备。规范价格异动应急响应程序，关注异常天气、突发事件对市场供应的影响，发现价格大幅波动、商品紧缺等情况，适时启用《玄武区价格异动应急预案》。做好市场预期引导。适时发布重要民生商品价格监测预警信息，积极引导居民消费，密切跟踪舆情变化，积极回应群众关切。（张　震）

审　计

【概况】　2021年，玄武区审计局全年共开展审计项目26项，完成区委、区政府交办事项39件，审计文书等获区领导批示19件次，人均为政府增收节支2143万元，促进相关单位健全制度6项。获得国家软件著作权2项，创成2019—2021年度省市文明单位，获评市优秀大数据审计项目、市优秀两统筹审计项目、市优秀审计组等荣誉12项；获评区高质量发展考核政府部门一等奖、高质量发展先进集体、作风建设先进单位、三八红旗集体、先进基层党组织等区级荣誉6项，获得2021年度南京市大数据审计技能竞赛三等奖、区高质量发展先进个人等个人荣誉表彰13人次。

【区委审计委员会集中学习新修订的《审计法》】　12月24日，区委审计委员会召开会议，区委审计委员会成员单位、经济责任审计工作暨领导干部自然资源资产离任审计工作联席会议成员单位、内审主管部门共40多家单位集中学习了新修订的《审计法》，区委书记、区委审计委员会主任闵一峰强调，全区上下要深入学习领会、抓好贯彻落实，坚持学法用法，强化底线意识，推动审计工作依法有效开展。

11月9日，区委书记闵一峰专题调研全区审计工作　　（区审计局　供图）

【省审计厅调研玄武区审计工作】　5月25日下午，省审计厅党组书记、厅长侯学元一行到玄武开展党史学习教育及审计工作专题调研。市审计局党组书记、局长林峥，区委书记闵一峰，区委副书记、区长钱维，区委常委、常务副区长陈可科，有关街道、部门主要负责人参加。先后观摩红山新城规划展示馆、星河world项目载体、德基广场二期、南京D9街区等现场，详细了解玄武区高质量发展推进情况；听取玄武区经济发展情况介绍和审计工作情况汇报，并就做好下一步审计工作提出了坚持突出重点、坚持研究型审计、坚持改革创新、加强队伍建设等具体要求。

【区委专题调研审计工作】　11月9日，玄武区委书记闵一峰专题调研全区审计工作，区委常委、常务副区长陈可科，区委办公室、区审计局主要负责人参加调研。会议听取2020年以来全区审计工作报告，充分肯定审计工作，并强调审计要始终坚持党的领导、坚持服务大局、坚持依法审计、坚持以查促改，更好发挥审计在党和国家监督体系中的重要作用。

【疫情防控专项审计】　8月1日，依据市审计局统一部署要求，开展疫情防控专项审计，梳理玄武区自7月20日，资金收支、物资采购、隔离酒店、核酸检测等情况，审计30家隔离酒店的经费使用明细，指导卫健委对191万人次的核酸检测数量进行核查，核减10.6万人次。联合政府办等部门与隔离酒店进行谈判，推动21家酒店降低食宿费用。

【内部审计监督】 在内审工作被纳入全区高质量发展考核的第三年，指导主管部门开展内审项目506项，开展年度考核和专项检查，推动相关单位设置内审机构、配备内审人员、健全内审制度、提升业务能力，夯实内审工作基础。与区纪委监委、区财政局联合开展财务管理专题培训，会上向64家行政单位的一把手和财务、内审人员讲解审计发现的共性问题，提出加强内审监督建议。

【社区结对共建】 推进"一年一件实事"，为天山路社区安装小厨宝热水器、空调2台，帮助改善社区办公环境；捐赠党史类和文学类书籍100余套，支持"书香天山路"品牌建设；与市局投资处党支部共同走访慰问困难党员20户，累计安排482人次支援配合街道做好社区疫情防控和文明城市创建工作，彰显审计担当。 （韦玲霞）

统　　计

【概况】 2021年，玄武区统计局着力提优预警监测和分析质效，切实加强新时代统计法治建设，持续推进第七次全国人口普查，为推动"强富美高"新玄武建设提供高质量统计服务。坚持政治统领，扎实推动党的建设向纵深发展。始终把政治建设摆在首位，从讲政治的高度研究谋划推进工作，抓紧抓牢党风廉政建设和意识形态工作，有序推进干部队伍建设。围绕经济运行，强化统计参谋服务。加强与各板块及相关职能部门联动，扎实开展预测预警、动态监测和分析研判工作，为经济发展提质增效做好统计服务。营造统计法治生态，提升统计源头数据质量。深入学习贯彻统计法治有关部署要求和文件精神，压实防惩统计造假主体责任，严格开展"双随机、一公开"统计执法检查，进一步夯实源头数据质量。聚焦人口普查，做好"后半篇"文章。深入开展比对复查、质量验收等工作，撰写人口普查公报并向社会发布，认真做好普查技术业务总结和普查资料的整理归档。

【统计监测评价】 积极应对新冠疫情防控新常态、统计制度改革、新增企业人员基础弱的叠加影响，充分发挥智慧玄武资源优势，打造统计业务培训"云课堂"，确保培训对象全覆盖、培训要点无死角。深化落实《玄武区关于切实推进地区生产总值核算体系改革强化相关行业运行监测调度的工作意见》，通畅局内外沟通渠道，前移重点单位预测时点，规范预测数据采集上报，加强实时预警动态监测，强化问题短板分析研判，为部门协作齐抓共管、区街联动步调一致提供有力机制保障。创新理念，当好发展"参谋部"。统计局深入板块开展座谈，因地制宜、因时制宜提供个性化精准服务。聚焦龙头企业引领作用，研究建立行业龙头单位台账，掌握行业运行第一手资料，夯实工作基础。强化对标找差，改版统计资料手册，扎实做好"数据库"服务。加强统计分析和参阅材料的撰写，切实当好"智库"参谋。

【依法治统】 2021年，区统计局全方位营造统计法治良好生态，提升统计工作和统计数据质量。持续学习习近平总书记关于防范和惩治统计造假、弄虚作假重要讲话指示批示及上级有关文件精神，在各类培训中安排法治教育内容，加深对统计造假、弄虚作假危害性的认识，牢固树立正确的政绩观和统计红线意识。压实防范和惩治统计造假、弄虚作假责任，筑牢防治统计造假行为堤坝，落实统计公务人员数据质量承诺制度。严格按照省市局工作部署，扎实开展"双随机一公开"统计执法检查。采取法制人员牵头协调、专业人员具体实施的"1+N"协同方式，与税务数据比对核实，做到梳理全覆盖、问题全查摆、疑点全消除。

【市统计局调全区研经济运行工作】 11月19日下午，市统计局党组书记、局长张雁宁率队到玄武区调研经济运行有关情况，玄武区委副书记、区长钱维，区委常委、常务副区长陈可科，区发改委、商务局、统计局的负

12月2日，玄武区统计局在玄武湖街道樱驼花园社区广场举办《统计法》宣传活动　　（区统计局　供图）

责人参加调研。陈可科围绕全区经济运行情况、全年主要经济指标预计及明年形势预判等方面作了汇报发言。钱维表示，2021年，玄武区经济运行始终保持良好势头，下一步要围绕“一个确保、三个力争”目标，紧扣时间节点，深入走访服务，奋力确保全年圆满收官。张雁宁对玄武区经济运行总体情况和统计工作成效予以肯定，并指出，要加强对重点产业、重点行业、重点企业的预警监测和分析研判，进一步夯实经济增长基础，为推动全市经济发展做出玄武贡献。要加快产业载体更新，充分利用生态人文资源优势，深化产城融合，做好招强引新。要引导传统产业转型升级，为地区经济高质量发展持续注入新动能。

【省统计局调研全区统计基础建设工作】　12月15日下午，省统计局党组书记、局长王汉春率队到玄武区，调研全市统计基础建设和经济运行情况。省统计局党组成员、总统计师康长进，省统计局办公室主任徐国强、核算处处长郭艳，市统计局党组书记、局长张雁宁，市统计局党组成员、总统计师杨晓燕，玄武区委常委、常务副区长陈可科，江北新区、玄武区、秦淮区、雨花台区、江宁区统计局的负责人参加调研。陈可科围绕全区统计基础建设和经济运行情况作了汇报，张雁宁围绕南京市经济社会发展总体情况作汇报发言。王汉春对南京市经济运行总体情况和统计工作成效予以肯定，并强调，提高政治站位，以习近平新时代中国特色社会主义思想为指导，推进党建与统计业务融合发展。提高服务大局的能力，充分发挥经济发展“晴雨表”、党委政府“参谋部”、社会公众“信息窗”作用，客观全面反映高质量发展成果。提高综合业务能力，抓好班子和干部队伍建设，为进一步提升地区生产总值统一核算、高质量发展监测评价等重点工作质效夯实人才基础。

（崔啸天）

（栏目编辑　张　弛）

城建城管·环境保护

城市建设

城市管理

环境保护

城市建设

·环境综合整治·

【概况】 2021年，玄武区建设局紧扣高质量发展目标任务，贯彻精细化城市更新理念，牵头推进16个城建项目，推进环境综合整治、停车设施管理等，做好市政设施养护，加强行业安全监管，开展多项专项检查，持续提高全区城建行业监管水平，改善区域人居环境水平。

【基础设施建设】 完成钟秀街、太龙路等3条道路的综合整治，香林寺沟片区环境综合整治已完成景观绿化建设和立面出新，香林广场建成开放。完成梅园新村历史街区环境综合整治，并纳入省级美丽宜居试点项目。推进交通干线沿线环境综合整治，牵头完成全区公铁并行段护栏移交工作，联合属地街道社区、铁路桥工段开展安全隐患排查整改，累计拆除违建114平方米、铲除菜地约1.7万平方米、补种草坪5000平方米。完成唐家山桥应急消险工程，保障群众的出行安全。实施文枢西路西延建设工程，打通"断头路"。完成红山路新庄花园小区隔声窗改造，有效治理交通噪音。

【疫情防控】 建设局党委成立党员志愿服务先锋队，组织60余名党员到孝陵卫初级中学和启迪小学核酸检测点及孝陵卫社区无物业小区开展日常防控志愿服务。对区属公园、区建设工地等重点区域采取重点盯防措施，专人负责、分区包干、压实责任。做好人员转运工作，成立转运专班，全天候值守转运。党建引领志愿服务，积极落实群防群治，深入街道、结对社区开展走访排查、检疫站点值守等工作。针对全区69个建筑工地和4023名从业人员，成立4个防疫专项小组，严格落实防疫措施，及时做好疫苗接种和核酸检测，切实加强人员动态管理。按照区防疫指挥部的统一部署，成立南京南站、社区转运、禄口机场转运专班，坚持24小时值守，累计安全转运1159批4843人。

【民生实事】 扎实开展12345政务服务便民热线工作。2021年共办结工单608件，办结率100%，较上年同期相比，工单量下降45.4%；平均结果满意率96.5%，较上年同期相比上升3.6%。相关民生热点问题诉求量继续呈现下降趋势，相关民生热点问题的办理效能、办结率和满意率继续得到有效提升。每月综合考核成绩在全区部门组（10件以上）中排名前列。2021年，共办理建议提案185件。人大建议18件，其中，主办12件，协办6件。办理政协提案10件，其中，主办1件，协办9件。均在规定时限内办复，办复率均达100%，建议、提案答复满意率100%，达到预期办理效果。

【市政管理养护】 深入实施市停车设施建设三年行动计划，2021年新建4个停车场所，合计1014个停车泊位。推进锁金片区停车难的综合治理工作，有效化解群众停车难问题。完成北京东路、华跃路两条路创建优质养护示范路工作。开展城市道路隔离桩及无障碍设施专项整治，改造、清理隔离桩（栏）、盲道400余处。开展桥梁维修专项工作，以桥面系维护为中心，以承重构件维护为重点，维修陈家山桥、北安门桥等54座桥梁病害问题。

·建设工程管理·

【概况】 强化建设工程安全工作的组织领导，深化施工安全危险源管控，严格落实"五个环节"的管控措施，建立重点环节专家现场跟踪的管控模式。开展春节后复工、施工现场扬尘覆盖整治、起重机械专项整治、建筑市场综合执法、文明典范城市创建专项检查、大气污染防治攻坚措施专项检查、今冬明春安全生产检查、建设工地消防安全检查、安全示范城市专项检查、"安全生产执法百日行动"专项行动等12项专项检查，发出整改通知书130余份，对10家参建单位挂红黄牌，处罚（含简易处罚）63项，处罚金额95.5万元。

【行业安全监管】 加强对施工起重机械的管理，在全市主城区率先开展施工现场挖掘管理和非道路移动机械中的挖机规范管理，对75台起重机械进行审核办理，利用短信平台共发送监督提醒短信2100余条。开展

"两客一危"挂靠车辆清理"回头看"工作，全年累计抽查企业数27家次，累计抽查车辆362台次，未发现挂靠现象。加强工地扬尘污染防控工作。全区范围内的建设工地全面落实"八达标、两承诺、一公示"管理标准，严格车辆出场清洗标准、非道机械用油和排放标准。充分运用"智慧工地"平台的预警提醒、违规识别和远程监控等手段开展在线巡查，发现违法违规行为及时取证、严管重罚，切实落实企业主体责任。对标准化示范工地、差别化管理工地实施动态管理，强化常态管理，加大惩戒力度，及时跟进检查评估，对不符合要求的项目予以取消差别化资格。

【燃气缆线管理】 落实全市统一部署，充分利用网格化管理优势，推动用气场所燃气使用更加规范有序，完成224户液化石油气用户管道"安心管"升级行动和96户"瓶改管"任务。健全完善城镇燃气安全生产管理机制，落实属地安全监管责任，发挥基层管理作用，确保城镇燃气安全生产工作的规范化、制度化。开展城镇燃气安全生产大排查、大整治，共组织集中检查7次，用气场所222处，整改隐患112条。实施空中缆线整改。制定专项方案，明确工作目标、整治标准、组织架构、责任分工、实施步骤、整治要求，加强与各部门的沟通对接，保证专项组的正常运转。

【管线下地改造及安全管理】 强化前期信息告知，督促区管项目参建各方落实"四方交底"要求，共同制定管线保护方案，严格执行地下管线建设、维护、管理信息化相关工程建设规范和标准。牵头管线周边违法建(构)筑物清理和城市窨井盖维护管理工作，及时形成隐患问题清单，制定隐患整治计划，并督促管线单位维护整改到位。完成华新西路等3条道路杆线下地工程。

【招投标管理】 2021年新增工程建设项目(公开招标)共20个，按规定完成相关项目注册核查工作；按规定完成各类备案核查147个(其中招标公告备案33个，招标文件备案33个，澄清答疑备案18个，招标代理备案30个，初步发包备案33个)；按照法定职责完成开评标现场监管31场。完成异议(投诉)指导服务及协调处理2件。2021年，共计发包标段33个，合计中标金额765982.2万元。

【施工许可办理】 贯彻落实中央和省、市关于深化"放管服"改革的部署要求，深入践行《南京市优化营商环境政策新100条》，扎实推进工程建设项目审批制度改革工作，确保1个工作日办结。严格落实施工许可一站式申报、并联审批、不见面审批，全年受理42个项目施工许可证核发和23个既有住宅电梯施工许可手续审批，均达到1日办结。积极推进施工许可告知承诺制，共办理施工许可告知承诺项目9个。

【消防设计审查】 在严格消防设计审查验收的基础上，更加注重重心前移、主动对接，切实提高工程项目审批效能。着力规范消防设计审查验收，强化数字化技术运用，接入消防设计审查验收服务平台，切实提高服务效率。2021年共办理消防审批项目112个，其中消防设计审查项目7个，消防验收项目8个，消防验收备案项目97个；完成消防设计审查和消防验收项目15个，备案件97个，完成率达100%。

【建筑业统计】 对江苏省建筑业统计信息系统中归玄武区管理的企业进行资质情况核查，全年共注销建筑企业55家，从其他区变更至玄武区的建筑企业29家，新注册建筑企业19家，截至12月底，全区共有建筑企业290家。

【"双清"工作】 持续开展学党史办实事《保障农民工工资支付条例》宣传贯彻活动，送法规进企业、入工地、见民工，2021年共举办《保障农民工工资支付条例》解读培训会4场，发放《保障农民工工资支付条例》宣传手册500余份，有效提升了企业依法支付工资的自觉性、农民工依法理性维权的主动性，促进了劳动关系和谐稳定。突出源头治理，扎实开展建设领域市场秩序集中专项整治("三包一靠"违法行为)行动，建筑领域市场各方主体责任意识不断增强，建筑市场秩序明显改善，项目现场管理状况整体向好。2021年共受理案件26件，涉及农民工156人，涉及金额580余万元，均已得到妥善处置，依法保障了农民工合法权益。对在元旦、春节期间拖欠农民工工资行为且拒不履行协调意见，造成恶劣社会影响的2家责任单位予以限制南京市建筑市场准入和全市通报批评的处罚。全年建设工程领域拖欠农民工工资案件明显减少，无一起群体性讨薪事件发生，玄武区在南京市对区2020年度保障农民工工资支付专项考核中获得A等级，建设局被评为南京市保障农民工工资支付工作优秀集体。

·绿化园林·

【概况】 2021年，玄武区建设局按照上级部署，做好绿化园林设施建设和养护，做好绿化园林审批、安全管理，以园林设施精细化维护管理为中心，筑牢安全生产防线，与文明典范城市创建有机结合，提高绿化园林监管水平。开展园林设施养护管理环境综合整治，完成成贤街、蒋王庙街等4个口袋公园、城市客厅项目，统筹社会资源，完成新增绿地13.38万平方米，进一步提升城市品质。

【园林审批管理】 加强市政道路挖掘、占用审批工作，对辖区72个挖掘项目、77个占用项目进行初审把关，完成临时占用城市绿地审批12件、居住区绿化审批7件，配合完成园林审批80件。

【园林养护】 开展园林绿化日常精细化养护，做好修剪、剥芽、浇水防尘、病虫害防治、卫生保洁等工作。高标准实施法桐“彩绘”修补、冬春补植及广场游园维修等，并紧扣庆祝建党百年主题，精心设计布置一批市、区重要节点景观。

【园林安全监管】 开展行道树隐患专项治理，动态排查消险树干空腐、倾斜严重的法桐行道树。抓好广场绿地安全防范，对公园广场的挡墙、护坡和栏杆等设施进行安全检查，加强游园绿地内水体、陡坡、台阶等地段的警示。开展防台防汛演练，落实24小时值班值守，全年在台风汛期出动巡查消险554人次，累计消险480处，确保平安度汛。加强对农药等危化品的管理，制定农药等危化品的管理制度，严格农药的采购、规范使用及回收制度，加强农药等危化品的安全使用培训。加强市政道路抢修性挖掘现场管理，对88次管线单位抢修性挖掘进行现场确认，发现各类违章挖掘、占用等行为共计42起，现场下发停止违法通知书32份、责令整改通知书10份。切实规范挖掘、占用行为。

6月29日，绿化鼓楼中心广场庆祝中国共产党成立100周年（区建设局　供图）

·规划土地管理·

【概况】 2021年，玄武区建设局坚持规划引领、有序开发的总原则，积极开展多项规划编制工作，为经济社会发展提供指引，《玄武区国土空间总体规划（2020—2035年）》形成初步成果，建成区“十四五”城乡低效用地调查数据库并通过验收，强力推动经营性土地挂牌出让、城镇低效用地再开发等工作，为“强富美高”新玄武建设提供助力。

【闲置、低效用地调查入库】 完成玄武区2021年度城镇低效用地再开发实施计划编制，并上报市规划资源局，纳入《南京市2021年度低效用地再开发实施计划》。完成玄武区“十四五”时期城乡低效用地调查数据库建库入库工作。此次玄武区城乡低效用地调查入库最终确定25个调查区,78个调查单元,地块共78宗,实际占地总面积145.3860公顷,占玄武区建设用地面积的3.03%,现状建筑面积103.1435万平方米。数据库成果已通过升级下发质检软件验收。

【土地出让挂牌】 完成玄武区2021年度土地储备计划编制工作。配合街道园区完成大壮观路以北A地块(20.22公顷),中诚地块(3.07公顷),梅园钟岚里地块(1.19公顷),徐庄二期02-001聚才山庄地块(1.46公顷)等4块经营性用地出让工作,共计约25.94公顷。

【国土空间规划编制】 组织编制《玄武区重点片区深化研究》,完成城镇开发边界、管制分区、"十四五"国土空间规划初步成果上报和国土空间规划基数转换成果核验,开展中科院"一院四所"老址保护利用研究,铁北东华地块、明外郭风光带、花卉公园总体设计等控制性详细规划调整,开展中山陵文物保护规划、中央大学文物保护规划等历史文化保护规划研究,保存"城市记忆"。牵头组织修改《钟山风景名胜区总体规划(2017—2035)》并上报国务院审查,配合开展紫玄片区详细规划国际招标,指导紫金山玄武湖板块的整体打造。推进《紫金山山北民风区城市设计及太岗路地下通道接北环线道路方案》《钟山风景名胜区东入口详细规划》《钟山风景区北入口旅游服务中心项目规划及方案设计》《太岗路地下通道接北环线道路方案》等一批规划设计,对钟山风景名胜区内景观资源进行深度挖掘与提升。

【耕地保护】 规范征地管理工作,开展征地报批前社会稳定风险评估、告知、确认等工作,做好"两公告一登记"和预存征地补偿款。推进地铁9号线曹后村车辆段项目报批,做好墨香路东、尧红路北拟出让地块涉及撤组剩余土地补偿,完成191宗集体土地所有权登记涉及29批次征地实施情况核查。 (陈立君)

城市管理

·城市综合整治·

【概况】 2021年以来,以城市精细化管理目标任务为牵引,以服务民生、科学管理、优化营商环境为目标,以疫情防控为重点,不断强化城市管理工作,努力提升城市品位,积极打造整洁有序的市容市貌,为建设"强富美高"新玄武提供良好平台。

【疫情防控】 累计发放口罩约25.52万个。采购各种消毒液,对辖区所有公厕、中转站、垃圾收集容器等环卫设施和车辆进行每日3次消杀作业。组织系统全员下沉一线,进驻区内核酸采样点、小区值守,另抽调局机关2名党员干部至隔离酒店专班组,全力做好疫情防控各项保障工作。

【文明创建】 成立专班,细化制定下发《城管系统文明典范城市创建工作专班》,《局领导班子文明典范城市创建分工》《城管系统三级责任体系》等文件;常态做好文明典范城市创建督查问题菜单整改回复。全年回复各类督查专报104期,整改问题3500余条,编发文明典范城市创建工作简报40期。

【垃圾分类】 积极做好省级达标小区创建,已完成达标小区垃圾分类亭房建设全覆盖。完善全区垃圾分类收运体系,建立有害垃圾、可回收物收运专线各8条、餐厨垃圾收运专线15条、厨余垃圾收运专线14条。完成488个小区收集点建设投运任务。开展9场"垃圾分类新闻发布会"、9场"跟着垃圾去旅行",60场"垃圾分类志愿者"活动。

【环卫精细设施】 完成整治电动收集车182辆、电动清扫车53辆,电动保洁车222辆。使用三扫三冲四洒水作业模式,在国控点周边14条道路基础上,将全区7条精品道路列入尘量考核范围,增加道路尘量检测考核覆盖面,道路尘量检测合格率、道路整洁优良率均达到90%以上。

【民生实事】 投资约150万元改建2座二类公厕。与30座沿街党政机关、企事业单位、商户等厕所权属单位签订“厕所开放联盟”合作协议。建成1座占地面积2000平方米的大件分拣贮存中心并投入使用。完成10条道路街巷整治、乱张贴治理7条示范街巷和7个示范小区的创建工作。共受理12345政务热线诉求1070件，综合满意率84.2%，与上年同期相比提升2.8%；受理12319城管热线诉求1989件，与上年同期的3381件减少41.2%。

【行政执法】 完成违建治理4.9万平方米，拆除新增违建3209平方米。查扣违规渣土车64台次，共计罚款65万余元；开展雷霆行动，全面落实执法“三项制度”，促进严格规范公正文明执法。共计办理案件3783件，罚款总额1520046.96元。

【停车管理】 共完成新增备案公共停车场10家，拓展停车路外泊位1707个。在东苑路、高楼门两个收费场点试点区域安装运用智能化设备，已覆盖泊位33个，其中高楼门收费场点20个，东苑路收费场点13个。

【安全生产】 全年对2家环卫作业公司、33家渣土运输企业、商业性户外广告经营单位和部分重点商户175家、经营性停车场点开展安全检查16次，发现安全隐患10处，已全部整改到位，与商户签订承诺书400余份。 （刘 洁）

·房产管理·

【概况】 2021年，区房产局承担统筹12幢危房治理、16个老旧小区整治、13个棚改项目建设、顾家营保障房建设的任务。截至2021年12月底，全面完成双拜巷等13个项目征收，12幢危房治理，16个老旧小区整治，推动老旧小区基本物业服务覆盖率达到100%，既有住宅增设电梯新增24个单元，全年完成个人房屋租赁税收69.8万元。办结“12345”工单1814件，完成154件信访件办理。区住房保障和房产局被评为2021年度南京市扛起“争当表率、争做示范、走在前列”三大光荣使命先进集体荣誉称号，被南京市土地整理和集体土地征收管理中心授予“南京市征收集体土地涉及房屋信访业务交流活动”一等奖。

11月10日，文明创建下社区开展统一行动日 （区城管局 供图）

【老旧小区整治】 在深化“社区设计师”“点菜下单”制度基础上，重点打造双拜巷151号、雍园41号2个系统性综合化标杆样板，2021年16个老旧小区整治任务完成率达80%，小区改造工作获省、市媒体称赞，迎接市、区领导调研10余次，接待镇江京口区学习调研活动1次。

【物业管理】 下基层、进小区开展检查，检查小区2920个次、楼宇667个次、疫情卡点675个次，推进“街道吹哨、部门报到”小区治理问题7次，在全区4000余个老旧小区楼道单元开展“四亮”（亮服务、亮标准、亮身份、亮承诺）行动，实现物业管理类工单总量同比减少4900余件，下降33.27%，群众满意度大幅提升。结合文明城市创建工作，成立集合文明典范创建、车棚住人等五项重点工作专班，制定《玄武区居民小区文明城市创建常态长效工作方案》《玄武区车棚及地下室住人专项整治工作方案》等，已整治完成车棚及地下室住人问题57处，清退70余人。创建物业管理服务省级示范项目1个，申报“物业管理治安秩序优秀小区”6个，22家物业企业、55名从业人员受到市级表彰。

【征收拆迁】 2021年，实施4个棚户区改造项目和2个地铁征收项目，分别是卫巷16号复建、双拜巷棚户区改造、黄家圩（红山动物园西侧地块)老旧房屋改造、锁金六村22~26幢老旧房屋改造(复建)4个棚户区改造项目,地铁5号线和地铁9号线2个征收项目。双拜巷项目为全市首个项目地块居民同意项目征收和同意征收方案"双90%"后下达征收令的成功项目,是南京第一个由市、区、街、公司四方共同成立征收项目联合党支部的项目,是2021年全市国有土地征收新政调整后速度最快的项目之一;卫巷16号复建项目由建设局倒排时间节点,统筹安排推进;黄家圩地块启动征收;锁六项目办理征收前期手续。截至2021年年底,顾家营保障房项目(紫金华府东侧地块)完成全部楼栋主体结构封顶的任务。卫巷片区危旧房改造试点是南京市第一批启动的4个危险房屋消险试点之一,项目涉及居民47户,基于卫巷片区存在诸多房屋安全隐患的实际情况,通过逐户走访了解社情民意,优化设计方案,适当增加厨卫等设施,着力改善住户居住条件,截至2021年年底,卫巷片区协议搬出居民46户,拆除房屋9幢。

2月23日,区委副书记、区长钱维到南京地铁集团有限公司走访调研,研究解决辖区内地铁6、9号线征收工作有关问题　　（区房产局　供图）

【房产管理】　全区12幢危险房屋消险治理任务已全部完成。2021年新增4幢危房,对接产权单位,下发了《危房治理通知书》《危险房屋治理督促函》,4幢危房已人房分离,封闭围挡,产权单位已制定消险治理方案、整治计划、筹措资金。新增开工24个单元,累计完成既有住宅增设电梯588个单元施工,560部电梯建成并投入使用,约占全市增梯总量的50%。截至2021年二季度,已有486个单元申领财政补贴,发放补贴资金8400万元。

【住房保障】　2021年,顾家营保障房项目各建筑单体室内进行二遍腻子施工,强弱电穿线,电梯安装完成90%,进户门开始安装;地库内二遍腻子完成,消防、通风管道施工完成70%,给水主管安装完成。东侧挡土墙施工完成,地库顶板室外雨污水施工完成,电力管井完成70%,燃气地埋管安装完成90%;1#、2#配电房内电力施工。

【租赁管理】　2021年,完成房屋租赁登记备案7926件、面积23万平方米,备案数量较上年同期增长40%。完成24家新增房地产经纪机构备案、5家经纪机构备案变更工作。完成1—4月个人房产租赁税收69.8万元,完成5月租赁代征税收移交税务局工作,开展房屋租赁、房屋安全法规政策宣传进小区活动,累计发放宣传册200余份、张贴宣传海报400余份。

【社会事业】　2021年,积极推进"先解决问题再说"工作机制,已完成613户应办未办居民房屋权证,完成率96%;办结"12345"工单1814件,综合满意率89.56%。完成154件信访件办理。及时办理人大、政协建议提案。完成市、区人大建议政协提案办理52件。　　（张淑怡）

·水务管理·

【概况】　2021年,水务局围绕断面水质达标和全面消除劣五类水体目标,按照区委、区政府的决策部署,深入开展党史学习教育,践行"我为群众办实事"实践活动,坚持问题、目标导向,创新治水机制体制,突出水环境提升、暗涵整治、清疏修缮和长效管控等工作重点,坚持岸上水下、清水污水共抓,注重生态环境保护修复,系统治理、精细管理,以"共治、共管、共享"的治水新格局，狠抓河长制工作实效，高质量推进水资源保护、水污染防治和水生态修复，水环境质量持续提升，断面水质稳定达标。

【水环境整治提升工程】 坚持水下岸上、清水污水共治，统筹抓好控排截污、活水保质、生态修复等综合治理措施，实施友谊河、玉带河等5条河道水环境整治提升工程，整治清溪河和西玉带河雨水箱涵等9段暗涵，实施金川河流域、紫金山一沟流域等22个片区雨污管网清疏修缮项目。推进玉带河水环境综合提升工程，建设一批融历史文化、自然景观、夜景亮化、口袋公园和亲水平台等元素于一体的城市滨水品质生活区，打造“幸福河湖”的“美丽玄武”样板。

【城镇污水提质增效工作】 发挥区污染防治攻坚办公室牵头推进作用，依托各街道（园区）重点对创建11个达标区内的各项设施进行全面摸排、梳理问题，对照省、市相关考核文件、技术标准制定整治计划，开展专题培训，加强统筹协调，完善项目清单，确保达标区内项目全覆盖、问题全解决，实现建成区50%以上面积建成“污水处理提质增效达标区”的目标。

【河长制工作】 各级河长履职尽责，完善工作制度，创新机制体制，覆盖多元制“河长矩阵”，聘请民间河长120名，推广运行“大脚板+铁锹”“大脚板+网格化”等巡查护河模式，打造“体制+民间”立体化、网络式巡查防护新格局。建立跨界河湖联合河湖长机制，组织各级河长业务培训，打造河长制主题公园，开展助力水环境·共创幸福河“三增三进”行动月活动，打造“共治、共管、共享”的治水新格局。全年区级河（湖）长巡查161次，街道（园区）级河长巡查744次，社区河长巡查3461次，发现并解决晴天排口排水、水面有漂浮物、沿岸垃圾堆积等问题316个，组织铲除非法种菜1万余平方米。

5月，防汛排涝工作环园东路积淹水点改造　　（区水务局　供图）

【防汛排涝】 全面落实防汛责任制，从源头上防范化解洪涝灾害重大风险，全力保障人民群众生命财产安全。在主汛期前完成双拜岗绕城路涵段、启迪大街、环园东路等3个积淹水改造工程，改造管网1210米。完成清疏绞拉主管288.6公里、支管94.6公里，清理窨井21879座，清理雨水井34222座，清理出水口433个。排查并修复18处河道隐患。汛期严格落实调度指令和调度方案，妥善处置各类险情险点。全区共出动各类值守、巡查、抢险人员1.2万余人次，巡查抢险车辆1200余台次，电源泵车200台次，处置短时积淹水20余处。

【水质保障机制】 加强沿线支流、排口、泵站前池排水日常巡查和水质监测，完善断面水质保障方案，做好市考断面、补偿断面水质达标保障工作。推进综合管养一体化，以内秦淮河北段为试点，打破原“分头管养”模式，创新实施“环卫+河道+绿化”一体化综合管养，通过专业化综合巡查、综合化考核、组合化作业、智能化养护“四化”并举措施，提高养护效率及协同性。抓好长效监管，以城镇污水处理提质增效精准攻坚“333”行动为抓手，加大对污水乱排、直排等违法行为的执法力度，抓好“小散乱”违规排水行为专项整治，保障河湖水环境质量持续改善。全年办理排水许可627件，查处涉水案件15起，处罚金额42.2万元。

【安全生产】 落实安全生产行业监管责任，全年共召开水务行业安全生产推进会26次，组织检查督查企业、养护单位近30次，下发隐患整改通知书18份，发送安全生产提示短信200余条，发现并整改隐患81条，整改率100%，推动水务行业单位主体责任落实到位。开展排水检查井专项整治。建立地下排水管线安全隐患问题清单，实施“清单管理、动态销号”，切实做好窨井盖增补、修复、更换和加固等相关工作。共巡查道路204条、检查井7022座，排查整改破损沉陷等问题554处。启动雨水检查井加装防坠网专项工作。安装市政道路雨水检查井防坠网5493座，实现应装尽装，有效保障行人安全。

（王桂芝）

·玄武湖周边地区综合管理·

【概况】 2021年，南京市玄武湖周边地区综合管理办公室（简称玄武湖综管办）在区委、区政府的正确领导下，以习近平新时代中国特色社会主义思想为指导，主动融入紫金山—玄武湖城市中心公园建设，聚力创建“第一窗口、第一形象、第一防线”，加强联系走访、疫情防控、为民办实事，推进南京站及环湖地区环境品质全方位提升，深入开展南京站南广场绿化景观提升、站房平台整治等系列城市更新，依山傍湖的“最美火车站”再焕新颜，获得区“十大城市休闲体验地”网络评选榜首，登南京站“金陵盛景”观景平台寻美打卡“南京标准证件照”登上微博同城热搜榜首、进入全国热搜前列，成功举办全区争创全国文明典范城市动员大会出征仪式、“文明之美”玄武湖周边地区首届全民摄影大赛系列活动，“宁+驿站”志愿服务、首批“梧桐语”城市客厅温情升级，环境秩序向优向好、安全防控全心全力、党的建设提质提升，城市治理考核成绩稳居全市前两名，获得市抗击新冠肺炎疫情先进集体、2021年“防疫+春运”工作先进集体等荣誉。

【党建工作】 落实全面从严治党主体责任。规范化建设党支部，完成党支部、工会换届选举，巩固深化主题教育活动，召开理论中心组学习会7次，班子成员上党课4次，开展主题党日活动8次，加强与锁金村街道、新庄社区结对共建，共同做好防控物资援助、安全隐患整改、环境净化美化等工作。推动制度规范建设和执行，及时调整修订各类规章制度，建立领导干部联系走访责任制。加强领导班子建设，认真开好民主生活会，严格规范执行“三重一大”集体决策程序，对重点项目、重要工作、重大事项做到决策前广泛征求意见、决策中充分听取意见。强化干部队伍建设。深化落实区域管理“扁平化”改革，激发体制机制改革动能，健全完善工作机制、细化优化工作流程，推动实施科级干部竞争上岗工作。

【系列特色主体活动】 6月4日，省委常委、市委书记韩立明实地调研南京站地区志愿服务、车站进出管理、公共卫生服务等情况。6月5日协同区文明办在南京站南广场举办南京市玄武区争创全国文明典范城市动员大会暨“文明实践　你我同行”志愿者出征仪式大型广场主题活动。9月，开展“文明之美”玄武湖周边地区首届全民摄影大赛，吸引超2000名个人、各级单位踊跃投稿，征集投稿作品超5000张，网络投票近6万张，为全民参与创建文明典范城市营造了浓厚氛围。十一国庆期间，开展热点主题宣传活动，登南京站“金陵盛景”观景平台寻美打卡“南京标准证件照”登上微博同城热搜榜首、进入全国热搜前列。组织拍摄《山水城林，从这里出发》玄武湖周边地区形象宣传片，生动展示玄武自然之美、都市之美、文明之美。

【窗口地区环境品质提升】 持续深入推进项目化建设。制定并实施品质化提升、网格化管理、精细化提标、智慧化建设、品牌化塑造等五类12个重点项目建设。按期优质完成重点项目建设。完成南京站南广场站房平台综合整治项目建设，以及南广场绿化景观改造、环湖地区五座公厕革命改造两个项目扫尾提升工作。完成环湖地区综合管理规划咨询项目、南京站地区交通组织规划设计项目，并通过评审，获行业主管部门和相关专家充分肯定。系统整治提升形成特色亮点。系统治理提升南京站地区，形成"望山见水，四季有花"的站前广场园林景观，重点打造的"金陵盛景"观景平台、"城市织锦"风动幕墙、"凤栖梧桐"彩釉玻璃文化墙等成为新的打卡热点，"宁+驿站"新时代文明实践站成为全市首批10处"梧桐语"小型城市客厅之一。在玄武区"十大城市休闲体验地"网络评选活动中，南京站荣登榜首。

【疫情防控】 制定完善《玄武湖综管办新型冠状病毒感染的肺炎防控工作方案》《玄武湖综管办疫情防控常态化应急预案》等文件，明确全域全时全员防控的任务标准、规范流程和职责分工。7月21日，接到禄口机场疫情通报后，增调60名精干力量，有效落实设置专用通道、行程查验、扫码登记、核实身份、隔离转运等严管严控操作规程。7月22日，协调在南京站南广场设立核酸检测临时采样点、移动方舱实验室，累计采样45016人次。2021年，累计测温查码3917.6万余人，其中29名发热旅客由120送往医院隔离检测。合理编组做好隔离转运。成立转运队伍，24小时全天候待命，开展中高风险地区方向到宁旅客随到随转工作。与铁路、公安、交通等部门协调，设置隔离护栏，封闭一侧通道，实行单侧通行，全年累计转运登记旅客3598人、转运次密接触者68人，境外解除隔离人员14人。

【长效考核】 严格落实南京市城市治理考核要求，将垃圾分类工作纳入区规范化管理，建立垃圾桶零报告制度，城市治理考核整体成绩排名全市窗口地区第二名。全面推行"小事、大事不出片区"的网格化管理，建立网格化管理工作模型、责任人，划分56个管理网格单元，明确管理范围、强化责任落实，做到巡查发现在一线、现场处置在一线，不断提升发现问题和及时处置率。扎实做好投诉举报工作。强化人员业务培训，提高案件回复质量与速率，年度共接收"12345"投诉举报案件1143件，其中退单867件，处理276件，投诉举报考核排名位于全区前列，其中1月、5月位于全区部门考核第二名。

【综合治理】 强化社会秩序综合治理。协调南京站、南京汽车客运站与公安、铁路、交通、交警、城管等执法单位开展"联动共治"攻坚行动20余次，开展以净化交通秩序和客运市场为主题的专项整治行动，严查严打出站口周边的拉客、喊客等扰乱车站秩序的行为，查处违规待客及滞留候客车辆45辆，处罚拉客黄牛65人次，清理流动人口窝点2处，清理杂物约4吨，联系市救助站救助72人。强化生态环境治理，陪同区级河长开展河道专项检查6次，排查店家90家，清理河道周边垃圾5吨，清理岸坡菜地1处，清理河道涵洞下盲流窝居点1处，联系协调市政养护单位修复桥梁护栏3处。抓好大气污染扬尘源头治理，累计出动人员526人次，检查工地323次，联合行政执法中队开具整改通知书3份，整改问题7处。强化依法治理。开展民法典、网

6月5日，玄武区争创全国文明典范城市动员大会暨"文明实践 你我同行"志愿者出征仪式大型广场主题活动在南京站南广场举行
（玄武湖综管办　供图）

上普法、学宪法学党章考法律等学习答题活动，落实法律顾问制度，定期会同律师事务所审查和修改施工、审计、采购、装修等各类合同31份。加强联合执法和现场管理的规范化、流程化建设，严格依法管理和查处各类违法行为。

【管理养护】 完成建党百年、春运、国庆、小长假等重要时期和文明典范城市创建、市区两级考核等重大保障任务，合理调配人员、定岗轮岗，确保辖区内秩序优良、环境优美，高标准完成各项保障任务。落实开展环境整治提升周、创建迎查、大学新生接站保障等工作。做好设施养护工作。累计清理垃圾外运约1200吨，冲洗面积约80万平方米；维修道路绿化护栏、公厕设施等390多项；对南广场绿化景观改造项目进行局部地被植物优化调整，共修剪绿篱14万余平方米，补栽苗木3000余株，种植草坪4000余平方米。对接完成管养移交。积极与市建委、市园林等各行业主管部门沟通，主动与市城建集团展开接收谈判，11月1日正式整体接收南京站北广场地区设施，及时深入梳理北广场各项设施量，整理存在问题并要求整改，测算设施维护费用，做好常态高效养护各项准备工作。 （殷佳佳）

环境保护

【概况】 2021年，全区生态环境保护工作以习近平新时代中国特色社会主义思想为指引，坚决贯彻落实习近平生态文明思想和习近平总书记视察江苏重要讲话指示精神，以减污降碳为抓手，以生态环境工作走在前列为目标，严格落实各项生态环境保护法律法规，深入打好污染防治攻坚战，协同推动玄武区经济高质量发展和生态环境高水平保护，为谱写"强富美高"新玄武现代化建设新篇章打下坚实的基础。区委、区政府坚持将生态环境保护工作摆在更加突出的位置抓好推动落实，年初区委、区政府召开全区深入打好污染防治攻坚战暨河长制工作大会，进一步夯实了"一把手"管环保的责任机制，明确了年度任务目标和措施项目。全年区委、区政府召开生态环境保护和生态文明建设专题会议10次，召开大气污染防治推进调度会129次。区委、区政府主要领导检查调度22次，各项工作全面推进，取得了阶段性成效。全区优良天数比率达84.4%，位居主城区第一；PM2.5年均浓度29.6微克/立方米，位居主城区第三；PM10年均浓度48微克/立方米，位居主城区第一；NO_2年均浓度33微克/立方米，位居主城区第二；O_3（臭氧）年均浓度96.4微克/立方米，位居主城区第一。全区8个市考核断面水质良好。功能区噪声达标率100%。全年未发生重大环境污染事件。

【大气污染防控】 严格落实两级"点位长"制度，坚持领导高位强力推进，完成1家源头替代、2家VOC治理示范、25家单位"码上换"、95台锅炉回头看，开展VOC走航监测和污染源解析，常态运维大气污染防治工程设施，空气优良天数比率位列全市前列。深化餐饮油烟污染防治，全年新装餐饮在线监控37家，餐饮规范整治223家。完成市下达的柴油货车淘汰任务。在玄武大道安装1套柴油车黑烟抓拍设施。全年车辆路检、停放地检测以及非道路移动机械检查分别为1931辆、1805辆、1822辆。全面加强面源污染防控，多轮次开展扬尘管控交叉互查，按月发布工地红黑榜；完成工地扬尘治理项目23个，创建17家智慧工地建设工作，工地文明施工达标率达到98%以上。

【水环境监管】 严格落实"断面长"制度，加强32条整治河道、区域补偿断面的水质监测预警，监测数据及时通报水务部门，为全区河道管理整治工作提供技术支撑。加强雨水、泵站排口排查和规范管理。结合排污许可证的发放、技术复核，强化医疗机构、学校实验室和相关企业污水排放监管。强化河湖巡查、断面水质波动溯源排查、水质监测预警等工作，建立健全"巡查—整改—调度"的工作机制。

【固废处置和辐射安全】 组织200余家企事业单位网上学习新《中华人民共和国固体废物污染环境防治法》，5月完成区人大贯彻落实新《中华人民共和国固体废物污染环境防治法》执法检查。加强对危险废物产生、贮存、运输等的全过程、全周期监管，全年安全转移危险废物约3350吨。加强对污染地块的治理、修复、监管。全面梳理重点行业关闭企业地块清单，落实建设用地土壤污染状况调查报告评审制度，完成百子亭历史风貌区项目等4个地块用地风险调查，推进徐庄高新区危险化学品仓库搬迁地块的治理修复，全区重点建设用地安全利用率保持100%。

【疫情防控】 医疗废物日产日清。面对疫情，制定玄武区实施医疗废物应急处置方案，科学制定医疗废物收运处置配套设施工作任务，建立涉疫医疗废物临时集中贮存点，指导全区32个医学隔离点，及时安全处置307.6吨涉疫医疗废物，严防二次污染。医疗废水稳定达标。指导隔离点正确投加消毒剂，加密调度频次，强化对重点单位及饮用水水源地的执法检查。对全区48家医疗机构、隔离点实施监管，对在线设备运营、水质在线监测、消毒设备用电数据等实行24小时监控，全面确保水质安全。

【环境安全生产】 统筹推进危险废物三年整治任务。持续推进安全生产“三年大灶”行动，发现隐患11项，全部按照时间节点完成整改。开展危险废物、固体废物安全专项整治检查工作，实现全链条监管。开展环境污染治理设施安全专项整治活动，指导督促相关单位对挥发性有机物回收、污水处理、危险废物贮存处置等重点环保设施和项目进行有效管理，对23家重点产废企业开展安全风险评估和隐患排查。应急能力建设不断加强。11月30日，联合南京农业大学开展突发环境事件应急演练。通过参加2021年南京市环境应急监测技能竞赛及玄武区突发环境事件应急演练，完成大气、水、辐射等各项应急监测任务，从演练中锻炼了队伍，积累了实战经验。

【生态环保】 加快论证碳达峰路径。制订下发《玄武区碳达峰碳中和行动方案》，严格重大项目节能审查工作，限制“两高”项目在玄武区发展；推进工业、建筑、公共机构等重点领域节能工作。源头减污降碳深入推进。严把环评审批准入关口，联合各职能部门、街道开展“散乱污”企业项目排查整治，2项市级、14项区级突出环境问题已完成整改；5家“散乱污”企业全部关停整治。全面推进环保督察整改。2016年中央环保督察案件36件，2017年省环保督察案件69件，2018年中央环保督察“回头看”案件52件，共157件案件已经全部完成整改销号，并督促相关部门、街道进行自查，杜绝问题回潮反复。全力做好环境信访调处。首次将信访投诉量下降指标纳入年度深入打好污染防治攻坚战责任状，建立健全日统计、周分析、月通报制度，全年共受理环境信访投诉2167件，同比下降54.2%，按期办结率和答复率达到100%，全年未发生重大群体性环境信访事件。

【执法处罚】 2021年，在区委、区政府的指导下，进一步统筹执法力量、细化目标任务、坚持查练结合、开展联防联控、完善执法平台，“两法衔接”常态化，持续开展普法工作。全年共立案查处81家次，罚没款212万元，同比增长289%。 （毛春明）

（栏目编辑　张　弛）

应急管理

综　述

【概况】　2021年，玄武区应急管理局认真贯彻落实习近平总书记关于安全生产重要论述和重要批示指示精神，深入推进安全生产专项整治行动，做好安全生产督导（巡查）工作，为全区经济社会营造良好的安全发展环境；做好全区危险化学品安全监管工作，推进危险化学品安全生产专项整治三年行动，开展"新材料、科技、生物"类企业和"小化工"企业的清查工作；加强城市安全风险防控，有序推进安全示范城市创建工作；推进应急指挥体系和应急救援能力建设，推进全区应急预案修订工作，组织开展经常性的应急预案演练活动，推进企业应急救援队伍建设；做好防灾减灾、防汛防台工作，做好全区民生保险缴费和理赔工作，推进全国综合减灾示范社区创建工作，做好全国第一次自然灾害综合风险普查工作；强化安全生产执法和监管工作，加大重点领域精准执法，实施委托执法权推动街道（园区）安全生产执法，推进安全生产风险报告工作；开展安全生产宣传教育培训工作，强化主体责任落实。截至2021年年底，玄武区已连续两年未发生生产安全责任事故。

【督导巡查】　2021年，省、市派出安全生产督导组，全程督导全区安全生产专项整治行动开展情况。为做好迎接市第五督导（巡查）组相关准备工作，收集整理各相关单位台账资料220余本，配合市督导（巡查）组制订的计划，准备抽查现场110余处。2月26日，省安全生产第一督导组组长尹荣尧带队，对玄武区安全生产专项整治进行督导检查。市应急管理局一级调研员王笑天、玄武区副区长翁侃陪同检查。上午，督导组听取了南京1912街区安全工作情况汇报，实地对2020年国务院督导组交办的隐患问题整改情况进行"回头看"，并对餐饮场所燃气安全和街区消防布局、消防设施维护管理情况进行检查；下午，督导组听取了孝陵卫街道安全生产工作情况汇报，现场检查了百江液化气孝陵卫换气点和森林摩尔商业综合体。督导组通过现场检查及查台账的方式，对玄武区安全生产工作责任落实情况及安全生产专项整治开展情况进行检查，并对下一步加强三年专项整治行动工作提出了具体要求：提高站位，坚决贯彻落实习近平总书记重要指示精神；压实责任，筑牢安全生产工作基础；聚焦核心，抓细抓实重点行业专项整治；总结提炼，不断提升安全生产工作水平。根据南京市第五安全生产督导（巡查）组对玄武区第一阶段集中督导反馈意见要求，结合玄武区实际，牵头制定《关于做好市第五督导（巡查）组安全生产问题线索整改的通知》，拟定整改问题清单16条，截至2021年年底，16个安全生产问题线索已全部整改完成。充分发挥媒体作用，多渠道、多媒体跟踪报道整改落实情况，营造浓厚氛围。对整改不力、问题突出的地方和部门，通过媒体加大曝光力度；对措施扎实、推进有力的，加大正面宣传力度，充分发挥公众和新闻媒体等社会力量的监督作用，形成全社会共同关注和参与的良好格局。

【安全示范城市创建】　有序推进安全示范城市创建工作。认真贯彻市创建工作会议部署要求，根据《市安委办关于深入抓好2021年度安全发展示范城市创建工作》，制定玄武区2021年度安全发展示范城市推进工作实施方案。落实统筹创建"自选动作"。根据创建总体方案，在全面深化推进国考47项196条创建任务落实的基础上，进一步细化分解各部门工作任务，制定下发"一部门一清单"，依托"181"平台，健全完善常态化考核模块，全力推动"自选动作"落地落实。深入开展城市安全风险评估。制定安全风险辨识程序和方法，明确工作内容、方法和步骤，开展城市工业、人员密集场所、公共设施等重点领域安全风险普查、辨识和分析评估工作，开展城市应急物资储备规范化建设。2021年累计巡查走访96416次，市"181"平台共录入实有企业（单位）19810家，其中企业面重点监管单位319家，社会面小场所19491家，标注风险（源）22955处，有力提升全域应急管理综合监管水平。推进创建短板弱项整治。对照创建工作任务，逐项逐条梳理存在问题和薄弱环节，制度化推进创建短板弱项整治。对地下空间、人防工程、商场超市等重要场所、重点人员密集场所开展风险隐患排查治理。着力综合施策，防范重大风险，深入开展高层建筑消防、飞线充电、打通生命通道、老旧危房、消火栓缺损、城市易涝点、养老机构、宗教及文博场所等重点领域专项整治，全年专项整治涉及的22个行业领域共出动检查人员15647人次，检查企业场所19910家，发现一般隐患7254处，完成整改7168处，行政处罚179家，停产整顿21家，执法处罚金额283.05万元。有效防范城市公共领域重大安全风险。打造各类创建示范点样板间。坚持以点带面、示范引领，督促指导各部门倒排时序进度，加快总结推广本地区、本行业领域创建示范点、样板间及创建工作经验做法，以示范创建为推动，切实提升基层、行业领域安全监管整体能力水平，形成可复制、可推广的特色亮点工作。

【“宁企赋能”行动】 推进“宁企赋能”行动，助力城市安全发展。切实防范杜绝电动自行车“飞线充电”、入户充电带来的火灾事故隐患，切实发挥机关团体、企事业单位引领作用，在全区机关团体、企事业单位广泛开展“宁企赋能”行动，全面普及安装电动自行车（智能）充电桩，全区建设场地具备条件的单位安装电动自行车充电桩率达70%，安装充电头5200个，满足50%以上骑行员工充电需求。有效保障广大干部职工电动自行车“吃饱了回家”，切实消除“飞线充电”、入户充电等不安全行为，全面防范化解电动自行车充电安全风险及火灾隐患，更好地服务干部职工、履行社会责任、共同守护城市安全。

【疫情防控】 7月22日—8月6日，玄武区开展第一至五轮全员核酸检测，为全力支持配合玄武区疫情防控工作，落实“我为群众办实事”实践活动，玄武区应急管理局党支部响应号召，制定“三班倒”排班表，每天安排三个小分队，每个小分队由1名领导带班，4名党员干部组成，全力协助采样点开展核酸检测志愿服务，引导居民有序进行核酸检测。8月1—27日，区应急管理局共下沉到基层一线32人参与抗疫，其中机关干部29人，专职安全员3人，共下沉227人次，参与曹后二三村、邮电宿舍和宁东机宿舍的社区围合志愿服务工作，为红山街道曹后社区的老旧小区人员进出管理和防疫贡献了力量。

安全生产

【概况】 2021年，玄武区应急管理局以安全生产三年专项整治为抓手，全力推进“三年大灶”专题和专项整治行动。根据《南京市关于进一步深化安全生产三年专项整治工作的实施意见》中明确的重点工作任务，逐条对照落实，其中各区重点工作任务清单69项，涉及玄武区6项，已全部完成；全市重点工作任务清单20项，涉及玄武区14项，已全部完成；重点行业领域重点工作任务清单109项，涉及玄武区27项，已完成25项，其余2项按计划有序推进。制定印发了《玄武区关于进一步深化安全生产三年专项整治工作的实施意见》，确定了全区20项重点任务，24个行业领域93项重点工作任务以及街道37项重点任务，按照工作计划，把握节点要求，各行业部门扎实开展专项整治行动。2021年，玄武区17个区级牵头整治部门共出动检查人员19486人次，检查企业25330家，发现隐患8936处，整改隐患8843处，行政处罚212次，关停22家，罚没金额333.2万元，其中，完成34个重大隐患整改，为全区经济社会营造良好的安全发展环境。

【安全生产工作会议】 3月5日下午，玄武区召开全区安全生产专项整治领导小组办公室（简称“整治办”）工作例会，主要目的是进一步贯彻落实习近平总书记关于“坚决抓好安全生产和防范化解重大安全风险”的重要指示精神，抓紧抓实抓细安全生产专项工作，确保全国“两会”期间不发生一起安全事故。专项整治各行业领域牵头部门分管负责人、各街道（高新区）分管负责人、区整治办全体人员参加了会议。会议由区委常委、常务副区长陈可科主持。会上，区整治办部署近期安全生产重点工作；区消防大队、区建设局、徐庄管委会分别重点汇报行业领域专项整治三年行动开展情况，各板块及行业领域专项整治行动牵头单位也作了书面汇报。4月27

日下午，玄武区委副书记、区长钱维主持召开区安委会全体（扩大）会议，专题研究当前全区安全生产工作，部署近期安全生产重点工作。会上，区委常委、常务副区长陈可科传达了全省安全生产电视电话会议精神，玄武区安全生产委员会办公室对“五一”假日期间安全生产大检查工作进行了部署；区政府各分管领导就各重点领域加强安全生产工作进行了强调。钱维就近期重点工作提出，各部门、各单位要深刻领会全省安全生产电视电话会议精神，吸取各类事故教训，深入排查各类隐患，认真履行安全监管职责。6月24日，玄武区委常委、常务副区长陈可科主持召开全区安全生产工作例会，专题研究当前全区安全生产工作。副区长翁侃，各安委会成员单位分管负责人、各街道（高新区）分管负责人和安监办主任参加了会议。会上，区安委办汇报市安全生产督导反馈工作情况，对做好庆祝建党100周年安全生产工作进行部署，对全区安全生产考核工作进行部署安排。翁侃从提高政治站位、坚持问题导向、提高本质安全方面，对加强安全生产基础工作，以及迎接市督导组准备工作、庆祝建党100周年安全保卫等方面提出了要求。陈可科对近期工作进行了部署。9月15日，陈可科主持召开全区安全生产工作例会，专题研究当前全区安全生产工作。翁侃、区安委会成员单位相关负责人参加了会议。会上，区安委办汇报了近期安全生产重点工作，锁金村街道、徐庄高新区就“181”平台推进网格化工作作表态发言，区消防大队汇报了专项整治行动开展情况。最后，陈可科就做好全区安全生产工作强调了几点意见：一是紧盯安全责任，增强忧患意识；二是紧盯重点领域，开展排查整治；三是紧盯重点时段，加强值班值守；四是紧盯考核指标，全力完成各项工作任务。10月23日上午，钱维主持召开安委会全体（扩大）会议，对新《安全生产法》进行了专题学习。会上，组织观看了《新〈安全生产法〉全面解读》宣教视频。区安委办汇报了新《安全生产法》的修改背景和总体思路，并将从完善工作原则要求、完善安全监管体制、强化企业主体责任、强化政府监督管理职责、加强监督管理制度建设、加大违法处罚力度等6个方面抓好对新《安全生产法》的贯彻落实。最后，钱维就下一步加强学习新《安全生产法》提出要具体要求。10月26日下午，陈可科主持召开区安全生产工作例会暨高质量考核安全生产指标推进工作会议，专题研究当前全区安全生产工作。翁侃，各相关部门分管负责人、各街道（高新区）分管负责人参加了会议。会上，区应急局汇报了市对区高质量考核安全生产半年考核情况；区建设局汇报了高质量考核安全生产指标任务完成情况；玄武门街道、孝陵卫街道分别就网格化、执法办案等工作作了表态发言。陈可科从组织领导、考核调度、加强沟通对接等三个方面对做好全区高质量考核工作进行了部署，并对加强当前安全生产工作提出了具体要求。11月30日上午，陈可科主持召开全区安全生产工作例会，专题研究当前全区安全生产工作。各相关部门分管负责人、各街道（高新区）分管负责人参加了会议。会上，区应急局汇报了近期安全生产重点工作情况，区消防大队汇报市级挂牌重大隐患整改推进情况，区建设局汇报了燃气专项整治情况；玄武门街道、区发改委还就当前安全生产工作中存在的问题进行了汇报。陈可科对情况汇报中部分单位反映的问题和困难进行了协调部署，并对加强当前安全生产工作提出了具体要求。12月22日下午，陈可科主持召开全区安全生产工作例会，专题研究当前全区安全生产工作。各相关部门及各街道（高新区）分管负责人参加了会议。会上，区应急管理局传达了《省安委会办公室关于岁末年初全国安全防范工作紧急视频会议精神的报告》精神，对全区岁末年初安全防范工作进行了部署；区消防大队对全区冬春火灾防控专项行动进行了部署；区市场监管局汇报了省安全生产第一督导组发现的盛和家园小区安全隐患整治相关情况及近期专项整治工作开展情况；红山街道汇报了近期安全生产工作开展情况。陈可科就进一步做好今冬明春安全生产工作提出了具体要求。

【隐患整改】 3月10日上午，区委常委、常务副区长陈可科带队调度钟灵街桥段违建群隐患整改及中山陵撬装消防站建设情况，副区长翁侃，中山陵园管理局、区应急局、区消防大队、区城管局、区市场监管局、孝陵卫街道等相关单位参加。4月28日上午，陈可科带队检查紫金山西北苗圃隐患整改及省第一督导组督导反馈森林摩尔街区消防安全隐患的整改情况。翁侃，中山陵园管理局、区安委办、区消防大队、区建设局、区商务局、锁金村街道、孝陵卫街道等相关单位参加。陈可科一行首先查看了紫金山西北苗圃现状，中山陵园管理局分管领导对紫金山西北苗圃居住人员情况及违建板房存在问题进行了详细汇报，现阶段违建板房已全部封存。中山陵园管理局和街道定期对封存板房进行检查并对现居住房屋线路进行检修、套管，杜绝隐患问题发生。陈可科对区建设局、锁金村街道所做工作表示肯定，指出要进一步加强此区域安全监管，加强日常巡查检查力度，及时消除各类安全隐患。陈可科一行还实地查看了孝陵卫街道森林摩尔街区消防安全隐患，详细了解消防基本概况、消防控制室工作情况等，指出孝陵卫街道森林摩尔街区地理位置特殊，餐饮商户较多，要确保24小时值班值守和消防设施设备完好率，进一步强化消防安全隐患排查，坚决防范遏制火灾发生，提升大型商业综合体消防安全管理能力。10月29日上午，陈可科带队对沪宁高速连接线钟灵街段重大安全隐患场所开展联合检查。翁侃，中山陵园管理局分管负责人，区各相关部门、孝陵卫街道主要负责人、分管负责人参加此次检查。各相关部门按照职能分工开展联合检查，检查结束后，召开专题会议。各相关部门、属地街道汇报了检查情况及下一步推进措施：提高思想认识，深刻吸取最近全国发生的安全事故教训，进一步提高认识，压实责任，坚决遏制各类安全事故的发生；加强日常监管，各相关部门要定期对该地区开展联合执法检查，对违法行为进行处罚，孝陵卫街道要加强日常巡查，督促隐患整改，确保安全稳定；加强工作调度，各单位按照各自制定工作方案抓好落实，每半月向区安委会报送整改推进情况，区政府会定期召开专题工作调度会；强化宣传引导，加强对桥段下经营业主的宣传教育，强化安全意识，压实主体责任，同时相关部门适时组织开展法制宣传活动，在辖区内营造安全稳定的社会环境。

10月29日，区对沪宁高速连接线钟灵街段重大安全隐患场所开展联合检查
（区应急管理局　供图）

【危险化学品监督管理】 3月25日下午，玄武区安委办组织召开“181”系统涉及危险化学品企业（单位）信息填报与审核工作会议。区危化品安全监管联席会议成员单位联络员共36人与会，通报市安委办有关开展“181”审核工作通知精神，介绍当前“181”平台危化品填报与审核工作的形势，演示在“181”平台进行危化品填报与审核，解答各街道（高新区）、各行业部门的疑问，6月17日下午，玄武区安委办组织召开全区危险化学品安全监管联席会议暨专业委员会2021年度第二次联络员会议。区安委办主任、区应急管理局局长吕俊，区危险化学品安全监管联席会议暨专业委员会联络员等28人与会。区商务局、玄武湖街道就2021年上半年开展危险化学品安全监管工作进行了经验交流；区应急管理局危化领域分管领导总结当前全区危险化学品安全监管工作情况，着重分析了在危险化学品安全专项整治三年行动、危险化学品使用安全专项治理等领域存在的主要问题。吕俊提出四点要求：正确认清当前形势，不断提升危化品安全监管能力水平；正确看待问题，认真查摆全区危化

品薄弱环节；压紧压实责任，真正把责任压实到“神经末梢”绷紧安全这根弦，以优异成绩迎接建党100周年。9月28日下午，玄武区安委办组织召开全区危险化学品安全监管联席会议暨专业委员会2021年度第三次联络员会议。吕俊提出三点要求：端正思想，增强危化安全生产工作责任感与紧迫感；深化隐患自查自纠，切实加强现场管理；形成整治合力，营造良好安全环境。12月30日，为深入推进危化品使用安全专项治理行动落到实处，玄武区举行科研院所安全生产培训交流会，玄武区应急管理局相关领导与专家积极参会，与40多名科研院所的安全生产负责人，就实验室危险化学品使用安全问题进行了研讨。区应急局副局长何毅就近期检查玄武区范围内省属高校实验室情况进行分析，点明实验室在使用危险化学品中存在的突出问题及解决措施；危化科就“181”平台如何填报危险化学品使用情况进行讲解。通过交流，科研院所安全负责人纷纷表示，将从思想认识、管理教育、安全投入等方面，全面加强对实验室的安全管理，确保长期安全稳定。

【安全生产执法检查】 2月25日，根据国务院、省、市相关文件要求，玄武区应急管理局、市场监管局、文旅局、公安分局组成联合检查组，开展冷光烟花和“钢丝棉烟花”抽查检查。在新街口街道区域内，随机抽取1家演艺酒吧（碑亭巷的MIX俱乐部）、1家蛋糕店（长江路的元祖食品）、1家花店（太平北路的百合花店），采取现场查看货物仓库、查阅销售台账等方式，检查是否存在冷光烟花和“钢丝棉烟花”违规销售与使用情况，并对企业进行了警示提示。经查，没有发现相关违法违规情况，上述企业均现场进行了承诺。6月29日，玄武区委书记闵一峰带队对全区开展“七一”节前安全检查，实地察看了高楼门饭店、百江液化气樱驼花园供应站、中石化宁栖路加油站、板仓街1号商铺的安全生产管理情况，实地察看消防设施运行及安全生产管理情况，听取风险评估、隐患排查、预案处置等工作的汇报。常务副区长陈可科、副区长翁侃，区有关部门和街道主要负责人等参加检查。闵一峰强调，安全生产工作责任重大，特别是玄武区高层楼宇有数量多、体量大的特点，高层楼宇的消防安全，事关人民群众的人身安全，安全防范工作是各级监管部门工作的重中之重，决不能有丝毫的松懈和麻痹思想。相关职能部门进一步加大安全监管力度，全力消除各类安全隐患，防范各类安全事故的发生。闵一峰要求企业进一步强化安全意识，深刻吸取近期国内部分地区发生的安全事故教训，切实落实各类安全制度和措施，并认真做好风险点隐患排查治理工作，坚决杜绝各类生产安全事故的发生。9月17—18日，为贯彻落实各级关于节前安全生产的工作要求，确保全区危化领域安全生产形势平稳，玄武区应急管理局成立安全生产检查组对辖区内6家危化品经营企业、3家加油站进行了中秋节前安全生产检查，共发现4个隐患，并现场进行整改。在对企业的检查过程中，检查组主要查看了企业的经营许可证、销售记录、安全生产教育培训、应急预案及演练情况等台账资料。检查组要求企业负责人履行好企业主体责任，加强对员工的安全培训。在对加油站的检查过程中，检查组重点对加油站的油罐区、卸油区、消防设施设备维护使用情况进行逐一查看，并详细检查了加油站相关台账资料。检查组要求各加油站加强节日期间值班值守，强化隐患排查治理，增强应急防范意识和应急处置能力。9月19日上午，闵一峰带队前往旅游景区检查节假日安全生产管理工作。陈可科、翁侃，以及区应急管理局、区发改委、区文旅局、玄武门街道主要负责人参加了此次检查。闵一峰要求，各景区要切实提高思想认识，严格落实安全生产主体责任，针对近期疫情情况逐步好转、客流增加的实际，进一步强化安全措施，狠抓细节管理，全力保障游客人身和财产安全。同时要求区文旅部门要着力加强对重点景区、重点部位、重点环节的安全检查及隐患排查，加大对旅游安全违法违规行为的查处力度，确保全区假日旅游行业安全稳定运转。

【高校实验室专项联合检查】 11月25日，根据市、区相关文件要求，玄武区安委办、应急管理局、市场监管局、生态环境局、公安分局、消防大队组成联合检查组对南京林业大学实验室开展专项联合检查。检查组采取查阅台账、现场查看等方式重点检查林学院、化工院、轻工院、理学院等院系相关实验室52个，共发现问题隐患22处，现场整改5处。校方实验室负责人汇报实验室安全管理工作、贯彻落实各级关于加强高校教学实验室安全的通知精神情况以及实际工作中遇到的重难点问题。检查组指出，通过此次实验室专项检查，校方要高度重视，立查立纠，切实加强实验室安全工作，保证实验室使用安全，保障实验室师生生命安全。区安委办通过发送告知函的方式督促校方做好隐患整改闭环。11月29日，根据省、市、区相关文件要求，玄武区安委办组织区应急管理局、市场监管局、生态环境局、公安分局、消防大队等单位，对南京体育学院实验室开展专项联合检查。检查组采取查阅台账、现场查看、交流反馈、"181"平台登记等方式，重点检查了3个涉及危化品使用的实验室、1个危化品储存点、1个危废储存点和相关管理使用材料，共发现问题隐患12处，现场整改2处。检查组进一步梳理隐患清单，并及时发出限期整改通知书。

【工业企业安全生产风险报告】 5月25日下午，玄武区应急管理局组织召开全区工业企业安全生产风险报告工作现场推进会，区应急局副局长樊六龙、基础科全体职工，各街道(园区)安监科负责人，区发改委、区科技局、区建设局、区水务局、区统计局负责人以及全区39家工业企业主要负责人参会。通报区安委办关于全区工业企业安全生产风险报告工作情况，并通报省专家线上抽查、市专家线下检查区10家企业存在的问题。邀请专家白洁对安全生产风险报告填报进行了专题培训，答疑各单位和企业提出的问题。樊六龙就下一步工作提出具体要求。

【安全生产月宣传】 6月16日上午，玄武区在大行宫广场举行2021年"安全生产月"广场咨询活动。2021年6月是第20个全国"安全生产月"，主题为"落实安全责任，推动安全发展"。为深入贯彻落实习近平总书记关于安全生产重要论述和批示指示精神，自玄武区"安全生产月"活动启动以来，区安委办、区应急理局围绕安全生产专项整治三年行动，结合自身实际，广泛开展宣传咨询、应急处置演练等群众喜闻乐见的主题活动，营造浓厚的安全文化氛围，着力把安全理念、方法、技能传递到群众的生产生活中去。活动现场，社区群众献上自编自演的文艺演出，开展形式多样的安全生产知识竞答。各行业领域工作人员为群众发放公共安全、消防安全、交通安全、劳动卫生安全、特种设备安全、生活安全、安责险等各类安全生产知识宣传材料，并开展现场咨询答疑活动。本次活动共设置咨询台27个，布置宣传展板29块，发放各类宣传资料5000余份，接受群众咨询200余人次，以寓教于乐的方式，进一步提升了群众参与安全生产的积极性和主动性，达到良好的宣传效果。以"安全生产月"为契机，广泛开展各类宣传教育活动，对于实现从"要我安全"向"我要安全"转变，有效防范各类生产安全事故，增强人民群众的安全感、获得感和幸福感具有重要意义。

6月16日，大行宫广场举行2021年"安全生产月"广场咨询活动

（区应急管理局　供图）

【安全生产培训】 3月10日，玄武区应急管理局举办安全生产行政执法培训班。区应急管理局全体人员，徐庄高新区和各街道分管领导、安监办全体人员、安全员等100余人参加培训。南京市应急管理局执法监察支队诸亮讲授安全生产行政执法检查知识，就商贸企业安全生产重点检查事项、开展行政执法检查应关注的知识点和注意事项等内容进行了具体讲解。江宁区应急管理局监察大队高级工程师、注册安全工程师权明着重讲授了安全生产行政执法案件处理程序，强调了行政执法程序合法的重要性，并就行政执法的疑难问题和学员们进行了讨论交流。此次培训进一步加强安全生产监督管理，规范安全生产行政执法工作，提高全区安全生产监督管理人员行政执法能力。3月18日，为提高各生产经营单位安全意识，保障各企业主要负责人及安全员具备从事本职工作所需的安全生产知识，熟练掌握安全操作规程和安全生产规章制度，落实安全生产责任制，预防安全事故的发生，玄武区新街口街道举办了街道内一般生产经营单位主要负责人及安全生产管理人员安全生产知识培训班。此次安全培训由南京昌盛安全评价咨询服务有限公司协办，授课教师通过课件讲授、案例分析、分组讨论的方式，详细介绍了相关法律法规，分析了当前安全生产形势及政策，并结合街道企业特征强调了主体责任的落实。通过本次培训，切实增强了各单位的主要负责人及安全员的安全防范意识，了解和识别存在的安全隐患，加强及规范生产经营单位安全培训工作，从而提高企业全员安全意识，防范伤亡事故。11月26日，为提高从业单位安全生产意识和安全管理水平，促进企业安全生产主体责任的落实，保持辖区安全生产形势持续稳定，梅园新村街道安监办联合南京盛昌安全评价咨询服务有限公司，在街道4楼会议室开设了生产经营单位安全生产培训班。街道安监办主任朱亚松主持并进行开训动员，结合安全生产事故案例提出：提高思想认识，更加严格地落实企业安全主体责任；突出工作重点，以更有力的举措推进安全生产；推动消防宣传培训常态化。南京盛昌安全评价咨询公司培训老师进行安全生产宣讲，向学员传播安全知识，强化安全理念，提升安全意识及安全防范能力，营造“学安全、要安全”的良好氛围，并在下午对所讲内容进行了基础考核。通过此次培训，为各企业安全负责人敲响了警钟，督促其要加强安全生产知识及安全技能的学习，有利于配合街道安监人员开展更有针对性的安全生产检查。11月30日，为贯彻落实习近平总书记关于防灾减灾救灾工作的重要指示精神，不断提升全区防灾减灾救灾工作水平，玄武区应急管理局举办2021年度全区防灾减灾救灾工作业务培训。区应急管理局、各街道和社区三级灾害信息员共90余人参加培训。区应急管理局局长吕俊在培训动员中要求各级灾情信息员要提高站位，充分认识培训意义；努力学习，不断提高业务水平；珍惜机会，切实取得培训实效。培训邀请市应急管理局救灾和物资保障处主任科员李昌良、市地震局震害防御处主任科员沈雁鸿及恒泰保险公司工作人员，分别从如何做好基层社区防灾减灾救灾工作、地震灾害信息速报和民生保险政策及理赔程序等方面进行授课辅导和交流讨论。通过培训，增强了全区灾害信息员防灾减灾救灾综合工作能力，为进一步做好防灾减灾救灾工作奠定了良好的基础。

【百团进百万企业千万员工】为深入学习宣传贯彻习近平总书记关于安全生产重要论述和党中央、国务院以及省委省政府、市委市政府决策部署，落实市安委办《关于开展百团进百万企业千万员工的通知》要求，6月24日上午，玄武区委常委、常务副区长陈可科开展“百团进百万企业千万员工”专题宣讲，副区长翁侃、区安委会成员单位相关人员、辖区部分重点企业负责人共70余人参加了活动。陈可科着重从习近平总书记的重要论述以及重要会议精神了解安全生产工作的最新指示要求，从即将实施的《安全生产法》了解企业如何落实主体责任两个方面，详细分析了当前安全生产面临的形势、安全生产工作的重要性，以及企业如何落实安全生产主体责任，进一步阐述了安全生产责任重于泰山的理念，为抓好安全生产工作进一步凝聚了共识，明确了方向。同时，要求全区上下一定要牢固树立安全发展理念，时刻绷紧安全之弦、压实安全之责，强化红线意识、守牢安全底线，落实安全责任、深化专项整治，坚决杜绝重特大事故，全面提升本质安全水平，为玄武的高质量发展营造良好的安全环境。

灾害防治

【全国第一次自然灾害综合风险普查】 开展自然灾害综合风险普查，是一项重大的国情国力调查，也是党中央、国务院的一项重要战略决策。玄武区坚决对标国家和省、市相关要求，提高政治站位，切实把普查工作摆在重要位置，系统谋划组织，科学制定方案，创新方式方法，确保标准执行“不折不扣”、任务完成“不重不漏”。玄武区领导高度重视普查工作，专门调研部署，区政府于2020年12月制定下发工作通知，并成立区第一次全国自然灾害综合风险普查领导小组，由常务副区长担任组长。为加强普查工作统筹推进，玄武结合编制体制实际和普查任务需求，将职能部门、街道园区等27家成员单位纳入普查领导小组，形成高规格、多部门的“一盘棋”组织架构。优化顶层设计，强化高位协调，按照“紧扣普查工作要求、结合区域灾害情况、围绕职能职责分工”三项原则，细化整体规划和任务分工。通过制作“一表一函一清单”，普查办进一步明晰调查对象、责任单位、技术规范、工作流程等相关事项，执行人员按图索骥，真正做到本轮城市“深度体检”、精准正确、要素“全集”。玄武区依托普查领导小组统筹调动的优势，引导成员单位通力合作、协同作战，对涉及清查的19个部门，以统一发函的形式，针对性推进清查工作。区普查办加强行业调度，定期向各行业主管部门统计工作进度，及时跟进掌握各板块开展情况和存在问题。主城区人口聚集度高，流动性强，家庭综合减灾资源（能力）调查，是此次普查的重中之重。在国家抽样的30个社区中，玄武区按照等距法的方式，每个社区抽取40户家庭，围绕灾害认知能力、自救互救能力等方面，由社区工作人员开展入户调查，为后续基层安全治理提供基础数据支撑。2021年，全区已完成2253条数据填报、质检和审核，其中承灾体224条、减灾能力1301条、历史灾害728条。为提高数据质量，普查办借助第三方技术支撑，制定全区应急系统调查工作模式，形成可复制调查模板，并录制相关辅导视频，提高工作效率和准确率，确保调查数据上报市级前，自检合格率不低于90%。9月18日下午，为推进玄武区第一次全国自然灾害综合风险普查调查工作，部署应急系统普查调查工作任务，玄武区召开第一次全国自然灾害综合风险普查调查应急管理条口工作培训会。区应急管理局局长吕俊、副局长封炜、各街道及相关单位承担普查工作业务科室负责人参加会议。区普查领导小组副组长、区应急管理局局长吕俊动员部署普查调查工作，区普查办就调查阶段对参会各单位以及各街道人员进行业务培训，主要从任务内容、任务分工、表格填报、表数据质检核查、表格填报注意事项方面进行详解，最后进行现场交流，各成员单位针对问题进行问询，技术人员进行答疑解惑。

9月18日，玄武区召开第一次全国自然灾害综合风险普查调查应急管理条口工作培训会 （区应急管理局 供图）

【自然灾害民生保险】 自然灾害民生保险，包括自然灾害人身意外伤害保险和自然灾害家庭财产综合保险两个方面，分别保障辖区户籍居民因自然灾害（含火灾爆炸）导致的人身意外伤害和家庭财产损失，自然灾害人身意外伤害保险保障在10万～30万元范围，自然灾害家庭财产保险保障在10万～15万元范围。自然灾害民生保险作为全区重要民生实事之一，有效编织了全区的“安全网”，发挥了“社会稳定器”的作用，提高了居民抵御自然灾害和重特大火灾爆炸等意外事故的综合防范能力。2021年按全区每人1元、每户2元的缴费标准，全区共缴纳保费77.4万元，全区46.9万名居民和15.3万户家庭全部涵盖在自然灾害民生保险范围内。2021年，已赔付案件101起，赔付金额45万元，赔付率约62%。其中A包人身意外险（因暴雨、台风等自然气候影响和其他人身意外伤害）案件65件，赔付金额约15万元；B包家财险（因火灾、暴雨、雷击、暴风、管道破裂、台风、爆炸、其他外来原因）案件36件，赔付金额约30万元，保障了全区居民在遭遇自然灾害时，得到及时救助补偿。

【全国防灾减灾示范社区建设】 玄武区以开展“全国综合减灾示范社区”和“南京市市级防灾减灾演练社区”创建活动为契机，坚持“早谋划、早着手”，扎实抓好工作落实，以创促建，为全面提升全区综合防灾减灾救灾能力做好示范引领。为确保创建成效，玄武区减灾委办公室2月底召开会议，对年度两项创建工作进行部署，各街道对所属社区基本情况进行详细摸排，上报意向参加创建的社区名单。玄武区应急管理局副局长封炜带领业务科室人员对各街道意向创建的社区进行调研指导，重点对各意向创建社区的消防通道、应急避难场所和综合条件等硬性考核指标进行现场调研，并对创建工作提出要求和指导意见。5月12日下午，市应急管理局局长冯甦带队调研长江路社区防灾减灾工作。社区主任就长江路社区加强防灾减灾能力，摸索建立“五个一”工作模式（一个共建平台、一款智慧系统、一支联合队伍、一套宣传模式、一项联动机制）等作了详细汇报。调研组充分肯定了社区所做的工作，同时要求社区在网格化防灾减灾工作中大胆创新，使网格信息化在防灾减灾中充分发挥监测预警等作用，全力保障人民群众在自然灾害中的生命财产安全。市应急局党组成员、地震局局长蔡艺、市气象局副局长张永强、市气象台台长姜有山、市应急局指挥中心主任李翔、市应急局救灾处副处长费生力等领导，区委常委、常务副区长陈可科，区应急管理局局长吕俊，参加调研街道主任朱锡刚陪同调研。锁金村街道锁四社区作为2021年创建全国综合减灾示范社区单位，在玄武区应急管理局业务科室的督促指导下，社区扎实稳步推进创建工作。社区将创建工作列入年度工作重中之重，通过加强组织领导、抓好教育宣传、强化综合预防、开展应急演练，推动特色创建等举措，以构建和谐平安社区为主线，大力普及综合减灾知识，全面提升了社区的综合防灾减灾能力。社区居民防灾减灾意识明显增强，综合减灾能力显著提高。11月11日上午，由省应急管理厅、省气象局、省地震局、省消防救援总队组成的联合检查组对锁金村街道锁四社区创建“全国综合减灾示范社区”工作情况进行检查验收。检查组由省应急厅二级巡视员沈晨东带领，在区政府副区长翁侃和市、区应急管理局领导陪同下，实地察看了应急避难场所、应急疏散路线图、综合减灾宣传栏、医疗救助站、微型消防站等场所，认真查看了社区创建工作台账，听取了创建工作专题汇报。检查组对锁四社区创建全国综合减灾示范社区工作取得的成效给予了充分肯定，并指出锁四社区小区整体面貌虽然略显陈旧，但区应急管理局靠前指导，精心组织；社区工作人员精神面貌好、工作热情高，创建经验为老旧小区在下一步的综合减灾创建工作起到很好的示范引领作用。希望玄武区、锁四社区继续保持良好的精神状态，把创建与服务有机结合起来，整合资源、凝聚力量，通过花小钱办实事，进一步完善小区防灾减灾基础设施，开展好防灾减灾宣传活动，努力提升居民群众的防灾减灾意识和自我防护能力。

【“5•12”全国防灾减灾日】 5月12日是全国第13个全国防

10月13日，开展2021年国际减灾日主题活动　　（区应急管理局　供图）

灾减灾日，主题为“防范化解灾害风险，筑牢安全发展基础”。2021年第32个国际减灾日，玄武区组织各街道、社区，以“构建灾害风险适应性和抗灾力”为主题，开展有奖知识问答、童心绘祖国和灾害风险宣传大使推选等形式多样的宣传活动，取得良好效果，更好地营造了全区全员参与防灾减灾救灾工作的良好氛围。为着力培育传播防震减灾文化，进一步增强公众的防震减灾意识，提高防范和应对突发事件的能力。5月13日下午，玄武区在南京市孝陵卫初级中学开展防震减灾应急疏散演练活动。本次活动通过防灾减灾应急演练、视频宣传、展板宣传、模拟地震逃生等多种形式，向师生普及了防灾减灾知识，提高了师生的防灾减灾意识和自救互救技能。此次演练整个过程各小组配合默契、组织有力、秩序井然，提高了学校应对突发事件的处置能力，让师生掌握了地震灾害发生时自救互救的基本技能，进一步增强师生避险减灾意识，为全民参与防灾减灾营造出良好的社会氛围。

【“10•13”国际减灾日宣传活动】　为强化居民防灾减灾意识，提高群众避险疏散、自救自护能力，10月13日下午，区减灾办、锁金村街道办事处在锁四社区广场联合举办了一场主题活动。活动从地震疏散演练开始，由锁四社区志愿者带领社区群众按照预定路线，迅速有序撤离到空旷安全地带，并按照预订的应急预案开展自救互救，利用AED自动体外除颤器等进行心肺复苏操作演示。现场宣传活动，寓教于乐，对地震、火灾、台风等自然灾害减灾知识采取有奖知识问答的形式，大大提高了宣传趣味性和群众的参与度。区自然灾害风险普查办公室主动对接街道、社区，将自然灾害风险普查工作有机融合到“国际减灾日”主题活动，共发放各类宣传彩页、宣传手册等共计1600余册，为下一步进家入户开展居民家庭减灾能力调查打好基础。

应急救援

【概况】　2021年，玄武区应急管理局以提升应急救援能力为目标，重点推进应急预案体系建设，加强应急救援队伍、救援协调、救援保障能力建设，全力提升全区应急救援水平。

【应急预案】　推进全区应急预案编修订工作。2021年，在征求全区各单位意见基础上，完成对《南京市玄武区突发事件总体应急预案》和《玄武区地震应急预案》《玄武区生产安全事故应急预案》《玄武区危险化学品生产安全事故应急预案》《玄武区自然灾害救助应急预案》等5个区级专项应急预案的修订发布，全年共有70家各类企业完成应急预案修订并备案，确保各级各类应急预案的系统性、科学性、针对性和可操作性。

【应急演练】　11月11日下午，为进一步提高企业员工的安全意识，提升生产经营单位安全生产应急救援能力，减少突发事件带来的损失，梅园新村街道、南京1912街区管办和管理公司组织街区所有商户店长和安全员100余人进行了消防演练。演练主要分为两个部分：(1)安全知识的普及。街区邀请区红十字会教员对窒息人员的急救方法进行了讲解示范，对CPR（心肺复苏）和AED（体外自动除颤仪）的使用进行了现场演示，管理公司消防专员对商户经常使用的应急电源等消防器械进行了讲解。(2)消防全要素演练。从发生火情，到监控室接警、街区消防应急出动、切断电源疏散人员、火场灭火及搜救人员、危重人员急救转运等全要素演练。通过演练增强了街区商户及员工的消防安全意识，检验了街区消防设施设备的实际运行情况及存在的不足之处，街区的消防应急分队应急反应能力也得到锻炼和提高。

【安企共建】 为应对各类突发事故，提高对事故的判断能力及预警能力，快速高效地做好事故抢险救灾工作，最大限度地避免突发事件扩大或升级，减少人员伤亡和财产损失，进一步深化完善项目的安全管理体系，6月11日，玄武区应急管理局与红山科研创新园项目共同举办了安企共建启动仪式。在启动仪式上，双方代表签订了《安企共建协议书》，玄武区应急管理局党组书记、局长吕俊与南京工程建设管理中心副总经理胡炳泉共同进行了“安企共建工作联络点”揭牌。吕俊表示，联络点的设立，对于玄武区应急救援体系是有力补充，是适应加快南京安全发展示范城市建设的需要，是维护人民群众生命财产安全的需要。要立足行业特点和专业特色，强化学习借鉴，不断提高技战术水平，打造专业化的应急响应队伍；要强化组织纪律意识，打造一支召之即来、来之能战、战之能胜的拳头力量。随后胡炳泉指出，项目与应急管理局“安企共建”机制正式建立，并以此次活动为契机，加强沟通协调，保障工程顺利推进，充分利用“安企共建”平台，优质高效地完成红山科研创新园项目施工安全生产任务。设立应急联络点，开展安企共建，有利于构建新时代应急救援体系，科学规范突发事件应对处置工作，形成精简、统一、高效和协调的突发事件应急处置体制机制，从而对突发事件及时做出响应和处置，形成“共享资源、共谋发展”的工作新格局，实现“业务互助、优势互补、共同提高”，全面提升各方整体工作水平。

10月22日，在溧水大金山国防园开展地震应急实训活动

（区应急管理局　供图）

【地震应急实训】 10月22日，为加强基层地震应急管理工作水平，增强地震应急救援能力，玄武区组织区相关部门及社区地震应急现场工作队员一行30余人，赴溧水大金山国防园开展地震应急实训活动。实训期间，各参训人员接受了紧急医疗救护、地震斜楼烟雾逃生等项目的教育培训，并参观了党史馆、国防教育馆、雷锋精神文化馆。通过此次实训，增强了参训人员的防震减灾意识，提高了参训人员的避险逃生、自救互救能力，提升了基层整体应急救援水平，有力推动了全区基层防震减灾工作的开展。

【应急科普】 3月4日上午，玄武区应急管理局和新街口街道长江路社区等单位联合在社区南广场开展“文明践行、志愿有我”集中服务活动，主要开展了“防灾减灾知识普及”和“自然灾害民生保险现场答疑”等服务活动。应急志愿者向市民发放防灾减灾知识宣传册，向居民就如何做好防灾减灾工作进行了宣讲，通过对预防地震、洪灾、雷击、煤气中毒、火灾等知识的普及宣讲，提高了居民应急避险能力和自救能力。7月20日下午，为推动全区防震减灾科普宣传活动开展，提高社区地震科普宣传员防震减灾知识宣讲技能，玄武区第七届社区地震科普宣传员演讲比赛在玄武区青少年宫成功举办。此次比赛由玄武区应急管理局主办，来自全区7个街道的7名地震科普宣传员参加了演讲比赛。选手们分别从“地震知识、地震防御、地震救助、地震来了怎么办及防震减灾法律”等方面，各选一个主题进行演讲。梅园新村街道地震科普宣讲员宗玲所作的《学会地震自救 安全向你招手》主题科普宣讲，获得了第一名，将代表玄武区参加市地震局的演讲比赛。市地震局处长王金宝对此次活动做了总结讲评，他强调，此次的演讲比赛体现了玄武区地震科普宣传员们的精神风貌，有效地推动了全区防震减灾科普宣传活动的开展，进一步提高了社区地震科普宣传员防震减灾知识宣讲技能，让防震减灾科普知识走进每位居民的心中。南京市地震局、玄武区应急管理局、各街道、区少年宫等部门的21人参加了此次活动。9月17日上午，为提升辖区居民防灾减灾意识和自救互救技能，在区应急管理局指导下，玄武区锁金村街道锁四社区举办了综合减灾和应急救护知识培训课。培训课上，社区综合减灾工作人员为居民普及防灾减灾知识、逃生避险和意外伤害处理等内容，以学知识、讲案例等形式增强群众的自救互救意识和能力，并向居民分发讲解由社区制作的家庭版应急指导手册。现场还采用“理论+实操”方式，力求让参与的每一位志愿者都能在培训中掌握一个救急小技能。来自江苏省血液中心的讲师王芳详细讲解了心肺复苏、海姆立克急救法以及AED的使用等急救知识，并做了详细演示，还邀请志愿者上台通过现场急救假人“安妮”进行模拟练习。学习综合减灾和应急救护知识，能让社区居民在关键时刻科学施救、自救互救，给自己和他人的幸福生活储备一份安全保障。11月19日，玄武区应急管理局组织区减灾委成员单位部分人员和社区地震宣传员赴溧水大金山国防园、南京基准台地震科学馆开展防震减灾科普体验活动。在大金山国防园大家参观了国防教育馆、红色教育历史文化长廊，观看防震减灾宣传片，开展地震逃生救援体验活动，学习了地震发生后就地避险、人员疏散、人员搜救等技能，提高了科学避震和自救互救的能力，增强了预防地震灾害的意识。在南京基准台科学馆听取了地震科普知识讲解，了解了什么是地震，地震造成的危害，当前全国地震监测预报的发展现状等科普知识，认识到中国地震预报的发展历史及近几十年来全国地震灾害所带来的灾难和损失。通过这次科普体验活动，提高了参与人员的自救互救能力，增强了预防地震灾害的意识，取得了良好的宣传和教育效果。

【应急救援队伍建设】 加强应急救援队伍建设。立足玄武区实际，扎实推进企业应急救援队伍建设。按照《生产安全事故应急条例》有关规定，明确牵头部门和责任部门，灵活采取指定兼职的应急救援人员、与邻近的应急救援队伍签订应急救援协议，联合建立应急救援队伍等方式落实相关工作，履职到位，切实做好有关行业领域小型微型企业等规模较小的生产经营单位应急救援人员（队伍）工作。坚持统筹规划，突出重点，加强协调联动，社会广泛参与，形成规模适度，管理规范的应急救援队伍。 （梁 媛）

消防管理

【概况】 2021年，玄武区消防救援大队在区委、区政府的坚强领导下，围绕深化安全生产专项整治三年行动，深入开展党史学习教育和火灾防控领域专项整治等重大任务，固化基层基础，战疫情、稳火势、保民安，有力有效落实疫情防控和社会面消防安全工作，圆满完成了全国消防行业职业技能大赛属地保障工作、市党代会消防安全保卫工作等，实现了社会面火灾形势和队伍内部“两个稳定”。2021年，全区共发生火灾277起，无人员伤亡。全区消防队伍共接警出动458次，其中，火灾事故273

起，抢险救援119次，社会救助42次，其他23次。大队共检查单位2542家，发现并督改火灾隐患5024处，办理消防行政处罚案件169起，临时查封30处，责令“三停”24家。消防特勤新增采集单位信息1088家，巡查57925家次，发现并督促整改火灾隐患42237处；督促整改“三合一”场所157家，协助扑救初起火灾16起。扎实开展党史学习教育活动和“我为群众办实事”实践活动，深入做好人才培养工作，全面提升队伍专业化水平。2021年，玄武区消防救援大队在全市消防队伍条令纲要暨队列会操比赛中获得团体第三名；在“唱支颂歌给党听”红歌赛中获得三等奖；4幅作品荣获江苏省消防总队“丹青光影百年”铜奖。1名指战员被表彰为“江苏省好青年”；1组家庭荣获年度江苏省“最美家庭”殊荣；1名同志家属被应急管理部消防救援局评为“优秀女家属”；1人被表彰为江苏省“优秀女文员”；1人被表彰为“南京好人”。

【救援能力建设】 运用体能普训、岗位特训的模式，每日分岗位开展集中学习，每周开展测试，每月集中进行考核，定期组织全区消防救援站站开展竞赛，有效推进了练兵工作，指战员业务素质稳步提升。结合“三师队伍”建设契机，利用辖区优质高校和企事业单位资源，聘请南京体育学院老师、钟山宾馆主厨到队开展体能训练、心理素质、膳食营养教学。2021年，玄武区消防救援大队在全市火灾调查实操比武竞赛中获得区域协作第2名；在首届南京市消防行业职业技能竞赛中获得通信员第3名、装备维护师第4名。1人获得江苏省消防救援总队技能竞赛单项第一、南京市消防救援支队技能竞赛个人第五的好成绩。2021年，曹后村政府专职消防救援站完成完成执勤、训练、工作、生活正规化建设并投入执勤。

【火灾防控重点】 2021年，对13类重点行业领域开展两轮排查，建立场所底册952家。排查密室逃脱、剧本杀等新型场所42家，对存在可燃材料装修、消防设施遮挡或故障、安全出口及疏散不通的，严格依法依规实施临时查封。整治消防车道不畅通小区183个、城市道路14条，张贴违章占用消防车道行为《告知单》1560余张。会同公安、民政、商务、建设、应急等部门及各街道开展联合执法检查10余次，完成2家市政府挂牌重大火灾隐患整改。积极推进民生实事项目，完成398栋高层住宅固化水带安装，修复消防设施瘫痪高层住宅建筑26栋、给水系统故障的高层建筑整改47栋。推进“九小”场所安装独立烟感设施610个，简易喷淋102套，安装电动车智能充电桩101套；电气火灾监控系统108套。圆满完成首届全国消防行业职业技能大赛、市党代会等属地保障及消防安全保卫工作。

【消防宣传教育培训】 玄武区消防救援大队着力打造20人消防讲师团品牌，大力开展消防宣传教育培训。与区教育局形成常态化联动机制，定期开展开学第一课、消防进军训等消防主题活动；联合叮咚买菜公司开展“消防安全进万家，叮咚买菜送平安”活动，法治现场、南京教科等媒体进行报道；“119”消防宣传月启动仪式暨纪念授旗训词精神三周年纪念活动被江苏城市频道报道。2021年，消防大队走进政府机关、学校、社会单位、居民小区等开展授课培训共100多场，受益群众达3万人次。

（薛玲玲）

（栏目编辑 张 弛）

教 育

综述
学前教育
初等教育
中等教育
高等教育
社区教育

综　述

【概况】 2021年是实施“十四五”规划的开局之年，玄武区教育系统贯彻全区教育大会精神，关注教育发展最新成果，契合学生家长最新期盼，找准新目标，推进玄武教育高品质发展，取得一定成绩。

玄武区教育教学质量和综合实力保持省市领先。高考一本过线率保持全市领先，中考成绩连续18年保持全市第一，小学学业水平测试保持全省领先；被定为江苏省幼小衔接实验区、南京市普通高中新课程新教材实施示范区，被遴选为基础教育国家级优秀教学成果《提升中小学作业设计质量的实践研究》推广应用实验区、人教社课程教材研究所实验基地；参加全国青少年禁毒知识竞赛，获2020年度南京市禁毒教育工作总分第一；区教育局被评为全国节约型机关；1所学校（玄武特殊教育学校）被评为江苏省教育系统先进集体，1所学校（南京市长江路小学）成功创建江苏省中小学生品格提升项目学校，5所学校（南京市北京东路小学、南京市锁金新村第一小学、南京市弘光中学、南京市科利华中学、南京市锁金中学）被南京市委教育工委定为全市中小学校党建文化品牌示范点；新增南京市德育（心育）名师工作室1个、南京市先进教研组30个；新增“江苏省教育系统先进个人”1人、“南京市优秀教育工作者”8人、“南京市优秀青年教师”44人、“南京市德育工作带头人”10人。3所学校（南京市第九中学、南京市洪武北路小学、南京理工大学附属实验小学）获教育部对台教育交流项目；4所学校（南京市小营小学、南京市红山小学、人民中学、南京市北京东路幼儿园）获江苏省“十四五”基础教育对外合作交流首批重点建设项目，列全省区县第一；立项江苏省“十三五”规划课题18个，南京市“十三五”规划课题38个；立项江苏省基础教育前瞻性教学改革项目3个，南京市基础教育前瞻性教学改革项目3个；立项省级特色文化建设项目校1个、市特色文化示范校1个；获得江苏省第五届教育科学成果奖9个（全市区县第一，其中3个区级项目获参评国家级教育科研成果奖资格），首批南京市基础教育优秀教学成果培育项目9个，南京市第二届教育科研成果创新奖24个，8项成果通过南京市教育局推荐，参加2021年江苏省基础教育类教学成果奖评比。区内教师参加各类学科竞赛获省级一等奖23个、市级特等奖14个、市级一等奖33个。

11月23日，玄武区落实“双减”工作推进会　（区教育局　供图）

【“双减”工作】 7月，中共中央办公厅、国务院办公厅印发《关于进一步减轻义务教育阶段学生作业负担和校外培训负担的意见》（以下简称“双减”工作）。全区教育系统贯彻落实中央和省市区委决策部署，突出“三个聚焦”，抓实“双减”任务，减轻学生负担，提升育人质量。组建“双减”工作专班，内设课后服务、作业管理、校外培训机构治理、幼小科学衔接、督导检查、条件保障6个专项组。出台《玄武区关于“进一步减轻义务教育阶段学生作业负担和校外培训负担”的实施办法》和“课后服务、作业管理、幼小科学衔接、校外培训机构治理”4个专项行动方案，建立“1+4”“双减”工作保障机制，护航学生健康成长。制定《全域推进幼小科学衔接工作的实施方案》，创设“幼小科学衔接课程体验空间”，开展衔接课程开发、衔接教学实验、评价方式改革、家长成长课程、教师素养提升、衔接空间研究、数智平台支持、衔接作业设计、幼小联合教研等10项研究。适应大单元、情境化的教学改革趋势，从“理解学生、支持学习、提升学力”三个维度，推进教改提质计划。作为南京市基础教育国家级优秀教学成果“提升中小学作业设计质量的实践研究”项目推广应用实验区，建立作业设计与实施的监督评价机制，将作业管理纳入《玄武区中小学校现代化办学水平评估方案》，形成定期反馈机制。区教师发展中心将作业设计与实施纳入教学视导范畴，作为评价教师教学能力内容之一。9月24日，区教育局局长陈发山应邀在江苏省教育厅关于落实“双减”工作提升义务教育质量推进会上进行经验介绍。11月11日，陈发山代表玄武区进行“‘双减’背景下数智平台赋能作业管理的区域实践”主题汇报，省教育厅主要领导对玄武区作业管理工作创新实践给予积极评价。

【课后服务】 在“双减”工作专班中专门成立“课后服务”专项组，研判存在的风险和需求。优化“三段”工作，升级“课后服务”，划分课后服务三个时段：第一时段是“一起作业吧”，系统指导作业完成，小学生在校内基本完成书面作业，初中生在校内完成大部分书面作业。第二时段是“身心活力场”，提供社团活动和兴趣课程，满足学生个性化学习需求。课程来源主要是学校老师、专业志愿者提供的校本课程和第三方机构提供的专业化服务项目。第三时段是“爱心守护站”，为父母下班迟的学生提供爱心陪伴的兜底服务；将课后服务与学校特色相结合、与校本课程相结合，通过创设丰富的课后服务工作，挖掘课后服务的育人功能和育人价值，让学生自主选择、自主学习、自主管理、自我评价，用自己喜欢的方式获得更有效的成长。

【疫情防控】 做好疫情“外防内控”工作，完善校园疫情防控保障。成立玄武区教育系统新型冠状病毒感染的肺炎防控工作专项小组，制定《区教育系统新型冠状病毒感染肺炎疫情防控工作方案》，指导全区教育系统做好防控工作。成立教育重点工作督查专班，采取“地毯式抽查”工作方式，每天到学校、幼儿园进行常态性督查，建立“日通报”机制对当日督查情况进行集中通报，提醒学校结合校情及时整改。2021年完成对涉疫168名教职工和241名学生的摸排统计；完成江苏省校园疫情防控信息工作平台（玄武区）的每日上报；完成暑期2712名离宁在职教师和学生跟踪上报等工作；按照市疫情联防联控指挥部境外返宁人员涉及南京禄口、扬州、沈阳、张家界等地区行程史人员工作统一部署，与区卫健委配合做好全区全体中小学生和教师以及校内工作人员（重点人员）的核酸检测工作。完成17639名中学生、27897名小学生、12844名幼儿健康情况摸排跟踪工作，时刻掌握学生健康状况。24所学校26个校区承担玄武区全民核酸检测采样点任务，436名党员教师投入一线抗疫工作，700多名教师参加抗疫志愿服务，总服务时长达1.34万小时。在玄武区12～17岁人群疫苗接种工作中，积极承担疫苗接种志愿服务工作，在现场环境布置、学生信息统计、宣传引导发动、接种组织安排，系统上下为筑牢“疫苗接种的防疫屏障”，始终冲在前、亮身份、勇担当、见行动。组织全区12～17岁、3～11岁学生进行疫苗接种。玄武区教育局积极与卫健等部门联动，与各单位各学校联动，全链条安排宣传教育、师生摸排、条件保障、联防联控、信息报送、督查指导等核酸常态化检测工作，确保每周安排不低于5%的师生员工进行抽检，一学期内全域完成全员一轮核酸检测。

【对外交流】 玄武区教育局与美国威斯康辛州公立教育局互致问候信件，明确交流合作意向。承办首届“南京外教好故事”演讲比赛，全市17所中小学校选派的，来自美国、英国、加拿大、俄罗斯、南非、加纳等6个国家的19名外籍教师参加角逐，十三中学国际高中校长伊万娜获卓越奖，区教育局获优秀组织奖。组织高中校出国学生“行前一课”“平安留学”行前培训。11所学校通过市教育局“外教进课堂”项目审核，获得市级专项资金165万元。组织召开玄武区外教管理工作会，针对外教聘请、外教管理等方面开展交流与研讨，指导学校规范做好外教管理工作。南京师范大学附属小学1名老师被教育部选中赴香港开展交流协作。7所学校与美国威斯康辛州公立教育局联盟学校签订友好学校协议。九中“海峡两岸2021‘南京杯’高中篮球邀请赛”、洪武北路小学“两岸娃娃手牵手”、南京理工大学实验小学“‘同根同源’海峡两岸青少年传统文化交流项目”获教育部对台教育交流项目。小营小学“‘打开世界之窗’——小营小学赴海外研学交流活动”、红山小学“国际视野下的物候童趣课程项目”、北京东路小学附属幼儿园“中英学徒制师资培训项目”、人民中学“‘宁澳女生素养共研’项目”被省教育厅评定为全省“十四五”基础教育对外合作交流首批立项建设重点项目，位列全省区县第一。长江路小学承担南京市教育局第二外语课程教学社团活动试点任务。39所学校克服困难，接纳127名外籍、港台地区学生就读（其中外籍学生81人、港台地区学生46人）。全区中小学校组织师生参观南京国际友好城市展览，开展线上线下对外友好交流活动。区教育局在南京市教育外事工作会上作经验交流，获得普遍赞扬。

【教师素养】 玄武教育系统拓宽教师培育渠道，开展教师培育活动，把握教师成长节点，通过丰富研训内容，创新培育思路，促进教师专业成长。以学科教研组为校本研修主阵地，为教师专业化成长提供重要保障。制定《玄武区关于进一步加强中小学学科教研组（备课组）建设的意见》，出台玄武区普通中小学先进教研组（备课组）评选条件，提升学科组工作管理科学性、规范性、有效性，引领教师走专业化发展道路。以“工作室—工作站”两级管理为依托，发挥区域内名特优教师的引领作用，挖掘教育集团内省、市、区名师工作室的示范辐射作用，建设一批名师工作室工作站和校级名师工作室，带动教师的高层次发展。以市级示范区建设为契机，推行“整体架构、跨域联动、科研为先、学科引领、学校主体”的示范区工作机制，实施“整体规划+梯度推进”的区域研训行动，开展跨域联合教研、课堂教学展示、学科组命题竞赛等活动。联合六合区举办“聚焦学科建设深化课程改革，提升新课程新教材实施质量”高考学科教研组长、备课组长暑期研修班。发挥教研组、备课组在深化教学管理、开展教学研究、实施教学活动等方面的核心作用，提升普通高中新课程新教材实施质量。

【教学质量】 推进教学科研水平提升和区域性课程与教学研究。结题江苏省重点资助课题“区域推进‘新三学’课堂教学研究与实践”，推进普通高中新课程新教材研究，制定“1+2+N”的玄武新课改学科建设整体架构。召开“课程育人与教学实践——玄武区新课程新教材研讨会”，挂牌“人民教育出版社课程教材研究所实验基地”。承办南京市前瞻项目结项论证活动、江苏省教育科学规划精品课题推进会。获江苏省第五届教育科研成果奖9项，列全市第一，区教育局承担的江苏省前瞻性教学改革重大实验项目“促进小学综合素质发展的质量测查与评估”获一等奖。获“2021年度江苏省教育研究成果奖”一等奖1个（南京市共2项）、二等奖1个（南京市共2项），列全市第一。组织“江苏省第四届教学改革成果奖”申报，开展线上+线下论证与指导；10月新申报立项2项江苏省教学改革重大实验项目，列全市第一。开展作业研究，提升教学质量。站位“作业育人”的价值导向，突出作业促进学生学会学习功能，推进“以问题为导向”的作业改革研究。研制中小学作业设计指导要点与流程，加强作业与备课、上课、辅导、评价等教学环节的系统设计，在学科层面提出聚焦单元视域优化作业设计，形成单元作业设计的流程。建立监测作业量的智慧数据平台，研发“玄武区作业管理数智平台”，形成“作业公示—超时预警—用时反馈—反思改进—作业提质”的管理闭环。

【教育资源】 坚持高等教育与基础教育联动发展，依托南京丰富的高校资源，发挥高校在科技、人才、课题、创新方面的资源优势，为区内学校育人方式变革、学生创新实践、教师进修培训、校园文化建设提升提供帮助。区内学校与南京大学、东南大学、南京师范大学、南京理工大学等10所高校建立高校基础教育联盟1个、基础教育与高等教育融合发展中心1所、教师专业发展实验基地1个、家校共育实验基地1个、儿童或学生研究中心（基地）3个，涉及教师发展、家校共育、学生学科教育发展、融合教育等各种领域。4月，2021年中国航天日小学科普教育主题活动暨国内首颗小学生参研空间环境探测科普立方星“田园一号”发布会在南京理工大学实验小学举行。由国家航天局民用航天项目支持开展、南京理工大学和南京理工大学实验小学联合研制的“田园一号”卫星是中国首颗由小学生参与研制的空间环境探测科普立方星，小学生将通过学校的地面站发送指令，实现与“田园一号”的天地对话。10月14日，卫星在太原卫星发射中心成功发射。

【教育集团发展】 聚焦“办学思想一致、管理实践贯通、课程体系一体、教育资源共享”等四个方面，共享优质教育资源，提升集团内各成员校优质办学水平，缩小区域、校际教育发展差距。完善玄武区教育集团工作领导小组及工作职责，制定《玄武区教育集团工作任务清单》《人民中学与金陵中学合作办学实施方案》，义务教育集团化办学覆盖率达100%。制定《玄武区名师工作室集团(学校)工作站管理指导意见》，规范工作站的运营管理，明晰区、校两级工作室与工作站的目标与任务。十三中红山新城校区新建工程、北京东路小学红山分校改扩建工程开工建设，新增南京玄武外国语学校附属小学红山新城校区，长江路小学启迪分校已投入使用，整合十三中、北京东路小学、长江路小学以及民办优质教育资源，促进玄武优质教育资源全覆盖。

【职业教育】 坚持促进就业，与掌握前沿科学技术的知名企业、高等院校等合作，共建“SDN未来网络学院”“现代休闲体育专业学院”等产教融合实训平台，开展数字媒体应用技术专业、服务器运维人才培养融合发展，与珠江路创业大街管委会、南京非遗木作艺术博物馆等数十家企业签订战略合作协议，增强玄武区职业教育技术技能积累能力和学生就业创业能力。在2021年江苏省职业院校教学大赛中，玄武中等专业学校获得“3金2铜”的优异成绩，2个团队获全省第一名；在2021年江苏省职业院校技能大赛中，有7名教师获金奖。与南京信息工程大学、南京工业职业技术大学、江苏经贸职业技术学院合作“3+3”中高职贯通项目，2021年通过转段考试可进入高职阶段学习的毕业生107人。在2021年江苏省职业技能大赛中，有24位师生获“12金4银1铜”的优异成绩，金牌数位居南京市第一。

【特殊教育】 全区已构建形成“1-2-6-2-1”区域特殊教育机制，由区特殊教育指导中心、特殊教育专业委员会、普通特殊教育学校组成三级联动特教共同体，筑造“适宜融合”的成长空间，形成玄武特色的特殊教育管理新样态。全区建设25个融合教育资源中心，制定资源教师年度考核细则及流程，57名资源教师全部通过江苏省特殊教育资质培训，实现区域资源教师持双证上岗任务。区特殊教育学校承办南京市“融合教育课程建设”专题研讨活动暨玄武区“融合教育专项个人课题”主持人培训会、主题为“‘音’为爱，学无界”的唱游与律动学科市级教研活动，承办南京市特殊教育推进会和2021南京特教宣传月启动活动，接待常州市、鄂尔多斯市、桂林市特殊教育同人的参观访问。在特殊教育指导中心指导下，5所学校6个课题申报南京市融合教育“十四五”专项规划课题，1所学校申报江苏省特殊教育实验项目“九年一贯制随班就读学生个别化教育”(已顺利通过市级评审)。特殊教育学校教师取得江苏省特殊教育基本功竞赛一等奖1个，南京市特殊教育基本功竞赛一等奖2个，1名融合教师获南京市特殊教育基本功竞赛融合教育组一等奖。2021年上半年，玄武区高质量接受“南京市第二期特殊教育提升计划”视导评估工作，视导组肯定了玄武特殊教育工作走在全市前列，“十三五”期间工作任务完成。

【教育招生工作】 组织中高考和义务教育阶段学校招生工作，制定考试组织方案和应急处置预案，确保中高考安全顺利。加强2021年义务教育阶段学校招生指导意见和实施办法的研究。开展招生过程中可能出现的各类问题前置性预判并拟定解决方法，对全区义务教育施教区涉稳风险进行摸排，对部分小区业主可能采用不同方式表达诉求、集访情况制定应急处置预案。制定《义务教育施教区涉稳风险处置工作方案》，建立玄武区义务教育施教区维稳专班，教育、信访、公安等部门和各街道参加，实行"联合会商、预警通报、化解稳控、舆情引导、应急处置"五项运行机制，按照职责分工，做好群众矛盾化解工作。招生过程中主动公开招生政策咨询电话、咨询邮箱和监督电话，通过教育局官网、"玄武教育"官方微信号、各大媒体报纸，宣传解读入学政策，营造公开透明的招生宣传氛围，确保义务教育招生工作顺利平稳开展，维护全区社会大局安全稳定。

【校园安全】 树立校园安全底线意识，强化校园安全责任。明确校(园)长为本单位安全第一责任人，督促学校将校园安全责任落到实处。区内各校建立岗位责任管理体系，明确不同岗位安全职责。做到安全工作与教职员工的工作实绩相挂钩，安全工作与每个岗位、各项工作、各位人员相联系，形成全员参与、全程管理、共同治理的工作氛围。配合全国安全专项整治"三年大灶"背景，在校车和交通安全、学校周边治安安全、校园食品安全、学校建筑及设施设备安全、学校实验室及危化品安全、学校消防安全等领域发力，立查立改、边查边改、举一反三，提升整治实效，试点开展学校安全风险评估工作。加强师生安全教育活动，深化线上线下安全教育。利用南京学校安全教育平台，结合安全教育日、"5·12"防灾减灾日、"11·9"消防日、"12·2"交通安全日及暑假、寒假等重要时段，开展专题教育活动。利用市区中小学安全教育基地，组织全区师生安全教育实操培训，培训量100人次。6月，开展"安全生产月"宣传宣讲教育活动。

【培训机构治理】 玄武区做好校外培训机构的综合治理，执行"五项管理"，加大学科类校外培训的机构监管，推进校外培训机构治理工作。依据玄武区《关于规范校外培训机构发展的实施意见》，明确各部门工作职责，推进校外培训机构治理工作，健全部门履职管理、信息沟通、考核评价、责任追究机制。区委政法委、区教育局牵头成立玄武区校外教育培训机构涉稳工作应对处置领导小组，参与小组会议，研判工作重点。区教育局对在教育部门领取办学证的105家校外培训机构的经营状况进行摸排。在45家学科类培训机构中，正常经营12家，艰难经营26家，停业7家；非学科类培训机构60家中，正常经营32家、艰难经营25家、停业3家。学科类培训机构共有教职员工615名，学生6129名，未消课金额为3738万元。计划转型、退出、倒闭、注销等机构8家，约谈机构负责人27人。组织复课验收，依据《关于做好南京市社会培训机构(托育机构)2021年秋季线下复工复课工作的通知》，明确各机构的复课标准，牵头疫情防控学校组完成社会培训机构线下复课验收工作。会同区市场监督管理局和区民政局，做好学科类校外培训机构的分类登记准备工作，指导学科类培训机构办理流程，确保学科类培训机构于2021年12月31日前，完成"营转非"登记的工作。

【基础设施建设】 全年投入经费8300余万元，对全区59所中小学、幼儿园和3家直属单位的校舍、室外管网、设施设备、运动场地等进行修缮。做好中小学厕所提升工程，投入经费30余万元，改造面积100平方米，完成长江路小学厕所提升工程项目。以铁北新城小学为对象，开展南京市园林式校园建设。推进各项工程建设。开展仙鹤门中学整体建设、中央路小学异地新建、铁北高中新建、理工实小扩建、宇花小学扩建、尖角营校区加固改造、原逸仙小学附属幼儿园加固改造、北小红山分校北校区外立面出新、北小红山分校南校区扩建、凤凰山庄小学维修改造等多项工程。提升技装管理配套，2021年，区教育局完成教育装备项目采购5801万元(不含学校自行采购项目)，重点保障基建校技装配套及义务教育标准化建设硬件缺项。其中：投入267万元用于购买图书，投入646万元用于实验室(含仪器设备改造)(新建或改造全区11间理化生科实验室和准备室)，投入2708万用于专用功能室改造(新建或改造全区18间专用功能室以及教室、会议室、报告厅等)，投入2180万元进行信息化基础工程改造(完成南京市启迪小学、星河幼儿园新建改造学校弱电智能化建设，完成红山中学、科利华铁北中学等多校计算机教室、LED屏、教室多媒体项目改造)。全年共计投入67.5万元，总计改造红山小学、逸仙小学、紫金山小学等校教室健康照明135间。完成2021年市、区健康照明改造全部项目，完成达标率100%。投入290万元用于学生课桌椅的更新和升级。

【困难学生资助】 2021年春季家庭经济困难学生资助审核通过1482人，发放2256647.5元，其中减免保育教育费472512.5元；减免社会实践活动费118020元；减免住宿费28600元；减免学费163200元；代办教材费、作业本费61440元；减免生活补助1197375元；助学金215500元。2021年秋季家庭经济困难学生资助审核通过1485人，发放2495325元，其中减免保育教育费547355元；减免社会实践活动费102260元；减免住宿费24750元；减免学费138550元；代办教材费、作业本费52160元；减免生活补助1058750元；助学金571500元。

【党建工作】 玄武区委教育工委印发《关于巩固深化"不忘初心、牢记使命"主题教育成果的实施意见》，组织教育局机关党支部45名党员和系统52家党组织、2577名党员开展党史学习教育工作。3月16日，区委教育工委就系统党史学习教育进行动员部署。区教育系统举办玄武区中小学百名班主任"四史"故事讲述、爱的教育好故事演讲等比赛，打造"百年·百讲"宣讲品牌。每月对教育系统意识形态工作动向、风险点等深入分析研究，做好"防范"与"化解"两篇文章。守好网络意识形态阵地，在接到预警后立即启动"玄武区教育系统网络舆情预警处置机制"，第一时间联系事发单位核查实际情况，在最佳时间处理，避免引起网络负面影响。截至2021年年底"玄武教育"网站发布新闻1500余条，"玄武教育发布"微信公众号发布信息250余条，"南京教育党建网"发布新闻100余条，"玄武党建网"发布信息280余条，13篇新闻被"学习强国"录用。2021年度指导民办教育党委"创建'四引四有'党建品牌，深化玄武民办教育党建'红领'文化"作为工委书记抓党建项目重点推进。启动全区"十四五"教育党建课题研究，立项29项教育党建课题，开展"书记项目"申报，调研全区校园党建文化"五个有"工作落实情况，确保全区中小学校党建工作有形象、出品牌、强支撑。7月，5所学校被市委教育工委授予"全市中小学校党建文化品牌示范点"称号，推动形成"一区一样板""一校一品牌"全区中小学校党建工作新路径。在2020年"红色领雁"工作基础上，实施"组织引领、师德引航、育人引路、活动引力"四项工程。落实"红色领雁"与各支部"1+X"协作交流机制，开展民办教育党建文化"五个有"攻坚行动，提高民办教育支部建设整体水平。组织"两新"组织党务工作者资格认证评审，5位党组织书记通过评审。开展党建工作专题培训和支部书记党课交流活动各2场，开展红色基地学习活动、主题宣讲活动、文艺宣传活动、红色亲子活动、公益志愿活动等近10场。启动"红领助学"公益活动，首批设立了10家"公益助学服务基地"，对玄武区单亲、孤儿、低保家庭，提供免费作业辅导、课程培训等助学帮扶。玄武区教育系统定期开展师德师风专项教育，在教师队伍中营造"廉洁从教"良好风气。组织教师观看廉洁宣传视频，组织教师签订"廉洁从教"承诺书，帮助每位教师树立廉洁从教价值观。在全区范围内开展中小学有偿补课和教师违规收受礼品礼金问题专项治理推进工作，规范中小学教师职业行为。在年度区师德考核工作中增加对中小学有偿补课和教师违规收受礼品礼金问题专项整治工作成效考核，将考核结果纳入学校现代化办学水平考核中。发挥区内各校自身优势和学校特点，确保"一校一亮点，一校一特色"。组织观看廉洁教育公益短片或电影、实地探访斯霞纪念馆、廉洁主题征文比赛、"爱廉说"故事讲述、"老少同台说四史"、共读清廉故事、诵读廉洁文化经典诗词、演奏唱响清廉主题革命歌曲、创编"童心向党、与廉同行"校园教育戏剧等活动。聘请司法、警务等专业工作人员担任学校校外辅导员。玄武区教育局做好市区和系统"两优一先"申报推荐、"光荣在党50年"纪念章统计颁发工作，组织开展"党旗在基层一线高高飘扬""百年名校感党恩""辉煌百年红色接力"暑期师生红色寻访实践等统一行动日活动，组织1500名党员教师观看"四史"教育电影，1200余名师生参观中国共产党在江苏历史展、中国共产党在南京历史展。区内各校结合实际在系统党员和师生中开展庆祝建党100周年系列活动。（潘菊芬）

学前教育

【概况】 2021年，玄武区学前教育按照玄武区教育局党组统一部署，把握国家、省、市教育工作最新政策要求，做好校园疫情防控工作，推进学前教育规范发展，提升课后服务水平，开展素质教育，完成教育教学管理工作及年度目标任务。

截至2021年年底，全区幼儿园总数为54所。幼儿园占地面积231987.19平方米、园舍建筑面积163845.72平方米；幼儿园教职工总数2179人，其中专任教师1111人，高级教师8人，一级教师288人，硕士研究生16人，本科生814人；在园班数458个、在园幼儿12832人，其中2021年入园人数3717人、离园人数4257人。

【幼儿园招生】 研判2021年本区内学前教育资源配置与户籍适龄幼儿入园需求的匹配情况，制定幼儿园招生工作方案。按市教育局要求，明确幼儿园招生时间为5—6月；分类指导全区幼儿园规范有序做好生源摸底、入园咨询、报名审核等工作。主动对接联系入园矛盾聚焦的幼儿园，防范化解招生风险。对有入园困难的幼儿开展协调统筹工作。2021年共招收适龄幼儿3499名，在普惠性幼儿园就读幼儿占比达85.8%。

【办园办学水平提升】 开展新一轮集体幼儿园提升行动，如意幼儿园作为试点，南京市教育局投入200万元，开展室内外游戏环境提升行动。组织进行区级集体幼儿园班课程建设交流活动，请专家对集体幼儿园课程建设进行指导。组建民办幼儿园联盟，助推民办幼儿园自主研究式学习。上半年围绕保教人员日常工作规范开展，教师观察能力提升，园长在管理过程中解决问题能力的提升，幼儿园教科研工作的有效开展等方面开展了4次学习研讨活动。下半年围绕“园本特色打造、沉浸式教研活动的组织、园务工作的管理策略”等内容，17所民办幼儿园园长分组到6所教办园开展跟岗学习，积累管理实践经验，提升办园质量。

【特需学生发展】 领航个别化教育实施，玄武区特殊教育指导中心22名巡回指导教师在南京特殊教育师范学院专家的带领下，对幼儿园的随班就读幼儿开展教育评估，为随班就读学生的教育提供科学指导。（潘菊芬）

初等教育

【概况】 2021年，玄武区初等教育按照玄武区教育局党组统一部署，把握国家、省、市教育工作最新政策要求，做好校园疫情防控工作，推进初等教育规范发展，提升课后服务水平，完成各项教育教学管理工作及年度目标任务。5月底，玄武区成为江苏省23个首批省级幼小衔接实验地区。截至2021年年底，全区小学总数为26所（含1所民办玄武外国语学校附属小学）。占地面积353718.84平方米，校舍建筑面积279210.56平方米；教职工总数1949人，其中专任教师1904人，硕士研究生151人，本科1673人，其中有正高级教师6人、高级教师职称96人、一级教师职称1019人；在校班级数726个，毕业学生数3547人，在校学生数27739人。

【疫情防控】 2021年玄武区教育系统将疫情防控工作抓实，打赢疫情防控的教育系统保卫战，守护师生生命安全、身体健康。全年组织6次专项督查、抽查，各类型学校、幼儿园全覆盖。全区100所中小学、幼儿园实地检查发现问题480条，其中463条立行立改，17条在开学前完成整改，100%通过检查组复评。先后对接开放24所学校的26个校区，作为玄武区全民核酸检测采样点，保障暑期全民核酸检测工作的高效开展。落实全区中小幼新冠病毒疫苗接种，12～17岁在校生完成两剂疫苗接种26219人，占比93.4%；6～12岁在校生完成两剂疫苗接种20557人；3～6岁幼儿完成一剂接种6998人，完成两剂接种3735人。全区各校（含南京外国语学校、南汽技工学校、城建中专校）累计完成学生54306人次、教师6432人次，重点人群

2413人次核酸检测工作。暑期完成对涉疫168名教职工和241名学生的摸排统计；完成2712名离宁教师和学生跟踪上报等工作；完成各涉疫城市旅居史、行程史人员的排查工作；完成江苏省、南京市多项平台的每日数据上报。

【小学招生】 在全面摸排适龄儿童情况的基础上，确定施教区范围，对入学矛盾进行充分调研论证，制定出台《2021年玄武区小学招生工作实施办法》，通过科学划定施教区、空余学额实行电脑派位、公办民办学校同步招生等途径，推进2021年全区小学招生工作。按照市、区招生工作流程，分步实施小学户籍新生和随迁子女报名登记；公布《2021年玄武区小学电脑派位工作实施办法》，区内公办、民办小学同步招生，民办小学在满足符合政策照顾条件入学的基础上，所有招生计划实施电脑派位招生；2021年，全区5所公办小学、1所民办小学提供313个电脑派位招生计划，共招收适龄新生5315人，其中随迁子女497人。2021年全年共办理12345工单1198件(其中小学944件、幼儿园254件)，核实、处理并答复网络舆情、信访投诉、局长信箱67件，解决人民群众各类教育需求。

【幼小衔接】 作为全省首批幼小衔接实验区，从“区域工作创新实践”的视角，以系统推进、双向衔接、规范管理为原则，建立健全幼小科学衔接长效管理机制；锚定关键问题开展系列攻坚克难创新行动。率先制定《全域推进幼小科学衔接工作的实施方案》，先行创设幼小科学衔接课程体验空间，全域开展衔接课程开发、衔接教学实验、评价方式改革、家长成长课程、教师素养提升、衔接空间研究、数智平台支持、衔接作业设计、幼小联合教研等10项研究。12月成功承办南京市幼小衔接工作推进会。

【课后服务】 落实课后服务环节，连接关键点。在“双减”工作专班中专门成立“课后服务”专项组，充分研判存在的风险和需求。优化“三段”工作，划分课后服务三个时段，升级“课后服务”。强化校园育人，将课后服务与学校特色相结合、与校本课程相结合，丰富“课后服务”内容。按月核准各小学课后服务课时数，为及时发放教师课后服务补助把好审核关。全区100%中小学全面实施课后服务，教师100%参与课后服务各类工作，学生参与率95.32%，课后服务先进经验刊发于《人民教育》“双减”专辑，《人民教育》微信公众号、《中国教育报》、人民网、新华网、《新华日报》、《南京日报》等各大媒体对学校课后服务工作进行大量报道。

【逸仙小学方雅薰同学在2020年全国小学生英语能力测评(NEPTP)中获一等奖】 2021年1月18日，逸仙小学收到喜讯，五(1)班方雅薰同学在2020年全国小学生英语能力测评(NEPTP)中获五年级组全国一等奖、南京市一等奖。五(1)班的班主任兼英语老师李梅获得2020年全国小学生英语能力测评(NEPTP)“全国优秀指导教师”奖。

【立贤小学获“致我心中的周总理”全省青少年诵读活动一等奖】 2021年3月5日，在纪念周恩来123周年诞辰之际，立贤小学的诵读作品《时刻准备着，为中国梦为中华崛起而读书》在“致我心中的周总理”全省青少年诵读活动活动中获省一等奖。

【全国教育科学“十三五”规划2017年度教育部重点课题结题论证会在南京师范大学附属小学举行】 2021年3月15日上午，全国教育科学“十三五”规划2017年度教育部重点课题《“童心母爱”育人模式的校本建构与实践研究》结题论证会在南师大附小举行。江苏省教育科学规划领导小组办公室主任董林伟、南京市教育科学研究所所长左坤、玄武区教师发展中心校长丁加旗、玄武区教育科学研究所所长杨向红、课题组核心成员、附小科研骨干团队和兄弟学校教师代表参与本次课题论证会。论证会由南京市教育科学研究所徐良博士主持。

【北京东路小学紫金山分校举行“江苏省小学花样跳绳推广示范基地”挂牌仪式】 2021年3月19日上午，南京市北京东路小学紫金山分校举行“江苏省小学花样跳绳推广示范基地”的挂牌仪式。参加本次仪式的人员有：江苏省毽球跳绳运动协会会长陆依凡，江苏省毽球跳绳运动协会常务副会长、南京理工大学体育部副主任朱继华，江苏省毽球跳绳运动协会秘书长、省田径运动管理中心副主任戴彬彬，南京市玄武区教育局初教科李雷，江苏省中学生体育协会秘书长、江苏省特级教师杨潘顺，南京市玄武区教师发展中心小学体育教培员、江苏省特级教师张桂宁及南京市北京东路小学紫金山分校的全体师生。

【教育部领导到南京市中央路小学进行专题调研】 2021年3月26日上午，教育部基础教育司副司长朱东斌到南京市中央路小学，就开展义务教育、特殊教育工作进行专题调研。教育部基础教育司特殊教育处处长黄伟、副处长刘霞，江苏省教育厅基础教育处四级调研员陈金鑫，江苏省教育厅基础教育处挂职干部贡青，南京市教育局副局长张利明，南京市教育局初教处处长王磊，玄武区教育局局长陈发山等相关领导陪同实地调研。

【"田园一号"研制发布会在南京理工大学实验小学举行】 2021年4月20日，中国航天日小学科普教育主题活动暨国内首颗小学生参研空间环境探测科普立方星"田园一号"发布会在南京理工大学实验小学举行。由南京理工大学、陆军工程大学、南京农业大学、江苏省农业科学院与南京理工大学基础教育联盟单位及孝陵卫地区基础教育学校共同组建的玄武区基础教育与高等教育融合发展中心挂牌成立。南京市人民政府副市长沈剑荣，陆军工程大学校长、中科院院士王金龙，南京理工大学校长付梦印，"田园一号"总设计师、南京理工大学副校长廖文和，南京农业大学副校长董维春，江苏省农业科学院副院长孙洪武，江苏省教育厅基础教育处处长陆岳新，南京市教育局局长孙百军，玄武区委副书记、区长钱维，玄武区委常委、宣传部部长施扬，玄武区政府副区长庄佳峰以及市教育局分管领导和相关处室负责人，来自4所高校及科研院所的专家，驻区单位代表，孝陵卫地区基础教育学校代表，师生和家长代表，各大新闻媒体共260人参加活动。

4月20日，中国航天日小学科普主题活动暨国内首颗小学生参研空间环境探测科普立方星"田园一号"发布会 （区教育局　供图）

【特殊教育推进大会暨2021年"特殊教育宣传月"启动仪式】 5月15日，南京市教育局主办，玄武区教育局承办的南京市特殊教育推进大会暨2021年"特殊教育宣传月"启动仪式，在南京市月苑第一小学举行。江苏省教育厅、江苏教育报刊总社、南京特殊教育师范学院相关领导，市教育局及南京市特殊教育联席会议成员单位领导和相关处室、直属单位负责人，各区教育局领导、小教（特教）科长、教研室负责人和特教教研员，各特殊教育学校校长、市级融合教育示范学校校长，以及爱心企业代表，南京市特殊教育发展有功单位和先进个人代表，融合教育最美教师代表等近200人参加会议。大会以"让每一个生命在阳光下绽放"为主题，分回眸、坚守、奋进、前行四个篇章，回顾总结南京市特殊教育"十三五"建设成果，谋划推进"十四五"建设发展。玄武区区长钱维致欢迎词，南京市教育局局长孙百军代表市教育局、市委教育工委致辞。江苏省教育厅基教处处长陆岳新代表省厅致辞，对"十四五"期间南京和全省特殊教育发展提出希望。南京市教育局副局长张利明就"十三五"期间南京特殊教育建设发展进行总结。江苏省教育厅基础教育处处长陆岳新向南京市特殊教育专家委员会专家代表颁发聘书。南京市教育局副局长张利明、秦淮区教育局局长庄芸为南京市孤独症儿童教育研究与指导中心揭牌。

【"童心向党礼赞百年"中小学生庆祝建党100周年暨"六一"表彰大会】 5月28日下午，玄武区在南京市立贤小学举行"童心向党 礼赞百年"中小学生庆祝建党100周年暨"六一"表彰大会。市委党史学习教育领导小组第十一巡回指导组组员、共青团南京市委基层组织建设部部长王元春到会祝贺，区人大常委会副主任李辉、区人民政府副区长庄佳峰、区政协副主席王敬玲出席。区委宣传部、区教育局、区文旅局、团区委、区妇联、区文明办、区关工委以及各街道负责同志，各中小学、幼儿园负责人，辅导员代表、学生代表、社教干部代表等近300人参加活动。庄佳峰代表区四套班子向全区少年儿童送上节日的问候。玄武区教育局局长陈发山宣读表彰决定，与会领导为获得表彰的学校、集体和个人颁发证书及奖杯。立贤小学学生阮舒畅作为区优秀少先队员代表进行发言。

【"田园一号"卫星成功发射新闻发布会在南京理工大学实验小学举行】 2021年10月14日，18时51分，由南京理工大学实验小学学生参与研制的空间元器件在轨验证科普立方星"田园一号"在太原卫星发射中心成功发射，江苏少年在浩瀚宇宙中留下了年轻的"足迹"。南京理工大学、南京理工大学实验小学于10月16日上午10时在南理工实小二楼会议室举行"田园一号"成功发射新闻发布会。发布会围绕"田园一号"研制、发射的全过程等内容进行。出席发布会的有：南京市教育局副局长戴兴海，玄武区教育局副局长林虹，南京理工大学微纳卫星中心副主任、"田园一号"卫星项目导师张翔，南京理工大学实验小学校长李子贵，副校长蔡琳，小卫星研制团队的师生代表和来自省、市各大媒体出席参加。

【北京东路小学紫金山分校在2021年全国啦啦操俱乐部联赛夺金】 2021年10月31日，在南京举办的2021年全国啦啦操俱乐部联赛（南京站）暨江苏省啦啦操联赛（南京站）上，北京东路小学紫金山分校啦啦操队夺得冠军，并被国家体育总局体操运动管理中心授予全国啦啦操二星级俱乐部。学校四年级一班的周玥凝被评选为"啦啦操四好运动员"的称号。比赛由国家体育总局体操运动管理中心、中国蹦床与技巧协会主办，中国蹦床与技巧协会啦啦操分会、江苏省啦啦操运动协承办；共有51支代表队，1200余人参赛。

【北京东路小学紫金山分校小紫小金啦啦操队夺得全国冠军】 2021年12月24—26日，2021年全国啦啦操联赛总决赛在南京举行，比赛由国家体育总局体操运动管理中心、中国蹦床与技巧协会主办；中国蹦床与技巧协会啦啦操分会承办，600多所学校、俱乐部的12800余名运动员参加了此次总决赛，由于疫情比赛是通过网络线上裁判员现场执裁打分的形式进行。北京东路小学紫金山分校小紫小金啦啦操队斩获了俱乐部儿童组—混合集体技巧自选动作（1级）第一名、公开儿童组—混合集体技巧自选动作（1级）第二名的好成绩。

【北京东路小学啦啦操队获两项全国赛事总冠军】 2021年12月24—26日，由国家体育总局体操运动管理中心主办的"2020—2021年全国啦啦操联赛总决赛"拉开帷幕。在本次全国比赛中，北京东路小学"蓝色火焰"啦啦操队获两项全国总冠军，即"公开儿童丙组，街舞啦啦操，街舞规定动作1级"冠军、"公开儿童混合组，街舞啦啦操，街舞规定动作1级"冠军。 （潘菊芬）

中等教育

【概况】 2021年是"十四五"规划开局之年，全区以习近平新时代中国特色社会主义思想为指导，坚持稳中求进工作总基调，贯彻新发展理念，在疫情常态防控形势下，积极谋划"十四五"，确定玄武中学教育、职业教育及德育工作总基调，以"立德树人"为宗旨，践行"爱的教育"，打造区域优质教育新样态，高水平实施素质教育，提高人民群众对教育的满意度和教育对区域经济社会发展的贡献度。深化中学阶段教育综合改革，聚焦重点和突破难点相结合，提升人民群众对优质教育的获得感。

截至2021年年底，玄武区

有12所初级中学(其中含1所民办玄武外国语学校,九年一贯制学校1所),4所普通高中(独立高中3所、完全中学1所)。占地面积408248.49平方米,校舍建筑面积346338.03平方米;特殊教育学校占地面积4289平方米,校舍面积5377平方米。2021年年底普通中学教职工总数1843人,专任教师1771人。其中:初中专任教师中博士研究生学历1人,硕士研究生学历201人、本科学历911人;有正高级教师职称3人、高级教师职称276人;高中专任教师中,博士研究生1人,硕士研究生学历266人、本科学历391人,有正高级教师职称5人、高级教师职称276人。中学班级数:初级中学班级数328个、高中班级数156个。特殊教育学校班级数7个。初级中学毕业学生数3491人、招生数4537人、在校生数13771人;高中毕业学生数2182人、招生数2266人、在校生数7049人;特殊教育学校毕业生数23人、在校生数93人。

【规范办学】 遵照国家、省市工作要求,规范中小学办学行为,严禁义务教育学校考试入学、超纲超前教学及考试排名,从源头上减轻中小学生过重课业负担;落实"双减"工作要求,推动学校做好课后服务工作;加强学籍管理,做好学籍日常变动工作;配合做好中考、高考报名工作。完成毕业证书等学籍表册征订工作,为学校做好服务工作。做好初、高中毕业生资格审核及上报、验印工作。按照中央、省、市政策规定,做好"五项管理"督查工作。遵照南京市工作要求,制定玄武区"五项管理"工作实施方案,成立领导小组,分工负责推进。与玄武区政府督导室对全区中小学展开全面督查,列出问题清单,限期整改推进。通过督查,各中小学提高对"五项管理"工作的认识,促进"五项管理"工作有序展开。按照"双减"工作要求,做好课后服务工作。召开推进会,制定玄武区"双减"工作实施意见和课后服务工作实施办法,建立日报、月报制度,推动这项工作的开展,做好学校特色做法的宣传、推介工作。

【招生工作】 遵照南京市教育局初中招生工作指导意见,拟定2021年玄武区"小升初"招生工作实施办法,持续推动"公民同招"工作实施,做好咨询、来访接待工作。指导高中校规范开展招生宣传工作。利用"五一"开展全区招生宣传会,吸引高中优质生源。做好高中科技、学科特长生招生工作,包括学校招生资格申报、招生计划确认工作,指导学校依照招生工作流程,规范招生工作各环节,顺利完成招生工作。根据教育部控辍保学工作要求,做好初中阶段控辍保学工作。各初中学校在上一年多轮筛查的基础上,再次进行排查摸底,摸清疑似失学儿童少年情况,对学籍数据进行清理,并报上级主管部门备案。

【办学质量】 2021年,丰富教育集团化办学内涵,以实质性的举措加强集团内中小学校际联合、南京人民中学与金陵中学联合及中小学与高校的联合办学;推动学校创新创优,内涵发展,省市创建项目成绩斐然。加强江苏省示范课程基地建设,优化校园文化、构建课程体系、开设个性化课程、开展特色活动,发挥其辐射示范作用;推进4所高中校的南京市课程基地建设,推动具备条件的学校申报江苏省课程基地(九中英语学科)。人民中学加入金陵中学教育集团后,探索两校文化的融合路径。初中教育阶段,做好吸引优质生源工作,提升教学质量,扩大学校办学影响力。推荐弘光中学、南京十三中锁金分校,申报第五批"南京市教育现代化初中"项目建设学校和培育学校。完成2021年上半年初中内涵发展建设项目申报工作。推荐科利华中学的化学学科为南京市课程基地(学科示范中心)候选项目,推荐南京市第九初级中学与孝陵卫中学英语学科结对帮扶项目,薄弱初中质量提升工程备选项目。推动紫东实验学校、孝陵卫中学申报南京市推进素质教育示范初中。推荐南京九中"高中生理想信念教育的实践建构"项目为江苏省前瞻性项目备选项目。南京九中、南京十三中、南京人民中学参加南京市高中研究性学习评比,取得优异成绩,获奖总数在全市名列前茅。

【教学改革】 2021年,进一步推进新课程视野下的课堂教学改革,开展"新三学"课堂教学研究与实践活动,突出学生学习的自主性,强化为"促进学习而教"

的理念，从“理解学生、支持学生、提升学力”三个维度，深化课堂教学研究；构建“三段一体”教育质量管理体系，各学段协同发展，确保中高考质量。为使全区中高考成绩继续保持在全市的领先地位，抓好各项常规教学管理工作。上半年做好常态化疫情防控工作，要求学校寒假中制定开学线上学习指导预案，以备延期开学。7月南京疫情期间，与区政府各部门协同配合，在做好核酸检测工作的同时，做好延期开学工作预案，指导学校开展线上教学，开学工作稳定有序。9月配合卫健委等相关部门做好初中、高中生疫苗接种工作，各校周密考虑，完成接种工作。召开初、高中教学工作会议，推动毕业班教学工作。做好初三质量调研与质量分析工作，发现问题及时矫正。2021年中考取得优异成绩。认真研究新高考，做好舆情搜集、分析及应对工作；做好新高考模拟演练工作；关注高三年级学生思想动态和学习、生活状态，指导学校做好辅导工作。做好高中模考数据分析工作，总结高三一模、二模，备战三模，做好2021年高考迎考工作，全区高考再创佳绩。

【职业教育】 按照“做强主体专业，拓展新兴专业，改造传统专业”的思路和“做特、做精、做强”的要求加强专业群建设与发展。推进玄武职业教育开新局、谋新篇，做好“十四五”职业教育规划，推进未来五年玄武职业教育高质量发展。落实全国职业教育大会（4月12—13日在京召开）精神，坚持党的领导，推进育人方式、办学模式、管理体制、保障机制改革，创建成江苏省现代化示范性职业学校、江苏省职业学校智慧校园、休闲服务专业学院、3～4个市职业教育校企合作、产教深度融合的实训平台。推动职普融通，增强职业教育适应性，构建现代职业教育体系，培养高素质技术技能人才。2021年江苏省职业院校技能大赛中，玄武中专校24位师生（19人组）参加六大类12个项目组的比赛（其中3个团体项目），取得“12金4银1铜”的优异成绩（7个全省第一名），超额完成南京市教育局下达的金牌任务，金牌数位居南京市第一。推进仙鹤门新校区建设，为职业教育“十四五”创新跨越发展奠定物质基础。

【德育实效】 2021年，全区各校围绕社会主义核心价值观，以新时代中国特色社会主义思想为指导，聚焦中国共产党百年奋斗历程主题，参与庆祝活动。各校注重运用晨会、班（队）会、电视、网络、微视频等形式，把历史知识融入，区级组织开展班主任老师为你讲“四史”故事比赛宣讲活动，其中18人获一等奖，27人获二等奖。帮助师生获取丰富的历史知识及感悟，推动全区社会主义核心价值观教育活动走向深入。组织师生评优评先，2021年共评选了100名区级优秀班主任、268名区优秀三好学生、49名区优秀学生干部、100个区优秀班集体。63名同学被评为南京市三好学生，15名同学被评为南京市优秀学生干部，19个班被评为南京市先进学生集体。2名同学被评为省级优秀学生干部（玄武高级中学和南京市第九中学）、8人被评为省级优秀三好学生（其中南京市第九中学3人、南京市第十三中学3人、南京市人民中学1人、南京市玄武高级中学1人）。加大德育骨干队伍建设，动员各校积极组织班主任全员培训、通过师徒结对、专题培训，评价考核促进新班主任快速融入，发挥骨干班主任模范带头作用，提升德育管理者组织管理的能力。举办本区和多区联片班队会赛课活动、举行中小学班主任素养大赛活动，多渠支持班主任专业成长。发挥市区级“德育工作带头人和德育优秀青年教师”的示范引领作用，以区、市第三届“德育优秀青年教师”评比活动为契机，开展班级管理、德育管理、心理辅导等方面的研究。玄武区全年加强中小学德育课程建设，组织全区各校撰写德育渗透学科教学优秀案例征集评选活动。提高学校德育课程品质，组织进行第五届“南京市学校德育工作创新奖”，玄武区获得一等奖4项（南京市北京东路小学附属幼儿园、南京市北京东路小学、南京市长江路小学、南京师范大学附属小学），二等奖2项；组织进行了南京市中小学“四史”学习，教育课程优秀案例玄武区获得一等奖7项（十三中学、红山初级中学、南京理工大学附属中学、南京市玄武中等专业学校、南京市北京东路小学阳光分校、南京市洪武北路小学），二等奖6项；组织进行南京市家校共育"四史"学习教育示范项目，玄武区获得一等奖3项（南京市第九中学、南京市长江路小学、南京农业大学附属实验小学），二等奖4项。组织各校进行青少年"四史"学习教育创新案例的申报工作，全区各校共推荐上报26篇案例。为迅速落实2021年全国青少年禁毒知识竞赛，继续与区禁毒办联合，做好师生相关学习教育工作，组织全区学生进行禁毒知识网上答题学习工作，以学促知。号召全区班主任老师学习新公布的《中华人民共和国家庭教育促进法》。

【全国文明典范城市创建工作】 创建全国文明典范城市，是"建设人民满意的社会主义现代化典范城市"的具体体现。区教育局成立领导小组，组成由业务科室主要负责、机关干部全员参与的文明创建队伍。认真学习文明校园"六个好"的要求，落实《全区校园周边200米文化环境专项整治工作方案》。9月，区教育局局长陈发山带领全区青年教师在师霞像前宣誓并组织参加师霞馆，全区各校组织师德大讨论，增强全区教育工作者提高文明素养。落实好《中小学德育工作指南》，开展社会主义核心价值观教育，落实学校德育工作"六项计划"。结合文明城市创建，学校开展文明校园创建工作，定期开展校园卫生整治和校园文化建设活动。系统建构玄武区家长成长课程，促进家校共育"十项举措"，建立玄武区"好家长"评价机制，将家庭教育指导纳入学校常规工作考核和综合督导，提高家庭教育的专业性、针对性、有效性。2021年11月，玄武区人民政府同南京师范大学共建中小学生心理健康教育研究与应用中心，提高学校心理健康教育的专业支持度，形成科学的协同育人机制；落实师生身心健康全员心理健康摸排机制，全面保障学生的身心健康。为充分做好文明典范城市创建工作，区教育局在9月初专门成立了督查专班，两个组共6人，对全区100所中小幼学校组织了4轮全覆盖专项督促检查近400次，除重点做好中小学的台账资料的细化整改、随机抽取中小学师生的社会主义核心价值观知晓率提问、校园氛围营造等，抓好幼儿园静态动态宣传内容的展示，完成多所学校幼儿园保安室对文创工作的配合检查。局机关干部40余人依据责任点的划分，按照28+5条标准，结合大项活动，采取"四不两直"方式，不定期组织进校抽查，重点对全区中小学检查了3轮。坚持问题导向，围绕历次国测检查的薄弱点、市区两级反馈的问题点、督查专班反馈的共性点、校（园）自查自纠发现的着重点，建立督查专班"回头看"制度。

【江苏省音乐统考器乐状元花落第九中学】 2021年1月29日，2021年江苏省音乐统考成绩揭晓，器乐第一名被第九中学高三（15）班郭紫芊夺得。在这次全省音乐统考中，第九中学文艺班高三（15）班42名学生在全省6000名考生中脱颖而出，取得优异成绩。8名同学排名进入江苏省前十，13名同学进入江苏省前五十，17名同学进入江苏省前一百名。全班同学统考成绩都过公办本科线。

【玄武中专在2021江苏省艺术表演类技能大赛中再创佳绩】 2021年3月24—27日，江苏省职业院校技能大赛艺术表演类比赛在历史文化底蕴浓厚的古城徐州拉开帷幕。来自全省的选手参与了激烈的角逐，最终玄武中专音乐专业的6名师生参赛选手不负众望，再创佳绩，勇夺"4金2银"（4个全省第一名），金牌总数为全省第一。

【"基础物理科学培育基地"揭牌仪式在第九初级中学举行】 2021年4月15日，东南大学物理学院与南京市第九中学教育集团合作成立"基础物理科学培育基地"揭牌仪式在南京市第九初级中学举行。江苏省教育厅基教处副处长周明，江苏省教科院基础教育研究所所长倪娟，南京市教育局副局长张利明，玄武区政府副区长庄佳峰，玄武区教育局局长陈发山，以及东南大学物理学院、市教育局、区教育局、区教师发展中心相关负责人，第九中学集团校代表，家长、师生代表等参加此次活动。

【十三中学红山分校炫舞啦啦操队三获全国赛双项冠军】 2021年5月1日，中国少儿啦啦操精英赛（南京站）暨2021年中国啦啦操挑战赛（南京站）在南京市琅琊路小学明发滨江分校体育馆举行。本次比赛由国家体育总局体操运动管理中心主办，全国啦啦操委员会、江苏省啦啦操运动协会、南京市健美操运动协会等协办，共计1700余名运动员参赛。红山炫舞啦啦操队发挥出色，获公开少年乙组集体花球自选动作第一名、公开少年乙组技巧1级规定动作（2016年版）第一名。这是自2017年以来，十三中红山分校炫舞啦啦操队第三次获全国赛双料第一名。

【玄武中专参加江苏省职业学校啦啦操比赛获双项冠军】 2021年6月10—12日，江苏省职业学校第十二届啦啦操比赛暨江苏联合职业技术学院首届啦啦操比赛在无锡机电高等职业技术学校举行，参加比赛的共有来自江苏省各地的36个学校37支队伍。在两项比赛中，南京市玄武中等专业学校最终获得双项冠军和中职组团体一等奖第一名。

【第九初级中学成为南京市阅读试点学校】 2021年10月25日下午，"南京市中小学生分级阅读与阅读评价试点项目"的阅读试点校项目启动仪式及活动研究会议在南京市第九初级中学举行。北京思源智通教育集团江苏区域总监茅小燕及市场经理蔡晨、南京市第九初级中学的阅读项目领导小组、研究小组、袁源名师工作室成员、陈元芝名师工作室成员以及南京市第九初级中学语文组老师共同参加本次活动。南京市第九初级中学校长张翼飞、副校长代怀安作了汇报，张翼飞为指导专家袁源、杨小军颁发聘书。

【玄武区召开"双减"工作推进会】 2021年11月23日下午，玄武区在第十三中学锁金分校召开落实"双减"工作推进会暨"三段一体"教育质量管理工作交流研讨会，玄武区人民政府副区长庄佳峰到会指导并讲话，区教育局领导班子，全区各中小学校长、书记、教学副校长、教务主任，部分获奖教师代表，区政府教育督导室督学，直属单位负责人，区教师发展中心全体教培员参加会议。

【省基础教育前瞻性教学改革实验项目启动仪式在科利华中学铁北分校举行】 2021年11月27日上午，江苏省基础教育前瞻性教学改革重大实验项目启动仪式暨"中小学心理健康教育研究与应用中心"揭牌活动在南京市玄武区科利华中学铁北分校举行。活动由玄武区人民政府和南京师范大学主办，玄武区教育局和玄武区教师发展中心承办，活动得到南京市电化教育馆（南京市教育信息化中心）的支持。南京师范大学副校长缪建东和玄武区人民政府副区长庄佳峰签订《玄武区人民政府·南京师范大学合作共建战略合作协议》。玄武区教育局局长陈发山现场宣读共建方案，南京师范大学心理学院院长陈庆荣详细解读了双方合作模式。

【江苏省艺术普及教育进校园公益项目首批学校】 2021年12月2日，由江苏省委宣传部、省教育厅指导，江苏省文化发展基金会、南京市教育局、新华报业传媒集团《扬子晚报》主办，南京一中、《扬子晚报》云教育中心承办的艺术普及教育进校园公益项目启动仪式在南京一中江北校区举行。江苏省委宣传部副部长徐宁，省教育厅二级巡视员李金泉，新华日报社党委委员、《扬子晚报》总编辑王文坚、南京市委教育工委书记张生出席活动。南京市玄武中等专业学校、南京市小营小学成为江苏省艺术普及教育进校园公益项目首批学校。 （潘菊芬）

高等教育

·东南大学·

【概况】 2021年，学校34个院系、84个本科专业，有34个博士学位一级学科授权点，48个硕士学位一级学科授权点。有全日制在校生35355人，本科生16371人，研究生18984人；在校留学生2255人，其中学历留学生1500人。学校共有3个国家重点实验室，4个国家工程研究中心，2个国家工程技术研究中心，1个国际合作联合实验室，1个国家专业实验室，11个教育部重点实验室，6个教育部工程研究中心，33个博士后科研流动站，以及2个国家级文科智库、2个江苏省重点高端智库。专任教师3141人，其中具有博士学位的教师2764人，正、副高级职称教师2123人；博士研究生指导教师1171人，硕士研究生指导教师2290人。有两院院士12人，欧洲科学院院士2人，国务院学位委员会第八届学科评议组成员

13人。学校入选江苏省首批课程思政建设示范高校，获国家级课程思政示范课程2门、国家级课程思政教学名师与教学团队2个、江苏省首批课程思政示范课程4门，工程管理、交通工程、临床医学3个专业入选江苏省首批课程思政示范专业。获国家级新文科研究与改革实践项目11项，位列全国第五、全省第一；获批“新能源科学与工程”新专业；物理学、计算机科学、哲学3个拔尖学生培养基地入选教育部基础学科拔尖学生培养计划2.0基地。获批成为全国首批未来技术学院建设单位。新增国家级一流专业建设点15个、省级一流专业19个、江苏高校品牌专业15个、省特色专业5个。新增国家级人才64人，位居全国高校前列。其中新增两院院士3人，新增2020年度“长江学者奖励计划”特聘教授1人、特设岗位3人、青年学者3人，新增2021年度“长江学者奖励计划”青年学者2人；新增第十六批“千人计划”青年项目入选者9人；新增2021年度长江讲席教授14人、海外优青27人。新增江苏特聘教授7人，江苏省双创人才6人、双创团队2个；新增江苏省“青蓝工程”优秀教学团队1个、中青年学术带头人3人、优秀青年骨干教师6人。引进包括院士、杰青等高层次人才26人。获江苏省科学技术奖40项，获一等奖4项、位列全省第一；获青年科技杰出贡献奖2项、国际科学技术合作奖1项、国家一级学会一等奖12项。获2021年瑞士日内瓦国际发明展奖14项，其中特别金奖1项、金奖7项。“CMOS毫米波芯片与大规模集成相控阵”项目入选2020年度“中国高等学校十大科技进展”名单。获批国家自然科学基金委资助项目310项，资助经费1.95亿元，其中杰青基金项目3项、优青基金项目5项、重点类项目11项、重大仪器项目2项。牵头承担国家重点研发计划专项项目13项、课题39项、国际合作/港澳台合作项目2项，立项总经费4.2亿元；获国防类项目立项325项，合同额2.91亿元，获批科技委重点项目1项。获批江苏省自然科学基金项目100项，其中省杰青7项、省优青7项。获批江苏省前沿引领技术基础研究专项——前沿类1项、探索类1项，江苏省政策引导类“一带一路”创新合作项目2项。新增“B5G/6G智能通信”江苏省高校优秀科技创新团队。获国家社科基金30项。与美国耶鲁大学、加拿大多伦多大学、英国帝国理工大学、卢森堡大学、德国慕尼黑理工大学等世界一流大学签署合作协议。中大医院“重大疾病智慧诊疗学科创新引智基地”获“111计划”立项，计算机科学与工程学院“深度学习与医学信息处理”项目获批“江苏省高校国际合作联合实验室”。

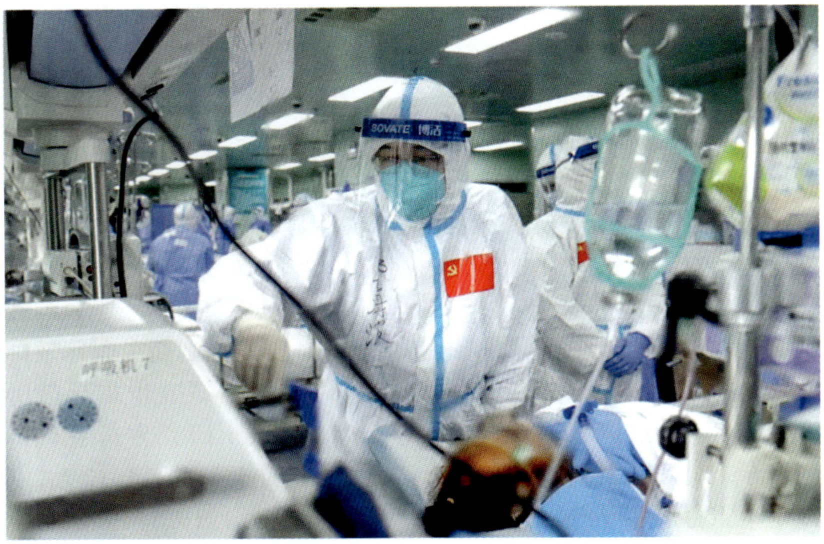

东南大学邱海波教授获全国道德模范荣誉称号　　（东南大学　供图）

【党史学习】　3月12日下午，东南大学召开党史学习教育动员大会，深入学习贯彻习近平总书记在党史学习教育动员大会上的重要讲话精神，对学校开展党史学习教育进行动员部署。成立党史学习教育领导小组和校内指导组，加强对学习教育的全面领导和统筹部署。制定并落实党史学习教育实施方案，推动学习教育走深走实。组织举办校、院(系)党委理论学习中心组专题学习、校领导班子成员带头讲党课、专家辅导报告、专题社会实践等各类党史学习教育活动600余场。开展“我为师生办实事”项目400余项。上线“党史学习教育专题网站”，展示学习教育工作动态和成果。

【邱海波教授获国道德模范荣誉称号】　11月5日晚上，“德耀中华——第八届全国道德模范颁奖仪式”在北京举行。东南大学副校长、东南大学附属中大医院重症医学科学科带头人邱海波教授荣膺全国道德模范荣誉称号。颁奖仪式分为“助人为乐”“见义勇为”“敬业奉献”“诚实守信”“孝老爱亲”5个篇章，邱海波教授获全国道德模范敬业奉献奖。

【与中国移动、华为有限公司、中国建筑集团签署战略合作协议】 1月19日，中国移动与东南大学签署了战略合作协议，中国移动长三角（南京）科创中心在南京江北新区云开工，中国移动紫金（江苏）创新研究院、芯昇科技有限公司同时揭牌，双方还将共建“联合创新中心”“新型网络组网技术联合实验室”“未来医疗健康科技联合实验室”，打造多领域科研合作平台。5月24日，东南大学—华为十年合作框架签约暨英才计划启动仪式在四牌楼校区举行。12月17日，东南大学与南京市人民政府、华为技术有限公司签署运动健康领域战略合作框架协议，深入开展运动健康领域合作，共同推动运动健康产业发展。12月23日，东南大学与中国建筑集团有限公司战略合作签约仪式在北京举行。会上，签署了“东南大学—中建生态环境低碳建造先进技术联合研发中心”合作协议，共同为联合研发中心揭牌。

【江北新区国际创新港启动建设】 6月7日，由东南大学与南京江北新区合作共建的东南大学江北新区国际创新港启动建设，集成电路设计自动化创新园正式奠基，启动仪式在江北新区举行。东南大学江北新区国际创新港位于东南大学原浦口校区，占地总面积约80公顷，规划建设载体面积180万平方米，总投入资金规模220亿元。创新港建设重点瞄准生命健康和集成电路两大产业，以攻克“卡脖子”关键技术为目标，打造具有国际知名影响力，政产学研协同融合、开放共享的创新生态综合体。

【中央第一巡视组巡视学校】 根据党中央部署，中央第一巡视组巡视东南大学党委工作。9月3日，中央第一巡视组向东南大学党委反馈巡视情况。东南大学党委贯彻落实习近平总书记关于巡视工作的重要讲话精神，增强自觉接受监督的政治意识，统筹协调、周密部署，配合中央巡视工作，形成同题共答合力。建立“1+6+1+2+3”工作机制上下联动推进整改。通过巡视整改，党对学校的全面领导有力加强，管党治党、办学治校实际成效不断提升。

【全球首个“碳中和世界大学联盟”成立】 10月27日，全球首个聚焦碳中和技术领域人才培养和科研合作的世界大学联盟——“碳中和世界大学联盟”成立仪式在南京举行，联盟由东南大学和英国伯明翰大学共同倡议发起，全球近30所高校和科研院所作为创始成员单位线上参加了联盟成立仪式。

（赵　光）

·南京理工大学·

【概况】 2021年学校设有19个专业学院，钱学森学院、中法工程师学院、国际教育学院、创新创业教育学院、继续教育学院，与合作方联合创办了南京理工大学紫金学院和南京理工大学泰州科技学院两个独立学院。有兵器与装备、电子与信息、化工与材料三大优势学科群，工程学、化学、材料科学、计算机科学、环境科学与生态学、物理学6个学科进入ESI国际学科领域全球排名前1%，工程学进入前1‰。有国家重点学科9个，江苏省优势学科6个，江苏省重点学科9个，工信部重点学科7个，国防特色学科10个；国家级一流本科专业建设点25个，国家级特色专业9个，教育部卓越工程师教育培养计划试点专业13个；博士后流动站16个；一级学科博士学位授权点20个、一级学科硕士学位授权点15个；具有博士专业学位授权类别2个、具有硕士专业学位授权类别19个；具有高级管理人员工商管理硕士（EMBA）授予权；具有在职人员以同等学力申请博士、硕士学位的授予权以及外国留学生和港澳台学生的招生权。学校有各类全日制在校生30000余名，留学生1000余名。有教职工3400余人，专任教师2200余人，其中具有高级职称1500余人。高层次人才400余人，包括：两院院士

12月2日，南京理工大学泽山育才基金捐赠仪式　（南京理工大学　供图）

25人，外国院士4人，国家级领军人才56人，国家级青年人才64人，“国家级教学名师奖”获得者3人，“全国创新争先奖”获得者5人，“国家百千万人才工程”人选14人，国家级、省部级有突出贡献中青年专家26人，享受国务院政府特殊津贴207人等。拥有首批全国高校黄大年式教师团队1个、国家级教学团队5个、教育部创新团队5个、工信部研究型教学创新团队3个、国防科技创新团队11个、江苏省创新团队34个。有国家级重点实验室1个，国家级工程技术研究中心1个，国家地方联合工程实验室1个，国家级技术研究推广中心1个，国家级技术转移示范机构1个，国家级质检中心1个，省部级重点实验室28个，省部级工程（技术）研究中心24个，省部级哲学社会科学研究基地13个，建有国家大学科技园，并以此为依托承担了一大批国家重大科研任务，取得了一批标志性科研成果，学校是国家知识产权示范高校。“十三五”以来，获得省部级及以上科技奖励181项，国家级科技奖励17项（国家最高科学技术奖1项，国际科学技术合作奖1项，国家技术发明奖一等奖1项，国家科学技术进步奖一等奖3项，国家自然科学奖二等奖2项，国家技术发明二等奖6项，国家科学技术进步奖二等奖3项）。学校与英国牛津大学、比利时鲁汶大学、新加坡国立大学等150多所国（境）外知名高校和科研机构建立合作关系。有国家级国际科技合作基地2个、部级国际合作基地8个，入选世界知识产权组织技术与创新支持中心，建有江苏国际知识产权学院。

【环境与生态学、物理学学科首次进入ESI前1%】 7月，南京理工大学环境与生态学学科进入基本科学指标数据库（ESI）全球前1%行列。1月，物理学学科也进入ESI全球前1%行列。截至2021年，学校已有6个学科入围ESI前1%。

【王泽山院士向学校一次性捐赠1050万元】 12月2日，南京理工大学举行“南京理工大学泽山育才基金”捐赠仪式，王泽山院士将其所获国家最高科学技术奖等奖金共计1050万元一次性捐赠，支持学校教学和人才培养工作。耕耘火炸药60余年，87岁的“火药王”王泽山曾接连突破世界性难题，让中国火炮领先世界。

【盱眙产学研合作基地举行开工仪式】 11月11日，南京理工大学盱眙产学研合作基地举行开工仪式。作为促进学校建设发展的重要战略支点，盱眙产学研合作基地未来将打造成为创新人才辈出、领军人才集聚、创新创业孵化、高新技术转移的高层次人才培养基地和科技创新高地。

【获批马克思主义理论一级学科博士学位授权点】 10月，南京理工大学获批马克思主义理论一级学科博士学位授权点，优化人文社科类博士学位点布局，助力精品文科建设，进一步夯实立德树人的学科基础。

【方大纲教授获应用计算电磁学“杰出成就奖”】 7月，应用计算电磁学2021国际会议（ACES-China）在成都召开。南京理工大学方大纲教授，因其在基础电磁理论、计算电磁方法、微波集成电路及天线方面的卓越贡献，获“杰出成就奖”。方大纲教授长期从事天线和计算电磁领域的前沿研究，独创的分层介质谱域格林函数全波离散复镜像快速算法在国际上具有重要的学术影响力，被评为IEEE终身会士。

【张相炎教授被评首届“全国教材建设先进个人”】 10月，南京理工大学张相炎教授获评首届全国教材建设先进个人奖。自1984年留校任教，全身心投入到人才培养工作中，围绕自身“培养创新军工人才”的理念进行课程体系建设和兵器教材的精进与编撰，为兵器教材建设和兵器教育事业做出了重要贡献。他编写出版《火炮设计理论》等教材21部，获国家级教学成果二等奖1项、江苏省教学成果一等奖3项、部级科技进步二等奖1项、三等奖4项，发表学术论文百余篇。

【罗加乔夫·亚历山大获“中国政府友谊奖”】 9月30日，南京理工大学名誉教授、白俄罗斯籍专家罗加乔夫·亚历山大(Rahachou Aliaksandr)院士获2021年度“中国政府友谊奖”。他是白俄罗斯科学院通讯院士、戈梅利国立大学前任校长、现任该校物理化学研究所所长、南京理工大学与戈梅利国立大学共建真空等离子体技术国际联合实验室外方首席科学家，长期从事材料表面的等离子体改性技术、碳基多层复合膜及金属—聚合物膜材料的研究，在技术交流、设备研发、人才培养等方面取得了丰硕的成果，获得“金菠友谊奖”和“江苏省荣誉居民”等荣誉。

【张海玉获*2021*年全国“最美高校辅导员”荣誉称号】 12月7日，中央电视台《新闻联播》报道了第十三届“高校辅导员年度人物”暨2021年“最美高校辅导员”推选展示活动评选结果。南京理工大学电子工程与光电技术学院本科生专职辅导员张海玉获得2021年全国“最美高校辅导员”荣誉称号，成为江苏高校首位获此殊荣的老师。

【学校获三项国家科学技术奖】 11月3日，2020年度国家科学技术奖励大会举行。南京理工大学有三项科技成果获2020年度国家科学技术奖。其中，付梦印院士团队获国家科学技术进步奖一等奖；张合教授团队获国家技术发明奖二等奖；哈罗德·富克斯教授获中华人民共和国国际科学技术合作奖。“十三五”期间，学校共获得包括国家最高科学技术奖在内的国家科技奖励17项，实现了国家科技奖励五大奖种（最高奖、自然奖、进步奖、发明奖、国际合作奖）的全覆盖。 （周靖灿）

·南京农业大学·

【概况】 2021年，学校设有20个学院（部）；65个本科专业、30个硕士授权一级学科、20种专业学位授予权、17个博士授权一级学科和15个博士后流动站；全日制本科生1.7万余人，研究生1万余人，继续教育学生2万余人。全年录取本科生4401人、硕士生2973名、博士生669名。毕业生年终就业率达91.34%，本科毕业生深造率达44.23%。现有教职员工2900余人，其中中国工程院院士3名，国家特聘专家、国家杰出青年科学基金获得者47人次，国家级教学名师3人，全国优秀教师、模范教师、教育系统先进工作者5人，入选国家其他各类人才工程和人才计划140余人次，国家基金委创新研究群体2个，国家和省级教学团队6个。在第四轮全国一级学科评估中，作物学、农业资源与环境、植物保护、农林经济管理4个学科获评A+，公共管理、食品科学与工程、园艺学3个学科获评A类。10个学科领域进入ESI学科排名全球前1%，其中农业科学、植物与动物科学进入前1‰。8个学科进入江苏高校优势学科建设工程。学校稳居软科世界大学学术排名400强，在QS世界大学“农业与林业”学科排名中居第23位，位列U.S.News“全球最佳农业科学大学”第8名。“大国三农”人才培养扎实有效。高起点开展金善宝书院和耕读教育实践，菊花遗传与种质创新团队入选教育部“黄大年式”教师团队，新增教育部拔尖计划2.0基地1个，8个专业获批国家一流本科专业建设点，多部教材获国家教材建设奖，省优秀博士、硕士论文数位居全省高校前列，学生团体获“互联网+”全国赛金奖。学校连续8年获全国大学生社会实践先进单位，连续6年获江苏省来华留学生教育先进集体，再次获全国群众体育先进单位和全国学生运动会“校长杯”。服务国家战略能力持续提升。建有作物遗传与种质创新国家重点实验室、国家肉品质量安全控制工程技术研究中心、国家信息农业工程技术中心等79个国家及部省级科研平台。获批国家自然科学基金167项，国家重点研发项目7项。获批国家社科基金17项，其中重大项目3项、重点项目4项。入选农业农村部农业主推技术3项、重大引领性技术1项。P3实验室列入国家发改委“十四五”建设规划。助推麻江获批建设国家现代农业产业园，入选贵州省乡村振兴集成示范试点村2个，高标准建成“麻江乡村振兴研究院”。采取“揭榜挂帅”形式开展两个全国农业科技现代化共建先行县建设攻关。11篇咨询报告获省部级及以上领导批示。国际交流与合作不断拓展。新增1个“高等学校学科创新引智基地”和5个“江苏省外国专家工作室”。牵头发起成立“中国—中东欧国家高校联合会农业与生命科学合作共同体”，与联合国粮农组织共同举办“同一健康全球专家论坛”。加入上合组织成员国涉农高校联盟、中非热带农业科技创新联盟、江苏—俄罗斯高校合作联盟。承办农业农村部“农业外派人员能力提升培训班”，打造农业对外合作人才培养品牌项目。

11月18—19日，南京农业大学与兴化市人民政府、浦口区人民政府签订农业科技现代化先行县共建协议（南京农业大学　供图）

【沈其荣教授当选中国工程院院士】　11月，中国工程院公布2021年院士增选结果，沈其荣教授当选中国工程院院士。沈其荣院士长期从事有机（类）肥料和土壤微生物研究与推广工作，技术工艺被全国666家企业采用，为中国有机（类）肥料产业发展做出了突出贡献；以第一完成人获国家技术发明二等奖、国家科技进步二等奖、国家教学成果二等奖、省部级一等奖6项；以第一完成人获国内外发明专利授权78件，其中51件在企业转化，1件获中国专利金奖，2件获中国专利优秀奖。沈其荣院士主持国家973计划项目、国家自然科学基金重大和重点项目、公益性农业行业专项等全国性重大与重点项目8项，在国际学术权威刊物上发表大量论文，2014年以来入选爱思维尔中国高被引学者，2019年以来入选科睿唯安全球高被引科学家；先后获得光华工程科技奖、全国创新争先奖、中华农业英才奖，被评为国家教学名师、做出突出贡献的中国博士学位获得者等。

【方真教授当选加拿大工程院院士】　6月，加拿大工程院公布2021年新增院士名单，方真教授当选加拿大工程院院士。方真教授是世界著名的可再生能源和绿色技术专家，在生物质水解、生物柴油生产、生物燃料合成纳米催化剂等领域做出了重大贡献。方真担任国务院学位委员会农业工程学科评议组成员，以及多个主要能源期刊的编辑和编辑委员会成员。

【南京农业大学三亚研究院成立】　为贯彻习近平总书记关于海南自由贸易港建设的重要指示精神，深入开展校地联动、科教融合，南京农业大学三亚研究院在海南三亚揭牌成立。学校将以三亚研究院为重要阵地，围绕农业农村科技创新、成果转化、人才培养、国际交流等领域，打造集教学、科研、成果转化、国际合作于一体的国家级农业科教基地，服务高层次人才培养、乡村振兴、科技创新和产业升级需求，为海南自贸港建设赋能。

【全国农业科技现代化先行县共建工作】　为贯彻落实习近平总书记关于“农业现代化关键是农业科技现代化”重要指示精神，11月18—19日，学校分别与兴化市人民政府和浦口区人民政府签订农业科技现代化先行县共建协议，以实际行动为乡村全面振兴和农业农村现代化建设贡献南农智慧，提供南农方案。

【学校3项成果获农业农村部神农中华农业科技奖】 侯喜林教授团队研究成果“不结球白菜优异种质资源发掘与抗逆品种选育”荣获农业农村部神农中华农业科技奖科研成果类一等奖，“南京农业大学水稻栽培创新团队”“南京农业大学智慧农业创新团队”获农业农村部神农中华农业科技奖优秀创新团队奖。

【学校6位教师当选区级人大代表、政协委员】 副校长闫祥林、园艺学院院长吴巨友当选玄武区第十九届人大代表，工学院院长汪小昆当选浦口区第五届人大代表。科学研究院副院长俞建飞当选浦口区第五届政协副主席，外语学院院长裴正薇当选玄武区第十三届政协常委，园艺学院教授房婉萍当选玄武区第十三届政协委员。 （束浩渊）

·南京林业大学·

【概况】 2021年，有22个学院（部），79个本科专业，8个博士后流动站、8个博士学位授权一级学科、26个硕士学位授权一级学科。1个国家一流学科（林业工程），2个一级学科国家重点学科（林业工程、生态学），4个二级学科国家重点学科（林木遗传育种、林产化学加工工程、木材科学与技术、森林保护学），1个江苏省一级学科国家重点学科培育点，5个江苏高校优势学科，9个国家林业和草原局重点学科（含培育），6个一级学科江苏省重点学科（含培育）。在全国第四轮学科评估中，林业工程、林学获“A+”、风景园林学获“A−”。有国家级一流本科专业建设点21个，国家级特色专业建设点6个，国家级精品开放课程6门，国家级课程思政示范课程1门，国家级一流本科课程16门。有国家级实验教学示范中心2个，国家级人才培养模式创新实验区1个，国家级虚拟仿真中心2个，国家级大学生校外实践基地1个。有教职工2464人，其中专任教师1843人，博士导师217人，硕士导师629人，具有高级职称1049人。有中国工程院院士2名、双聘及特聘国内外院士9名。有江苏省“333工程”第一层次首席科学家4人，省部级教学名师6人，省部级有突出贡献的中青年专家14人，江苏省科技创新团队及“青蓝工程”等省级创新团队15个。在校生34418人，其中普通本科生24842人，研究生6849人，成人本科生2727人。2021年度招生10518人，其中普通本科生6426人，研究生2560人，成人教育学生1532人。毕业8736人，其中普通本科生5876人，研究生2148人，成人教育学生712人。在校留学生（注册）299人，本年度招生98人，毕业28人。

国家林业和草原局局长关志鸥、江苏省副省长潘贤掌到南京林业大学考察。南京林业大学副校长缪子梅率林业遗产与森林环境史研究中心一行赴河北塞罕坝调研。2021中国大学评价排行榜发布，南京林业大学位居第93位，进入全国高校百强。2021校友会中国大学排名，南京林业大学位居主榜第98名，挺进全国百强。学校成功入选江苏高水平大学建设高峰计划A类建设高校。学校申报的“‘科技竹’挑起乡村振兴‘金扁担’”项目成功入选教育部第四届省属高校精准帮扶典型项目。学校召开第八届教职工代表大会暨第十七届工会会员代表大会第二次会议。学校召开第十九次研究生代表大会。学校举办“学党史、强信念、跟党走”学习教育活动暨五四表彰大会。学校举行庆祝中国共产党成立100周年表彰大会，并举办文艺演出和“致敬楷模，初心向党”廉洁主题艺术作品展，开设“百年辉煌旗帜颂”党史学习教育实境课堂。学校召开“十四五”发展规划专家论证会。学校主办了“旗帜引领结硕果　党史激励续新章”——南京林业大学“十三五”发展成就展。承办江苏省生态学会第九届会员代表大会暨第八届江苏省生态文明建设高层学术论坛。学校举办“生态文明引领下的乡村振兴”国际研讨会并举行南京林业大学中国特色生态文明智库揭牌仪式、科学技术协会首届年会，并启动“青年科学家论坛”、国家林业和草原局榧树产业国家创新联盟成立大会和2021年榧树产学研交流会；与华为技术有限公司正式签署战略合作协议；成立科技成果推广服务工作组；成立碳中和研究中心。

【学校入选江苏高水平大学建设高峰计划A类建设高校】 10月14日，江苏高水平大学建设领导小组印发《关于公布江苏高水平大学建设高峰计划建设高校名单的通知》，南京林业大学成功入选江苏高水平大学建设高峰计划A类建设高校。共有17所高校入选江苏高水平大学建设高峰计划建设高校，其中A类建设高校10所、B类建设高校7所。“十三五”以来，学校以习近平新时代中国特色社会主义思想为指导，主动对接国家、行业及区域社会经济发展战略需求，完善“党委领导、校长负责、教授治学、民主管理”内部治理结构，开拓性地构建了“目标—路径—保障—考核—应用—反馈”闭环式综合考核运行机制。学校治理能力显著提升，事业高质量发展，综合实力大幅提升：2017年入选国家首批“双一流”建设高校，2019年成为教育部与江苏省人民政府共建的“双一流”建设高校；在国内外第三方权威机构评价位次持续快速提升，进入全国百强；国际影响力显著提升，新增ESI全球前1%学科7个，先后进入“软科世界大学学术排行榜”“US News世界大学排行榜”，年进位百余名。

【举行中国共产党成立100周年表彰大会】 6月28日，南京林业大学庆祝中国共产党成立100周年表彰大会隆重举行。全体校领导，历任校领导，校党委委员，纪委委员，各级人大代表、政协委员，各民主党派、侨联、欧美同学会和无党派高级知识分子联谊会负责人等师生党员代表参加。会议由校党委副书记、校长王浩主持。在庆祝中国共产党成立100周年的重要时刻，党中央决定给健在的截至2021年7月1日党龄满50周年、一贯表现良好的党员颁发“光荣在党50年”纪念章，学校共有161名老党员获此殊荣。学校党委决定授予5个基层党委“先进学院级党组织”称号，并对其他组织和个人予以表彰。会议同时对获得2021年度全省高校“两优一先”表彰的先进集体和个人、江苏高校特色党支部、2019—2020年度党建工作创新奖和2020年度最佳党日活动优胜奖进行表彰。

【学校进入全国高校百强】 4月6日，2021中国大学评价排行榜发布，南京林业大学进入全国高校百强，位居第93名，提前完成校第十六次党代会提出的目标任务，为建设特色鲜明的世界一流林业大学奠定了更加坚实的基础。第十六次党代会以来，学校围绕国家“双一流”建设和高水平大学建设目标，解放思想、锐意改革，实现跨越式发展，关键办学指标稳步上升。三年来，学校新增7个学科进入ESI学科全球前1%；综合排名快速攀升，在国内第三方评价榜单上屡有突破性表现，实现连续三年大幅进位的“南林速度”。“中国大学评价”由中国管理科学研究院主持，连续28年对国家财政拨款的普通本科高校、非财政拨款的民办大学和独立学院、高等职业学校、高等专科学校进行综合评价，其研究成果有着广泛的社会影响力。本次发布的2021“中国大学评价”排行榜收录了国家财政拨款的772所公办普通本科高校。

【2021校友会中国大学排名南林位居第98名】 3月25日，全国第三方大学评价机构艾瑞深校友会网正式公布了“2021校友会中国大学排名”，南京林业大学以61.83分的总分位居主榜第98名，较2020年上升27个位次，挺进全国百强。校友会2021中国大学排名评价指标体系由思政教育、教学质量、杰出校友、高层次人才、优势学科专业、科研成果、科研项目、科研基地、社会服务、办学层次、社会声誉、国际影响力等12个一级指标构成，以服务国家“双一流”发展战略和提升高校服务国家地方经济社会发展能力为导向，涵盖中国高校五大核心职能的600多项具有代表性的评测指标，涵盖了国内外大学排名的高端质量指标。

【国家林业和草原局领导考察南京林业大学】 4月6日，国家林业和草原局局长关志鸥、江苏省副省长潘贤掌一行到校考察。国家林业和草原局科技司司长郝育军，江苏省人民政府副秘书长吴永宏，中国林业科学研究院分党组书记叶智，中国林业科学研究院院长刘世荣，江苏省林业局局长沈建辉等随同考察。校领导蒋建清、王浩、张金池、勇强陪同调研。在校期间，关志鸥、潘贤掌一行先后参观了校史馆、林木遗传与基因工程重点开放性实验室、生物化工研究所实验室、木质纤维素功能材料国际联合实验室、院士及特聘教授实验室等，对南京林业大学近年来改革发展取得的办学成绩，服务国家生态文明建设和林草事业高质量发展的办学实践给予充分肯定。

【南京市人大玄武团代表到学校调研】 5月21日，南京市人大玄武团一组代表到校调研交流。校党委书记蒋建清出席调研座谈会。玄武区人大、校党委办公室、校发展规划与学科建设处相关负责人陪同调研。蒋建清对南京市人大玄武团一组代表到校表示欢迎，希望广大代表为学校科学谋划“十四五”规划和2035年远景目标积极建言献策。市委党史学习教育第一巡回指导组组长、市疫情防控第十一驻高淳督导组组长、市政协教卫体（文化文史）委员会副主任（主持工作）孙强在讲话中对学校扎根南京办教育、发挥特色求创新等方面取得的各项成就表示赞赏，对学校综合实力提升表示祝贺。座谈会上，代表团一行听取了发展规划与学科建设处处长杨平所作的学校情况介绍，并围绕协同推进校企校地合作、科研成果转化、高质量创新型人才培养等进行了深入交流。

【白马校区校园总体规划专家评审会】 5月25日，南京林业大学召开白马校区校园总体规划专家评审会。会议邀请南京大学建筑与城市规划学院教授丁沃沃，华南理工大学建筑学院教授孙一民，南京市规划和自然资源局溧水分局局长闫刚，江苏南京白马高新技术产业示范区管委会副主任王永，南京农业大学新校区建设指挥部常务副总指挥夏镇波，学校风景园林学院教授田如男、赵兵等7位专家与会评审。校党委领导班子全体成员，非党员校领导，白马校区建设指挥部全体工作人员等参加会议。上海同济城市规划设计研究院汇报了白马校区校园总体规划情况。

【校友曾馥平获“全国脱贫攻坚先进个人”称号】 2月25日，全国脱贫攻坚总结表彰大会在北京人民大会堂举行。中共中央总书记、国家主席、中央军委主席习近平向全国脱贫攻坚楷模荣誉称号获得者颁奖并发表重要讲话。大会对在打赢脱贫攻坚战中做出突出贡献的个人和集体进行表彰。南京林业大学1987届校友，中国科学院亚热带农业生态研究所研究员、环江喀斯特生态试验站副站长、广西壮族自治区河池市环江毛南族自治县委常委、副县长（挂职）曾馥平荣膺“全国脱贫攻坚先进个人”称号。

【校学术期刊入编2020年版林业类核心期刊】 3月16日，《南京林业大学学报（自然科学版）》和《林业工程学报》两份学术期刊分别收到《中文核心期刊要目总览》2020年版编委会通知，双双入编《中文核心期刊要目总览》2020年版（第9版）林业类核心期刊。《南京林业大学学报（自然科学版）》已入选中国精品科技期刊、林学权威期刊（A+）、中国科学引文数据库来源期刊（CSCD）、中文核心期刊、科学引文数据库来源期刊（SCD）、农业核心期刊、中国学术期刊综合评价数据库来源期刊和中国自然科学核心期刊。《林业工程学报》为中文核心期刊、中国科学引文数据库来源期刊（CSCD）、中国科技核心期刊、RCCSE中国核心学术期刊和中国农业核心期刊。

（方　莹）

·南京体育学院·

【概况】 学校教育教学设有体育教育与人文学院、运动训练学院（足球学院）、运动健康学院、武术与艺术学院、体育产业与休闲学院、马克思主义学院、研究生部、运动员教育教学管理部、继续教育学院、附属学校和奥林匹克学院（民办机制）11个单位，15个本科专业，涉及教育学、文学、管理学、医学、艺术学、工学6个学科门类，现有各类在校生7000余人；竞技训练设有乒羽学院、网球学院（中国网球学院）、体操学院、击剑学院（中国击剑学院）、游泳学院5个单位，11支省优秀运动队，现有专业运动员430名。

学校积极推进学科专业建设和教育教学改革，获批博士学位授予立项建设单位；体育学被批准为江苏高校优势学科建设工程立项学科；拥有体育学一级学科硕士学位授予点和体育专业硕士学位授予点；获批国家级一流本科专业3个，江苏高校一流本科专业11个，拥有国家级特色专业建设点3个，教育部"十二五"专业综合改革试点项目2个，江苏省高校特色专业建设点4个，江苏省高校品牌专业建设点3个，江苏省"十二五"高等学校重点专业(类)2个，江苏高校品牌专业建设工程一期项目2个(其中A类1个、C类1个)；获国家级高等教育教学成果奖2项，省级高等教育教学成果一等奖3项、二等奖5项，国家体育总局教育教学成果奖二等奖3项、三等奖3项，省级优秀、精品课程12门，省优秀研究生课程5门，省优秀课程群1个，省优秀多媒体课件16项，"十二五"普通高等教育国家级本科规划教材1部，省精品教材、优秀教材、重点教材19部，江苏省高等学校基础课实验教学示范中心建设点1个，省级实验教学与实践教育中心2个，实习实训基地80多家。

学校作为江苏竞技体育的主力军、大本营，积极服务体育事业发展，先后走出了国家体育总局原局长袁伟民等一大批体育行业领军人物；共有16人25人次22项次获奥运会冠军，105人316人次201项次获世界冠军；参加第1届至第14届全国运动会，为江苏省夺得了220.5枚金牌。

【学校人大代表、政协委员为江苏省"十四五"发展建言献策】 中国人民政治协商会议江苏省第十二届委员会第四次会议和江苏省第十三届人民代表大会第四次会议分别于1月25日和1月26日在南京胜利召开。校党委书记朱传耿，省政协教卫体委员会副主任、体操队教练袁紫娟，击剑队教练姚勇、张双喜四人作为十二届省政协委员参加了政协会议，训练处原副处长任大新作为十三届省人大代表出席省人大会议。

【江苏省副省长陈星莺一行到学校慰问】 2月8日下午，在农历辛丑牛年新春即将到来之际，江苏省副省长陈星莺一行来到南京体育学院灵谷寺校区，慰问正在紧张冬训中的校运动员、教练员和管理保障团队。江苏省政府副秘书长王思源，省体育局局长、党组书记陈少军，副局长刘彤、王伟中、熊伟等陪同慰问。

【学校研究成果获"江苏发展研究奖"一等奖】 江苏省政府研究室发布2020年"江苏发展研究奖"获奖名单，南京体育学院校长杨国庆和竞技体育研究院副院长彭国强完成的研究成果《全球疫情爆发下我国应对东京奥运会延期的方略》荣获一等奖，这也是唯一获奖的体育类项目，实现了学校在政府决策咨询成果奖项方面的新突破。

【学校首个中外合作办学项目获批准】 教育部公布了2020年下半年中外合作办学项目审批结果，南京体育学院与美国罗克福德大学(Rockford University, USA)合作举办的体育经济与管理专业本科教育项目成功获批。作为学校首次申请的中外合作办学项目，该项目的获批实现了学校中外合作办学项目历史性突破。

【学校在全国体育院校体育舞蹈锦标赛中获佳绩】 国家体育总局科教司、全国体育院校竞赛协作会主办的2021年全国体育院校体育舞蹈锦标赛于6月20—23日在武汉体育学院举办。此赛事为四年一次，各单位高度重视，全国14家体育院校均派出最强阵容参加。由武术与艺术学院学生组成的南京体育学院代表队表现出色，创下了5金、4银、3铜，总分第五的历史最好成绩。

【2名运动员获第十四届全运会竞技项目首金】 7月12日，全国第十四届运动会竞技项目跳水青年组比赛在位于西安国际港务区的西安奥体中心游泳跳水馆举行。共有17个省、自治区、直辖市的代表队为争夺首金展开激烈角逐。在跳水青年组比赛女子双人跳台项目中，南京体育大学运动员阮莉俪/吴心怡夺得第十四届全运会竞技项目的首枚金牌，这也是江苏省第十四届全运会首金。

【张雨霏获东京奥运会女子200米蝶泳冠军】 7月29日，在女子200米蝶泳决赛中，南京体育学院运动员张雨霏为中国代表团再添一枚金牌，这枚金牌是中国游泳队在东京奥运会上获得的第一枚金牌，是江苏运动员在本届奥运会上收获的首枚金牌。

【*3名运动员与队友在2021苏迪曼杯比赛中夺冠*】 在10月3日芬兰万塔结束的2021苏迪曼杯世界羽毛球混合团体锦标赛上，运动员石宇奇、陆光祖、何冰娇与队友组成的中国羽毛球队战胜日本队，成功卫冕，历史上第12次夺冠。此次夺冠为南京体育大学新增世界冠军2人。

7月12日，南京体育学院运动员阮莉俪、吴心怡夺得第十四届全运会竞技项目首枚金牌（南京体育学院 供图）

【教育教学】 完善教学质量保障体系，建成校内教学基本状态数据平台，开展全员教师教学质量评价，构建专家评价、同行评价、学生评价“三位一体”课堂教学质量评价体系。深化“多元融合人才培养”理念，创新构建“1+2+X”人才培养模式，制定出台《体育类高质量应用型人才多元融合培养改革方案》，为体育强国、体育强省建设培养更多复合型优秀专业人才。加强一流专业和精品课程建设，新增国家一流本科专业1个、省一流本科专业1个，完成体育教育师范类专业二级认证申请，成立8个校级优秀课程教学团队，获批省级一流课程14门、省助力乡村振兴在线开放优质课程5门、省教育改革课题3项、省重点教材2项。荣获省教学成果特等奖1项、省教育研究成果奖一等奖1项、三等奖2项；获省教师教学创新大赛特等奖1项、省高等学校微课教学比赛一等奖2项、二等奖5项、三等奖1项；新增本科专业实习基地3个。深入实施招生“阳光工程”，新增4家优质生源基地，全年录取本科新生1114人，成人教育本专科生82人，7名同学获“江苏省三好学生”称号，3名同学获“江苏省优秀学生干部”称号，4个集体被评为“江苏省先进优秀班集体”，3名同学被评为“江苏省优秀毕业生”。严抓毕业生就业工作“一把手”工程，举办多场毕业生专场线上招聘会，年终就业率达到江苏省高校招生就业指导服务中心要求。顺利完成2021年艺术类、体育类等各项招生考试，做到“考试录取无差错，考风考纪零投诉”；顺利完成江苏省14个基地370名学生运动员的拟试训任务和招聘运动员文化考试任务。注重学生实践和科研能力培养，获国家级大学生创新创业训练计划项目19项、省级59项，省优秀本科毕业论文6篇；学生参加各级各类竞赛取得优异成绩，获2021年全国高校体育教育专业学生基本功大赛团体一等奖，省“互联网+”大学生创新创业大赛三等奖2项，第十七届“挑战杯”大学生课外学术科技作品全国竞赛三等奖1项，江苏省选拔赛特等奖1项、三等奖3项，红色专项活动江苏省选拔赛二等奖1项。其他省级以上各类学科竞赛，共获得特等奖2项、一等奖8项、二等奖15项、三等奖13项；省级以上各类体育赛事第一名139个、第二名75个、第三名112个。积极推进国际交流合作，与韩国水原大学、英国坎布里亚大学等多所海外高校建立合作伙伴关系；与美国罗克福德大学开展中外合作办学，完成首届新生招生入学，开启学校本科生国际化培养的新征程；选派10名优秀学生赴澳门名校交流学习。

【学科科研】 坚持以优势学科建设为核心，推进优质资源平台建设、创新团队建设和人才队伍培养,省优势学科三期项目有序推进;以博士学位授予单位建设为抓手,实施"找准差距补短板、发挥优势亮特色、集中资源保重点"攻坚策略,扎实推进申博工作有序开展;落实"学科带头人计划",选聘4名学科带头人、16名学术带头人、51名学术骨干,组建16个学术团队。推进研究生教育综合改革,完成学术学位4个方向和专业学位5个方向研究生培养方案修订工作,新增博士生导师1名;研究生培养质量持续提升,获江苏省研究生培养创新工程项目44项,获第九届江苏省体育学研究生教育创新论坛特等奖1项、一等奖3项。科研创新实力不断增强,获批国家级项目7项、省部级项目13项,其中1项为国家社科基金重大项目,实现了学校在该项目的历史性突破。科研成果产出质量双升,全年共发表各类论文300多篇,其中SCI(E)、CSCD、CSSCI、北大核心期刊论文102篇;资助出版学术著作8部,获各类知识产权8项;获省部级以上科研奖项9项;3位教师荣获"全国体育系统十佳科普讲解员"和"全国体育系统优秀科普讲解员"称号。强化科研管理和平台建设,省部级平台"江苏省体能训练与运动康复技术研发军民融合创新平台"获批立项;"运动与健康工程"协同创新中心三期培育建设工作有序推进,协同创新中心"四年发展规划"获江苏高水平大学建设领导小组批准。持续加强实验室建设,建成实验动物房并投入使用,运动医学联合实验室改造工作稳步推进;切实加强实验室安全管理,确保学校实验室教学和科研工作安全有序开展。学术期刊影响力持续提升,《体育学研究》更改刊名仅四年时间就成功入选CSSCI来源期刊,并再次入围"北大中文核心",圆满完成期刊建设"双核"目标。深化校地合作,完成多个地方体育"十四五"发展规划编制工作。

【竞技体育】 抓好疫情防控新形势下训练备战参赛工作,东京奥运会和陕西第十四届全运会等重大赛事取得佳绩。学校共有13名运动员、5名教练员、5名工作人员23人参加东京奥运会,共获得2枚金牌、4枚银牌、1枚铜牌,金牌奖牌超过2016年里约奥运会,完成奥运参赛任务。第十四届全运会赛场上,学校共获得16枚金牌、14枚银牌、12枚铜牌,金牌数为十运会以来客场参赛最多,同类项目金牌、奖牌总数排名全国第3,为江苏代表团取得奖牌第3、金牌第4、位居全国第一方阵做出重要贡献。羽毛球队运动员与国家队队友再夺"苏迪曼杯""尤伯杯"双赛冠军。新增奥运冠军1人、世界冠军4人,学校奥运冠军增至16人,世界冠军增至105人。17人荣获省委省政府"省部级表彰奖励"(1人获唯一的"江苏省体育发展杰出贡献个人"称号,16人获"江苏省体育发展突出贡献奖"称号),30人荣获省委省政府"记大功"奖励;6支运动队和19名运动员荣获"体育道德风尚奖"。制定实施《第十五届全运会周期优秀运动队教练员聘任方案》,为新周期训练备战工作开好头起好步奠定基础。组织开展反兴奋剂教育准入、行踪申报管理培训等教育讲座,有效运用"纯洁体育"平台,强化运动员行踪信息申报,层层压实反兴奋剂责任。加强复合型科技攻关与创新团队建设,研究制定《复合型训练攻关与创新团队管理办法》和《训科医管一体化复合型团队建设提质增效行动计划》,选派专业人员跟驻国家队,做好重点运动员伤病防治、损伤康复、营养补充、心理调控等科技服务工作,为张雨霏等重点队员在东京奥运会和陕西全运会赛场上勇创佳绩提供强力保障。 (王 欢)

·玄武开放大学·

【概况】 2021年,学校继续以"博雅教育"为办学思想,深入践行"爱的教育",持续推动"博雅学校"建设,以"博"文化核心理念为引领,"立德树人"为根本任务,以提高质量为核心,以开放大学建设为重点,以改革创新为动力,以全民学习的服务平台、终身学习的支持体系为社会定位,以提升社区居民素质、助力职业人成长为学校培养目标,立足区域文化特色,推进社区教育创新发展。确保高职教育顺利过渡,成人教育始终在全市走在前列,社区教育在全省走在前列,增强玄武开放大学的品牌度、美誉度、质量度,办好人民满意的教育。学校获南京开放大学"优秀办学单位""社区教育先进单位""招生工作先进单位""教育教学管理先进集体"等称号。

【博雅教育】 学校以践行“爱的教育”为主线，以“博”为文化核心理念，以“三风一训”（“博学”校风、“博爱”教风、“博习”学风、“博雅”校训）的营造为出发点，构建“博学、博爱、博习”的行为文化和“博雅”的终极目标。通过“博雅党员”“博雅青年教师”“博雅班主任”“博雅管理人员”等系列评比，“青年教师博雅论坛”等活动，积极探索以“博雅教育”为学校特色的内涵，培养“包容、互融、共荣”的学校精神，利用教师培训会和专业教师教研会，学习“博雅教师智慧课堂”的相关要求，践行“三精”（精心、精细、精致）的管理理念，用三心”（用心、尽心、精心）服务理念，将“博雅润心智”的核心价值观转为全体教职工的教育教学实践和追求。开展第八届“博雅”青年教师、班主任、党员、管理人员评比活动，激励教师工作热情，营造“爱的教育”情怀。

【课程设置】 学校依据专业特点和育人目标，在课程改革中体现“目标整体，结构多元，尊重选择，差异发展”的要素，整合基础、实践、网络、社团、人文、德育等六大课程板块，完善“智慧和儒雅，让青春更精彩”课程方案，以“智慧课堂”（“构建动场，唤醒智慧”“自主学习，启迪智慧”“合作探究，实践智慧”“反馈迁移，内化智慧”）、“兴趣课堂”（“文化陶冶”“艺术涵养”“科技运用”“运动休闲”）、“网络课堂”（“互联网+”、卓越智慧课、尔雅通识课）和“博雅课堂”（“雅言雅行、雅仪雅礼、雅尚雅趣、雅量雅情、雅风雅德”），提升教育教学质量，为学生提供多元发展，促进学生全面发展，提升学生人文素养，努力培养“四博四雅”的博识之人、儒雅之士。2021年，学校毕业生132人，完成市校就业指导中心相关工作安排。

【“专接本”教学探索】 学校把“专接本”工作纳入学校发展的统一规划和品牌建设中，优化五年高职与专接本课程安排和招生衔接。从招生宣传、日常教学管理到课程报考、提出了“高质量、树品牌”的目标。11年来取得显著成果，连续7年荣获南京财经大学“专接本”先进办学单位。2021级接本招生达到74人，2021年在读本科总人数297人。12月，学校“专接本”2019、2020、2021级会计学、金融学、市场营销专业本科6个班在4月和10月全国自学考试中，课程总体合格率达到96.57%。2019级“专接本”毕业率达到90.68%；学士学位取证率51.69%。

【校企合作】 2021年，学校继续与北大青鸟Aptech联合办学（TC精英教育），采取“学历+技能”教育为核心的职业教育模式，为部分在校第五年的学生提前入职专门开设平台。学生培训合格获得相关证书后，由北大青鸟Aptech负责推荐至阿里巴巴、淘宝网、腾讯科技、联想集团、北大方正、苏宁云商、清华同方、宏图高科等多家知名企业就业。2021年，学校与江苏动铁集团联合办学，采取“校企合一”的高技能人才订单式培养模式，实现就读即就业的“无缝接轨”。2018级旅游管理专业全员参与实训，2021年9月下旬，2018级3班24人于东郊国宾馆开展教学实训。2017级旅游管理全体参与实习，累计参加实习实训了118人次。

（周　洁）

社区教育

【概况】 2021年，玄武开放大学践行新思想，坚持文化立校、开放兴校、品牌建设、创新发展的学校发展目标，以全民学习的服务平台，终身学习的支持体系为社会定位，提升社区居民素质，助力职业人成长为学校培养目标，立足区域文化特色，推进社区教育创新发展。全年在党史学习、课题研究、业务指导、项目培训、课程开发、智慧助老、联盟建设以及学习体验基地打造等方面着重发力，成绩显著。“玄武社区学堂”以“博学、博雅、博爱”三博人文精神为引领，采用“点—线—面”结合的运作方式，学堂进社区、学校、机关和企业，坚持“贴近居民多元化学习需求、贴近居民生活实际、贴近区域历史文化特色”，架构起社区居民15分钟学习生活服务圈，构筑了一条涵盖社区各层面居民、覆盖人生每个阶段的“终身教育链”。

“玄武社区学堂”坚持16年初心不变，树立“适性的就是最好的”课程理念，内涵不断丰富，学习载体不断拓宽，课程内容不断拓展，形成“玄武历史文化大讲堂”“三微课堂”“民间艺术课堂”“85后父母学堂”“银发学堂”

12月3日，玄武区举行2021年全民终身学习活动周开幕式
（区教育局　供图）

"博学玄武学习在线——线上课堂"等多维度学习平台，不断满足居民日益增长的学习需求。

【特色活动】　以市社区教育品牌项目"三微课堂"为载体，开展"三微课堂之永远跟党走·奋进新时代"群众性主题教育活动，反映新时代社区党群一心、同舟共济、实干奋进的精神风貌；以东部战区将军团为资源，开展"将军进社区、进校园讲党史"系列活动；以"3D+区域终身学习发展共同体"为平台，举办8场主题教育联学联动直播接力活动，将党建与社区教育深度融合，用红色文化教育引导社区党员群众、青少年学生铭记历史，坚定信仰，传承红色基因，赓续红色血脉。

2021年，围绕江苏省成人教育协会重大课题"传统文化进社区的实践与理论研究"，开展"匠心传承·大美民间——传统文化进社区"系列培训——金陵竹刻、纸扎染、茶道养身、国学经典、剪纸等传统文化课程培训。其中，金陵竹刻走进社区开展培训8场，海英小学24场；纸扎染走进社区开展培训9场，累计参与培训2500多人次。

"85后父母学堂"是学校近年来打造的一个家庭教育项目，于2021年6月获得"南京市终身学习品牌项目"。为了扩大公益品牌的受众面，线下，根据园方和家长的需求提供菜单式培训，邀约专家进园授课；线上，12月18日，与玄武区家长学校总校合作，通过"南京学习在线"抖音直播平台，举办"85后父母学堂"抖音直播活动，获得近万人点赞。

2021年，注重课程开发，联合南京开放大学共同录制优质线上资源——金陵竹刻等10个项目共20集非遗课程，便于广大市民在线学习；联合区教师发展中心开展"社区教育优秀微课"评选，推荐40余门微课参加市级微课大赛，荣获2个一等奖，6个二等奖，6个三等奖，15个优秀奖，推动了区域特色课程建设；多地联动，共同编印《家庭教育》读本，推动了"家庭—学校—社会"教育三位一体发展；邀约非遗项目传承人共同编印《纸扎染》读本，便于全区居民传承和发扬传统文化；注重实践体验，打造"金陵竹刻""茶道养身""梅好生活学院"等传统文化学习体验基地，让更多的人走进非遗，了解非遗，更好地弘扬和传承中华优秀传统文化。其中，"梅好生活学院"于12月荣获"江苏省社会教育学习体验基地"。

【智慧助老服务】　2021年，创新授课形式，长、短训相结合，开设朗读班、昆歌声乐初级班、声乐中级班、葫芦丝班、服饰班、舞蹈班等7个长训班，诗词与摄影、插花培训、烘焙培训、数独游戏等4个短训班，满足社区居民的不同需求；线上、线下相结合，开展了416场"博学玄武"智慧助老——教老年人学用智能手机的专项行动，受益老年居民达12788人次。在"首届全国老年教育教学成果展"参评中，报送的节目《跟着走》获朗诵类一等奖，学校获优秀组织奖（江苏唯一）。

2021年，玄武区社区教育有7次活动在"学习强国"上发布。江苏卫视、江苏教育频道、南京新闻频道、南京教科频道、《扬子晚报》《南京晨报》《交汇点新闻》、南京学习在线、江苏学习在线、享学网、玄武教育发布等平台及媒体多次报道了玄武区社区教育活动成果，进一步提升了学校的影响力，提高了美誉度。　（缪　勇）

（栏目编辑　时蔓菲）

科学技术

科技管理
科学普及
科学人才
科研院所

科技管理

【概况】 深入落实引领性国家创新型城市发展战略，聚焦产业发展，坚持不懈激发双创主体活力，不断优化创新生态体系，着力推动了玄武硅巷建设、科创森林培育和双创载体提升，取得万家企业法人高新技术企业数量名列主城前茅的成绩，助推最具竞争力的创新高地建设不断深化拓展。

【硅巷建设量质齐升】 “一中心三片区”的硅巷建设运营格局基本形成。锦创数字产业园等4个新建项目12.3万平方米硅巷载体获南京市城市硅巷备案，累计建成备案硅巷载体18个，面积达45.3万平方米，落户新型研发机构3个，集聚科技型企业665家，其中高新技术企业75家、科技型中小企业119家，签约科技创新服务机构113家，累计开展创新活动、品牌活动177场，备案硅巷在南京市城市硅巷绩效评价中获第二名。出台《玄武区硅巷绩效资金使用管理办法》，举办“南京城市硅巷建设推进会暨南师大玄武科技园开园仪式”，成立玄武硅巷联盟，建立联盟工作机制，形成玄武“C梦巷”建设品牌，不断凝聚向心力，建设运营“玄武硅巷”微信公众号，打造外部科创资源“接入端”，提升吸引力。

【科创森林初具规模】 出台《玄武区高新技术企业引培工作实施细则》，强化、支撑高新技术企业梯队培育。33家企业获江苏省民营科技企业认定，779家企业获科技型中小企业入库认定，3家企业获南京市创新型领军企业培育库入库，123家企业通过江苏省高新技术企业认定，招引70家市外有效期内高新技术企业整体迁入落地玄武，累计培育高新技术企业371家，每万家企业法人中高新技术企业占比名列主城第二。发挥政策支持和科技金融优势，支持企业快速成长、做大做强，17家初创科技企业获经济发展贡献奖励19.15万元，2家企业“新列入统计的规模以上企业新增经济贡献奖励”2.95万元，协助区内科技型企业申请科技银行政策性贷款申请额度超12亿元。

【双创载体提质增效】 江苏星创汇科技企业孵化器获省级科技企业孵化器备案，Innospace玄武众创空间、青联汇众创空间等2家获得省级众创空间备案，介孔空间获市级众创空间备案。东南大学国家科技园等4家省级以上大学科技园、孵化器获省科技型创业企业孵育计划奖励，梦想家众创空间等10家获市众创空间绩效奖励，组织召开全区科技企业孵化器、众创空间运营能力提升培训会2场。

（胡　华）

·成果转化·

【概况】 聚焦产学研合作，大力挖掘培育，强化成果转化平台建设和转化项目落地见效，指导1家企业完成省科技成果转化专项结题验收，推荐1家企业获省成果转化专项资金项目，3家新型研发机构通过市级备案，1家企业获省工程技术研究中心资质，5家企业获市工程技术研究中心资质，1家企业获省院士工作站资质。

【新型研发机构建设】 江苏集奥医工交叉技术研究院、百家汇精准医疗创新研发中心、江苏弘典中药产业研究院承办“2021首届苏南国家自主创新示范区高峰论坛”分会场，分别从研发、生产、临床应用等角度，阐述玄武区生物医药产业集群创新发展的精彩观点和理念。江苏集奥医工交叉技术研究院、江苏羽驰区块链科技研究院、南京亚门奇点区块链研究院等3家新型研发机构通过市级备案；新型研发机构累计总投入资金49743.32万元，年度新型研发机构主体和孵化引进企业营收12.82亿元；孵化企业引进企业328家，在岗科研人员和管理人员413人，累计发明专利数266项。

【科技成果转化】 江苏柯菲平医药股份有限公司“1类新药盐酸柯诺拉赞(H008)片的研发及产业化”项目成功入选省科技成果转化专项资金项目，获得1400万元项目支持。南京誉葆科技有限公司完成省科技成果转化专项结题验收。速度时空信息科技股份有限公司、江苏弘典中药产业研究有限公司等11家参加首届江苏产学研合作对接大会，备案合同467万元。全年玄武区在江苏省技术合同登记服务平台登记的技术合同8629件，成交总金额达75.06亿元。

【科技研发平台建设】 江苏瑞德信息产业有限公司等5家企业获市级工程技术研究中心资质，南京市城市与交通规划设计研究院股份有限公司获批建设省级工程技术研究中心项目，速度时空信息科技股份有限公司获省院士工作站资质。江苏金思维软件有限公司入选市级科技服务骨干机构培育库，大汉软件股份有限公司等3家企业进入南京市创新型领军企业培育库。先声药业公司“转化医学与创新药物国家重点实验室”绩效评估结果优秀并获100万元奖励，其他各类创新载体平台活动获各类奖补资金900余万元。 （廖明超）

科学普及

【概况】 2021年玄武区科协在区委区政府的领导下，在市科协的指导帮助下，紧紧围绕中心工作，推进“防疫+”科普工作机制，守正创新，着力提升“四个服务”水平，加强自身建设，推进科协系统改革举措落实。《区会共建引领科普科幻大发展——小红梅“生活科学家”养成计划》入选江苏省2021年县级科协“四服务一加强”单项工作创新案例。区科协获得中国科协2016—2020年度全国科普示范区总结评估优秀单位奖，并被中国科协评为2021—2025全国科普示范区创建单位。

【服务科技工作】 推荐江苏星辰数字科技有限公司总经理姜华，江苏先声药业有限公司副总经理罗兴洪参评第十四届南京市“十大科技之星”。走访和调研东南大学、南京农业大学、南京理工大学、中国林业科学研究院林产化学工业研究所、江苏省农业科学院和南京林业大学等科研院所，与科学家代表座谈，畅谈科研工作和科研工作者关心的话题，征集科研工作者意见建议200多项，开展清单化协调督办落实，为科技工作者办实事50件。联合区域内新型研发机构、科研所和科研载体运营机构共同发起成立玄武硅巷联盟，建立联盟科技工作者之家。在全国科技工作者日之际，组织和开展相关系列活动，弘扬科学家精神，表彰优秀科技工作者，宣传科技工作者先进事迹，推荐中科院南京古生物研究所陈哲研究员获得江苏省科协“我身边的科技工作者”评比活动全省一等奖。

【服务创新发展】 组织南京创通微新通信有限公司、南京柯视镁影光电技术有限公司、赛特斯信息科技股份有限公司、南京拓灵智能科技有限公司、南京矽志微电子有限公司和中科院南京天文仪器有限公司等6家企业9个项目申报“讲、比”活动；组织南京理想农业、赛特斯2家企业进行金桥工程资助考评和验收。组织申报和成立东南大学国家科技园海智基地，并获引导资金支持。走访辖区内企业、高校，宣传知识产权扶持政策，深入了解企业和高校的知识产权情况及存在的困难，听取企业和高校的建议，切实为企业和高校做好服务。与区知识产权局、徐庄高新区、区法院联合举办了主题为“全面加强知识产权保护，推动构建新发展格局”的2021年世界知识产权日宣传活动，通过主题演讲等活动，强化知识产权宣传普及，聚焦知识产权运用，提升企业知识产权保护意识，推动知识产权保护工作迈向新台阶。联合徐庄高新区、区地方金融监督管理局等相关部门机构，举办两届知识产权质押融资专场活动，通过银企对接、政策解读，扩大知识产权质押融资覆盖范围，助力企业化“知产”为“资产”，为企业创新提供发展动力。围绕服务区主导产业发展，组织四期“科协大讲堂”进机关专题讲座。积极申请并承担了省科协十大代表重点课题“多学科融合的现代工程和技术科学研究平台建设路径研究”的专项研究工作。

【科学普及公共服务】 着力打造“社会大协作，你我同参与”的大科普氛围，确保社区科普“季季有主题、月月有活动”。组织近万人参与南京市第四届公民科学素质知识竞赛和江苏省公民科学素质知识竞赛、6.5万人次参加答题，玄武区获得优秀组织奖。开展大型科普活动和志愿服务。组织开展玄武区2021年“全国科技活动周”暨江苏省第三十三届科普宣传周活动，通过形式多样的展览展示和科普志愿服务，宣扬了党领导中国科技发展的百年辉煌历程，组织街

5月22日，在南京理工大学实验小学举办玄武区2021年"全国科技活动周"和第33届科普宣传周主场活动　（区科技局　供图）

道(园区)科协，积极开展各种形式的科技志愿服务活动30余场次，营造了全区浓厚的科普氛围。创新周期间，设立13个网红打卡点，其中玄武区金鹰天地打卡点最终得票总数为2万张，入选南京创新周十大打卡点，营造了"全民感知创新"的浓厚氛围。获江苏省科协科技志愿先进典型和2021年江苏省"全国科技活动周"暨江苏省第33届科普宣传周优秀组织单位奖等荣誉。玄武区组织开展的全国科普日主场活动被中国科协表彰为全国科普日活动优秀组织单位。

【青少年品牌科普】　依托"区长奖"活动平台，组织玄武区第四届青少年科技创新区长活动，通过广泛宣传动员，组织全区科技辅导员专题培训，不断提升活动的质量，全区近1000多学生踊跃递交参赛作品，最终遴选产生获奖学生38人，表彰优秀科技辅导员28人，优秀组织单位6家，并以区政府发文进行表彰，有效促进和带动了全区青少年科技创新活动的开展和质量提升。开展流动科技馆走进玄武区系列活动，在红山街道和十三中红山分校校园，精挑细选的科技科普展览让社区居民和学校师生近距离体验科技盛宴。继续推出玄武特色的"青少年科普体验游"，共主办玄武区"七彩假期"爱心公益暑托班科技夏令营活动，组织约220名中小学生在紫金山天文台、南京古生物博物馆、紫金山昆虫博物馆和海底世界开展科普幕后之旅，挖掘孩子们科学探索的能力，培养孩子对科学的兴趣。

【科普基础设施建设】　充分发挥社区科普大学、科普教育基地等科普主阵地的示范效应，组织辖区内科普教育基地开展大联动活动。更新和布设科普画廊展墙近500平方米；组织和支持全区59个社区大力开展社区科普大学教学活动，年开展教学活动近300场次；与梅园新村街道科协、小红梅青年学习社和江苏省科普作家协会科幻专委会继续共同打造理性边界科普科幻系列活动10次。整合发挥辖区内科教资源优势，广泛动员社会力量参与和支持科普工作，定期召开玄武区科普教育基地暨协会联席会议，搭建平台，吸引社会力量参与科普事业。组织召开全区科普教育基地座谈会，在2021年全国科普日之际成立玄武区科普教育基地联盟，构建资源共享、共治、互通、协作的平台，发挥合力，聚焦优质资源和特色项目，取长补短，共同促进。

【应急科普】　积极采取多种途径和手段开展以疫情防控为主要抓手的应急科普工作，统筹利用各类传播渠道，以群众易于理解的科普化方式提升传播效果。借助科普中国信息平台，积极组织街道社区科普信息员开展疫情科普宣传。在"玄武发布"微信公众号平台上面向广大公众开展网上"创新引领　科学防疫科"玄武区防疫科普知识有奖竞答活动，全区5.5万人参与活动，有效地提升了公众识谣、辟谣和科学防疫的能力。编撰《应急手册》，制作防疫科普宣传墙报、海报和宣传单5000余份，分送到街道社区，发放到居民百姓手中。与区教育局联合围绕疫情防控开展应急科普网上活动展播，组织辖区学校广泛开展防疫相关的应急科普知识宣传活动，遴选23所学校开展特色应急科普演练和防疫文化宣传周，近2000多名学生直接参与校园防疫科普宣传等活动。（何　斌）

科技人才

【概况】 聚焦紫金山英才计划，全面推进各项科技人才工作。16人入选创新型企业家，46人入选区级高层次创新创业人才，19人入选市级高层次创新创业人才。2人入选国家外国专家项目，1人入选省“外专百人计划”。南京途牛科技有限公司于敦德等16人入选创新型企业家项目。南京贝湾信息科技有限公司等11家企业获得贷款贴息超400万元。

【紫金山英才计划高层次创新创业人才项目】 组织参加中国国际人才交流大会、中华门创将大赛、南京留交会等人才活动，对接海内外高层次人才。217人申报玄武区高层次创新创业人才项目，93人参加区级答辩评审，古鹏等46人入选区级人才，王锦军、黄宏琪、古鹏、徐祖朋、刘佳雯、Balamurugan JEGANATHAN、周峰、付雅媛、陈平、徐甜甜、叶晶、卢大伟、邢芳俭、何涛、鲁逸人、李金福、任皓、王敬宇、丁智19人入选市级人才。向区级高层次创新创业人才企业分别兑现50万元区级扶持资金，合计2150万元。

【外国专家管理】 中科院南京天文仪器有限公司和江苏先声药业有限公司等2家入选2021年度国家外国专家项目，资助经费均为40万元。中科院南京天文仪器有限公司获得江苏省引进外国人才专项百人计划长期项目立项，资助经费50万元。 （赵洪颜）

5月22日，在南京理工大学实验小学钱维区长为玄武区第四届青少年科技创新区长奖获奖选手颁奖 （区科技局 供图）

科研院所

·中国科学院南京地质古生物研究所·

【概况】 截至2021年年底，中国科学院南京地质古生物研究所（以下简称“南京古生物所”）共有在职职工171人。有中国科学院院士3人、正高级专业技术人员48人、副高级专业技术人员46人。有国家杰出青年科学基金获得者6人（新增1项），优秀青年科学基金获得者3人，国家人才计划入选者4人（新增1项），从美国、英国和中国香港地区全职引进优秀青年科技人才3人。设有古生物学与地层学、地球生物学、资源与环境（地质工程）和矿物学、岩石学、矿床学4个专业二级学科硕士研究生培养点，古生物学与地层学、地球生物学和矿物学、岩石学、矿床学3个博士研究生培养点，并设有博士后流动站，共有在学研究生102人（其中硕士生49人、博士生53人）、在站博士后11人。

【科研项目】 2021年，南京古生物所共有在研项目172项（包括新增项目41项）。其中，承担国家人才计划2项（新增1项），参加其他单位负责的国家重大科技专项专题1项、国家重点研发计划2项（新增1项）、国家科技基础资源调查专项2项、教育部长江学者项目1项（新增1项）；主持国家自然科学基金重点项目5项（新增1项）、面上项目40项（新增8项）、重大项目课题2项（新增1项）、创新研究群体科学基金项目1项、杰出青年科学基金项目2项（新增1项）、优秀青年科学基金项目1项、青年科学基金项目28项（新增5项）、外国青年学者研究基金项目2项（新增2项）、专项基金1项，参加外单位基础科学中心课题1项、重大研究计划课题1项、重大项目1项、重点项目1项（新增1项）、联合基金1项、面上项目1项；承担中国科学院战略性先导科技专项子课题32项，院人才支撑体系专项项目4项（新增4项），院前沿科学“从0到1”原始创新项目1项，院青年创新促进会项目12项（新增3项），院前沿科学重点研究项目1项，院其他项目6项（新增4项）；主持江苏省自然科学基金项目8项（新增3项）；承担地方政府委托项目1项，参加其他省份自然科学基金项目1项（新增1项）；承担大中型企业委托项目10项（新增4项）。

【科研成果与知识产权】 2021年，南京古生物所共发表学术论文455篇，其中含《自然指数》论文19篇，出版著作19部，授权发明专利2项，计算机软件著作权登记4项。“内蒙古早白垩世新化石揭示被子植物起源之谜”“晚古生代化石宝库‘植物庞贝城’系统研究”“青藏高原柴达木盆地典型埃迪卡拉化石的发现及其古地理意义”3项成果入选2021年度中国古生物学十大进展，一项成果获评第六届中国科协优秀科技论文奖。组织出版《中国各纪地层及标准化石图集》《地层“金钉子”》《中国各纪岩石地层划分和对比》等系列图书专辑，为全球和中国区域地层划分和对比提供重要标准。与各大石油公司就相关资源地层的基础科学问题组织了系列攻关，实验技术和大数据支撑服务能力得到显著提升。南京古生物博物馆自2021年元旦开始向公众免费开放，年内接待参观超过19.3万人次，举办“第九届全国化石爱好者大会”等系列科普活动，荣获“典赞·2021科普中国”十大科普作品等十余项荣誉。

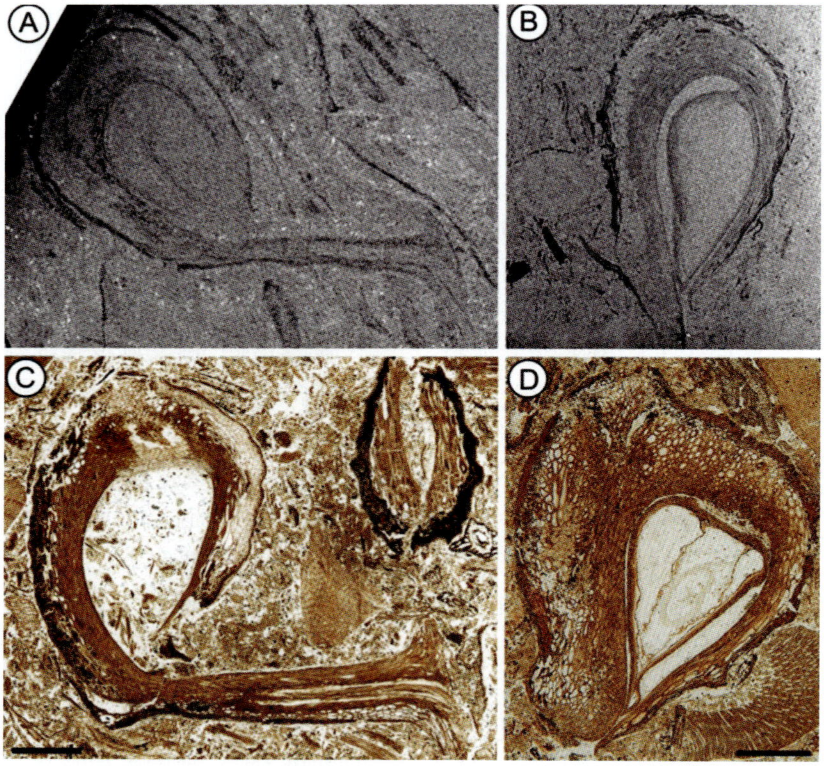

内蒙古早白垩世硅化的盔籽植物解剖结构

（中国科学院南京地质古生物研究所　供图）

【学术交流合作】 2021年，南京古生物所隆重庆祝了建所70周年，主办了古生物、精时地层及化石能源国际学术研讨会，建成并开放所史馆暨李四光先生办公旧址。 （陈孝政）

·中国科学院国家天文台南京天文光学技术研究所·

【概况】 中国科学院国家天文台南京天文光学技术研究所（以下简称“南京天光所”）是我国天文与光学高新技术的重要科研和发展基地、国家大中型天文望远镜及仪器设备的研制基地，以及天文技术与方法高级人才的培养基地，拥有中国科学院天文光学技术重点实验室和江苏省外国专家工作室，是江苏省先进光学制造技术高技能人才培养基地。

截至2021年年底，南京天光所共有在职职工205人，其中专业技术人员134人、技术工人55人。有两院院士3人（1人兼发展中国家科学院院士），海外引进高层次人才4人。有研究员及正高级工程技术人员17人、副研究员及高级工程技术人员61人。2021年，9人进入“江苏省333高层次人才培养计划”遴选终审，2人获中国科学院特别研究助理项目资助。设有天文学、光学工程等2个一级学科和天体物理、天文技术与方法、精密仪器及机械等3个二级学科博士、硕士研究生培养点，1个电子信息全日制专业学位的培养点，并设有天文学、光学工程等2个专业一级学科博士后流动站。有博士生导师19人，硕士生导师39人，在学研究生73人（其中硕士生50人、博士生23人），在站博士后7人。

12月16日，“崔向群星”命名仪式暨中国大型光学望远镜前沿技术学术研讨会
（中国科学院国家天文台南京天文光学技术研究所　供图）

【科研项目】 2021年，承担国家自然科学基金重大科研仪器3项、重点项目1项、面上项目26项（新增4项）、青年科学基金项目10项（新增2项）、天文联合培育4项、天文联合重点3项、院战略性先导科技专项课题1项、院重大科技基础设施维修改造项目1项，新增委托研制项目43项。

空间站巡天空间望远镜系外行星成像星冕仪（CPI-C）通过初样设计评审，巡天模块无缝光谱组件转入初样鉴定件研制；先进天基太阳天文台（ASO-S）卫星的全日面矢量磁像仪（FMG）正样研制顺利；持续运行和维护国家重大科技基础设施LAMOST望远镜，获2021年重大科技基础设施运行二等奖，为稳定产出高质量观测数据和重大科学成果提供保障，积极推进LAMOST二期工程；中国与西班牙天文合作重大项目“西班牙10米望远镜GTC高分辨率超稳定光谱仪研制”成功立项；与加州理工学院合作的帕洛马天文台Hale望远镜新一代光谱仪（NGPS）研制方案通过国际评审；积极推进国际合作项目30米望远镜（TMT）镜面加工和宽视场成像光谱仪研制；为国内大学和天文台研制的口径分别为2.5米、1.9米、1.6米和1.2米的望远镜均取得了良好进展；南极AST3-3望远镜在云南姚安开展测试观测，首套极区碎片监测系统通过验收并参加第38次南极科考实现越冬观测；光学传递函数测量仪完成产品样机并通过中国计量院检定；在天文和空间光学先进制造技术、大型望远镜子镜加工技术、大口径高精度光学薄膜、超分辨成像、天体生物学等研究领域均取得新进展；各类国家和江苏省自然科学基金项目均进展顺利。

【科研成果与知识产权】 “极端环境下天文仪器驱动系统非线性干扰补偿与潜隐故障无缝自愈技术及其应用”和“中国小望远镜阵列CSTAR”进入2021年江苏省科学技术奖三等奖拟授奖之列，南极巡天望远镜研制团队获第十七届中国青年女科学家奖团队奖。此外，申请发明专利40件，外观设计专利1件，实用新型专利1件，提交PCT2件；授权发明专利20件，澳大利亚革新专利1件；发表论文56篇；合作完成著作《Physical Optics》。

【学术交流与合作】 积极开展学术交流和国际（地区）合作。成功举办第九届海峡两岸天文望远镜及仪器学术研讨会、“崔向群星”命名仪式暨中国大型光学望远镜前沿技术学术研讨会等重要学术活动，全年举办了20次线下学术报告；此外，通过线上和线下相结合，积极参加中国天文学会年会和SCAR国际会议等学术交流研讨。

【科研条件建设】 为推进大型光学红外望远镜项目，同时服务于中等尺度天文望远镜研制项目，研究所持续推进5米环抛机、共相拼接平台、2.5米镀膜机、3.2米箱式真空镀膜机的研制和建设。麒麟新园区建设方面，还建科研实验楼项目进入收尾和验收阶段，“十三五”科教基础设施平台项目顺利开工，自筹自建十万级洁净实验环境建设项目，获得院基建批复并完成立项工作。研究所进一步加强各类体系建设，通过质量体系资格认证，完成网络信息化平台系统二级等保备案。

【科教融合】 作为中国科学院大学南京学院的主要承建单位之一，完成天文与空间科学技术学院建设方案论证、师资队伍组建和课程建设等工作，为天文与空间科学技术相关领域青年人才培养提供了支撑和保障。

（郑　健）

·中国科学院南京地理与湖泊研究所·

【概况】 中国科学院南京地理与湖泊研究所的前身系1940年8月在重庆北碚成立的中国地理研究所，1958年更名为中国科学院南京地理研究所，1987年改为现名。中国科学院院士黄秉维、任美锷、周立三曾先后担任过所长。

研究所是全国唯一以湖泊—流域系统为研究对象的综合研究机构，主导着中国湖泊科学的发展方向，并在国际上具有重要影响。研究所面向学科前沿和国家需求，长期聚焦湖泊—流域关键过程与多要素相互作用机理、湖泊—流域系统演变及对人类活动的响应与综合管理两大基础科学问题；围绕湖泊生态系统演化、湖泊环境治理、流域地理与可持续发展三大学科领域，着力发展湖泊沉积与环境演变、湖泊生物与生态、物理湖泊与水文、湖泊环境与工程、湖泊—流域过程与调控、流域资源与生态环境、区域人文经济地理、遥感与地理信息科学8个研究方向，满足国家在湖泊—流域环境治理与生态修复、区域可持续发展规划与评估两个应用研究领域的重大需求，奠定研究所在国家科技创新体系中引领湖泊—流域科学创新发展的地位。

2021年，研究所统筹推进“十四五”规划编制和国家重点实验室重组。在分析当前国家发展要求、学科发展态势和总结“十三五”经验成效的基础上，加强谋划和研讨，明确研究所“十四五”时期发展的使命定位和发展思路，聚焦主攻方向和重大科研任务、新兴前沿方向和未来技术，高质量编制完成“十四五”规划。同时，聚焦国家重点实验室重组的学科方向、科技布局、发展目标，初步制定完成国家重点实验室重组方案。重组后，国家重点实验室名称将由“湖泊与环境国家重点实验室”调整为“湖泊环境与流域可持续发展国家重点实验室”，更加突出国家需求导向，突出学科特色优势。重组后的国家重点实验室将聚焦湖泊形成与环境演变、湖泊环境与生态修复、湖泊流域过程与效应、流域管理与可持续发展4个研究方向。

【科研项目】 2021年，研究所共有在研科研项目547项（包括新增项目264项）。其中，主持国家自然科学基金委创新研究群体项目1项、重大项目课题1项、重点项目5项（新增1项）、联合重点项目3项（新增5项）、国家杰出青年基金项目1项（新增1项）、国家优秀青年科学基金项目3项、面上项目106项（新增27项）；主持国家重点研发计划项目6项（新增1项）、课题6项；主持科技基础资源调查专项1项、课题2项；主持第二次青藏科考专题1项；主持中科院美丽中国先导专项1项，专题1项，课题及子课题15项。主持院重点部署项目2项，STS区域重点项目2项、院对外合作重点项目2项、院PIFI人才项目5项、院科普项目2项。

【科研成果】 2021年，研究所获省部级以上奖励5项，其中“大型水库水生态环境演变机制与水质安全保障”获环境保护科学技术二等奖、《湖泊科普系列丛书》获江苏省科学技术奖（科普类）、“湖泊蓝藻颗粒团聚过程与消除关键技术研究”获大禹水利科学技术二等奖、“浅水湖泊鱼类资源与水环境协同调控关键技术研究与应用”获中国水产科学研究院科学技术一等奖、“长江典型水域水环境与水生态监测技术创新与应用”获长江科学技术一等奖。研究所以第一单位发表论文326篇，其中SCI论文收录234篇，一区和二区高质量论文133篇；出版专著9部；申请专利34件，其中发明专利33件；授权专利47件，其中发明专利37件；申请软件著作权登记33件。

【科研成果转化】 2021年，研究所积极服务国家需求。太湖水专项成果“太湖流域水污染与治理成套技术”入选国家“十三五”科技创新成就展；作为主要技术单位编制的全国首部都市圈发展规划《南京都市圈发展规划》由国家发改委同意发布实施；推进完成太湖、鄱阳湖、巢湖、滇池等10个重要湖泊生态环境评估报告，为中国湖泊环境管理提供决策依据；牵头编制的《全球典型湖泊生态环境状况》正式发布并在中央电视台《新闻联播》节目播出；聚焦长江保护修复、长三角一体化发展、城市群洪水灾害应对防范等，10余篇咨询报告得到国家有关部门采纳。

2021年，研究所积极支撑区域经济社会发展，与地方政府部门、高校及相关企业签订合作协议7份；联合国内优势单位共建湖泊流域科学创新联盟，发起成立“长江经济带高质量发展合作研究联盟”，受聘为长三角中心城区高质量发展联盟合作智库。

截至2021年年底，研究所共有在职职工270人。其中科研人员206人，管理人员31人，支撑人员24人，包括研究员及正高级工程师56人、副研究员及高级工程技术人员87人。有国家级各类人才计划获得者16人。

研究所是1981年国务院学位委员会批准的自然地理学硕士学位授予权单位之一，设有地理学、环境科学与工程2个一级学科博士研究生培养点，自然地理学、人文地理学、地图学与地理信息系统、环境科学等4个二级学科博士研究生培养点，自然地理学、人文地理学、地图学与地理信息系统和环境科学等4个二级学科硕士研究生培养点以及资源与环境类别工程硕士（环境工程、城市与区域规划2个研究方向）全日制专业学位培养点，并设有地理学一级学科博士后科研流动站。共有在学研究生230人，其中硕士102人，博士128人（含留学生5人）。

研究所现设有湖泊与环境国家重点实验室、中国科学院流域地理学重点实验室、中国科学院湖泊环境治理与生态修复工程实验室、所级公共技术中心、湖泊—流域科学数据中心，以及7个湖泊野外观测站［太湖湖泊生态系统研究站（国家站）、鄱阳湖湖泊湿地综合研究站（国家站）、抚仙湖高原深水湖泊研究站、呼伦湖生态系统定位观测研究站、天目湖流域生态观测研究站、东非大湖与城市生态研究站、千岛湖生态系统研究站］等科研支撑平台，其中鄱阳湖湖泊湿地综合研究站2021年被定为国家级野外台站。有50万元以上的大型仪器设备130台/套。

4月15日，全国政协副主席兼秘书长李斌（前排中）视察南京地湖所太湖湖泊生态系统研究站 （孙 昊 摄）

2021年，研究所完成资产管理公司南京中科地湖科技有限责任公司的设立工作；参股企业中科健康产业集团股份有限公司和南京中科水治理有限公司预计年产值4.89亿元，利润额1.63亿元。

【交流合作】 研究所是江苏省海洋湖沼学会、江苏省地理学会、江苏省遥感与地理信息系统学会、中国地理学会长江分会、中国地理学会湖泊与湿地分会、中国海洋湖沼学会湖泊分会、中国第四纪科学研究会生态环境演化分会、中国环境科学学会沉积物环境专业委员会挂靠单位。主办《湖泊科学》学术期刊。图书馆馆藏图书期刊约10万册，各种地形图约3万幅，航卫片5万余张；馆藏地方志4200余种44000多册，其中善本897种，孤本20余种；

2021年入选江苏省重点古籍保护单位。 （孙 昊）

·中国科学院土壤研究所·

【概况】 中国科学院南京土壤研究所（简称“南京土壤所”）成立于1953年，前身是1930年创立的中央地质调查所土壤研究室，是中国现代土壤科学研究的发源地。南京土壤所是全国唯一专门从事土壤科学综合研究的机构，拥有国际上分支学科最齐全的完整土壤学科体系，是土壤科学领域的国家级研究中心和高级人才培养基地。

南京土壤所的定位与目标是：面向国家粮食安全、生态环境安全、碳达峰碳中和重大战略需求和国际土壤科技前沿，针对我国耕地资源紧缺、土壤质量总体偏低、土壤污染防控形势严峻和农业资源利用率不高等重大现实问题，在耕地产能扩增、土壤生态环境质量提升主攻方向上承担国家重大科研任务，开展基础原创研究和关键核心技术攻关，为全国粮食安全保障和生态环境保护提供重要科技支撑。不断完善适应国家科技体制改革要求的科研组织体系与管理模式，集聚和培育一批高层次科技人才，完善全链条土壤科技创新平台，加强以我为主的国际合作与交流，着力发挥国家战略科技力量主力军作用，持续引领中国土壤科学的发展。

南京土壤所科研部门拥有土壤与农业可持续发展国家重点实验室、土壤养分管理与污染修复国家工程研究中心、中科院土壤环境与污染修复重点实验室、农业部耕地保育综合性重点实验室等重要研究平台；设有土壤资源与信息、土壤地力与保育、土壤环境与修复、植物营养与肥料、土壤生物与生态等5个研究部；拥有中科院生态系统研究网络土壤分中心，河南封丘、江西鹰潭、江苏常熟等3个农田生态系统国家野外科学观测研究站以及中科院三峡工程生态环境湖北秭归实验站。南京土壤研究所管理系统设有办公室（党委办公室）、科技处、人事处、财务资产处、研究生部、园区建设与后勤保障办公室、监督与审计室等职能处室。支撑系统包括期刊出版与文献情报中心和土壤与环境分析测试中心。

12月5日，“南土所星”（ISSCAS）发布仪式 （中国科学院土壤研究所 供图）

南京土壤研究所是中国土壤学会、江苏省土壤学会和全国土壤质量标准化技术委员会的挂靠单位；主办Pedosphere、《土壤学报》《土壤》等3份学术期刊，其中Pedosphere是我国唯一的土壤科学英文学术期刊，且被收录为SCI源刊。

【科研项目】 2021年，南京土壤所积极承担国家和院重大科技任务，新争取各类科技任务40余项，包括牵头承担的场地土壤环境容量与承载力量化方法、红壤关键耐逆微生物群的单细胞组学识别与调控（青年项目）2项国家重点研发计划项目，以及8项重点研发计划项目课题；中科院“黑土科技会战”先导专项项目“黑土地土壤退化过程与阻控关键技术”、中科院科研仪器设备研制项目“基于多模态激光散射与成像技术的宽动态范围土壤粒度分析系统”（青年人才类）等院级重大科技任务；新增国家自然科学基金项目36项，其中重点项目1项、面上项目24项、青年基金10项、中德国际合作基金1项；同时承担了多项国家部委、地方政府科技支撑项目。

【科研成果】 2021年，南京土壤所瞄准国家粮食安全和美丽乡村建设等重大战略需求，积极组织科技攻关，在土壤信息制图、耕地地力提升、土壤污染修复、养分高效利用、土壤生物生态等研究领域产出了一批有重要影响的科技成果，为我国土壤资源可持续利用、农业可持续发展和生态环境建设提供了重要科技支撑。针对土壤时空数字表征，发展了高强度人类活动与复杂环境下土壤时空演变量化表征的理论基础，建立了星地一体的数字土壤信息快速获取方法体系，构建了知识驱动的高精度数字土壤制图模型；针对高标准农田建设中耕地质量提升关键问题，创新了耕地质量提升的“大团聚体生物培肥”理论，建立了红壤旱地耕地质量提升关键技术，分类构建了红壤旱地和稻田地力提升技术模式并大面积推广应用；针对农田化肥增效减施减排关键问题，创建了作物高产与污染减排相协调的集约化农田化肥减施增效减排关键技术，建立了“一提两减三高效”的绿色生产技术体系并大面积推广应用；针对我国典型生态系统土壤微生物分布格局与演变过程开展了系统性研究，阐明了土壤微生物在农田、草地、森林等不同生态系统中的空间分布规律，揭示了不同农业管理措施以及气候变化情景下的微生物群落的演变过程。

全年共发表科研论文700余篇，其中SCI论文500篇，多项重要研究成果在国际顶级期刊发表，受到国内外同行的广泛关注；获授权发明专利42项。2021年度获省部级科学技术奖一等奖2项、二等奖2项，其中“土壤时空演变的数字表征理论与方法”成果获江苏省科学技术奖一等奖，“江西省耕地质量提升关键技术与集成应用”成果获江西省科技奖一等奖，“集约化农田化肥减施增效减排关键技术创新与应用”“我国典型土壤微生物群落的分布格局与演变过程”两项成果分获江苏省科学技术奖二等奖。

【人才队伍建设】 截至2021年年底，南京土壤所共有在职职工266人，其中专业技术人员235人，包括正高级71人、副高级104人、中初级60人。其中包括中国科学院院士1人、中国工程院院士1人。2021年，南京土壤所坚持凝聚造就高水平创新人才队伍、加快进入高质量发展新阶段的总体思路和切合实际的引人用人育人导向，认真贯彻中科院党组关于加强青年科技人才队伍建设的工作要求，以打造土壤科技优秀青年人才创新高地为重点，积极推荐青年骨干申报并首次入选农业农村部“农业科研杰出人才”和江苏省“双创人才”各2名，遴选推荐院青年交叉团队、青年科学家奖和江苏省“333工程”培养对象等高水平人才、团队项目20余项；加大特别研究助理选聘工作力度，全年新聘特别研究助理人数较去年增长四成，博士后资助项目数较近3年均值翻番，青年人才“蓄水池”效应逐步显现。

南京土壤所是1981年国务院学位委员会批准的博士、硕士学位授予权单位之一，设有农业资源与环境、环境科学与工程、生态学3个一级学科博士研究生培养点，土壤学、植物营养学、环境科学等10个专业二级学科硕士研究生培养点，并设有农业资源与环境、环境科学与工程、生态学3个一级学科博士后流动站。

【科研成果转化】 积极推动科技成果转移转化，针对“沃土”“净土”和“土壤数据获取与应用”，加强与土壤学科相关企业的实质性战略合作，积极推动科技成果在农业、环境和资源领域的有效应用。推动疫情期间线上国际合作交流，中国土壤学会与美国土壤学会签署了中美合作交流协议并积极开展常态化交流合作活动；推荐了14位中国土壤学家参选新一届IUSS学部和专业委员会负责人。通过开展公众科学日、全国青少年科学营——土壤专题营、“南土所星”的命名发布和世界土壤日等系列活动，积极推动科普和宣传工作，有效提升影响力。

（秦江涛）

·江苏省中国科学院植物研究所·

【概况】 江苏省中国科学院植物研究所暨南京中山植物园是江苏省与中国科学院“双管共建”的公益科研机构，作为我国亚热带植物研究中心之一，担负着植物资源保护与利用、植物科技创新与服务、植物科学传播与教育的核心任务。设有植物多样性、药用植物、观赏植物、植物生态与环境等研究中心7个，拥有国家林业和草原局暖季型草坪草种质创新与利用工程技术研究中心、江苏省植物资源研究与利用重点实验室等一批科技平台，以及华东地区最大、馆藏80余万份标本的植物标本馆。植物园收集保存植物资源10000余种（含品种），建成专类植物园（区）20余个，是国家、江苏省和南京市科普教育基地及青少年科技教育基地。

研究所是江苏省植物学会、中国环境学会植物环境与多样性专业委员会、中国植物学会水生植物资源与环境专业委员会挂靠单位，主办《植物资源与环境学报》学术刊物。截至2021年年底，在编职工301人，其中高级职称106人。是省级重点学科“生物学”一级学科硕士研究生培养点和博士后科研工作站以及生物与医药专业硕士学位点。

【科研成果】 2021年，新增科研项目130项，到账科研经费4332万元。发表学术论文285篇（其中SCI收录论文176篇），出版著作5部；获授权国家专利48项，选育植物新品种28个，发布地方标准13项；获省部级奖2项。

持续开展植物分子育种，首次完成假俭草、甜叶菊、中山杉等植物全基因组测序工作；新培育的“渝西”假俭草成为我国首个种子繁殖型假俭草国审品种；发现硫纳米颗粒对提高作物产量、缓解重金属毒害具有显著的效果；基于电化学方法的落羽杉属树木鉴别研究为落羽杉属的鉴别提供了全新的研究思路；专著《中国薯蓣科》（中英文对照彩色图版）获国家出版基金资助出版，彰显植物资源保育与开发利用方面的重要进展。

【科技平台】 “药用植物种质资源库（圃）”获省科技厅绩效考评“优秀”。“落羽杉林木种质资源库”入选国家林草局第三批国家林木种质资源库，“江苏省中药材生态种植与高值化利用工程研究中心”通过认定，鸢尾、石蒜、甜菊等种质资源库和荷花、铁线莲、药用植物、暖季型草坪草、薯蓣等作物种质圃获批全省第一批种质资源保护单位。参与组建“长三角种业发展联盟”，助力种业振兴行动。

【物种保育与科普教育】 提升植物资源保育能力。全年新增引种980种（含品种），其中国家重点保护野生植物名录Ⅱ级以上29种，保育江苏珍稀濒危植物达到总数的90%。完成2个专类植物园改造，专类园区品质持续提升。植物标本馆新采集植物标本3116号10080份，DNA样品2800份；新增数字化标本1万余份。

加强科普工作。先后举办生物多样性日特色展览、珍稀植物保护等主题科普活动10场、主题展览10次、主题讲座20余场，先后被《人民日报》、新华社等主流媒体多次报道。借助新媒体直播、微博等力量加强科普宣传，《种子寿命有多长》科普视频登上“学习强国”平台。植物园全年免费开放25天，受到社会公众广泛好评。

【学术交流与合作】 顺应新形势做好线上线下学术交流，科研人员通过网络视频会议、邮件来往、社交平台群组等形式开展合作交流，开拓“后疫情时期”国际合作新局面。联合中科院武汉植物园举办“第三届全国水生植物资源与环境学术研讨会”。全年举办“钟山学术大讲堂”等各类学术交流25场次，邀请了生物学、生态学、林学、药学以及地理学等学科方向的知名学者进行交流，拓展了科研人员的学术视野。举办2021年度青年学术报告会，充分展示了青年科技人才探索科学问题、勇于攻坚克难取得的最新科研成果。

广泛开展科技服务，与地方政府、企业签订合作协议，在植物资源调查、生物医药、现代农林业等方面构建协同发展新模式，推进科技成果转化与技术转移。选派新一批省科技镇长团成员、驻村第一书记，助力县域经济发展和乡村振兴与生态文明建设。薄壳山核桃研发团队以苏北经济薄弱地区为主战场，助力泗洪县薄壳山核桃产业发展，被授予省级“脱贫攻坚集体记大功”奖励。黑莓蓝莓科研团队1人获“全省脱贫攻坚先进个人”荣誉称号。 （耿茂林）

·中国林业科学研究院林产化学工业研究所·

【概况】 中国林业科学研究院林产化学工业研究所（简称林化所），是全国专业从事木质和非木质林产品化学加工与利用，集基础研究、应用研究、产品开发及工程设计于一体的国家级综合性研究开发机构。1960年建所，是国家林业和草原局直属副司局级科研事业单位。主要研究领域包括生物质能源、生物质化学品、生物质新材料、生物质活性成分利用、木材制浆造纸为主的林纸一体化、松脂化学利用与深加工、活性炭化学与工程、植物单宁及森林资源化学利用、林产化学工程设备研究设计等。设有林产化学加工工程博士点，林产化学加工工程、轻工技术与工程(制浆造纸、生物质材料、包装工程等)等学科硕士点和林业工程博士后流动站。截至2021年年底，在职职工200人，其中科学技术研究人员189人，研究员27人，副研究员和高级工程师等副高级职称61人，中国工程院院士2人，国际木材科学院院士4人。国家杰出青年科学基金获得者2人，国家优秀青年基金获得者2人，国家级突出贡献专家3人，部省级突出贡献专家4人，享受国家级特殊津贴22人；国家"万人计划"青年拔尖人才2人，拥有国家重点领域创新团队"林木资源化学深加工创新团队"以及国家林草科技创新团队"清洁制浆科技团队"，拥有博士生导师16人，硕士生导师40人。设有2个博士、3个硕士学位培养点和1个博士后流动站，与法国普罗旺斯大学联合培养微生物学硕士学位研究生。还拥有全国劳动模范和国家级、省部级的专家、学者，科技队伍专业齐全，结构合理。

所内设有林木生物质低碳高效利用国家工程研究中心(国家发改委)、国家林产化学工程技术研究中心(科技部)、林业生物质高效转化利用示范国际科技合作基地、国家产业技术创新类引才引智基地，拥有国家林业和草原局林产化学工程重点实验室、国家林业和草原局林产化工中试基地、国家林业和草原局林化产品质量检验检测中心(南京)、国家林业和草原局科技扶贫中心、全国林产化工科技情报中心站、江苏省生物质能源与材料重点实验室、江苏省生物质能源与材料工程技术研究中心、中国林科院制浆造纸研究开发中心等国家、部省级科技创新平台。建成20多条工程化验证装备集中试线，成果推广到全国30多个省市地区500多家企业。同时附设有全国林化产品标准化技术委员会、国家林业局林化产品质量检验检测中心(南京)、全国活性炭专业委员会及行业协会、全国树木提取物利用分会等学术和技术机构。主办的学术期刊有《林产化学与工业》《生物质化学工程》。

【科研创新】 2021年，在研国家重点研发计划项目、国家基金重大项目、国家级推广项目等各类科研项目137项，其中新增课题41项，合同专项经费2045万元，包括国家自然科学基金项目8项；重点研发子课题1项；大型仪器开放共享后补助1项；国家标准项目3项；国家林业和草原局行业标准项目4项，林产品质量安全检测项目1项。

"林业剩余物定向调控制备功能性活性炭关键技术开发"获

梁希林业科学技术奖
科技进步奖
证书
为表彰梁希林业科学技术奖获得者，特颁发此证书。
项目名称：林业剩余物木质纤维资源能源化综合利用关键技术
奖励等级：二等
获奖者：王奎
2021年9月18日
证书号：2021-KJJ-2-70-R01

9月18日，"林业剩余物木质纤维资源能源化综合利用关键技术"获得梁希林业科学技术二等奖

(中国林业科学研究院林产化学工业研究所　供图)

得江苏省科技进步二等奖1项、"林业剩余物木质纤维资源能源化综合利用关键技术"获得梁希林业科学技术二等奖1项。作为成果主要参与单位获得河南省科技进步一等奖、梁希林业技术发明二等奖、湖北省科学技术三等奖、中国石油和化学工业联合会科技进步三等奖各1项；获得江苏省333人才培养工程第一层次1人，第二层次1人，第三层次3人，第十四届"南京市十大科技之星"1人，国家林草局科技创新领军人才和拔尖人才各1人，国家林草局百千万人才工程省部级人才1人；发表学术论文151篇，其中SCI收录93篇，一区论文46篇，影响因子10以上11篇；申请国内发明专利100件，国际专利3件；授权国内发明专利56件、国际专利6件；颁布标准7项(国家标准2项、行业标准5项)。

【科研成果与转化】 2021年，林化所"混合材高得率清洁制浆关键技术及产业化""木质活性炭绿色制造与应用关键技术开发""新型豆粕胶黏剂创制及无醛人造板制造关键技术"和高产脂原料林培育、减排减损及深加工增值增效集成示范技术"4项成果入选国家"十三五"科技创新成就成果展。"农林剩余物多途径热解气化联产炭材料关键技术"等5项成果入选2021年度重点推广林草科技成果100项；鉴定科技成果10项、新产品11个；培养硕、博研究生33名；服务行业企业100余家，签订"四技"合同68份，合同金额1712万元，到账金额737万元。成果"低导热高阻燃木质素基保温材料产业化核心技术"突破木质素高效绿色定向液化及高活性树脂制备关键技术，解决了传统木质素发泡酚醛树脂黏度大活性低的技术瓶颈，实现低导热高阻燃木质素基保温材料大规模连续化制造成果推广到韩国等"一带一路"国家及国内江苏、山东等地区，实现生物质替代石化原料20%~50%；签订技术转让协议5份，合同金额500多万元，建立或改造生产线10余条，为企业年增加收入近1.5亿元。

"棉秆高得率清洁制浆造纸技术"突破了农林剩余物难以均质浸渍软化的世界难题，关键技术和节能降耗指标处于国际领先水平。已经在新疆石河子国力源环保制浆有限公司设计建立15万吨/年棉秆高得率浆生产高强瓦楞原纸和生物有机肥示范线，该工程已进入设备安装阶段，预计2022年6月份正式投产。

"大球盖菇种植技术"在广西罗城推广，利用罗城近8万亩的桑树产生的废弃桑枝作为大球盖菇栽培基质，就地取材，成本低廉，2021年已经在龙岸镇建立一个种植面积30亩示范基地，平均每亩产量2000公斤，每亩收入2.2万元。通过扶持大球盖菇种植大户，带动周边农户共同发展，加快推进乡村产业发展，实现科技助力乡村振兴。

【学术交流与合作】 2021年，依托中国林业科学研究院国际科技创新合作能力建设项目以及中美政府间国际科技创新合作重点专项等国际合作项目的实施，拓展国际合作研究资源，加强创新研发工作，邀请塞尔维亚诺维萨德大学Aleksandra Cvetanovi博士、澳大利亚新南威尔士大学赵剑教授、加拿大工程院院士加拿大新布伦瑞克大学Yonghao NI（倪永浩）教授、俄罗斯科学院新西伯利亚分院有机化学研究所Alexander Shpatov副教授等多名国外优秀学者以及中科院宁波材料技术与工程研究所马松琪研究员、华南农业大学胡传双教授和郑州大学李保军教授等国内知名教授通过线上线下方式与所内科技人员进行学术交流和指导。

主办2021中国聚氨酯行业技术大会暨高新技术应用论坛。会议以"助力实现碳达峰、碳中和远景目标"为主题，助力中国聚氨酯产业的高质量发展。协办了2021国际生物基产业论坛暨产业展览会以及首届生物基助剂研讨会，来自国内科研院所、高等院校及企业的上百名科研人员参加了会议。会议对加快我国生物基化学品、生物基单体与材料的产业化落地及转型升级，助力碳中和与生物经济的发展有积极意义。 （王　瑀）

·生态环境部南京环境科学研究所·

【概况】 生态环境部南京环境科学研究所（以下简称"南京环科所"）成立于1978年，是生态环境部直属公益性科研机构，也是我国最早开展环境保护科研的院所之一。自成立以来，一直以生态保护与农村环境为主要研究方向，致力于前瞻性、战略性、基础性及应用性环境课题的研究。科研范围涵盖生态系统评估与保护修复、生物安全、自然保护地环境管理、生态文明建设与规划、土壤环境基准与标准、农村环境保护与面源污染控制、农用化学品污染防治、固体废物管理与污染防治、流域水污染防治、环境规划与战略评价等32个研究领域。依托相关研究成果，该所还在生态环境保护规划、有机产品认证咨询、农用化学品环境安全评估、污染场地修复及环境工程等方面开展了广泛的技术咨询工作。已建成"国家环境保护农药环境评价与污染控制、生物安全、土壤环境管理与污染控制"3个部级重点实验室，装备国内一流的仪器设备千余台（套）。截至2021年年底，有在职职工592人，其中中国工程院院士1人、高级职称138人；享受国务院政府特殊津贴11人、新世纪百千万人才1人、国家有突出贡献的中青年专家3人、国家环境保护专业技术领军及青年拔尖人才13人、江苏省“333”高层次人才工程30人；博士155人、兼职博士和硕士生导师26人、博士后17人，在所研究生107人。

【科研项目】 2021年，立项国家财政资金项目63项，科研经费总计9719万元。主要包括参与国家重点研发计划课题、子课题11项；获批国家自然科学基金及江苏省自然科学基金4项；获批生态环境部事业费项目等共34项。

【科研成果】 2021年，发表论文322篇，其中SCI论文164篇，同比增长29%；出版专著10部；获授权专利194项，同比增长21%，其中发明专利66项；获得环境科学技术奖二等奖3项、全国优秀工程咨询成果奖二等奖1项、中国发明协会发明创业奖创新奖二等奖2项、江苏省科学技术三等奖1项、重庆市科学技术三等奖1项。

【人才团队】 2021年，19人获高级职称，较2020年增长19%；10人入选江苏省第六期“333”高层次人才工程，7人入选2021年江苏省“双创博士”计划，1人获2021年江苏省“最美科技工作者”称号，2人入选2021年江苏省产业教授。在生态环境部“十三五”期间调研报告成果评比中，获一等奖、二等奖各1项，三等奖2项。107人次获得生态环境部的书面表扬，223人次获得地方政府和单位的书面表扬。

3月10日，所长赵克强陪同玄武区委书记闵一峰一行参观有机食品发展中心陈列室
（生态环境部南京环境科学研究所　供图）

【科技服务】 深化所地、所企合作，与地方政府、大型企业等签署战略合作协议12个，为科技成果转化、服务地方建设搭建更高更好的平台。开展生态保护红线评估、自然保护区生态修复规划、生物多样性保护、山水林田湖草沙保护方案、国家生态文明建设示范区规划、污染场地调查与修复、有机产品认证、环境损害评估司法鉴定等技术咨询服务，全年承接技术咨询服务项目673个，合同总额6.45亿元。

（张孝飞）

·江苏省农业科学院·

【概况】 2021年，江苏省农业科学院本部在编职工1325人，具有高级职称780人，博士638人，国家“百千万人才工程”专家4名、科技部中青年科技创新领军人才1名、省级以上突出贡献专家72名；享受国务院颁发的政府特殊津贴56人。有部省级以上科技创新平台82个，其中，国家工程中心1个、省部级重点实验室10个。

【科研项目】 2021年，江苏省农业科学院新增合同经费5.53亿元，到账科研经费4.48亿元，主持申报的“南方典型农区氮磷迁移转化过程与面源污染发生及调控机制”项目获国家重点研发计划(部省联动)项目立项，合同经费超8400万元；省种业振兴“揭榜挂帅”项目立项46项；省重点研发计划重点项目立项8项；国家自然科学基金立项49项。

【科研成果】 2021年，江苏省农业科学院8项成果获神农中华农业科技奖，其中“家兔重要疫病安全高效疫苗创制及应用”获一等奖；“水稻主要病虫害防控精简用药关键技术创新与应

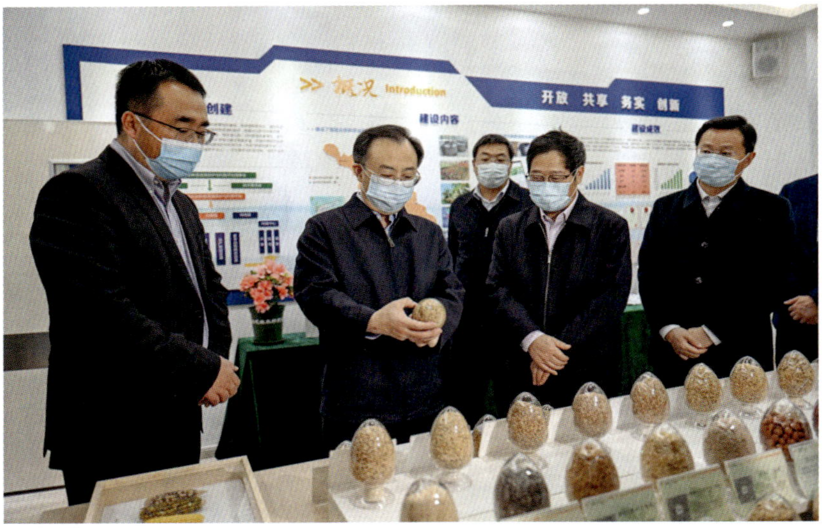

12月15日，江苏省委书记吴政隆（左二）调研指导江苏省农业科学院
（江苏省农业科学院　供图）

用”等4项成果获江苏省科学技术二等奖；发表IF10以上SCI论文15篇；获PCT专利授权11件。

【平台建设】 2021年，江苏省农业种质资源综合基因库（圃）获批立项，建设经费1.3亿元；“省部共建食品质量安全国家重点实验室”通过省部会商；谋划推动“生物育种钟山实验室”“国家兽用生物制品技术中心”等国家级平台建设；新增“省级农药风险监测中心”“水产品保鲜贮藏加工技术集成科研基地”2个农业农村部重点平台。

【人才团队】 2021年，江苏省农业科学院公开招聘录用207人，引进高层次人才12人；赵亚夫研究员获“全国脱贫攻坚楷模”荣誉称号，院成果转化处在省事业单位脱贫攻坚专项奖励中获记大功；入选国家农业产业技术体系首席专家2名，岗位科学家4名，综合试验站站长7名；首次申报国家留学基金委乡村振兴人才培养专项并获得立项；“动物支原体病防控创新团队”获神农奖优秀创新团队奖；重点围绕现代种业、绿色生产、智慧农业等关键领域，在全省率先探索组建6个“创新联合体”。

【科技服务】 2021年，江苏省农业科学院成果转化到账收益2.36亿元，同比增长16.1%；新建亚夫科技服务工作站20个，实施亚夫科技服务项目43项，累计建立和指导服务示范基地154个，示范推广新品种新技术542项；与政府、企业新建灌南食用菌等14家产业研究院；与江南米道江苏科技有限公司联合成立营养健康水稻联合研发中心；联合举办首届江苏农业科技节暨农业与科技融合发展大会、长三角农业科技成果路演等活动；开发“乡村产业发展与人力资源服务”品牌课程体系，举办各类培训活动62期，新农学院入选全国乡村振兴人才培养优质校；编撰出版江苏农业生产“十万个为什么”——《农事指南》系列丛书。

【合作交流】 2021年，江苏省农业科学院加入欧亚太平洋大学联盟，拓宽引智引才渠道；推动JAAS-CIMMYT小麦病害联合研究中心、国际噬菌体研究中心纳入国家国际科技合作基地信息管理体系；获批牵头建设“科创中国”“一带一路”国际特色豆类产业科技创新院；举办第十三届国际功能食品大会、第八届亚洲支原体会议，获国际功能食品协会国际合作奖，3名专家获聘国际功能食品协会高级顾问团成员。

【院所治理】 2021年，江苏省农业科学院举办建院90周年系列活动，组织召开中国农业科技管理研究会领导科学委员会学术年会、乡村振兴科技发展论坛等大型会议及学术研讨12场；举办“甜蜜事业　农科盛宴”主题公众开放日、专题文艺晚会、书画摄影展，设计制作90周年画册；取消研究室建制，设立109个科研团队，构建“院—所—科研团队”扁平化管理体制；荣获2019—2021年度江苏省文明单位称号。　（朱启佳）

（栏目编辑　时蔓菲）

文化·旅游业

文化

旅游业

文　化

【概况】　2021年，区文化和旅游局以习近平新时代中国特色社会主义思想为指导，全面贯彻党的十九大精神和习近平总书记关于文化、旅游工作的重要指示，认真落实省委十三届八次会议、市委十四届十次会议、区第十二次党代会精神，围绕“强富美高”总目标，坚定践行新发展理念，突出文化、旅游高质量融合发展目标和建设“国际消费中心城市中心区”这件大事，锚定“四区同创”年度工作目标。长江路被认定为国家级夜间文化和旅游消费集聚区，玄武区入选省级文化和旅游消费试点单位与省级文化和旅游产业融合发展示范区建设单位。

【文旅联盟】　履行玄武文旅联盟秘书处职责，策划组织联盟集体参观活动3场、主题座谈活动2场、专题调研活动6场，100多家联盟单位千余人次参加了有关活动。4月26日，在江宁织造府南广场举办了玄武文旅联盟助力“四区同创”再出发启动仪式，现场发布《南京玄武全年赏花地图》《南京玄武51小长假乐游攻略》，表彰34家联盟先进成员单位，增补1名联盟副主席和20家成员单位。

【建党百年主题文化活动】　围绕中国共产党成立100周年庆祝活动，通过文艺演出、展览、诗歌朗诵、主题讲座、品读会、观看红色电影等形式开展主题群众文化活动，承办江苏省庆祝建党100周年“百年百场”优秀群众美术书法摄影作品巡展和江苏省庆祝建党100周年“百年百场”优秀群众文艺作品巡演玄武专场活动。玄武区组织书法作品巡展、合唱展演、社区艺术节开幕式、优秀摄影作品展4场大型主题活动。

【惠民工程】　举办区第二十五届玄武之春活动、第二十届社区艺术节、第十八届长江路文化艺术节等文化活动，打造区级文化活动品牌；在1913国民小剧场举办戏曲、相声、杂技、木偶戏、文艺晚会等10场省市专业院团精品文化惠民演出，丰富广大群众的精神文化生活；开展走进社区的“文化进万家”系列惠民活动20余场；开展2021春秋两季文化艺术公益培训，累计培训4300人次。完成重点民生项目7个少儿图书室建设，区少儿图书馆、九华美术馆入选江苏省首批“最美公共文化空间”。

【疫情防控】　7月25日至9月9日南京疫情期间，暂停所有演出活动，关停网吧、剧院、KTV、游泳馆、健身房等娱乐健身场所。关停景区景点，停止旅行社组织接待旅游活动，对已签订的合同积极和旅行团队、游客做好沟通解释工作，解除合同。深入开展巡查，做好疫情防控工作。场所复工复业后，及时指导经营单位做好常态化疫情防控工作。上级明确由区文旅局牵头棋牌室（麻将馆）的疫情防控工作后，组织公安、街道等相关部门召开工作推进会议，明确各自职责，加强日常巡查检查，合力落实棋牌室常态化疫情防控具体措施。

【文物保护】　完成区级文物保护单位及以下文物“四有”档案的整理和电子化工作。进一步明确全区221处文物的主体责任单位和管理单位。为和平公园钟楼、区级文物保护单位梅园新村55号等修缮项目争取资金55万元。完成区级目标文物智慧消防项目实施方案，完成招投

6月19日，太极拳比赛　（区文旅局　供图）

标工作，进入软件研发阶段。这个项目将覆盖民居类文物建筑的消防盲区，对保护文物和居民生命财产安全起到及时预警、快速处置、多方联动的保护功能。玄武区民居类智慧消防项目和文物安全风险评估两个项目通过省文物局项目评审，入选省级补贴资金项目。推进文物抢险和修缮工作。包括梅园新村55号、天山路7号、谭延闿旧居、汉府街35号、笼子巷AB楼等项目的审批、监管和监督工作。了解和挖掘各高校、企业和民间博物馆中具备升级备案资质的场所，为博物馆的备案工作研究政策，扫清障碍。2021年新申报备案4家博物馆，其中励志社博物馆和南京林业大学博物馆通过省级验收。服务为重点考古项目德基三期、珠江饭店、双拜巷等近5万平方米地块提供服务保障。

【安全生产】 加强行业安全监管，杜绝人为事故发生。采取与上级主管部门联动、区政府相关职能部门联合、企业自查相结合的方式，开展各类安全、监管工作检查200余次，预防和杜绝各类安全责任事故发生。开展行业安全生产大排查大整治工作。组织辖区A级景区、星级饭店、旅行社、游泳场所进行安全生产大排查大整治。牵头区市场监管局、区应急管理局、街道联合检查A级景区的游乐设施，及时发现问题隐患，并限时整改。落实《玄武区危化品等重点行业领域安全隐患大排查大整治行动方案》，开展“燃气专项整治行动”，配合区应急管理局对所属17家星级饭店的压力容器、电梯、油库、厨房等特种设备进行摸排，协调相关执法部门进行处罚并责令整改。 （董长春）

·档　　案·

【概况】 2021年，坚持以习近平新时代中国特色社会主义思想为指导，深入贯彻习近平总书记关于新时代档案工作重要批示精神，认真落实全国档案局长馆长会议精神，围绕区委、区政府中心工作，以贯彻实施新档案法和档案事业发展“十四五”规划为抓手，以迎接全省国家综合档案馆业务建设评价为牵引，提升全区依法治档水平，推进档案资源体系、利用体系和安全体系建设，认真做好区志、年鉴编纂工作。

【依法治档】 结合“6·9”国际档案日，制作宣传展板，开展群众咨询，宣传新修订的档案法。以《〈中华人民共和国档案法〉释义》为主要内容，加强全员性普法教育，熟知新档案法条文。利用业务培训、监督指导、年度检查等时机，对全区机关、街道（园区）和系统分管领导、档案员开展档案法治宣传。落实《档案检查工作办法》要求，以文书、实物、声像、设备、会计及专业档案整理情况和档案管理系统使用情况为主要内容，全年对全区55个机关部门和国有企业，7个街道和1个园区，以及教育、卫生、民族宗教、军队离退休干部休养所4个系统，共155个单位的2020年度档案工作开展检查，制发情况通报，督促整改提高。

【档案管理】 制发《关于做好2021年度重大活动和重点建设项目档案登记工作的通知》，明确全区重大活动和重点建设档案登记范围、时间，报送备案要求。完成2020年全区疫情防控档案材料收集归档工作，建立市、区两级新冠疫情防控档案专题数据库，数据目录近4000余条。

【档案信息化建设】 对接协调区发改委，完成档案馆信息化设备升级改造工作，启用新版数字档案室管理系统；把民生档案数据库建设列入2021年度全区国民经济和社会发展计划，依据实体卷核对电子目录和电子扫描件，做好58.12万条利用率较高的馆藏民生档案数据的检查、校核、补录和补扫工作。

【档案业务评价】 争创全省国家综合档案馆业务建设评价示范馆，建立迎评任务分解表，明确落实标准；逐条逐项评估业务建设现状，梳理扣分点，深入剖析原因，举一反三、查漏补缺；定期组织阶段性自评，对疑难问题集中攻关，并邀请市档案馆业务处室领导现场答疑，把迎评工作做实做细做到位。

【档案资源利用】 制定档案接收进馆年度计划，接收区委办文书档案4177件、实物档案15件，社保档案（1998—2008年）260

卷，婚姻档案（2018—2019年）21926件，出生医学证明档案（1992—2013年）74卷，大走访和党代会等重大活动档案713件，区城建集团展陈历史图片58张。发布疫情防控期间查档服务公告，采取电话问询、线上查询、信函咨询等“不见面”方式，为广大群众提供档案利用服务。全年共接待查档群众2337人次，出具证明2146份，其中电话咨询449人次、远程查询593人次，网络远程出证633份。做好中国共产党在江苏历史展的档案实物征集工作，馆藏的斯霞文稿入选“江苏百件红色珍档”；制作《斯爱永存、并霞满天》视频，参加全省档案系统微视频征集展播。

【档案安全建设】 定期检查档案库房安防情况，检测维护各类安防设施设备，按标准控制库房温湿度。评估消防安全状况，购置肩负式细水雾灭火枪，组织培训演练，强化应急处置能力。逢重大节日、重要时期组织安全检查，做好节假日值班带班工作，确保档案馆全天候、全时段安全运转。

【思想政治建设】 结合党史学习教育，深入学习贯彻习近平总书记在党史学习教育动员大会上的重要讲话，为履行“为党管档、为国守史、为民服务”的使命职责夯实思想根基。落实意识形态工作责任制，开展维护意识形态领域安全专项行动，定期分析研判形势；强化理论武装，深化经常性思想教育，“学习强国”平台活跃度长期保持在90%以上；准确把握政治性和政策性，依托政务新媒体，广泛宣传省市区红色档案编研成果，守牢意识形态主阵地。建立落实从严治党主体责任工作清单，定期总结主体责任落实情况；完成党支部委员会换届选举，落实“三会一课”等制度；加强党风廉政建设，开展警示教育，筑牢思想防线；结合“双结对、双促进”活动，组织党员干部参与疫情防控和文明典范城市创建，在一线发挥党员模范表率作用。 （刘成仓）

·地方志·

【概况】 2021年，全区地方志工作在区委、区政府及省市地方志办公室的指导下，强化精品意识，坚持精心编撰、精细筹划、精密组织、精确落实，积极有序推进。《玄武年鉴（2021）》年内完成出版发行；玄武区志续修完成招标工作，确定专家团队，梳理长编资料，拟定区志续修大纲三级目录；“南京方志大讲堂”玄武专场活动顺利开讲，扩大了方志文化影响力。

【《玄武年鉴（2021）》出版发行】 10月，《玄武年鉴（2021）》出版600册，12月底完成发行工作。《玄武年鉴（2021）》卷共设26个类目，编有91个分目、1069个条目，40个附表，配有图片142幅，全书70.4万字。《玄武年鉴（2021）》在编辑过程中突出三方面特点：筹划完成年鉴新版设计。年初及时与专业出版设计公司谋划新的年鉴设计方案，确定青山绿水的国画创作设计，采取高空俯瞰玄武精选最佳视角方式，彰显玄武丰厚的历史文化底蕴和山水城林的特色。突出细节，“玄武年鉴”四字来自明城墙墙砖字体的集字拓印，彰显玄武年鉴的历史感；年份字“2021”色彩设定为红色，突出纪念建党100周年的红色印记。研究调整框架结构。根据全区机构调整实际，将区委、区政府、区人大、区政协和纪检监察由分目上升为类目，将民主党派、人民团体分目合为一个类目，将商贸和投资促进工作并成商贸·投资类目彰显其重要性，发挥年鉴服务经济功能作用。加大组稿征收工作力度。面对疫情持续防控压力，采取发函、电话、网上通信等多种方式，加大稿件征收指导力度，对部分因工作任务重导致稿件延迟的单位反复沟通催稿，对新任资料员单位进行多次网上指导，分别于3月、5月和10月完成组稿、送审稿及出版工作，确保年内完成出版发行。

【区志续修工作】 根据国务院《地方志工作条例》专家修志要求，结合玄武方志工作实际，探索聘请专家参与志书编辑部分环节工作，为提高志书编纂质量奠定基础。在开展制定编志工作方案、召开全区续修区志动员大会、发布《区志编纂实施方案》等工作基础上，明确区志续修时间进度表，细化量化每月工作进度并按序推进。依据政府公开招标有关要求，4月，在江苏政府采购网面向社会发布《玄武区志（2000—2019）》编纂出版服务招标文件，明确招标服务范围、要求、时间和标准。5月，对五家参与投标的公司经资格审查、初步评审、详细评审，招标公示等规范流程后，确定新志坊南京文化发展有限公司中标。及时跟进督导中标公司确定修志专家团队，在前期收集玄武资料长编（2000—2010）（2011—2015）（2016—2019）工作基础上，补充玄武区“十五”至“十三五”期间的五年规划总结和区委、区政府的历年工作报告提供给专家梳理归纳，根据修志专家意见，把2020年纳入此次区志续修计划内，对接国家五年计划同步实施。2021年年底，玄武区志续修大纲和三级子目录已拟定。大纲坚持习近平总书记“守正创新”要求，在遵守修志体例要求的基础上，以大文化、大方志的视角，在玄武地域文化、经济、环境特色等方面着力谋求创新，将《玄武区志（2000—2019）》打造为独具玄武特色的精品良志。

【方志文化宣传】 坚持修志为用，精密组织方志文化传播活动。组织“南京方志大讲堂”玄武专场活动。以玄武区域特色历史文化为主线打造的一场六朝文化“盛宴”，通过南京大学历史学院胡阿祥教授“一路经典、文脉芳华”的精彩讲述，提升玄武文化软实力，发挥宣传玄武历史文化与发展愿景的重要窗口作用。加强方志地情文化研究编纂，每月及时报送史志类文章和工作动态。2021年，《唱经楼：春花秋月何时了，唱经楼名空悠悠》《香林寺：见金陵600年兴衰，留曹家红楼遗梦》地情文章被市“方志南京”公众号予以刊载；在省志办的指导帮助下，完成首部《玄武区志》数字化编辑工作；完成市地方志办公室春节特刊资料和“玄武志办：让区史走近生活”在《南京史志》封二刊登，推动方志文化成果走出馆藏，助推方志事业良好发展。

【红色地情研究】 2021年是建党100周年，区地方志办公室深入学习习近平总书记在党史学习教育大会上的讲话精神，贯彻落实玄武区委书记闵一峰和区委副书记吕璟在视察区方志工作时的要求，向社会开展红色教育。用方志语言讲好玄武故事，用方志红色资源助力全区党史学习教育，区地方志办公室研究撰写的《五二〇学生运动广场》《梅庵》被省志办《江苏地方志》杂志采用。以年鉴和志书的形式，突出玄武特色，传承红色血脉，展现玄武区高质量发展成就。落实与市地方志办公室党支部的结对共建活动。4月，市、区地方志办公室党支部联合开展结对共建活动，在玄武区红色档案资料展示教育室开展赠书、参观、交流，充分发挥地方志“存史、资政、育人”作用。12月，在市地方志办公室秘书处党支部组织下，与省地方志办公室秘书处党支部、浦口区地方志办公室党支部一起在浦口区“三浦战役”史料馆开展结对共建活动，重温红色历史，接受思想洗礼。

（卢永晨）

旅游业

【概况】 根据上级要求，7月25日至9月9日南京疫情期间，及时全面暂停所有演出活动，关停网吧、剧院、KTV、游泳馆、健身房等娱乐健身场所。关停景区景点，停止旅行社组织接待旅游活动，对已签订的合同积极和旅行团队、游客做好沟通解释，解除合同。深入开展巡查，多措并举的做好疫情防控工作。场所复工复业后，及时指导经营单位做好常态化疫情防控工作，尤其是上级明确由文旅牵头棋牌室（麻将馆）的疫情防控工作后，组织公安、街道等相关部门召开工作推进会议，明确各自职责，加强日常巡查检查，合力推进棋牌室常态化疫情防控具体措施落实。

【首批“国家级夜间文化和旅游消费集聚区”】 按照集聚区建设方案，推进钟岚里地块建设、大行宫广场改造、南京D9街区等长江路重点建设项目的进程；举办D9街区开街仪式和第五届南京玄武国际城市休闲旅游节，再现永不落幕的夜间场景，以六朝博物馆、江宁织造博物馆的夜间开放为契机，植入夜间社教活动，加大文旅体验感，实现集聚区人流与效益流的双重叠加。8月23日，省文旅厅公布第一批22个省级夜间文化和旅游消费集聚区名单，长江路文旅集聚区位列第一。11月5日，文化和旅游部公布第一批国家级夜间文化和旅游消费集聚区名单，南京市长江路成功入选。

【入选"省级文旅消费试点单位"】 坚持"创优精神不松懈、创成决心不动摇"，扎实推进创建创优工作，对照八大类58条创建细则，逐一分解、逐一落实。出台《关于培育新业态拓展新消费，促进文旅产业高质量融合发展的实施意见》等有关文件，完成创建材料、自评报告、答辩提纲、台账整理、现场准备、明察暗访、氛围营造七大项具体任务，推进创建工作落实。5月31日，省文化和旅游厅、省发展改革委、省财政厅联合发布《关于公布第一批省级文化和旅游消费试点单位名单的通知》，明确玄武区作为国家文化和旅游消费示范城市南京市的下辖区，不列入省级试点单位名单，2022年直接参与省级文化和旅游消费示范单位评选认定。

【入选首批"江苏省文化和旅游产业融合发展示范区建设单位"】 对照《江苏省文化和旅游产业融合发展示范区建设指南(试行)》中的建设标准，细化29条二级评价指标，推进各项指标工作落实，组织"省级文旅产业融合发展示范区建设单位"的申报工作，经省文旅厅综合评审，12月9日省文旅厅发文公布，玄武区成功入选"省级文化和旅游产业融合发展示范区建设单位"。

【国家级全域旅游示范区】 2021年，按照"夯实基础、消除硬伤、问题导向、补齐短板、做优品牌、强化优势"的原则，对创建国家级全域旅游示范区工作展开新一轮的工作提升。完成六大区域22块全域旅游全景导览图的设置安装工作，指导A级景区新建和改造星级旅游厕所5座，建成区级全域旅游集散中心并运营服务游客，完成文旅智慧平台建设。走访调研省内国家级全域旅游示范区单位，紧盯重点难点，紧抓工作落实，全力迎查备考。

【第五届南京玄武国际城市休闲旅游节】 9月26日至10月31日期间，第五届南京玄武国际城市休闲旅游节以"1+6+100"形式展开。9月26日晚，国际城市休闲旅游节开幕式在艾尚天地广场隆重举行，开幕式上进行省级夜间文旅消费集聚区授牌仪式；聘请国家花样游泳队队员、世界冠军冯俐和中国网球学院队员、全运会冠军张择为"南京玄武城市休闲旅游推广大使"；陶玉梅、荣萍、圣可妮三大本土时尚品牌同台竞秀，发布秋冬新款服装；宝龙美术馆、豫园老字号文创街区、中国交通广播长三角频率等十大文旅项目现场集中签约。开幕式后，"活力玄武""潮流玄武""创意玄武""艺术玄武""精彩玄武""悦动玄武"等6个板块活动和100场由玄武文旅联盟精选的"品读研学游玄武""深巷寻味品玄武""寻古觅今探玄武""艺廊美展访玄武""溢彩潮集逛玄武""视听盛宴醉玄武"6个主题板块活动陆续展开。 (董长春)

·1912街区·

【概况】 2021年，1912街区坚持将转型作为街区最根本任务，加速街区战略业态布局调整，丰富商旅文消费业态；将环境作为最"磁性"的资源，对街区现有设施设备、公共区域等进行提档升级，以满足街区商户、消费群体对经营、消费、体验环境的舒适度、完美度等的需求；将创新作为街区最持久的动力，形成商旅文深度融合、业态产品丰富多样、基础设施配套完善、消费环境和管理运营机制优、品牌和市场影响力大、文旅消费辐射带动力强的夜间经济示范街区。

1912街区进一步优化和完善南京1912品牌形象的塑造，开发更多具有南京独特文化底蕴的IP产品，塑造全新的"1912"品牌以及特性凸显的原创型商业项目，以文化创新、业态创新、管理创新为手段，围绕"城市客厅，文化名片，品位地标，魅力徽章"的创新主题，通过"城市—文化—商业"的整合运营，在2021年内登上"中购联购物中心行业2021年度非标(特色)商业卓越榜"，获"2021CNEF夜间消费城市代表场景夜莺奖""2020—2021年度全国商业街先进集体""江苏省放心消费创建示范街区""南京市商品与服务质量优胜单位""南京市消协系统先进集体"等称号。

【获"南京市商品与服务质量优胜单位""南京市消协系统先进集体"】 3月15日，南京市"3·

15”国际消费者权益日纪念活动暨玄武区“网络消费节”启动仪式在南京广电大厦演播大厅举行，南京1912街区应邀出席仪式。会上，南京1912街区被授予“南京市商品与服务质量优胜单位”“南京市消协系统先进集体”荣誉称号。仪式结束后，1912街区接受南京市广播电视总台的现场采访，就1912街区自2020年开展的业态调整及近两年夜间经济建设、企划营销活动的落地、自有品牌——“东西会”花车市集的打造、商旅文融合发展等街区运营情况与战略目标进行了直播分享。

4月30日，中国步行商业街工作委员会主任韩健徽先生（右一）为南京1912街区颁发“全国夜间经济示范街”奖牌

（1912街区　供图）

【“全国夜间经济示范街”授牌仪式】　自2020年8起，中国步行商业街工作委员会在全国范围内开展“夜间经济示范街”的评选活动。南京1912街区于2020年12月获“全国夜间经济示范街”。2021年4月30日晚，中国城市商业网点建设管理联合会副会长兼秘书长、中国步行商业街工作委员会主任、中国城商联标准化技术委员会主任、中国商旅文产业联盟主任韩健徽到南京1912街区，为南京1912街区颁发“全国夜间经济示范街”奖牌，在行业内树立了标杆。

【“梦归古、韵至今”汉服大赏活动】　4月30日，南京1912街区举办“梦归古、韵至今”汉服大赛活动。在南京1912街区广场打造千古寺打卡点，发起“寻梦千古寺”的线上话题活动，受到社会各界对活动的关注，吸引众多汉服爱好者前来打卡拍照。此次大赛分三个部分，分别是：汉服问答、汉服走秀及才艺展示。三轮比赛结束后，通过评委打分和统计，最终评出一、二、三等奖的选手，选出20位优秀奖选手，获得由南京1912街区提供的丰厚奖品。

【获全国商业街“先进集体”称号】　10月14日，由中国步行商业街工作委员会、西宁市城西区人民政府主办，青海力盟商业投资运营管理有限公司承办、青海商业联合会协办的第十九届2021中国（西宁）商业街区行业暨第七届商旅文产业年会在西宁启幕，南京1912街区获2020—2021年度全国商业街“先进集体”称号。年会上，南京1912街区聚焦商业街区的发展趋势等话题，与到会代表共同探讨商业街的高质量与融合创新发展，共话“商、旅、文”融合发展之路的更多可能。南京1912街区开展的网红夜市、啤酒节、国潮音乐节、文化节、美食节等各种引流文化活动，已成为南京城市夜经济的重要组成部分。

【中国区剑玉大师赛南京1912站活动】　南京1912街区于2021年11月成功举办中国区剑玉大师赛南京站活动。此次活动招募来自全国的150余名剑玉选手，包括潮玩品牌主理人、爱好者及职业玩家。活动大巴载着来自广东、广西、北京、上海、济南等地的选手在南京市进行巡游，最终于2021年11月13日在南京1912街区主会场决出冠亚季军。活动期间，部分街区商户参与活动，商户将现金券作为选手伴手礼在活动当天进行发放。此次活动将南京1912街区“青

春、激情、时尚”的品牌属性在全国范围内推广。（龚逸峰）

·中山陵园风景区·

【概况】 2021年，中山陵园管理局全体干部职工认真学习贯彻习近平总书记系列重要讲话指示精神，围绕市委市政府决策部署，全力以赴抓牢疫情防控，克服经济下行压力，创新实干、务实进取，推动钟山风景区各项事业高质量发展。深化与美团网的“智慧票务”战略合作，通过购票“无纸化”，检录“去人工化”，减少50%以上票务运行成本；完成观光车资源整合，优化运营线路，统筹人员调配，减少外包岗位，最大化压减成本支出。获得文物保护、生态科研、规划编制、公厕改造出新等各类补助资金7000多万元。通过智慧票务和网上预约系统，提高票务营销的针对性，全年购票游客约350万人次，恢复到疫情前的72%，其中节假日票务收入恢复到疫情前的93%；钟山牌雨花茶销售额同比增长18%；紫金山窑道营收同比增长42%，基本恢复到疫情前水平。

【生态文化工作】 保护修复紫金山生态系统。落实“河长制”“林长制”工作要求，制定“林长制”专项方案，健全三级责任网络，落实森林资源“一增、二保、三防”工作责任。全年抚育森林1.3万亩，补植树木2000余株、花灌木1.4万余株；完成27条野道整治，推进霹雳沟水系生态修复，紫霞湖获评“全市生态示范河湖”。完成植物园路、梅花谷路、陵园路、石象路等道路景观提升，打造梅花谷二月兰及明孝陵、灵谷景区石蒜景观，灵谷西路红枫景观初见成效，明孝陵三号门落雨杉、紫金山泄洪沟等水系出新后，成为市民游客的网红打卡点。在全市率先试点开展野猪专项治理研究，推进中华虎凤蝶、萤火虫等珍稀动物栖息地保护；培育的蜡梅新品种荣获第十届中国花卉博览会“优良品种奖”。

7月，在南京抗日航空烈士纪念馆举办“红色飞鹰”专题展览

（中山陵园风景区 供图）

【智慧景区建设】 提升大数据综合利用水平。完成综合安防集中监管平台升级，优化服务器等设施配置；加强智慧票务大数据资源挖掘利用，实施明孝陵景区游客特征识别系统建设，提高大数据客情预测精准度。国庆期间，借助客情预测，推出套票加无限次观光车票营销组合，受到游客欢迎。明孝陵遗产监测预警系统试运行，明孝陵景区视频围栏监控接入综合安防集中监管总平台，全天候监测40多个影响要素，全年共获取各类数据200余万条。落实网上预约常态化管理机制。在“全网实名预约”“无接触售票”“自助入园”的基础上，实施分时预约、精准调度，起到错峰平谷、均衡客流的效果；建成全国一流的无感特征识别系统，开展客流标签化大数据分析，明孝陵进出口的特征识别率超80%，能够精准地掌握游客需求，为游客提供多元化的旅游消费服务。推进标识系统提升可行性研究及初步规划设计项目，采集5900多块标识标牌信息，完成标识系统4个层级导识、20类标牌初步设计，编制了标识系统设计方案。

【文旅融合发展】 结合梅花节、桂花节等主题，开展28场“云赏景”慢直播，微博“春到梅花山”阅读量2443万次，抖音“云赏梅花”播放量达2496万次。搭建自有新媒体平台，与头部新媒体合作，开展“秋到紫金山”“最美

600米”等主题宣传，举办短视频大赛，相关话题累计播放量达9000万次。在紫金山举办第七届南京森林音乐会、第二届南京和平论坛等全市有影响力的活动，进一步提升景区美誉度。

【管理服务】 全面落实“限量、预约、错峰”要求，严格验码、测温、佩戴口罩等常态化疫情防控措施；优化“1+3”网格化管理机制，与市级相关执法部门联动，开展“违规营运车辆”“野导”“拉子”等专项整治；压实森林防火等安全生产责任，开展专项检查11次、应急演练12场，消除安全隐患约80处。整合全局咨询投诉热线，完善带班值班制度；将创建工作与AAAAA级景区整改提升紧密结合，成立工作专班，制定工作方案，累计开展专项检查32次，整改问题600余项；深化“厕所革命”，完成12座公厕提档升级。开展专题调研，梳理收支、采购、工程、资产等各项业务风险点45个，完善《自主采购管理办法》《档案工作管理规定》等27项制度，编制《内部控制管理总则（暂行）和风险清单》。“微笑紫金山”服务品牌入驻团省委“志愿汇”线上平台，“明博黄志愿服务队”获“市优秀青年志愿服务集体”称号；职工医院获评全国红十字模范单位。（程　岩）

玄武门观光车交通枢纽应用智慧化运营系统　（玄武湖景区　供图）

·玄武湖景区·

【概况】 2021年，玄武湖景区以创建文明典范景区和国家AAAAA级旅游景区为目标，以生态文明为导向，以智慧旅游为驱动，不断提升景区品质、彰显文化底蕴、完善配套设施，打造管理精致化景区。2021年景区接待游客1312.59万人次，实现自营收入11292.3万元，创历史新高。

玄武湖获评2019—2021年度江苏省文明单位、江苏省旅游协会2021年度先进会员单位、2019—2021年度南京市文明单位、2021年度南京市平安景区创建示范单位、南京市创建国家生态园林城市先进集体、南京玄武文旅联盟文旅消费创新奖，玄武湖公园管理处党委获评南京市“高水平全面建设小康社会”先进集体，团支部获评南京市“五四红旗团支部”。

【玄武文化广场及黄册库遗址展馆建成】 2021年2月建成玄武湖文化新地标——玄武文化广场。广场总占地面积约3000平方米，位于梁洲西侧，呈规则式布局，景观中轴线上依次分布入口牌坊、玄武雕塑以及四面坊，体现玄武文化和四象文化。2021年年底，明后湖黄册库遗址展馆建成开放。展馆总建筑面积约770平方米，分后湖黄册库和黄册历史文化两个展厅，展出须弥座、后湖界石、黄册库砖、黄册复制件等珍贵展品，立体展现出明朝国家档案馆——明后湖黄册库这一中国档案史上的奇迹。明后湖黄册库遗址展馆开放后，成为展示明代黄册库文化、明代南京文化乃至明代历史文化的重要窗口。

【游客服务设施提升】 项目包括公共厕所改造、标识系统、信息化建设等内容。2021年按照AAA级旅游厕所标准完成解放门厕所、太阳宫厕所等13座旅游厕所改造提升，有效解决设施陈旧、布局局促、配套不符合标准等问题。完成景区局域网建设，新建和更换高清摄像头162个，完成广播系统建设，布点广播终端70个，成功搭建独立广播平台。完成景区特色标识系统设计制作，完成五洲指向牌及景点介绍牌、环湖路指向牌、情侣园停车场及九号公馆停车场标牌的安装，标识系统更完善、指引更规范、形象更美观。

【智慧车船运营系统建成】 建成数字化车船运营系统，游船自助租赁系统能够实现游船自助式游玩，管理人员能够实时掌握码头、船只信息及各类经营数据，及时进行船只调度，提高船只运转效率，为游客提供更方便、快捷、人性化的游玩体验。建成玄武门、解放门交通枢纽，优化两处功能分区及停车区域布局，完成环湖路及五洲15座观光车候车廊建设，实现观光车智慧化运营。观光车、小火车实现在线购票、自助乘车等功能，车辆调度更高效，乘客游玩更满意。

【中共南京历史图片掠影展】 2021年4月至12月，中共南京市委党史办公室和南京市玄武湖公园管理处共同主办“弘扬光荣传统，建设美丽南京”中共南京历史图片掠影展，用48个版面、通过300余幅图片展现中国共产党为民族解放、人民幸福英勇牺牲，带领南京人民高质量建设“强富美高”社会主义现代化新南京不懈奋斗的光辉历程。

【“旅游+”发展模式推行】 强化发展思维、市场思维、改革思维，研判文旅产业发展新趋势，以“旅游+”激发景区活力，撬动全面发展，实现社会和经济效益双丰收。探索“旅游+体育”，利用景区得天独厚的水资源，举办首届水上运动生活节，重点发展龙舟、赛艇、皮划艇、桨板等水上运动，打造玄武湖水上运动基地；发展“旅游+文化”，依托中华民族传统文化，举办“着汉服　做花灯”“汉韵华裳　礼韵金陵”端午祭祀祈福、中秋游湖赏月、汉服文化节等活动，与市文化馆合作，举办“幸福南京人”专场演出；推广“旅游+研学”，推进“玄武湖生态探秘之旅”“传承红船精神　争当红船少年”“航天科普夏令营”等亲子研学活动近百场。

【生态项目建设】 2021年完成东南湖西岸水域14.2万立方米底泥疏浚及7万平方米水域生态修复水生植物种植，结合生态修复，新建翠洲至梁洲水上栈道近500米；完成玄武门至假山瀑布段水域水质提升及沿岸区域景观提升，种植黑藻等沉水植物、睡莲等观花植物约6140平方米，并放养水生动物，构建水域微生态系统，完成生态岸线改造、区域木平台出新等约2600平方米。

【景区宣传】 2021年，玄武湖景区向国家、省、市新闻媒体提供优质素材，宣传报道覆盖报纸、网站、微博、客户端等多个平台，全年新闻媒体报道809篇次，其中国家级媒体报道50篇次，“学习强国”报道96篇次；微信发布1600余篇，微信传播力在热门旅游景点中名列前茅，连续多月取得全省第一，获得“江苏文旅自媒体联盟最具影响力奖”，微信公众号粉丝突破190万人，全年增长115万人；宣传广度加大，热点亮点频现，2021年秋花秋实展上，景区“七彩炫菊”相关消息达到1.4亿阅读量，登上全国热搜高位及热搜同城榜首位。南京玄武湖以“玄武湖又开并蒂莲”“南京玄武湖真香”“南京玄武湖秋樱开了”“南京玄武湖秋日限定浪漫”等消息多次登上微博热搜榜及抖音热榜。

（赵静雅）

·红山森林动物园·

【概况】 南京市红山森林动物园面积约65公顷，园内绿化覆盖率约85%，饲养、展出各种野生动物260余种2800余头（只），是集物种保护、保护教育、科学研究、文化休闲四大职能于一体的专类园。

2021年红山动物园坚持做好园内濒危珍稀野生动物的饲养、健康防疫、救助等工作，深度挖掘、整合资源，加大宣传力度，全年开展“牛气冲天”生肖文化节活动、爱鸟周、世界野生动植物日活动、全国科普周生物多样性嘉年华活动、律动华夏·本土物种保护嘉年华系列活动、科普进校园等各类教育活动十二大项1500余场次，通过传统媒体、自媒体等多种渠道，让公众了解野生动物保护保育及动物园公众教育知识。

【救助国家一级保护动物白尾海雕】 2020年12月上旬，安徽省阜阳市太和县公安局赵庙派出所接收到一只疑似食物中毒的国家一级保护动物“白尾海雕”

后，将其送至南京市红山森林动物园野生动物收容救护中心救助。红山动物园对白尾海雕进行体检、排毒及人工填食处理，在调养数周、经观察确认无虞后，根据白尾海雕的生活习性，选择将其在南京龙袍江边的一处湿地放归野外。为便于长期跟踪、监测，动物园与南京林业大学生物与环境学院动物生态学实验室合作，首次为白尾海雕这一物种安装了GPS。

【新虎园建成开放】 南京市红山森林动物园占地面积近4000平方米的全新虎园设计建设完成，并于2021年春节正式重新开放。新虎馆为原址改造场馆，位于原来的狮虎山。在借助原有地形、山势的优势下，打破格局，将原来的三个场馆重组整合，最大化利用空间。留天然山坡，为老虎提供了最大高差达8米的复杂地形，给了老虎更多选择和探索的空间。配合老虎的活动区域，游客的参观区域相应地分为上下两层的结构，上层将游客参观道设置成外围的环形路径，参观视角由过去的俯视变为平视，下层为玻璃面展示窗，参观视角为平视+仰视，带给游客更开阔、更过瘾的观察视野。

【爱鸟周活动开幕】 4月22日，2021年度南京市"爱鸟周"活动在南京市红山森林动物园内盛大开幕。活动时间为4月22—28日，主题为"爱鸟护鸟万物和谐"，由南京市绿化园林局主办，南京市林业站、南京市红山森林动物园、江苏省动物学会承办，南京环境资源法庭、西南低山丘陵区域环境资源法庭、南京市公安局食药环侦支队、多样星球自然学校、南京市红山小学、译林出版社联办。此次爱鸟周系列活动内容共有4大项，包括"震旦杯"南京城市观鸟大赛、网络生态讲坛、爱鸟周系列科普活动宣传活动、动物园系列现场活动。启动仪式结束后，红山动物园在细尾獴馆草坪进行了"助它重返自然"林雕放归活动。

【中国猫科馆被 *Zoolex* 收录】 红山动物园中国猫科馆聚焦中国，从场馆设计之初，就将展示中国本土的猫科动物作为场馆最重要的使命。在设计及展示中，致力于为猫科动物打造更加接近野外的环境，充分利用红山的地形和生态环境优势，让动物更多地展现自然行为，让每一位来到猫科馆的游客有机会走近这群神秘又美丽的生物，了解它，保护它。Zoolex是致力于研究和展示优秀动物园的知名平台，是唯一被世界动物园及水族馆协会认可的动物园展示权威发布平台，中国大陆地区仅南京红山森林动物园的中国猫科馆入围，这次入围也意味着中国猫科馆跻身世界先进行列。

【动物保育区对外开放】 南京市红山森林动物园打造的本土物种保育区于2021年国庆前面向市民正式开放。这是一个集合了农田、湿地和山林三大自然生态系统的沉浸式展区，是精心为本土动物打造的栖息地。新开放的保育区位于大红山的细尾獴馆与狼馆之间，该区域展出和繁育保护的都是生活在南京周边的貉、野猪、黄鼬、小麂、扬子鳄（本土动物）等。

【律动华夏·本土物种嘉年华开幕】 南京市红山森林动物园在2021年国庆期间举办律动华夏·本土物种保护嘉年华活动，活动共有三大项25场次，有近15万人参与。10月4日世界动物园律动华夏·本土物种保护嘉年华本土物种保护沙龙在园区中心广场盛大开展。沙龙邀请到各领域的重量级嘉宾：中科院动物博物馆副馆长（主持工作）、研究馆张劲硕，复旦大学研究员王放，南京林业大学教授鲁长虎，南京大学副教授、南大—红山动物行为认知实验室主任李忠秋，Celu Studio联合创始人芦明一，山水自然保护中心成员蒋天沐，科普作家花落成蚀。在愉快的游园气氛中各位专家学者分享本土物种的最新研究，与游客面对面互动问答，活动效果生动有趣。

【红山动物园代表出席南京和平论坛】 2021年10月25—26日，南京市政府偕同联合国教科文组织及省政府新闻办共同举办的"2021南京和平论坛"在南京顺利召开。本届论坛贯彻落实习近平生态文明思想，呼应联合国《生物多样性公约》第十五次缔约方大会精神，围绕"和合共生：与自然和平相处"主题，分享展示在生态文明建设方面的行动案例与解决方案，彰显"Z

12月19日，“我们不是野兽派”猩猩画展开幕　（红山森林动物园　供图）

世代”的主动作为与责任担当，呼吁国际社会共同行动，推动人与自然的和谐共生，构建地球命运共同体。红山动物园代表沈志军园长应邀参会，结合自己多年的工作经验，作了题为“探索自然教育与生命共情的样本”的主旨演讲，分享与大自然的和平相处之道，并倡议大家从动物保护做起，建立起生态保护的大国自信，最终实现人与自然和谐共生的美好愿景。

【2021国际猩猩关爱周主题游园会】　11月7—13日，南京市红山森林动物园举办主题为“敬畏自然，拯救猩猩、保护生物多样性，守护我们的未来”的2021年猩猩保护周游园会活动。活动现场以科普展览、互动游戏、游园体验等多种形式科普了红毛猩猩野外生存现状及其保护措施，其中由3只红毛猩猩“艺术家”集体创作的名为《我们不是野兽派》的画册更是首次惊艳亮相。活动由南京市红山森林动物园、贝林自然基金会联合发起。

（公　正）

·南京中国近代史遗址博物馆（总统府）·

【概况】　2021年，南京中国近代史遗址博物馆（总统府）共接待游客177.8万人次，连续6年被南京市评为“平安景区示范单位”，被携程旅行网评为“2021年度热门旅游目的地”；保卫部被江苏省公安厅评为“全省机关团体企业事业单位内部治安保卫工作成绩突出集体”，票务中心被省级机关工委和团省委评为“2019—2020年度江苏省青年文明号”。

【疫情防控】　严格落实疫情防控措施，制定《总统府景区疫情防控工作预案》《关于进一步加强疫情防控工作的通知》等6项措施，跟进传达各级疫情通报和防控要求，配发、储备相关防疫物资和设备，坚持景区日常全面消杀。严格执行测温、验码、戴口罩等管控措施，落细落实“限量、预约、错峰”参观要求。每月组织干部职工开展全员核酸检测，确保万无一失。

265人次参加梅园新村街道疫情防控志愿服务活动，合计600多小时。他们克服高温、暴雨、不被人理解等种种困难，一丝不苟地测量体温、查验“苏康码”等，圆满完成防控任务，街道社区专门送来感谢信和锦旗。

【庆祝中国共产党成立100周年】　为庆祝建党百年，弘扬伟大建党精神，在“人间正道是沧桑图片史料展”和“红旗插上总统府文物史料展”中，增加“习语金句”展板；与新华报业传媒集团等单位联合举办“恰百年风华正茂——庆祝中国共产党成立100周年”红色党报展，与南京市档案馆等共同举办南京红色历史档案展；在礼堂展出“1949解放军在南京总统府”图片史料；参与“百年征程、初心永恒——中国共产党在江苏历史展”。

【纪念辛亥革命110周年】　对“孙中山与南京临时政府文物史料展”出新改造，多方征求意见，深化展陈提纲，广泛征集文物，增加展览亮点，克服新冠肺炎疫情影响，按时间节点完成布展出新。10月10日，根据全国政协接待辛亥革命110周年纪念活动来苏参访嘉宾工作方案及分工，积极准备服务保障，完成接待任务。对“吾堂中山——广东省中山纪念堂巡礼”图片展陈出新。

【优化景区环境】 应对生态极度恶化的太平湖水，采用水质净化处理和景观提升“双管齐下”的物理生态方式，修复重建富营养化的水体，达到水质清澈与环境协调的效果。更新制作南京交通旅游指南图和景区全景图，邀请油画作者对中轴线大堂油画开展除尘除霉修护出新，对景区旅游配套用房分三个标段实施公开招标，清理美化长江路288号院落环境，为接待停车提供保障。

【古建文物修缮】 规范文物古建修缮程序，整合年度维护保养工程设计、监理、施工需求，通过公开招标的方式选取具有二级文保及以上资质的企业参与景区维护，高效保质地推进文物建筑保养维护工作。应对子超楼南外立面面砖突然崩塌的问题，开展安全普测，及时围挡，保障游客安全，开展修缮申报相关工作。

【安全管理】 开展消防检测和整改，邀请专业机构检测景区消防设施、电气线路等，逐项开展整改。在配电房安装6台电器火灾自动监测系统，更换部分临期的消防器材，引进8名消防监控等岗位专业人员参与安保工作。确保节假日景区安全管控，制定相关开放预案，精准施策、精细管理。协调玄武区公安、交警、城管和梅园新村街道等单位力量共同参与。即时发布防疫要求和景区实时在园人数。加大巡查检查力度，紧盯薄弱环节和安全风险苗头，全力保障节假日景区游客安全。

【“恰百年风华正茂”红色党报展】 4月23日，由新华报业传媒集团主办，江苏省政协文化文史委支持，与中共扬州市委宣传部、中共高邮市委等单位共同协办的“恰百年风华正茂——庆祝中国共产党成立100周年”红色党报展在中堂开幕。省政协副主席姚晓东出席并宣布展览开幕。展览从中国共产党成立初期党报、全面抗战时期党报、解放战争时期党报、新中国成立初期党报、刊载南京解放党报、江苏早期党报等六个方面，集中展示200件老报纸原件，以无声语言、凝固物象，记录中国共产党崛起、奋斗、发展的光辉历史，再现中国共产党救国、兴国、富国、强国的伟大历程，展示中国人民从站起来、富起来到强起来的历史性飞跃。开幕式上，中共高邮市委向省政协赠送1949年9月22日刊登首届全国政协会议开幕消息的《新华日报》。

【南京红色历史档案展】 12月，与南京市档案馆、玄武区档案局(馆)联合举办的“南京红色历史档案展”在中堂开展。展览分为初心如磐、中流砥柱、黎明破晓三部分，通过追求真理、播撒火种、碧血丹心、运筹帷幄、东进序曲、野火春风、合围南京、针锋相对、地下尖兵、轻舟飞渡、三浦战役、古城新生12个章节，以54件红色历史档案和近百幅历史图片，从档案的视角讲述中国共产党在南京的光辉历程，真实再现新民主主义革命时期先烈们坚定的理想信念、对党绝对忠诚的政治品质和英勇顽强的战斗作风。

【孙中山与南京临时政府文物史料展】 展览是纪念辛亥革命110周年活动的重要组成部分。

复园航拍图 （南京中国近代史遗址博物馆 供图）

按照省政协领导指示精神，撰写展陈提纲，邀请专家学者评审把关，根据省委宣传部、省文化和旅游厅、省委党史工办反馈意见，深化修改展陈方案。克服新冠肺炎疫情影响，10月初完成布展，保障纪念辛亥革命110周年纪念活动到苏参访嘉宾团参访。

展览分为晚清中国、民族危机，民主思潮、革命兴起，武昌起义、各省响应，南京光复、孙文就职，内阁九部、参院立法，清帝退位、临时约法，除旧鼎新、恤荣英烈，平民总统、世人敬仰8个部分，回顾一百多年来中国人民为民族独立、国家富强、人民幸福、祖国统一而不懈奋斗的艰辛历程，缅怀孙中山先生等革命先驱致力振兴中华的光辉业绩。（任维波）

·南京博物院·

【概况】 2021年，南京博物院坚持疫情防控和开放服务并重，全年实现安全开放277天、接待观众2033657人次，举办各类线上线下公众教育活动441场次；完善自助导览体系，推出针对不同人群的多语种导览；出版大运河文化普及读本《大运河的故事》（小学中高年级版、初中版）；完善自助导览内容、增加导览机器，在满足观众自主参观需求的同时，探索更亲民有趣的讲解方式；依托常设展览资源开展各年龄段的“清溪学堂”教育体验活动，配合临展开展丰富多彩的教育活动；品牌教育活动继续注重系列化设计与实施；推动馆校合作教育活动，设计、讲授学生们喜欢并体现学校特色的博物馆课程；开发线上教育项目；策划实施2022年“5·18国际博物馆日奇妙夜”“奔赴美好——2022跨年知识大会”等特色活动；推进“大运河文化进校园”示范项目。

【陈列展览】 全年共举办展览15个。为庆祝中国共产党成立100周年举办的“考古江苏”展览，全面回顾江苏考古在探索地域文明、保护文化遗产、服务美好生活上做出的积极贡献，“日月烟霞纳一盆——清代宫廷盆景器珍赏”“汉光熠熠——南京博物院藏汉代错银铜牛釭灯特展”“浮世绘艺术”等精品展从不同主题展示中外文化艺术魅力。

【非遗保护展示】 推进“江苏省非遗旅游体验基地”建设；“江苏非遗”微信公众号通过“我们的节日”“非遗资讯”“非遗微课堂”“文化和自然遗产日”“享非遗”等专题，以微视频、云上观展、线上演出等方式，展示江苏非遗魅力；非遗馆引入南京戏剧脸谱、南通面塑、南京绳结等12个活态展示项目；推出“我们的节日”之端午节、重阳节主题活态展示活动；小剧场于10月1日起每天分上午、下午放两场非遗短片《苏韵流芳》，最大限度传播江苏非遗文化。

【文化创意】 围绕打造文化创意品牌、延伸文化传播功能、提升公共文化服务水平的目标，打造“水韵江苏”系列文创产品，授权“苏天赐油画”“陈之佛工笔画”“大雅斋”瓷器等文物IP开发，开办“博雅汇·丝雨江南文创商店”；有序开展第七、八届“紫金奖”博物馆文化创意设计赛终评和作品征集工作。

【文化交流】 2021年，共举办外展6个，参加外展14个；调拨200件（套）院藏青墩遗址出土文物支持青墩遗址博物馆建设；为江苏省委宣传部和省委党史工办牵头举办的“百年征程初心永恒——中国共产党在江苏历

“日月烟霞纳一盆——清代宫廷盆景器珍赏”展厅一角（南京博物院 供图）

史展”复制69件(套)院藏重要文物资料;参加“我国民族企业家的楷模——张謇‘实业报国,教育兴邦’特展”等14个展览,助力兄弟博物馆发展。

【考古发掘与研究】 2021年,南京博物院在考古调查勘探、田野发掘、资料整理等方面着力,推进完成一系列配合重点工程建设的考古调查勘探、重要遗址和墓葬的考古发掘保护工作,特别是围绕“考古中国”等重大学术课题研究等,取得重要成果。全年配合基本建设工程开展考古调查勘探项目十余项,线性调查总长度近1000千米,调查总面积约100平方千米,勘探面积约100万平方米;开展睢宁下邳故城遗址等9项考古勘探发掘项目,发掘面积约2万平方米;完成江苏省石窟寺专项调查,共调查石窟寺10处、摩崖造像12处;与盱眙县文化广电和旅游局共同编著的《大云山——西汉江都王陵一号墓发掘报告》入选“2020年度全国文化遗产十佳图书”。

【文物保护修复】 开展“馆藏纸质文物典型病害及防治研究”等12项省部级课题研究;完成江西省博物馆藏书画等9项200余件可移动文物保护修复项目;完成“南昌汉代海昏侯国遗址博物馆馆藏金属文物保护修复方案”等8个可移动文物保护修复方案和“新昌大佛表层贴金修缮设计方案”等5个不可移动文物保护方案;承担的“青海省博物馆馆藏纸质文物保护修复项目”入选“2021全国十佳文物藏品修复项目”;在国家文物局主办的2021年全国文物职业技能竞赛中,两位青年文保人员分别获得瓷器修复和书画修复二等奖(一等奖空缺)。

【文物典藏】 2021年,接收征集部移交征集捐赠文物藏品共209件(套),完成1837件(套)文物的入藏工作,其中,第一次全国文物普查文献类藏品1104件(套)、展厅考古品373件(套)、朝天宫玉石器300件(套)。

【文物征集鉴定】 2021年,全院新征集文物90件(套);承担“国家文物进出境审核江苏管理处”工作,完成271件(套)进出境文物审核;承担江苏省纪检监察和司法机关委托的涉案文物鉴定、文物进出境的审核工作,鉴定涉案文物21715件(套),审核拍卖文物标的23912件(套);承担国家文物局交办的文物流通领域登记交易试点和“国家文物局文物鉴定责任人员实习实训基地”工作,开展实训基地的业务培训任务;举办“古代铜镜鉴定培训班”,600余件院藏铜镜作为授课标本用于铜镜历史、铸造工艺、鉴定特点等主题教学。

【大遗址与古建保护】 2021年,南京博物院的大遗址和古建保护工作,以遗产保护和学术研究为重点,完成洪泽湖大堤周桥大塘段生态修复与文化展示工程文物影响评估、江苏省石窟寺(含摩崖造像)专项调查、江苏省传统建筑三维数据采集等工作,开展《江苏传统建筑修缮技术导则编制研究——以扬州古城民居建筑为例》《文物保护工程修缮项目竣工资料规范性研究》《大运河(江苏段)沿线不可移动文物资源在国家文化公园建设中的开发策略研究》等学术研究。

【学术与出版】 全年举办、承办“国家文物局文物鉴定责任人员实习实训基地”古代铜镜鉴定培训班、“中国考古百年”学术系列讲座、江苏省博物馆藏品管理培训开班动员会、2021年粤港澳大湾区文创业务培训班等活动,编辑出版《中国大运河博物馆》、《雾集云合——中国大运河博物馆展品征集》等书籍期刊11种,选派62人次参加学术交流活动,承担科研项目43项,发表学术论文112篇,获得国家省市各级奖项31项,获得专利6种,软件著作权1项。

【大运河遗产保护】 2021年6月16日,扬州中国大运河博物馆(简称“中运博”)如期建成并运营开放。中运博是一座包括展馆、内庭院、馆前广场、大运塔和今月桥5个部分在内的以新唐风建筑融合传统与现代之美的博物馆,是国内首座集文物保护、科研展陈、社会教育于一体的现代化综合性运河主题博物馆,旨在全流域、全时段、全方位展示中国大运河作为文物保护单位、世界文化遗产、国家文化公园给人们带来美好的生活,展现大运河在国家治理、文化融合、对外交往、河工技术、交通运输等方面的中国智慧，彰显大运河的千年底蕴、时代价值和当代形象。为最大限度地保护大运河文化遗产，在中运博建设期间，持续推进文物保护工作，制定文物保护方案，设置实验室，对拟展陈文物进行集中保护；扎实开展"大运河（江苏段）沿线不可移动文物资源在国家文化公园建设中的开发策略研究"；有序启动《中国大运河博物馆》《雾集云合：中国大运河博物馆展品征集》《中国大运河建筑遗产研究（江苏段）》《大运河文化研究论集（1）》等图书的出版工作；顺利举办"大运河文化发展论坛"等学术交流活动。（衣雨涵）

·梅园新村纪念馆·

【概况】 2021年是中国共产党成立100周年，是开启"十四五"迈向现代化的开局之年。以完成基本陈列局部提升和馆区环境升级改造为契机，梅园新村纪念馆在南京市文旅局和南京市博物馆的领导下，用沉浸式的党性教育课堂、触及灵魂的"初心、使命、信念"宣讲，给观众带来"梅园红"特色党史学习教育，在疫情防控常态化的形势下讲好党的故事，生动传播红色文化。梅园馆全年开放173天，累计接待观众16.8万人，接待团队1980余批次。八路军办事处纪念馆累计接待观众逾万人。

【"梅园红"党建品牌】 梅园新村纪念馆党支部紧紧围绕党史学习教育的开展，将支部组织建设与年度各项工作任务相结合，加强新时代形势任务教育。在纪念馆的保护利用、设施提升、文创打造、合作交流、宣传推广过程中，提升研学创新能力、凝练成果能力、全面管理能力。2021年，党支部获评南京市先进基层党组织、市委宣传部先进基层党组织、南京市宣传文化系统第一批基层党建品牌、市文旅局先进基层党组织。"梅园红"党建品牌数字"云展馆"正式发布。

【馆区环境改造】 根据省委、市委相关领导调研梅园新村纪念馆的重要指示，按照《南京市红色文化资源保护利用三年行动计划（2019—2021）》的具体要求，梅园新村纪念馆对基本陈列进行了局部提升，对馆区环境进行了升级改造。营造沉浸式党性教育体验课堂，把纪念馆打造成时代教育、初心教育大课堂，将参观者变为受教育者，史料展变为党性锤炼课堂，讲好梅园故事，传播红色文化，赓续红色血脉。2020年11月22日开始闭馆施工，2021年4月15日全部竣工，4月26日正式对外开放。新陈列开放以来，预约参观踊跃，纪念馆共接待观众超12万人次，团队2000余批次。众多主流媒体纷纷予以报道，《南京日报》等媒体进行了深入的专题报道。2021年6月，梅园新村纪念馆作为"铭记历史·砥砺前行"精品线路红色景点入选建党百年红色旅游百条精品线路，成为南京市党员干部开展党史学习教育和青少年"四史"教育的重要基地，省市"共学共建"活动的党史学习教育基地，充分发挥了基地的社会效益。

【周恩来家风图片展】 为庆祝中国共产党成立100周年，传承和弘扬老一辈无产阶级革命家的优良家风，2021年4月26日，由南京市文化和旅游局、周恩来纪念地管理局、南京市博物总馆主办，周恩来故居管理处、中共代表团梅园新村纪念馆承办的"周恩来家风图片展"在梅园新村纪念馆开展。展览以"家"为核心内容，以周恩来的家教、家事、家庭为主线，精心挑选了100多幅具有代表性的珍贵历史图片，诠释周恩来不仅是治国理政的楷模，也是修身齐家的典范。该展开展以来，得到观众热烈欢迎，《新华日报》、人民网、南京市博物总馆官网及微信公众号、梅园新村纪念馆微信公众号做了相关报道。

【"新四军与南京"史迹展】 南京是全面抗战时期新四军生活战斗的重要区域。为迎接中国共产党成立100周年，深入推进党史学习教育，2021年6月25日，由中国第二历史档案馆、中共南京市委宣传部、南京市文化和旅游局、中共南京市委党史办、南京市博物总馆主办的"庆祝建党百年 弘扬革命精神——新四军与南京史迹展"分别在中国第二历史档案馆、梅园新村纪念馆同时开展。展览共展出红色珍档120余件，历史照片100余幅，展出南京市博物馆馆藏相关文物近30件，系统地回顾新四军在南京地区抗战的光辉历程，再现中国共产党在抗战中发挥的中流砥柱作用，彰显新四军听党指挥、英勇善战、顾全大局、秋毫无犯的优良作风。展览被列入南京市“庆祝中国共产党成立100周年群众性主题教育活动”和江苏省文物局“庆祝中国共产党成立100周年”革命文物陈列展览精品项目展览。《新华日报》《南京日报》等主流媒体做了相关报道。

【“共产党人的初心与使命”档案文献展巡展】 梅园新村纪念馆与中国第二历史档案馆合作原创展览“共产党人的初心与使命”档案文献展入选江苏省2021年馆藏文物巡回展。该展览展出中央档案馆和中国第二历史档案馆等珍藏的大量原始档案和珍贵历史照片，围绕中国共产党人团结带领中国人民实现民族独立和解放这一主线，刻画共产党人为人民谋幸福、为民族谋复兴的如磐意志和坚实脚印。2021年度，该展览在宿迁市博物馆、张家港市博物馆、扬州汉广陵王墓博物馆、东海县博物馆巡展。

【图书出版】 《梅园华章——中共代表团在南京》画册于2021年12月由中央文献出版社出版。本书配合梅园新村纪念

6月25日，“新四军与南京”史迹展 （梅园新村纪念馆 供图）

馆基本陈列提升，内容主要包括国共南京谈判中的历史资料、周恩来率领中共代表团在梅园新村工作和生活的历史照片和珍贵文物图片，附录梳理记载了纪念馆多年来的工作成果。

【“梅园红”品牌社教】 为加强青少年爱国主义教育，增强民族自信心与自豪感，弘扬周恩来精神、继承革命传统、传承红色基因，梅园馆推出了多场“走进天安门”“移动的会客室”“国旗与少年”等“梅园红”品牌社教活动，充分发挥爱国主义教育示范基地的社会功能。在重要节假日，围绕建党一百周年、“四史”学习等推出“红色少年诵读红色经典”会演、“庆祝建党100周年，寻访红色之旅”、“党的故事我来讲——争做红领巾讲解员”等活动，引导青少年深刻了解中国共产党的百年征程和伟大业绩，坚定时刻听党话、永远跟党走的理想信念。

【志愿者工作】 梅园馆现有大学生志愿者120人左右，主要承担讲解、引导、咨询等志愿工作，年均服务时间约1350小时。“梅园红”志愿者也活跃在馆内各项社教活动中，志愿者年均参与社教活动20多场。纪念馆多次组织志愿者讲解员进行集体培训，考核上岗，保证志愿讲解的水平与质量。为给志愿者提供更好的休息、交流环境，梅园馆对“梅园红”志愿者之家进行提升改造，并于年内正式投入使用。 （林建英）

·六朝博物馆·

【概况】 2021年，六朝博物馆全年开放天数274天，接待观众32.96万人次，其中免费参观人数17.8万人次，未成年人4.6万人次。全年主办或参与举办临时展览16场，举办多场展览配套教育活动。全年提供人工讲解服务909场次，另配套有微信语音导览及租赁式自助讲解器服务。微信语音导览共播

放358166次，官方收费语音导览使用9243人次，自助讲解器租借5990次。全年举办269场社会教育活动，持续深化馆校合作。参与活动人数达7.4万人次，其中未成年人1.3万人次。“六朝风物”馆校合作系列课程获2018—2020年度南京市博物馆优秀青少年教育示范项目优秀奖，“探秘六朝”系列博物馆课程获南京市中小学劳动教育和综合实践活动优秀课程评选二等奖，“六朝青”博物馆课堂进社区志愿服务项目获2020年度全国学雷锋志愿服务“四个100”最佳志愿服务项目。

【展厅出新】 为进一步做好开放教育工作，六朝博物馆对一楼临时展厅实施改造出新，包括展厅基础装修、陈列布展设施更新、社教活动室出新、多媒体系统工程改造等，总改造面积约1142平方米。出新后的展厅提升效果明显，超白高透玻璃、专业灯具等设施，明显提高观众观展效果，增加了文物展品的安全性；大型通柜及可移动隔墙系统弥补原有展陈功能不足，可兼顾更多类型的临时主题展览。

【东吴名将 江表虎臣——丁奉家族墓出土文物展】 作为三国时期的东吴都城，南京有地下三国文化遗存。2019年下半年，南京幕府山五佰村地块发现三国东吴名将丁奉墓，这是目前发现的具有明确记载的官职最高的三国东吴名将之墓。2021年4月18日，“东吴名将 江表虎臣——丁奉家族墓出土文物展”在六朝博物馆开展，共展出包括丁奉墓砖地券和釉陶骑马俑群在内的230余件出土文物，展现三国东吴时期社会生活和古都南京的文化底蕴。展览契合2021年国际古迹遗址日“复杂的过去，多彩的未来”的主题，期望能够深刻影响当下和未来。

4月18日，东吴名将 江表虎臣——丁奉家族墓出土文物展

（六朝博物馆 供图）

【公元前202——汉风美学沉浸式艺术展】 9月28日，六朝博物馆以“公元前202——汉风美学沉浸式艺术展”带领观众感悟浪漫奇幻的汉风美学。展览溯洄两千年前的大汉盛世，以光影、符号、声画等新媒体艺术形式为观众营造沉浸式观展体验。“无问西东”“汉画奇妙”“方寸无极”“千文万华”“字里行间”，展览的五个单元提取了汉画像石、汉代漆器、瓦当、汉隶等多个汉代文化元素，展现汉代美学昂然奋进、注重生命力量内核的风姿神貌。展览是一次线下历史文化与艺术科技跨界融合的全新尝试，为传统文化元素赋予了新的表达方式，让观众得以“沉浸式”领略汉文化之美。

【暑期研学】 暑假期间，博物馆开展“遇见六朝·考古夏令营”、“从南京到北京·北京行夏令营”，相关专家学者和教育专员共同研发设计课程，将博物馆体验与户外考察相结合，让考古成果转化为公共文化产品，让公众在体验中更为直观地了解历史、走进考古。各方资源有机整合，形成多层次、多元化的博物馆研学教育课程。

【疫情防控】 7月，南京突发疫情，六朝博物馆积极响应上级部门号召，立足本馆，勇当先锋，第一时间主动联系驻地梅园街道的梅园新村社区，组织19名党员群众报名参加社区疫情防控志愿服务，参与社区小区防控值守176小时。9名党员和入党积极分子主动报名参加区、市组织的疫情防控志愿服务，在锁金村第一小学、海英小学、科利华小学的核酸检测点维持秩序，在七家湾社区进行疫情防控值守，积极报名参加南京市疫情防控突击队。志愿者们以战疫为首任，克服重重困难，保质保量完成既定任务，以实际行动诠释了不畏艰苦、迎难而上、无私忘我的奉献精神。

织造有戏——锦样年华做补绣 学员合影　　（江宁织造博物馆　供图）

【志愿者服务】　由志愿者团队开展的“六朝青”博物馆课堂进社区志愿服务项目建构了“四个一”服务模式，通过举办一次微展览、一次专题讲座或走访、一次社教活动和一次博物馆参观，打通文化志愿服务的最后一公里，使社区百姓了解身边历史，感悟家国情怀。该项目获2020年度全国学雷锋志愿服务“四个100”最佳志愿服务项目。2021年，博物馆实施六朝青“小青莲”培养计划，由“六朝青”志愿服务社资深志愿者组队指导培训青少年，更好宣传六朝文化，弘扬志愿服务精神，传承家乡千年文脉。4月，74名“小青莲”通过培训和考核，正式上岗为观众服务，至年底累计服务时长825小时。

（朱晓雪）

·江宁织造博物馆·

【概况】　江宁织造博物馆是清代皇家织造机构“江宁织造”的遗址所在。专家认为，这里正是清初“江宁织造”建筑群的遗址，博物馆由建筑学家、两院院士吴良镛先生担纲设计。占地面积1.87万平方米，建筑面积3.7万平方米。吴良镛以“核桃模式”和“盆景模式”为设计理念，融合清代宫廷建筑世家“样式雷”的“江宁行宫”和曹雪芹的《红楼梦》大观园等意象，将北高南低的建筑群用园林手法加以覆盖，构筑“三个世界”即“历史世界”“艺术世界”“建筑世界”，营造了“三山半落青天外，二水中分白鹭洲”的意境。从南望北，叠叠高起，如同一幅江南山水画，是现代建筑的语言和传统园林建筑结合的经典之作。江宁织造博物馆常设展厅面积近5000平方米，设有5个常设展览，分别是“江宁织造复原陈列”“江宁织造史料陈列”“云锦天衣”“红楼梦曲”和“中国旗袍”，分别讲述江宁织造的建筑艺术、历史脉络、与《红楼梦》的渊源、世界非遗南京云锦的历史与技艺以及中国旗袍的演变历史。

【“梅绽金陵　礼赞百年”南京戏曲文化特展】　江宁织造博物馆与戏曲文化有着诸多“前世今生”的渊源：清代江宁织造曹寅精通昆曲，有昆曲家班，并创作过《续琵琶》等剧作，至今北昆剧院还在演出；曹寅与《长生殿》作者洪昇相交甚厚，曾邀洪昇至织造府，以家班演出《长生殿》，《长生殿》由此重新走向辉煌；生于江宁织造府的曹雪芹耳濡目染，创作的《红楼梦》深受戏曲影响，书中有大量戏曲描写……作为皇家织造府，江宁织造府负责宫廷戏衣、乐器的制作和筹办，在一定程度上促进了戏曲的发展；作为南京市首批“梅花戏剧角”，江宁织造博物馆不断推出一系列主题展览和社会教育品牌项目，助力传承和弘扬中华美学精神，推动中华优秀传统文化创造性转化、创新性发展。江宁织造博物馆在2021年承办了由中国戏剧家协会、中共南京市委宣传部、南京市文化和旅游局、南京文学艺术界联合会共同主办的“梅绽金陵　礼赞百年”世界文学之都南京戏曲文化特展。

【“织造有戏”研学项目】　2021为迎接第30届中国戏剧梅花奖暨第24届曹禺剧本奖评选活动在宁举行，由中国戏剧家协会、中共南京市委宣传部、南京市文化和旅游局、南京文学艺术界联合会共同主办的“梅绽金陵　礼赞百年”世界文学之都南京戏曲文化特展在江宁织造博物馆举办。“织造有戏”世界文学之都南京戏曲文化研学项目即是在此基础上，根据《关于推进博物馆改革发展的指导意见》，针对未成年人和大学生群体推出的特色研学项目。研学项目旨在落实习近平总书记关于中华优秀传统文化创造性转化和创新性发展的精神，呈现文旅融合的成果，落实“知行合一”教育理念。活动主题：课程从“文学篇”“技艺篇”“色彩篇”“行走篇”“节日篇”五个维度解读戏曲在南京的历史、戏曲的美学以及《红楼梦》中的戏曲。将戏曲文化的精髓点出剖析，逐一阐释。江宁织造博物馆作为南京市重点打造的“梅花戏剧角”示范样板点之一，举办包括互动培训、公益讲座、戏曲展陈在内的一系列活动，编织出南京市“梅绽金陵　礼赞百年”戏剧主题活动的精彩一环。

【“我们的节日”研学项目】　“我们的节日”研学项目是以中华传统节日为主题，重点让学员在体验中感受和了解中华优秀传统中的节日文化、节气文化、民俗文化、物质文化。为此，江宁织造博物馆自主研发了“书春联送祝福”“今年元夜时，月与灯依旧”“扎个纸鸢忆曹公”“端午织出五彩布”等丰富多彩的活动，贯彻习近平总书记“一座博物馆就是一座大学校”的指示，让博物馆为孩子播下成长的种子，最终让中华优秀传统文化影响孩子的一生。

【“诗礼红楼”研学项目】　“诗礼红楼”研学项目是以诵读中国古典小说《红楼梦》为主旨的研学项目。课程梳理了《红楼梦》中美食、节令、习俗、建筑、服饰等特色文化，举办了“诗礼红楼·美食”“诗礼红楼·茶”“诗礼红楼·花”“诗礼红楼·仙居何处”“千丝万缕系红楼”（绳结）等课程，重点将“八礼四仪”的教育目标融入课程架构，强化学员的文明礼仪素养，提升学员综合素质。

【“奇妙的云锦”课程】　“奇妙的云锦”课程紧密围绕世界非物质文化遗产南京云锦织造技艺，向学员展示南京云锦的历史。比如“大自然中的草木染”“妈妈带我学织布”“溯源　实践　畅想——南京云锦研习班”“云锦文化进社区”，推进校本课程，建立馆校合作，与南京市长江路小学、麒麟中心小学、天印高级中学、江苏第二师范学院等大中小学校联合举办了多场云锦相关主题活动。学员亲身体验非遗技艺，推动非物质文化遗产南京云锦的传承和发展，感悟古代劳动人民的智慧和中国传统文化之美。　（付加琪）

（栏目编辑　时蔓菲）

卫生·体育

卫生
体育

卫　　生

【概况】　2021年，全区有各级各类医疗卫生机构218个，床位4191张，卫生在岗人员9192人。其中，卫技人员7321人，执业（助理）医师2909人，注册护士3222人。至2021年年底，全区每千人拥有医生6.26人，每万常住人口拥有全科医生7.23人。玄武区卫健委被评为省、市文明单位，区作风建设先进单位，5个基层党组织被评为市、区先进基层党组织。区卫健委1人被评为省劳动模范、1人被推荐为省党代表候选人、1人被评为市机关作风建设先进个人、1人当选为市党代表、2人被推荐为市劳动模范候选人，同仁街社区卫生服务中心1人被评为省先进工作者，红山社区卫生服务中心、疾控中心各1人被评为市优秀共产党员，玄武门社区卫生服务中心中医针灸科被评为市五一巾帼标兵岗。

·抗击疫情·

【动态调整防疫指挥体系】　区卫健委牵头全区疫情防控工作，防疫指挥体系坚持24小时值班值守，截至2021年12月底，已召开区防指部会议209次。每天编印《疫情防控工作简报》，累计707期，通报防控措施落实情况，对重点事项进行提醒等。南京"7·20"禄口机场疫情发生后，全区立即进入应急状态，每日召开指挥部会议调度研判，有效应对各类突发情况，在主城区率先降为全域低风险。随后，根据疫情形势变化，区委、区政府及时调整完善应急指挥体系和"外防输入"联防联控工作指挥部，以专班和工作组的形式，实施扁平化管理，切实做到"平急转换"。

【分级分类落实人员管控】　2021年，玄武区自行开发了玄武重点人员核查管控管理系统和玄武区重点人群核酸检测应检尽检管理平台，组建数据核查、流调溯源专班，建立中高风险来宁返宁人员排查管控机制，实时调度，实现扁平化管理，确保第一时间摸排、管控、流调、转运到位。制定《玄武区疫情处置核酸检测"提速"方案》，以流调溯源、社区排查结果为依据，分级分类，突出核酸检测之"准"；"采、送、检"全流程配合，实现核酸检测之"快"。同时，加强社会面应检人员核酸检测，"应检尽检"管理平台已录入本底数据1.2万余条。南京"7·20"禄口机场疫情发生后，开设22家隔离酒店，完成涉禄口机场疫情2700余人集中隔离任务；对辖区居民开展6轮大规模核酸检测，设置采样点199个，累计检测210.8万人次。2021年雨花台区"12·28"通报引航员确诊病例后，玄武区立即启动应急预案，连夜成立现场指挥部，对确诊病例居住的银城东苑小区进行3天临时封控，对小区5295人开展"三天两检"全员核酸检测，结果均为阴性，对确诊病例同单元146名住户集中隔离。为小区居民提供优化餐食、外出就医、线上教学等人文关怀，安全有序有效应对了此次疫情。全区累计排查重点地区行程史80357人，其中核酸检测13392人、集中隔离人3215人、居家健康监测654人、居家隔离321人；南京站、南京南站、禄口机场闭环转运2458人；累计核酸检测70.33万人，教育系统抽检27家中小学32972人，重点人群核酸检测52.6万人次。所有人员核酸结果均为阴性。

9月24日，玄武区安全生产知识竞赛代表队进入市决赛（区卫健委　供图）

【应急能力建设】 根据省、市有关文件要求，围绕“核酸采样”“核酸检测”“集中隔离点”“疫苗接种”等，持续加强疫情防控应急能力建设。进一步摸清实际居住玄武的人口底数为43.9万人（公安提供数据：户籍人口46.5万人、暂住人口17.6万人，共64.1万人），固化设置371个采样点位，每个点位配备点位长、医疗队长、采样队长、转运队长，以及救护员、消杀员等16个岗位；协调明确金域、迪安两家检测公司为玄武区大规模核酸检测单位，日检测能力6万管，满足24小时内完成全区检测的要求。流调队伍方面，常态化建立20组60人的流调队伍，同时储备240人的补充队伍，满足应急状态流调溯源“2+4+24”的要求（流调队伍2小时内到达现场，4小时内完成流行病学核心信息调查，24小时内完成感染者全面信息调查）。采样队伍方面，储备150人的核酸采样应急队伍，24小时随时待命；遇有突发情况，可应急统筹基层医疗机构500人，辖区二、三级医疗机构700人的采样队伍。物资储备方面，储备核酸检测采样管100万人份，按两个月使用标准足量储备口罩、防护服、面罩、一次性手套等防疫物资。隔离场所方面，根据南京市集中隔离房间储备任务要求，制定全区集中隔离酒店征用预案，按5个梯队储备3205间房间（第一梯队8小时内可用，有5家酒店579间房间；第二梯队12小时内可用，有2家酒店354间房间；第三梯队24小时内可用，有4家酒店842间房间；第四、五梯队72小时内可用，有1430间房间），满足应急状态下集中隔离场所需求。将新冠病毒疫苗接种工作作为当前疫情防控的头等大事来抓，全区累计接种99.44万剂次，全人群接种率93.93%。（赵亚明）

【爱国卫生】 6月，区政府办印发了《关于调整区爱国卫生运动委员会成员的通知》。贯彻落实健康中国行动，由爱卫办制定、区政府下发《落实健康中国行动推进健康玄武建设实施方案》及《落实健康中国行动推进健康玄武建设考核办法》。玄武区在全市健康南京建设暨第33个爱国卫生月活动推进会上做了交流发言，开展“文明健康始于心”“绿色家园齐守护”“低碳环保践于行”等第33个爱国卫生月主题活动。全年完成了2家市级健康街道、3家市级健康驿站、7家市级健康单位、10家市级健康促进医院、15个市级健康社区和100户市级健康家庭、200名市级健康市民的建设任务。全区56家无烟党政机关单位全部通过市级考核验收，完成市下达的无烟党政机关全覆盖的工作任务。大力开展病媒生物防制工作，玄武湖街道被命名为市级病媒生物防制全覆盖街道。（邹元莺）

·社区卫生·

【基本公共卫生服务】 制定《2021年玄武区基本公共卫生服务项目实施方案》，聘请市社区卫生协会对全区各社区卫生服务中心开展基本公共卫生服务项目第三方考核评估。建立居民规范化电子健康档案526631份；开展各类健康教育咨询活动103次；一类疫苗各单苗基础免疫报告接种率均在95%以上；法定传染病报告及时率达100%；0～6岁儿童系统管理人数24460人，系统管理率达99.99%；65岁以上老年人健康管理人数45630人；高血压患者规范管理率70.71%，糖尿病患者，规范管理率71.64%；严重精神障碍患者规范管理率99.32%；65岁以上老年人中医体质辨识服务覆盖率53.39%；0～36个月儿童共发现肺结核患者81例，管理率100%。

【妇幼保健】 2021年，全区早孕建册率91.09%，孕产妇系统管理率96.08%，产后访视率96.16%；出生缺陷发生率8.4‰，孕产妇死亡率0，妇女病普查39554人，普查率95.05%；7岁以下儿童保健管理率99.99%，3岁以下儿童系统管理率99.59%，新生儿访视率97.4%，5岁以下儿童死亡4人，5岁以下儿童死亡率1.6‰，婴儿死亡4人，婴儿死亡率1.6‰。全年完成宫颈癌筛查17221人例，其中HPV检查5277人，宫颈阴道镜检查394人，病理检查295人。检出宫颈低级别病变63人、高级别病变54人、宫颈原位癌4人、宫颈浸润癌2人、其他恶性肿瘤子宫内膜癌1人。完成乳腺癌检查17219人，乳腺钼靶检查700人，病理检查42人，发现乳腺不典型增生1人，乳腺癌22人。2021年共为2574名建册孕妇部分减免费用进行艾滋病、梅毒、乙肝筛查，筛查率100%。共筛查出梅毒阳性6例，乙肝表面抗原阳性64例。对7例梅毒感染产妇所生儿童进行随访，排除梅毒感染2例，转他区随访1例。

【计生药具管理】 2021年共发放男用避孕套151212盒、口服避孕药54盒，智能药具箱共领取男用避孕套信息4790条，计划生育四项手术开展130例，月服务484人次。

【家庭医生签约服务】 根据《玄武区社区家庭医生工作室建设指导意见》，进一步强化社区家庭医生工作室内涵建设，完善"签约、看病、体检、宣教"一站式体验。商业保险支持下的家庭医生签约服务被认定为江苏省家庭医生签约服务创新举措，红山社区卫生服务中心紫金小营家庭医生工作室、后宰门社区卫生服务中心梅园颐养孙勇家庭医生工作室被评为江苏省星级家庭医生工作室。全区重点人群签约117804人，签约率75.87%。

【特色科室建设】 2021年，红山社区卫生服务中心口腔科被评为南京市基层医疗机构特色科室，全区市级特色科室达到20个。兰园社区卫生服务中心通过国家优质服务基层行推荐标准，全区10家社区卫生服务中心均达到基本标准。

【母婴设施建设】 大力推进母婴设施建设，按照国家标准，制定统一的母婴室标识，要求各建设单位进行规范张贴，并设立醒目的导向标志；统一印发一系列关于母乳喂养的健康教育宣传海报、宣传画、宣传资料等。全年完成新(扩)建母婴室4家，3家母婴室获市级优质运营母婴室。

（张　纯）

·医政管理·

【医联体建设】 制订《玄武区医联体建设管理办法(暂行)》《医联体绩效考核评分表》《玄武区医联体(专科联盟)专项资金管理办法》等文件，进一步完善医联体运行管理制度规范。截至12月，已与15家三级医院建立医联体合作关系，共建设医联体22个、药联体5个、专科联盟6个、专科合作12个，联合病房5个，共建特色专科20个，新增市级1个。全年协调东部战区总院、中国医学科学院皮肤病医院、东南大学附属中大医院、江苏省人民医院、江苏省中医院、江苏省肿瘤医院、江苏省眼科医院、鼓楼医院、南京市口腔医院等10余家大医院，派出60余名心血管、内分泌、消化、康复、皮肤、眼科、影像等专业领域专家，每周到各社区卫生服务中心，为辖区居民提供诊疗服务和健康咨询，为辖区居民提供1180天10466人次高质量诊疗服务。综合医改考核荣获市三等奖。

【专科联盟建设】 继续强化玄武医院专科联盟基地作用，稳步推进消化、呼吸、内分泌、心血管、康复、疼痛等六大专科联盟建设，并与皮肤病医院、省肿瘤医院、市口腔医院和市中西结合医院的优势学科携手，拓展皮肤病、肺小结节、口腔疾病和中医康复等专病专治服务，重点扶持兰园、锁金村、后宰门、孝陵卫等社区卫生服务中心，提高皮肤病诊疗、肿瘤筛查、口腔质控、中医康复水平，使辖区居民在社区就能享受到知名专家的优质服务，初步形成"首诊在社区、复杂病情随时进医院、康复回社区"的诊疗闭环。

【互联网+健康服务】 将"互联网+健康服务"纳入为民办实事清单，结合居民服务需求，科学制定目标任务，定期调度工作进展；卫健委组织12家区属医疗单位、1家民营二级医院，深耕"互联网+健康服务"，面向居民提出"你在线点单，我上门服务"的便民承诺，根据个性需求不断优化套餐，累计推出个性化服务包279个，为出院患者或行动不便、高龄体弱、失能失智、生命终末期患者提供便捷、专业的医疗护理服务，深受广大居民欢迎。累计优质高效完成373单上门服务，8月疫情结束后，增长速度最高达近200%。

【医疗信息化服务】 制定下发《玄武区卫健系统信息化管理工作方案》，定期开展质量评价和常态化巡检，有力保障庆祝建党100周年期间的网络安全；区属12家医疗机构均实现移动支付，支持医保电子凭证扫码识别，提高窗口结算效率；4家社区卫生服务中心与东南大学附属中大医院、省中西结合医院开展远程动态心电诊断会诊服务，全年共提供远程诊断服务128例;通过全民健康信息平台,向市信息平台上传各类数据3468.9万条,其中医学检验报告17.6万份、影像诊断报告2.2万份、心电报告1733份,实现医疗机构业务数据的统一采集、存储和全市共享。

【中医药工作】 共有10人参加全科医师规范化培养和转岗培训工作,其中中医类别7人,完成了年度人才培养计划;遴选兰园社区卫生服务中心沈柳柳申报江苏省中医药科技发展计划项目,并顺利通过市级初审;组织南京市名中医陆瑾、周华龙和徐天舒及团队,分别在同仁街、后宰门社区卫生服务中心设立名中医工作室基层工作站并成功申报;选派兰园社区卫生服务中心一名青年骨干参加中医骨干人才培训项目,推动中医馆服务内涵建设;孝陵卫社区卫生服务中心中医馆顺利通过省级基层医疗卫生机构中医馆服务能力建设项目评估。做好中医药法规宣传月活动和"服务百姓健康行动"大型义诊活动周工作。

【药事管理】 严格执行国家基本药物制度,规范医疗机构用药结构。2021年,10家中心基本药物配备品种占比62.00%,金额占比62.83%,双占比均达到省定55%标准。药品医用耗材"有需必采",零差率销售,严格落实国家和省级集中采购要求,药品网采率达100%,医用耗材网采率稳步提升。各单位在药品采购、贮存、发放、使用等链条中,均做到信息系统全覆盖。将合理用药相关指标纳入绩效考核体系。定期组织麻醉精神类药品、国家基本目录所在药品、抗菌药物专题培训,积极参加全省家庭药师培训,严格规范麻醉药品、精神药品及抗菌药品管理,药事管理工作在全市医疗质量检查中名列前茅。

【医疗服务质量】 健全医疗质量管理控制质控组织,根据医疗质量管理需求,增设康复、门急诊管理质控专家组,共设医疗质量管理工作领导小组和医疗质量管理委员会、医学伦理学委员会2个委员会,以及医疗服务、病案、门急诊管理等10个质控专家组,健全"1+2+10"质控体系,明确职责任务和标准要求;研制《2021玄武区医疗质量与医疗安全服务年活动方案》,对辖区内各医疗机构进行分类划片管理,每月进行一次院感防控督查培训,每2月进行一次医用废物管理检查,每季度进行一次检验、影像质控检查,每半年进行一次医疗质量全覆盖检查,按"分组负责、分片包干、分级分类、常态监督"的原则,定期上门督查指导,做到"所有单位、全部科室、全体人员、重要环节"全覆盖。10月,委托南京市基层卫生协会,对10家社区卫生服务中心、区口腔医院、3所大学校医院及部分民营医院,开展了医疗质量控制管理情况检查;12月,区质控专家组对136家民营医疗卫生机构以及30家口腔诊所进行专项督查。全年受理医疗事故鉴定9起、纠纷投诉162件,通过多面协调、多元化解和多渠道沟通,全部得到妥善解决。

【无偿献血工作】 2021年10月,组织700余人参加南京市应急献血,成功献血540人、全血153280ml及血小板5u,完成南京市血联办年度应急献血任务。经区无偿献血工作联席会议机制多方协调,在红山地区新玄武中心地带常发广场成功设置无偿献血屋,完成了市献血点建设规划。玄武区卫健委荣获2020年度南京市无偿献血先进集体。

【守住院感防控关口】 疫情期间,强力推进院感防控工作,建立健全三级感控组织,成立两支感控专业队伍,以各社区卫生服务中心为圆心,建成网格化治理体系,完善培训、指导、督查、整改长效机制,在玄武医疗机构"全域、全程、全员"落实院感防控各项措施,累计开展感控管理培训19批次9600余人次,开展全覆盖培训指导和督查整改21轮4443家次,编印下发各类文件资料4600份,下达监督意见书890份,帮助180余家医疗机构有序恢复诊疗服务,有效保障了疫情期间居民的就诊安全。2021年,玄武区贯彻国家相关标准的案例"践行国家标准,筑牢院感防线",荣获省二等奖,并代表江苏省参加国家竞赛。

(孙志国)

·疾病预防与控制·

【急性传染病防控】 全区累计报告法定传染病发病828例,死亡3例。无甲类传染病报告;其中乙类传染病8种495例，发病率为83.20/10万。丙类传染病6种333例，发病率为55.97/10万，无死亡病例报告。处置中小学及托幼机构聚集性病例9起。肠道门诊就诊总人数为1022人次。

【计划免疫】 全区接种率如下：卡介苗99.74%、乙肝（3）99.17%、脊灰（4）95.61%、百白破（3）99.46%、白破93.83%、含麻类疫苗（2）98.95%、流脑A（2）99.64%、乙脑（2）98.61%、甲肝（2）98.73%、流脑A+C（2）94.20%。全年建证建卡2391人，共接种一类疫苗73902针次。报告AFP病例2例，经流调，均已排除。全区共报告疑似接种副反应75例，其中新冠疫苗接种副反应40例。

【结核病防制】 全区共发现肺结核病患者91例，治管率为100%。登记治管病原学阳性肺结核患者63例，登记的密接149人，密接检查率100%，未发现疑似肺结核患者。全区各医疗单位共报告疑似肺结核病人113例，其中本区病人29例，转诊率100%。上一年度年同期登记管理患者数126例，成功治疗率96.4%（107/111），系统管理率100%。处置学校结核病疫情34起，3例以上聚集性疫情1起，共排查出密接1725例。筛查共发现结核感染者90例，感染者已经落实服药的有57例，预防性服药率63.33%。

【艾滋病防制】 累计完成南京市第三看守所羁押人员HIV筛查1519人次（含部分送金域检测），HIV抗体初筛阳性4例，检测覆盖率100%。VCT门诊共免费咨询检测903人次，初筛阳性3例，梅毒阳性7例。美沙酮门诊完成完成158人次的检测工作，发现HIV抗体初筛阳性（既往感染）7例，梅毒阳性2例，丙肝抗体阳性119例。月平均干预暗娼478人次，干预覆盖率96.8%；完成HIV检测948人次，检测比例98.9%；HIV抗体阳性0例；梅毒阳性17例，阳性率1.8%。MSM人群干预月均280人次，干预覆盖率93.5%，检测1722人次，检测比例为89.6%。辖区医疗机构新报告艾滋病病毒感染者/病例43例，艾滋病人11例，晚发现率25.6%。新增本区艾滋病病毒感染者/病人38例，全区现管理存活感染者/病人411例，已完成随访和CD4检测411人，检测率100%；结核病筛查411人，结核病检查率7100%；配偶/固定性伴检测18人，配偶检测率100%；对所有符合治疗条件的感染者/病人均及时转移至市公卫中心接受抗病毒治疗，2021年年底在治人数401人，治疗率97.6%。

10月28日，大片区新生儿死亡评审会议　　（区卫健委　供图）

【严重精神障碍患者管理】 全区登记在册严重精神障碍患者数为2064人，登记报告率为3.59‰，其中签署《知情同意书》愿意接受医学管理的2050人，检出患者管理率99.32%，规范管理率99.32%。

【慢性病防制】 全区死亡网络报告2668例，死亡率5.69‰。不明死因比例1.16‰。利用“南京市慢病网络直报系统”，共分卡“慢五病”到社区3847例，其中高血压109例，糖尿病350例，社区共核实258例，其中高血压43例，糖尿病215例，“慢五病”核实确认率为82.32%。高血压健康管理44331人，任务完成率100%，规范管理率70.71%，血压控制率60.61%。糖尿病健康管理14729人，任务完成率101.6%，规范管理率71.64%，血糖控制率57.04%。

【实验室建设】 玄武区突发公共卫生事件应急处置中心检验

中心添置仪器设备多台(套),总价值约429万元,可拓展理化检测项目8项、微生物检测项目2项、病毒检测项目2项。PCR实验室于2020年12月初投入使用。12月新购1台96孔核酸提取仪及1台96孔PCR仪,已正式投入使用。 (邵益飞)

·卫生应急·

【卫生应急工作规范区复评估】 2021年11月,江苏省卫生健康委对玄武区卫生应急工作规范化建设进行复评估(玄武区于2015年创建成为江苏省卫生应急工作规范区,根据要求,每5年进行一次复评)玄武区顺利通过复评。

【重大会议活动保障】 2021年玄武区卫健委承担全省重大项目建设推进会议南京市分会场、全省市县乡领导班子换届工作会议暨业务培训会、高考、中考、省市录用公务员笔试、事业单位录用考试、中小学教师录用考试、高等教育自学考试等200多个重大会议活动疫情防控及医疗应急保障任务,派出防疫及医疗应急保障医务人员1000多人次,完成各项保障任务。

【卫生应急演练】 为保障高考和中考、市两会、市党代会顺利举行,先后组织了3次新冠肺炎疫情应急处置桌面推演。在南京火车站举办冬春季新冠肺炎核酸检测应急演练;演练按照国务院联防联控医疗救治组《新冠病毒核酸检测10合1混采检测技术规范》,对火车站434名工作人员采取1:10混采检测模式采集咽拭子;演练采用信息化登记及采样系统,将居民登记及信息复核的时间缩短至5~10秒/人,为开展大规模人群筛查积累了宝贵经验。 (邵益飞)

·卫生监督·

【卫生监管与处罚】 2021年,共立案查处违法案件46件,罚没款合计9.2万元;处理各类投诉举报71件;卫生监督覆盖率100%,投诉查处率100%。

【疫情防控监督检查】 2021年,疫情防控累计检查单位5330家次,共出动监督员4431人次,下达监督意见书1191份。7月份南京发生疫情期间,加强对医疗机构等重点场所的巡查,每日检查情况由专人负责汇总上报,并对问题单位进行闭环管理,确保疫情防控工作落实落细。

【专项监督检查】 根据《关于转发国家卫生健康委员会办公厅等8部门打击非法医疗美容服务专项整治工作方案的通知》的文件精神,共检查辖区内美容医疗机构26家,签订医疗机构依法执业承诺书26份。根据《关于开展冬病夏治穴位贴敷技术应用管理专项检查工作的通知》文件要求,对辖区内医疗机构"三伏贴"技术应用管理开展专项监督检查工作,共出动24人次,检查辖区内开展"三伏贴"服务的医疗机构12家,下达监督意见书12份。对辖区内5所大学、43所中小学,42所托幼机构开展专项监督检查,重点针对传染病防控措施、学校饮用水、中高考考点及周边住宿场所等。强化突发事件应对措施的落实,对有问题的单位确保检查到的问题务必整改到位,施行"闭环"管理。落实落细各项传染病防控措施,做好卫生安全工作。

【打击非法行医】 为规范医疗市场秩序,治理整顿医疗机构,全年开展"打击非法行医"专项整治行动2次。重点关注校园周边200米范围,未取得医疗机构执业许可证擅自开展诊疗活动的"黑诊所""游医""假医""人流广告"等。全年共出动监督员256人次,车辆30台次,共排查7个街道,37所中小学,拍摄现场照片385张。 (刘志陆)

·计划生育工作·

【落实三孩政策及人口信息核查】 2021年,生育登记2304人,其中二孩生育登记649人;三孩生育登记21人;出生人数2512人,一孩1704人,二孩767人,三孩及以上41人,完成计划生育目标管理的各项指标任务。完成了全员人口库9800条信息核对工作。

【计划生育奖励扶助】 全年累计为1659名失业人员发放独生子女父母奖励金9.95万元;为2399名企业退休职工发放一次性奖励863.64万元;为79名符

合政策条件的人员申请计划生育公益金18.50万元;全区各街道为6374人次特扶对象共发放扶助金1118.10余万元,为771名特扶人员发放公交和游园补贴47.80万元。春节、中秋等节日慰问特扶人员2565人次,发放慰问金64.27万元;慰问计划生育困难家庭85户,发放慰问金3.40万元。计划生育各类奖扶政策兑现率达100%。

【计划生育特殊家庭援助工作】 长效落实区、街、居计划生育特扶人员联系人制度,完善国家padis特扶系统平台数据。将1124名计划生育特扶人员优先纳入基层医疗机构家庭医生签约服务,做到签约知晓率100%。为1294名特扶对象发放了"计划生育家庭特别扶助制度扶助证",持证在市、区定点医疗机构可享受"六优先"便利服务。在孝陵卫街道推进"新家庭计划"和计划生育特殊家庭"1+1+N"联系人服务团队项目试点工作,以团队模式开展精准帮扶。积极开展计划生育家庭生育关怀保险服务活动,全年投入18.38万元为1225名计划生育特扶人员办理了重大疾病及住院津贴险综合保险,投入1.26万元为105户计划生育困难家庭独生子女元办理了意外伤害和重大疾病保险。积极与社会组织合作,依托南京市玄武区一家圆心灵保姆服务中心等一批优质社会组织力量,为计生特殊家庭人员提供精神关怀、心理疏导、技能培训等暖心服务。

【计划生育特殊家庭帮扶工作】 认真落实计划生育特殊家庭联系人制度,对独生子女伤残死亡家庭中的信访重点人进行全面摸排,根据不同情况分类登记造册,对思想波动较大、生活特别困难的,帮助其疏导思想和解决实际生活困难。深入分析社情民意,及时发现苗头性、倾向性问题,确保诉求不出区、问题解决在基层,最大限度地增加和谐因素。

【0~3岁婴幼儿早期发展工作】 全区0~3岁婴幼儿托幼机构28家,其中在区卫健委备案27家、未备案1家。已建成4家省市级普惠型托育机构,其中孝陵卫街道农科苑育儿园和新街口街道如意亲子中心先后被评为省级示范普惠育儿园、孝陵卫街道金阳育儿园和梅园新村街道励勤育儿园被评为市级普惠育儿园。通过政府购买服务方式,在辖区内开设0~3岁婴幼儿早期发展指导体验班,为0~3岁婴幼儿提供免费亲子体验服务。依托社区为全区0~3岁婴幼儿家庭免费发放《科学育儿报》《婴幼儿早期发展指导手册》等,开展"家长学堂""百场科学育儿知识进社区"等活动,0~3岁婴幼儿早期发展知识普及率达到96%。加强全区各保育机构安全管理,全区托育机构负责人进行线上业务技能、疫情防控知识、师德师风和安全管理培训。

【计生协会工作】 进一步加强协会的功能建设,组织各类基层协会骨干业务培训,人数300多人次。各街道计生协以"5·29"会员活动日为契机,组织开展大力弘扬中华优秀传统美德。全年各基层计生协会开展各类协会活动30多场次。2021年,玄武区获得全省青春健康优秀项目点1个、全省计生协工作成绩突出单位2个、全省计生协工作成绩突出个人3个、市级青春健康教育俱乐部项目1个、市级优生优育指导中心项目1个。 (江秀萍)

·干部保健·

【提高医疗保健合理性】 2021年,干部保健办公室在广泛征求意见的基础上,从区实际情况出发,完善了《玄武区体检方案试行意见稿》,体检单位增加到8家,体检标准提高到800元,并由干部保健办公室牵头逐一落实各家体检套餐,满足不同人群的需要,提高了体检的针对性和个性化,真正发挥体检的功能和作用。有效规范了全区各机关事业单位体检流程和医疗资源的合理运用。

【提高医疗政策知晓性】 2021年12月,根据南京市干部保健办公室要求,为辖区享受特约医疗人员1501人(军休所1247人、区属254人)更换干部保健证和医疗卡,并以此为契机发放特约人员就医须知,着力宣传特约人员就医政策,以预防疾病、保证基本医疗、克服浪费为原则,让有限的医疗资源合理应用。

【提高医药费用合格性】 严格按照玄武区补充医疗保险规定,

对全区66家机关和4家改制单位干部职工医药费发票进行审核，对发票的完整性、规范性进行把关。对不能参加补充医疗保险的药品材料、医疗项目予以退回，并对下属事业单位强化督查，2021年抽查了街道、军休所、教育、卫生单位共5家，督促各家针对问题及时整改、严格把关。

【提高下属单位审核准确性】为了顺利开展一年两次全区事业单位人员补充医疗保险工作，做到数据准确、规范，报盘及时，干部保健办公室在5月26日和12月22日举办两次报盘工作部署会和系统运用培训会，会上，干部保健办公室分管负责人指出发票审核、督查中出现的问题，为后续工作提供保障。全区参加补充医疗保险的下属事业单位包括街道、教育、军休所等共101家，干部保健办公室的同志对他们提出的问题进行了耐心的解答。（毛春红）

·安全生产·

【安全生产工作责任】充分认识安全生产的重要性，深入贯彻落实习近平总书记关于安全生产工作的重要论述和指示精神，坚持“人民至上、生命至上”理念，牢固树立“隐患无处不在、成绩每天归零”意识。先后制定下发《玄武区卫生健康系统安全生产工作要点》《玄武区卫生健康委员会内设机构安全生产职责等两项清单》《党委委员领导班子成员安全生产重点工作清单》等文件10份，转发上级相关文件99份。对安全生产工作任务和责任进行分解细化，明确了牵头领导、责任单位、时间进度，进一步强化红线意识，从领导层面和管理层面压紧压实安全责任。

【消除安全生产隐患】定期开展安全生产排查整治活动，全年聘请第三方专业安全生产技术服务公司对全区卫健系统开展安全隐患排查4次，邀请消防、区卫生监督所等部门开展联合检查4次，组织系统内隐患排查32次，共查出242处安全隐患，已全部整改到位。结合检查情况，全年共组织召开安全生产会议、培训23次，应急演练5次。5月19日，市第五督导（巡查）组到玄武区卫健委督导检查安全生产工作，重点查看了危化品使用管理情况。5月20日，建邺区卫健委到玄武区卫健委开展危化品安全互查。11月3日，区第二督导（巡查）组到玄武区卫健委督导检查危化品管理和安全生产工作。12月14日，市卫健委对玄武区履行危化品安全生产工作责任进行考核评估，玄武区卫健委安全生产工作受到高度认可。（戴　倩）

体　　育

【概况】2021年，区文化和旅游局以习近平新时代中国特色社会主义思想为指导，持续推进服务水平标准化、特色活动品牌化、产业发展集聚化、文体活动常态化、市场环境秩序化。玄武区老年体协被评为“2017—2018年度南京老年体育工作”先进单位。输送运动员东京奥运会获银牌，实现文旅体事业发展同频共振、齐头并进，为建设“强富美高”新玄武作出积极贡献。

【惠民工程】开展“明外郭·迎春杯”足球邀请赛、第四届南京国际水上运动节、南京体育嘉年华暨滑板专场活动、老年人体育节、“铁营周六公益跑”等深受群众喜爱的健身活动，全年共开展各类群众性健身体育活动192场次；实施国民体质监测工程，共完成4756人次社区群众的国民体质监测任务，超额完成年度4500人次的目标任务。共培训三级社会体育指导员330人，同时选派22人参加省、市组织的一、二级社会体育指导员培训，全区社会体育指导员总人数达到2829人，每万人拥有社会体育指导员52人。采购并安装40套全民健身器材，新增全民健身器材400件，同时加强器材的维护保养，共发现并检修300余处，有效保证了器材的完好使用率；在龟山公园新建健身步道3公里；在聚宝山体育公园新建1.6公里智慧步道；建设完成6片室外灯光球场。

【体育成绩】8月7日晚，东京奥运会花样游泳团体自由自选决赛中，由玄武区输送的运动员呙俐领衔组成的中国代表团，完美演绎了一段“巾帼英雄”主题的表演，以总得分193.5310的成绩夺得银牌。在陕西西安第十四届全运会花样游泳比赛中，呙俐获得集体项目第一名；王子睿获得自

8月31日，第十四届全运会花样游泳比赛中，玄武区输送运动员冯俐获得集体项目第一名（区文旅局　供图）

由组合第一名、集体项目第三名；盛姝文、王赐月、孟忻悦、乔王玄婧获得自由组合第四名、集体项目第四名。在羽毛球比赛中惠夕蕊、高昉洁、周舜琪获得女子团体第二名。2021年，玄武区向省运动队输送艺术体操运动员1人，向省少体校输送艺术体操运动员2人，向市运动队输送运动员20人，在训运动员中有23人通过国家二级运动员认定。

【玄武区老年人体育节系列健身活动】　4—11月，玄武区老年人体育协会举办玄武区老年人体育节广场舞、掼蛋、太极拳比赛和健步走活动，举办玄武区老年人广场舞、太极拳、门球、桌上冰壶球、健身秧歌、健身球等各类培训班。全年玄武区老年人参加各类体育健身活动80项次，计50000人次。组织参加中国乒乓球协会会员联赛，江苏省、南京市老年人桌上冰壶球、柔力球、太极拳、秧歌、健身球、掼蛋、气排球、气功、体育精品健身展示交流活动。全民健身公益活动走进社区，组织开展老年人体质现状调查，老年健康达人评选，市民居家健身短视频大赛活动等。组织参加南京市门球协会举办的“三八杯”“渡江杯”“雨花功德杯”“会员杯”门球赛。

【建党100周年老年人体育系列活动】　5月31日，举行2021年玄武区老年人体育节开幕式暨“颂歌献给党，幸福舞起来”广场舞比赛。来自全区7个街道13支舞蹈队的200名广场舞爱好者参加了活动。比赛包括集体展演《没有共产党就没有新中国》，规定舞曲《最美的歌儿唱给妈妈》《小康时光》二选一，自选舞曲等。6月10日，举办2021年玄武区老年人体育节掼蛋比赛。来自7个街道老年体协，区退休教师协会，区委老干部局等9个单位的40名选手参加了比赛。比赛采用积分编排制，共进行5轮（每轮50分钟）。经过一天5轮的较量，玄武门街道二队、玄武门街道一队、玄武老干部三队、玄武老干部四队、玄武湖街道一队、区退教协二队、新街口街道二队、梅园新村街道二队荣获1～8名。6月19日，在区文体中心羽毛球馆举行太极拳比赛。活动以“踏上新征程，健身再出发”为主题，来自7个街道、区退休教师协会共14个太极拳代表队的200多名运动员参加活动。开幕式上，全体参赛运动员集体演绎“太极八法五步”。活动中，各太极拳代表队依次进行集体规定套路“24式太极拳”，和集体自选套路的比赛，中间还穿插了一些个人自选太极拳、剑、刀、鞭等的展演。

【玄武区老年人桌上冰壶球、气排球】　玄武区桌上冰壶球队于10月29—31日参加在苏州干部学院体育馆举行2021年江苏省老年人桌上冰壶球俱乐总决赛。全省各市、各行业（系统）老年人体育协会、各桌上冰壶球俱乐部等21支桌壶球代表队（其中，玄武区桌上冰壶球代表队代表南京市老年体协参赛）的120名运动员参加了比赛。比赛项目为混合团体赛。玄武区桌上冰壶球代表队获得优胜奖。玄武区气排球队于5月9日参加在栖霞区全民健身中心举行的第三届南京市老年人运动会气排球比赛暨江苏省老年人气排球俱乐部联赛（南京站），比赛由江苏省老年人体育协会、南京市老年人体育协会主办，栖霞区老年人体协承办。全市11个区，22支男女气排球队近278名运动员、裁判员参加了比赛，玄武区气排球队荣获男子组第一名，女子组第八名。　（董长春）

（栏目编辑　张　弛）

人民生活

人力资源和社会保障
民政工作
养老服务
残疾人扶助
红十字会

人力资源和社会保障

【概况】 2021年,区人社局坚持以习近平新时代中国特色社会主义思想为指导,认真贯彻区委、区政府决策部署,围绕“民生为本,人才优先”工作主线,紧扣高质量发展要求,奋力拼搏,有效推进各项工作,承担的市、区目标任务均达序时进度。

【就业创业新突破】 完善服务,促进就业。把稳就业、保居民就业放在首位,推进“天天有岗位、周周有招聘”就业品牌,全年开展线上线下招聘活动175场,为近780家企业发布超1.5万个岗位信息,服务9.1万余人次。开展“春风行动”、军嫂专场招聘等专项活动,为特定群体提供对口就业帮扶;与安徽省金寨县、重庆市万州区甘宁镇等五地达成初步劳务合作协议;宣传玄武助企纾困政策,为93家企业发放小微企业吸纳高校毕业生社保补贴164.71万元。鼓励创业带动就业。推进“紫金山英才凤栖玄武宁聚计划”,促进高校毕业生在玄武创业就业,开展第四届“赢在玄武”青年大学生创新创业大赛,其中3个项目晋级市32强决赛。拓宽培训提升就业。全年区内城镇新增就业23146人,实现再就业10641人,新增大学生创业724人,新增大学生就业30724人,培育自主创业5646人,创业带动就业30236人,完成劳动者就业技能培训101563人次,职业技能鉴定取证6743人次,新增高技能人才1061人,援助困难人员就业1558人,发放面试补贴2128人、212.8万元,发放高校毕业生住房租赁补贴2.5万余人次、4272万余元,审核灵活就业社保补贴12007人次,涉及金额2580.57万元。

【社会保障水平提升】 提升全民参保覆盖面,实施全民参保计划,推进机关事业养老保险工作,建设施工领域工伤保险全员参保。调整企业退休人员养老金,推动国企退休人员纳入社会化管理,做好“两节”慰问工作,推进企业退休人员免费健康体检。实施困难城乡居民基本养老保险全覆盖,确保符合参保条件人群“百分百参保,百分百进行财政代缴,百分百享受待遇”。落实南京市《关于应对疫情影响支持企业稳定发展的若干举措》要求,对医保、工伤实行阶段性减免政策,覆盖1.3万家企业,为企业减免资金约0.3亿元,全年养老保险征收约40亿元,新增单位参保2221户,中断缴费续保3038人,城乡居民养老保险困难人群符合参保条件1333人,完成企业退休人员健康体检40826人。

【人事人才工作】 促进人事制度改革。落实事业单位岗位管理、聘用制度管理及公开招聘三项基本制度。教育系统公开招聘新教师155人、骨干教师25人,校园招聘13人,引进骨干教师2人;卫生系统招聘专业技术人员23人,引进1名医务人才。定向招聘驻宁部队事业编随军家属2人;完成事业单位招聘、年度统计报表和考核工作,会同有关单位组织实施区内编外人员公开招聘143人。落实建立导向鲜明、科学规范、有效管用的事业单位工作人员的奖励制度。对2020年度考核评为优秀等次的石卉等925名事业单位工作人员和5名机关工勤人员给予嘉奖奖励。卢丹等19名事业单位工作人员经市人社局核准荣获记功奖励。针对“十三五”期间执行国家、省、市脱贫攻坚重大战略部署中表现突出、成绩显著的个人和集体,对陈兰兰等22人、玄武区教师发展中心等13家单位给予嘉奖奖励。张烨等8人和南京市第十三中学等2个集体经市人社局核准荣获记功奖励。完成事业单位工作人员和机关工勤人员基本工资标准调整工作。事业单位离休人员和机关工勤退休人员生活补贴发放调整工作。会同区教育局、区财政局制定《玄武区中小学课后服务补助发放暂行办法》,完成增核2021年教育系统课后服务专项绩效。促进职称管理审核。严格执行单位推荐、评审前、评审后的“三公示”制度,落实专家评委异地交流机制,全区中高级职称审核工作523人通过初定获得职称,审核440份卫生专业技术初、中级考试材料,136名教师通过评审获得中小学(幼儿园)一级教师专业技术资格。2名高层次和急需紧缺人才被考核认定为高级职称。10名机关事业单位工勤人员被考核认定资格。开设人才安居审核绿色通道，2021年新增留学回国人员556人，累计留学回国人员2775人，人才安居审核7886人次，人才购房证明审核3822人次，处理人社资格校验1831人次，紫金山英才卡审核305人，帮助人才在宁安居。开展“人企问需”，提供一体化、网上办等贴心服务，确保政策红利应享尽享。全区累计入选区级企业专家工作室8个，入选市级企业专家工作室3个，张柏云工作室（传承项目：盆景园艺）入选江苏省和南京市乡土人才大师工作室。南京徐庄软件园留创园获得2021年度市级留学人员创业园服务能力建设绩效奖励对象，南京亘德机器人科技有限公司入选南京市最具成长潜力留学人员创业企业，南京市玄武区教师发展中心入选南京市专业技术人员继续教育基地。新设立1家省级博士后工作站，2家博士后工作站入选江苏省优秀博士后科研工作站，1家入选市级优秀博士后工作站，新招收博士后35人。

【劳动用工管理】 强化劳动用工管理。推进劳动关系“和谐同行”能力提升三年行动计划，指导企业构建和谐稳定的劳动关系，完成2021年度企业薪酬及最低工资实施效果调查和人力资源社会保障基本情况统计调查。开展“一站式”仲裁服务，形成快速高效的工作机制，办案能力水平稳步提升。《保障农民工工资支付条例》稳控疫情影响下劳动用工风险，实现工资“基本无拖欠”。培育并成功创建2家省级优秀劳动关系和谐企业，创建28家市级和谐劳动关系示范企业，培育并成功评定1名省级金牌劳动关系协调员。玄武区人社局“掌上维权、‘码’上行动”劳动保障监察码上管理平台案例，被推选参加2021年南京市优化营商环境创新优秀案例评选。全年依法审查集体合同和工资集体专项合同1697份，完成书面审查8033家，接待各类咨询6800余人次，受理举报投诉858件，简易案件257件，立案601件，结案402件，共接收国务院欠薪线索487条，已办结478条，办结率98.15%，受理工伤认定案件676件，结案率100%，受理劳动人事争议案件713件，仲裁结案率100%，调解成功率92%，终结率82%。

【就业援助月活动】 1月，区人社局开展就业援助月活动。援助月以“就业帮扶、真情相助”为主题，强化基本公共就业服务，针对就业困难群体和残疾人员，稳定就业基本盘。在筹备期，区人社局先后联系68家企业，收集涉及制造业、信息技术服务业、批发零售业、住宿和餐饮业、维修服务业等6个行业1500余个招聘岗位，区、街道举办8场招聘会。新增就业困难认定47人，援助170余名困难人员就业。

【春节稳岗留工专项行动】 1月21日至3月底，玄武区开展“迎新春送温暖、稳岗留工”专项行动，鼓励引导农民工等务工人员留在就业地安心过年，为重点企业和其他春节期间有用工需求的用人单位提供用工保障。落实相关政策稳岗留工，提升企业用人留人积极性，对在春节期间（2021年2月11—17日）企业留宁外地职工，按照500元/人的补贴标准给予企业一次性培训补贴。强化线上招聘活动服务企业，依托区政府网、人社微博、企业服务群等线上平台，实现“就业服务不打烊、网上招聘不停歇、求职用工有保障”，活动期间开展线上线下招聘会18场，为49家企业发布1230个岗位，就业备案人数9191人次。加大与驻区企业对接，鼓励企业之间用工调剂、适配用工，保障春节期间员工留得住、用得好，动员辖区40多家人力资源服务机构，加强与高校企业的沟通联系，提前谋划节后用工服务，确保重点企业和用工单位的稳定发展。突出做好春节期间农民工工资保障工作，按照“两清零”目标要求，协调区“两办一班”，确保节前工资足额发放，逐个工地、项目摸排农民工就地过年情况，做好春节期间应急值班，确保节日期间欠薪案件第一时间得到妥善处置。完善企业用工数据监测机制，每月进行数据对比分析，加强对企业用工形势的分析研判，建立完善监测预警机制。根据企业用工重点指标、人力资源市场供求等变化，制定应对规模性用工风险预案，对企业可能出现的大规模裁员或大面积招人等情况，及时采取预防或调节措施。

【企业退休人员春节慰问】 区人社局和街道、社区以“五心”服务，开展2021年度企业退休人员春节慰问。通过社区网格梳理、社保系统排查，确保节前辖区符合条件的企业退休老人都走访慰问到，共计慰问企业退休百岁老人18人，慰问企业退休鳏寡孤独老人1054人，慰问企业退休特困家庭1627人，累计发放慰问金287万余元。组织老人参加体检，将体检报告发送给社区医生，及时反馈注意事项，为广大退休老人和家属带去安慰。依托区养老服务系统志愿者，了解退休老人日常起居、身体状况，精准开展温馨陪护、心理疏导等为老服务，提升老人幸福感。牵线搭桥助孝心，街道社区组织志愿者帮助子女不在身边的老人，熟悉智能手机操作，让老人和子女沟通渠道更畅通。

【大学生就业创业服务工作布置会】 2月22日，区人社局组织召开大学生就业创业服务工作布置会，区内各街道和徐庄高新区相关工作负责人参加。会议传达省、市相关最新文件政策，总结全区2020年离校未就业高校毕业生服务开展情况，提出2021年高校毕业生服务工作的新目标与新要求。会议汇总服务工作过程中发现的问题及整改方案，要求各街道园区做好长期跟踪服务，定期比对更新人员数据，及时将高校毕业生灵活就业社保补贴等各项政策宣传到点到位。

【大学生专场招聘会】 4月16日下午，由南京市人社局指导，玄武区人社局主办的首场“筑梦玄武，职等你来”2021年玄武区重点企业专场招聘会，在南京理工大学学术交流中心举办。活动汇集50余家优质企业进场，所选行业重点聚焦全区优势产业——软件和信息服务业、生物医药、现代服务业等，提供近1400个岗位，其中14家企业拿出近400个岗位专招应届毕业生，起薪8000元月薪的岗位超过250个。

4月22日，省人社厅副厅长陈健带队检查玄武农民工工资支付情况
（区人社局　供图）

【企业薪酬调查培训】 4月20日，区人社局开展企业薪酬调查专项培训工作，区内106家企业参加。实施企业市场化薪酬分配示范行动，推进工资合理有序分配，促进企业合理提高职工的工资水平。调查采取“线下核实+线上填报”的方式进行。培训会就调查软件操作、调查数据指标、审核要求等进行讲解和答疑，为下一步服务企业提供薪酬数据、做好数据评估提供了有力保障。

【省人社厅副厅长陈健察看区农民工工资支付工作】 4月22日下午，省人社厅党组成员、副厅长陈健一行赴玄武区钟山风景名胜区旅游服务中心项目工地实地察看，开展座谈。市人社局、区人社局等相关部门人员陪同参加。陈健在项目工地仔细察看实名制通道、维权信息告示牌等的落实情况，详细询问在建工程招用农民工人数和工资发放情况等。座谈会上，区人社局汇报玄武区保障农民工工资支付工作，现场演示玄武区独创的劳动保障监察“码上维权”平台系统。中建八局作为施工单位介绍了本项目农民工工资支付工作的具体落实情况。省人社厅针对玄武区治欠保支工作进行专门指导，解读农民工工作中的重难点问题。陈健高度肯定玄武区保障农民工工资支付工作和玄武区推广的“码上维权”平台系统。

【保障农民工工资支付工作获市通报表扬】 6月28日，南京市根治拖欠农民工工资工作领导小组办公室通报，表扬保障农民工工资支付工作优秀集体和优秀个人。区人社局、建设局被评为南京市保障农民工工资支付工作优秀集体，江流海、万学智、张卜方、朱翠银被评为优秀个人。9月，南京市根治拖欠农民工工资工作领导小组办公室通报，玄武区在南京市对区2020年度保障农民工工资支付工作专项考核中获得A等级。

【医保政策宣讲活动】 4月29日，玄武区医保中心深入街道社区及定点医疗机构，开展“绷紧防范之弦，严打医保诈骗”政策宣讲活动，对5月1日开始施行的《医疗保障基金使用监督管理条例》(简称《条例》)内容以及医保政策进行解读。活动发放《条例》宣传册600余份，提高医保政策和《条例》的知晓率。本次活动有利于营造全社会“人人知法、人人守法”的良好医保监管环境，让广大居民知保、懂保、参保、惠保，全面推广医保电子凭证，捍卫医保基金安全打下坚实基础。

【养老保险业务培训】 5月10日，区社保中心开展机关事业单位养老保险业务线上操作培训，全区机关事业单位相关工作人员200余人参加培训。培训涵盖机关事业养老保险参保、停保、转移、待遇申领及查询等相关内容，推动机关事业养老保险业务实现“线上办”。

【苏宁青创园接受省级创业示范基地现场复核】 6月3日，江苏省创业示范基地专家评审组一行在南京市就业管理中心的陪同下，到玄武区2020年备案的省级大学生创业园——苏宁青创园复核园区建设情况。专家组参观园区的孵化办公区域、孵化配套区域、商业配套区域，走访大学生创业在孵企业，询问大学生创业者享受园区服务，享受“紫金山英才宁聚计划”政策，入园后的融资发展等情况。参观走访后评审组专家听取园区建设服务情况汇报，核实申报材料原件资料以及管理台账，对园区浓厚的大学生创业氛围、完善的综合配套，极具青年特色的活动组织给予充分肯定。

【外省劳务协作对接】 为落实《中共中央、国务院关于实现巩固拓展脱贫攻坚成果同乡村振兴有效衔接的意见》要求，深入加强东西部劳务合作，助力乡村振兴，在省人社厅农工处和市人社局农民工处的安排协调下，6月24—26日，区人社局相关人员赴安徽省金寨县、湖北省恩施州开展劳务协作对接。参观调研合肥安心家政服务中心、湖北恩安集团，就劳动力跨地区流动、招聘求职信息共享等问题与当地人社就业部门进行沟通交流，结合玄武区经济发展和企业用工需求实际，重点探讨如何促进转移就业、加大劳务协作力度、加强和完善劳务协作基地建设、做好两地就业及劳务输出、引导脱贫劳动力边缘易致贫人口及经济欠发达地区富余农村劳动力来宁就业。玄武区劳动就业管理中心与金寨县公共就业和人才服务中心、武汉恩施州达成初步劳务合作协议。

【玄武仲裁“互联网+调解平台”】 7月，玄武仲裁坚持全覆盖运行“互联网+调解平台”，积极引导和鼓励争议双方当事人采取“不见面”的方式解决矛盾。劳动者可以直接登录全国劳动人事争议在线调解平台申请调解，并自主选择调解专家提供调解服务。调解专家在确认受理案件后，根据实际情况采用电话或约见等方式进行专业调解。玄武仲裁院按照“学党史、悟思想、办实事、开新局”要求，运用调解仲裁云平台、网络平台调处劳动争议案件260余件，为构建和谐劳动关系提供新渠道和新选择，极大减少调处成本，为依法维护社会稳定做出积极贡献。

【公益性岗位专场招聘】 9月17日下午，区人社局举办2021年玄武区公益性岗位专场招聘会。南京玄武环境集团有限公司、南京百子物业管理有限公司、南京玄武环境工程有限公司等单位提供60个岗位，定向招录就业困难人员。本次招聘会由街道摸排、区级比对，全区覆盖宣传，点对点通知到位，共收到简历120余份，现场60余人参加面试，一次性完成求职、面试两项流程。

【企业职业技能等级认定评审】 10月20日，区人社局邀请企业资深人力资源管理专家及相关工种考评员组成专家评审组，到玄武区先声再康江苏药业有限公司开展评审工作，对企业申请药品购销员职业技能等级认定情况进行现场评审。专家组按照《江苏省职业技能等级认定实施细则》要求，对企业开展评价的主体职业进行分析，实地查看企业设施设备情况，认真查阅企业职业技能等级认定相关文件资料，从制度保障、机构及人员配置、实施条件、经费保障等方面进行综合评审，肯定企业申报职业技能等级认定的软硬件综合实力并提出建议。企业相关负责人表示，在促进产业升级和高质量发展的进程中，企业对技能人才的需求出现量级跃升，职业技能等级认定对企业技能人才的培养、选拔、使用有重要意义，总结研究专家们提出的意见和建议，做好企业职业技能等级认定工作。

【"集体协商'520'计划"】 10月28日，南京市玄武区工资集体协商指导员到宁枫集团，就创新实施"集体协商'520'计划"的落实情况进行检查，对企业在协商工作中遇到的难点问题重点解答。玄武区率先提出《玄武区集体协商"520"计划》，以江苏省《集体协商工作质效评价规范》为标准，打造玄武区集体协商的新高地和服务职工的新样板。其中的"5"指的是围绕协商活跃度、协商深化度、协商知名度、协商服务度、政策引领度五大推进维度，区人社局定期组织协调劳动关系三方四家进行会商、沟通和协调，充分发挥各方职责，形成合力推进。玄武区开展这20项集体协商的标准动作，其目的是紧扣"有事就协商、携手谋发展"这条主线，努力打造玄武区集体协商工作的高质量发展地"新名片"。

【人力资源和社会保障基本情况统计调查】 10月，玄武区完成人力资源和社会保障基本情况统计调查。调查在全区4个街道9个社区抽取了180户534位城乡居民，按照调查员入户、访谈调查、采集样本数据、审核数据并线上上报四个程序分别进行，圆满完成数据的采集审核上报工作。

【2021金秋招聘月活动】 11月12日区人社局在南京林业大学体育馆举办2021金秋招聘月"玄武区名企优岗进校园"专场公益招聘会。本次南京林业大学招聘会优选玄武区重点发展的地标产业（文化旅游）、支柱产业（现代金融和高端商务商贸）、新兴产业（软件和信息服务、新医药和生命健康）中的意向单位，根据企业用工需求，组织参加招聘活动。当天共有34家优质企业进场招聘，提供近700个岗位，起薪过万元的岗位超过120个。现场设置政策咨询服务台，重点宣传"紫金山英才宁聚计划"等大学生就创业政策。11月30日，由南京市人力资源和社会保障局主办，玄武区人社局、溧水区人社局协办的"金秋招聘月"玄武区、溧水区主导产业专场直播带岗活动成功举办。此次活动是玄武区线上直播带岗活动的首秀，邀请了汇通达网络股份有限公司、速度时空信息科技股份有限公司、中电鸿信信息科技有限公司作为代表现场直播送岗，与广大求职者云端互动交流，实现岗位精准供给、高效匹配。12月21日下午，"职等你来·创赢未来"2021年南京市·玄武区·苏州大学府校人才合作启动仪式成功举办，专场就业推介会同步在线上启动。启动仪式由南京市人力资源和社会保障局、玄武区人民政府、苏州大学主办，相关企业单位累计拿出3000余个岗位，吸引苏州大学师生、企事业单位代表、南京部分高校师生等各类人群1.35万人次在线观看。玄武区与苏州大学共同成立苏州大学·玄武区引才基地并揭牌。苏州大学与玄武区20家企事业单位签订就业实践基地合作协议，向20家单位授牌成立苏州大学就业实践基地。南京市人社局一级调研员马书婷为苏州大学师生推介分享南京市青年大学生"紫金山英才宁聚计划"，邀请苏州大学学子选择南京、融入南京，在深化引领性国家创新型城市建设中、在率先实现现代化的新坐标系中，共同绘就携手共赢的青春华章。

【党史学习交流】 12月17日，省就业管理中心主任陈少波、市就业管理中心主任韩小燕等领导到玄武区开展省市区街社区五级联动学习交流，副区长邵睿参加活动。在区人社局"精准援助稳就业，托底帮扶暖民心”就业援助专场招聘会现场，省、市就业管理中心负责人详细询问相关招聘单位的用工需求，了解前来求职的失业人员求职意向，对区人社局的招聘会组织安排给予充分肯定，要求基层人社部门要继续做好人力资源供需对接的桥梁，保障企业用工需求。省、市、区、街、社区五级就业服务工作者从不同角度畅谈学习十九届六中全会、中央经济工作会议精神的感悟，探讨当前基层就业服务新特点，援助困难人员等重点群体就业援助新难点，就疫情防控常态化的情况下如何更好地稳就业、促发展提出思考和建议。邵睿指出，就业稳则人心安，人心安则社会稳，经济社会发展才能行稳致远。玄武区政府将坚持以人民为中心的发展思想，继续把稳就业和保居民就业放在“六稳”“六保”工作首位，贯彻中央经济工作会议稳字当头、稳中求进的总基调，落实落细稳就业的工作举措，全力以赴解好最大民生“必答题”。（曹　辰）

9月9日，召开党史学习教育专题党课　（区民政局　供图）

民政工作

【概况】　2021年，玄武民政在区委、区政府的正确领导和上级民政部门的业务指导下，以“高质量发展”为导向，坚持依法行政，注重玄武特色，狠抓托底保障、老龄化应对、社区治理和社区疫情防控工作，全力推动全区民政工作转型升级、创新发展。深入开展党史学习教育，扎实推进省、市、区“共学共建”任务，积极推进南京市民政局、局机关党组织和社区党委结对共建“三联建、三服务”品牌项目，组织共驻共建、互联互动活动2次，打造仪征市民政局党支部同局机关党支部跨域“联学联建”特色项目和“我为群众办实事”实践活动。参与新冠肺炎疫情防控，全年累计摸排90多个中高风险城市来（返）宁人员12万余人。参与文明城市创建，发动局机关人员参与“统一行动日”106人次。2021年福利彩票区域性销售额8662万元，募集福利彩票公益金近2580万元。

【玄武社会组织建设获两项省级称号】　玄武区社会组织党建服务中心暨社会组织创新创业基地被定为江苏省首批社区社会组织培育发展观察点、社会组织党建示范点，南京市仅玄武区获批社区社会组织培育发展观察点，全区社区平均拥有社会组织10.4个。玄武创新打造社会组织党建服务中心。中心以“党建引领社会组织创新创业”为主题，设有总论厅、社会组织发展长廊、社会组织党建生活馆、创客工场、社区社会组织观察点、区级社会工作服务指导中心等8个主要区间，以及“玄武·领航”和“创益·咖啡”2个多功能场所，为社会组织发展提供了场所与平台。

【疫情防控】　抓好社区疫情防控工作。坚持“大数据+网格化+铁脚板”机制，专人专班专报制，切实织密四条防线。紧跟国内疫情形势，制定完善区防控工作指引，指导街道社区落实管控要求，做到数据每日清零。截至2021年年底，累计摸排90多个中高风险城市来（返）宁人员12万余人。严格落实“四包一”模式，强化为民服务理念，做好服务保障工作，打好“情感”牌。做好婚姻登记预约管理工作，避免人员聚集；加强福彩销售大厅和销售人员防控；重点加强养老机构防控，实行全时全程重点管理；加强民政服务机构内部防控，保证职工核酸“应检尽检”，保障职工生命安全和身体健康。

【未保工作成效凸显】 2021年，玄武区作为南京市未成年人保护示范区推荐对象，通过以创促建，打造领导重视、制度健全、机制有效、措施有力、服务规范的玄武特色区。打造一个严格对标、富有特色、运行良好、初显实效的全省首家区级儿童“关爱之家”，1月份以全省第一的成绩通过省厅验收，并作为示范点多次接待省内外民政部门学习参观。儿童“关爱之家”已申报江苏省儿童“关爱之家”示范项目。孝陵卫、玄武湖和锁金村街道儿童“关爱之家”已完成建设并引入专业社会组织运营管理。南京同心未成年人保护与服务中心承接的民政部“困境儿童社会服务规范”标准制定任务于2021年内结项，推动困境儿童社会服务规范化施行。

【慈善工作】 区慈善总会、7个街道爱心援助协会、6家慈善基金会、13家慈善超市积极发挥慈善募集救助功能，截至12月底，总计募集款物1500.04万元，全区13家慈善超市服务困难群众9101人次。委托“云慈”平台持续开展生活平价消费券帮扶行动。本次帮扶行动受益对象除特定的困难群众外，还扩面至60岁以上老人，受益对象近10万人，扩大公益慈善事业受众面的目标。4月29日《反食品浪费法》正式实施，玄武区民政局积极与玄武区市场监督管理局联动，在全市率先建立捐赠需求对接机制，试点搭建企业对接慈善超市的临期食品捐赠平台，将临期但仍具有食用价值且有质量保障的食品免费分发给特困人员、低保对象、低收入人群等，在打通慈善公益渠道的同时，更好地发挥慈善超市慈善微阵地的作用。

【换届选举】 2021年采取区街联合方式招聘79名基层工作者，其中，面向社会人员招聘59名（社区工作者53名、“两新”组织专职党务工作人员6名）；面向驻区部队随军家属招聘社区工作者20名。招聘工作由区民政局、区委组织部、区人社局统一组织。在区“两委”换届领导小组的指导下，制定第七届社区居委会换届选举工作方案，统一规范选举办法、选民登记、发布公告、委托投票、投票等程序，加大业务指导的力度。各街道社区严格按照法律法规办事。全区7个街道共59个社区居委会参加选举，其中58个居委会换届，1个居委会新成立，全部一次选举成功。选举工作实行一人一票民主直选，直接选举率为100%。共选举产生新一届社区居委会主任59人、委员272人。新一届社区居委会班子的年龄结构、知识结构、人员结构同往届相比有了较大提升，社区居委会成员年轻化、知识化、专业化水平正在逐步提高；因材施教强素质，实施“百名社工素质提升计划”，多种形式分层次组织两委带头人、社区骨干、专职社工等专题培训；示范引领促提升，在原有管理考核的基础上，加大激励措施，组织开展全区十佳社工评比，与三岗十八级薪酬挂钩，树立先进典型，弘扬正能量，营造争先创优的良好氛围。区民政局撰写的《新时代加强社区社会工作人才队伍建设研究》，获2021年全国民政政策理论研究三等奖。

6月21日，玄武区委书记闵一峰调研区民政虚拟养老院平台

（区民政局　供图）

【红色地名】 2021年2月，按照省厅《关于征集宣传100个红色地名的通知》要求，玄武区迅速行动，在全区范围内收集整理了

梅庵等4个红色地名，4个红色地名全部选录第一批和第二批《南京市红色地名录》，其中，中国共产党代表团梅园新村纪念馆、五二〇学生运动纪念广场、梅庵等被评为江苏省100个红色地名中的3个地名（南京市10个）。

【助力困难家庭】 根据省低保边缘家庭和支出型困难家庭认定办法，调整区低保边缘家庭和支出型困难家庭认定申请申报表和审批表格，指导街道社区实际运用。全区共摸排1860户3957人。依托区级慈善资金，落实积极创新救助帮扶模式，推广“慈善助力+商业运作”精准救助模式举措。年初为玄武区2374名在册低保人员、六类边缘人员、特困供养人员和2020年退保人员购买“南京宁惠保”产品，累计金额235000元。

【社会保障多线托底】 2021年全区新增低保75户、92人；退出低保177户、227人；截至12月底，全区共有低保家庭1362户、1759人。累计保障低保家庭16852户次，21922人次，发放最低生活保障金1965.99万元；为全区困难家庭中因病、残疾、就学、突发灾害等原因而导致生活困难的899人次办理了临时救助，发放救助金69.8万元；实施“3+X”特色救助，支出救助金94.75万元，惠及困难群众18200户次、23300人次。全区累计募集慈善款物894万元。发放残疾人两项补贴1378.57万元，惠及2927名困难和重度残疾人，

5月31日，区未成年人保护中心开展“六一”活动　　（区民政局　供图）

其中给1282名困难残疾人发放生活补贴972.73万元，给2467名重度残疾人发放护理补贴405.85万元；开展残疾人上门护理服务惠及180人，给护理机构发放护理服务费用总计108.44万元。给113名困境儿童发放困境儿童生活补贴154.93万元。落实42名低保精神病人入住佑安医院费用14.46万元。

【社团、民办非、婚姻、收养登记】 2021年，全区登记注册社会组织902家，其中社会团体84家；民办非企业单位812家；基金会6家。全年共办理婚姻登记：结婚3994对、离婚申请2578对、离婚发证1701对、补发婚姻证件1069对，登记合格率100%，核实当事人婚姻信息1192次。收养登记：解除收养1件、补领收养1件，收养登记合格率100%。涉外婚姻登记：涉外结婚登记60对，涉外离婚申请30对，涉外离婚发证24对，涉外补领登记10对。

【党建工作】 2021年，局党组结合疫情防控形势和玄武民政高质量发展要求，以党史学习教育为抓手，紧扣“七专题一实践”，以党组理论学习中心组扩大学习会的形式，将专题集中学习和系统自主学习相结合，落实规定动作和创新自选动作相结合，“四史”学习内容相结合；依托玄武退役军人事务局军史馆、梅钢党史学习教育基地、中国共产党在江苏100年历史展等资源，定期与结对社区开展“统一行动日”活动、志愿服务和公益活动。七一前组织开展党史知识竞赛、“永远跟党走”主题诗歌朗诵比赛，为局机关退休老党员举办“在党五十年”纪念章颁发仪式；组织集中收看习近平总书记在庆祝中国共产党成立100周年大会的重要讲话直播、国家烈士纪念日隆重公祭仪式直播。推进南京市民政局、局机关党组织和社区党委结对共建“三联建、三服务”品牌项目，组织共驻共建、互联互动活动2次，打造仪征市民

政局党支部同局机关党支部跨域“联学联建”特色项目。运用局属党支部“堡垒指数”和党员“先锋指数”成果，推进各党支部标准化规范化建设。（项绍军）

养老服务

【概况】 玄武区60岁以上老年人口11.55万人。其中80～90岁老年人口1.89万人，90～94岁老年人口0.28万人，95～99岁老年人口537人，100岁以上老年人口53人。区获得2020年南京市卫健委安宁疗护先进集体，6家单位入选南京市安宁疗护试点单位，2家单位获得2020年南京市安宁疗护先进机构，2人获得2020年南京市安宁疗护先进个人称号。

【养老服务保障】 2021年，建成1家街镇医养结合型居家养老服务中心（红山街道安康之家居家养老服务中心），推进养老服务设施覆盖；完成220个家庭适老化改造，开展建设家庭养老床位349张。建成一所智慧养老院（梅苑颐养中心），实现与中大医院互联网在线会诊。推进家庭养老床位建设，提升居家养老的失能、半失能老人的养老质量。

【三级养老服务】 2021年度，利用区纪检监察契机，依据《省民政厅、省发展改革委关于印发〈江苏省养老服务市场失信联合惩戒对象名单管理实施办法（试行）〉的通知》《南京市养老服务条例》《南京市社区居家养老服务规范》等制度规定，拟定出台了《玄武区民政局养老服务管理办法（暂行）》，建立区、街道、社区三级养老服务综合监管模式，及时发现和处理居家上门服务中出现的违规行为及现象，规范服务规程，明确违规惩戒措施，完善服务监管体系。

【养老服务新路径】 加大对空巢独居老人的关爱力度，建立养老服务“时间银行”系统，建立养老服务时间银行制度。建立健全市、区、街镇、社区四级银发顾问体系，让老年人及家属能够就近获取咨询、资源介绍，养老政策宣教、家庭照护指导等各类养老服务，实现有需求老人与志愿者无缝对接，确保养老政策知晓率达90%以上。2021年度完成时间银行服务订单16145单，审核通过时间银行志愿者3045人、服务对象3697人，全年组织智能手机培训3458人次。

【医养服务】 2021年，玄武区有60岁以上老龄人口10.9万人，65岁及以上老人健康管理服务率达56.26%。针对医养结合服务关键，提出玄武医养服务1+7+N总体布局，提出打造玄武特色智能化、信息化、精准化、立体化的医养养老服务体系。实施“安康关爱行动”，推进老年人意外伤害保险工作。2021年玄武区医养结合工作是南京唯一一家获得江苏省老龄工作十佳优秀案例的单位，锁金村街道锁四社区获评2021年全国示范性老年友好型社区；90%以上的康复医院、护理院和基层医疗卫生机构成为老年友善医疗机构，其中有两家获得优秀等级老年友善医疗机构称号。

【养老工作质量提升】 2021年，玄武民政在区委、区政府的正确领导和上级民政部门的业务指导下，牢固树立“民政为民、民政爱民”的发展理念，完成各项重点目标任务。低保对象、困境儿童、困难残疾人服务保障覆盖率达100%。完成220个家庭适老化改造，349张家庭养老床位建设。为9719名80周岁以上老人免费提供每月2～3小时上门照护服务，为192名重度失能老人亲属提供15天的“喘息服务”，为111名五类老人购买居家照顾服务。组织优质养老服务产品评选，推广“银发顾问”“银发管家”“老漂e族”等养老特色项目。

【养老主题活动】 实施“安康关爱行动”，推进老年人意外伤害保险工作。开展江苏省卫健委（老龄办）在全区2021年“敬老月”主题宣传活动启动仪式暨慰问高龄老人活动；2021年老年人运用智能手机专项普及培训2224人次，共计50多场。1人获得江苏省第三届“百家孝星”荣誉称号。（陈　明）

残疾人扶助

【概况】 2021年，全区持证残疾人6532人，男性3625人、女性

2907人，其中视力残疾834人、听力残疾581人、言语残疾35人、肢体残疾2734人、智力残疾671人、精神残疾1295人、多重残疾382人。区残联全面贯彻党的十九大精神和习近平新时代中国特色社会主义思想，全力克服疫情影响，在特殊之年展现特殊担当，完成各项目标任务，确保“十四五”残疾人事业开好局、起好步。

【残疾人民生保障】 2021年，全面落实“重残、孤残、老养残、一户多残”特困残疾人的定期补贴政策，共为“四类”524名残疾人发放救助金52.06万元；元旦和春节期间走访慰问困难残疾人720户，发放慰问金61.2万元；为797名残疾居民发放社会保险补贴108.8万元。

【残疾人托养服务】 落实省2021年度新增16~59周岁无业智力、精神和重度肢体残疾人托养服务民生实事项目，全年新增16~59周岁无业智力、精神和重度肢体残疾人托养服务95人；实施了残疾人托养智慧化改造试点，按照“残疾人家庭—监护平台—应急救援”三个环节，对符合条件的10户残疾人家庭的居住环境、身体状况、个人需求进行一户一案的互联网智慧家改造试点，通过精细化、多样化、全方位的服务，提升残疾人服务质量，满足残疾人多元化服务需求；出台《玄武区“残疾人之家”运营绩效考评办法(试行)》，积极扶持助残机构发展。

【残疾人教育就业】 2021年，加强技能培训，组织100余名有就业意愿的残疾人参加面点烘焙、手工制作、电子商务等实用技能培训；促进残疾人就业，组织残疾人参加线上专场招聘会，多名残疾人签订意向劳动协议；开展按比例安置残疾人就业年审工作，共年审企事业单位184家，安置残疾人493人；推进“千企助残”爱心捐赠活动，为有需要的残疾人实现就业创业梦想，残疾人就业创业专项基金已有62家爱心企业捐赠34万元。

【残疾人康复服务】 2021年，为197名0~17岁残儿与35家康复机构签订了委托训练协议书，并制定个人康复训练档案；出台《玄武区残疾人基本辅助器具适配服务管理办法(试行)》，投入近33万元为全区588名有辅具适配、假肢、矫形器安装等服务需求的残疾人免费适配安装608件(套)，残疾人满意率98.5%；围绕第22个“全国爱耳日”和第14次“世界孤独症日”主题，开展公益讲座22期，发放宣传资料12000份，参与人数达到21500余人；在全省率先建成了首家残疾儿童应急救援志愿者服务基地；在兰园社区卫生服务中心开展了残疾人“康复之家”建设试点工作。

【残疾人宣传文化体育活动】 2021年，“玄武残疾人之家”微信公众号刊发玄武区残疾人工作信息240条，微信影响力列全省各县(市、区)残联第五名。在国家级媒体发表信息11篇，省市媒体发表112篇，“学习强国”发表3篇。制作《玄武区残联探索智慧助残新思路》宣传片。结合党史学习教育，开展“永远跟党走 泼墨展风华”玄武区残疾人书画摄影作品征集活动；开展残疾人读书活动，组织“读影识党，穿越时空看建党历史”等文化惠残助残主题活动；开展全区“运动无障碍 激扬新梦想 喜迎冬奥会”残疾人运动会。

【组联和维权】 2021年，加强残疾人专职委员队伍建设，建立残疾人专职委员工作指南和残疾人专职委员工作清单；加强残疾人专门协会的指导帮带；各协

5月15日，玄武区举办第31次全国助残日广场活动 (区残联 供图)

会围绕“党建引领”这一主题开展了丰富多彩的系列活动，庆祝中国共产党成立100周年。全年办理区政协议案1件，12345政务热线3件，法律咨询服务37人次；在各街道组织了10场涉残政策法规宣讲；为6户残疾人家庭实施无障碍环境改造，为6537名残疾人办理公共交通意外伤害保险；开展矛盾纠纷大排查，对重点人员做好疏导维稳工作，将矛盾纠纷化解在基层。

【疫情防控】 2021年，落实区委、区政府关于疫情防控和安全生产的部署要求，紧抓疫情防控。区残联组织专题培训班，对各协会和助残机构进行疫情防控和消防安全知识培训；组成检查小组，采取“四不两直”的方式，对所属6家康复机构和19家“残疾人之家”进行“拉网式”排查，对机构疫情防控和安全措施、台账资料、消防器材、工作落实情况等进行检查，督促落实各项安全措施。

【首家残疾儿童应急救援志愿服务基地建成】 4月2日上午，由玄武区残联、江苏省紧急救援协会、中国建设银行江苏省分行、《扬子晚报》联合主办的江苏省残疾儿童应急救援志愿服务基地揭牌仪式在南京明心儿童益智教育中心举行。揭牌仪式上，玄武区残联理事长陶志龙表示成立残疾儿童应急救援志愿服务基地，是集社会各界的热心关爱，为残疾儿童群体提供多样化的服务和保障。江苏省紧急救援协会执行会长李玉宁宣读成立“江苏省残疾儿童应急救援志愿服务基地”的决定。活动现场，南京明心负责人陶菁菁致辞并发布了公益原创歌曲《欢迎你来我的星球》，该曲由南京外国语学校的学生程悦然作词作曲并演唱，旨在向社会传递正能量，引导大众关注孤独症群体。

【第31次全国助残日活动】 5月15日上午，玄武区举办第31次全国助残日广场活动，来自全区的残疾人代表、街道残联、爱心机构和社会各界人士近200人参加了活动。南京市残联副理事长马兰、康复处处长蒋玮等领导出席，玄武区残联理事长陶志龙致辞。活动现场，金陵图书馆为玄武区残疾人之家捐赠图书，爱心人士为玄武区困难残疾人捐款。残疾人之家带来残疾人制作的精美手工艺品，吸引了大量爱心人士驻足欣赏、购买。来自玄武区的残疾人文艺爱好者为观众奉献了一场精彩的文艺演出。

【玄武区在全市残疾人书画摄影展获佳绩】 6月25日上午，“光影纵笔抒心曲．百年华诞颂党恩——全市残疾人书画摄影展”在南京奥体中心江苏宣和美术馆开幕。此次书画摄影展玄武区获奖作品和入选作品数量众多，收获二等奖两个、三等奖三个。玄武区残联获优秀组织奖。

【红色教育主题活动】 7月3日，玄武区残联携手区肢协，组织40多名残疾人朋友前往溧水李巷开展“学党史、颂党恩、跟党走”红色教育主题活动。参观抗日根据地旧址，区残联党组成员、副理事长卢艳岗以“从党的百年历史中汲取智慧和力量”为题为残疾人朋友讲党史、上党课。区肢协主席卢皖予为大家诵读红色书籍《苦难辉煌》中的经典章节。

【调研工作】 9月14日下午，南京市残联党组书记、理事长方芳率领市残联副理事长曲思泽等一行3人到玄武区调研残疾人工作。玄武区政府党组成员、副区长邵睿，玄武区残联党组书记、理事长陶志龙陪同调研。区残联按照区委、区政府的总体要求，在市残联的具体指导下，落实各项目标任务，履行残联“代表、服务、管理”职能，把残疾人工作做实做细做精做到位。方芳指出，抓好残疾人工作，要着眼抓好三个“聚焦”：聚焦组织建设，把队伍配强用好；聚焦残疾人朋友对美好生活的向往，抓好精准化服务；聚焦整合资源，深入挖掘助残潜力，提高残疾人事业发展水平。

【残疾人实用技能培训班】 10月21日，玄武区残疾人实用技能培训班开班。培训采取理论与实践相结合的方式，授课老师用通俗易懂的语言进行讲授，并指导学员进行实际操作，帮助他们掌握西式面点制作全过程。

【残疾人运动会】 11月17日，由玄武区残联主办，辖区7个街道联合协办的“运动无障碍激扬新梦想喜迎冬奥会”残疾人运动会在玄武湖街道启幕。运动会历时一个月时间，在辖区7个街道各举办一场，各街道的优胜选手进行总决赛。运动会项目设置为“5+2”模式，即5个趣味项目：环环相扣（团体）、定点投篮比赛、飞镖比赛、夹弹珠和盲人击鼓；2项智力比赛：掼蛋比赛和象棋比赛。组织此次运动会旨在推动玄武区残疾人体育活动蓬勃开展，鼓励更多残疾人融入社会，收获快乐。（王　琨）

11月17日，“运动无障碍 激扬新梦想 喜迎冬奥会”残疾人运动会在玄武湖街道开幕　（区残联　供图）

红十字会

【概况】　2021年，玄武区有红十字基层组织58个、团体会员12个、会员15588名、注册志愿者344名、红十字志愿服务基地5个、红十字救护培训基地1个、红十字博爱家园8个、红十字青少年教育基地1个、红十字博爱养老院1所、红十字冠名医院1所。

【疫情防控】　7月下旬，南京禄口机场突发新冠肺炎疫情，区红十字会成立疫情防控工作领导小组，完善区红十字会新冠肺炎疫情防控捐赠工作程序和各项制度，做好接收社会各界捐款捐物工作，及时在单位微信公众号及区政府网站进行公示。接收河南水灾及防疫捐款8笔14.105万元，捐赠物资及上级拨付物资合计46笔，折合资金280万元，所有捐赠款物已在第一时间全部移交区指挥部及定向捐赠接收单位，接受市、区审计局专项审计，为全区抗疫工作做出了有力贡献。

【组织建设】　2021年，落实区红十字会改革方案，争取区编委支持增设综合科（捐献服务科）。通过区委对被巡察党组织巡察整改质效评估。召开街道、系统红十字工作会议，区委常委、副区长马千山到会提出要求。制定并下发《2021年全区红十字工作要点》《关于落实2021年区民生实事有关事项的通知》等文件，以区民生实事项目为重点，将全年任务分解落实，按照时点有序推进。加强党风廉政和意识形态工作，制定清单，完善制度。加强内控管理及制度建设，聘请常年法律顾问，修订完善《区红十字会工作制度及内部控制制度汇编》。

【救助活动】　2021年春节期间开展“博爱送万家”活动，共发放救助款物11.2万元，食用油等物资260余件，受救助群众200余户。推进“博爱送万家”活动日常化，加强与街道社区的联系沟通，对社区重大疾病患者、自闭症儿童等弱势群体开展人道救助，发放各类救助金42.37万元。

【筹资渠道拓宽】　2021年，以区红十字会进驻苏宁公益平台为抓手，推进规范筹资工作，参与“互联网+公益”筹款，完成相关程序办理。以项目化方式开展网络筹资，在腾讯公益平台上线“玄武区博爱家园”“小区众筹安装AED”两个项目，在“99公益日”前后开展广泛宣传发动，为11个小区筹集AED安装经费，完成两个项目的筹款任务，共筹款10.52万元。加强与辖区爱心企业联系，宣传玄武区红十字会，筹集爱心善款。截至10月底，共收到各项捐款39.68万元。

5月8日,世界红十字日广场活动　　（区红十字会　供图）

【救护培训】　2021年,“公共场所设置自动体外除颤器、推广CPR+AED持证培训”继续列入区民生实事项目,列入全区党史学习教育“我为群众办实事”首批项目名单。以街道为重点充实强化师资队伍,开展街道新师资培训4批80人次。投入优秀师资,以小班化、优质标准广泛开展CPR+AED持证培训及普及培训。区、街两级共开展培训280场次,完成CPR+AED持证救护员培训8550人,初级救护员培训821人。

【公共场所设置自动体外除颤器(AED)】　2021年,制定50台AED机的布点设置方案,完成AED布点安装50台。组织所在单位的职工开展AED使用及心肺复苏术的培训,保证AED的有效使用。两次接受区人大民生实事项目第三代表监督组的指导监督,受到代表的高度评价。

【三献工作】　2021年,举办“三献”宣传活动57场。造血干细胞入库100例,实现成功捐献3人。在“9·18”世界骨髓捐献者日上门慰问历年捐献者11人,送上组织的关心。参加市红会组织的“3·31”志友公祭日活动。对全区志友党员进行电话慰问。截至10月底,新增127名志友,全区共有1540名志友。

【志愿服务项目建设】　2021年,将人员信息录入总会新版志愿服务信息管理平台。加大红十字志愿者注册力度,全区已拥有注册红十字志愿者共680余人,参加志愿服务人员1000人,服务11000人次。在新街口、玄武湖等街道新建5个博爱家园,北门桥社区博爱家园申报中国红十字会总会城市社区精品博爱家园项目,获得立项及10万元建设拨款经费。加强对成贤街社区“博爱家园”的规范化建设和管理,以完善基础功能、拓展特色项目为重点,融合红十字工作多个平台。

【专题宣传活动】　2021年,以“关爱生命　救在身边”为主题,在1912广场举办大型广场活动,发布民生项目,宣传红十字精神和红十字文化,普及应急救护等红十字知识宣传。加强无偿献血志愿者资料库、“一键互救”平台的宣传推广。在国家、省、市、区各类媒体(系统外)发表宣传信息54篇,其中《杨晓月:医者仁心爱心相随》在“学习强国”平台发布,在《中国红十字报》发布信息10条。在省、市红十字网站发布信息130条。　（陈劲松）

（栏目编辑　时蔓菲）

街道

新街口街道
玄武门街道
梅园新村街道
锁金村街道
孝陵卫街道
玄武湖街道
红山街道

新街口街道

·街道工作·

【概况】 新街口街道位于主城核心区域,新街口商圈东北象限,以孙中山先生铜像为交会点,与鼓楼区、秦淮区隔街相邻,面积约2.6平方公里。东到太平北路,西至中山路、南到中山东路、北至北京东路。1、2、3、4号地铁在街道地域形成"井"字形交通枢纽。街道辖6个社区,分别是成贤街社区、唱经楼社区、香铺营社区、长江路社区、北门桥社区、大石桥社区。辖区内有3所小学、2所中学和1所大学,有德基广场、南京银行总行、金陵图书馆、汉府饭店等多家党政军企单位,商业发达、交通便利,街道处于南京市最繁华的中心地段,资源更集中,优势更明显,实力更强劲,潜力更巨大。2021年,街道立足新发展阶段,锚定"强富美高"新玄武建设宏伟蓝图,精诚团结、勠力同心、创新实干,不断巩固拓展疫情防控和经济社会发展成果,更好统筹发展和安全,较好完成全年目标任务,走出"十四五"开局年坚实第一步。街道被评为江苏省第七次全国人口普查工作成绩显著集体、2020年度南京市危险房屋治理工作优秀街道、2020年度南京市机关作风建设标兵街道(镇)、省级红色精品退役军人服务站。

【经济发展】 全年完成一般公共预算收入52.1亿元,达全年进度的106.1%,同比增长5.7%;固定资产投资完成14.35亿元;社会消费品零售总额完成230.36亿元(限上口径)同比增长27.43%,远超8%的年度目标;1—12月实际利用外资完成5000万美元,达全年进度的122%,使用内资完成38亿元;签约项目总额113.38亿元,其中亿元项目数15个,完成全年进度的150%。2021年街道共承担重大项目10个,其中新开工项目3个[德基三期、常容声学成套设备控制系统试验平台(新基建)、东大装配式地下工程成套技术研发中心];在建类项目4个(D9街区文创园、达明大厦总部大楼、卫巷片区危旧房改造、南京东方珍珠饭店改建);前期类项目3个(珠江饭店地块、南外碑亭巷校区、麦哲理二期)。项目总投资53.47亿元,2021年计划投资10.65亿元,同比增长60%。围绕新街口现代化都市型产业体系打造,广泛宣传相关政策,积极对接企业、招引中介机构和高层次人才。2021年街道有44家企业申报高新技术企业(12家复审,32家新增),新增企业通过6家,复审9家通过。外市招引已完成引进1家。申报科技型中小企业119家。

【城建城管】 实现新违建"零增长",拆除存量违建6992平方米,其中楼顶违建60平方米;依季节开展不同主题的专项整治,管罚并重,完成一般程序125件,罚款32500元,简易程序265件,罚款75600元;强化停车管理,张贴罚单33000张,清运共享单车2500车次,清运分流共享单车约3.5万辆,道路出新后施划停车泊位125个,禁停标志线约2200米,安装护坡196块,隔离210米;针对10个无物管小区,召开多场联席会,引导成立业委会,引进物业管理,从根本上推动解决老旧小管理难的问题。大力开展辖区油烟问题整治,规范整治30家餐饮企业,联合市场监督、消防安监和公安特勤开展综合行政检查执法,进一步规范"门前三包",全面助力食品安全示范区创建工作。现场检查工地达300余次,督促有关单位落实工地扬尘管控措施;严抓排水证办理工作,有序推进"333"行动计划。共建设垃圾分类房10个,垃圾分类亭103个;加强垃圾分类宣传教育,召开垃圾分类新闻发布会1次,组织辖区内单位、学生等不同主体开展不同形式活动近30次,累计招募垃圾分类志愿者318名。全年已办结4197件市核案,11347件区核案,427件12319平台案件,所有案件处理均无超时、无返工,一次性通过;共受理群众投诉工单8065件,结果满意单6120件,满意率75.9%,办结水平在全区名列前茅,群众满意度显著提升。

【民生服务】 街道登记低保277户349人,累计发放低保金3770986元;办理区级临时救助73户,发放救助金52280元;办理街道临时救助102户,发放救助金54790元;登记残疾人573人,累计发放两项补贴

2756476.75元；登记计划生育失独伤残家庭特别扶助人员159户236人，累计发放计划生育失独伤残家庭特别扶助金2190600元；登记困境儿童12人，累计发放122126元，做到应保尽保。积极开展专题活动，大力宣传就业创业政策，助力劳动市场供求均衡。2月份开展“服务攻坚稳就业，纾困解难保民生”专项招聘会；8月份开展2021届南京大学生毕业季系列主题活动，帮助特定人群就业。全年新增城镇就业3200人，大学生就业3180人、创业100人；实现再就业600人，援助困难人员再就业289人；培养自主创业976人，创业带动就业7744人。积极维护劳资双方权益，按区要求推进“仲裁+劳动监察+法律援助”基层两级平台建设，推动劳动纠纷多元化解，2021年已处理劳资纠纷170起，指导3家企业创建成为市级和谐劳动关系示范企业。街道退役军人服务站配置了3名专职工作人员，6个社区各设置1名双拥优抚联络员，构建“1+6+N”的“同心圆”服务阵地，即以街道双拥领导小组、退役军人工作领导小组和退役军人服务站为中心，街道6个社区为半径，“N”个社会组织为辅助，形成横向到边、纵向到底的服务保障网络。街道现有烈属35人，病故军人家属12人，无军籍退休职工及遗属91人，2021年累计发放各类优抚补助2084559元；组织退役军人专场招聘会2场。

【平安法治】 按照“党政同责、一岗双责、齐抓共管、失职追责”要求，扎实推进安全生产专项整治，将8560家企业全部纳入监管视线；对2607家餐饮、宾馆等生产经营单位逐一摸排，签订目标责任书；在完成5484家实际经营单位“181”信息化平台信息录入工作的基础上，充分依托“181”平台开展巡查整改工作，风险源标注率、安全信用脸谱注册率均达100%，月度体检率达139%；开展18531次巡查走访，发现隐患15225个，隐患整改率达96%。全年开展安全行政执法12起（独立完成9起，联合应急局完成3起），涵盖不同行业、不同位置，以点带面形成警示效果。全年共召开各类安全生产会议30余次，共发放各类友情提醒1.8万份、致辖区居民安全一封信1.2万张、悬挂安全横幅50条、宣传挂图1000张、警示展板42块，充分利用“新街口发布”平台、微信群、公共宣传栏、LED电子屏等媒介加强安全宣传，形成良好安全文化氛围。全面深入排查，强化预警、稳控和化解机制，圆满完成“两会”、建党100周年等重大会议、活动期间的信访维稳任务。扎实开展“平安玄武”创建活动，推动综治宣传月、扫黑除恶宣传教育等活动进社区、进学校、进家庭；加强释法普法队伍建设，突出对《民法典》的宣传，切实提升群众学法守法用法意识。以社区为单位，打造长江路社区“双网融合”体系、香铺营社区“蒲公英”志愿者品牌等一系列防控网格化体系，把触角延伸到群众工作生活一线，切实提升对风险的预警能力、响应速度和动态把控能力。

【基层党建】 街道开展“学史明理”“学史增信”“学史崇德”“学史力行”4个专题理论微宣讲、微课堂，落实中心组学习13次，各基层党组织集中学习近200场，辐射商圈35栋高端楼宇、1291家企业。党员干部深入实施“两在两同”行动，因地制宜打造老旧小区“红管家”党员先锋突击队、“时间银行”助老服务队，完成为民办实事项目56件。依托13个楼宇党群服务空间，在商务楼宇中成立企业服务小组，设立一站式服务窗口，为企业与银行、院校、人才之间提供合作平台，组织实施6场“点单式”党建服务活动。建成街道党群服务中心和香铺营社区“家立方”两个党建阵地，深入开展党员先锋、党员义工岗志愿服务项目；创新试行党员值班制、传统活动包干制、社区项目承包制，家立方、梦·享成贤、文化方舟、幸福快车等社区党建特色品牌更加成熟。依托“红领·汇杰”等13个开放、共享型党建阵地，配套4名专职“两新”党建指导员，对35栋楼宇1291家企业实行网格服务，对辖区177个支部完成大排查大整治；探索“三引四推”工作方法，为企业打造党建工作品牌；红领学院“书记项目”列为区委组织部特色党建工作。以“大工委”和“大党委”为基本构架，以组织联盟、资源共享、活动共建、项目认领等方式，深化打造长江荟党建联盟和新街口街道商联会等社会组织。街道党工委深入学习贯彻习近平总书记关于意识形态系列重要讲话精神，定期召开意识形态形势分析和研判会，班子成员围绕队伍建设、制度落实、重大任务和社情民意等方面，认真分析查找意识形态领域隐患和不足，制定有针对性的预防和解决方案，切实将目标责任层层分解到人，有力地推动了意识形态工作责任制在各个领域落实。创新开展"思享五分钟""点赞中国之治"等活动；全年在中央及省市级媒体采用信息近287篇，利用"学习强国""紫金山""新街口发布"等平台，发布文章1万余篇；精心打造新时代文明实践"一所六站"及40余家实践点。

【"学党史、忆百年、守初心、创未来"表彰大会】 为庆祝中国共产党成立100周年，讴歌党的丰功伟绩，6月28日下午，街道在1913国民小剧场隆重举办"学党史、忆百年、守初心、创未来"表彰大会。区党史学习教育第五巡回指导组全体成员，街道党工委班子成员，街道"大工委"单位代表，街道机关及离退休党员代表，街道"两优一先"表彰对象，社区和"两新"党组织代表等共150余人参加。

【疫情防控】 7月，南京禄口国际机场突发疫情，全城联防联控，社区是重要防线。新街口街道、社区全体人员第一时间全员站上防疫第一线，通宵达旦驻守在核酸监测点，摸排人员、实时报送、为封闭管控区域提供保障、做好出入管理、帮扶困难群众、提供心理疏导。街道高效组织三轮全员核酸检测，累计筛查20万人次，设立63个合围卡口，累计核查入境人员895人，核查国内中高风险地区到宁人员14494人。

·社　　区·

【长江路社区】 长江路社区位于新街口商业核心区，是一个企事业单位、商务楼宇与居民住宅混杂的综合性社区，也是典型的城市型社区。东起太平北路、西至中山路，南起中山东路、北至长江路，面积约0.36平方公里，办公地址邓府巷18-4号。社区12幢商务楼宇，政府机关、企事业单位较多。社区共有2986户、9328人。社区党委下设5个党支部，有党员176人。社区被评为2021年省级民主法治示范社区、2019—2021年度南京市文明社区。2021年社区在两委改选、党代表选举、人大换届等各项工作中，扎实工作，层层推进，确保各项换届任务圆满完成；在疫情防控工作中，认真履行上级工作部署，在防控点值守、全员核酸检测、疫苗接种、重点人员管控等工作中统筹安排，确保社区平安稳定；在文明典范城市创建中，牵头做好社区新时代文明实践站打造工作，通过为民服务专项资金做好薄弱环节整改，在省、市、区各级检查中，按照样板点要求提升工作标准，并荣获2019—2021年度南京市文明社区荣誉称号；在党史学习教育中，带领全体党员围绕"学、思、悟、践"四个方面扎实推进，组织开展理论宣讲、实景教学、特色党日活动等30余场，从而推动党史学习教育取得扎实成效，12月接待中央党史学教巡察组检查调研；在社区网络综合治理方面，打造的"网格+网络"双网融合治理模式，作为玄武区样板点接待省网信办检查并被市网信办作为样板在全市推广。持续深化"长江路社区公益伙伴联盟"党建共建平台建设和发

6月28日，新街口街道召开"学党史、忆百年、守初心、创未来"表彰大会
（新街口街道　供图）

展，2021年度新增共建单位7家。以“我为群众办实事”实践活动为契机，深入开展“两在两同建新功”行动，通过“上乘书院”“一米阳光”“小区营造”“七彩人生”“时间银行”等特色项目，对接共建单位资源，开展各类共建活动70余场。6月，社区联合南京公证处启动的“智慧公证便民服务项目”被司法部网站、紫金山新闻、紫牛新闻、《金陵晚报》等平台大幅报道；10月，社区联合南京市委政法委和南京市路灯管理处，为邓府巷54号小区安装路灯，点亮居民回家路。社区“智能+养老”“手机e课堂”“闪耀长江路”志愿服务等工作被“学习强国”、江苏荔枝新闻、《南京日报》、紫金山新闻等平台宣传报道，全年接待各类参观学习20余场。

【香铺营社区】 香铺营社区位于南京市中心，是一个集商贸、文化、科技、居住于一体的综合性社区。东临太平北路，西至洪武北路，南靠长江路，北至珠江路，呈规整长方形，面积约0.36平方公里，办公地址位于相府营26号。社区有江苏省烟草公司、苏美达集团、玄武医院、南京人民大会堂、玄武区教育局等多家驻区单位。社区有5967户、15071人。社区党委下设18个党支部，有党员674人。社区被评为2021年省级民主法治示范社区、2019—2021年度南京市文明社区。2021年社区作为居委会换届试点和党代表、人大代表换届区长所在选区，先行先做，所有选举流程均平稳有序推进。着力打造了“艾芳书记学党史”网上视频平台，带着党员群众学党史、讲政策传文明，录播22期，平均收看量5万人次，收藏点赞800次。相关做法被人民网登载3次、江苏电视台报道2次，紫金山新闻客户端和南报网采纳数十次。新打造社区退役军人服务站、洪武北路香铺营小区西门党建街景、初心驿站党员学习创作空间，丰富辖区党建文化阵地分布。上半年文明实践站作为区示范点，下半年初心驿站作为组织部重点打造工程接受市、区领导等的调研指导。社区特色服务项目和专属志愿团队“好人之声”“彩虹集市”“齐家义塾”“启智机器人”等继续为居民满足多样化服务需求。2021年文明典范城市创建工作战线长、标准高、工作量大、居民矛盾突出，社区重点解决安将军巷10号排污水管拥堵、肚带营路灯亮化、杨将军巷19号物业选聘、石婆婆庵沿街独栋楼燃气疏通、碑亭巷和一枝园路公共充电桩布设等难题。社区通过多种载体开展大学生书记助理领学党史系列课程、雨花台烈士陵园集体诗朗诵、“邮票中的党史”主题宣讲、“童心向党”爱国主义教育、在党50年老党员集体授章仪式、习总书记七一讲话和十九届六中全会专题学习等丰富多彩的活动；与各驻区单位接力互动开展“以学促知、以知促行、以行促效”的“三促”访学践学系列活动，与省烟草公司开展12次“同心”困难帮扶志愿行动，与人民大会堂开展“奋斗百年路、启航新征程”红色历史遗迹参观活动，与紫金大酒店开展关爱留宁农民工“流动年夜饭”活动，联合区教育局开展“三联建、三服务”活动，与第九初级中学合作开展非遗传承活动，与市公积金中心开展“身边的文明”清洁家园行动、与苏美达开展“小水滴”护河活动等。

【成贤街社区】 成贤街社区位于南京市玄武区中西部，南京市人民政府南侧，是一个集商贸、文化、科教及良好人居环境于一体的综合性大社区。东起太平北路，西至进香河路，南临珠江路，北接北京东路，面积约0.8平方公里，社区办公地址为老虎桥18号—1。社区有东南大学、市文旅局、市妇联、区人社局、区商务局、驻区部队，以及各民主党派社会团体等多家驻区单位。社区有6280户、17512人。社区党委下设18个党支部，有党员699人。2021年社区被评为2021年度江苏省文明社区、2019—2021年度南京市文明社区。社区结合庆祝建党100周年主题活动，邀请东南大学马克思主义学院陆华教授进社区为党员们讲党课；组织开展4场红旗宣讲团成员进行党史宣讲；分批组织辖区内少先队员、团员、党员们实地走访雨花台烈士陵园、梅园新村纪念馆、江苏历史展览馆、渡江胜利纪念馆6次。制定“为民办实事”项目一览表，包括“成贤红豆荚”“红棉袄”等10个项目，邀请共建单位和辖区机关、学校、医院等26家单位参与项目认领。其中，合众人寿江苏分公司认领的“红棉袄”项目以每人一份保险，每月2束鲜花慰问的形式暖心对接社区的失独家庭老人；市发改委宏观经济研究中心认领的“新文韵成贤”打造小型书屋项目已经在成贤街112号落地；南京市社会主义学院认领的小区“心灯”项目为老旧小区加装楼道灯；市工商联为认领的“红伞”项目捐款2万元，安装车棚，解决了将军巷39号1幢、2幢小区电动车停车难的问题。另外市妇联慰问社区10户困难家庭，为每户准备800元物资，包括衣服、口罩、消毒液、食用油等；市红会准备了10000元现金，100公斤食用油为社区20户困难群众带去暖心慰问。“成贤微课堂”在9月份结合延伸品牌“小小宣传员”和“成贤红豆荚”，将服务调整为假期活动和周六特色课程服务，同时融入“社区小喇叭”“爱心小天使”“楼道小卫士”等孩子们的社会实践内容。“成贤诗词歌赋社”的老师们在建党百年之时从自创几百首红诗中挑选100首，请书法家写入卷轴；诗社原创的《中国荣光》多次参加各平台演出，并通过人寿杯老年春晚海选，完成录制工作，《成贤诗声》出版第7集。

【北门桥社区】 北门桥社区位于新街口区域东北角，属混合型社区。东起洪武北路，南靠长江路，西至中山路，北临珠江路，面积约0.26平方公里，办公地址位于估衣廊38号。社区内有国信集团、市财政局、中山大厦、新世界中心、艾尚天地、凯润金城，人民中学、洪武北路小学，商贸、文化、教育集中。社区有3985户、9455人。社区党委下设14个党支部，有党员450人。社区的各种志愿者队伍众多，其中，星光艺术团、先锋服务队、冰之声合唱团等多个基层民间组织经常开展活动，还有璀璨年华居家养老服务中心等7家社会组织常年服务于社区。认真组织开展党史学习教育，通过支部书记领读、党员共读以及线上分享学习心得等多种方式，增强党史学习的效果，不断提升党性修养。用好社区红色资源，如抗战老兵进校园宣讲红色历史，让少年儿童接受爱国主义教育；以庆祝“七一”党的生日为契机，精心策划隆重的“光荣在党50年”纪念章颁发仪式，让老党员们感受人生高光时刻，激发年轻党员学习身边榜样、不断奋发有为。开展党建联盟项目认领，发布为民办实事项目，成立连心志愿者服务队，进一步强化以社区党建为引领、践行初心与使命，充分发挥社区平台、纽带作用，共同助力社区治理、和谐发展，向党的生日献礼。全年共与26家大中型企事业单位深度合作共建，创新打造“立交桥”党建联盟品牌。开展“党建筑桥、服务连心”系列服务活动，推动认领、实施“弘桥之声”“聚邻厅”“社区书屋”等18个民生微项目，惠及居民1600余人。完成民生服务项目10项，包括安装电子门禁、监控，为高龄老人提供适老化设施配置，丰富民俗活动等。2021年社区打造了家门口的老年大学——椿学园，协同玄武区老年开放大学，秉持“老有所学，增长知识；老有所为，服务社会；老有所乐，健康长寿”的服务宗旨，将老年大学建到社区居民的家门口，为社区中老年朋友提供一个更新知识、健身养心、广交朋友、发挥余热的平台。10月份椿学园正式开办了晚霞瑜伽、中国舞、太极、书画、声乐、葫芦丝等15个课程，服务1546人次。

【唱经楼社区】 社区位于珠江路北侧，是一个集金融、商贸、科技、文化教育、医疗卫生和居住于一体的多元化、多功能的综合性大社区。东起进香河路、西至中山路，南起珠江路、北至大石桥，区域面积约0.26平方公里，办公地址位于珠江路185号佳汇大厦二楼。社区范围内设有就医便捷的医疗服务中心、两所幼儿园、一所小学、一座清真寺；有87幢楼宇、14幢高层、3幢小高层建筑、70幢多层建筑、11个居民小区、10个物业管理公司；有数百家单位进驻，具有完善的商业功能；有多家银行、江苏省较大的手机批发零售市场、虹飞电信城、越时空通信广场，有信泰证券公司、地铁大厦、金鹰国际天地购物中心、华利国际高档写字楼等；有南京市交通局、新街口街道办事处等企事业单位和政府职能部门。社区有6530户、18630人。社区党委下设17个党支部，有党员706人。2021年社区被评为省级民主法治示范社区、2019—2021年度南京市文明社区、顺利完成“两委”换届、党代表及人大代表换届选举工作。完成为民办实事项目7项，先后为居安里片区疏通下水道，为卫巷15号居民建车棚、做地面硬化，为同仁街和新安里更换新窗户、安装宣传栏，为唱经楼小区建设党建小屋等。社区党委充分发挥党组织引领带头作用，督促各小区物业共同参与文明典范城市创建工作，结合下沉的区街机关干部，为各小区清理线路，清理飞线充电、废旧自行车、杂物，清扫绿化带，清除楼道招贴，为无牌电动车办理临时车牌等。南京疫情期间，社区全力做好疫情防控工作，快速开展全民核酸检测工作，调动党员志愿者、辖区单位志愿者等参与到全民核酸检测的工作中，担任核酸检测的宣传者、秩序的引导者。社区利用建党100周年契机，开展庆祝建党100周年文艺会演、观看红色电影、阅读红色书籍、参观红色基地等系列活动。同时社区党委给辖区内106位入党50周年以上的老党员颁发"光荣在党50年"纪念章，激励广大党员们以他们为榜样，奋进新征程。

【大石桥社区】 大石桥社区位于新街口北侧，是一个集文化、商业、居住于一体的综合性社区。东至进香河路，西至中山路，北至北京东路，南至学府路，区域面积约0.42平方公里，办公地址位于双龙巷1号。社区有国家自然资源督察南京局、江苏省广播电视总台、江苏省中信银行、江苏省国资委、江苏省粮食集团、南京市粮食局、南京银行、南京市应急局、南京市审计局、南京市邮政局等单位。辖区有3386户、10054人。社区党委下设9个党支部，有党员368人。社区党委通过多次走访、协调驻区单位，与邮政银行玄武支行、同仁街社区卫生服务中心，联合打造了"丹凤邮家·红色客厅"党建阵地，通过党建布展、便民服务等方式，形成社区党委颇具影响力的战斗阵地。"丹凤邮家"项目定期开展医疗咨询、资产保值等服务，尤其是开展便民(理发、修车、修鞋、家电维修等)微服务深受居民欢迎，全年服务68家。联动"悦心"养老服务中心，打造"丹心映银发"项目，充分发挥悦心养老服务机构的技术优势，在社工定期看望独居、空巢老人的基础上，协同悦心养老服务机构医护人员定期为老人开展血压、血糖监测及身体健康检查服务，提升了养老服务的水平。 （成　蓉）

玄武门街道

·街道工作·

【概况】 玄武门街道位于玄武区西北部，域内以鼓楼广场为轴心，纵轴沿中央路向北至中央门立交桥、护城河、神策门公园，横轴沿北京东路向东至太平门，内含玄武湖、太平门至神策门段明城墙和北极阁山，呈环湖抱城之势。东北沿玄武湖与锁金村接壤，西以中央路为界与鼓楼区相望，南以北京东路为界与新街口街道、梅园街道毗邻，街道办事处位于南京市百子亭8号。域内面积6.54平方公里(含玄武湖4.44平方公里)。辖公教一村、台城花园、天山路、百子亭、大树根、廖家巷6个社区，常住人口约4.08万人，户籍人口约6.38万人(含市人才中心集体户籍人口约2万人)。辖区有玄武湖公园、明城墙、古台城、古鸡鸣寺、玄奘寺、北极阁山、九华山公园等风景名胜；南京明城垣史博物馆、中科院南京古生物博物馆等文博场馆；傅抱石故居、徐悲鸿纪念馆、宋子文公馆等人文景观；国家审计署驻南京特派员办事处、中科院南京古生物研究所、中国科学院南京土壤研究所、中科院南京地理与湖泊研究所等国家级单位；省气象局、科技厅、卫生厅、商务厅，市规划建设展览馆，省肿瘤医院、市口腔医院、南京市第十三中学、科利华中学、北京东路小学等省市机关事业单位。是南京市委、市政府所在地。

【经济发展】 2021年，完成一般公共预算收入5.49亿元，完成期成指标的115.6%；技术合同录入4.5亿元，完成150%。新增市场主体、招商引资工作排名并列全市第一；固定资产投资21.6亿元，完成任务的108%。GDP在上年高增幅基础上稳步增长；街道1个市级重大项目、8个区级重大项目，均按序时进度稳步推进，其中中央路224号地块项目加快建设，12幢住宅封顶，一期、二期、三期开盘销售，销售面积6.78万平方米；充分利用省凤凰文贸集团、省市电信公司、省医药公司等龙头企业资源优势，聚力做强三大主导产业链，协助巨石创投实缴1亿元，引进恒丰医疗公司、和瑞供应链公司等2家超百万元税源企业。三大主导产业链实现营业收入590.1亿元，占街道地区生产总值的92%；牵头举办“新春送福促消费”“五一促消费　嗨玩玄武门”“玩转十一　乐享消费”等系列消费活动，联动玄武湖公园举办咖啡节等特色主题活动，进一步提升区域消费热度。海椒市、AG等首店陆续落地，环亚凯瑟琳广场、创意中央入选南京市现代服务业集聚区；建立完善科创企业数据库，申报认定科技型中小企业65家，完成率108%；从精选对接引才资源、加强人才队伍建设、建立共享空间机制三个方面做好人才工作。全年服务辖区企业申报国家级、省级、市级人才计划26人次，同比增长127%，成功入选2人。人才企业新增实到内资1500万元；新增知识产权（含发明实用专利）25个；获批科技型中小企业认定8家，占总人才数73%；申报高新技术企业2家（含复审通过1家）；虚拟场景上报认定2个。

【城建城管】 采取重大任务抓推进、重要工作抓示范、重点目标抓管控的思路，稳步提升城市精细化治理水平。以明城墙沿线地区为重点，稳步实施厚载巷2-16号、后大树根2号老旧小区改造出新。围绕实现小区物业服务全覆盖，依托百子物业托底管理85个无物业小区，以西家大塘16-44小区为其中的代表，接受市委副书记沈文祖的检查指导；针对樱花季人员流动量大、交通易堵塞等实际情况，牵头研究制定《鸡鸣寺路及周边景区交通组织优化方案》，优化保障资源调度，确保平稳有序。推进垃圾分类全覆盖，建成90个垃圾分类亭房。将充电桩由居民小区延伸至街巷，在高楼门沿线加装5处60组便民充电栏。后大树根路、鸡鸣寺路和台城路先后通过市级精品街巷验收；充分发挥辖区人大代表监督推动作用，助力实施鸡鸣寺路路灯改造。围绕改善城墙根下老旧小区人居环境，主动邀请省、市、区三级政协委员走进社区，开展“有事好商量”协商议事。主动对接锁金村街道、玄武湖周边地区综合管理办公室等单位和部门，突出对在建工地的严查严控，加大对道路扬尘、餐饮油烟的巡查检查、联合整治，做出维护国控点空气质量的“玄武门贡献”。认真落实河长制，重点围绕辖区内“一河一沟一塘”做好防治，确保水质稳定达标。

【民生服务】 突出对困难群体的重点关注，累计发放低保金、补助金等599万余元，及时为无家可归的精神病人、86岁独居老人、孤儿等特殊群体提供帮扶。围绕服务“一老一小”，加快推进省级五级悦华养老服务中心建设，着力提升“同心未保”“心动力”等品牌效益；牢牢抓住就业这一最大民生，充分整合政府、企业、人力等资源，培育自主创业677人，带动就业5960人，新增城镇就业人数4400余人。及时回应群众诉求，累计办理12345工单3568件，满意率78.8%。着眼完善公共服务平台，高标准建成街社退役军人服务中心（站）；坚决扛起属地责任，严格落实常态化防控各项举措。南京禄口疫情期间，组织三轮全员核酸检测11万余人次。高标准做好重点人群管控，2021年疫情以来，排查重点人员21737人，落实居家隔离310户、550人，居家监测372户、630人，安装门磁324个。有序推进疫苗接种，三针累计接种110730剂次，助力形成免疫屏障。

【平安法治】 突出对安全生产、信访维稳、基层治理等重点领域特点规律的把握和管控，确保经济社会安全发展。探索开展安全法规在一线宣讲等“六个一线”安全服务活动，检查生产、经营、建设单位2686家次，排查整治富昇大厦消控室无人值守、新立基大厦外墙瓷砖脱落等安全隐患289处，辖区连续1800余天无安全生产亡人事故；严格落实“五包一”责任制，推行“开门接访+上门拜访”信访模式，全年累计接访250余人次，办结各类信访120件，涉及13户的拆迁信访积案进入实质性化解阶段。街道连续10余年保持进京“零非访”；建立完善党建引领基层治理体系，调动网格支部书记、楼栋长、志愿者、政法网格员等多元力量，选准建强基层治理骨干队伍，依法调解矛盾纠纷260余件，调解率达100%。围绕文明城市创建等重点工作，开展监督检查36次，发现问题线索51件，受理信访举报线索6件，立案11

件11人，执行政务处分13人。注重用好“四种形态”，运用第一种形态开展提醒谈话、批评教育49人次，占82.6%。探索开展“牛年说廉”系列主题教育活动，常态化开展警示性法治教育活动30余场，不断筑牢拒腐防变思想防线；发挥街道“大工委”、社区“大党委”和网格“大支部”的作用，认真落实“十项举措”和“任务清单”，推动基层党建网和社会治理网“双网”融合。

【基层党建】 落实全面从严治党主体责任，深化党建引领，为高质量发展提供坚强保证。围绕筑牢思想根基，常态化抓好思想教育、理论宣讲，组织中心组学习会15次，跟进传达学习习近平总书记重要讲话精神33次。推进党史学习教育，聚焦群众“急难愁盼”问题，组织开展进社区问民生之需等“五进五问”调研活动，探索构建组织联建等“三联一促”学教体系，联动街社与68个驻区单位支部开展联学联教活动120余次，组建街道“四史理论宣讲轻骑队”，开展“点单式”宣传教育30余场，推出“百名党员讲百年党史”原创性微党课100期。深入开展“两在两同”建新功行动，在区管干部中建立和落实“五个一”工作机制，广泛开展“我的岗位我履责、我的片区我负责、出了问题严问责”等“三责”活动，全体机关干部主动深入一线、下沉社区，帮助解决停车难、充电难、晾晒难等230余个“急难愁盼”问题，让“家家难念的经”变成“件件落实的事”。围绕解决历史遗留问题，多方协调、联合攻关，突出整治高楼门5号居民区线路老化、墙体开裂、私拉电线等隐患，一举破解久拖不决的“老大难”。街道在省、市、区党史学教简报用稿中总量位列全区第一；着眼提升基层建设水平，注重抓班子带队伍、抓经常打基础、抓反复促落实，持续开展“扬帆计划”能力提升和党务“双周培训”，专题召开年轻干部座谈会和业务交流会，有意识地将10多名“85后”干部放到疫情防控、农贸市场等吃劲岗位摔打磨炼，引导大家身处好环境、学出真本领、干成好事业。有序完成社区“两委”换届，分批组织“两委”班子“学研训考”专题培训，探索开展帮建支部、帮带社工、帮解难题等“三帮”活动，着力提高服务群众、治理社区、助力发展的能力素质。推动“筑梦·台城”落地见效，以压实“头雁群”领航、“城墙根”议事、“微光行”互助等6条路径为抓手，着力培育台城花园社区“365”党建工作法，不断夯实阵地基础。聚焦新兴领域和新就业群体，新成立3个“两新”党组织和7个功能型党组织，依托“红领”阵地开展活动36场。推动完成软弱后进党组织——百子亭社区党委整顿提升。禄口机场疫情期间，街道党工委坚持组织跟着任务建、党员跟着任务干，组建15个行动党支部，建立26个党员先锋岗，划分36个党员责任区，发动党员志愿者等500余人坚守一线；重视建好社区“红石榴家园”阵地，借力多方资源，巩固民族团结进步。

·社　　区·

【台城花园社区】 紧邻市政府，东倚明城墙，外靠玄武湖，南以北京东路与新街口街道隔街相望，西至北极阁风貌区、高楼门路，北以西家大塘路为界与天山路社区毗邻，内含北极阁山、古鸡鸣寺，因台城坐落其间而命名。社区面积0.46平方公里，办公地址在台城花园3号。2021年年底，常住总户数3432户，常住人口9596人，流动人口865人，党员415人，有10个党支部。社区内有明城墙古台城、鸡鸣寺及北极阁风貌区；有江苏省科技厅、对外经济贸易厅、气象台、南京古生物研究所、博物馆、南京明城垣史博物馆、南京市老干部活动中心、宋子文公馆、工艺美术大楼等30多家单位。2021年，社区党建工作继续与社区综合治理相结合，织密“红色网格”，完善网格支部建设，充分发挥网格力量，实现“党在格中建、人在格中走、事在格中办”，社区治理和服务群众的针对性更强；选塑“红色管家”，坚持支部书记“群众接待日”制度，每天上下午各安排1名支部书记社区值班，协助社工调解居民矛盾等；搭建“红色桥梁”，充分利用“大党委”、结对联合开展主题党日活动，结对困难党员群众家庭20余户，募集慈善“一日捐”近3万元。社区党委以暖心、红色、安居、携手、多彩五大行动，完成公共环境应急、党建文化宣传、楼道安全卫生、居民自治支持、台城邻里文化建设等10个为民办实事项目，开展活动12场，服务群众1000余人。配合街道做好辖区文创宣传动员工作、圆满完成各项文创工作指标。开展垃圾分类，全年共建设9个分类垃圾设备点。圆满完成第七届社区居委会和党委的换届工作及区人大代表换届工作。做好新冠疫情防控工作，全年排查入境返宁人员11人，进行转接居家隔离人员24户76人、居家检测19户22人。张贴发放防疫宣传海报等2000余份。开展各类志愿服务活动60余场，不断扩大“红马甲”，积极开展“一对一”爱心帮扶工作，受到被帮扶独居老人的一致好评。全年安全生产执法监督检查平台新增采集单位30家，宣传消防安全、隐患排查各类店家120家，整治飞线145处，安装充电桩1组。把日常检查和隐患整改作为加强安全生产工作重要手段，做到检查制度化、常态化。

【公教一村社区】 东至龙蟠路（太平门随心圆大酒店），南至北京东路，西至鸡鸣寺路，北至玄武湖明城墙。社区总面积0.4平方公里，办公地址在北京东路51号公教一村小区22-1幢综合楼。2021年年底，社区总户数3286户，人口9601人，其中低保户17户，优抚对象77人，持证残疾人113人，60岁以上老人3083人，其中80岁以上老人773人。社区党委下设10个楼幢支部，有443名党员。社区有专职社工13人。社区驻有南京市委市政府、中科院南京土壤研究所、中科院南京地理与湖泊研究所、南空干休所、九华饭店、鱼翅皇大酒店、北京东路小学等大型单位和学校；有和平公园、珍珠河、鸡鸣寺、九华山玄奘寺等名胜。2021年，在常态化做好疫情防控工作的基础上，加强社区疫情防控处置能力，特别是在应对7月份禄口机场突发疫情战役中，社区发挥组织优势，动员百余名党员和志愿者参与疫情防控，发动结对单位市人大办公室和区人大办公室承担4个卡口的执勤任务，联系九华饭店为社区防疫工作人员提供餐食800多份，累计完成排查禄口机场经停人员1900多人，接收转码申请432人，排查南京市人才服务中心空挂户5000多人次，疫情防控过程中，社区完成排查数占街道总量的约40%，同时为居家隔离的368人提供生活服务，加大力度动员群众接种疫苗，提高社区居民免疫力；狠抓民生服务这个中心工作，累计纳入社会化管理退休人员1386人，组织419人参加免费体检，发放企业退休人员夏季慰问1210人，救助残疾人112人。全年享受低保生活保障对象17户。开展各类宣传活动6场。持续推进居家养老服务工作，联合社区卫生院每周四上午为老人免费义诊，成立了“关爱空巢老人”志愿者团队，鼓励辖区内党员、群众积极参与到为老服务的队伍，开展老人生活照料服务；全年统筹党建为民服务项目资金45万元，开展老旧小区环境整治、群众性文化活动等14个服务项目，为九华山44-50号安装太阳能路灯5盏；改建吕新北京东路71号、九华山21号等小区自行车棚5处；安装电动车充电桩5组共计54个端口；为71号老旧小区实施地面硬化400平方米；解决九华山等老旧小区部分外立面防水及落水管改造诸多问题。邀请各结对支部到社区开展“党员服务进社区，我为群众办实事”志愿服务，玄武城建集团筹资20多万元对九华山21号30多米长的危墙进行翻建，玄武城市管理综合行政执法大队筹集8万元为太平门街10号垃圾亭做地面硬化，受到居民的认可与赞誉。

【天山路社区】 东以玄武湖畔明城墙为界，北与百子亭社区紧邻，西至高楼门路，南以西家大塘、峨嵋路与台城花园社区相邻。社区面积约0.26平方公里，办公地址位于天山路3-37号。2021年年底，常住总户数2917户，常住人口8677人，流动人口1300余人，党员376人，有10个党支部。辖区企业退休人员1582人，80岁以上老人享受尊老金共计432人，有残疾人119人，低保户23户。社区现有综合治理志愿者、天山路帮帮团、铁鹰巡逻队、红歌歌咏队、青年先锋队等20个民间组织。辖区企事业单位64个、个体工商户112个。社区有3304工厂、南京市第十三中学、玄武外国语附属小学、玄武门幼儿园、高楼门饭店、唐会、喜悦会、江苏《东方娃娃》期刊有限公司、苏果超市、峨嵋路农贸市场、天山路卫生服务站、老年康复护理院等单位。2021年完成新冠疫情防控工作、文明城市创建、人口普查等多项重点工作。社区党委本着整合资源、共驻共建的原则，充分发挥社区“大党委”资源整合力量，开展党史学习教育共建活动、“统一行动日”，我为群众办实事等活动切实为民办实事、解民忧。充分发挥党建为民服务专项资金效能，全年为民服务办实事十余件。结合党史教育，做好“永远跟党走　奋斗新征程”活动，用实际行动践行初心。利用新时代文明实践站，温暖民心。每周固定开展志愿服务活动，全年开展志愿服务活动60余次，服务人群6000余人次。

【百子亭社区】　东至高楼门延至昆仑路、明城墙，南至鼓楼广场，西至中央路，北至洞庭路，面积约0.4平方公里。常住居民3244户、8100余人。社区（与街道党群服务中心一体）办公总面积约899平方米，有工作人员11名，小区44个。社区党委有14个党支部，党员443名。2021年，社区突出党建引领，创新社区治理模式，借力街道党群服务中心引进“心动力”家庭关爱中心、‘八友坊”家政服务中心、“木兰轩”工作室等社会组织及包括中央路小学在内的多家机关企事业单位资源，搭建区域化家庭教育、未成年人关爱平台，打造“花骨朵成长俱乐部”等特色服务项目，开展面向妇女儿童的家庭心理咨询、矛盾调解、教育学习、亲子活动。打造党委“有事您说话”特色品牌项目，建立“守护百家”巡逻队、“银发无忧”志愿队等一批党员义工服务队，形成以社区党委为核心，辖区单位和广大党员群众积极参与的党建引领社区治理新格局，增强了党在社会组织中的凝聚力、渗透力、影响力，推动了和谐社区建设，有效提升社区服务管理水平。2021年社区获得南京市文明社区、南京市优秀志愿服务社区等多项荣誉称号。

【大树根社区】　东靠明城墙，西连中央路，北与玄武湖隧道接壤，南至玄武门路。社区面积约0.47平方公里，办公地址位于大树根11号。2021年年底，常住总户数1381户，常住人口3722人，流动人口655人，党员281人，共9个党支部。驻区单位有江苏海事局、南京市城市建设规划展览馆、玄武湖公园管理处、南京港华燃气有限公司、江苏省军区第二离职干部休养所、金陵药业股份有限公司、南京公交总公司、南京城建集团、南京农垦集团等。2021年按期完成党委、居委、监委、团支部、工会、妇联换届选举，以及玄武区十九届人大代表、党代表选举。统筹为民服务专项资金，为大树根15号小区围墙刷新、修整路面；为大树根22号露天活动室安装挡风帘；在大树根18号、22号打造了40平方米的社会主义核心价值观手绘文化墙；积极协调后大树根2号小区的管委会换届工作。2021年社区新时代文明实践站联合社会组织，开展各类活动60余场，丰富了辖区居民文化生活。以社区老年志愿者组成的“文明有宁”服务队，常年在玄武门路设立爱心站点，免费为市民游客提供热水，“银发护湖队”在玄武湖景区内巡逻、劝导不文明行为，多次被媒体报道。在7月份新冠肺炎疫情全员核酸检测、疫苗接种、人员排查、居家隔离检测等急难险重任务中，充分发挥社区党组织战斗堡垒和广大党员先

4月22日，百子亭社区开展“学史颂党恩　书香润童心”读书节系列活动
（玄武门街道　供图）

锋模范作用；文明典范城市创建工作中，广泛发动楼栋长志愿者、街道下派机关干部、社区工作人员和物业人员每日进行巡查，与共建单位玄武区政协、南京市规划展览馆、南京市港华燃气有限公司等单位开展共驻共建活动10多场，制作更换宣传栏展板60余块，规划小区停车位100余个，清理102个单元楼道堆放物，清理小广告、污损墙面百余处，及时发现整改问题千余次，社区环境面貌有新改善。

【廖家巷社区】 东倚明城墙，外临玄武湖，西沿中央路，南起玄武湖隧道口，北至中央门护城河、神策门公园，面积约0.36平方公里，办公地址在中央路298号。居民住宅楼52幢，2021年年底，常住总户数2103户，常住人口5980人，流动人口780人，党员401人，有11个党支部。社区内有江苏电信大厦、新立基大厦、锦盈大厦、创意产业园、东华产业园、富建城市酒店、南京市科利华中学等企事业单位。2021年为民服务资金项目12个，组织解决居民反映强烈的问题10个：安装楼道防盗门，廖家巷5号车棚安装，制作晾衣架，增设楼道"爱心休息椅"，中央路298号疏通化粪池、楼道破损脏污刷新、廖家巷小区道路破损等；坚持"共学共建"，推进"我为群众办实事"。南京市委研究室机关党委为中央路310号2幢修缮屋顶。市政府办公厅第三党支部为中央路286号、廖家巷9幢安装充电桩，为中央路278号1幢安装照明灯，点亮老百姓安全回家的道路。苏州银行对险树、险墙进行修剪和维护，解决居民出行安全和阳光晾晒问题。区投促局、科利华中学、南京威孚金宁有限公司、南京金谷创客有限公司、和江苏国信创投公司等为困难群体送去物资和资金、疫情期间岗点站岗、保障全民核酸检测、捐赠防疫物资、守护辖区居民健康；抓好新冠疫情常态化防控不放松，对重点人员实施一人一台账管理，确保不落一户、不失管一人；打造新时代文明实践站，助推文创常态化。成立"一家亲"志愿者服务队，开展清洁家园、义务植树、垃圾分类等形式多样的志愿服务活动20次1900人次。统一行动日活动得到辖区单位的支持，开展统一行动22次，出动1366人次。清理135个楼道杂物、小广告、脏污墙面、飞线充电、杂乱线缆等，增加宣传栏17处；推进安全生产精细化，矛盾纠纷网格化。社区与辖区内400余家企业签订责任状，广泛宣传企业月度体检，网格员定期巡查企业安全生产工作，确保社区安全。 （王　莹）

梅园新村街道

·街道工作·

【概况】 街道位于玄武区东南部，东起中山门向北城墙，西至太平北路，南至中山东路，北至北京东路，东、西分别与孝陵卫和新街口两街道毗邻，内秦淮河蜿蜒穿过境内，明城墙横亘于街道东北部，面积6.35平方公里。辖大行宫、东南大学、梅园新村、大影壁、兰园、明故宫、太平门、北安门、富贵山9个社区居委会，常住人口8.48万人，户籍人口8.07万人。街道地处南京市腹地，街区曾是太平天国和民国时期的政治和文化中心，历史文化底蕴深厚。区域范围大。现梅园新村街道由原梅园、兰园、后宰门街道先后合并而成，是主城内面积较大的街道。教育资源多。有南京外国语学校、玄武外国语学校等9所知名中小学，以及市级机关幼儿园、小天鹅幼儿园等9所优质幼儿园。文旅资源多。辖区内"1园2寺8馆"，即明故宫遗址公园，毗卢寺、香林寺，六朝文化博物馆、总统府、梅园新村纪念馆、中国第二历史档案馆、南京博物院、南京图书馆、省美术馆、王安石故居。集六朝文化、明清文化、民国文化与现代文明于一体。科技产业多。辖区有"一街三园"，即珠江路创业大街、东南大学科技园、玄东科技园、金融科技园，聚集了熊猫电子、紫泉能源、五星控股等一批研发、软件、"互联网+"企业。2021年，街道适应新发展阶段、贯彻新发展理念、服务新发展格局，"学党史、悟思想、办实事、开新局"，推动街道经济和社会各项事业稳步发展。

【经济发展】 全年完成一般公共预算收入15.71亿元，社会消费品零售总额44.54亿元，完成规上服务业88.84亿元，商品销售额229.39亿元，新增高新技术企业23家。各项重点项目有序推进，完成锦创数字产业园、熊猫万谷金融科技中心、浦发银行实验室、五星星创汇等项目。推动军产转型升级，新增熊猫万谷金融科技中心8万立方米，升级锦创数字产业园3.8万立方米、华东医药生物健康产业园1万立方米、华山饭店2万立方米，为招商引资、入驻科技创新企业提供优质载体，吸引寒武纪行歌、凤凰网、长江创服、联萌MCN华东总部等一系列优质企业纷纷入驻。大力开展招商引资，完成500万元以上的招商项目67家，引进亿元以上项目24个，签约项目投资总额达120.07亿元。同时上报招商信息数133条，实际利用内资21.39亿元，均达年度任务目标。

【城管城建】 坚持为民导向，抓好老旧小区改造工程。全年街道有5个老旧小区改造任务，涉及房屋53幢，面积10.95万平方米，拆除院落违建30余处、3462平方米，小区公用区域近800个老旧车棚在2个月内全部拆除。坚持以“警网融合”为抓手，加强与辖区交警中队、派出所、特勤中队的沟通和配合，全面开展“警网融合、联动联治”专项行动，围绕菜场周边等重点区域安装监控布点41处，大力推进城市智能化管理。按照属地环境监管原则，坚持每天巡查工地、餐饮等各类污染源，严格执行大气污染防治相关规定，落实大气环境质量管控要求。进一步加大垃圾分类收集点的选址和建设工作，在115个居民小区中，实现垃圾分类收集点建成投运133个，兰园小区在全市率先试点垃圾分类“公交式”流动收运，实现垃圾分类全覆盖，日厨余垃圾收运量稳定达到13吨。开展80多场垃圾分类冬令营、当传统佳节遇上垃圾分类、带着垃圾“趣”旅行等多种形式的宣传活动，覆盖人群约5500人次。

【民生服务】 面对疫情新形势，街道疫情防控领导小组、各专项组分工合作，各负其责，应急处置快速高效，在全员核酸检测中，街道第一时间合理设置全区各街道最多的固定核酸检测点14个，并建立流动核酸检测点，上门为辖区企业服务，圆满完成三轮核酸检测任务。针对街道老旧小区多而零散的问题，采取合围方式设立全区最多防疫卡点，42个卡点均由街道、社区工作人员、招募志愿者24小时轮流执勤，保障了小区安全。全年转运密接、次密接、轨迹交叉人员207人，对国内方向643人、国外入境172人进行集中和居家隔离观察管理，居家监测、跟踪监测期间全部“一人一档”，并严格落实“四包一”工作机制。积极推进双拥优抚工作，稳步提升退役军人服务保障，全年发放各类抚恤补助资金近1000万元，对困难退役军人采取纳入低保、低保边缘、动员社会力量结对帮扶等措施，切实解决他们的实际困难。2021年街道退役军人服务站荣获首批全国“示范型退役军人服务站”称号，并推选为全国百家红色退役军人服务站（江苏省5家，南京市只此一家）。老龄事业稳步推进，以辖区内3家养老机构及9个居家养老服务中心为载体，通过接受政府购买居家上门服务、入住养老机构、失能保险等实现养老服务保障率提升。

【平安法治】 坚持矛盾纠纷调解月报制度和零报告制度，全年受理纠纷1485件。积极开展平安街道和平安示范社区创建工作，广泛开展学习“枫桥经验”，街道范围内没有发生大的矛盾纠纷，广大居民群众的安全感有效提高。充分发挥街道新建的公共法律服务中心作用，每天排班由街道领导、科室长和律师接待前来咨询的群众，引导群众依法办事。坚持问题导向，尤其是对危化、施工等重点行业领域，高层楼宇、宾馆商超等人员密集的重点场所，在节假日等重点时段开展安全隐患大排查大整治行动，对“三合一”场所开展隐患专项排查，共检查企业3238家，发现隐患问题284个，所有问题都在时限内完成整改。依托“181”信息平台，督促5315家企业单位完成安全信用脸谱注册和安全体检工作，9家规上、规下企业完成安全生产风险报告上报。

【基层党建】 围绕中国共产党成立100周年重要历史时刻，开展“百名书记同庆建党百年”主题活动，举办“红色联盟同走红色路线”区域化党建联盟主题沙龙。紧扣基层党建“五聚焦五落实”三年行动计划目标任务，全面对标、全面发力，营造争先创优的良好氛围和堪当重任的厚重底气。2021年，按照干部选拔任用程序，积极盘活干部资源，优化梯次结构，提拔11名科级干部，干部队伍活力和战斗力明显增强。加强指导社区和“两新”党组织自身建设，北安门社区书记赵卫获评省“百名示范”社区书记，全街共14个基层党组织、26名个人获评2021年省、市、区级“两优一先”。组建成立4个“两新”党支部，22名“两新”党组织书记获专业资格认证。全年发展党员40名，为基层党建队伍注入新鲜血液。大力推动党建阵地规范化、特色化建设，紧盯基层党建“书记项目”，建成兰园社区党群服务中心和新时代文明实践所；细化“1+9+N”志愿服务队伍体系，深化志愿服务标准；在“梅好生活空间”获得江苏省“红石榴家园”荣誉后，又选送了太平门社区小红梅民族团结共建服务基地，参加省级“红石榴家园”创建评审。

【党史学习教育】 充分发挥街道红色底蕴深厚、共建资源聚集的优势，以特色党建品牌“小红梅”和长江路文旅街区为阵地，实施“小红梅百年七一”党建文化工程。中央宣讲团基层座谈宣讲在“梅好生活空间”成功举办，“小红梅”先后接受中央党史理论宣讲组、中央党史学习教育巡回督导组指导，入选江苏省第二批党史学习教育基地，街道代表全区，接受市委党史学习教育第十一指导组调研评估。全年发布宣传报道210篇，其中中央媒体9篇，省级媒体3篇，《信仰生活空间推进党史学习教育》在新华网刊登3天，阅读量突破64万人次，《“小红梅”让信仰照亮青春》被《中央党史学习教育简报》采用，《小红梅·新青年堂》作为南京市党史学习教育创新案例上报中央。33个“我为群众办实事”重点项目高质量完成，一揽子推进雍园41号老旧小区立面出新、杆线下地、雨污分流、停车配套、安防改造等整治项目，172个私建车棚顺利拆除，8个楼栋全部加装电梯。

3月22日，中央宣讲团基层座谈宣讲在“梅好生活空间”举办

（梅园新村街道　供图）

【“小红梅·梅好生活空间”】 “小红梅·梅好生活空间”坐落在梅园新村34号，该项目是由梅园新村街道党工委为满足人民对美好生活的追求，为社区居民打造的高品质公共文化空间。2021年，“小红梅”推出“百年七一”系列活动和长江路“四史”初心之旅，全年讲解340场次、接待逾万人次；以“清澈的爱只为人民”为组织理念，组建小红梅雷锋学院，建立完善的志愿者培训、组织、项目和荣誉体系；疫情期间，成立小红梅雷锋学院抗疫志愿者临时团支部，招募成员147名，在核酸检测、疫情防控中发挥积极作用。

·社　　区·

【梅园新村社区】 东起龙蟠中路，西至东箭道，南延中山东路，北至珠江路，社区面积约0.38平方公里，办公地址在汉府新村68号。常住人口2574户、5850人。社区有梅园新村纪念馆、毗卢寺、六朝博物馆、逸仙小学、玄武高级中学（初中部）、圣和府邸精选酒店等大小单位100余家。社区共13名社工，社区党委下设7个党支部，共有党员342名，其中配备党委书记1名，楼栋支部书记7名。社区内辖60座楼栋，分为45个社区居民小组。2021年梅园新村社区开展“邻里一家亲”社区邻里守望互助、“梅好厨房”——邻里厨艺达人秀等活动类项目21场，参与人数600人次。结合“文明典范城市”创建开展连续多月的环境卫生大整治工作，组建“党员河长”志愿者团队，定时对河道进行巡查。大力推动雍园41号小区既有住宅电梯加装，该小区有望全部加装成功。与江苏开放大学马克思主义学院、南京信息职业技术学院数码艺术学院、江苏调查总队第九党支部、南京调查队第四党支部举行共建签约仪式。2021年社区荣获南京市文明社区等荣誉。

【东南大学社区】 是相对封闭的东南大学教职工宿舍区。北沿北京东路、南至太平北路122号、东到兰园28号、西至太平北路，占地面积0.5平方公里，办公地址在文昌街2号9舍。社区内有市级机关幼儿园、中科健康产业集团、上海银行南京分行等单位。社区有专职社工9名，办公用房面积650平方米，居民小组数30组，居民总户数2140户，总人数5326人。社区内有学生宿舍9幢，居住有3700多名大学生。社区党组织为党委建制，下设4个党支部，有党员162名。2021年，社区党建服务品牌“院士专家服务站”全年共开展传统佳节活动7次，举办专家义诊1次。社区荣获2021年度玄武区先进基层党组织、2020年度玄武区五四红旗团支部等荣誉。

【大行宫社区】 南至中山东路，北至太平北路120号，东至花红园路、太平桥南裕德里路，与梅园新村社区、大影壁社区毗邻，西至太平北路1912街区，面积0.45平方公里，办公地址在东箭道31号。社区共有3794户、9943人。社区有总统府、江苏省美术馆、南京市图书馆、成贤街小学、花红园幼儿园、华海科技集团、1912集团等大小单位2000余家。社区党委下设9个党支部，共有党员372名。2021年，大行宫社区党委开展社区围墙外观修补项目、“萤火虫乐园”关爱社区未成年人服务项目、萤火虫小管家备用金项目、“萤火虫——情暖夕阳”爱心助老项目、“萤火虫志愿服务驿站”志愿服务类项目、“公益彩绘墙”项目等为民服务项目9个，共开展活动45场，服务居民5680人次。社区被评为玄武区优秀志愿服务社区、玄武区三八红旗先进集体。

【大影壁社区】 位于珠江路北侧，龙蟠中路西侧，南至珠江路，东至龙蟠中路，西至花红园路，北至荷包套路。面积74500平方米，办公地址在东大影壁6栋-1。居民常住户3350户，居民人口7785人。社区内有金鹏饭店、华山饭店、玄武外国语学校、中国人民财产保险有限公司南京分公司、邦德骨科医院等单位，华飞居家养老服务中心、飞鹰合唱团等社会组织。社区共有社工12名，社区党委下设9个党支部，共333名党员。2021年，社区党委依托社区“红梅驿站”开展系列活动，丰富党员群众精神文化生活，带领“365+党员义工”工作室为社区居民提供民生保障、文化素养提升、应急技能培训、居家养老、法律普及五大类“零距离”的优质服务。与共建单位区政府办公室、南京玄武外国语学校、中国银行南京黄埔支行经常性开展廉政教育、普法宣传、志愿服务、青少年课外拓展、慰问困难党员群众等共建活动。2021年社区被评为玄武区先进基层党组织等。

【兰园社区】 社区东起龙蟠中路、西至兰园路，南自红旗新村，北至北京东路，总面积0.43平方公里，办公地址在兰园16号。居民常住户3200户、7400余人。社区党委下辖10个网格党支部，44个党小组，党员445人。辖区分布着演武新村小区、兰园小区、红旗新村小区、北京东路30号及小营北路1号部队营院等五大片区。辖区有南京市教育局、玄武区委党校、南京市外国语学校、小营小学及兰园集贸市场等单位。2021年，兰园社区搬迁至兰园16号，高标准建成集党员活动、群众议事、便民服务、政策咨询、教育培训、文化娱乐于一体的“开放、集约、共享”式多功能党群服务中心，打造以党建“红色火炬”为引领，“橙色夕阳”“黄色暖阳”“绿色卫士”“青色橄榄”“蓝色精灵”“紫色水晶”组成的“七彩兰园”特色党建项目，分别面向党员、老人、困难群体、退役军人、青少年、妇女不同群体开展志愿服务。社区党组织凝聚力不断加强，群众的精神文化素养和幸福感显著提升。2021年，兰园社区被评为南京市文明社区、玄武区先进基层党组织。

【明故宫社区】 东起前半山园路，西至龙蟠中路，南起中山东路，北至珠江路、后宰门街，社区面积1.3平方公里，户籍居民5484户、11033人。社区内有中国第二历史档案馆、南京博物院、东部战区南京总医院、五星控股集团有限公司、维景国际大酒店、钟山宾馆等数十家单位。社区党委下设27个党支部，共有党员971名，其中配备党委书记1名，党委副书记2名。2021年，明故宫社区充分发挥党的思想政治优势，扎实开展教育实践活动，立足本社区实际和居民需求，把为民办实事落到实处。打造社区新时代文明实践站点，统筹社区内教育，文化，健身等各项资源，形成站点1+5+N载体，实现理论宣讲、教育服务、文化服务、科技科普、健康促进与体育服务五大平台共同服务，特色开展“小红梅德育学堂”“社区幸福健康自我管理”等品牌项目，扶持青风志愿服务中心、熊猫居家养老服务中心等公益组织，进一步拓宽社区服务覆盖面。

【太平门社区】 位于北安门街西侧富贵山隧道旁，东至北安门街，西至龙蟠中路，南至珠江路，北至太平门街，占地面积1.3平方公里，户籍人口12262人，常住人口10258人，总户数5634户。社区内有中国江苏传媒出版集团、南京市玄武区高级中学、江苏省青年干部管理学院、南京宇花小学、玄武区妇幼保健所、玄武区民政局等143家单位。太平门社区党委下设16个党支部，有714名党员，2021年获评“玄武区先进基层党组织”。社区强化党建引领，依托社区新时代文明实践五大平台开展各类学习活动，社区文明氛围更加浓厚，居民归属感和满意度显著提升。2021年与市委老干部局、区委老干部局结队开展“三联建、三服务”，通过优势资源互补，夯实党建基础。2021年太平门社区获评省级“红石榴家园”。

【北安门社区】 东起明陵路，西至北安门街、前半山园路、后半山园路，南至后宰门街、中山东路，北至富贵巷，面积1.2平方公里，办公地址在后宰门西村13号。总户数5110户，常住人口15511人。社区党委成立于2003年9月，直管党员767名，下设17个网格党支部，其中配备党委书记1名，党委副书记2名，网格党支部书记17名。社区内驻有五十四中学、市慈善总会、南京金融科技园等单位10余家。社区办公、服务用房面积1050平方米，居民户外健身的游园和广场面积过万平方米。2021年，社区被评为江苏省基层党组织书记实训基地、南京市先进基层党组织。

【富贵山社区】 东以明城墙为界，西连北安门大街，南至富贵巷，北依富贵山，占地面积0.68平方米，办公地址位于富贵山4号。社区有居民楼220幢，居民4153户，总人口11062人。2005年6月建立富贵山社区党委，有党委委员7人，其中书记1人、副书记1人，下设17个网格党支部，53个党小组，有党员637人。2021年，社区党委坚持“党建引领、社会协同、公众参与”的社区治理方向，结合社区特点和居民需求，整合社会力量，以“为民办实事”为抓手，充分发挥社区党委在基层社会治理和服务管理中的领导作用。依托新时代文明实践站、金陵图书馆社区分馆、残疾人之家等阵地，积极探索“志愿服务+”模式，让志愿服务成为社区治理的重要载体。2021年社区获评“市级示范妇女微家”。

·驻街园区·

【珠江路都市经济园】 位于玄武区龙蟠中路29号，与珠江路和北京东路两条交通干道相邻，都市中心地理位置，区域交通便捷，园区占地面积10000平方米，建筑面积约12500平方米，园内建筑造型时尚、绿化优美、环境优雅。园区入驻企业42家，被列为南京市大学生创业园、南京玄武区劳动创业园。2021年，园区共纳税1150万元。

【南京科技金融园】 位于后宰门西村95号，总面积13000平方米，为市级金融园，是江苏首个由政府引导、市场化运作的综合性多层次科技金融服务机构，实行“平台+园区+基金”(中小企业科技金融服务平台+知识产权投融平台+科技金融园+基金)的新型商业模式。入驻企业66家，其中，科技服务类企业代表有江苏长三角技术产权交易有限公司，金融服务类企业代表有中国建设银行、南京玄武投资有限公司，科技类企业代表有南京鼎丰诚信息技术有限公司、南京德菲斯信息有限公司、南京合旺科技发展有限公司、南京网元通信技术有限公司。中介服务类企业代表有南京润道知识产权代理有限公司。2021年园区引进新企业10家，税收统计为1100多万元。

【东南大学国家大学科技园长江后街创业园】 位于玄武区长江后街6号，毗邻珠江路，是东南大学国家大学科技园的孵化载体，总面积18000平方米。东大玄武科技园以建设玄武硅巷为契机，通过功能布局、业态调整、体系搭建、环境优化等一系列措施，建设集创投俱乐部、双创综合实训中心、项目培育、企业孵化等于一体的创新资源集聚区，促进相关产业集聚和规模效应，带动周边业态调整升级，引领科技创新产业发展，从而更好地服务玄武区经济发展。推进园区信息化建设，根据“互联网+科技园”的整体战略部署，推进园区O2O企业孵化服务平台的建设，并在园区展开测试，累计孵化企业550余家，培育高新技术企业30余家，已形成电子信息技术、创意设计、工程设计、集成电路设计等产业的集聚。园区优质企业主要有江苏澳格姆生物科技有限公司、南京宜热纵联节能科技有限公司、南京商周纵联软件科技有限公司。全年税收为2000多万元。2021年在科技部、教育部最新一轮的国家大学科技园绩效评价中获评优秀；2017—2021年在江苏省科技企业孵化器绩效评价中获评优秀（A类），是南京地区唯一一家连续五年被评为优秀的国家大学科技园；2021年获批中国科协海智计划江苏（南京）东大科技园基地、获批2021年度江苏省创业孵化服务绩效示范单位，当选江苏省大学科技园联盟新一届执行理事长和秘书长单位。

【玄东科技园】 处于珠江路科技街核心区域，毗邻东大科技园长江后街园区，总建筑面积10800平方米。玄东科技园主动融入南京“创新名城”建设，围绕人才创业、企业创新，紧盯资产运营、载体建设、招商引才、孵化服务四项主要任务，顺利通过省级孵化器、省级中小企业公共服务平台资质复审取得良好的工作成效。全年联合社群、中介科技服务机构，共开展创业培训、申报辅导、技术沙龙、读书会、私董会等活动达30余场，共计参加人数约1200人次。入园企业中，30余家拥有百件自主知识产权，累计园区服务22名高层次人才。园区培育了众多的优质企业，4家企业孵化毕业，进入加速器发展，1家企业挂牌新三板，累计7家企业获得“高新技术企业”资质认定，主要优质企业有海尔南京总部、南京中科水治理股份有限公司、南京四快网络科技有限公司。2021年，3家企业缴税过百万元，50余家企业共缴纳税收1100万元，税收坪效1018元/平方米。

（郭　威）

锁金村街道

·街道工作·

【概况】 街道成立于1984年，面积约7平方公里，下设7个社区。街道南依紫金山、西靠玄武湖，山水城林一体，名胜古迹荟萃，是玄武区“山水城林”的区位特点最为明显街道，也是南京历史文化遗存丰富的地区之一。常住人口6.55万人，户籍人口3.8万人，其中60岁以上的老人约1.25万人，占户籍人口的32%。辖区内有南京林业大学、南京师范大学紫金校区、南京邮电大学锁金校区、江苏省情报所、江苏省生产力促进中心、南京火车站、南京国展中心等70多家重点单位。2021年，街道党工委深入学习贯彻党的十九届六中全会精神和省市区党代会精神，紧扣幸福建设，围绕玄武全年高质量发展目标任务和重点工作，强化基层党建引领基层治理，街道各领域工作取得显著成效。街道被评为2021年度平安南京建设先进集体。锁金村为民服务中心被评为“南京市最优为民服务中心”。养老服务工作迎来新突破，街道新建AAAAA级综合养老服务中心1家、AAA级养老服务点2家，锁四社区被评为“全国示范性老年友好型社区”。退役军人服务站受到江苏省副省长惠建林的好评。城市治理长效考核、12345政务热线考评工作、垃圾分类考核排名全区第一。

【经济发展】 2021年，街道地区生产总值增长7.8%；一般公共预算收入4.62亿元；固定资产投资7.65亿元；签约项目投资总额13.75亿元；实际使用内资1.37亿元；亿元以上签约项目3个；新增年营收过亿元企业2家；实际利用外资750万美元。坚持以项目为龙头，在经济体量较小、空间资源有限的情况下，奋力建成南师大玄武科技园一期工程、中铁二十四局江苏大厦、高力六角商业广场等6个重大项目；如期推进钟山风景区旅游服务中心和十三中地下人防工程的建设进度；积极筹划南师大玄武科技园二期工程的前期工作，为街道经济发展提供有力支撑。坚持发展速度、质量、效益相统一，积极组织科技金融园和几处老旧商务楼宇低效企业清理工作，先后引进南京红尘信息科技有限公司、江苏嘉欣能源有限公司和南京易佰购电子科技有限公司等高成长型科技企业。大力推动创新驱动发展战略，1人参加国家级人才计划申报，1人申报江苏省创新型企业家，12人申报南京市高层次创业创新计划，16家企业申报高新技术企业，创新要素加快集聚。加强与浙江大学南京校友会、江苏省商业联合会和浙商南京商会等区内外重要商会协会、投资中介机构的联系和业务合作，全年利用各类平台或会议组织招商推介活动12次、主办南师大玄武科技园开园活动1次。全年领导带队包保联系走访企业35次、新注册千万元以上企业23家，为街道经济发展注入新的活力。

【民生服务】 2021年，锁金村街道坚持以习近平总书记关于保障和改善民生的重要论述为指导，坚持以人民为中心，践行“民政为民、民政爱民”理念，聚焦民生工作，聚焦特殊群体，聚焦群众关切，搭建服务阵地，拓展服务空间，奋力打造共建共治共享的社会治理格局。加大社会救助力度，织牢兜底服务网络。街道严格落实各项救助管理规范，强化节日救助，及时足额向低保家庭发放低保春节补助金；规范低保管理，建立申请救助家庭经济状况核对机制、严格落实低保对象信息公示制度；确保应保尽保，建立社会救助“街道专干、社区网格员、楼幢志愿者”三级工作体系，及时摸排困难群体，实现困难发现早、政策惠及快；完善多元救助，制定了《爱心援助协会救助办法（暂行）》，进一步发挥街道爱心援助协会托底线、救急难、可持续作用。优化社会事务服务，拓宽服务惠及范围。升级为民服务中心，开设24小时自助服务区，系全区首家获评“南京市最优为民服务中心”；稳步推进劳动保障，举办8场失业人员招聘会，发布空岗信息1870余条，完成3488名退休人员健康体检，成功调解24起欠薪矛盾，努力维护劳资双方的合法权益；完善人口计生服务，对特扶人员实现住院保险全覆盖，“筑爱增能，暖心驿站”项目，被确定为江苏省第二批计划生育特殊家庭心理健康服务省级项目；聚焦老龄残疾群体，帮助201位老人办理江苏省老年优待证，对36位老人家庭进行适老化改造，对1176位老人进行政府购买居家养老服务，发放残疾辅助器具67件，街道“老年人智能手机培训”被央视频道《夕阳红》栏目报道；丰富群众文体生活。举办形式多样的文体活动、培训、展览共256场，服务覆盖99864人次，全年新增室外健身器材4套，更新老旧健身器材4套。落实退役军人保障，深化双拥工作格局。街道牢牢把握“维护军人军属合法权益，让军人成为全社会尊崇的职业”的战略思维，坚持把拥军优属和退役军人服务作为“幸福锁金建设”的重要内容来抓。高标准落实服务保障，对所有退役军人信息进行核查比对，按照“一人一档”制作表格档案，全面掌握服务底数，并与拥军社会组织签订走访慰问无军籍职工服务协议，在全区率先推出无军籍职工服务管理新模式。高质量打造服务体系，8月，利用400平方米办公用房升级改造街道级退役军人服务站，并注重联动驻区部队、社区志愿组织、社会组织等资源，形成“老兵”系列服务品牌。街道退役军人服务站升级改造以来，被“今日头条”、“南京双拥”等多家媒体报道，9月7日，副省长惠建林一行考察街道退役军人服务站，给予充分肯定。挖掘特色亮点资源，擦亮民生服务品牌。在做好民生保障基础工作的前提下，街道不断健全工作机制，完善基础设施，优化服务质量、全力打造具有锁金特色的民生服务品牌。积极推动社会工作服务站建设，以“1个主站”“5个子站”“N个小站”建设为具体抓手，实现民生服务有阵地、群众活动有场地、协商议事有基地。全面推广“志愿锁金”治理新模式，以“人人都是志愿者，随时随地做公益”为行动口号，将线下志愿服务与线上登记管理紧密结合起来，并通过志愿积分兑换商品服务，把志愿服务圈和辖区商圈联动起来，实现企业反哺志愿，形成经济发展和志愿商圈的良性互动。多维拓展文化活动场所，与中国邮政南京分公司合作，立足邮政特色，以“邮”为主题，推动“驿书局”文化活动项目落地，打造玄武新的文化网红打卡点，针对锁金一村、二村，环境相对破旧的问题，以打造锁金二村“网红小区”为试点，与南京林业大学等高校合作，融合园林绿化设计、文旅品牌创新、城市直播拓展等，形成集住宅、文化、旅游、生态四大功能于一体的小区“新名片”。

【城建城管】 以提升城市管理现代化水平为主线，以城市精细化管理为抓手，借助老旧小区综合整治、城市长效管理考核、污染防治攻坚战、红色物业等项目，锁定各项重点目标任务，全力以赴，落实责任，狠抓推进，实现市容环境面貌的优化提升和各项重点工作稳步推进。推动城市建设高质量发展，协调推进板仓街9号、和平大沟小区改造工程，共计9栋房屋，总建筑面积约4.45万平方米；完成锁金六村路、新翠路背街小巷整治工程；持续开展韶山路片区危房消险工作，推进地铁9号线南京站中央门区间段工作，共拆除D级危房面积1976.55平方米；做好消防应急工作，制定街道打通“生命通道”工作方案，开展消防整治工作、高层住宅防火专项整治。提高城市精细化管理水平，深化集成改革出实效，以网格化管理模式为依托，深化落实12字综合执法工作机制，采取“六包”常态长效化工作法，对辖区主次干道及街巷开展常态化整治提升工作，尤其是对农贸市场周边、新庄地铁3号线出口处周边等重点地段进行有针对性的市容环境秩序联合整治；推进十三中地下停车场建设，完善泊位设施，对车辆进行融通管理，选取合适点位规划停车泊位，规范道路停车秩序；开展违建“四位一体”巡防模式，梳理整治存量违建，坚决遏制新增违建，完成年度违建拆除目标任务；落实定人定岗定责定考机制，做好城市治理长效考核工作，充分发挥“数字城管”作用，菜单任务整改率达100%；垃圾分类工作实现小区收集全覆盖、分类收运全覆盖，组建指导员队伍，持续开展桶边指导工作，打卡率达99%，扩大垃圾分类覆盖面，垃圾分类知晓率达95%，正确分类率达90%，宁分类注册用户超过8000户，争优除差，细化创建省级达标任务，引入红灰榜等实际举措，垃圾分类工作见实效。注重城市环境品质提升保护，强化环境保护监管治理，推进全年餐饮整治目标任务，按照大气污染防治攻坚战的要求，严格落实“点位长”履职管理；扎实推进食品安全建设，配合做好南京市创建国家食品安全示范城市工作，常态化推进“河长制”河道管理，开展排水户违规排水整治工作。全力以赴筑牢安全防线，夯实压紧“三个责任”，聚焦安全生产专项整治、危化品使用专项治理、企业风险报告，共检查企业3628家次，发现隐患1034个，全部整改到位；以防灾减灾示范社区创建活动为契机，创建全国示范减灾社区；深入开展“安全生产月”活动，提高信息化平台应用提升，充分利用“181”平台，对关门和新开企业进行更新。实现全年安全生产无事故。提供优质物业服务管理，加强物业队伍建设，明确岗位职责，规范业主自治组织成立、换届改选工作，监管物业企业工作，加强日常检查与专项整治活动相结合的整治行动；推进街道物业服务中心建设，大力推行以物业服务中心“主治”、社区“自治”、城市管理“共治”的“三元共治”工作模式；发挥“红色物业”引领作用，打造“红色业委会”“红色管委会”，拟协调物业公司成立片区党小组，推进老旧小区党建引领物业管理服务工作示范点打造工作。

【平安法治】 巩固和完善街道“领导包案和干部包片”的信访稳控化解和稳控机制，落实“五包一”举措，强化工作责任，将“平安创建”作为平安社区创建的核心内容，深入家庭、校园企业，进行宣传发动、部署落实。持续开展大排查大整治工作，在“两会”、庆祝建党100周年、十九届六中全会等重大活动期间，全力抓好地区矛盾纠纷的排查化解，做好重大活动现场执勤和信访疑难杂症问题的化解。全年辖区受理矛盾纠纷699件，化解699件，化解率100%，辖区没有发生重特大矛盾纠纷和“民转刑”案件。强化扫黑除恶宣传力度，持续进行反电信诈骗宣传活动。开展公共法律服务，进行《民法典》法治宣传，培育法律明白人。广泛开展群防群治工作，做到打击犯罪和治安防范相结合。开展“送温暖，保平安”志愿服务主题活动，组织各社区开展志愿者巡逻、平安建设宣传、疫情防控等活动；联合铁路公安部门，加强铁路护路联防联控宣传教育，组织护路站和志愿者定期对铁路沿线道口、涵洞口、高架桥和“九小”场所开展巡逻，确保重要节日和重大活动期间辖区铁路平稳有序的运行；全力推进技防、物防进社区工作，有效压降案件的发生，群众安全感满意度达99%，社会稳定指数位于全区前列。街道被评为2021年度平安南京建设先进集体，两人分别获评省级、市级先进个人。

【基层党建】 聚焦思想引领，抓党史教育。街道以习近平新时代中国特色社会主义思想为指引，深入学习贯彻党的十九届六中全会精神。推出“党史学习教育菜单”，排演红色话剧，发布“党史我来讲”微党课9期，组织各类学习活动100余场。以书记项目为抓手，与南京林业大学马克思主义学院结对共建，成立理论宣讲基地，为每个社区配备思想政治教师、大学生助理各1名，组织师生送学上门60余场。聚焦担当作为，抓责任落实。紧扣基层党建“五聚焦五落实”三年行动计划，持续推进党建工作标准化、规范化，完善班子成员挂钩社区和基层党支部联系点制度，成立机关党总支，推动软弱后进党组织整顿，对新庄党群服务中心进行提档升级。完成市委提级巡察“回头看”反馈意见整改，街道及3个社区的45个问题均整改到位。融合推进“两在两同”建新功行动和“我为群众办实事”，班子成员领办攻坚项目22项，69名机关干部全年开展志愿活动超过6000人次，每人完成1件为民实事，基层党支部书记认领微实事项目58个。聚焦重点工作，抓基层基础。设立街道、社区两级书记抓基层党建项目，优化基层党建工作重点任务“月考核”，编印《锁金村街道制度汇编》。举办“永远跟党走”主题文艺党课、街道历史图片展等庆祝建党百年活动，全年开展党建活动超过500场，“学习强国”、《新华日报》等市级以上媒体报道200余次。组建“两新”党组织4家，开展党建活动20余场，建立区域网格“大支部”。成立街道物业行业党总支、5个片区和2个小区功能型党支部，湖景花园银城物业创建党建引领物业管理服务工作省级示范点通过市级评估，锁金二村成功创建市级示范点。街道商会党支部被市工商联评为全市商会党建工作示范点。聚焦能力提升，抓队伍建设。完成社区“两委”换届选举，现班子成员平均年龄49岁；大专以上学历占比74%。办好“开门一件事”，开展“实干为民再奋斗”行动，新一届社区“两委”已办理实事70余件。重点培养20名街道、社区年轻干部，积蓄党员领导干部后备力量。充分发挥党员先锋模范作用，当好创建文明典范城市、疫情防控等重点工作的“主力军”。

【疫情防控】 街道全面发挥党的引领作用，广泛动员基层党组织和广大党员力量，构筑起群防群治严密防线。禄口机场疫情期间，街道机关党员、社区党员、市区机关下沉干部、辖区党建联盟共建单位党员志愿者等共同组成800余人的防疫队伍，成立4个核酸采集点临时党支部，7个抗疫先锋行动党支部，号召84个基层党组织积极参与防疫各项工作，在全员核酸检测、小区围合管理、重点人员摸排等工作中凝聚抗疫先锋力量。践行“两在两同”。市委组织部、市人大机关、市政协机关组成党员突击队直奔国展中心，奋战在核酸采集一线；市级机关工委全员参与、主动承担无物业片区的4个卡口值守工作；玄武湖公园管理处安排50人，协助国展中心的核酸采集工作；区委宣传部、区委编办、区发改委、团区委、区行政审批局、区城管局等多家区级机关均组织人员参与街道防疫工作。守望相助，辖区党委踊跃助力防控工作。街道“两新”党组织苏新智慧公司党支部、杧林生态党支部、松翠园林党支部等赠送防疫物资，自发组织50余名公司员工参与核酸采集点的登记、引导等服务工作。属地企业中建八局、好享购公司、移动玄武公司主动派员加入志愿队伍，多家餐饮企业为防疫一线人员提供爱心餐食。有20余家单位和社会组织向街道捐赠6.5万只口罩、近千件防护服、1500多瓶消毒水、1600箱饮用水等防疫物资。群防群控，织密织牢防疫体系。机场疫情期间，街道有49个物业小区，6个自管小区；12个无物业片区，合围成13个卡口，安排街道机关干部、市区下沉机关干部、居民骨干、党员代表、社工、物业等350余名人员分布到各卡点，实行24小时疫情值班。8月3日，省委书记娄勤俭检查指导街道疫情防控工作，看望慰问奋战在一线的社区干部、公安民警、疾控人员、志愿者和相关工作人员，对街道疫情防控工作表示肯定。

【人大工作】 2021年为落实开门立法、民主立法的要求，区人大街道工委对《中华人民共和国地方各级人民代表大会和地方各级人民政府组织法》《南京市红色文化资源保护利用条例（草案）》和《南京市电梯安全条例（修订草案）》，采用线上与线下相结合的方式，进行了多层次、各界别的广泛征求意见和建议，并提出多条修改意见建议。区人大锁金村街道工委按照区人大换届选举工作部署，在街道党工委领导下，制定玄武区第十九届人民代表大会代表锁金村地区选举工作实施方案，街道各党工委委员直接到各选区亲自领导选区选举工作，并配备街道干部充实到选区增加力量，在选举过程中强化党的领导与选民意愿相结合、选举科学组织与周密按排相结合，又有选民热情参与、配合，使整个选举工作顺利圆满完成。根据区人大工作部署，区人大锁金村代表组于2021年对区房产局、水务局承办的民生实事项目开展跟踪监督工作，工作中采用听取汇报与现场视察相结合、承办单位积极克服困难与代表为完善工作方案热情建言献策相结合，有力促使水务局环园东路积淹水点等项目按时完工，推进房产局对双拜巷151号等项目。区人大街道工委借街道办公场所调整之机，对街道代表之家进行改造。

·社　　区·

【锁一社区】 成立于20世纪80年代，位于玄武湖东部、紫金山北，占地面积为0.27平方公里。社区有2246户、6251人，常住户2614户、6508人。有居民楼栋84个。社区办公地址位于锁金村7号8幢。锁一社区党委秉承北斗星党建品牌“红色导航”的党建工作宗旨，以“幸福跟党走”为引领，创新聚福工作法，始终坚持以人民中心，着力解决群众的操心事、烦心事、揪心事，依托驻区资源，通过社区党委融合社会力量，发动党员群众积极主动参与社区治理。打造小型“城市客厅”，延伸学习载体。年初，通过六村小广场党建载体“心航客厅”，以百年党史启航的“一大红船”为历史展示，结合玄武城建集团党建共建办实事，建设“红船”学习角，启航新征程。开展“初心讲坛”系列红色课程。开展“初心讲坛学党史心航客厅办实事”主题活动。通过讲坛，讲述小区修路难题，结合紫金山一沟流域雨污水管网清疏修缮工程进行解决。圆满完成社区“两委”换届，“两代表一委员”换届等人员组织工作。“两委”委员共

6月17日，锁金村街道承办的“永远跟党走”党史、军史讲坛在十三中锁金分校活动室举行
（锁金村街道　供图）

9人，60岁以上占比33%，同比降低17%。充分发挥政协委员作用，通过“有事好商量”协商议事活动，以“商量话坊”为阵地，积极为“老旧小区物业管理”“六村老旧房屋有机更新”等议题建言献策。结合疫情防控工作，在“两在两同”行动中彰显党员先锋模范作用。整编各方力量，一体协同作战。锁一社区“抗疫先锋”行动党支部采取“1+4+1+3+N”的形式，通过1个市级机关下沉单位、4个区机关单位、1个社区党委、3名人员（街道挂钩领导、社区民警、综合执法）和N名“两新”组织志愿人员联合力量，以及与锁金村街道发展服务部、紫鑫城社区团结作业，锁金一小三轮核酸检测58030人。“四到位”保障行动党支部服务居民运转高效。

近年来，社区被评为全国创建无邪教示范社区、江苏省民主法治示范社区、南京市文明社区、南京市人防先进社区、玄武区平安社区、玄武区民族工作示范社区、玄武区先进基层党组织、玄武区“群众满意窗口”、玄武区坚持发展“枫桥经验”示范社区、玄武区优秀志愿服务社区。

【锁二社区】 东延锁金中路，南临锁金南路，西接情侣园，北靠锁金北路。社区始建于20世纪80年代初期，是南京市最早规划建设小区的一部分，由原锁金一村、锁金二村、南京邮电大学家属区和盛世华庭小区组成，社区内有江苏省科技情报所、江苏省金思维信息技术有限公司、金陵之星大酒店等单位。社区面积约90000平方米，有住宅楼35幢，其中高层住宅楼3幢，多层住宅楼32幢，总户数为1735户，常住人口为4000余人。社区坚持以党建为统领，以网格为基础，统筹凝聚各方力量，盘活辖区资源，把加强党的建设与加强社区管理服务紧密结合起来，使基层党组织的组织力、凝聚力、战斗力不断增强，让社区治理从过去的“单兵作战”向“协同善治”转变。通过织密“红色网格”，凝聚“红色力量”，激活“红色细胞”，积极推进“党建+网格+服务”模式。社区党委把“心火行动”作为“书记项目”，围绕助老、帮困、为小、物业等老百姓的“心头事”，通过“党委搭台、党员带头、群众参与”模式，培育出“心火志愿者突击队”、“成立网格大支部”——江苏杞林环境有限公司同社区第四网格党支部结对、“红色物业”锁金村街道一村二村项目部，引导党员做好“本职岗”的同时，在“社会岗”上发挥作用。党建进网格是锁二社区治理的一大特色，将102名党员志愿者纳入到网格中，成立6各志愿者服务队伍、6个网格群，并在74个楼道安装共产党员标识牌，协助社区按照“六包”机制，承担楼道卫生、绿化维护、安全巡逻职责来激发党员的存在感和责任感，充分体现出党员模范带头作用，做到“管好家庭事、关心邻里事、做好楼门事、参与社区事、关注社会事”。三全教育进社区，社区治理“全覆盖”，以党建带妇建、以妇建促党建，依托网格化管理，创新工作思路，以居民需求为导向，促进社区、学校、家庭协同育人。通过设立好人榜，种植科普树，开心农场、征集民言民语，打造儿童友好空间，开展亲子活动等形式，积极营造“推门可见、社区可感、家家参与”的社区家庭教育氛围，有效促进孩子健康成长、家庭幸福安康、社区良性治理。疫情防控期间，社区充分发挥基层党组织战斗堡垒作用，按照网格化+大数据+铁脚板地毯式管理，招募发动各行各业志愿者500人次下沉网格，保障全员核酸顺利进行。严格落实24小时值班制度，确保行程数据核查见底不过夜，并持续宣传推进新冠疫苗“加强针”接种工作。2021年，锁二社区被评为玄武区先进基层党组织和玄武区五四红旗团（总）支部，“心火”志愿服务项目被评为2020年度玄武区“优秀志愿服务项目”。社区书记达敏被评为南京市三八红旗手和玄武区“十佳社区书记”以及玄武区优秀党务工作者。网格社工张素文被评为玄武区践行“争当表率、争做示范、走在前列”先进个人和玄武区优秀网格员。

【锁三社区】 东靠林产化学工业研究所，南临锁金北路，西倚龙蟠路和新庄立交桥，北接312国道。社区分为锁金三村、锁金村80号、南林一村和南林二村4个院落。社区面积约1.6平方公里，人口6449人，社区办公地址位于锁金三村14幢旁。社区内有南京林业大学、玄武区军队干部休养一所、南京市政工程管理处、金卡大厦和锁金幼儿园等单位。社区党委坚持“资源整合、优势互补、互利共赢、共同提高”的原则，联合南京市政工程管理处、南京林业大学风景园林学院、玄武区委编办等单位成立锁三社区大党委党建联盟。2021年党史学习教育开展以来，党建联盟以昂扬的精神状态，创新学习形式，营造出“学党史、悟思想、办实事、开新局”的浓厚氛围。联盟单位充分利用各自的载体资源，遵循党史学习教育中“我为群众办实事”的原则，开展“助困、助老、助残”活动，切实把对困难居民的牵挂落实到帮扶解困的实际行动中，全年共走访慰问社区困难党员群众80户；为完善社区配套设施，向社区捐赠数十张会议桌，并出资帮助社区打造文化墙，让社区办公楼梯步道的空白墙变成“党建窗”；捐建宣传栏，打造近邻党建文化；疫情期间协助社区做好核酸检测工作。共建单位在疫情防控等基层治理工作中发挥积极作用，以文明典范城市创建为契机，开展“统一行动日”活动，凝心聚力共建美丽家园。社区党委积极打造“党建引领、社会协同、公众参与”的多元主体共同参与的社区志愿服务体系。成立“党员志愿服务队”，8个网格党支部根据党员特点和特长进行分类编排，开设帮孤助残、矛盾调解、专业技能等多类型志愿服务项目，第一网格支部“银发互助公社“、第二网格支部”韩先林工作室”等优秀的志愿者队伍，结合“我们的节日”，开展“大手牵小手共创美好家园”“垃圾分类、巧手绘生活”等具有特色和吸引力的志愿服务活动，得到多方赞扬。2021年银发互助公社获南京市第三届“最美老干部团队”称号。

【锁四社区】 建成于20世纪80年代初，东至锁金东路，南至锁金南路，西至锁金中路，北到锁金北路，社区面积约88500平方米，属典型的老旧小区。社区有南京第十三中学锁金分校、锁金村街道民生服务中心、郭家大院等单位。社区总户数1414户，常住人口3175人。60岁以上的老人1326人，占总人口的37%，80岁以上老人284人，空巢老人92人，独居老人37人，是典型老龄化小区。主要由金陵石化、轻工机械、医药公司、国网电力等单位退休人员组成。社区办公地点位于锁金四村12栋旁，社区党群中心用房面积490平方米，专职社工8名，居民小组35个。锁四社区党委，下设5个党支部，有正式党员209名。社区内建有近1000平方米的室外居民休闲健身广场。社区周边有玄武湖公园、苏果超市、菜场、卫生院、中小学幼儿园、各类门面店等配套生活设施，有效满足居民十五分钟生活圈的需要。锁四社区新时代文明实践站红色能量汇志愿者服务站以社区党员为主，锁金村地区大专院校学生志愿者为辅，并与十三中锁金分校、水务集团站库管理所等大党委单位，以及玄武区城管局机关党支部、中鼎养老等共建单位联合，开展与社会服务相结合的义务志愿服务。相关各类社团组织8个。2021年，随着老旧小区老龄居民人数的不断增加，老年人出行、活动困难等问题也日益显著，社区党委根据社区情况因地适宜，给小区做了适老化改造项目，包括南北休闲广场改造、小区道路出新、小区楼道灯节能改造、楼梯转角增设休息椅等。在适老化改造中，突出民主监督和民主自治理念，将勤廉文化建设与社区文化有机融合，着力打造具有锁金特色的“心廉”党建品牌，着力营造风清气正的幸福小村氛围。2021年社区通过全国示范性老年友好型社区验收。社区党委以网格党支部为依托，成立一支由结对机关干部、社区网格员、党员志愿者、居民骨干等142人组成的“心廉”志愿服务队伍。在疫情防控攻坚战中，社区党委通过表彰先进、成立小喇叭宣传队等形式加强意识形态舆论引导，以新思路、新理念弘扬主流价值观，切实把握新时代意识形态工作的传播权和话语权。社区党委结合创新载体，强化党史教育，把党史学习教育内容纳入社区“两委”班子和党员干部学习的“必修课”；践行“两在两同”，弘扬文明新风推动“我为群众办实事”实践活动走深走实，“两委”班子深入小区广场现场办公5次、收集居民微心愿63件。以构建和谐平安社区为主线，“线上”+“线下”相结合方式举办综合减灾知识讲座12场，开展各类防灾减灾演练3场，为760名脆弱人群建立服务档案，发挥党建“领头雁”作用，开展安全隐患随手拍排除隐患30起，全面提升社区的综合减灾能力。2021年，社区获得市级防灾演练社区荣誉称号，通过省级全国综合减灾示范社区验收工作。

【锁五社区】 东与玄武湖街道相邻，南至宁栖路，西以锁金东路与锁四、锁三社区相临，北至南京林业大学。社区面积0.6平方公里，人口4612人，办公地址在锁金五村4号。社区有锁金五村南院、北院、翠岭居、板仓街130号、板仓街78号、锁金村200号、林化所7个院落。社区内有南师大玄武科技园、锁金二小、中国林产化工研究所、江苏省军区第十离休干部修养所等百余家单位。2021年，社区延伸党建网格化管理服务触角，在网格内梳理需求清单和资源清单，整合党建联盟单位资源。探索建立区域化网格“大支部”，南京市税务局、玄武区税务局与锁五社区第五网格党支部签署了三联建协议和共驻共建协议。组织党建联盟单位林化所、干休所、锁金二小、紫鑫幼儿园等单位开展共建活动20余次，与结对单位玄武区委宣传部开展共建活动40余次。引导居民自治，召开居民议事会30余次，就“如何改善社区生活环境、解决各种生活难题、基础设施增设”等议题，居民事、居民议。锁金五村北院小区私自拉线晒被现象比较严重，影响美观和通行。社区党委召开居民议事会后，将私拉线去除，安装定做公共晒衣架，得到居民称赞。抓住问题导向，办好民生实事。全年多次开展居民喜闻乐见的活动：七一表彰、红歌颂党恩、参观红色教育基地等党建活动，重阳敬老、集体庆生等为老活动，门球比赛、读书会、插花培训、文艺会演等文体活动，志愿者表彰、好人评选等正能量宣扬活动。支持志愿者队伍、社会组织开展各类公益活动：完成五村北院门头出新；更换老旧小区灭火器；五村南北院树木修剪、草坪铺设；130号、南院危树消险；更换老旧落水管、阴井修缮；增设公共晒衣架、宣传栏等。坚守为民初心，践行“两在两同”。2021年，在社区党委带动下，社区党员参与垃圾分类、文明创建、疫情防控等社区重点工作。社区党员、居民群众、大学生、驻区单位积极加入社区志愿者队伍，全年开展各类志愿服务超百余次。疫情期间，社区在第三次全民核酸采集中负责锁金二小的核酸采集点，社区成立锁金二小核酸采集点临时党支部，70余名党员群众志愿者积极参与核酸点志愿服务。锁金二小核酸采集点组织有序，被央视新闻报道。

【新庄社区】 东靠紫溪湖桥，南临玄武湖，西倚白宫大酒店，北接红山铁道桥。社区面积1.8平方公里，人口9076人，社区办公地址位于新庄39号综合楼一楼。社区内有中石化共享服务南京分公司、园林实业总公司、铁路办事处、中铁24局江苏大厦、新世纪大酒店、南京火车站、邮政枢纽、曙光国际大酒店、军转站、南京商厦等十多家企事业单位。2021年社区党委强化政治建设，深入开展党史学习教育，重点抓实“家门口讲坛”理论宣讲平台，突出“微而精、短而实、小而活”的学习特点，开展南京师范大学马克思主义学院、南京林业大学的师生宣讲志愿者进社区活动，推动社区党员深入学习贯彻习近平总书记重要讲话精神，把学习党史同攻坚克难、担当作为、解决问题结合起来。全年开展实境课堂4场、主题参观2场。以系列活动营造百年浓厚氛围，联合南京站、南京邮政集团、环湖办、南京商厦、中石化等十余家党组织共计400余人开展“永远跟党走、奋斗新征程”的大型南京站快闪主题活动，为40名老党员颁发了纪念章，召开座谈会，以重温入党誓词、回顾入党初心、严肃入党仪式等方式，更好发挥党员模范作用。深化党史学习教育成果转化，整合社区单位资源深入开展“我为群众办实事”活动，吹响“两在两同”建新功的冲锋号，推动解决了一批群众急难愁盼问题。收集各类反馈问题，如新庄村39号单元门破损及楼道墙面脱落、小区缺少群众活动空间、韶山路288号水杉树倒伏隐患、新庄村53号楼道野猫横行、新庄村55号停车难等24个问题，列入社区为民办实事项目5项，引入辖区单位和业委会解决问题资金共计22万元，解决问题19项，真正做到把好事办实办好。抓住社区“两委”换届契机，选优配强社区“两委”班子。2名中青年社工进入“两委”班子。“两委”换届平稳有序，高质量完成换届工作。全年发展党员2名。完成软弱后进党组织整顿工作。围绕整顿“老旧破难杂”的社区现状进行整改和提升。共建单位玄武湖周边地区综合管理办公室为社区出资建设完成400余平方米的透水混凝土广场、新庄立交桥地下通道同力建设部支持社区建设40余米长的文化墙、中铁二十四局江苏总部为社区解决室内软装和门头灯箱等。“众筹”完成的党群服务中心形象焕然一新，服务面积达标、配套设施完善。依托新阵地，社区开展“衣食住行四部曲”“春夏秋冬网格情”“家门口的小确幸”“邻里情浓微客厅”等系列服务活动，极大调动了群众参与社区治理的积极性；新阵地里给党员过政治生日，深化党员的使命感与责任感。转化后的社区党组织管理更有力度、服务活动开展更有温度、社工日常工作更有底气、社区治理更有高度。守好防疫红线。7月南京禄口机场发生疫情，适逢暑假出游高峰。新庄社区居家隔离317户453人，137家酒店民宿滞留外地游客共43人。面对严峻的疫情现状，新庄社区第一时间发动机关干部、党员志愿者沉入到一线，守卫小区、保障隔离人员生活。成立战疫青年志愿团，暑假在家的大学生踊跃报名，协助摸排，维持核酸检测秩序，并建立健全疫情防控台账。把住安全底线。推动社区网格员和党员志愿者形成排查合力，为辖区300余家“九小”场所进行消防安全走访，检查场所内是否配备消防器材，安全器材是否在有效日期内，是否有隔断住人、房屋租住人数是否超员等相关情况；协助圆满完成韶山路6户危房消险；顺利推进九号线中央门区间站韶山路平房60余户协议搬迁。画好文明风景线。深化文明典范城市创建工作，提高文明创建的知晓率、参与率与满意率，在社区营造人人参与创建的文明氛围。尤其是2021年新庄社区被列为新时代文明实践站的样本框，新庄社区大力发动志愿者、各个物业公司积极踊跃投入其中，通过入户宣传、社区问卷调查，学习创建标准和要求，深入小区开展文明劝导及卫生清扫活动，促进文明典范城市创建工作扎实推进。

【紫鑫城社区】 东靠紫金山，西临玄武湖，南面毗邻白马公园与北安门大街，北接宁栖路。社区面积约1平方公里，人口约5300人，办公地址位于岗子村63号12幢旁。社区内有南京电影机械厂、玄武区金融园、白马商务楼、玄武区民事执行局、白马公园、紫金山索道等单位。2021年，社区开展“心桥”系列活动：党建连心桥、社区贴心桥、共建同心桥、志愿暖心桥、物业知心桥。充分发挥社区党组织核心作用，知民情、惠民生、解民忧、聚民心，努力提高社区居民的幸福指数。以党建工作为统领，狠抓党史学习教育，顺利完成社区“两委”换届、党代表换届、人大换届、疫情防控、文明典范城市创建等各项任务。狠抓党史学习教育，唱响理论学习“主旋律”，制订社区学习计划，定期开展学习党史报告会，为行动不便的老党员“送学上门”；通过开展观红色电影、唱红歌、诵经典、参观主题教育馆、历史展、七一文艺会演、主题讲座和读书交流，将党史学习融入日常；充分发挥党小组长在院落、门栋作用，继续打造“以社区为同心圆，以院落为轴心”的党建工作特色和网格体系，筑牢“心桥先锋堡垒”，社区第七网格第二支部书记汤小霞创建“小霞癌友康复驿站”，融入紫鑫城社区党委“心桥”行动中，抗疫期间，在微信群倡议癌友党员缴纳“特殊党费”，积极参加社区抗疫执勤服务社会；筑牢安全防线，吹响社区防疫“集结号”。运用“社区党委+共建单位+物业管理+党员楼幢长+党员防疫先锋队”的方式方法，先后成立了6个党员防疫先锋党支部，筑牢社区疫情防线；社区紫鑫家园志愿服务队联合共建单位区科技局、街道经济发展服务部、退休党员志愿者，利用统一行动日开展主题党日活动，深入小区内部，开展环境整治；持续抓好“我为群众办实事”实践活动，推动12个“我为群众办实事”项目落地见效。更换板仓街49号中门，为社区各个院落单元门口配备灭火器，更换板仓街49号2幢宣传牌、岗子村63号小区12幢橱窗，更换板仓街5号楼道窗户，更换岗子村63号小区1、2幢小区大门；板仓街49-1号小区通过共建单位南京电影机械厂的帮助，安装5个太阳能路灯。社区将“我为群众办实事”融入日常工作的方方面面，奏响、奏好“我为群众办实事”的“交响曲”。社区获得2019—2021年度市级文明社区、玄武区先进基层党组织称号。 （卢建华）

孝陵卫街道

·街道工作·

【概况】 孝陵卫街道东起顾家营，与栖霞区相接，西至中山门与秦淮区相连，南至沧波门外秦淮河与江宁区接壤，北至紫金山分水岭与玄武湖街道相连，毗邻国家AAAAA级景区钟山风景名胜区。沪宁、宁杭、绕城等高速路网及地铁2号线穿境而过，交通四通八达。域内面积约27.47平方公里，社区有小卫街、孝陵卫、铁匠营、康定里、盛和家园、晏公庙、钟灵街、农科院、理工大、南农大、银城东苑11个社区居民委员会，人口约16万人，其中在校大学生4.39万人，常住人口约13.56万人，户籍人口8.8万人。辖区内有南京理工大学、南京农业大学、南京体育学院、南京农业机械化研究所、江苏省农科院、江苏省地震局、中山陵园管理局、中山植物园、南京汇通达网络有限公司、南京国际会议大酒店、东郊国宾馆等高等院校、科研院所和企事业单位计50余家。2021年，街道获评2021年度南京市机关作风建设标兵街道、南京市坚持发展“枫桥经验”实现矛盾不上交三年行动先进集体、南京市第七次全国人口普查市级优秀集体、江苏省关心下一代工作优秀集体。

【经济发展】 2021年，街道深入贯彻落实“产业质效提升年”工作要求，社会消费品零售额、固定投资、外贸进出口等指标实现大幅增长，13个年度区级重大项目及年度投资均达序时进度，南理工智能装备学科群等新项目开工率达100%，胜利村100号改造项目获区都市工业产业园授牌。科技型中小企业入库数、技术合同成交额、省双创人才数等均位居全区第一，新增高新技术企业、有效发明专利数位居全区前列，总参60所、紫金华府86栋等科创载体改造基本竣工。在全区率先启动“国际消费中心城市中心区紫南核心街区”建设，强化与钟山风景区在文旅消费等方面的合作联动，与曼度年华、佳源广场等九大商业基点互动更为深入，全年协调举办各类消费活动近百场。区域营商环境更加优化，助力汇通达不断壮大产业规模，在中国企业500强中排名跃升30名，指导南京盛峰茶业有限公司做强雨花茶特色产业，成功入选国家级非遗代表性项目保护单位，培育南京华泽云媒广告有限公司荣获2021年全国工会职工书屋示范点称号，助力卫岗一九二八产业园获评南京市文化产业园区。

【城建城管】 2021年，街道持续推进城市更新，完成双拜巷151号综合整治标杆示范小区改造，整治消除小卫街229号小区高空坠瓦安全隐患，推动童卫路、顾家营路等道路综合整治，钟秀街强电下地并建成钟秀桥，展开龙宫路地面绿化、小卫街设施改造、下马坊地铁四号口地面修补等“微整治微提升”项目，实施铁匠营路小微堵点整治，调整罗汉巷、双拜巷、胜利村路不合理停车泊位300余个，多处道路实现还路于民。为74个小区移交亭房132个，25个老旧居民小区交由百子物业托管。完成台风“烟花”连续降水防汛任务，组建“大脚板”护河队，带动社会各界参与碧水蓝天保卫战，成功完成南农大陶然居污水、双拜巷143号噪音扰民2起环保督办件销号，配合实施3条河道清淤、2处积淹水改造工程，区域PM2.5、PM10两项指标位居全市前列、领跑全区。

【民生服务】 2021年，街道牢固树立“以人民为中心”的服务理念，突出抓好困难群体兜底保障、养老服务等，不间断关注辖区低保、低保边缘人员、特困人员、残疾人、困境未成年人等特殊人群，做好临时救助、因病致贫支出型救助等资金兜底保障等工作，推进托育机构合法发展。依托6家养老服务中心，将养老服务从机构延伸到社区和家庭，为周边老人提供助餐、助医、日间托管等服务，为失能半失能老人提供适老化改造。街道养老服务“时间银行”九如城服务点年服务总量1018单，匹配成功率达99.02%，被南京市民政局评为优秀服务点。结合春节、八一走访慰问部队、重点优抚对象和学雷锋活动，扎实开展双拥工作，对辖区优抚对象、退役士兵进行梳理摸排，协调做好街道和社区退役军人服务站建设工作。以小卫街社区“钟山幸福站”为试点，建设推广社区协同治理优质载体。

【平安法治】 2021年，街道深入推进辖区法治建设，与刘洪律师事务所达成法治共建，33名律师挂钩社区，每周定时定点为社区居民提供法律援助、进行纠纷调解。充分发挥政法网格员、平安志愿者优势，积极为辖区居民提供服务，3人次政法网格员工作案例在南京市月度十佳网格员优秀事例中被宣传报道。组织调解员深入网格片区进行拉网式、抄底式排查摸底，调处矛盾941起，调处率达99%。结合“大排查大整治”专项行动，加强特殊人群管控。严格落实“五包一”制度，按照“三到位、一处理”原则，对街道重点信访人做到一案一策，主动当好信访人与事发单位的桥梁，通过专题研判、定期接访、下访等手段，有效化解5起6人次信访积案。全年共接访、走访信访人200余人次，组织协调职能部门联合接访20余次，劝返越级上访人员20余人次，将进京访人次压降在60%以内，较往年同比下降27.5%，完成全国“两会”、建党100周年大庆、省市区党代会、十九届六中全会等敏感节点信访保障工作，实现重点时段零上访的成绩。“推动新时代‘枫桥经验’在孝陵卫的创新实践”被《新华日报》《南京日报》相继刊发，《南京孝陵卫街道信访工作“由乱到治”新观察》得到市主要领导批示肯定。

【基层党建】 2021年，街道把党史学习教育贯穿始终，采取班子带头学、专家辅导学、支部专题学、实境沉浸学等形式，开展专题读书班4期、交流研讨活动7场、专题宣讲52场、建党百年文艺会演等群众性主题活动百余场。开创“行走的党课”等特色品牌，打造“钟山直播间”宣讲阵地，与商圈党支部共建红色观影基地，更新中山门大街巨幅党史墙绘，营造浓厚氛围。围绕“两在两同”建新功行动，开展走访调研30余次，紧扣群众“急难愁盼”，分类分批推进“我为群众办实事”实践项目28条、为民服务项目73个。以“季推进”“月调度”，强化“一岗双责”，通过换届培训、交流轮岗等，配齐配强社区“两委”班子。深挖“大党

2021年，双拜巷151号小区有机更新正式竣工，打造中心城区老旧小区一体化整治样本　（孝陵卫街道　供图）

委”资源，组建党员先锋服务联盟，推进晏公庙社区软弱后进党组织整顿提升。持续构建“一核两翼”“四区联动”党建工作新格局，新增“大工委”成员单位2家、“两新”党组织4家，广泛凝聚“1+9+11+N”区域党建合力。深耕“钟山先锋”品牌内涵，巩固“敲门大姐”等成熟品牌，打造“宝藏老男孩”等新生品牌，在省家电协会党支部打造社会组织党建阵地“书记项目”，与南京理工大学传媒学院成立政产学研合作基地，打造“钟山互联”党建项目，有效串联“省市区街”四级共建链条，围绕跨区共治、校社联动、结对帮扶，开展合作共建活动70余场。

【疫情防控】 2021年，街道以疫情为令，着力突出党员示范带动作用，成立11个“抗疫先锋”行动支部，数十支党员先锋队、600余名党员骨干沉到底、下网格，在6轮核酸检测保障、300余个“九小”场所防控、43个围合卡口值守等一线展现“硬核”担当。有效保障辖区约50万人次的6轮核酸检测、18万人次的疫苗接种工作，完成胜利村100号小区“14+7”天封控、银城东苑主园区“三天两检”疫情防控任务。组织社区开展重点人员数据核查摸排、转运隔离、核酸检测，确保疫情防控按照“外防输入、内防反弹”总策略和“动态清零”总方针严格落实。

【文明创建】 2021年，街道把文明典范城市创建作为重大民生工程常态化推进，在社区网格基础上，融入公安、城管等执法力量，形成“警力+网格”联动共治模式。开展“统一行动日”32次，围绕“还路于民、还绿于民、还净于民、还亮于民”专项行动，解决小卫街农贸市场门前长期被车辆摊点占道、童卫路8号小区危墙、盛和家园北区卫生死角等问题。积极探索“文明共建”模式，开展“小手牵大手 文明一起走”校社联动活动，组建“钟山之音”宣讲团，打通文明实践“最后一公里”。创建全国文明城区期间，辖区多个样本框接受实地检查，各项指标“零失分”为全市争先进位做出贡献。

【安全生产】 2021年，街道始终坚持底线思维，聚焦“三年大灶”目标，深入推进安全生产专项整治三年行动，对720个企业场所常态开展排查整治，整改隐患205个，签订企业安全生产责任状1400余份。组织开展燃气安全、危化品使用安全专项治理，对存在重大安全生产隐患的生产经营单位开展联合执法检查80余人次。健全隐患排查治理体系，设立应急网格13个，实行实名制监管，街道专职安全员定期下沉社区，确保问题及时发现、及时报告、及时处置。一年间，辖区内未发生安全生产责任事故，安全生产形势总体平稳向好。

·社　　区·

【盛和家园社区】 位于孝陵卫街道最东边，东临栖霞区马群街道馨康苑社区，南至江宁区麒麟街道麒麟科创园，以百水河为界，西与秦淮区白下科技园接壤，北与江苏省农科院相连。社区面积约3.2平方公里，有2个拆迁安置房小区29幢住宅，居民4244户，常住人口6677人，户籍人口2580户、3899人，流动人口1627人。党员170人，设5个党支部。社区居民多为征地农民，人户分离现象突出，流动人口多，失业人员多，老年人多。辖区内有南京市第三看守所、南京长江路小学启迪分校、南京逸仙第二实验幼儿园、孝陵卫物业服务中心、九如城康养中心、金钟山汽车检测站等单位。社区办公地址位于马高路319号综合楼，面积1100平方米，设有文体活动中心、居家服务中心、图书阅览室、党员活动室、综合文化服务中心、道德讲堂等功能场所。2021年，社区完成“两委”换届选举、党代表选举、人大代表选举、疫情防控、文明典范城市创建等重点工作，在文明典范城市创造验收阶段，高标准迎接了国家督导组的检查。与马群街道金陵驿社区联手打造党建阵地“钟山驿+”服务站，被多个媒体网站刊登报道；与文康苑社区、馨康苑社区结成红色伙伴，定期开展党建沙龙活动，共同管理服务社区人户分离党员。依托党建为民服务专项资金，打造小区微空间、标识灯箱、社区变迁、党建长廊等为民项目，继续推进“钟山互助+”党建项目。2021年，社区被评为“南京市金牌个人调解工作室”“玄武区先进基层党组织”，连续两年被评为“玄武区高质量发展先进集体”。

【康定里社区】 成立于2001年，位于孝陵卫街道的西南角，东、南、西三面与秦淮区相邻，面积约1.6平方公里，由康定里小区、胜利村100号、胜利村108号、紫金南苑、胜利村路50号、长巷200号、小卫街226号、胜利村路2号等8个自然小区组成，总人口12506人，户籍人口9514人，专职社会工作者11人，其中5人取得社会工作者资格证书。社区有玄武军休六所、60研究所、胜利村2号产业园、南京振华包装厂等单位。社区党委下设7个党支部，有党员342名。社区办公地址位于康定里小区3幢，面积450平方米，设文体活动中心、党建书吧、居民学校、多媒体室等服务场所。2021年，社区继续探索“1+6”社区治理新模式，充分发挥党建引领的核心作用，成立党员楼幢长、志愿者的队伍，组建红色业委会管委会、红色物业组织，搭建以辖区大单位为主的党建联盟、社区商会平台，形成社区、企业、物业、居民互动的良好氛围，打通服务居民群众的最后一里路，真正实现共建共治共享的党建新格局。2021年，社区被评为“南京市文明社区”“玄武区先进基层党组织”“玄武区三八红旗集体”“玄武区五四红旗团总支”。

【理工大社区】 东至罗汉巷，南至光华路，西至友谊河，北至中山门大街，社区面积约0.36平方公里。社区居委会办公地址位于孝陵卫200号中山小区内，办公用房面积10平方米，居民分住在8个住宅小区，有住宅楼114幢，总户数3558户，人口9692人，流动人口1328人，空挂户276户。社区党委下设5个党支部，党员191人。2021年，社区全体工作人员与党员居民志愿者奋战在疫情防控一线，保障南农实小核酸检测点的各项工作，圆满完成6次核酸检测任务，办理校园出入证2000多份，疫情排查数据3000多人次。为提升社区党建服务水平，充分盘活高校优势资源，采取“党建引领+志愿服务”工作模式，依托“光辉历程”党员之星项目与志愿服务基地，创新社区治理模式，在党员教育、志愿服务方面不断探索和积累经验，在引领青年思想、凝聚青年力量等方面积极发挥作用。通过为民办实事项目，为老旧小区环境卫生整治10余次，有效提升居民幸福指数。

【南农大社区】 东至龙宫路，西至童卫路，南至后标营路，北至中山门大街。社区面积约5.4万平方米，有住宅楼房46幢，总户数1899户，常住人口4609人。社区党总支下设2个党支部，党员69名。社区居民多为南京农业大学教职工，社区办公地址位于童卫路6号南京农业大学2号门处，设有党建服务中心、居家服务中心、新时代文明实践站等功能场所。2021年，社区持续依托“党建+网格+服务”工作模式，做好进支部进网格工作，提升社区党组织服务居民能力。通过送学上门充分了解社区党员思想动态，定期开展协商议事、志愿服务、需求调查、困难帮扶、意见征集等活动，形成“红色协商议事”资源共享机制。社区将党史学习教育活动与为民办实事紧密结合，实施“红色党建阵地——南农大游园小广场翻修”等系列民生项目，紧扣居民问题诉求，先后解决童卫路6号小区牌坊处违建、部分楼栋破损玻璃窗更换、童卫路8号危墙和违建等问题，打造童卫路8号党建文化墙，并在“学习强国”刊登报道。围绕疫情防控、垃圾分类等工作与南京农业大学后勤集团、市国资委、区国资办、南京公路集团等单位召开共驻共建联席会，先后解决在校师生管控、垃圾厨余量提升、小区树木修剪、坡道扶手安装等问题，达成“组织共建、资源共享、区域共治”的共识。2021年荣获“南京市第七次全国人口普查市级优秀集体”“玄武区优秀人民调解案例”等称号。

【农科院社区】 位于紫金山南麓，东临南京农业机械化研究所，南临宁芜铁路，西至孝陵卫1号，北依森林摩尔商业街区，是典型的城市单位型社区。社区居委会办公地址位于钟灵街50号江苏省农业科学院（简称“省农科院”）内，社区服务常住户数2420户，常住人口5290人，党员82人。社区内有江苏省农业科学、汇通达网络股份有限公司（简称“汇通达”）等各类企事业单位、个体经营户约150多家。2021年，社区延续"花园式养老型"社区的建设总目标，依托新时代文明实践站，开展紫藤花开广场便民服务，暖心一家亲互助项目。整合资源，开办"青苗学堂"青少年活动基地，打造省农科院艺之园艺术团和银杏园老年文艺团队。对接省农科院和汇通达，成立多支志愿服务队，圆满完成全员核酸检测、疫情防控、安全生产、文明典范城市建设、垃圾分类、困难帮扶等各项工作。社区被评为"2019—2021年度南京市文明社区"。

【铁匠营社区】 成立于2001年3月，2006年6月中山陵社区合并至童卫路社区，2009年6月童卫路社区合并至铁匠营社区。社区位于紫金山南麓，紧邻沪宁高速连接线，北沿中山门大街，东与理工大学相邻，西与秦淮区相连，面积约2.3平方公里。社区内有东郊美树苑小区、东元山庄小区、樱花苑小区等16个自然小区，办公地址位于小卫街218号园区内，办公用房面积500平方米，有专职社会工作者12人。社区总户数6267户(其中中山陵片区拆迁790户)，常住户数5477户，总人口15711人，常住人口11187人，社区网格12个，楼宇125幢。社区党委共有428名党员，下设10个党支部。有江苏省地震局、中石化物探研究院、南京市歌舞团、中山园陵管理局、江苏省干部疗养院、南京市基准台、玄武区市场监督管理局等10余家共建单位。2021年，本着"资源共享、优势互补、文明共建、共同发展"的原则，社区强化与结对单位的联系，组建治安巡逻、关心下一代、扶贫帮困等党员志愿者队伍，与南京市市场局监督管理局开展学雷锋活动，与南京基准地震台联学联建开展地震知识普及活动。持续开展"青梅小筑手""小小少年守护美丽家园"等实践活动，建设"守望钟山"志愿者服务总队，下设铁匠讲堂、友谊(河)长清、匠人匠心、宝藏老男孩等志愿分队，其中"宝藏老男孩"志愿服务队在疫情防控工作中充分发挥先锋模范作用被"学习强国"报道。依托党员活动室、法制宣传栏、法律服务站等服务阵地，开展形式多样的活动，依托为民服务专项资金打造了"暖心亭""微型党史馆""党建文化宣传栏"等党建项目。社区被评为"南京市五四红旗团支部""2019—2021年度南京市文明社区"。

【小卫街社区】 建于20世纪90年代末，北至T80国际园区，南临中山门大街，西至君临紫金，东靠韦陀巷，社区面积约0.8平方公里，属拆迁安置房和商品房混合社区。社区总户数2018户，户籍人口5045人，常住户数2320户，常住人口5800人。社区设有金陵图书馆小卫街分馆、舞蹈室、多动能室和社会组织孵化中心等。2021年，社区依托为民服务专项资金，结合居民需求，开展"爸妈节日——传统节日关爱助老活动""敲门大姐志愿服务项目""巧线婆婆邻里互助服务"等项目。在硬件改造方面，结合文明典范城市创建工作，整修铁匠营1号门前拥堵路段，将一条单车通行、杂物遍地拥堵小径整修成双向通行顺畅道路，受到居民称赞。在小区内播种1000余平方米的草种；新建5处公共信息栏，有效治理小区广告招贴乱张贴现象；新建公共晾衣架10余处，缓解老旧小区晾晒难、晾晒乱现象；修整杂乱绿化带7处，有效改善夏季蛇虫扰民现象；修缮小区楼梯1处，方便居民出行。在公益活动方面，以新时代文明实践站为平台，开展青少年道德讲堂、党史学习、模拟法庭等系列活动，为40多名失地农民提供免费体检服务，社区"钟山直播间"被人民网、学习强国等中央媒体登载。2021年社区被评为"江苏省计生协工作成绩突出单位""南京市文明社区""玄武区先进基层党组织"。

【孝陵卫社区】 2009年6月成立，由原孝陵卫东段社区、孝陵卫西段社区、晏公庙西村社区和铁匠营社区部分合并而成，社区面积约2平方公里。东至孝陵卫街1号、南至晏公庙西村1幢和罗汉巷1幢(南京理工大学1号门)、西至孝陵卫街179号南京市中西医结合医院、北临宁杭公路沿线。社区总户数4712户、总人口10801人，常住人口4072户、7468人，有居民小组30个，社区党委于2009年8月成立，下设9个楼幢支部，社区党员343名。社区有南京孝陵卫供销实业有限公司、紫京宾馆、玄武区第二干休所、南京市中西医结合医院等10家单位，非公有制经济组织和两新社会组织15个，个体商业网点248个。2021年，社区着力用好为民服务专项资金，通过网格党支部，广泛征求意见建议，组织实施并完成“我们的传统节日”“花香满茎　爱长青”“晏公庙1号安装晾衣架”3个项目。与朗诗常青藤居家养老服务中心合作，打造“钟山幸福之家”党建品牌，为社区老年人提供上门探望、助医、助急、助餐、日间照料等服务。与南京市中西医结合医院内科党支部、南京市绿化园林局机关委员会第三支部委员会等5家单位签订结对共建协议，开展垃圾分类宣传活动、为罗汉巷小区修剪树木、关爱独居老人、下沉社区开展义诊活动。

【晏公庙社区】　成立于20世纪90年代初，东临绕城公路，南与南理工科创园接壤，西至晏公庙路，北靠省农科院。社区面积约1.5平方公里，有13个自然小区，居民4093户，常住人口7896人，工作人员10名，社区党委下设7个党支部，党员321人。社区内有孝陵卫卫生服务中心、南京市公路事业发展中心、孝陵卫初级中学、银城幼儿园博爱分园等企事业单位，引进了爱孝索酷居家养老服务中心和博爱残疾人之家2个社会组织。2021年，社区依托为民服务专项资金，开展实施“礼赞百年　献礼华诞”庆祝建党100周年、“微改造——红色乐园”等项目。与市机关事务管理局房地产管理处结对开展学党史办实事活动，解决了双拜岗路道路拥堵问题，为双拜巷101、102、104号小区硬化路面8处，安装路灯20盏。在疫情防控工作中，组织党员和工作人员坚守疫情防控一线，开展值班站岗、宣传引导、核酸检测、人员排查等一系列工作，筑牢社区疫情防控安全网。顺利完成了党委、居委、党代表、人大代表选举、垃圾分类、文明城市创建、双拜巷151号小区出新等重点工作。

【银城东苑社区】　2007年10月成立，东起胜利村北路，南至紫金东路，西至后标营路，北至龙宫东路。社区面积约0.397平方公里，有菱香园、东篱园、毓秀园、望山园、揽翠园、西华园、紫荆园、山水居、陶然居、博雅居10个综合网格，居民4973户、13000余人，下设8个党支部，党员406人。社区内有南京理工大学附属中学、银城幼儿园。2021年，社区顺利完成“两委”换届，新班子坚持在学中干、干中学，将学习教育和社区重点工作有机结合，开展“实境党史”专题学习，通过党史学习进百家，掀起老中青齐参与的热潮。扎实做好“三联建三服务”工作，与市区法院党支部开设普法系列微讲座，打通普法教育的“最后一公里”；与交通银行党支部联手金融防诈骗宣传、党员学习，联合辖区单位党支部开展“党建合创”，与江苏移动秦淮区第二党支部协力解决小区防控帐篷紧缺问题。12月28—30日，银城东苑主园区3天临时封控期间，在区、街道指导下，全体社工及志愿者们做好9号整栋楼149人集中隔离、4户8人居家隔离的管理及生活保障，完成5295人2轮核酸检测工作。2021年社区被评为“2019—2021年江苏省文明社区”“2019—2021年南京市文明社区”“2021年南京市模范职工小家”。

【钟灵街社区】　东至马群南路，西至韦陀巷，南至沪蓉高速，北至紫金山东路，社区面积约1.5平方公里。居委会下设钟鼎山庄、宏图上逸园、五矿晏山居、紫金华府等9个小区，社区有工作人员11名、党员315名，户数6042户，常住人口12486人。辖区内有森林摩尔、名悦广场、佳源广场等大型商业街区，以及南京体育学院、南京农业机械化研究所等单位。2021年，社区全体工作人员与党员义工、居民志愿者奋战在疫情防控一线，有力保障科利华中学核酸检测点各项工作，圆满完成6次核酸检测任务。整合辖区各类资源，以“行走的工具箱”志愿服务为依托，紧紧围绕“毓秀钟灵—颐养钟灵—安居钟灵—幸福钟灵”主线，通过丰富多彩的新时代文明实践活动，为居民提供有温度、有质感、接地气的社区服务。积极投身文明典范城市创建工作，从宣传引导到文明实践，从飞线整治到楼道清理，社区工作人员不断刷新社区面貌和形象。社区自主创作的《初心绽芳华》视频获玄武区“三微课堂之永远跟党走奋进新时代”微视频一等奖，社区被评为“玄武区先进基层党组织”。

·驻街园区·

【南理工科技创新园】 位于钟山风景名胜区南麓玄武区童卫路5号，园区占地面积4.3万平方米，综合容积率1.6，实际建筑面积约11万平方米（其中地下3.7万平方米）。2021年，园区管委会秉承建设“智慧、文化、国际、典范”园区愿景，坚持以科技服务园区、以园区带动街区、以街区传承文化、以文化创新发展。成功引进了江苏聚庚科技有限公司、江苏诚标工程设计有限公司等21家企业，新注册、迁转企业41家，全口径税收达3804万元。参与江苏生物育种钟山实验室（崖洲湾实验室华东基地）建设前期工作、孝陵卫街道土壤仪器厂项目的方案评审，对接洽谈南理工国际教育中心项目以及60所空置载体的运营改造，完成中国进出口银行江苏省分行原商贸大厦办公载体4300平方米的招商工作。全面推进1928线上文化直播平台和1928文化馆的建设，顺利通过市级文化园区的验收，并列入省级文化园区培育库。

【T80科技文化国际园区】 位于玄武区铁匠营80号，地处南京钟山风景区下马坊遗址公园博爱路，紧邻地铁2号线下马坊站。园区原址是中华民国在1934年所建中央政治学院分院，中华人民共和国成立后，先后为军队院校单位和第七〇一研究所，1970年至今为第七二四研究所。园区产权主体单位是中船重工第七二四研究所，运作主体单位是江苏永同昌建设发展有限公司，2014年在南京市政府支持下，打造成为T80科技文化国际社区。园区占地面积7.13万平方米，规划建筑面积4.1万平方米，坐落于中山陵核心景区，北靠紫金山，环抱下马坊遗址公园和邵家山生态公园。园区吸引了40余家具有优质科技文化企业总部入驻办公。2021年，园区积极开展各类活动，协办玄武区“永远跟党走”主题党史、军史讲坛活动启动仪式暨文艺会演；携手孝陵卫街道、南京银行城东支行联合打造科技、人才、知识产权政策辅导会。“T80园区紫麓同心社”入选首批江苏省新的社会阶层人士统战工作实践创新示范基地。

【十朝历史文化园】 位于明孝陵景区大金门入口处，由南京手表厂老厂区改建而成，成立于2011年，占地面积近29.4公顷，集展览展示、文化经营、旅游休闲、文化交流、商务办公于一体，是具有鲜明历史文化旅游特色的文化产业园区。园区致力打造两个核心特色项目——十朝历史文化陈列馆和明孝陵博物馆，陆续举办了十朝历史文化高校巡展活动、文化品读活动、文旅融合发展论坛、紫金山七夕文化节等特色活动，成为南京的文化旅游新高地。通过创新举措，将丰富的历史文化资源转化为特色优势，打造“文化+”产业形态，逐步成为爱国主义和社会人文教育的基地、展示南京历史文化的窗口、传承历史文化遗产的园地、主题特色鲜明的文化旅游景区。2021年，园区就硬件环境进行整体改造提升，通过会议室共享、增加楼宇公共区域休息平台等，为园区商户服务增添特色，依托街道政策扶持、政务手续协助办理、党建共建、法务政策咨询、品牌宣传推广等措施，为驻区企业提供福利；制定物业服务管理体系，为园区企业提供高效、优质、专业的物业服务。园区成功入选“省级文化产业示范园区”。（吴　迪）

玄武湖街道

·街道工作·

【概况】 街道位于玄武区东北部，辖区面积11.6平方公里，整体以玄武大道为轴呈哑铃形分布。2021年有常住人口9.2万人，其中户籍人口6.9万人。下辖10个社区，有河道9条，街道工委班子成员13人，机关干部93人，其中公务员75名，事业18名。辖区内有中科院国家天文台南京天文光学技术研究所、中国医学科学院皮肤病研究所等单位47家，有先声再康、国环科技等纳税企业1500余家。2021年，玄武湖街道凝心聚力、真抓实干，党建亮点更加凸显，经济发展势头良好，民生服务稳步推进，城市品质持续提升，较好地完成各项目标任务，为街道高质量发展奠定坚实基础。街道被评为全国示范型退役军人服务中心、全省计生协工作成绩突出单位。

【经济发展】 紧扣高质量发展要求，全力抓好常态化疫情防控下的经济发展工作，招商引资指标超额完成。实际使用内资5.4亿元，达全年进度的135%，签约项目投资总额33.75亿元，达全年进度的168.75%，亿元以上签约项目4个，达全年进度的133.3%。组织骐谷等园区赴武汉等地开展招商活动，举办5G短消息应用场景发布会、金旅德必招商推荐会等招商活动；全年共引进江西电建华东公司、宝信教育、钟山境、艺术盒子等4家亿元投资项目，超额完成既定目标。王家湾玥诗绿色中心、金旅德必钟山境和艺术盒子项目建设持续推进；利用"旧巢"引"新凤"，充分整合盘活高信环保科技产业园等园区空余载体，引入一批体量大、前景广的优质企业；启动东站南侧TOD小型综合体建设，完成长途东站低效用地再开发前期手续。推荐12人申报高层次创新创业人才项目，其中3人入选区级人才项目，1人入选市级人才项目；入选江苏省"双创计划"1人；入选江苏省"外专百人"1人；入选科技部外国专家项目1人。完成高新技术企业认定2家，市外引进落地高新技术企业1家；完成科技型中小企业入库43家；完成技术合同登记额4亿元。南京创新周活动期间，邀请2013年诺贝尔化学奖得主迈克尔·莱维特教授、中科院院士崔向群、中科院南京天文光学技术研究所所长宫雪非等高端人才作为重要嘉宾参加开幕式，其中迈克尔·莱维特教授在开幕式上作了主旨演讲。街道一般性公共预算收入18726.4万元，克服疫情带来的各种困难，在下行期确保与2020年持平。街道内的20余家重点税源企业，2020年疫情结束后纳税额均实现稳定增长。国家环保总局南京环境科学研究所、先声再康和健峰医疗3家企业均已成长为纳税2000万元级的本土重点企业，纳税千万元以上的重点企业已经达到5家。下放的省属企业江苏高速铁路已经实现地方口径纳税超过400万元，成为重要税收增长点。

【民生服务】 以精准服务和完善机制为主线，扎实推进民生工作全面有力发展。困难帮扶更显精准。街道累计发放低保金等各类救济救助金136万余元，精准完成17户困难家庭租赁补贴、公租房年审，玄武区流浪乞讨人员救助示范点创建达标。辖区困境儿童精准排查50人，享受孤儿补贴的6人，享受重病重残补贴的17人，纳入低保享受低保政策的6人，享受残疾人两项补贴的16人。服务项目更具亮点。"青春健康俱乐部"项目通过市计生办验收。与中天万润集团携手创立"天翼助困助学公益品牌"。徐庄社区创新开展全生命周期服务项目"我在你身边"，及全龄服务项目"青苗学堂"。养老服务更有温度。全面落实"一刻钟"居家养老服务圈。以1400平方米社区用房为载体，引进优质养老服务组织，创建1家街道综合养老服务中心、2家AAA级居家养老服务中心、1个老年助餐点，实现居家养老服务中心及老年助餐点全覆盖。完成适老化改造29户，为685名80岁以上老人提供上门照护服务，为11名重度失能老人家庭提供喘息服务，为12名"五类"老人实施政府购买服务，开展老年人智能手机专项普及培训400多人次。疫情防控更严落实。立足常态化疫情防控，用好"防疫+"工作机制，压实板块属地、部门主管、单位主体、家庭个人自我防护"四方责任"。自南京本土疫情发生以来，街道上下全力投入防控阻击战，利用社区网格开展地毯式排查，累计排查5万余人，发放居家隔离、居家监测告知书1000余份，圆满完成4轮全员核酸检测，检测率达95%以上。密切关注疫情形势变化，严格排查和管控有中高风险地区行程史人员。

【城建城管】 聚焦城建城管中心工作，确保为群众打造生产、生活、生态相协调的综合环境。环境整治持续加码。开展市容环境整治100余次，清理各类垃圾杂物400余车，规范非机动车乱停放12000余起，清理乱张贴1300余处，整治飞线充电300余起。开展水环境集中宣传3次，落实巡河80余次，铲除菜地约4000平方米。做好在建工地项目检查，出动300余人次对辖区内的3家工地先后检查200余次。持续打好大气污染防治攻坚战，辖区PM2.5稳控良好，全区排序第4。对美林墅小区、仙居雅苑、花园路开展多次拆违行动，累计拆除违建36处，1500余平方米。完成缆线序化整治124个点位，电动车上牌2528个。精细管理持续深化。常态化做好垃圾分类工作，开展“微风行动”，微改造雨棚8个，洗手桶12个，灭蚊灯110个，宣传3600户，微奖励180户。在樱驼花园社区开展食品安全示范社区创建活动，推行食安智慧系统，已录入系统数据1502条。全区首家集群注册平台“云上工坊”在街道落地，受理办理消费及安全投诉举报2250件。试点建立“临期食品捐赠机制”，搭建爱心企业与社区慈善组织间的临期食品捐赠平台，相关做法被中央级媒体点赞推广。安全防线持续织密。加大安全生产宣传力度，发放宣传资料2700余册，发放告知书、安全提示等3600余份，张贴宣传挂图140余张。持续抓好安全生产大排查大整治工作，组织开展门头店招、亮化设施、特种设备、电动自行车、燃气等专项检查22次。深入开展安全生产专项整治三年行动，全年检查生产经营单位237家，发现隐患45处，限期整改24处，现场整改21处，整改率达100%。多层住宅投放两公斤灭火器1744个，充电桩已安装360组3218个插头，“飞线”整治共剪线、收线3561条。

【平安法治】 紧紧围绕创建“平安玄武”“和谐玄武”建设要求，充分发挥社区治理一体化在排查化解矛盾纠纷中的主阵地作用，有效维护社会和谐稳定。社会治理一体推进。以社区治理一体化建设为平台，全街划分77个网格，把平安创建、信访维稳、民主法治、社区戒毒等工作落实到网格。加大社区治理一体化管理考核力度，充分调动网格管理人的积极性和主动性。矛盾化解持续攻坚。针对信访积案难案，认真落实领导包案制度；针对重点人头，确立“五包一”信访工作机制及“一人一策”稳控措施；坚持每周召开积案化解分析会，扎实推进积案攻坚。全年办理群众来信62件，接访775人次，化解矛盾纠纷103人次，解决历史遗留问题2件，未发生一起矛盾激化事件。队伍能力更加过硬。加强专职调解员队伍建设，圆满完成社区人民调解委员会换届。依托社区网格化治理体系，每个网格落实1～2名能收集社情民意、普及法律常识、服务基层治理、化解矛盾纠纷的法律明白人，切实增强矛盾化解力量。创新开展普法工作。创作司法宣传情景剧《醉酒的代价》，被选为江苏省“醉驾入刑10周年”主题宣传活动的开幕节目。紧抓民法典宣传年的重要时机，结合春节、三八妇女节、“3·15”消费者权益日、“4·8”司法日等时间节点，送法律知识进社区、进企业、进学校。

【基层党建】 以党史学习教育为主线，坚持党建引领高质量发展，夯实党建基础，突出党建创新。党建品牌特色鲜明。以打造亮点“书记项目”为抓手，抓好“红色骐谷”园区党建、樱驼花园党群服务中心改造、南京金华商会党建体验课堂等重点项目。深化“红领+”党建品牌建设，依托“红领+千秋”非公党建阵地，辐射“红领+高信”“红领+骐谷”“红领+骥谷”等园区党建，形成有影响力的党建品牌。党史学教走深走实。坚持线上线下相结合，党工委书记带头上党课，机关干部带头诵经典；与南京航空航天大学马克思主义学院结对共建；组织大学生党员、抗美援朝老兵进社区宣讲党史；开展“2021春锋行动”“行走钟篪北”等特色活动；创新推出“百篇党员故事”“指尖上的党史”等专栏，持续开播云上微党课。坚持学用结合，扎实推进“我为群众办实事”实践活动，把为民办实事与为民服务资金使用结合起来，解决小区路面、设施破损等40个群众身边“急难愁盼”问题，办成民生实事200余件；积极推进“两在两同”建新功行动，组织街道领导、党员上门入户，听民声、察民情、问民意，切实解决群众的急难愁盼问题。从严治党落到实处。党工委研究制定方案、编制责任清单，做好任务分解，抓好监督检查，推动全面从严治党主体责任落到实处。严肃党内政治生活，全覆盖、常态化抓好“三会一课”、主题党日活动、民主评议党员等组织生活基本制度。深化正风肃纪，加强党风廉政教育，党工委召开会议专题研究党风廉政建设工作，年内共严肃查处10名党员干部，持续保持正风肃纪的高压态势。“两新”组织稳步发展。选优配强党组织书记，提高“两新”组织党员负责人“一肩挑”比例；设置专职“两新”组织党建指导员，通过实地走访、面对面交谈，深入摸排“两新”党组织，动态掌握“两新”组织情况，加强非公企业党建工作指导；积极落实“两新”组织党务工作者资格认证各项事宜，1名书记完成高级“两新”党务工作者资格认证，6名书记完成初级“两新”党务组织者资格认证，“两新”组织专业化建设逐步加强。骨干队伍坚实有力。圆满完成社区“两委”换届，以“开门一件事”为切入点，踏实迈好履职第一步；建立“工委适时调度、部门定期讲评、纪检全时监督”的党员干部重要任务履职评议机制；对社区书记实施“导师制”帮带培育，借鉴“老彭书记工作室”经验，打造“敬敬书记工作室”，建强基层党组织书记队伍；建立社区后备人才库，推行“书记体验日”“代理书记”，依托“书记沙龙”“老彭工作室”等载体，提高各级党员干部的综合能力。“红色物业”成效显著。“向阳花·红色悦居”紫金东郡小区物业获评省级红色物业示范点，樱驼花园百子红党建品牌项目获评市级红色物业示范点，通过物业党组织与基层党组织深度融合，收集社情民意、了解群众诉求，创新服务手段，加快形成共建共治共享的党建引领基层治理格局。

【意识形态质效提升】　主体责任压紧压实。坚持书记是第一责任人原则，班子成员按照“一岗双责”要求，对职责范围内意识形态工作负领导责任，切实加强对意识形态工作的领导、引导和管理。完善专题研究意识形态工作制度，每年至少专题研究2次意识形态工作，加强辖区内意识形态领域预警监测、分析研判。正面宣传不断深入。优化各社区宣传栏、志愿服务站、道德讲堂、未成年活动中心等宣传阵地的氛围布置，全年共建设完善宣传栏近400个、制作宣传物料5000余件。利用“钟麓好声音”宣讲团、“聚焦钟山”百姓故事宣讲团等街道和社区宣讲团，宣传党的十九大精神、社会主义核心价值观等。健全完善新闻“三审制”，特别注意掌握网络舆情，牢牢掌握新闻报道主动权。

·社　　区·

【板仓社区】　位于南京市区东北角，南临紫金山，东接蒋王庙社区，西接玄武湖畔，和锁金村街道接壤，风景秀丽、地理位置优越。面积约2.7平方公里，地带狭长。有居民小区18个，住宅楼94幢，总人口数6895人。社区党总支下设6个党支部，党员239人。社区内有中科院南京天文研制中心、南京市疾病预防控制中心金山医院、玄武区法院锁金村法庭、玄武区检察院、玄武区法院等30多家事业单位。充分发挥社区“组织建设融合推进、群众服务融合供给、社区治理融合开展”三融合的工作特色，积极与社会组织合作，定期组织元宵、端午、中秋、重阳等主题活动。建立4支志愿服务队，开展爱心帮扶、环境督查、治安维稳和文化建设等志愿服务50余次。在疫情防控工作中，针对板仓街55号、板仓街194号、板仓街206号等7个无物业小区以及疫情防控薄弱小区，设置“党员先锋岗”进行全天候24小时值班，街道干部、社工及志愿者每日安排人员轮流值班，针对进出小区的人员、车辆进行登记、检查，同时进行防疫宣传，风雨无阻。在文明城市创建中，推动党员带头参与，整合社会组织和驻区单位党建力量，以及志愿服务队共同参与创建工作，社区被评为文明城市创建优秀单位。

【蒋王庙社区】　建于1992年6月，南靠宁栖路，西临312国道，北与华新西路连接，地理位置优越，交通便利。社区内有中国医学科学院皮肤病医院、国家环保总局南京环境科学研究所等多家机关、企事业单位。社区占地面积0.85平方公里。社区由钟山山庄、宁栖园、园丁园、南空四站宿舍区、皮研所宿舍区、环科所宿舍区等9个小区组成。总户数有2183户，常住人口6378人，住宅楼60幢。2021年社区党总支积极发挥党组织作用，开展“建党百年　薪火相传”党员及志愿者新旧婚纱照摄影展、“童心向党”儿童书画展活动。在疫情防控、文明典范城市创建、垃圾分类、各级换届选举等重大工作中表现突出，积极发挥党组织战斗堡垒和党员先锋模范作用，取得较好的成绩。社区以党建为核心，积极探索矛盾化解机制，利用社区为民办实事项目对钟山山庄小区消防通道进行拓宽，钟山山庄9幢前广场进行微改造增加小区停车位，缓解停车难问题，对小区86个单元安装宣传广告栏及便民休息凳，钟山山庄13幢和宁栖园小广场休闲安装便民椅。社区多次利用社区居民论坛的方式，为居民搭建沟通的桥梁，有效化解各种纠纷矛盾，改善居民的生活环境，得到居民的认可和好评。

【花园路社区】 东临华新西路，西临南京林业大学，南至花园路8号（南京高信创业园），北至玄武大道。面积约2平方公里，花园路主干道横贯其中，社区有17个居民小区，居民楼96幢，共有居民3656户，总人口11146人。社区内有南京长途汽车东站、先声再康药业有限公司等9家大型企事业单位，花园8号创业园和花园路11号千秋意境2个园区。社区党总支下设8个党支部，党员327名。有社工11人。社区以贴心、暖心、爱心、聚心“四心”为抓手，打造“连心花园”品牌项目，以社区党建为龙头，充分整合社区资源，创建“共建共享型”幸福社区。依托“我们的节日”开展10余场次特色广场活动，积极开展春节、元宵、端午、中秋、重阳等主题活动。将居民从小家引入社区大家，凝聚人心。社区以共需求、共目标、共利益为纽带，通过互联、互补、互动，融合队伍、聚合资源、联合行动，打造“3+3”区域党建模式，定期召开辖区单位党组织联席会、座谈会、签订共建协议，引导辖区单位积极参与社区治理。在社区治理中，坚持以社区党建为引领，积极探索搭建社区自治平台，实行社区党组织、居委会、辖区单位、业主委员会、物业公司、社会组织等“六位一体”的社区治理模式。合理利用为民服务项目资金，修建电动车充电桩，积极解决行道树安全隐患、小区内部道路破损等多个突出问题。花园路社区多举措开展疫情防控工作，确保人民群众生命安全和身体健康。社区重点打造新时代文明实践站，全面贯彻党的十九大精神，加强改进基层宣传思想文化工作和精神文明建设工作。实践站共设有8个实践点，6大服务平台，6支志愿队伍，每个服务平台每月至少开展1次文明实践活动。打造特色志愿者团队——“花样年华”服务队，由退休党员和居民组建，以“丰富老年生活、协助社区管理、服务辖区民众”为服务宗旨，不断发挥在扶老爱幼、互助交流、文体康乐、邻里促谐等方面的积极作用，获玄武区优秀基层党组织称号。

【东方城社区】 位于风景秀丽的紫金山下，南依紫金山，北靠312国道，东邻岔路口，西沿宁栖路至经五立交桥，社区环境优美、治安良好。面积约1.3平方公里，有居民小区5个，社区总户数3376户，总人口8872人。社区党总支下设10个支部，党员370人。完成社区党组织换届选举，社区居民委员会换届选举、玄武区党代表选举、玄武区人大代表换届选举等工作，搭班子、组平台，创特色、多方面开展便民服务，认真组织党员开展党史学习教育，引导党员群众“学党史、悟思想、办实事、开新局”。大力组建红色物业，3个小区的业委会在社区的指导下完成换届，3个业委会成员中党员人数均过半，组建党建引领、多元共治的社区治理的新格局。在中国共产党成立100周年之际开展“红心向党·致敬百年”文艺会演，为社区居民献上一场红色文化盛宴，让党员群众进一步坚定感党恩、听党话、跟党走的信心和决心。2021年社区被评为市级防灾减灾演练社区。

【樱驼花园社区】 位于紫金山北麓，东临经五立交桥西南角，南邻宁栖公路，西有华新西路，北毗312国道。社区有13个院落，面积0.32平方公里，常住人口7890人。社区党委下设17个党支部，党员665名。2021年，樱驼花园社区党委充分发挥党建引领作用，以深化党史学习主题教育为纽带开展各项工作。夯实党建组织基础。抓好社区全民核酸检测、疫苗接种宣传发动、疫情防控、文明创建、两委换届重点工作，切实为民排忧解难。在疫苗接种、全民核酸检测中，社区党委及时与玄武湖卫生院沟通，联系医生为行动不便老人上门做核酸。华侨新村小区在6月底召开业主大会，通过竞聘、选聘等流程，新物业公司在7月1日顺利进驻小区；平稳推动采菊东篱小区业委会筹建工作，10月份顺利引进新物业。推动党建创新发展。社区党委积极发动党员中的能人、热心人自编自导自演“迎七一文化演出”，并编印《庆祝中国共产党成立100周年艺术作品文集》。在引进百子物业以后，积极发挥党建引领作用，协助百子物业申请了省级红色物业项目评审，积极打造服务型社区党组织，与物业公司加强配合，提高解决居民问题的效率，提升社区环境。文化活动丰富多彩。社区依托爱之光公益发展中心、悦心养老两家社会组织开展为老少服务5000人次。社区共举办大小文体活动20余场次。2021年先后获得江苏省文明示范社区、南京市五四红旗团支部、玄武区优秀志愿服务社区等称号。

【樱铁村社区】 东与经五立交相邻，南至樱驼花园社区，西到长途汽车东站，北至玄武大道。位于紫金山脚下、玄武湖畔，紧邻312国道。社区占地面积0.6平方公里，有居民楼38幢、2173户家庭、5213名居民。社区党总支下设7个支部，有党员197人。2021年社区秉承"以人为本、服务居民"的工作理念，坚持以党建为龙头，有条不紊地做好社区各项工作；以活动为载体，开展丰富多彩的活动，充实居民的日常生活，用真情凝聚民心，用真心赢得民心。以服务为重点，以文化为载体，努力加强居民自治建设，合心合力做好社区综合治理、文化教育、计划生育、环境卫生、社会保障等方面工作。利用为民服务专项资金，结合春节、清明、端午、中秋、重阳等传统节日，深化"我们的节日"主题，组织形式多样的文体娱乐活动，大力弘扬民族传统文化，搞好社区各类文体活动，丰富居民的文化生活。组织开展元宵节"吃汤圆、猜灯谜"活动、学雷锋志愿服务活动、三八妇女节专场手工活动以及端午、重阳节的便民广场服务活动；在寒暑假期间组织辖区内的青少年开展有意义的科普、阅读、环保、手工及志愿服务等一系列实践活动，深得居民的喜爱。强化社工队伍建设，每月至少召开1次工作例会，不断提高社工的专业素质及为民服务能力。结合铁路居民的优良传统，发动广大党员、居民参与到社区建设中来，成立了社区"老铁"志愿服务团队。志愿者积极参与创建典范文明城市、疫情防控、垃圾分类、楼道清理杂物、矛盾调解、治安巡逻、政策宣传、文娱团队等社区服务工作，增进樱铁村社区的和谐发展，创建"老铁"互助志愿服务特色品牌。

【聚宝山社区】 成立于2010年1月，面积约3.5平方公里，东面以绕城公路为界；南面以紫金山为界，与栖霞区马群街道接壤；西面以刘王井为界；北面与朝阳山红山街道、栖霞区尧化门街道接壤。涵盖聚宝山庄、臻园·美林墅、朝阳府、帝豪花园、高尔夫别墅商品房小区和蒋王庙267号老小区，社区总户数为3800户，常住人口10208人、户籍人口5264人。社区党总支下设6个党支部，党员245人。社区内共有企事业单位48家，与聚宝山公园、南京有恒胶业有限公司等单位党组织形成党建联盟、进一步提升党组织的服务水平。2021年社区获得市级文明社区荣誉称号。在疫情防控期间，强化党建引领，社区主动协调卫生院对辖区南京邮区中心局近千名一线员工进行定期核酸检测。对辖区内紫金山庄、钟山高尔夫等酒店的服务人员和入住人员提供24小时防疫政策咨询等服务，为新冠疫情防控工作贡献力量。此外，社区以用好为民办实事专项服务资金为契机，以"传统节庆活动提升""幸福邻里@

9月9日，聚宝山社区组织老年人开展重阳节登高，趣味游戏活动
（玄武湖街道　供图）

聚宝”等活动项目为载体，开展书法、纸扎染、剪纸等活动，让居民在家门口欣赏学习优秀传统文化，增强社区居民的幸福感和归属感。

【徐庄社区】 位于徐庄高新产业园内，2018年8月正式成立，管辖紫金东郡、紫气钟山、紫气路9号3个小区约2776户、约10000人口。社区有109名党员，其中女党员54名，少数民族党员3名，大专以上学历84人。2021年徐庄社区顺利完成党总支、居委会、人大换届选举等工作，全力做好疫情防控、文明城市创建、垃圾分类等工作。在疫情防控中，社区采取线上、线下发布新冠疫苗接种宣传资料，确保宣传全覆盖。完善组织领导和任务分工、强化宣传引导，全面摸排登记、加强消杀防疫、做好网格“五包一管控”服务。通过党建引领，与共建单位互帮互助，顺利完成4次全员核酸检测任务。社区通过抓班子带队伍，充分发挥党员先锋示范岗的带头作用，将学习党的方针及惠民政策形成常态化，定期开展业务知识学习，老带新，新助老，共同提高业务知识，社区常规服务零差错。社区申领80周岁以上老人尊老金25人，为23名80岁以上老人提供上门服务，纳入社区社会化退休服务人员290人，体检79人，重病慰问6人；享受“4050”社保补贴人员25人；残疾人17人，领取重残补贴10人；育龄妇女建卡50人，走访慰问居民80人，发放垃圾分类奖励金118户3390元，做到惠民政策应享尽享，常规服务全覆盖。同时网格员进百家门，知万家情，更好地服务好居民，当好为民服务先锋。社区积极发挥基层优势，扎实开展文明典范城市创建系列活动，认真开展美丽家园行动，清理楼道杂物及飞线充电，宣传文明养犬，美化生活居住环境。号召大家从身边的点点滴滴做起，从身边的小事做起，用自己的实际行动为创建全国文明典范城市增添光彩。社区的高菲菲被评为南京好人，刘敬敏家被评为南京市文明家庭，居民骨干陈文明荣获2021江苏省第三届百佳孝星称号；社区大力弘扬“奉献、友爱、互助、进步”的志愿精神，建立“一路相伴”志愿巡逻队、文化宣传志愿服务队等，依托新时代文明实践站、家长学校等开展清洁家园、垃圾分类、亲子阅读、教育宣讲等志愿服务活动，逐渐形成党员志愿者引领、群众志愿者积极参与的良好氛围，传递社会正能量，有效带动了更多人参与志愿服务活动。2021年徐庄社区深入推进“我为群众办实事”实践活动，聚焦社区居民服务需求，多方链接资源，开展社区全龄服务项目——“青苗学堂”，针对年轻人开办亲子学堂、妈妈读书营、美食帮，针对儿童开展故事绘本和诗歌朗诵、美术沙龙、科学实验，针对老年人开办戏曲班、舞蹈班、模特班、合唱班；与共建单位南师附小仙鹤门分校、科利华紫东分校，共同开展妈妈读书营、伴我成长项目，开启社区、家、校三方共育优质服务模式。与共建单位党组织共同开展党史宣讲、唱红歌诵经典、观看红色电影、爱国赞歌快闪、主题文艺会演等活动，发动居民小区在职党员力量，为社区党员群众讲党课，提供法制、育儿、健康咨询等服务。通过书记讲党课、老党员讲理论、先进人物讲事迹、党员讲体会等形式，做到既有学习的最佳形式，又有实践的最佳载体，进一步深化基层党组织的凝聚力、战斗力。徐庄社区被评为2019—2021年度市级文明社区、玄武区优秀志愿服务社区、玄武区先进基层党组织。

【仙鹤门社区】 是玄武区最大的自建型经济适用房社区，东与栖霞区仙林街道接壤，南邻仙林大道，西接宁芜铁路，北与仙居雅苑社区相邻。社区由仙居花园、仙鹤茗苑、骋望云邸、奥克斯钟山府4个小区组成，占地面积2.7平方公里。社区总人口10412人，常住人口6142人，有社工13人。社区围绕建党100周年，扎实开展党史教育，制定《仙鹤门社区党总支党史教育工作计划》，结合“三会一课”、主题党日、基层党员冬训等形式，结合实际，围绕习近平总书记在党史学习教育动员大会上的重要讲话精神，用好指定教材，组织交流研讨，开展主题突出、特色鲜明、形式多样的学习活动33场。区党史学习指定教材做到社区党员全覆盖，形成党总支班子带头学，支部书记跟着学，党员社工自觉学，在职党员线上学，退休党员线下学，童心向党趣味学，居民群众花样学的良好氛围；深入践行“两在两同”建新功行动，把党史学习教育落实到为民办实事上，大力推进解决民生突出问题，增强社区居民的获得感、幸福感、安全感。开展“我为群众办实事”实践活动，结合新一届社区党组织“开门一件事”，充分利用为民服务资金，着力解决群众急难愁盼问题30个。其中重点为民办实事项目2个，在仙居花园和仙鹤茗苑新增设非机动车停车坪28个，有效缓解了非机动车乱停乱放堵塞楼道的问题。在仙居花园实施“楼道四件套”项目，增设楼道公示栏76个和休闲座椅26个，解决了通知公告乱张贴的问题，并为辖区老人提供休闲场所。打赢疫情防控阻击战。7月南京禄口机场发生疫情，仙鹤门社区启动应急预案，建立党员先锋岗，排查有机场行程史人员340人，实施居家隔离232人。组织党员志愿者、居民骨干参与疫情防控志愿服务34人，完成4轮全员核酸检测。全年预约新冠疫苗接种人数达8000余人，成功接种人数5000余人，协助驻区部队官兵接种疫苗。打赢文明城市创建艰苦战。在2021年文明典范城市创建中，仙鹤门社区面对困难迎难而上，组织党员志愿者、物业人员、社工、机关干部定期开展统一行动日，共清拖杂物垃圾80余吨；清理地下室76个，楼道120个；新建非机动车位28处；清理飞线充电90余根，投入人力千余人次。“红领鹤舞”党建品牌初见成效。社区党总支紧紧抓住“区域党建共赢，和谐社区共建”这条主线，举办“红领鹤舞”区域党建联盟结对签约仪式，16个党建联盟成员单位认领20个项目。举办便民微服务4场次，服务居民超过1800余人次；完成为民办实事项目7个；走访成员单位开展党建工作交流活动4次；完成重大时间节点维稳2次，全年帮扶困难居民238户。形成以社区党组织为中心，各成员单位为结点的大党委格局，走出一条“一核三治多结点”的善治之路；推动精神文明建设和居民素质提升，仙鹤门社区把慈孝文化传承与发扬作为项目重点，整合辖区中小学校的资源，把慈孝教育融于日常的德育工作中，举办夏令营、冬令营，开展慈孝文化主题教育活动。举办邻里节，表彰文明家庭、和谐家庭，以身边人说身边事，进一步弘扬慈孝文化。

【仙居雅苑社区】 位于紫金山东脚下，是典型的以被征地农民为主体的经济适用房小区，东至紫东实验学校，南至仙鹤门3号路，西临宁芜铁路，北至玄武大道，辖区面积2.1平方公里，有居民楼116幢。社区户数3734户，总人口9763人。社区办公地点位于仙居华庭63号，有专职社工10人。社区党委下设5个支部，有党员192人。2021年，仙居雅苑社区以团结、务实的工作态度，坚持服务居民、踏实务实的工作原则，以党史学习教育为着力点，积极促进为群众办实事、解难题，着力体现社区连接党和政府与居民群众桥梁纽带作用，积极推进社区自身建设。社区打造“老管家志愿服务队”特色服务项目，开展治安巡逻、绿色环保等志愿服务。联合南京师范大学开展“雅苑禾苗耘作园”项目，打造“希望来吧”义务家教、亲子手工制作等一系列青少年活动，丰富课外知识，开阔眼界，提升社区青少年学习兴趣。全年开展反电信诈骗宣传、老年人职能手机培训、感恩母亲，致敬白衣天使等系列活动，丰富居民精神文化生活。7月南京突发疫情，仙居雅苑社区党员志愿者们冲锋在防疫一线，充分发挥“一名党员就是一面旗帜”的先锋模范作用，争做疫情防控的“排头兵”，用实际行动践行着初心使命。社区党委充分利用为民服务专项资金，通过收集党员群众的建议和意见，从群众需求出发，对仙居华庭小区广场进行了改造，在小区内34个单元加装休息座椅、公告栏等便民设施等，得到居民一致好评。

（朱鹏飞）

红山街道

·街道工作·

【概况】 街道位于玄武区东北部，面积7.16平方公里，下辖10个社区，常住人口8.2万人。有机关干部77人，社工126人，协管员101人。2021年，街道党工委、办事处坚决贯彻落实习近平总书记重要指示精神和省市区委各项决策部署，结合发展实际，深入开展党史学习教育，全面落实“我为群众办实事”，深入推进基层治理改革，统筹做好经济发展和民生保障工作，建设新时代文明高地，促进社会平安稳定。作为全区唯一一家基层治理三整合改革的街道，承担区综合行政执法改革等4项市级改革项目，创成首批全国示范型退役军人服务站、南京市创建全国禁毒示范城市示范点、南京市民族工作“红石榴家园”、南京市巾帼文明岗等，进一步巩固了红山街道强劲有力的发展态势。

【经济发展】 狠抓项目推进，夯实发展之基。2021年，街道承担省、市、区3级15个重大项目（在建类7个，新开工类4个，建成类2个，前期类2个），并成功举办全省重大项目开工仪式南京分会场活动。其中省重大项目1个、市重大项目5个、区重大项目9个，总投资598亿元，各项目均达超序时进度。招商方面：截至11月，实际利用内资38.69亿元：实际利用外资2.25亿美元，亿元签约项目数24个，签约总额208.2亿元（招商150亿元），招商各指标均达超进度。综合施策调节，稳复经济运行。限上贸易业方面，截至10月，同比增长65.74%；规上服务业方面，1—10月同比增长17.72%；劳动工资方面，在房地产业工资增长的拉动下，前三季度同比增长16.7%。一般公共预算收入方面截至10月末，累计完成2.92亿元，序时进度96.4%，进度位居全区第二。固定资产投资共完成78亿元（街道63.5亿元，铁北14.5亿元），完成进度的90.2%，总量位列全区第一。社会消费品零售总额方面：1—10月份完成15.82亿元，完成进度的95.35%，同比增幅29.92%，位居全区第二。集聚创新要素，激发市场活力。“四上”企业方面，截至10月底净增4家，其中新增服务业企业1家（南京复邑置业有限公司），贸易业企业3家（南京创烽贸易有限公司、南京丰达乾源贸易有限公司、南京润诚硒贸易有限公司）。有服务业企业1家（江苏省严和建设工程有限公司）已提交入统资料。截至年底，红山地区没有“四上”企业退出。引育培育高新技术企业，有纽田科技、励衎信息、乐享等3家培育申报；17家高新技术企业招引，陆续完成工商税务变更等落户手续，其中已完成省认定3家，待区认定4家，待市认定10家；另有南京宁医信息科技有限公司、南京轩永科技有限公司、省质检中心3家企业参加复审，其中宁医已通过第1次批次复审。有效发明专利拥有量、PCT专利申请量等科技类指标均完成年度计划。技术合同交易额年度目标2亿元，截至11月，已完成0.73亿元。

【民生服务】 严抓疫情防控，织牢社会防线。南京禄口机场疫情爆发以来，机关干部、社区工作者、公安城管1000余人冲锋在前，迅速核查8.5万名群众2万余条信息，及时落实居家管控796人；先后在立贤小学等6个点位组织5轮核酸检测采样，高效完成277679人次核酸检测采样；有序组织3～17岁青少年疫苗接种工作，共为7819人集中接种。配强优质资源，丰富服务供给。优化基础设施建设，引入玄武外国语学校附属小学、南京师范大学附属小学等集团教育资源，十三中教育集团项目顺利开工，完成红山新城义务教育全链式布局。打造养老服务特色品牌，居家中心、中心厨房和新增老年人日间照料中心全区排名第一，已初步建成全市首家以“认知症照护”为特色的综合养老服务中心。形成由15个居家养老服务中心，3家一流养老机构，1个中心厨房和15个助餐点全域覆盖的综合性养老服务街道。繁荣公共文化服务，依托区青少年图书馆、红山街道文化站、常发广场有限公司、星河集团等辖区文化资源开展30场大型文化体育活动，累计服务群众30万余人次。精准托底帮扶，守牢保障底线。全年共为低保户、边缘户、临时救助户等各类弱势群体357户529人次提供303万元救助，联系资源开展结对帮扶，走访慰问困难群众500余人次。深入实施全民参保计划，退休人员健康管理已完成5000余人次，完成数在全区领先。优化劳工环境，守好劳动者“钱袋子”，全年受理劳动关系投诉案件86件，涉及劳动者258人，协助劳动者追讨工资208万元，群众举报结案率100%，共调解劳动争议案件12件，劳动监察案件结案率100%。

【城建城管】 优化城市功能，改善居住品质。完成兴贤佳园片区二次供水设施改造，对营苑支路、月苑菜场巷、十字街等58条背街小巷进行专项整治，推进月苑一二三村、碧玉苑等老旧小区环境综合整治工作，将停车泊位、线路管网、安防消防、长效管理等纳入改造计划，为切实让老城居民享受到新城建设的红利，街道自筹资金将改造标准提高，增加绿化面积、新增城市客厅功能，为老旧小区每户统一增设智能化雨棚、空调架，统一规划一楼院墙，进一步增强居民的获得感、幸福感。突出精细治理，推进城市更新。持续整治市容市貌，拆除违建10285平方米，铲除违规菜地约15000平方米，拆违指标超额完成，拆违面积全区第一；清理、规范工地围挡35处；拆除违规、破损门头店招38处、规范店招店牌416处；整治占道经营690处，机动车违停贴单8150余辆。深入推进垃圾分类工作，辖区垃圾分类亭房建设完成121个，超额完成指标数；宁积分用户注册数全区第一，连续3个月垃圾分类指导员打卡率保持全区前列，垃圾分类经验做法在中央媒体等各级媒体广泛报道，6个小区（曹后30号大院、红山路173号、碧玉苑、北城新风、营苑西村、天赋花园）正在进行省级达标小区验收。城市治理考核第三季度名列全区街道第一。提高环境质量，筑牢生态屏障。落实河长制，稳步提升唐家山沟、南十里长沟水环境，加强河道日常巡查管护，巡河100%达标，定期开展水质监测工作，严防排污排口问题。落实“点位长”责任制，紧盯空气质量，对辖区23个在建工地实行24小时管控，加强监测预警，对于工地扬尘、带泥上路等现象“零容忍”，确保大气污染防治落到实处。强力推进餐饮油烟整治，已完成5家100平方米以上规模餐饮安装油烟在线监控设施，实时监控净化设备和排放达标情况。关停“散乱污”小企业1家。

【平安法治】 健全网格体系，扛起第一责任。建立党工委书记一把手负责制，形成街道，社区，网格三级责任体系，协调民政、城管、公检法等力量进入网格，实现网格管理全覆盖。构建智慧大脑，发挥法治效能。依托各类终端，发挥社会治理综合指挥中心“横到底，纵到边，广覆盖，智能化”作用，综合利用181安全生产信息监管、综合检查执法、社区治理一体化等平台数据，办理行政执法案件31件，开展联合执法32次，开展风险隐患排查专项整治行动71次，积极组织《守护安全畅通消费》等“援法议事”活动6场，动员注册“金钟罩”反电信诈骗App7万余人次，首次引进第三方物业管理咨询服务机构，提高专业化、法治化物业管理水平。严控源头管理，创新体制机制。深化基层三整合改革，更新完善《红山街道制度汇编》，明确编内编外人员进出、管理、考核等58项管理办法，全面理顺权责关系，制定岗位说明书17份，充分运用“吹哨报到”办法，纵深推进“先解决问题再说”机制，解决取缔无证经营废品收购站、协调星河天赋物业人防车位等问题9个。深化各项平安创建活动，守护群众“头顶上”“舌尖上”“家门口”“校园边”的安全，深入开展反诈禁毒、交通劝导等安全宣教活动500余场，电动车上牌完成率100%。

【基层党建】 锻造组织堡垒，建强阵地队伍。结合新城实际，将党建阵地建到产业链上，形成以“红领常发”为核心，“红领星河”与“红领东华”为两翼的两新党建新格局。成立“红心聚力”青年党员突击队，在人口普查、疫情防控、创文创典等急难险重任务中向险向前。促成政校企融合互助圈，辖区星河、东华、常发等23家企业，兴业银行等5家金融机构，南京农业大学等9家高校签署协议。社区自治队伍亮点频现，曹后社区“物业V联盟”、红山社区“全职妈妈联盟”、北苑社区“80、90青年团”探索新城治理新路径。人大政协、新社会阶层人士、工青妇、老干部建言献策，凝聚合力为新城发展提供新思路。强化思想引领，奋力为民办实事。认真开展党史学习教育，深刻践行“两在两同”建新功行动，大力举办建党百年群众主题教育活动，切实推进“十项举措”，以“1+X”系列配套方案为抓手，以“七个一百”为特色，街道全体机关干部连续10周进网格办实事，对照接访反映的问题清单逐一销号，集中解决问题131个，新时代文明实践所站随处可见，红色书香弥漫红山，扫黄打非形成样板，协商共治成效显著，成功迎接市学教办调研验收，经验做法被媒体报道300余次，特色亮点在“学习强国”刊登22篇，区委信息和玄武发布采用量稳居街道第一，街道微信公众号进入全市排名前十。加强自身建设，锤炼铁军作风。以"人民满意"为追求，常抓不懈自身建设。社区"两委"班子新上任，履新即履职，一方面高标准完成"开门一件事"，另一方面上任即上课，参与"红领星"成长计划开眼界、拓思路，踏实"第一步"。以干部管理"三项机制"为准绳，鼓励激励担当作为。选拔任用"能干事想干事"的年轻干部，3名有为干部推荐晋升职级，5名优秀社工走上领导岗位，10名城市管理副片长脱颖而出。以"群众监督"为尺度，改进作风提升效能。根据满意度评议和作风监督员反馈问题，实行月查季报制度，确保小问题即改，难题限时整改，同类问题自查自改，确保举一反三常态长效。

·社　　区·

【北苑社区】 社区面积1.14平方公里，户籍数3499户，总人口10468人，社区党委下设7个党支部，社区党员308人。其中，预备党员1人，社工党员4人。居民主要由当地拆迁失地农民和华飞彩色显示系统有限公司、南京汽车集团、南京电子网板有限公司等公司职工及家属、部分商品房居民组成，属老旧小区和商品房混合居住型社区。2021年北苑社区全面提升社区的管理和服务水平，用心、用情、用力切实做好为民做好事、办实事，通过"三线"聚力谱写社区幸福华章。弘扬文化，谱写"乐民线"。社区探索"家门口的老年大学"建设，让社区居民出"家门"就能进"校门"，社区通过走访、问卷调查、座谈等形式全面征求居民的实际需求，开设了书法、声乐、舞蹈、朗诵等6个课程，以老年大学为点，做到以点带面，通过新时代文明实践站阵地资源，以"老年大学+社区服务"的形式，让居民既能享受好的资源，又能积极投身社区志服务中，得到社区居民的广泛好评。社区获2019—2021年度江苏省文明社区称号。

【月苑社区】 建于1997年。由11个自然小区组成，共有83幢楼房。东至经五路，南与藤子村、南汽厂区相邻，西至北苑东路，北至营苑南路，社区面积1.6平方公里，属拆迁安置房、商品房型社区。月苑社区党委下设7个党支部；有居民住户4382户，常住人口12456人，户籍数3429户9510人，流动人口2946人。社区以打造"和谐文明社区"为宗旨，充分体现"以人为本"的服务理念，发挥社区工作人员的创造性，努力为居民提供满意的服务。2021年社区党委打造"红色先锋工程""橙色温暖关爱行动""黄色创新服务""绿色环保卫士""青色快乐成长行动""蓝色志愿服务行动""紫色和谐家园行动"的"七彩党建"工作品牌，使其发挥推动发展、服务群众、凝聚人心、促进和谐的作用，激发基层党建工作活力，推动党建工作深入发展。社区获2019—2021年度江苏省文明社区称号。

【墨香山庄社区】 东临农场山，南临月香路，西临墨香路，北临栖霞区兴卫村。社区面积约54万平方米。其中经济适用房小区36万平方米，商品房小区18万平方米，由经济适用房，包括修贤苑、尚贤苑、近贤苑3个小区及1个墨香山庄商品房小区组成。有113幢，居民7041户，常住人口16790人，户籍人口10396人，流动人口4130人。社区有低保户81户，高龄老人285人，有证残疾人206人，有党员348名，社区工作人员15名，社工党员11名。2021年，墨香山庄社区举办"永远跟党走，社区筑新章"党史学习教育文艺演出暨庆祝建党100周年文艺演出，引导党员群众从党的光辉历程中汲取砥砺奋进的精神动力，营造爱党、爱国的浓厚氛围，多姿多彩的文化活动丰富了社区居民的精神生活。在上级党委的正确指导和帮助下，经过全体人员的共同努力，墨香山庄社区被授予南京市第七次全国人口普查市级优秀集体、江苏省民主法治示范社区、江苏省退役军人服务站等称号。

【营苑社区】 组建于1997年3月，正式挂牌于1998年3月，营苑社区位于营苑南路以北，东以经五路与栖霞区相临，西以北苑东路与栖霞区相望，北与栖霞区接壤。辖区内含营苑东村、营苑西村、营苑新寓、祥和佳园4个自然小区。总占地面积约0.4公里，有居民住宅楼68幢，社区办公用房面积560平方米，9100人，户籍户数2817户，户籍人口

7249人，流动人口2868人，残疾人102人、低保户24户29人。社区党委设有5个支部，计266名党员。社区内有红山街道办事处、红山卫生院、苏果超市、大贺赛思集团、晶晶幼儿园、月苑农贸市场等驻区单位。建强“红色群雁”，提升服务水平。营苑社区党委先后联建结对铁北红山新城管委会机关党支部、江苏省妇幼保健党支部、红山卫生服务中心党支部、南京地铁6号线项目部党支部、苏果超市大超第二党支部等7家党组织。结对联盟以“零距离”的服务理念，将资源优势延伸到民生服务和社区建设各个领域，为辖区群众提供医疗健康、科普教育、关爱慰问、文化活动等内容丰富的资源，不断增强党员群众的幸福感和提升满意度。

【曹后社区】 始建于2000年6月，社区位于南京市东北角，南以红山南路中间为界，西南均与原红山社区相邻，东起红山南路路口，紧依沪宁铁路线呈东西走向，北与红山森林公园、红山公园社区相邻，社区面积0.24平方公里，属城区新型社区。办公位于红山南路51号，办公用房面积540平方米，社区工作人员11人，社区有8个住宅小区，住宅楼91幢，社区有2599户、6512人。社区党委设有8个党支部，党员275人。2月25日，社区举办“小而美”商业街项目启动仪式，红山街道办事处主任徐远帆和商户代表共同为“红山街道曹后社区小而美商业街商户联盟”揭牌。为强化党建引领，发挥社区党员的作用，现场将商户进行“小微网格”划分，党员代表现场认领，与商户结对共建，日常参与巡逻，督促商户遵守规约、及时整改。

【红山公园社区】 位于红山路157号-1，毗邻红山（古名大壮观山），成立于2000年4月，社区面积1.5平方公里，东至东华培训中心，南至新华书店，西至红山森林动物园东大门，北至玄武公安分局。常住人口10388人，总户数3919户，户籍人口6032人，外来人口4356人。社区党委下设10个党支部，党员444名。社区内有18个居民小区，106幢住宅楼。有江苏省建筑材料检测中心有限公司、南京市质检院、红山森林动物园、南汽研究院、东华培训学校、南京兵工物资学校、江苏天泓4S店及玄武公安分局等数十家单位。社区以“四季党建”为品牌，坚持以党建为引领，通过开展四色服务，扮靓四季公园，11月30日，社区新时代文明实践站开展“老有所依，爱满夕阳”座谈会，大力弘扬尊老、敬老、爱老、助老的传统美德，进一步关怀社区退休职工，丰富他们的业余文化生活。社区获2019—2021年度江苏省文明社区称号。

【阳光嘉园社区】 创建于2005年4月，社区办公地址在黑墨营98号南会所二楼。社区由阳光嘉园和中电颐和家园二期2个小区组成。有多层和高层住宅楼46幢，常住人口6594人，80岁以上老人87人。社区党总支下设党支部5个，有党员249人。2021年阳光嘉园社区“两委”换届选举工作根据区、街统一部署，严格依照有关法规、规定组织实施，选举产生新一届社区党总支委员会和社区居民委员会。通过选举调整“两委”班子，实现社区干部队伍“年龄变小、学历变高、面孔变新、结构变优”的预期目标，提高班子的整体性能。

【藤子社区】 西邻南京火车站，东靠南京长途汽车东站，社区面积1.5平方公里，原属村居合一的社区，2012年年底撤村并居。因过街村、藤子村、黑墨营拆迁，社区由尚塘村、伊刘村

11月30日，红山公园社区新时代文明实践站开展“老有所依，爱满夕阳”座谈会
（红山街道　供图）

等自然片区组成，居民小组4个，户籍人口637户、1631人（藤子村243户、591人；过街村172户、439人；过街三队34户、65人；黑墨营38户、69人；原空挂户5户、10人；尚塘村93户、245人；伊刘村52户、212人）；已拆迁605户、1654人；流动人口213户、384人；社区有专职社工9人，社区设党总支，下设3个支部，有党员73人。4月3日起藤子社区与南京园景园容中心、南京桥工段与南京站派出所共同开展“爱路护路共建共治志愿者联盟”护路活动，并成立藤子社区铁路护路联防队、藤子社区铁路护路志愿服务队，发挥社区志愿者团队的力量，党建引领筑牢基层铁路护路防线。社区党总支充分发挥党员志愿者团队的力量，和南京园景园容中心共同关注铁路、掌握铁路的治安动态，发现问题及时向南京桥工段和南京站派出汇报，相关部门第一时间将问题解决，与共建单位共同做好铁路沿线安全。

【红山社区】 成立于1994年，由原沈阳村居委会合并到红山村。由于经历多次拆迁，社区有黄家圩、海嘉花园、恒大翡翠华庭、星河天赋4块管辖片区。社区办公地点临时过渡在恒嘉路77号2幢108室，地处红山街道西南部。黄家圩片区东南与红山森林动物园的山体西北坡相接，西至地铁红山动物园站3号出口，北至十字街十里长沟，环抱红山森林动物园，占地面积约68公顷。黄家圩片区有住户111户，户籍人口415人，流动人口是常住人口的3倍，是社区工作的重点对象。其余3块片区是2019年接手的楼盘，居民正陆续迁入。红山社区有总支部1个、支部3个，党员170名。社区要求辖区内外围各网格做到巡查问题日常化，网格员对片区定期进行排查，排查出的情况及时整改并上报；问题处理效率化，对社区内的环境问题查漏补缺，做到当日问题当日解决；个人分责具体化，形成主动作为、上下联动、左右协调的工作机制，全面巩固社区环境综合整治成果，提升社区宜居指数。

【紫金小营社区】 成立于2013年6月，位于京沪城际铁路北侧（月香路6号），分别安置了沪宁城际铁路、华电路、北广场、红山商贸地块、小营地块、小营南侧、北站房、中南里、明城墙项目拆迁户。面积14.8万平方米，有16幢高层住宅楼和1幢办公楼。社区总户数3079户、户籍居民1688人，流动人口2853人，常住居民5046人。社区内有北京东路附属幼儿园月香分园、紫金小营菜市场、红山街道社会治理一体化（网格化）管理中心、红山物业服务中心紫金墨香苑项目部等单位。2021年社区获市境外电视管理先进单位、市五四红旗团（总）支部称号。 （孙晓银）

10月14日，紫金小营社区新时代文明实践站开展“金秋贺重阳，浓情满紫金”趣味游园会活动，邀请社区老年居民一同欢度节日。活动首先邀请老人们一同品尝重阳糕，并向大家介绍了重阳节的由来，解释了游园会一系列游戏的玩法和注意事项，老人们兴致勃勃地拿着游园会集印卡到各个场地参与游戏，“珠行千里”“快乐套圈”“巧手投壶”等简单又富有趣味性的游戏让参与其中的老人们喜笑颜开。

（孙晓银）

（栏目编辑　卢永晨）

人物·荣誉

新任区领导

先进人物

先进集体

个人奖项

新任区领导

吕　璟

2021年7月19日，中共南京市委任命吕璟为南京市玄武区委常委、副书记(正局)。

吕璟，男，1982年4月出生，江苏宿迁人，2004年8月参加工作，2002年12月加入中国共产党，党校研究生学历，学士学位。2004年8月，任栖霞区栖霞街道办事处党政办公室干部；2005年4月，任栖霞区栖霞街道办事处团工委书记；2006年5月，任栖霞区委组织部组织科科员；2006年10月，任栖霞区委组织部组织科副主任科员；2007年4月，任栖霞区委组织部组织科副科长；2009年3月，任栖霞区委组织员办公室副主任；2010年7月，任栖霞区栖霞街道办事处副主任、工委委员；2012年7月，任共青团秦淮区委书记；2012年11月，任团市委副书记、党组成员；2016年7月，任六合区委常委、统战部部长；2018年11月，任共青团南京市委员会书记、党组书记；2021年7月，任玄武区委副书记(正局)；2022年3月，任玄武区委副书记(正局)、国安办主任。

任　宁

2021年7月3日，中共南京市委任命任宁为南京市玄武区委常委、组织部部长。

任宁，女，1969年12月出生，江苏如皋人，1991年8月参加工作，1998年3月加入中国共产党，大学学历，学士学位。1991年8月，任南京市建邺区市政工程管理所办公室秘书；1995年12月，任南京市建邺区人民政府办公室秘书(其间：1997年12月—1998年6月在南京市委组织部调研处帮助工作)；1998年6月，任南京市委组织部调研处科员；1999年4月，任南京市委组织部调研处副主任科员(其间：1999年5月—1999年10月、2000年3月—2000年5月在南京市委“三讲”教育办公室综合组工作)；2001年11月，任南京市委组织部调研处主任科员；2002年2月，任南京市委组织部研究室(政策法规处)主任科员(其间：2005年1月—2005年12月在南京市委保持共产党员先进性教育办公室综合组工作)；2008年10月，任南京市委组织部研究室(政策法规处)副调研员；2010年4月，任南京市委组织部干部四处副调研员；2011年11月，任南京市委组织部人才二处(市人才办人才开发处)副处长；2013年5月，任南京市委组织部干部四处副处长；2014年6月，任南京市委组织部干部四处调研员；2016年4月，任南京干部测评与高层人才服务中心主任；2019年5月，任南京市委组织部干部四处处长；2020年11月，任建邺区委组织部常务副部长；2021年7年，任玄武区委常委、组织部部长。

杜景南

2021年7月23日，中共南京市委提名杜景南为南京市玄武区副区长人选。

2021年8月20日，经南京市玄武区第十八届人大常委会第三十六次会议审议，任命杜景南为玄武区副区长。

杜景南，男，1976年9月出生，江西九江人，1999年7月参加工作，2003年6月加入中国共产党，研究生学历，硕士学位。1999年7月，任《今日商报》国际经贸部编辑；2000年1月，任《今日商报》综合部记者；2000年9月，任《今日商报》新闻部记者；2003年6月，任《大众证券报》证券部记者；2005年3月，任《大众证券报》专刊部记者、编辑；2007年9月，任《大众证券报》理财部主任助理；2008年4月，任今日商报社《大众证券报》理财新闻部主任助理、南京日报报业集团首席记者；2009年6月，任玄武区招商局局长助理；2010年9月，任玄武区发改局副局长；2012年9月，任玄武区发改局副局长、科创办副主任；2012年12月，任科创办副主任(正处级)、区城投公司总经理；2014年4月，任科创办副主任(正处级)、铁北管委会副主任、区城投公司总经理；2016年2月，任玄武区金融办主任；2017年1月，任玄武区金融办党组书记、主任；2018年4月，任玄武区发改局党组书记、局长；2019年2月，任玄武区发改委党组书记、主任(其间：2019年12月—2020年7月，援疆，任伊犁文旅集团副总经理；2020年9月，援疆，任伊犁州文化和旅游局党组成员、副局长；2021年3月，任玄武区政府副区长、援疆任伊犁州文化和旅游局党组成员、副局长。

赵雪雁

2021年11月13日，中共南京市委提名赵雪雁为南京市玄武区人民法院院长候选人。

2021年12月29日，经南京市玄武区第十八届人大常委会第三十九次会议审议，任命赵雪雁代理玄武区人民法院院长。

2022年1月8日，经南京市玄武区第十九届人民代表大会第一次会议选举，赵雪雁当选为玄武区人民法院院长。

赵雪雁，女，1977年11月出生，浙江诸暨人，2002年8月参加工作，1997年3月加入中国共产党，研究生学历，硕士学位。2002年8月，任南京市中级人民法院书记员（未定级）；2003年8月，任市中级人民法院书记员（副科级）；2004年8月，任市中级人民法院行政庭助理审判员（副科级）；2010年10月，任市中级人民法院行政庭助理审判员（正科级）；2010年10月，任市中级人民法院行政庭审判员（正科级）；2012年10月，任市中级人民法院行政庭副庭长拟任预备人选（副处级）；2013年11月，任市中级人民法院办公室副主任；2016年6月，任市中级人民法院办公室主任；2016年6月，任市中级人民法院办公室主任、审判委员会委员；2017年4月，任市中级人民法院研究室主任、审判委员会委员；2021年11月，任玄武区法院院长候选人；2021年12月，任玄武区法院党组书记、副院长、代院长；2022年1月，任玄武区法院党组书记、院长。

余　红

2021年11月13日，中共南京市委提名余红为南京市玄武区人民检察院检察长候选人。

2021年12月29日，经南京市玄武区第十八届人大常委会第三十九次会议审议，任命余红代理玄武区人民检察院检察长。

2022年1月8日，经南京市玄武区第十九届人民代表大会第一次会议选举，余红当选为玄武区人民检察院检察长。

2022年2月25日，经南京市第十六届人民代表大会常务委员会第三十六次会议审议，批准任命余红为玄武区人民检察院检察长。

余红，女，1974年8月出生，江苏南京人，1994年8月参加工作，2000年8月加入中国共产党，大学学历，硕士学位。1994年8月，任南京市人民检察院干部；1995年8月，任市人民检察院书记员（科员级）；1999年3月，任市人民检察院助理检察员；2001年4月，任市人民检察院助理检察员（副科级）；2004年11月，任市人民检察院公诉处助理检察员（正科级）；2007年11月，任市人民检察院检察员；2011年3月，任市人民检察院公诉一处副处长；2015年5月，任市人民检察院公诉二处处长；2019年4月，任市人民检察院第二检察部主任；2020年6月，任南京江北新区检察院副检察长、分党组副书记；2021年11月，任玄武区检察院检察长候选人；2021年12月，任玄武区检察院党组书记、副检察长、代检察长；2022年1月，任玄武区检察院党组书记、检察长。

邱　健

2021年7月19日，中共南京市委任命邱健为南京徐庄高新区（软件园）管委会主任。

邱健，男，1975年12月出生，江苏丹阳人，1994年9月参加工作，2001年7月加入中国共产党，党校研究生学历。1994年9月，任金陵造船厂工人；1997年8月，任玄武区市容管理监察大队队员、市容大队南片中队副中队长；2003年6月，任玄武区城市管理行政执法大队机动中队中队长；2004年8月，任玄武区城市管理行政执法大队副大队长；2006年5月，任玄武区玄武门办事处主任助理；2007年6月，任玄武区新街口办事处副主任；2011年8月，任玄武区新街口街道党工委副书记、纪工委书记、政协工委主任；2013年3月，任玄武区纪委副书记、督察办常务副主任；2016年10月，任玄武区纪委副书记、监察局局长；2017年11月，任玄武区城管局党组书记、局长、党工委书记；2019年2月，任玄武区城管局党委书记、局长；2019年6月，任玄武区委办公室主任；2021年7月，任徐庄高新区（软件园）党工委副书记、管委会主任，区委办公室主任。

先进人物

史生才

中国科学院紫金山天文台“毫米波和亚毫米波技术实验室”首席科学家、紫金山天文台学术委员会主任。2021年11月，当选中国科学院院士。

男，汉族，1965年生，江苏南京人，中共党员。1985年，毕业于东南大学（原南京工学院）无线电工程系；1988年，获中科院紫金山天文台硕士学位；1996年，获日本综合研究大学院大学博士学位。长期从事太赫兹超导探测器物理、技术与应用研究，在超导隧道结量子混频、超导热电子混频以及超导成像探测技术方面做出系统的创新性贡献，是中国天文超导探测技术的开创者、射电天文领域学术带头人之一。率领团队为紫金山天文台青海观测站13.7米毫米波射电望远镜研制中国首台毫米波超导接收机。成功实现1024像元太赫兹超导探测器阵列，成功研制无人值守运行的超宽带傅里叶光谱仪，揭示南极冰穹A观测宇宙的太赫兹远红外新窗口。获日中科技交流协会研究奖、国家科技进步奖二等奖2项、何梁何利科学与技术进步奖（天文学奖）。

陈光

南京理工大学教授、博士生导师。2021年11月，当选中国科学院院士。

男，汉族，1962年4月生，河北秦皇岛市人。1982年，本科毕业于河北机电学院，获工学学士学位并留校任教。1999年，西北工业大学工学博士毕业并入职南京理工大学。长期从事金属材料与加工科学技术研究，在轻质耐热金属间化合物、高温合金定向凝固、非晶复合、钢铁及加工的基础研究和工程应用方面，做出重要的、创新性贡献。提出全过程控制定向凝固学术思想，发现定向凝固存在特殊现象，提出定向固态相变晶体取向调控原理，发明液—固与固—固相变协同控制的晶体生长方法，突破传统定向凝固技术只控制液—固相变的局限性，有效控制凝固后具有复杂固态相变材料的最终晶体取向，实现强度、塑性和高温持久性能的优异结合与跨越提升。发表学术论文200多篇，出版学术专著3部，授权发明专利84件（含国际专利4件）。作为第一完成人，获2010年和2013年江苏省科技一等奖，2012年教育部技术发明一等奖，2014年中国产学研合作创新成果奖，2016年国家技术发明二等奖和发明创业奖·人物奖、先进材料国际会议杰出奖等。2013年，入选江苏省“333”高层次人才培养工程中青年科技领军人才；2014年，被评为江苏省十大优秀专利发明人；2016年，被评为江苏省有突出贡献中青年专家和优秀科技工作者；2017年，获全国创新争先奖。

顾宁

东南大学教授、博士生导师。2021年11月，当选中国科学院院士。

男，汉族，1964年5月生，江苏南京人。1986年，南京工学院无线电工程系微波技术专业本科毕业；1990年、1996年，先后获东南大学生物科学与医学工程系硕士和博士学位。长期从事纳米医学材料研究，在医用高性能铁基纳米材料和磷脂材料制备、表征与生物效应等创新研究中做出系统性贡献：在国际上率先提出以铁基纳米材料和磷脂分子为两大基础材料，构建以磁性微泡为代表的诊疗一体化材料体系；发明磁致内热法、液相中微纳颗粒磁矩图像法测量等新方法，发现铁基纳米材料的双酶与多酶效应并阐明机制，研制并获批医用纳米氧化铁弛豫率国家标准物质和类酶活性测定的国家标准；研发出高性能医用磁性微纳材料，广泛应用于核酸转染与蛋白分离、化学发光检测等新品研发与临床诊断；研发的多聚糖超顺磁氧化铁静脉注射液，临床研究除补铁治疗外可用于磁共振影像增强，为新一代磁共振对比剂奠定基础；创新合成磷脂制备与递药技术，研制出高纯合成磷脂获国药审中心备案，支撑建成国内目前唯一可生产并提供合成磷脂的企业，磷脂材料已用于国内外众多研究机构与药企的高端制剂研发。发表SCI期刊论文500余篇，编写著作3部，授权发明专利百余件。获国家自然科学二等奖、国家科技进步二等奖、教育部高等学校自然科学一等奖、江苏省科学技术一等奖、第46届“日内瓦国际发明展”特许金奖等奖项。

付梦印

南京理工大学校长、教授、博士生导师。2021年11月，当选中国工程院院士。

男，汉族，1964年11月生，内蒙古鄂尔多斯人，中共党员。1992年，获北京理工大学工学硕士学位；2002年，获中科院测量与地球物理研究所博士学位。历任北京理工大学自动控制系副主任、科技处副处长、信息科学技术学院常务副院长、计算机科学技术学院与软件学院院长、自动化学院院长。2013年5月，任南京理工大学副校长。2015年6月，任南京理工大学校长。主要从事组合导航与智能导航技术研究，在组合导航系统、高动态陀螺技术、陆用自主导航与关键技术等方面取得系列成果。主持国家自然科学基金重大仪器、重点项目、基础加强项目、国家重大需求领域项目等多个项目。以第一完成人获国家科技进步一等奖1项、二等奖2项，国家技术发明二等奖1项，省部级奖多项。发表学术论文150余篇，获国家技术发明授权60余项，出版学术专著近10部。获何梁何利科技奖、全国创新争先奖、全国优秀科技工作者、光华工程奖(青年奖)等。

刘加平

东南大学教授、博士生导师。2021年11月，当选中国工程院院士。(参见《玄武年鉴》2021卷第340页)

沈其荣

南京农业大学资源与环境科学学院教授、博士生导师。2021年11月，当选中国工程院院士。

男，汉族，1957年8月生，江苏无锡人。1978年，江苏农学院(现扬州大学)学习；1985年，获南京农学院(现南京农业大学)硕士学位；1987年，获南京农业大学博士学位。1988年起，南京农业大学任教，历任副教授、教授、博士生导师，资环系系主任、资环学院院长院长等职。长期从事有机(类)肥料和土壤微生物研究与推广工作，为中国有机(类)肥料产业发展做出突出贡献；以施用全元生物有机肥为核心技术的防控土传病害综合技术体系效果显著，为经济作物产业可持续发展提供技术支撑。以第一完成人获国家技术发明二等奖(2011)、国家科技进步二等奖(2015)、国家教学成果二等奖(2009)、省部级一等奖6项；以第一完成人获国内外发明专利授权78件，其中在企业转化51件，获中国专利金奖1件，获中国专利优秀奖2件。主持国家973计划项目、国家自然科学基金重大和重点项目、公益性农业行业专项等全国性重大与重点项目8项。获全国师德先进个人、全国优秀科技工作者、光华工程科技奖、全国创新争先奖、中华农业英才奖、国家教学名师等荣誉称号。

邱海波

东南大学副校长，东南大学附属中大医院重症医学科学科带头人、主任医师。2021年11月，当选第八届“全国敬业奉献模范”。(参见《玄武年鉴》2021卷第338页)

先进集体

国家级先进集体一览表

表2

获奖单位	荣誉称号	授予单位	授予时间
区关工委	全国关心下一代工作先进集体	中国关工委和中央文明办	2020.8
区公安分局预审大队	全国扫黑除恶先进集体	公安部	2021.4
区公安分局	全国公安机关成绩突出青年集体	公安部	2021.5

续表2

获奖单位	荣誉称号	授予单位	授予时间
区公安分局政务服务管理大队	第20届全国“青年文明号”	共青团中央、最高人民法院、国家发展和改革委员会、公安部	2021.8
区人民检察院	第十届全国检察机关文明接待室	最高人民检察院	2021.11
区工商联	2020—2021年度全国“五好”县级工商联	中华全国工商业联合会	2021.12
锁金村街道锁四社区	全国示范性老年友好型社区	全国老龄办	2021.10

省级先进集体一览表

表3

获奖单位	荣誉称号	授予单位	授予时间
区市场监管局	江苏省食品安全示范区	省食品安全委员会	2021.3
团区委	团省委10100创新创优工程二等奖	江苏团省委	2021.1
区公安分局关工委	江苏省关心下一代工作优秀集体	省关心下一代工作委员会	2021.1
区退役军人事务局	全省“优秀退役军人志愿服务队”	省退役军人事务厅	2021.12
区发展和改革委员会	全省脱贫攻坚暨对口帮扶支援合作先进集体	中共江苏省委、江苏省人民政府	2021.10
区发展改革委退休党员干部党支部	江苏省百佳离退休干部党支部	省委老干部局	2021.6
区统计局	全省人口普查工作成绩显著集体	省统计局	2021.11
区民政局	2021江苏省社区社会组织培育发展观察点	省民政厅	2021.12
区人民检察院	全省检察机关信息工作先进单位	省人民检察院	2021.1
区人民检察院团支部	江苏省五四红旗团支部	共青团江苏省委	2021.4
区人民检察院	2021年度全省“五好”基层检察院	省人民检察院	2022.2
新街口街道	江苏省第七次全国人口普查工作成绩显著集体	省第七次全国人口普查领导小组办公室、省统计局	2021.11
孝陵卫街道关工委	江苏省关心下一代工作优秀集体	省关心下一代工作委员会	2021.9
锁金村街道	江苏省第七次人口普查先进集体	省统计局	2021.3

市级先进集体一览表

表4

获奖单位	荣誉称号	授予单位	授予时间
区发展和改革委员会	全市抗击新冠肺炎疫情先进集体	中共南京市委、南京市人民政府	2021.1
区市场监管局	全市抗击新冠肺炎疫情先进集体	中共南京市委、南京市人民政府	2021.1
新街口街道	2020年度南京市机关作风建设标兵街道（镇）	中共南京市委、南京市人民政府	2021.2
孝陵卫街道	2021年度南京市机关作风建设标兵街道	中共南京市委、南京市人民政府	2022.1
孝陵卫街道银城东苑社区	南京市抗击新冠肺炎疫情先进集体	中共南京市委、南京市人民政府	2021.1
锁金村街道	2020年度党建引领物业管理服务工作市级示范点	中共南京市委组织部、中共南京市住房保障和房产局党组、中共南京市物业管理服务行业委员会	2021.4

2021年玄武区获南京市工人先锋号集体一览表

表5

获奖集体	表彰单位
南京贝弯信息科技有限公司编程业务部	南京市总工会

个人奖项

2021年玄武区获江苏省劳动模范一览表

表6

姓　名	单位职务	表彰单位
徐忠建	速度时空信息科技股份有限公司党委书记、董事长	江苏省总工会
刘文兵	南京玄武环境工程有限公司后勤保障部副主管	
郭继臣	南京市玄武区同仁街社区卫生服务中心副主任	
余　颖	南京师范大学附属小学校长	

2021年玄武区获南京市劳动模范一览表

表7

姓　名	单位职务	表彰单位
汪　斌	南京市玄武区梅园新村街道办事处城市管理部副部长	南京市总工会
王　洁	南京市玄武区人民检察院第四检察部主任	
杨金亮	南京市玄武区机关事务服务中心安保部部长	
曹海永	南京市北京东路小学书记、副校长	
石群英	南京市第十三中学教师	
陈璐滢	南京市玄武区兰园社区卫生服务中心全科1主任助理	
钱　锋	南京市玄武区红山社区卫生服务中心副主任	
但加成	玄武区住房保障和房产局党组书记、局长	
朱　艳	江苏苏源高科技有限公司工会主席	
高　毅	南京玄武环境工程有限公司调度	
龚跃峰	南京玄武城市建设集团有限公司安全总监	
钱　勇	江苏先声药业有限公司党委委员、南京研究院党总支书记、法规科学副总监	
杨昉婧	南京国环科技股份有限公司事业部副主任	
陈大文	江苏金盾检测技术股份有限公司技术总监	
张洪俞	南京微盟电子有限公司技术总监	
金震宇	大汉软件股份有限公司总裁	
冯　鹏	中科健康产业集团股份有限公司总裁	
钱　敏	玄武门街道公教一村社区居委会主任	
申　镇	南京市玄武区孝陵卫街道康定里社区居民委员会党委书记、居委会主任	
于　燕	玄武湖街道樱驼花园社区党委书记	
杨木纯	南京玄武园林绿化工程有限责任公司职工	
朱建国	南京黄埔汽车集团机修工	
杨桂山	中国科学院南京分院院长	

2021年玄武区获“江苏好人”称号一览表

表8

姓　名	工作单位	表彰单位
陈　炯	南京公路客运站务有限公司	中共江苏省委宣传部
汤小霞	锁金村街道紫鑫城社区	
李　靓	玄武区退役军人服务中心	

2021年玄武区获南京好市民一览表

表9

姓　名	单位职务	表彰单位
高　魏	南京市玄武区疾控中心副主任	中共南京市委宣传部
沈志军	南京市红山森林动物园主任、书记	
秦寿海	南京松翠园林建设有限公司总经理	
张晓艳	南京市同仁小学教科室主任	
韩　旭	南京市宇花小学副校长	中共南京市委宣传部
陈　加	玄武区财政局财政结算中心主任	
许　猛	南京市玄武区富贵山消防救援站副站长	
刘　宇	南京鼓楼医院心血管内科主治医师	
寿金丽	南京薇薇职业学校校长、党支部书记	
戴守能	南京市洪武北路小学校长	
李　靓	玄武区退役军人服务中心工作人员	
杨金宝	玄武分局食药环侦大队一级警长	
申　镇	玄武区孝陵卫街道康定里社区党委书记、居委会主任	
王　亮	江苏《风流一代》杂志社活动部主任	
王小娟	南京虹桥饭店员工	
吴　斌	中共南京市委党史办公室资政处二级调研员	

2021年玄武区“玄武好人”一览表

表10

姓　名	单位职务	表彰单位
班海滨	玄武区军队离退休干部第五休养所军休干部	中共南京市玄武区委宣传部
李　蔚	南京同心未成年人保护与服务中心志愿者	
王　莹	南京市月苑第一小学教师	
刘昌政	南京市玄武区人民法院一级法官	
王龙昊	南京市玄武区同仁街社区卫生服务中心中医科主任	
钟小宇	后宰门社区卫生服务中心中医科副主任医师	
徐　畅	玄武区消防大队逸仙桥站政治指导员	
张国强	钟山集团进香河集贸市场主任	
赵松慧	南京农业大学实验小学教师	
李　靓	玄武区退役军人服务中心工作人员	

（栏目编辑　时蔓菲）

附录

文件目录
文件选编
统计资料摘编
新闻媒体报道题录

2021年玄武区街道、社区一览表

表11

街道办事处		社区居民委员会		备注
名称	驻地	个数	名　称	
新街口	大石桥19号	6	香铺营、长江路、北门桥、唱经楼、大石桥、成贤街	
玄武门	百子亭8号	6	台城花园、百子亭、大树根、天山路、廖家巷、公教一村	
梅园新村	珠江路665号院落	9	东南大学、兰园、大影壁、梅园新村、大行宫、太平门、富贵山、北安门、明故宫	
锁金村	锁金村67号	7	锁一、锁二、锁三、锁四、锁五、新庄、紫鑫城	
孝陵卫	紫金华府B-79、B-82栋	11	小卫街、孝陵卫、晏公庙、盛和家园、钟灵街、农科院、南农大、铁匠营、理工大、康定里、银城东苑	
玄武湖	板仓街98号	10	板仓、花园路、蒋王庙、樱驼花园、东方城、樱铁村、仙鹤门、仙居雅苑、聚宝山、徐庄	
红山	营苑南路58号	10	北苑、月苑、营苑、红山公园、曹后、藤子、墨香山庄、红山、阳光嘉园、紫金小营	

2021玄武区地名命名表

表12

地名名称	类　别	所　在　位　置
红山悦购广场	商业建筑	东至南京市红山森林动物园管理处，南至红山南路，西至国有土地，北至国有土地
聚宝东路	道路	西起G36宁洛高速与聚宝路交汇涵洞东侧，由西向东折北，再折东，再折向北至仙尧路
聚力路	道路	南起聚宝山公园南1号门(接玄武大道)，北至聚宝东路
朗诗绿色中心	综合性建筑	东至南京市公安局特警支队，南至蒋王庙街，西至紫金橄榄苑，北至玄武大道
珑润城	综合性建筑	东至北苑东路，南至望山路，西至恒嘉路，北至大壮观路
珑润广场	珑润城内组团之一	东至过街山路，南至望山路接内部道路，西至恒嘉路，北至大壮观路
珑润华庭	珑润城内组团之一	东至过街山路，南至望山路，西至内部道路，北至内部道路
珑寓	珑润城内组团之一	东至领智路，南至寒光亭路，西至过衔山路，北至大壮观路
珑润华府	珑润城内组团之一	东至领智路，南至望山路，西至过街山路，北至寒光亭路
珑润大厦	珑润城内组团之一	东至北苑东路，南至寒光亭路，西至领智路，北至大壮观路
珑润艺术展览馆	珑润城内组团之一	东至北苑东路，南至寒光亭路，西至领智路，北至大壮观路
明日之城	综合性建筑	东至寒光亭路，南至空地，西至北苑东路，北至石景山路
言和路(南延)	路	南北走向，南起红山南路(东延)，北至言和路与文四路相交处

南京市玄武区2021—2022学年初幼儿园一览表

表13

机构名称	校数	地　址
总计	54	
一、教育部门办	16	
南京市北京东路小学附属幼儿园	1	北京东路47号
南京市半山园小学附属幼儿园	1	后宰门街46-2号
南京市长江路小学幼儿园	1	邓府巷36号
南京市逸仙实验幼儿园	1	紫金东路2号28栋
南京市锁金幼儿园	1	锁金三村1号
南京师范大学附属小学实验幼儿园	1	老虎桥16号
南京市玄武门幼儿园	1	高楼门26-5号
南京市孝陵卫中心幼儿园	1	钟山花园城陶然居1号
南京市北京东路小学附属阳光幼儿园	1	玄武大道88-2号
南京市北京东路小学附属月香幼儿园	1	月香路8号
南京师范大学附属小学钟秀幼儿园	1	钟毓街8号
南京市铁北新城第一幼儿园	1	华飞路6号
南京市北京东路小学附属恒嘉幼儿园	1	过街山路23号
南京市逸仙实验第二幼儿园	1	马高路317号
南京师范大学附属小学星河幼儿园	1	华跃路17号
南京市长江路小学附属博爱幼儿园	1	双拜巷155号
二、民办	17	
南京玄武钟灵农科苑幼儿园	1	钟灵街48号
南京市行知实验幼儿园	1	鹤鸣路49号
南京华星艺术幼儿园	1	华瑞苑33号
南京市小哈佛双语幼儿园	1	丹凤新寓6-1
南京市玄武区淘淘幼儿园	1	仙居花园小区内
南京玄武樱花幼儿园	1	樱驼花园思立园
南京玄武晶晶幼儿园	1	营苑新寓小区14幢
南京玄武东方城幼儿园	1	樱花路东方城小区内
南京红山幼儿园	1	月苑南路5号
南京玄武北苑之星幼儿园	1	华飞路8号北苑之星17幢
南京玄武月苑幼儿园	1	月苑南路7号
南京玄武墨香幼儿园	1	墨香路30号
南京紫金东郡幼儿园	1	苏宁大道8号
南京市玄武区淘淘幼儿园十字街分园	1	十字街1号

续表 13

机构名称	校数	地　　址
南京市玄武区淘淘幼儿园钟山山庄分园	1	钟山山庄28幢
南京市行知实验幼儿园花园路分园	1	花园路7号
南京市圣玛丽紫金华府幼儿园	1	顾家营路60号
三、集体办	6	
南京市长江路小学附属银城幼儿园	1	东苑路12号
南京市锁金新村第一小学附属幼儿园	1	锁金二村7号
南京市玄武区如意幼儿园	1	如意里38号
南京市玄武区花红园幼儿园	1	文德里78号
南京市玄武区钟山幼儿园	1	孝陵卫双拜巷28-1号
南京市玄武区锁金村第一幼儿园	1	锁金六村9号
四、其他部门办	15	
南京理工大学附属幼儿园	1	孝陵卫200号
东南大学总务处幼儿园	1	进香河路35号
南京体育学院附属幼儿园	1	灵谷寺路8号
南京农业大学附属幼儿园	1	童卫路6号
中国人民解放军海军指挥学院幼儿园	1	半山园21号
中国人民解放军32075部队香禾幼儿园	1	进香河路22号
南京军区南京实验幼儿园	1	黄埔路3号
南京前线幼儿园	1	卫岗55号
东部战区空军后勤部机关幼儿园	1	汉府街18号
南京军区空军直属机关幼儿园	1	龙蟠中路23号-1
南京军区政治部小天鹅幼儿园	1	龙蟠中路16号
中国人民解放军31121部队幼儿园	1	板仓街109号
南京市市级机关第一幼儿园	1	北京东路24号
南京熊猫新兴实业有限公司幼教中心御道街幼儿园	1	秦淮区中山东路526号
南京熊猫新兴实业有限公司幼教中心后宰门幼儿园	1	后宰门街32号大院内

玄武区2021—2022学年初小学学校一览表

表14

机构名称	校数	学校类别	学校地址
总计	26		
南京市徐庄高新区实验小学	1	小学	鹤鸣路1号
南京玄武外国语学校附属小学	1	小学	昆仑路43号
南京市锁金新村第一小学	1	小学	锁金村61号

续表 14

机构名称	校数	学校类别	学校地址
南京市锁金新村第二小学	1	小学	锁金五村2号
南京市宇花小学	1	小学	佛心桥36号
南京市小营小学	1	小学	龙蟠中路21号
南京市成贤街小学	1	小学	太平北路120号
南京市逸仙小学	1	小学	汉府街2号
南京市长江路小学	1	小学	长江路260号
南京市洪武北路小学	1	小学	北门桥1-16号
南京市同仁小学	1	小学	同仁西街16号
南京师范大学附属小学	1	小学	四牌楼4号
南京市中央路小学	1	小学	中央路52号
南京市红山小学	1	小学	黑墨营路96号
南京农业大学实验小学	1	小学	小卫街1号
南京市海英小学	1	小学	半山园20号
南京市北京东路小学	1	小学	北京东路47号
南京市月苑第一小学	1	小学	月苑南路10号
南京市玄武实验小学	1	小学	玄武大道88-1号
南京市立贤小学	1	小学	网板路9号
南京市紫金山小学	1	小学	顾家营59-6
南京理工大学实验小学	1	小学	胜利村路4号
南京市樱花小学	1	小学	樱花路15号
南京市铁北新城小学	1	小学	龙腾路5号
南京市启迪小学	1	小学	启迪大街29号
南京市科利华小学	1	小学	龙蟠路151-2号
南京市孝陵卫初级中学		九年一贯制学校	双拜巷133号

玄武区2021—2022学年初普通中学基本情况一览表

表 15

学校名称	校数	办学类型	地址
总计	16		
南京市梅园中学	1	初级中学	大悲巷13号
南京市孝陵卫初级中学	1	九年一贯制学校	双拜巷133号
南京市科利华中学	1	初级中学	后大树根40号
南京市紫东实验学校	1	初级中学	仙鹤门101号
南京市弘光中学	1	初级中学	胜利村路68号

续表15

学校名称	校数	办学类型	地址
南京市第十三中学锁金分校	1	初级中学	锁金村71号
南京市红山初级中学	1	初级中学	营苑南路3号
南京市第五十四中学	1	初级中学	后宰门西村20号
南京玄武外国语学校	1	初级中学	珠江路653号
南京市科利华紫金中学	1	初级中学	顾家营59-7号
南京市第九初级中学	1	初级中学	杨将军巷46号
南京市科利华铁北中学	1	初级中学	红藤路9号
南京市玄武高级中学(太平门校区)	1	高级中学	农场巷124号
南京市人民中学	1	完全中学	南京市中山路178号
南京市第十三中学	1	高级中学	西家大塘14号
南京市第九中学	1	高级中学	碑亭巷51号

玄武区养老机构一览表

表16

序号	名　　称	地　　址	负责人
1	南京高堂和悦养老服务有限公司	南京市玄武区玄武门街道中央路6号	玄文洁
2	南京市玄武区仁德养老养护中心	南京市玄武区玄武门街道厚载巷23号	李一娟
3	南京市玄武区鸿福老年公寓	玄武区梅园新村街道珠江路667-2号	徐敏州
4	南京市玄武区梅园街道老年照料中心	南京市玄武区梅园新村街道演武新村60号	吴梅芝
5	南京钟山银城养老产业发展有限公司(梅苑颐养中心)	梅园新村街道后宰门东村80号	周英霞
6	南京市玄武区九如城盛和养老护理中心	南京市玄武区孝陵卫街道马高路319号	王建辉
7	南京博爱老年公寓	南京市玄武区玄武湖街道钟山山庄20幢-21幢	祝玉梅
8	南京市玄武区颐鹤老年公寓	南京市玄武区玄武湖街道鹤鸣路59号	王四新
9	南京市玄武区君兆老年服务中心	南京市玄武区玄武湖街道樱驼花园樱花西路10号	臧小林
10	南京钟山银城养老产业发展有限公司(聚宝山颐养中心)	南京市玄武区玄武湖街道玄武大道96号聚宝山公园内	李文霞
11	南京幸福索酷养老服务有限公司	玄武区红山街道营苑南路100号	徐　晶
12	南京玄武好悦养老服务有限公司	南京市玄武区红山街道十字街3号	俞明明
13	南京钟山银城养老产业发展有限公司(月苑颐养中心)	玄武区红山街道月苑南路9号	仇　月
14	江苏安康通健康管理有限公司玄武颐养院分公司	华飞路1号	薛巧英
15	南京银城颐畅养老服务有限公司玄武分公司(富贵山颐养中心)	南京市玄武区佛心桥3-1号	张晓岚

文件目录

区委文件

4月15日　玄委发〔2021〕1号　区委、区政府印发《玄武区关于建设国际消费中心城市中心区的实施意见》的通知

2月22日　玄委发〔2021〕5号　区委、区政府关于表彰2020年度玄武区高质量发展先进集体、先进个人的决定

2月22日　玄委发〔2021〕6号　关于通报表扬2020年度玄武区作风建设先进单位、先进个人的决定

3月5日　玄委发〔2021〕12号　区委区政府关于表彰2020年度考核优秀等次人员的决定

5月12日　玄委发〔2021〕13号　区委、区政府关于印发《玄武区优化营商环境工作举措(2021年)》的通知

6月22日　玄委发〔2021〕17号　关于表彰“两优一先”的决定

9月10日　玄委发〔2021〕20号　关于通报表扬“2021年玄武区优秀教育工作者”获得者的通知

9月29日　玄委发〔2021〕22号　关于印发《法治玄武建设规划(2021—2025年)》的通知

9月29日　玄委发〔2021〕23号　关于印发《玄武区法治社会建设实施方案(2021—2025年)》的通知

2月7日　玄委办发〔2021〕2号　关于印发《中共玄武区委关于落实全面从严治党党(工)委、党组主体责任的实施办法》的通知

3月18日　玄委办发〔2021〕8号　区委办公室、区政府办公室关于印发《玄武区高新技术企业引培工作实施细则》的通知

7月29日　玄委办发〔2021〕16号　关于在疫情防控一线进一步激励全区广大党员干部担当作为的通知

10月12日　玄委办发〔2021〕23号　区委办公室、区政府办公室印发《玄武区关于加强新冠肺炎疫情常态化防控工作的意见》的通知

11月3日　玄委办发〔2021〕28号　区委办公室、区政府办公室印发《关于进一步减轻义务教育阶段学生作业负担和校外培训负担的实施方案》的通知

11月29日　玄委办发〔2021〕31号　区委办公室区政府办公室关于印发《玄武区贯彻落实〈关于常态化疫情防控条件下进一步加强基层治理能力建设的十项举措〉的通知》的通知

12月13日　玄委办发〔2021〕32号　关于印发《玄武区共青团基层组织改革实施方案》的通知

区政府文件

3月11日　玄政〔2021〕27号　关于印发《关于培育新业态拓展新消费，促进文旅产业高质量融合发展的实施意见》的通知

4月15日　玄政〔2021〕59号　关于表彰玄武区第四届青少年科技创新区长奖优秀单位、个人的决定

5月31日　玄政〔2021〕87号　关于印发《南京市玄武区突发事件总体应急预案》的通知

7月8日　玄政〔2021〕101号　关于印发《玄武区行政执法辅助人员管理细则》的通知

7月12日　玄政〔2021〕102号　关于印发《玄武区关于开展“产业质效提升年”的实施意见》的通知

11月9日　玄政〔2021〕181号　关于印发《南京市玄武区国民经济和社会发展第十四个五年规划和二0三五年远景目标纲要》的通知

3月5日　玄政办〔2021〕11号　关于印发《玄武区城市道路隔离桩(栏)及无障碍设施专项整治工作方案》的通知

5月7日　玄政办〔2021〕26号　关于进一步强化全区水环境提升工作推进机制的通知

6月29日　玄政办〔2021〕33号　关于印发《玄武区加快提升基层医疗卫生服务能力的实施意见》的通知

6月29日　玄政办〔2021〕34号　关于印发《玄武区改革完善全科医生培养与使用激励机制的实施意见》的通知

7月9日　玄政办〔2021〕35号　关于印发《2021

年玄武区深化"放管服"改革工作要点》的通知

9月6日　玄政办〔2021〕41号　关于印发《玄武区公共停车收费管理专项整治工作方案》的通知

9月7日　玄政办〔2021〕43号　区政府办公室关于印发玄武区全面推行证明事项告知承诺制工作方案的通知

11月30日　玄政办〔2021〕63号　关于印发《南京市玄武区街道权务清单》的通知

12月29日　玄政办〔2021〕66号　关于印发《玄武区停车资源共享工作实施方案》的通知

12月29日　玄政办〔2021〕67号　关于转发《玄武区"十四五"老旧小区改造专项规划》的通知

文件选编

玄武区残疾居民社会保险补贴办法

玄政规〔2021〕1号

第一条　为进一步完善全区残疾人社会保障体系和服务体系建设，保障残疾居民共享社会物质文化成果，促进社会和谐健康发展，根据《中华人民共和国残疾人保障法》《中国残疾人事业"十三五"发展纲要》和《南京市残疾人保障实施办法》有关精神，结合本区实际，制定本办法。

第二条　具有本区户籍，并持有第二代残疾人证，未进入南京市城镇职工、机关事业单位和征地保障体系的残疾人员，依照相关规定和程序，适用本办法。

第三条　区残联、人社局、财政局、各街道办事处共同负责残疾居民参保工作，其中区残联负责残疾居民参保工作总体协调，区人社局具体承办残疾居民参保工作，区财政局负责做好资金划拨。

区政府有关部门在各自职责范围内，协助做好残疾人参保有关工作。

第四条　参保险种为：城乡居民基本养老保险、城镇居民基本医疗保险。

南京市城乡居民基本养老保险，须年满十六周岁未满六十周岁（不含在校学生）；南京市城镇职工基本养老保险中个人灵活就业的参保人员交纳保险的费用参照居民基本养老保险补贴标准，缴费不满一年的按实际缴费月份测算进行补贴。

第五条　符合条件的残疾居民应每年十二月底前向户籍所在地社区提出参保补贴申请，并经街道办事处确认，形成发放名册。

无民事行为能力、限制民事行为能力的残疾居民，可由监护人办理申请社会保险相关事宜，经街道办事处审核后备注说明。

街道办事处负责对残疾居民参保工作进行审核和续保工作，并及时上报人员变化情况。

第六条　各街道办事处应将符合参加社会保险的残疾居民名单、补贴金额等情况张榜公示七日。

任何单位和个人对残疾居民参保补贴条件有异议的，均可向户籍所在地街道办事处提出，街道办事处应在十个工作日内完成核查，并反馈投诉人。

街道办事处将无异议的发放名册报送区残联审核。对不符合参保补贴条件的，街道办事处应书面告知申请人。

第七条　参保补贴发放实行"先缴后补"的原则，统一采取银行卡发放的形式，由街道办事处于次年三月底前发给残疾居民或监护人。

第八条　残疾居民有下列情形之一的，应终止参保资格或停发补贴。

（一）已实现稳定就业的；

（二）已经死亡的；

（三）户籍转出本区的；

（四）触犯刑律被判刑羁押的；

（五）其它不符合参保条件的。

第九条　参保险种缴费标准按南京市人民政府向社会公布的当期最低标准实施。

第十条　个人需缴纳的资金补贴由区残联编入部门预算，先缴后补，专款专用。享受最低生活保障待遇的残疾居民、二级以上重残居民、残疾在校学生的参保资金按《南京市城乡居民基本养老保险办法》（宁政规字〔2015〕5号）、《〈南京市城乡居民基本养老保险办法〉实施细则》（宁人社〔2015〕60号）、《南京市城乡居民基本医疗保险办法》（宁政发〔2018〕75号）等规定执行。

第十一条　本办法中的标准将根据南京市相

关政策及我区社会经济发展情况适时予以调整。

第十二条　本办法由区人社局、区残联根据各自职责负责解释。

第十三条　本办法自2021年2月8日起施行。原《玄武区残疾人居民社会保险补贴暂行办法》（玄政规〔2018〕1号）废止。

玄武区应对疫情影响助企纾困促进经济发展的若干措施

玄政〔2021〕117号

为深入贯彻落实习近平总书记关于统筹推进疫情防控和经济社会发展的重要讲话精神，全面落实国家和省市决策部署，按照“两在两同”建新功行动要求，进一步帮扶辖区内企业应对疫情影响，特制定以下工作举措：

一、应对疫情冲击，支持企业发展

1.降低融资成本。对受疫情影响的住宿餐饮、文体娱乐、交通运输、旅游等行业小微企业，在2021年8月1日至10月31日之间向银行申请并取得的新增流动资金贷款，按年化利率1%给予3个月贷款贴息。发挥市级民营企业转贷基金作用，对符合条件的企业，免收转贷基金费用、暂予减免因疫情造成的逾期罚息。对采取知识产权质押融资的，给予手续费用减免；对于高价值专利企业，给予优惠利率支持。（责任单位：区金融监管局、区市场监管局、区财政局）

2.减轻困难企业税收负担。对增值税小规模纳税人，适用3%征收率的应税销售收入，减按1%征收率征收增值税；适用3%预征率的预缴增值税项目，减按1%预征率预缴增值税；免征文化事业建设费。对受疫情影响的住宿餐饮、文体娱乐、交通运输、旅游等行业纳税人以及增值税小规模纳税人，暂免征收第三季度房产税、城镇土地使用税。（责任单位：区税务局）

3.延期缴纳税款。对因疫情影响导致生产经营困难的企业特别是小微企业，不能按期缴纳税款的，依法准予延期缴纳税款，缓缴期限最长不超过3个月。（责任单位：区税务局）

4.减免企业房屋租金。对承租区属国有全资企业和行政事业单位及其所办全资企业的经营性房产用于生产经营，且因疫情影响出现困难的服务业小微企业和个体工商户，减半收取7月份和8月份房租。鼓励非国有房屋企业（包括科技企业孵化器、众创空间、大学科技园等科创载体）为受疫情影响较大的行业最终承租人减免租金、延期缓缴。对疫情期间为在孵企业减免租金的科创载体，在2021年南京市科创载体绩效评价时给予倾斜支持。（责任单位：区国资办、区财政局、区税务局、区科技局）

5.降低社保费率。继续落实阶段性降低失业保险费率政策。对参保单位的工伤保险费率下调20%，对职工基本医疗保险（含生育保险）单位缴费费率从9.8%下调为8.8%，执行期限为2021年8月1日至10月31日。（责任单位：区人社局、区财政局）

6.延期缴纳社保费。对因疫情影响导致生产经营困难的企业特别是小微企业，准予申请缓缴职工养老、失业、工伤3项社会保险费，缓缴期限最长不超过6个月。（责任单位：区人社局、区税务局）

7.支持企业开展稳岗培训。对受疫情影响的企业，按规定开展稳岗项目制培训的，给予企业100～500元/人的培训补贴。（责任单位：区人社局、区财政局）

8.小微企业工会经费返还。落实小微企业工会经费全额返还工作，帮助企业纾困解难，对符合政策的小微企业，及时返还工会经费。（责任单位：区总工会）

二、畅通经济循环，加快市场复苏

9.优化金融服务。简化“紫金快贷”审批流程，加快放款速度；鼓励金融机构采取线上视频、远程拍摄线上录入等方式，实行不见面审核，压缩放款时间；联合金融产业协同发展联盟成员单位，推出快贷、秒贷等特色线上金融服务；对暂时遇到困难的小微企业，协调金融机构不抽贷、不断贷、不压贷，充分保障企业合理流动性需求。（责任单位：区金融监管局、区财政局）

10.发挥联盟引领作用。充分发挥我区钟山农业创新发展联盟、硅巷联盟、金融产业协同发展联盟、文旅融合发展联盟、新街口商圈发展联盟的综合优势和独特作用，加强行业交流，统筹盘活现有资源，为中小微企业牵线搭桥，实现资源互享、信息互通、互利互惠，推动中小微企业持续健康发展。（责任单位：区发改委、区科技局、区金融监管局、区文旅局、新街口街道）

11.帮助企业开拓市场。指导外贸企业开拓国际市场，稳住美、欧、日、韩等传统市场，强化“一带一路”沿线国家贸易，组织参加线上线下展会。借助世界智能制造大会、金洽会等重大活动契机，帮助企业对接优质资源，助推企业创新发展，提高市场订单。（责任单位：区商务局、区发改委）

12.举办系列主题活动。抓好中秋、国庆等消费热点，推出“国庆”文旅活动套餐，举办“长江路小剧场话剧节”、文化惠民等活动，丰富消费供给；对接市级主管部门，放宽商业综合体临时外摆限制，增加营业面积，配合企业开展各类促销活动，激发居民消费热情。（责任单位：区商务局、区文旅局）

13.不断拓展消费领域。持续推动“国际消费中心城市中心区”建设，整合旅游景区、文博场馆、演艺场所资源，深入挖掘文化遗产价值内涵和文化元素，设计开发符合市场需求的文创产品和旅游商品。布局一批24小时功能性书屋、打造一批“夜遇博物馆”文旅品牌。在夜间及周末加强联动，鼓励夜购、夜食、夜游、夜演等夜间消费，提供全时段、全流程消费体验。（责任单位：区商务局、区文旅局）

三、优化营商环境，提升服务效能

14.完善企业服务体系。持续深化企业服务联席会议、区领导包保重点企业、企业服务专员等特色做法，高效推进政策兑现、企业帮扶等事宜，建立企业服务闭环。（责任单位：区发改委、区各相关部门）

15.打造高效政务环境。用好“办不成事”反映窗口，畅通企业诉求反映渠道，用扎实服务帮助企业解决疑难杂症，全面提升企业办事满意度。（责任单位：区行政审批局）

16.畅通政策直达渠道。加强惠企政策宣传，扩大政策覆盖面，确保惠企政策应知尽知；强化部门联动、资源整合、信息共享，按照市级相关部门要求，对部分政策实现“免申即享”“网申捷享”“代办直达”。（责任单位：区发改委、区各相关部门）

17.加强信用和法律服务。对受疫情影响产生的轻微失信行为实施信用豁免，及时指导各类失信主体开展信用修复。对小微企业受疫情影响经营困难产生的法律纠纷，组织律师服务团队，帮助研判风险、制定解决方案。（责任单位：区发改委、区司法局）

国家、省、市出台的相关支持政策，一并遵照执行。区各相关部门负责相关政策的解释。本政策自印发之日起实施，未特别注明时限的，有效期至2021年年底。

关于全面深入做好中小学课后服务工作的实施方案

玄政办〔2021〕57号

为深入贯彻落实中共中央办公厅、国务院办公厅《关于进一步减轻义务教育阶段学生作业负担和校外培训负担的意见》（中办发〔2021〕40号）精神，认真落实《省教育厅等四部门关于全面推进中小学课后服务进一步提升课后服务水平的实施意见》（苏教基〔2021〕5号）和《市政府办公厅印发关于全面深入做好中小学课后服务工作实施意见的通知》（宁政办发〔2021〕30号）要求，充分发挥学校育人主阵地作用，全面推进中小学课后服务，更好促进中小学生全面发展和健康成长，现就全面深入做好玄武区中小学课后服务工作制定如下方案。

一、指导思想

以习近平新时代中国特色社会主义思想为指导，全面贯彻习近平总书记关于“双减”重要指示批示精神、深入落实党中央“双减”工作决策部署的重要举措，解决当前家长急难愁盼问题、满足学生多样化发展需求，始终站稳人民立场，切实履行属地责任、部门管理责任和学校实施主体责任，提高站位、周密部署、担当作为，确保将全面推进课后服务、进一步提升课后服务水平的各项工作落到实处。

二、工作原则

1.需求导向，全面覆盖。课后服务坚持需求导向和学生、家长自愿原则，以解决家长后顾之忧为出发点，确保做到全区所有义务教育学校和有需要的学生全覆盖。

2. 校园主体，育人为本。课后服务要坚持立德树人鲜明导向，大力发展素质教育，促进学生全面发展和健康成长。有效指导学生认真完成课后作业，积极开展各种课后育人活动，满足学生多样化学习和成长需要，提高课后服务的吸引力，进一步提升学校育人水平。

3. 多方联动，合力共推。课后服务是一项综合性工作，全区各部门要各尽其责，通力协作，会同教育形成合力共推课后服务开展。区教育局要发挥牵头作用，抓好统筹协调，指导学校课后服务实施工作。

三、主要任务

（一）扩大课后服务范围

课后服务坚持需求导向和学生、家长自愿原则，以解决家长后顾之忧为出发点，积极扩大服务范围和对象。课后服务范围为全区所有义务教育学校，服务对象为全区每个有需要的义务教育阶段学生。2021年秋季开学后，确保做到全区所有义务教育学校和有需要的学生全覆盖。

（二）保证课后服务时间

学校每周5个工作日都要开展课后服务，结束时间一般不早于当地正常下班时间（原则上为18:00）。对此后仍有特殊需要的学生，由家长或监护人提出申请，学校应提供延时托管服务。有条件的初中，周一至周五可设晚自习（原则上不晚于20:30结束）。

（三）丰富课后服务内容

全区各校要充分关照不同学段学生成长特点、家长不同时段接走孩子的现实需求，以及学校办学的自身优势，在指导学生自主完成课后作业的基础上，组织开展各类素质拓展活动，丰富课后服务内容。

各校应加大对各学段学科作业的统筹管理力度，严控作业总量，提高作业质效。教师组织学生合理规划自我学习，督促学生自主认真完成作业，指导学生形成良好的学习习惯。小学家庭作业一般在学校完成；初中阶段尽量在学校完成大部分家庭作业，积极为学生开展答疑解惑，对学有余力的学生进行拓展提升、对学有困难的学生进行补缺补差。学校不得利用课后服务时间讲授新课。

各校应充分发掘校本资源、社区资源、地域资源，组织开展丰富多彩的德育、体育、科普、艺术、劳动、阅读、影视欣赏等素质拓展活动。要增加户外运动时间，重视学生体质健康与视力保护，让学生在适性扬才、合作分享的活动中活跃身心、发展潜能。

对有较长延时托管服务需求的学生给予爱心守护、温暖关怀，为有困难的家庭解决后顾之忧。各校课后服务教室应备足课外读物，以便学生开展课外阅读，让学生在教师陪护、同伴互助中丰富情感、感受关爱。

（四）拓展参与服务渠道

课后服务坚持以学校教师承担为主，也可积极争取退休教师、学生家长、高校优秀师生以及体育、艺术、科技等领域具备资质的社会专业人员、志愿服务人员，为学生提供形式多样的服务。全区各校要充分发挥德育示范基地、素质教育实践基地以及高校、科研院所、图书馆、博物馆、科技馆、少年宫等校外活动场所育人作用，尝试建立和完善校内校外协同育人体系。区教育局可根据发展学生兴趣特长的需要，适当引入资质优良、行为规范、信誉度高、无违法违规记录的社会组织和校外专业机构参与课后服务，过程中要加强统筹安排，规范组织遴选，严格遵循公益服务性质和学校、学生自愿原则。任何社会组织和校外专业机构严禁利用课后服务时间开展或变相开展学科类教育培训。

（五）完善免费线上服务

区教育局要围绕德智体美劳五育内容，征集和开发丰富优质的线上教育教学资源，要积极创造条件，组织优秀教师录制优质网课、开展免费在线答疑辅导服务。积极利用国家中小学网络平台、省“名师空中课堂”、市“金陵微校”、区“爱·学习”在线教育学习平台和学校网络平台等，免费向学生提供高质量、有特色的专题教育资源和覆盖各年级、各学科的学习资源，帮助学生答疑解惑、拓展学习。

（六）精心落实一校一案

区教育局应指导各校根据相关文件要求，结合本校实际，制定完善课后服务的“一校一案”，并于开学前一周报区教育局审核。学校要着力优化体育锻炼与户外活动、自主作业与辅导、素质拓展活动等安排，统筹做好人员、场地、时间、资源和经费等管理，研制形成包括活动种类、课程内容、师资安排、参加对象、容纳人数、时间安排等信息的课后服务指南；规范宣传发动、征求意见、课程设置、学生申请、组织实施、总结提升等工作环节，充分动员学生和家长有序报名参加，努力让更多学生参与到课后服务中来，不断提高方案的科学性、合理性、可操作性。

各校要采用信息化手段提高课后服务组织管理效率，要对参与课后服务的教师和工作人员开展培训，明确工作职责和规范要求，做好参与课后服务学生信息和活动过程管理，科学开展评价。充分发挥学生家长和校务委员会在课后服务中的协助、沟通、监督等作用。

五、保障措施

（一）明确工作责任。区教育局要发挥牵头作用，成立工作专班，全面负责中小学课后服务工作的谋划、指导和监督；抓好统筹协调，全面指导学校开展课后服务工作，会同区委编办为学校补齐补足教师编制，适当增加科技、体艺等教师。区发改委要会同区财政局、区教育局等部门加强对课后服务费和代收费的监管。区财政局要加大财政支持力度，切实加强学校课后服务经费保障。区人社局要做好教师课后服务绩效工资总量增核，配合区教育局做好完善教师合理补助办法等工作。文旅、科技、团委、妇联等单位要有计划地为学校提供课后服务资源，丰富课后服务内容。全区各校要主动与街道、社区加强沟通联系，合力推进课后服务开展。

（二）严格落实经费保障。区财政局要加大财政支持力度，切实落实学校课后服务经费保障责任。区财政局按照参加课后服务的学生平均每生每年不少于500元标准设立专项资金，用于课后服务公用经费和人员补助等支出。2021年秋季学期起，中小学课后服务费纳入政府定价范围，收费标准为每生每学期300元，学校不得跨学期收取。民办学校开展课后服务的相关支出纳入学费定价成本，不再另行收取课后服务费。课后服务还可采用代收费方式，向社会组织和校外专业机构购买服务，以满足课后服务需求，具体要求按照国家和省有关文件规定执行。各校要认真落实家庭经济困难学生课后服务资助政策，对建档立卡、低保等家庭经济困难学生实行减免。区域要制订课后服务经费管理办法，确保专款专用、依规使用。

（三）建立合理补助机制。要尊重教师劳动，切实保障教师合法权益。义务教育学校教职工在法定工作日开展课后服务，补助按照每课时白天不低于80元、晚自习不低于100元的标准核定发放，开展在线答疑辅导的教师可参照执行。对学校外聘的参与课后服务的社会专业人员，可根据经区教育局审核备案的协议，支出有关劳务报酬。

（四）核增教师绩效工资。区人社局在核定绩效工资总量时，应按市定办法把用于教师课后服务补助的经费额度，作为绩效工资增量并予以单列，不作为次年正常核定绩效工资总量的基数。增核的绩效工资专门用于参与课后服务教职工的分配，区教育局要指导学校修订完善绩效工资分配方案，增设或合并有关课后服务补助项目，明确具体发放办法。

（五）加强安全管理。全区各校要将加强安全管理和落实疫情防控常态化要求放在课后服务工作的首位，建立健全安全卫生管理制度，明确安全卫生管理责任。各校要加强师生安全卫生教育、技能培训、应急演练，加强建筑、设备、消防、交通等安全管理，定期排查及时消除隐患，制订落实考勤、监管、交接班、放学护送等制度，确保学生人身安全。

（六）强化督导考核。区委编办、区教育局、区财政局、区人社局应按市政府对区政府履行教育职责评价体系，切实做好服务的组织安排与各项保障工作。区教育局要把课后服务开展情况作为责任督学挂牌督导工作的重要任务，责任督学要加强对学校课后服务工作的经常性督导。教师参加课后服务的情况应作为考核奖惩、职称晋升和绩效工资分配的重要参考。积极创建市级课后服务示范区和示范单位。

（七）营造良好环境。区委宣传部、网信办、区教育局要加强舆论引导，采用多种方式，做好政策解读，让广大家长、学生和社会充分了解课后服务政策和内容要求。加强典型宣传，弘扬正能量，引导社会各界人士关心和支持课后服务工作。全区、各校和社会各界要关心关爱教师，既要鼓励教师发扬奉献精神，又要保护教师的合法权益，充分调动广大教师参与课后服务的积极性。为保证课后服务顺利开展，学校可统筹安排教师实行“弹性上下班制”。

统计资料摘编

地区生产总值完成情况表(2021)

表 17

单位:亿元

行业分类	本期止累计	同比增长(%)
地区生产总值	1205.94	8.8
第一产业	0.00	—
第二产业	21.21	-0.3
第三产业	1184.73	8.9
批发和零售业	147.06	7.8
批发业	101.00	7.5
零售业	46.06	8.4
交通运输、仓储和邮政业	69.00	5.7
住宿和餐饮业	23.74	7.1
住宿业	12.11	3.1
餐饮业	11.63	11.6
金融业	230.25	8.3
房地产业	136.61	24.3
K门类房地产	121.18	27.2
自有房地产经营活动	15.43	5.0
营利性服务业	360.48	6.5
信息传输、软件和信息技术服务业	207.95	5.7
租赁和商务服务业	58.14	2.3
科学研究和技术服务业	61.58	6.7
居民服务、修理和其他服务业	10.95	8.8
文化、体育和娱乐业	21.86	27.4
非营利性服务业	217.53	7.2
水利、环境和公共设施管理业	7.56	1.6
教育	104.23	8.9
卫生和社会工作	29.94	5.3
公共管理、社会保障和社会组织	75.80	6.2

注:绝对值按现行价格计算,增长速度按可比价格计算,本表为季报

全社会固定资产投资完成情况表

表 18

单位:万元

指标内容	同比增长
全社会固定资产投资	8.5
其中:房地产开发投资	-11.5

房地产开发投资完成情况表(2021)

表19

指标内容	计量单位	本期止累计	同比增长(%)
房地产开发投资额	万元	761508	-11.5
1.按工程用途分			
住宅	万元	465955	-25.6
办公楼	万元	79247	-0.6
商业用房	万元	91448	-8.2
其它	万元	124858	125.7
2.房屋建设面积			
施工面积	平方米	1677789	36.6
其中:住宅	平方米	743117	-3.5
竣工面积	平方米	1979	-98.6
其中:住宅	平方米	1979	-97.9
3.商品房销售面积	平方米	341737	43.3
其中:住宅	平方米	325131	58.2
4.房屋销售额	万元	1554863	57.9
其中:住宅	万元	1509256	64.6
5.商品房待售面积	平方米	0	
其中:住宅	平方米	0	

注:商品房销售面积包括现房销售面积和期房销售面积;销售额同指

全区固定资产投资完成情况表(2021)

表20　　单位:亿元

板块、部门名称	本期止累计
梅园新村	5.04
新街口	12.31
玄武门	20.52
锁金村	8.00
红　山	66.65
孝陵卫	11.35
玄武湖	11.30
徐管委	11.18
铁管委	14.68
教育局	1.28
水务局	1.31
房产局	1.66

社会消费品零售总额完成情况表(2021)

表21

单位:万元

项　目	本期止累计	同比增长(%)
社会消费品零售总额	11297677	9.8
其中:限额以上社零	8677914	13.8
一、限额以上社零按行业分		
(一)批发业	677439	-6.3
(二)零售业	7721705	14.9
(三)住宿业	60867	15.6
(四)餐饮业	217904	22.1
二、限额以上社零按登记注册类型分		
(一)内资经济	68394101	8.6
(二)港澳台商投资经济	17631584	34.5
(三)外商投资经济	527236	21.6
(四)个体经营经济	226223	0.5

外向型经济完成情况表(2021)

表22

	年计划	1—12月累计	同比±%	完成年计划%
实际利用外资(万美元)	26000	39416	65.1	151.6
外贸进出口(亿元)	734	803.4	18.2	109.5

玄武区2021年末户籍人口情况表

表23

地　区	总户数(户)	总人口(人)			性别比(%)	2020年末户籍人口(人)
		合计	男	女		
玄武区	157071	464454	229904	234550	98.02	467489
梅园新村街道	29845	78455	37438	41017	91.27	79816
新街口街道	25231	74813	37045	37768	98.09	85840
玄武门街道	15648	62440	32255	30185	106.86	65061
锁金村街道	14150	43230	21227	22003	96.47	34155
红山街道	23620	64269	31729	32540	97.51	62049
孝陵卫街道	28718	88894	44535	44359	100.40	88551
玄武湖街道	19859	52353	25675	26678	96.24	52017

玄武区2021年户籍人口变动情况表

表24

单位:人

			总人数	男	女
人口变动情况	增加数	出　　生	2376	1242	1134
		市外迁移	6659	—	—
		市内移入	15701	—	—
		其　　他	81	—	—
	减少数	死　　亡	2714	1530	1184
		迁往市外	5955	—	—
		市内移出	19136	—	—
		其　　他	47	—	—

2021年高新技术、科技型企业认定情况表

表25

	单位	新增数	全区累计数
高新技术企业	家	47	371

注:高新技术企业按年度进行认定,年底确定累计数

2021年徐庄高新区注册企业情况表

表26

	单位	引进注册企业	累计注册企业
徐庄高新区	家	681	2963

注:该数据为徐庄核心区统计数据

2021年专利授权量完成情况表

表27

类　别	单位	1—12月累计数(件)	同比增长±%
发明专利	件	3592	43.16
实用新型	件	6454	15.89
外观设计	件	386	-21.22
合　计	件	10432	21.76

城镇居民生活情况表(2021)

表28

单位:元

	2021年	2021年为上年(%)
市居民人均可支配收入	81471.8	108.80
城市居民人均消费支出	—	—
恩格尔系数(%)	—	—
文教娱乐支出比重(%)	—	—
人均住房建筑面积(含偶尔居住房平方米)	—	—

玄武区2021/2022学年初幼儿园学生、办学条件基本情况表

表29

机构名称	班数(个)	离园人数(人)	入园人数(人)	在园人数(人)	幼儿园占地及校舍面积(平方米)				室外游戏场地(平方米)	图书(册)
					占地面积	建筑面积	教学及辅助用房	行政办公用房		
总计	458	4257	3717	12832	231987.19	163845.72	120097.73	10897.86	103439.27	247008
南京市北京东路小学附属幼儿园	11	117	111	308	3248	3247	2434.9	182.1	1400	3646
南京市半山园小学附属幼儿园	9	87	72	261	4528	3775	3106	405	2088	4070
南京市长江路小学幼儿园	8	87	50	230	4003.8	4485.3	3381.95	345	1800	6450
南京市逸仙实验幼儿园	9	93	75	254	2861.93	2227.53	1704.8	60	1356	3000
南京市锁金幼儿园	9	85	75	245	3600	1677	1367	215	1600	4389
南京师范大学附属小学实验幼儿园	12	109	98	334	4554	5413	4244	360	2450	7254
南京市玄武门幼儿园	6	79	46	162	3670	1367	1115	121	609	5130
南京市长江路小学附属银城幼儿园	10	103	87	291	7000	3522.88	2750	160	2762	3800
南京市孝陵卫中心幼儿园	9	108	75	279	4123.8	2656	2052	232	1500	3600
南京理工大学附属幼儿园	18	179	155	476	8038	5425	3241	327	4749	7473
东南大学总务处幼儿园	11	123	98	304	7001	4213	3551	163	2788	10181
南京体育学院附属幼儿园	6	68	50	178	3285	1805	1533	150	1355	2696
南京农业大学附属幼儿园	10	85	79	294	3078	3300	2789	199	1848	4850
南京玄武钟灵农科苑幼儿园	13	111	75	344	4200	3280	3000	100	2000	6125
中国人民解放军海军指挥学院幼儿园	6	60	43	147	5500	2800	1258	200	3300	3800
中国人民解放军32075部队香禾幼儿园	9	70	73	235	6450	4127	1873.7	1178.4	3106	4962
南京军区南京实验幼儿园	10	90	80	289	11340	5880	3869	116	5732	9050
南京前线幼儿园	6	43	53	175	4600	2615	2007	88	1750	3650
东部战区空军后勤部机关幼儿园	10	79	69	239	2146	4342	2024	231	920	7780
南京军区空军直属机关幼儿园	14	120	114	389	7451	5183	3854	594	3853	6950
南京军区政治部小天鹅幼儿园	15	88	127	427	7500	7750	5727	310	2500	16970
中国人民解放军31121部队幼儿园	5	41	41	97	3770	2475	1380	112	1400	2770
南京市市级机关第一幼儿园	15	161	129	469	5902	5072.4	3971.37	533.93	2832	9716
南京熊猫新兴实业有限公司幼教中心御道街幼儿园	12	156	99	383	5180	3956	2931	184	3000	8810
南京市锁金新村第一小学附属幼儿园	9	108	95	322	2500	1490	1197	63	1050	3600
南京熊猫新兴实业有限公司幼教中心后宰门幼儿园	6	67	49	183	2324	1254	982	170	1300	2785
南京市玄武区如意幼儿园	7	80	79	234	2125	2426	2134	114	964	5981
南京市玄武区花红园幼儿园	5	83	36	192	1057	670	541	60	450	2800
南京市玄武区钟山幼儿园	6	75	61	189	1563	863	763	40	700	4354
南京市玄武区锁金村第一幼儿园	7	67	54	211	3265	1921	1570	96	1285	4620
南京市行知实验幼儿园	9	144	75	304	4600	4090	3335.6	382	2037	4384
南京华星艺术幼儿园	6	28	29	116	2120	1740	810	190	1000	2500
南京市小哈佛双语幼儿园	9	72	63	258	1100	1700	970	90	640	3200

续表 29

机构名称	班数(个)	离园人数(人)	入园人数(人)	在园人数(人)	幼儿园占地及校舍面积(平方米)				室外游戏场地(平方米)	图书(册)
					占地面积	建筑面积	教学及辅助用房	行政办公用房		
南京市玄武区淘淘幼儿园	11	98	96	318	4500	3150	2192	110	1900	5000
南京玄武樱花幼儿园	7	88	60	187	2644	1697	1357	30	1020	4020
南京玄武晶晶幼儿园	9	80	88	273	6048	2628.56	1229	68	2412	4697
南京玄武东方城幼儿园	6	56	39	141	2480	1923	1659	114	921	2668
南京红山幼儿园	12	116	81	302	5544	3933	2969	528	2904	5504
南京市北京东路小学附属阳光幼儿园	9	98	81	265	4457.4	2843.9	1784.2	293.55	1966.43	3516
南京玄武北苑之星幼儿园	6	68	25	162	4100	1900	1310	90	2000	3000
南京玄武月苑幼儿园	6	57	45	148	1200	1268	1008	45	400	1500
南京玄武墨香幼儿园	9	96	103	257	2800	2350	1564.9	79.5	1464	5030
南京紫金东郡幼儿园	9	91	55	237	10466	3635	3130	335	3400	4091
南京市北京东路小学附属月香幼儿园	10	98	74	275	5160	3746.51	2803.81	198.6	1876	4300
南京市玄武区淘淘幼儿园十字街分园	6	49	33	137	1000	1300	1200	35	300	1700
南京市玄武区淘淘幼儿园钟山山庄分园	6	55	40	151	1750	1450	1305	60	500	1640
南京市行知实验幼儿园花园路分园	6	54	49	182	2200	860	720	40	700	2100
南京师范大学附属小学钟秀幼儿园	5	32	48	140	4707.52	3197.61	2483.71	264.4	2133.62	2653
南京市铁北新城第一幼儿园	8	31	60	207	4778.25	3824.16	3049.7	182.9	2662.43	3627
南京市北京东路小学附属恒嘉幼儿园	6	0	67	172	4156.8	3180.24	2887.09	92.51	2166.9	2160
南京市圣玛丽紫金华府幼儿园	9	24	64	211	4674.25	3314.5	2451.2	194.17	2970	3848
南京市长江路小学附属博爱幼儿园	5	0	39	101	4000.11	2514.09	1860	90	2060	1500
南京市逸仙实验第二幼儿园	5	0	49	141	6227.33	4058.44	3124	120	1759	2400
南京师范大学附属小学星河幼儿园	1	0	6	6	5409	4323.6	2542.8	155.8	1799.89	708

玄武区 2021/2022 学年初幼儿园教师基本情况表

表 30　　　　单位：人

机构名称	教职工	专任教师	专任教师按专业技术职务分						专任教师按学历分					
			正高级	副高级	中级	助理级	员级	未定职级	博士研究生	硕士研究生	本科	专科	高中阶段	高中阶段以下
总计	2179	1111	0	8	288	401	51	363	0	16	814	281	0	0
南京市北京东路小学附属幼儿园	56	34	0	1	12	20	0	1	0	0	34	0	0	0
南京市半山园小学附属幼儿园	44	25	0	1	13	10	0	1	0	0	23	2	0	0
南京市长江路小学幼儿园	42	24	0	1	11	10	0	2	0	1	23	0	0	0
南京市逸仙实验幼儿园	42	23	0	0	12	10	0	1	0	2	20	1	0	0
南京市锁金幼儿园	41	23	0	0	13	10	0	0	0	0	20	3	0	0
南京师范大学附属小学实验幼儿园	53	29	0	1	17	10	0	1	0	1	27	1	0	0
南京市玄武门幼儿园	32	18	0	0	11	7	0	0	0	0	17	1	0	0

续表30

机构名称	教职工	专任教师	专任教师按专业技术职务分						专任教师按学历分					
			正高级	副高级	中级	助理级	员级	未定职级	博士研究生	硕士研究生	本科	专科	高中阶段	高中阶段以下
南京市长江路小学附属银城幼儿园	37	21	0	0	3	10	0	8	0	0	20	1	0	0
南京市孝陵卫中心幼儿园	40	22	0	2	13	7	0	0	0	0	20	2	0	0
南京理工大学附属幼儿园	84	42	0	0	9	18	0	15	0	3	29	10	0	0
东南大学总务处幼儿园	58	30	0	0	7	2	0	21	0	1	26	3	0	0
南京体育学院附属幼儿园	27	13	0	0	1	1	1	10	0	0	3	10	0	0
南京农业大学附属幼儿园	48	22	0	0	0	11	1	10	0	0	17	5	0	0
南京玄武钟灵农科苑幼儿园	56	28	0	0	0	3	7	18	0	0	13	15	0	0
中国人民解放军海军指挥学院幼儿园	35	19	0	0	9	8	0	2	0	0	16	3	0	0
中国人民解放军32075部队香禾幼儿园	50	24	0	0	3	9	0	12	0	0	12	12	0	0
南京军区南京实验幼儿园	64	27	0	0	19	6	2	0	0	0	25	2	0	0
南京前线幼儿园	36	14	0	0	4	10	0	0	0	0	12	2	0	0
东部战区空军后勤部机关幼儿园	57	27	0	0	10	16	0	1	0	0	27	0	0	0
南京军区空军直属机关幼儿园	85	54	0	0	26	14	0	14	0	0	33	21	0	0
南京军区政治部小天鹅幼儿园	79	41	0	2	16	18	0	5	0	3	38	0	0	0
中国人民解放军31121部队幼儿园	28	12	0	0	3	4	0	5	0	0	9	3	0	0
南京市市级机关第一幼儿园	86	39	0	0	19	13	1	6	0	2	37	0	0	0
南京熊猫新兴实业有限公司幼教中心御道街幼儿园	51	24	0	0	6	10	0	8	0	0	11	13	0	0
南京市锁金新村第一小学附属幼儿园	41	21	0	0	10	6	0	5	0	0	17	4	0	0
南京熊猫新兴实业有限公司幼教中心后宰门幼儿园	23	13	0	0	4	4	0	5	0	0	11	2	0	0
南京市玄武区如意幼儿园	34	18	0	0	5	9	0	4	0	0	11	7	0	0
南京市玄武区花红园幼儿园	24	12	0	0	2	0	7	3	0	0	9	3	0	0
南京市玄武区钟山幼儿园	26	13	0	0	0	4	5	4	0	0	0	13	0	0
南京市玄武区锁金村第一幼儿园	31	16	0	0	3	7	0	6	0	0	9	7	0	0
南京市行知实验幼儿园	42	20	0	0	1	0	3	16	0	0	7	13	0	0
南京华星艺术幼儿园	25	13	0	0	0	0	3	10	0	0	5	8	0	0
南京市小哈佛双语幼儿园	36	18	0	0	4	7	0	7	0	0	9	9	0	0
南京市玄武区淘淘幼儿园	41	22	0	0	0	3	0	19	0	0	13	9	0	0
南京玄武樱花幼儿园	38	21	0	0	1	8	1	11	0	0	9	12	0	0
南京玄武晶晶幼儿园	40	19	0	0	0	3	16	0	0	0	8	11	0	0
南京玄武东方城幼儿园	27	14	0	0	0	5	0	9	0	0	8	6	0	0
南京红山幼儿园	52	26	0	0	1	16	0	9	0	0	20	6	0	0
南京市北京东路小学附属阳光幼儿园	39	21	0	0	5	15	0	1	0	0	20	1	0	0
南京玄武北苑之星幼儿园	29	13	0	0	1	0	0	12	0	0	6	7	0	0
南京玄武月苑幼儿园	23	12	0	0	0	2	0	10	0	0	4	8	0	0

续表30

机构名称	教职工	专任教师	专任教师按专业技术职务分						专任教师按学历分					
			正高级	副高级	中级	助理级	员级	未定职级	博士研究生	硕士研究生	本科	专科	高中阶段	高中阶段以下
南京玄武墨香幼儿园	39	19	0	0	0	0	0	19	0	0	7	12	0	0
南京紫金东郡幼儿园	46	23	0	0	1	17	0	5	0	0	17	6	0	0
南京市北京东路小学附属月香幼儿园	42	22	0	0	5	16	0	1	0	1	21	0	0	0
南京市玄武区淘淘幼儿园十字街分园	23	12	0	0	0	8	0	4	0	0	8	4	0	0
南京市玄武区淘淘幼儿园钟山山庄分园	24	13	0	0	0	5	0	8	0	0	6	7	0	0
南京市行知实验幼儿园花园路分园	27	13	0	0	0	1	0	12	0	0	3	10	0	0
南京师范大学附属小学钟秀幼儿园	26	11	0	0	2	4	0	5	0	0	11	0	0	0
南京市铁北新城第一幼儿园	34	17	0	0	3	12	0	2	0	0	16	1	0	0
南京市北京东路小学附属恒嘉幼儿园	27	12	0	0	1	8	0	3	0	1	11	0	0	0
南京市圣玛丽紫金华府幼儿园	39	20	0	0	0	2	0	18	0	0	15	5	0	0
南京市长江路小学附属博爱幼儿园	21	10	0	0	0	2	0	8	0	1	9	0	0	0
南京市逸仙实验第二幼儿园	23	10	0	0	2	0	4	4	0	0	10	0	0	0
南京师范大学附属小学星河幼儿园	6	2	0	0	0	0	0	2	0	0	2	0	0	0

玄武区2021/2022学年初小学学校班级、学生数情况表

表31

机构名称	毕业生数	招生数	在校生数							班级数(个)						
			合计	一年级	二年级	三年级	四年级	五年级	六年级	合计	一年级	二年级	三年级	四年级	五年级	六年级
总计	3547	5303	27739	5303	4881	4866	4714	4087	3888	726	134	126	127	122	109	108
南京市徐庄高新区实验小学	101	236	1170	236	225	225	176	170	138	31	6	6	6	5	4	4
南京玄武外国语学校附属小学	0	322	1169	322	172	175	165	168	167	28	8	4	4	4	4	4
南京市锁金新村第一小学	94	101	575	101	108	105	77	96	88	18	3	3	3	3	3	3
南京市锁金新村第二小学	112	111	619	111	108	100	115	97	88	18	3	3	3	3	3	3
南京市宇花小学	62	59	373	59	45	56	79	66	68	17	3	2	3	3	3	3
南京市小营小学	196	270	1419	270	264	262	239	213	171	35	6	6	6	6	6	5
南京市成贤街小学	142	206	1053	206	176	203	179	150	139	26	5	4	5	4	4	4
南京市逸仙小学	70	78	420	78	85	56	69	66	66	18	3	3	3	3	3	3
南京市长江路小学	203	259	1344	259	234	233	199	215	204	32	6	6	5	5	5	5
南京市洪武北路小学	113	91	572	91	83	96	107	99	96	18	3	3	3	3	3	3
南京市同仁小学	75	93	550	93	110	95	95	77	80	18	3	3	3	3	3	3
南京师范大学附属小学	304	537	2955	537	496	560	552	445	365	69	12	12	13	13	10	9
南京市中央路小学	188	191	1030	191	161	179	178	169	152	30	5	5	5	5	5	5
南京市红山小学	142	160	928	160	114	153	173	154	174	24	4	4	4	4	4	4
南京农业大学实验小学	203	241	1340	241	251	251	230	179	188	34	6	6	6	6	5	5
南京市海英小学	137	117	766	117	140	122	148	111	128	24	4	4	4	4	4	4

续表31

机构名称	毕业生数	招生数	在校生数							班级数(个)						
			合计	一年级	二年级	三年级	四年级	五年级	六年级	合计	一年级	二年级	三年级	四年级	五年级	六年级
南京市北京东路小学	227	285	1645	285	276	287	315	256	226	39	7	6	7	7	6	6
南京市月苑第一小学	249	251	1551	251	243	263	276	234	284	37	6	6	6	7	6	6
南京市玄武实验小学	75	124	639	124	98	109	117	97	94	18	3	3	3	3	3	3
南京市立贤小学	150	266	1336	266	269	223	225	184	169	31	6	6	5	6	4	4
南京市紫金山小学	0	180	656	180	196	163	117	0	0	16	4	5	4	3	0	0
南京理工大学实验小学	391	449	2778	449	445	456	467	498	463	61	10	10	11	10	10	10
南京市樱花小学	175	184	1189	184	226	202	210	183	184	33	5	6	6	6	5	5
南京市铁北新城小学	0	179	389	179	135	75	0	0	0	9	4	3	2	0	0	0
南京市启迪小学	0	90	90	90	0	0	0	0	0	2	2	0	0	0	0	0
南京市科利华小学	81	105	539	105	96	87	93	86	72	18	3	3	3	3	3	3
南京市孝陵卫初级中学	57	118	644	118	125	130	113	74	84	22	4	4	4	3	3	4

玄武区2021/2022学年初小学学校教职工基本情况表

表32

机构名称	教职工数(人)	专任教师数(人)	专任教师按职称分(人)						专任教师按学历分(人)					
			正高级	副高级	中级	助理级	员级	未定职级	博士研究生	硕士研究生	本科	专科	高中阶段	高中阶段以下
总计	1949	1904	6	96	1019	582	1	200	0	151	1673	80	0	0
南京市徐庄高新区实验小学	73	72	0	6	30	18	0	18	0	6	64	2	0	0
南京玄武外国语学校附属小学	83	74	2	5	25	32	0	10	0	15	55	4	0	0
南京市锁金新村第一小学	50	49	0	3	36	9	0	1	0	3	40	6	0	0
南京市锁金新村第二小学	48	47	0	3	30	12	0	2	0	3	43	1	0	0
南京市宇花小学	46	44	0	2	28	13	0	1	0	5	39	0	0	0
南京市小营小学	91	90	0	5	50	28	0	7	0	7	80	3	0	0
南京市成贤街小学	72	69	0	3	44	22	0	0	0	2	59	8	0	0
南京市逸仙小学	49	48	0	4	32	11	0	1	0	3	41	4	0	0
南京市长江路小学	94	92	0	4	56	32	0	0	0	2	86	4	0	0
南京市洪武北路小学	55	54	0	2	37	14	0	1	0	3	51	0	0	0
南京市同仁小学	45	44	0	2	30	10	0	2	0	1	41	2	0	0
南京师范大学附属小学	178	176	2	7	90	50	0	27	0	18	148	10	0	0
南京市中央路小学	89	87	0	3	52	16	0	16	0	6	80	1	0	0
南京市红山小学	70	69	0	3	35	23	0	8	0	3	64	2	0	0
南京农业大学实验小学	83	82	0	5	45	23	0	9	0	6	71	5	0	0
南京市海英小学	63	62	0	3	51	6	0	2	0	3	56	3	0	0
南京市北京东路小学	112	111	1	10	71	27	0	2	0	4	102	5	0	0
南京市月苑第一小学	108	107	1	3	48	47	1	7	0	6	95	6	0	0
南京市玄武实验小学	45	43	0	2	15	22	0	4	0	7	36	0	0	0

续表32

机构名称	教职工数（人）	专任教师数（人）	专任教师按职称分（人）						专任教师按学历分（人）					
			正高级	副高级	中级	助理级	员级	未定职级	博士研究生	硕士研究生	本科	专科	高中阶段	高中阶段以下
南京市立贤小学	80	79	0	3	39	25	0	12	0	10	68	1	0	0
南京市紫金山小学	41	39	0	0	8	19	0	12	0	6	33	0	0	0
南京理工大学实验小学	168	166	0	10	70	60	0	26	0	13	146	7	0	0
南京市樱花小学	82	81	0	3	45	26	0	7	0	7	68	6	0	0
南京市铁北新城小学	30	27	0	1	7	8	0	11	0	1	26	0	0	0
南京市启迪小学	8	8	0	1	1	3	0	3	0	0	8	0	0	0
南京市科利华小学	45	45	0	1	21	17	0	6	0	7	38	0	0	0
南京市孝陵卫初级中学	41	39	0	2	23	9	0	5	0	4	35	0	0	0

玄武区2021/2022学年初小学学校办学条件基本情况表

表33

学校名称	占地面积（平方米）	校舍建筑面积（平方米）						图书（册）	数字终端数（台）			运动场地面积（平方米）	固定资产总值（万元）	
		计	教学及辅助用房						计	教师终端数	学生终端数		计	教学仪器设备资产值
			计	教室	专用教室	公共教学用房								
						计	室内体育用房							
总计	353718.84	279210.56	177940.57	99760.8	32119.78	46059.99	26301.4	948083	6974	2998	3594	176743	36299.92	18371.227
南京市徐庄高新区实验小学	29167	34638	7809	3289	1180	3340	2500	35267	193	99	94	6800	932	901
南京玄武外国语学校附属小学	5696	5139.6	4355.6	2872.6	1156	327	0	35723	213	75	138	3765	355	323
南京市锁金新村第一小学	6365	8398.5	5454	3091	556	1807	1679	26837	292	99	193	2679	1073.02	763.294
南京市锁金新村第二小学	7575	3779	3135	2720	265	150	0	25270	163	60	103	4690	900.04	597.716
南京市宇花小学	9414	6239	4164	1474	1588	1102	320	14749	141	63	78	3500	1578	489
南京市小营小学	15200	13034.3	8500.1	4739.1	1015	2746	2400	44751	263	173	90	7680	2299	1542
南京市成贤街小学	9476	6453	5987	4732	280	975	880	37836	232	64	168	4486	1154	594
南京市逸仙小学	6647.95	11128.5	6451.2	2138.4	1260	3052.8	1652.4	17970	282	114	158	1300	1660.35	912.57
南京市长江路小学	11512	9579	7509	4276	1718	1515	708	41893	516	237	279	5436	1432	808
南京市洪武北路小学	8600	6710	5276	3116	1145	1015	50	23804	135	80	55	4900	674	344
南京市同仁小学	6641.5	7090	5681	3253	792	1636	993	23221	116	45	71	2890	1009.38	490.815
南京师范大学附属小学	24026.2	17309	15154	11004	930	3220	1650	38650	511	199	312	17010	3616	1482
南京市中央路小学	4719	7406.59	6932	5052	830	1050	800	36087	219	129	90	2960	1582	763
南京市红山小学	14100	10040	7967	2813	3552	1602	605	33622	248	99	149	6489	1736.45	613.840
南京农业大学实验小学	15934.69	11619.7	7754.7	3764.7	1912	2078	1200	42443	323	112	211	7780	1372	962
南京市海英小学	7389	6690	5241	3356	1345	540	350	29797	146	66	80	5435	1221.87	553.131
南京市北京东路小学	18820	13086	9939	6166	2725	1048	360	71091	789	287	161	12525	3211.15	1201.64
南京市月苑第一小学	18199	10382	8036	6874	298	864	462	57856	283	106	177	10428	1099	485
南京市玄武实验小学	15074.95	6525	3455	1664	922	869	570	31016	243	70	173	4914	2318.5	485.5

续表33

学校名称	占地面积（平方米）	校舍建筑面积（平方米）						图书（册）	数字终端数（台）			运动场地面积（平方米）	固定资产总值（万元）	
		计	教学及辅助用房						计	教师终端数	学生终端数		计	教学仪器设备资产值
			计	教室	专用教室	公共教学用房								
						计	室内体育用房							
南京市立贤小学	19301	22521	17145	7490	2800	6855	3184	40085	239	143	96	9100	1045	775
南京市紫金山小学	24842	15593.9	4851.97	2324	518.78	2009.19	1300	20427	127	48	48	14271	690.16	688.720
南京理工大学实验小学	24926	14960	13271	5795	3682	3794	2899	90170	563	271	292	17940	2313	1064
南京市樱花小学	17729	9562	6493	3870	515	2108	399	42385	489	247	242	8580	1458	979
南京市铁北新城小学	14473	6238	2435	1220	202	1013	640	11700	72	24	48	4995	950	220
南京市启迪小学	12390.55	10701.21	1480	160	500	820	700	3000	22	9	13	2700	70	56
南京市科利华小学	5500	4387.26	3464	2507	433	524	0	22433	154	79	75	3490	550	277

备注：孝陵卫初级中学小学部办学条件部分统计在初中

玄武区2021/2022学年初普通中学班级、学生数情况表

表34

学校名称	班级数（个）									毕业生数		招生数		在校学生数								
	合计	初中				高中				初中	高中	初中	高中	合计	初中				高中			
		计	一年级	二年级	三年级	计	一年级	二年级	三年级						计	一年级	二年级	三年级	计	一年级	二年级	三年级
总计	484	328	112	111	105	156	51	54	51	3491	2182	4537	2266	20820	13771	4537	4795	4439	7049	2266	2471	2312
南京市梅园中学	21	21	7	7	7					223		210		676	676	210	230	236				
南京市孝陵卫初级中学	11	11	3	4	4					82		65		271	271	65	101	105				
南京市科利华中学	42	42	14	14	14					537		640		1936	1936	640	683	613				
南京市紫东实验学校	23	23	8	7	8					116		300		909	909	300	304	305				
南京市弘光中学	36	36	12	12	12					388		519		1634	1634	519	562	553				
南京市第十三中学锁金分校	33	33	11	11	11					421		544		1560	1560	544	514	502				
南京市红山初级中学	43	43	14	15	14					486		595		1941	1941	595	694	652				
南京市第五十四中学	18	18	6	6	6					214		191		632	632	191	202	239				
南京玄武外国语学校	36	36	12	12	12					455		535		1582	1582	535	527	520				
南京市科利华紫金中学	10	10	4	4	2					32		157		429	429	157	186	86				
南京市第九初级中学	34	34	12	12	10					412		508		1481	1481	508	516	457				
南京市科利华铁北中学	8	8	4	3	1					0		151		294	294	151	116	27				
南京市玄武高级中学（太平门校区）	30					30	10	10	10		430		448	1396					1396	448	473	475
南京市人民中学	41	13	5	4	4	28	9	10	9	125	391	122	393	1680	426	122	160	144	1254	393	458	403
南京市第十三中学	53					53	17	18	18		682		721	2246					2246	721	783	742
南京市第九中学	45					45	15	16	14		679		704	2153					2153	704	757	692

玄武区2021/2022学年初普通中学教职工基本情况表

表35

单位：人

学校名称	教职工（人）	专任教师（人）	初中专任教师（人）											高中专任教师（人）											
			按专业技术职务分						按学历分					按专业技术职务分						按学历分					
			正高级	副高级	中级	助理级	员级	未定职级	博士研究生毕业	硕士研究生毕业	本科毕业	专科毕业	高中阶段毕业	正高级	副高级	中级	助理级	员级	未定职级	博士研究生毕业	硕士研究生毕业	本科毕业	专科毕业	高中阶段毕业	高中阶段以下毕业
总计	1843	1771	3	267	490	174	26	153	1	201	911	0	0	5	276	211	34	0	132	1	266	391	0	0	0
南京市梅园中学	83	77	0	18	49	6	0	4	0	7	70	0	0												
南京市孝陵卫初级中学	38	37	0	15	16	5	0	1	0	4	33	0	0												
南京市科利华中学	142	139	2	35	52	25	0	25	1	37	101	0	0												
南京市紫东实验学校	76	73	0	12	23	7	0	31	0	9	64	0	0												
南京市弘光中学	122	119	0	32	54	15	0	18	0	25	94	0	0												
南京市第十三中学锁金分校	121	117	0	30	60	16	0	11	0	23	94	0	0												
南京市红山初级中学	140	137	0	26	62	23	26	0	0	24	113	0	0												
南京市第五十四中学	70	65	0	23	35	7	0	0	0	6	59	0	0												
南京玄武外国语学校	139	132	0	20	60	36	0	16	0	22	110	0	0												
南京市科利华紫金中学	36	35	0	1	7	12	0	15	0	11	24	0	0												
南京市第九初级中学	118	114	1	32	57	16	0	8	0	21	93	0	0												
南京市科利华铁北中学	32	31	0	6	3	3	0	19	0	9	22	0	0												
南京市玄武高级中学(太平门校区)	139	135												0	68	42	8	0	17	0	43	92	0	0	0
南京市人民中学	166	154	0	17	12	3	0	5	0	3	34	0	0	0	49	42	4	0	22	0	27	90	0	0	0
南京市第十三中学	215	205												5	75	57	14	0	54	1	127	77	0	0	0
南京市第九中学	206	201												0	84	70	8	0	39	0	69	132	0	0	0

玄武区2021/2022学年初普通中学办学条件基本情况表

表36

学校名称	占地面积（平方米）	校舍建筑面积（平方米）							图书（册）	数字终端数（台）			运动场地面积（平方米）	固定资产总值（万元）	
		计	教学及辅助用房							计	教师终端数	学生终端数		计	教学仪器设备资产值
			计	教室	专用教室	公共教学用房									
						计	室内体育用房								
总计	408248.49	346338.03	169317.75	67617.09	45952.12	55748.54	28617.72		978365	7759	3465	4084	152499.05	45173.796	22144.426
南京市梅园中学	15965	18534	8307	4637	1800	1870	1030		31605	284	200	84	7026	2234.307	774.565
南京市孝陵卫初级中学	15840	16278	10781	2055	1530	7196	2450		30879	448	198	250	5588	2061	1275
南京市科利华中学	10576	22553.2	12062.7	5816.4	3594.3	2652	1914		79631	568	308	260	3973.6	3057.187	1156.986
南京市紫东实验学校	39824	9920	5284	3013	1337	934	0		36531	377	75	96	11192	2398.09	720.48
南京市弘光中学	28380	18195	13224	3430	6250	3544	1320		65480	770	403	367	15480	1054	1017
南京市第十三中学锁金分校	19079	20219.2	11989	3300	5208	3481	829		62400	551	242	309	15100	2105.84	1344.3
南京市红山初级中学	34616	24477.85	11840.57	3500.4	2420.42	5919.75	1639.65		77640	421	132	289	16193	1084.41	1000.15
南京市第五十四中学	16170	10922.8	5590.63	2620.8	2383.35	586.48	88.49		45662	234	70	164	7004	1070.700	484.934
南京玄武外国语学校	17207	20843	13945	6894	3275	3776	3496		65280	770	139	631	10985	3234.33	770
南京市科利华紫金中学	18158	9992.58	3261.13	1363	750	1148.13	671.33		17160	96	48	48	4757	620	443
南京市第九初级中学	23390.1	21139	10988	6680	2724	1584	1045		59240	512	323	185	5816.45	1354.317	787.523
南京市科利华铁北中学	24619.17	28234.7	2993.72	1189.49	467.05	1337.18	871.25		11810	183	44	139	3320	346.9218	100
南京市玄武高级中学(太平门校区)	19606	22160	12729	4254	4145	4330	1278		66169	526	146	380	6464	4551.588	1451.893

续表 36

学校名称	占地面积(平方米)	校舍建筑面积(平方米)						图书(册)	数字终端数(台)			运动场地面积(平方米)	固定资产总值(万元)	
		计	教学及辅助用房						计	教师终端数	学生终端数		计	教学仪器设备资产值
			计	教室	专用教室	公共教学用房								
						计	室内体育用房							
南京市人民中学	27105	34993.9	16538	4132	2993	9413	7284	85779	607	160	447	9602	3125.3	2020.81
南京市第十三中学	41670	31377	15038	8616	2625	3797	2800	116653	556	393	163	15700	7193.804	4297.785
南京市第九中学	56043.22	36497.8	14746	6116	4450	4180	1901	126446	856	584	272	14298	9682	4500

玄武区 2021/2022 学年初特殊教育学校基本情况表

表 37

<table>
<tr><th>学校类别</th><th colspan="2">校数</th><th colspan="6">学校情况</th><th colspan="3">学生情况</th></tr>
<tr><td rowspan="9">学生数</td><td colspan="2" rowspan="2">1</td><td colspan="2">学校类别</td><td colspan="2">学校办别</td><td colspan="2">班数</td><td colspan="2">毕生业数</td><td>学生数</td></tr>
<tr><td colspan="2">专业学校</td><td colspan="2">教育部门</td><td colspan="2">7</td><td colspan="2">23</td><td>93</td></tr>
<tr><td colspan="11">教职工情况</td></tr>
<tr><td colspan="5">按学历分</td><td colspan="6">按职称分</td></tr>
<tr><td>博士研究生</td><td>研究生毕业</td><td>本科毕业</td><td>专科毕业</td><td>高中阶段毕业</td><td>正高级</td><td>副高级</td><td>中级</td><td>助理级</td><td>员级</td><td>未定级</td></tr>
<tr><td>0</td><td>3</td><td>18</td><td>1</td><td>0</td><td>0</td><td>0</td><td>2</td><td>9</td><td>8</td><td>21</td></tr>
<tr><td colspan="11">办学条件</td></tr>
<tr><td colspan="2">占地面积(平方米)</td><td colspan="2">建筑面积(平方米)</td><td colspan="2">教辅面积(平方米)</td><td colspan="2">行政用房(平方米)</td><td>图书(册)</td><td colspan="2">数字资源(GB)</td></tr>
<tr><td colspan="2">4289</td><td colspan="2">5377</td><td colspan="2">4190</td><td colspan="2">500</td><td>4590</td><td colspan="2">0</td></tr>
</table>

玄武区 2021/2022 学年初中等职业教育在校学生数及分专业情况表

表 38　　单位:人

专　业	年制	毕业生数	#职业类证书	#职业技能等级证书	招生数	在校生数	#现代学徒制	一年级	二年级	三年级	四年级以上	预计毕业生数
美术绘画	3	132	132	0	0	277	0	0	161	116	0	116
绘画	3	0	0	0	169	169	0	169	0	0	0	0
美术设计与制作	3	30	30	0	0	83	0	0	53	30	0	30
艺术设计与制作	3	0	0	0	25	25	0	25	0	0	0	0
商务韩语	3	7	7	0	5	19	0	5	8	6	0	6
家政服务与管理	3	0	0	0	0	1	0	0	0	1	0	1
商务日语	3	5	5	0	10	32	0	10	14	8	0	8
商务英语	3	8	8	0	10	20	0	10	3	7	0	7
舞蹈表演	3	2	2	0	11	13	0	11	0	2	0	2
戏剧表演	3	1	1	0	3	12	0	3	5	4	0	4
学前教育	3	78	78	0	0	49	0	0	0	49	0	49
音乐	3	19	19	0	0	74	0	0	37	37	0	37
音乐表演	3	0	0	0	50	50	0	50	0	0	0	0
幼儿保育	3	0	0	0	48	116	0	48	68	0	0	0
表演艺术_高职	3	22	22	0	36	62	0	36	0	26	0	26

续表38

专业	年制	毕业生数	#职业类证书	#职业技能等级证书	招生数	在校生数	#现代学徒制	一年级	二年级	三年级	四年级以上	预计毕业生数
幼儿发展与健康管理	3	69	69	0	0	195	0	0	126	69	0	69
婴幼儿托育服务与管理_高职	3	0	0	0	112	112	0	112	0	0	0	0
计算机网络技术	3	77	77	0	31	86	0	31	24	31	0	31
动漫与游戏制作	3	0	0	0	35	35	0	35	0	0	0	0
老年人服务与管理	3	33	33	0	61	137	0	61	43	33	0	33
电子商务	3	29	29	0	81	208	0	81	74	53	0	53
休闲体育服务与管理	3	0	0	0	27	27	0	27	0	0	0	0
美容美体	3	21	21	0	0	44	0	0	18	26	0	26
运动训练	3	23	23	0	6	69	0	6	37	26	0	26
计算机应用	3	0	0	0	0	3	0	0	0	3	0	3
数字媒体技术应用	3	2	2	0	0	2	0	0	0	2	0	2
软件与信息服务	3	3	3	0	0	0	0	0	0	0	0	0
美发与形象设计_中职	3	2	2	0	0	0	0	0	0	0	0	0
会计_高职	3	0	0	0	0	38	0	0	38	0	0	0
旅游管理_高职	3	0	0	0	25	66	0	25	41	0	0	0
数字媒体应用技术_高职	3	20	20	0	0	50	0	0	27	23	0	23
虚拟现实技术应用_高职	3	0	0	0	37	37	0	37	0	0	0	0
人物形象设计_高职	3	21	21	0	16	53	0	16	19	18	0	18
软件技术_高职	3	21	21	0	35	91	0	35	27	29	0	29
数字媒体技术_高职	3	0	0	0	39	39	0	39	0	0	0	0
计算机应用技术_高职	3	32	32	0	34	94	0	34	31	29	0	29
电子商务_高职	3	20	20	0	30	68	0	30	21	17	0	17
计算机动漫与游戏制作	3	56	56	0	0	97	0	0	28	69	0	69
休闲服务	3	28	28	0	0	52	0	0	28	24	0	24
美容美体艺术_中职	3	0	0	0	27	27	0	27	0	0	0	0
艺术设计高职	3	24	24	0	33	75	0	33	19	23	0	23

玄武区2021/2022学年初中等职业教育学校专任教师及办学条件情况表

表39

学校名称	中职专任教师										
	按学历分					按职称分					
	合计	研究生毕业	本科毕业	专科毕业	高中阶段及以下	合计	正高级	副高级	中级	初级	未定职级
玄武中等专业学校	229	50	179	0	0	229	2	79	93	23	32

学校名称	办学条件											
	占地面积(平方米)	建筑面积(平方米)							运动场地(平方米	绿化面积(平方米)	计算机(台)	固定资产总值(万元)
		教辅用房(平方米)		行政用房	会堂	体育馆	图书馆	其他				
		教室	实验室									仪器设备
玄武中等专业学校	30301	6452	14952	3962	3111	4154	1806	11915	23578	32529	1271	3637

新闻媒体报道题录

南京日报

1月4日　【送学上门】情暖老党员（杜文双）

1月4日　志愿服务暖心到家，独居老人衣食无忧

1月5日　玄武区委书记闵一峰讲话

1月5日　一线社区民警配备轻便电动自行车（段仁虎）

1月6日　长江路小学10名"小交警"上岗（钱红艳）

1月6日　聚焦两大重点，精炼六大"功夫"　玄武用创新实践演绎"强富美高"新征程

1月6日　玄武多所学校将垃圾分类知识编入儿童剧　儿歌朗朗上口，儿童闻"圾"起舞（夏雪晴）

1月8日　玄武五个"新"字筑梦新征程（邓露洁　夏雪晴）

1月11日　昨日上午，南京市公安局玄武分局举行升旗仪式，庆祝第一个中国人民警察节（段仁虎）

1月11日　"戏曲进校园"活动走进北小润童心（夏雪晴）

1月13日　入夜后，长江路上的文旅市集人气足（崔晓）

1月14日　舒国英　玄武区新街口街道唱经楼社区人民调解委员会调解员

1月17日　江苏"小高考"开考（徐琦摄）

1月19日　玄武区与高校结对打造小教名师（夏雪晴）

1月19日　对标大型渣土车精细化管理方式　五小工程车将全部"实时在线"监管（顾小萍）

1月19日　我市首创退役军人之家综合体　最温暖的"家"，致敬最可爱的人（余梦娇　邓露洁）

1月21日　玄武区90%以上企业垃圾分类达标（顾小萍）

1月22日　江苏省肿瘤医院医务人员在玄武门社区卫生服务中心接种新冠疫苗

1月25日　智慧化管理全覆盖　玄武18个在建项目工地尽显"科学范"（邓露洁）

1月26日　玄武建立分类收运体系　保障垃圾分类稳步推进

2月2日　玄武区严查国企"微腐败"（张义）

2月3日　玄武区唐家山桥加固维护工程第一阶段完成（胡以红　何雯）

2月4日　涉及六大行业，推荐千余岗位　玄武开展"就业援助"活动（夏雪晴）

2月6日　聚焦全域创新发展、创新主体培育等关键环节　玄武六项行动推动创新名城建设（邓露洁）

2月6日　玄武区扎牢【十个关口】【铁脚板】织起安全网　【机制化】带来高效率（邓露洁　夏雪晴）

2月9日　玄武区市政设施综合养护管理所开展春节前环境集中整治活动（胡以红　何雯）

2月10日　玄武区市政部门做好2021年春节期间城市道路设施保障工作（胡以红　何雯）

2月16日　社区关爱子女不能回宁过年的老人"子女回不来，过年我们来"（王健）

2月16日　大年初三7个督查组开展全覆盖检查　玄武区纪委监委集中监督疫情防控（毛庆）

2月19日　链通资源系统，优化生态布局　创新赋能，绘就玄武"智慧"小康蓝图（夏雪晴）

2月20日　纪录片拍摄历时3月，前世今生里跳动时代脉搏"1800米长江路"今晚出镜央视9套（邓露洁）

2月22日　摄影师用镜头记录长江路—城市道路变身"文旅大街"（杜文双）

2月23日　玄武区市场监管局加大监管检查力度　进口冷链食品，每件都要检测（夏雪晴）

2月24日　玄武将建国际消费中心城市中心区（邓露洁）

2月25日　从"基本均衡"走向"优质均衡"小康路上，玄武基础教育凸显个性（杜文双）

2月25日　优异者，奖！不合格，改！新街口推垃圾分类"12345"工作法（邓露洁）

2月27日　总投资895亿元，年度计划投资172亿元　101个重大项目为玄武"十四五"开局（邓露洁　夏雪晴）

3月2日　江苏省最美志愿者俞晓冬出资开办古筝班，连续7年义务支教　大山深处琴声　放飞山娃梦想（余梦娇）

3月3日　环境靓了，服务暖了，模式新了　家门口小医院也能享专家服务（邓露洁）

3月3日　读听观访，立贤小学党支部蓄力冬训求实效（王静）

3月4日　玄武为困难群众购买健康医疗险（邓露洁　夏雪晴）

3月4日　七旬老人见证锁金村小康之路　菜地鱼塘上掘起"金陵幸福第一街"（杜文双）

3月5日　探访【雷锋式】警务工作服务站北京东路站——平凡英雄　温暖有光（朱静）

3月6日　社区居民收看开幕会（杜文双）

3月9日　玄武区委书记闵一峰：对标找差，创出高质量发展【玄武路径】（邓露洁　夏雪晴）

3月10日　二月垃圾分类工作综合排名揭晓　玄武、溧水分列城郊区组榜首

3月11日　玄武区教育重点建设项目集中开工　铁北红山新城新建扩建两所名校（夏雪晴　钱红艳）

3月12日　跳出传统发展思路，用活现实资源禀赋　玄武续写高质量发展"春天故事"（玄宣）

3月16日　玄武区：以群众满意为标准推动作风建设（余梦娇）

3月16日　"走新"又"走心"银城幼儿园党支部冬训活动掀热潮（银幼）

3月17日　红山街道社会治理引入文明商户公约整治占道经营等　"共联共建"齐发力　沿街店铺"眉目清"（夏雪晴）

3月17日　买重疾险后患癌，遭"等待期发病"为由拒赔　法院一审宣判保险公司支付理赔金（张源源）

3月19日　玄武区金融局兴行防范非法金融联合宣传活动（李任娟）

3月24日　党员冬训走出校园（王伟）

3月27日　玄武检方在上市企业设驻企检察官（徐宁　许震宁）

3月31日　1912街区百余商家签下清运函（顾小萍）

3月31日　"红梅"造型扮靓梅园新村

4月2日　玄武区纪委监委派驻纪检监察组联合在单位举办竞赛　多支代表队抢答党史知识（毛庆）

4月7日　玄武区赴雨花台举行现场学习会（邓露洁）

4月7日　南京市锁金新村第二小学开展党员冬训（李明）

4月8日　玄武区市场监管局严把青团销售质量关（夏雪晴）

4月8日　玄武区蒋王庙320户居民二次供水改造完成（夏雪晴）

4月9日　玄武区金融局开展党史学了产教育（李任娟）

4月10日　移动"普法使者"穿梭大街小巷"法治专线"公交车投入运行（邓露洁　徐宁）

4月12日　月苑一小开展"同读一本书"知识竞赛活动（李灿伦）

4月12日　南师大附小仙鹤门分校亲子音乐课醉了春天（李灿伦）

4月13日　七旬老人历时8年重走长征路用图文记录一路所思所悟（夏雪晴）

4月13日　玄武与南京环科所开展六大项目合作（邓露洁　夏雪晴）

4月13日　学党史"潮"镜头　社区书记当"主播"直播间里上党课（邓露洁）

4月14日　交通安全进社区（王茸）

4月16日　理工大实小开设植物养护课程（钱红艳）

4月17日　探索高校与基础教育融合　玄武区"基础物理科学培育基地"揭牌（夏雪晴）

4月21日　国内首颗小学生参研科普立方卫星10月升空　南京小学生放飞"卫星梦"（谈洁　钱红艳）

4月21日　万名老人免费学用智能手机专项行动已惠及六千多人　社区指尖课堂让便捷生活【触手可及】（马道军）

4月22日　海英小学的"海娃们"奔走相告南京舰的海军叔叔回信了！（余梦娇）

4月22日　7.1公里接力跑（段仁虎）

4月22日　玄武区查处车辆违停

4月25日　玄武关力打造国际肖费中心城市中心区　借力文旅资源　打出消费【特色牌】

5月7日　等火车的工夫，就把疫苗打了　首辆移动疫苗接种车开进南京站（邓露洁　程晓）

5月9日　南京城市硅巷建设推进会举行　南师大玄武科技园开园　韩立明出席（邹伟　王灿）

5月10日　应急救护知识现场学（杜文双）

5月13日　玄武年内新增三处【梧桐语】城市客厅　居民在家门口乐享丰富精神文化资源（邓露洁）

5月13日　每平方米积尘量不超3克　玄武区将打造8条保洁精品道路(顾小萍)

5月13日　D9街区本月十九日亮相长江路　长江路文旅集聚区再添载体【明珠】(夏雪晴　邓露洁)

5月14日　玄武:创新学习教育形式,办好群众实事——打造红色教育【实境课堂】设立专办【疑难杂症】服务窗口(夏雪晴　邓露洁)

5月17日　学党史、谋发展——孝陵卫街道举行跨区街道交流会(童剑)

5月17日　玄武安全开展"廉洁校园行"活动(许琴)

5月18日　孝陵卫"城管网格长"上岗(邓露洁)

5月18日　坚持"三个统一",奋进二十五年　南京玄武外国语学校,办家长满意社会认可的高质量名校(钱红艳　苏红)

5月19日　玄武全景产业投资地图上线(邓露洁)

5月19日　"科创沙龙"南京行专场活动走进玄武(夏雪晴)

5月20日　重温党史军史　感悟初心使命(杜文双)

5月20日　文商旅消费助推老城更新,玄武再添新样本　老厂房"精彩转身"D9街区"创新回归"(夏雪晴　邓露洁)

5月21日　邱妍—无悔选择,这份职业值得尊重与理解

5月21日　北小获啦啦操南京站赛双冠军(姜静)

5月21日　昨天这个"谐音梗"很甜—D9街区见证20对新人"D9开长"(邓露洁)

5月21日　预计到2025年,地区生产总值年均增长6.5%,高新技术企业达千家—玄武:让"创新美丽幸福"成新标识(邓露洁　夏雪晴)

5月27日　"小巷总理"将群众的"鸡毛蒜皮"事当成大事办(夏雪晴)

5月28日　打造王牌忖业,提升创新技能　南京玄武中等专业学校:人才培养迈向高质量(刘雪莲　徐青　张晗婷)

5月30日　推进环境综合整治,进行适老化改造和智慧化建设　玄武创新探索老旧小区一体化改造(邓露洁)

6月2日　别样方式为考生鼓劲(徐琦摄)

6月2日　南京市小营小学庆祝建党100周年暨六一表彰大会(徐琦摄)

6月2日　孔雀绿雕换"夏装"(徐琦摄)

6月2日　孩子们"六一"乘坐红色巴士学党史(殷静)

6月2日　南师大附小全校师生举行【红领巾心向党,小南狮创未来】活动(孙权　曾悟洁)

6月3日　玄武人才港项目启动(夏雪晴)

6月6日　社区发起"红棉袄"项目情暖失独家庭　失独不孤独　有爱有关怀(邓露洁)

6月6日　市公安分局玄武分局政治处四级警长、团委副书记傅智晔　警营先锋90后(朱静)

6月7日　锁三社区大党委党建联盟——引吭高歌跟党走(杜文双)

6月8日　"一张地图"可览社区"周边事"——玄武新街口"15分钟生活圈"全覆盖(邓露洁)

6月8日　寻访百年奋斗路,立大志做小事——南理工实小学生对话名人爷爷

6月8日　打造流动课堂　"红领巾"跟着红色巴士学党史

6月9日　再现中共飞行员的抗战故事　大学生自编自导自演红色情景剧(夏雪晴)

6月10日　社区书记"线上"开讲党课

6月12日　北小教育集团庆祝中国共产党成立100周年书法展开幕(许琴)

6月13日　南师附小二年级的孩子们参加"迎端午,变大厨"访学营活动(崔晓)

6月16日　创新周期间玄武将举办18场科技活动(夏雪晴)

6月17日　玄武推出高薪岗位招贤纳士(夏雪晴)

6月19日　亭间党课(杜文双)

6月22日　孝陵卫用无人机监管高空违建(邓露洁)

6月23日　玄武两大环境综合整治工程发布"征集令"(邓露洁)

6月24日　全市首家"企业开办一站式服务专区"成立——玄武企业可在银行办执照(夏雪晴)

6月24日　主城首创,玄武办起农业"硅巷"(邓露洁)

6月25日　玄武召开"两优一先"表彰大会(夏雪晴)

6月25日　玄武:创新引领,中心城区发展引擎轰鸣(丁毓萍)

6月30日　玄武城管　点亮"幸福玄武"好时光(诸海路)

6月30日　玄武环境集团　精绘"美丽玄武"百景图(袁浚领)

6月30日　孝陵卫街道:打造玄武高质量发展

新【增长极】(王潇雪)

6月30日　红山街道:绘就玄武高品质产业发展【样板地】(陈雪嫚　吴磊)

6月30日　玄武贴心服务,让"温暖"人社再升"温"(王锦涛)

7月1日　群众文艺汇演　欢庆建党百年(段仁虎)

7月1日　党建引领"先锋哨"　玄武城管探索治理新路径(耿海华　高正阳)

7月1日　锁金一小学生围绕长江路13个红色地标开展研学　在实践中厚植爱党情怀(钱红艳)

7月2日　"与党同一天生日,我很自豪"(邓露洁　夏雪晴)

7月2日　南京市第十三中学:做最优秀的高中,育最优秀的学生!

7月7日　"赢在玄武"14个获奖项目参赛"赢在南京"(夏雪晴)

7月12日　玄武"红领学院"开设"两新"课堂(夏雪晴)

7月13日　玄武跨境电商沙龙聚焦电商"出海"(夏雪晴)

7月14日　玄武区见义勇为广场落成(段仁虎)

7月15日　玄武百余名河湖长培训"护水经"(邓露洁)

7月20日　南大牵手红山新城共建"三大项目"(夏雪晴)

7月21日　街道为老年夫妻补抓拍婚纱照(夏雪晴)

7月21日　绘本阅读晓哲理　文博场馆增知识(邓露洁)

7月22日　孝陵卫街道近三千辆电动车上牌(邓露洁)

7月22日　玄武区开展工地检查

7月23日　玄武区大学生志愿者在核酸检测一线提供志愿服务(董家训)

7月23日　昨天,市民在进香河农贸市场买菜(徐琦)

7月27日　玄武农贸市场货源充足防控到位(夏雪晴)

7月28日　玄武养老机构完成二轮核酸检测(邓露洁)

7月31日　玄武核酸检测点有了"补给站"(邓露洁)

7月31日　核采点消杀措施到位(孙中元)

8月1日　玄武守好老旧小区"防疫关"(邓露洁)

8月1日　玄武区退役军人事务局:一站式服务载体聚合力　党史学习教育践初心

8月4日　孝陵卫街道推出"小区出入健康管理卡"(黄东升　王潇雪)

8月5日　玄武区让孩子在隔离期间也能学习"无忧"　被消杀后的平板电脑进了隔离点(邓露洁　夏雪晴)

8月7日　老旧小区合围式管理(段仁虎)

8月7日　同心抗疫,青年党员在行动(姚强)

8月10日　与病毒赛跑　"人机都不停"(邓露洁)

8月10日　"硬核阿姨"带着孙女一起当志愿者(江瑜　马金)

8月12日　47111名小朋友吃到定制儿童餐(邓露洁)

8月18日　孝陵卫有一群【宝藏老男孩】　社区需要,我们可以随时上(邓露洁)

8月19日　玄武强化"九小场所"防控(夏雪晴)

8月19日　康定里社区党委书记申镇:以真情服务换真心支持

8月20日　90后防控调度员的"备忘录"—"唯有坚守,才能护宁"(夏雪晴)

8月21日　防疫人员中暑晕倒路过学子施针救人(钱红艳)

8月21日　玄武退役军人线上主题馆发布(夏雪晴)

8月22日　玄武增设核酸检测集中采样点(邓露洁)

8月23日　玄武区有个"宝藏老男孩"志愿服务队　人均65岁,坚守抗疫一线(余梦娇)

8月23日　玄武区商务局志愿者在封控小区值守

8月25日　玄武开辟疫苗接种"老幼通道"(邓露洁)

8月27日　积极接种疫苗　共筑免疫屏障(孙中元)

9月1日　玄武开出524张通行证(邓露洁)

9月2日　北京东路小学日新"越疫",心心相印(钱红艳)

9月2日　南京九中语文老师杨倩倩在教室里对学生进行线上教学(徐琦摄)

9月2日　北京东路小学学生

9月5日　玄武：以四个“最”建设谱写发展新篇（邓露洁　夏雪晴）

9月7日　第南京市第十三中学—让学校成为学生的“梦想家乐园”（钱红艳）

9月8日　无畏“环卫橙”，消杀勇担当——玄武区（丁家莹）

9月9日　南京玄武区绘制一刻钟便民生活圈导示图

9月10日　“文明之美”玄武湖周边地区首届全民摄影大赛启动（邓露洁）

9月10日　玄武创新文明典范城市创建工作方法　一场摄影比赛，定格“文明之美”（邓露洁　夏雪晴）

9月10日　从1921年到2021年，四代人的百年坚守（钱红艳）

9月10日　以父辈为榜样，用传承阐释“师道”（钱红艳）

9月15日　开学了，护学岗民警“上岗”啦！（王苇）

9月16日　守护百姓“头顶上的安全”（顾小萍）

9月16日　违规破墙卸货　快递点被合力整治（徐宁）

9月17日　玄武金秋消费活动捧出“盛宴”美食与爱“牵手”，13场活动齐发（邓露洁）

9月18日　综合减灾和应急救护培训进社区（顾雯婕）

9月23日　“双减”之下，警方个性化定制护学岗（朱静）

9月23日　梅园新村街道退役军人服务站入选“百红”（余梦娇）

9月23日　南师附小学生在课后服务时段进行足球社团活动。（徐琦）

9月25日　“梧桐论语　青春说”理论宣讲走进北京东路小学（钱红艳）

9月27日　老旧菜市场，跳出“传统”更惠民（孙中元）

9月28日　国内首次！我市小学生参研，放飞太空梦想　“田园一号”小卫星下月发射（钱红艳）

9月28日　玄武区荣登2021中国最美县域榜（邓露洁）

9月28日　“拆治并举”孝陵卫街道文明创建再升级（赵静）

9月28日　玄武创新药物孵化平台二期雏形初现（冯芃）

9月29日　玄武区：举办2021南京国际消费节（秋季）

9月30日　玄武区利用老旧楼宇助力业态升级（夏雪晴）

9月30日　老旧小区改造　政协牵头支招（邓露洁）

10月2日　北京东路小学升旗

10月5日　玄武区十大休闲体验地成国庆旅游热点——泛舟赏景玄武湖　潮流玩转长江路（田诗雨）

10月8日　沈文祖调度玄武区文明典范城市创建工作时调强—提升创建实效　争当文明标兵（江瑜）

10月9日　玄武：个性需求拉动消费（夏雪晴）

10月10日　孝陵卫街道假期创建“不松劲”以“最美坚守”，守护“身边幸福”（王潇雪）

10月12日　夏心旻出席金洽会玄武专场活动——总投资310亿元项目现场签约（杨凡）

10月13日　助车脱困（王苇）

10月13日　全域旅游“百花齐放”，“老玄武人”乐享文旅惠民成果　过去骑车去“赶新”，如今门前赏“万景”（邓露洁）

10月14日　成贤街社区的网络员慰问辖区的独居、空巢老人，致以重阳节的祝福（孙中元）

10月15日　孝陵卫街道用新时代“枫桥经验”守护辖区安宁（潘建新）

10月16日　南京小学生参研“田园一号”卫星升空（钱红艳）

10月17日　珠江路再添城市硅巷创新载体（邓露洁）

10月18日　“环卫+河道+绿化”一体化，实现“1+1+1>3”　玄武试点综合管养打造“幸福河”（邓露洁）

10月23日　市民有序接种疫苗加强针（孙中元）

10月27日　老楼通气，居民享受幸福生活（邓露洁）

10月27日　奋力谱写“强富美高”新玄武建设的现代化篇章

10月28日　玄武开启新时代双拥工作“新”篇章

11月1日　玄武区“迷你”分类收集亭+流动收集，破解收集点落地难

11月2日　市京剧团携戏曲盛宴走进成贤街小学（王峰）

11月1日　扎根社区21载，北安门社区党委书记赵卫：居民“鸡毛蒜皮”事就是社区“头等大

事”(邓露洁　夏雪晴)

11月5日　警方破获“6.22”特大电信网络诈骗案(朱静)

11月5日　小区环境整治　共建美好完园(孙中元)

11月7日　进博会,玄武签约一批高质量项目(邓露洁　夏雪晴)

11月7日　南京市第九中学依托课程基地,传承江苏民乐

11月7日　心系西部支教,勇做“双减”排头兵(陈晨　耿海华)

11月8日　玄武:勇担新使命,争当排头兵(邓露洁)

11月9日　玄武:“多元河长”共护“幸福河湖”(邓露洁)

11月10日　【樱花大道】路灯改造提升照度　亮了回家路,暖了居民心(邓露洁)

11月10日　落实消防责任,防范安全风险　长江路小学举办校园消防应急演练(马道军)

11月11日　2021南京国际消费节(冬季)玄武区系列活动启动　15场促销活动为冬季消费“升温”(邓露洁　夏雪晴)

11月18日　玄武推进社区“法律明白人”培育工作　老邻居成“明白人”,摆平社区“烦心事”(邓露洁)

11月19日　民警助外地市民找到40多年前亲人信息(朱静)

11月20日　“梧桐论语　思想荟”理论宣讲走进玄武城建集团(邓露洁)

11月21日　这家公益组织坚守8年“爱相随、法相伴、乐同行”为未成年人撑起法律“保护伞”(马道军)

11月21日　打造全市首家派出所指挥室“最强大脑”助新街口派出所“以智谋治”(王茸)

11月23日　梅园新村雍园环境整治与居民全程互动——一个充电车棚　七轮充分协商(何钢)

11月24日　“数智平台”管作业　作业超时会预警——在玄武区12所学校试点,推动教师以大数据调控作业量(钱红艳)

11月24日　“梧桐论语　基层行”理论宣讲活动走进玄武区台城花园社区(邓露洁)

11月25日　幼儿园感受浓郁民族韵味(段仁虎)

11月27日　助学助困,扛起民建人的社会责任担当(巍晨　张同信)

11月28日　全作成立研究与应用中心——玄武区牵手南师大守护学生心理健康(钱红艳)

11月29日　玄武结对高校创新理论宣讲模式　高校师生进基层　“草根名嘴”当学生(邓露洁)

11月30日　给社工举办“集体生日会”(孙中元)

12月1日　玄武区政协党组:凝聚委员力量领航政协发展

12月2日　大学生“社会实践基地”揭牌(夏雪晴)

12月2日　老旧小区“逆生长”

12月3日　18年前受帮扶,如今一“接棒”献爱心(邓露洁)

12月3日　党员带头主动当好慈善志愿者

12月5日　“法”字印心中(段仁虎)

12月7日　“禁毒杯”城市文化定向赛开跑(段仁虎)

12月9日　“微笑交警”护安全(段仁虎)

12月11日　“文明之美”摄影大赛颁奖仪式举行　定格文明瞬间,讲好文明故事(邓露洁　夏雪晴)

12月18日　7条道路年内全面完成整治(何钢)

12月21日　玄武:以服务零距离提升群众幸福度(邓露洁)

12月22日　玄武两律所获评“全国优秀律师事务所”(邓露洁)

12月23日　儿童新冠疫苗第二针接种稳步推进(徐琦摄)

12月23日　话剧《似是故人来》在玄武首演(邓露洁)

12月27日　“传帮带”筑起教育“爱心堡垒”(陈晨)

12月28日　市民在锁金村农贸市场选购蔬菜(徐琦)

12月28日　玄武城管将“721工作法”用于开店管理　暖心“手册”为新店业主“指路”(顾小萍)

12月31日　玄武:学习党史守初心,办好实事开新局

(栏目编辑　卢永晨)

索引

说　明

一、索引采用主题分析索引方法，依据首字汉语拼音字母顺序排列，同音字按声调，同音同调按笔画顺序排列。

二、类目用黑体字。数字表示内容所在页码或参见页码。

三、特载、专记、大事记、统计资料、附录及概况条目不收入索引。

D

E

F

G

H

J

K

L

M

N

P

Q

T

W

X

Y

Z